MEIN TRAUM VON AFRIKA

Ich singe ein anderes Lied über Afrika.
Es bedarf keiner weiteren negativen Darstellung, die einen negativen Nachgeschmack hinterlassen und keinem Zweck dienen würde. Dieser alte Kontinent hat noch eine andere Seite. Das Afrika, das seit undenklichen Zeiten bei Reisenden ein tiefes Wiedererkennen bewirkt, eine unerklärliche Sehnsucht zurückzukommen. Das Afrika, das noch immer das besitzt, was die übrige Welt verloren hat. Weite. Wurzeln. Traditionen. Schönheit. Unberührte Natur. Seltene Tiere. Außergewöhnliche Menschen. Das Afrika, das stets all diejenigen anziehen wird, die noch zu träumen vermögen.

Kuki Gallmann, Die Nacht der Löwen

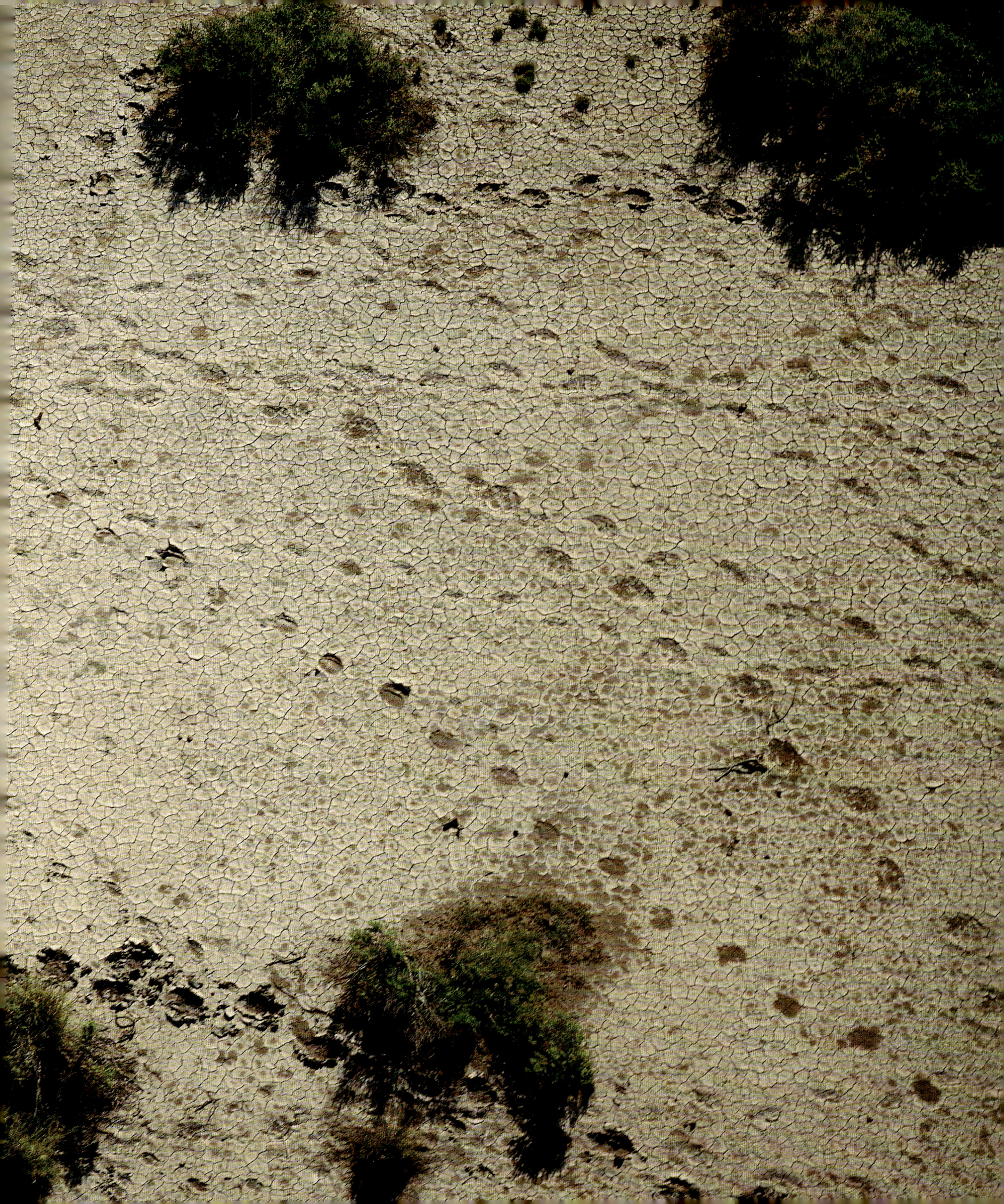

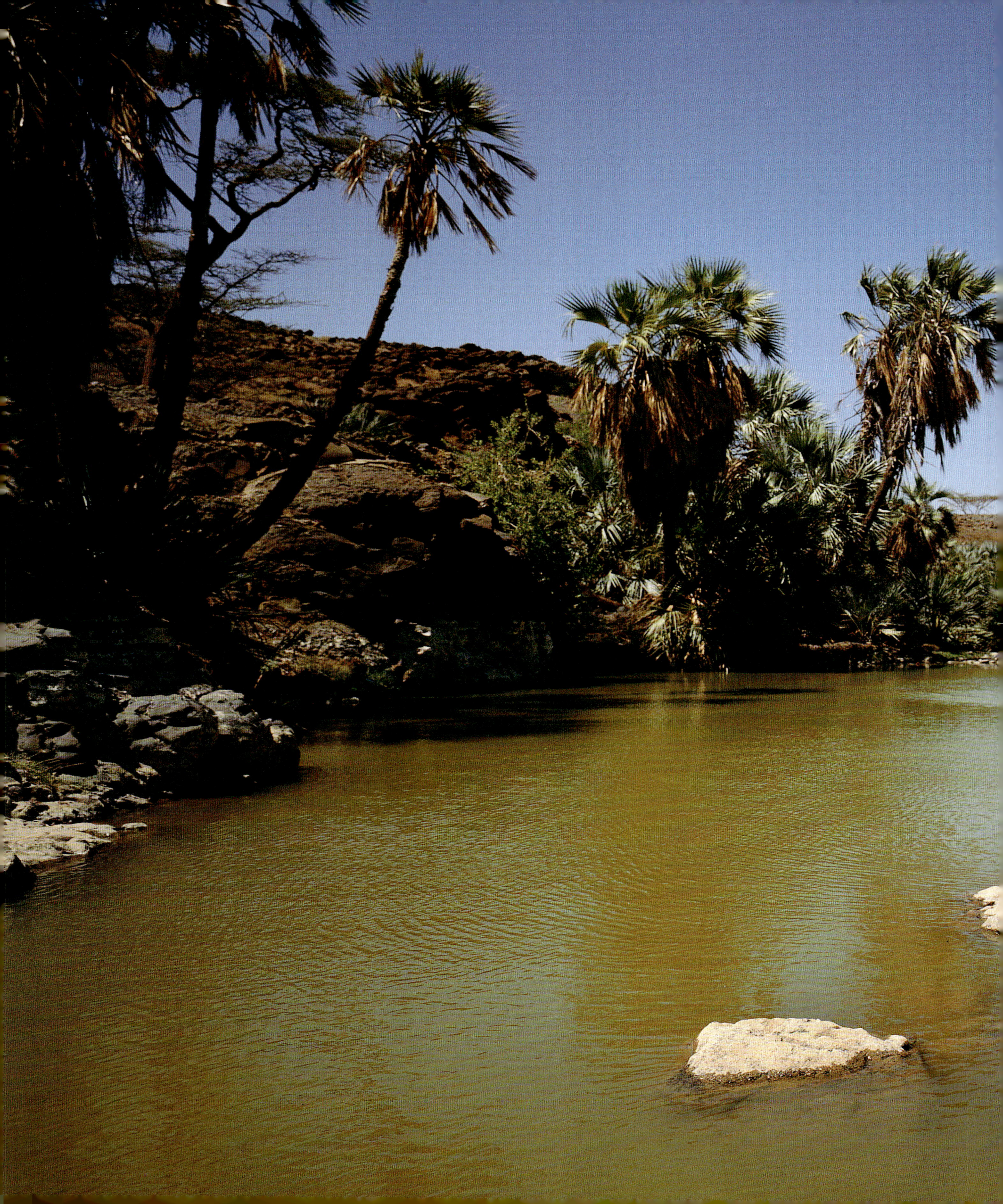

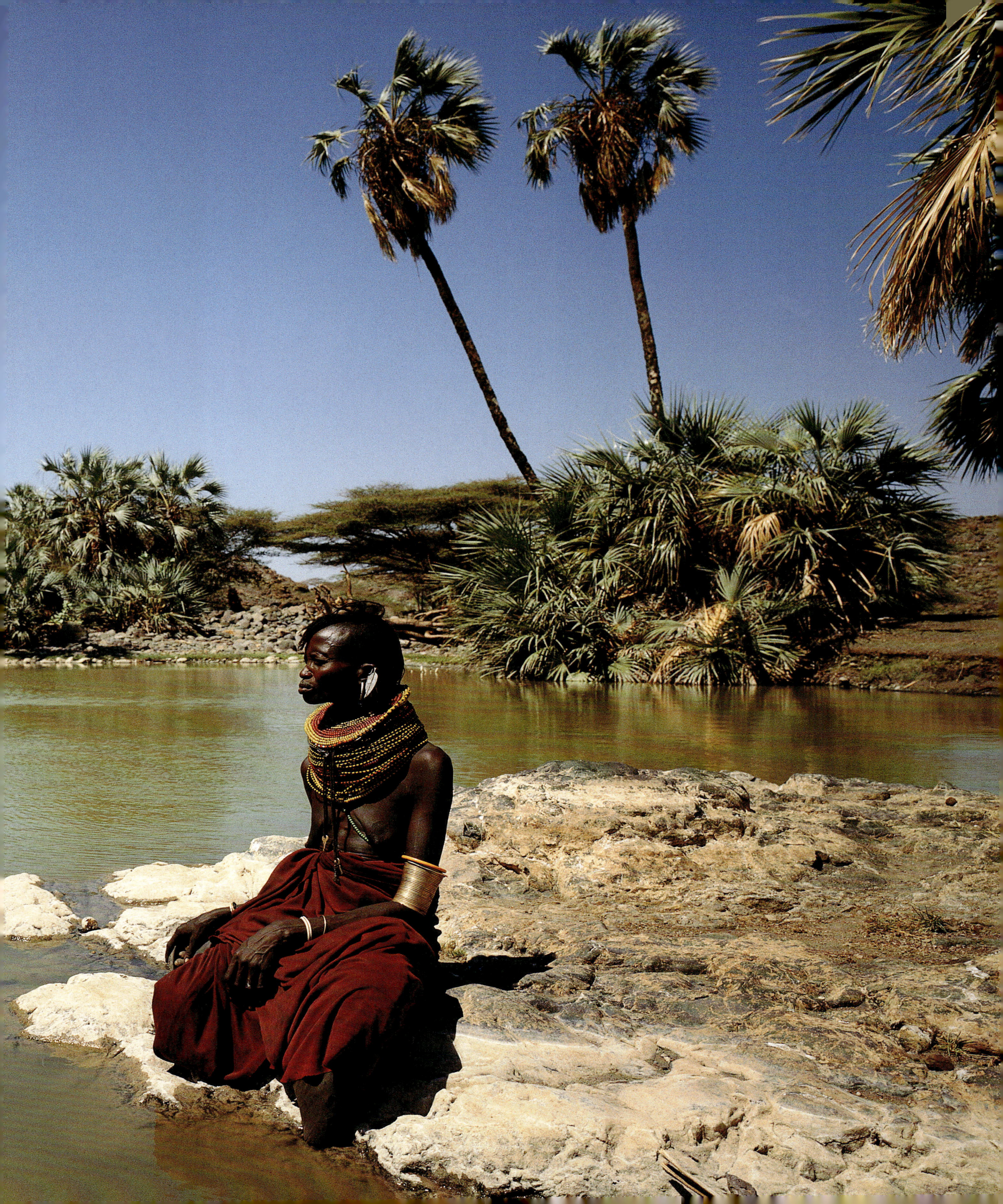

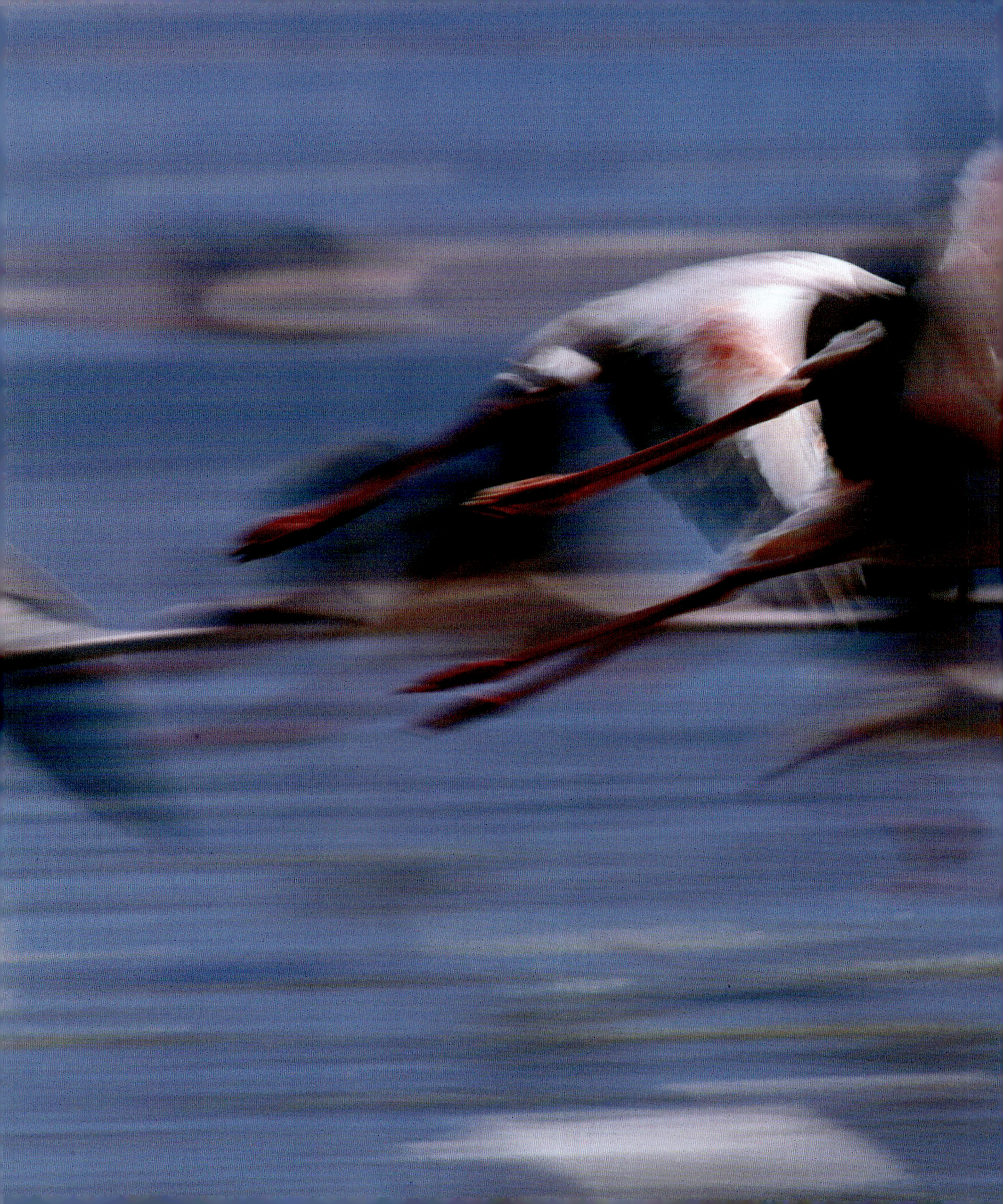

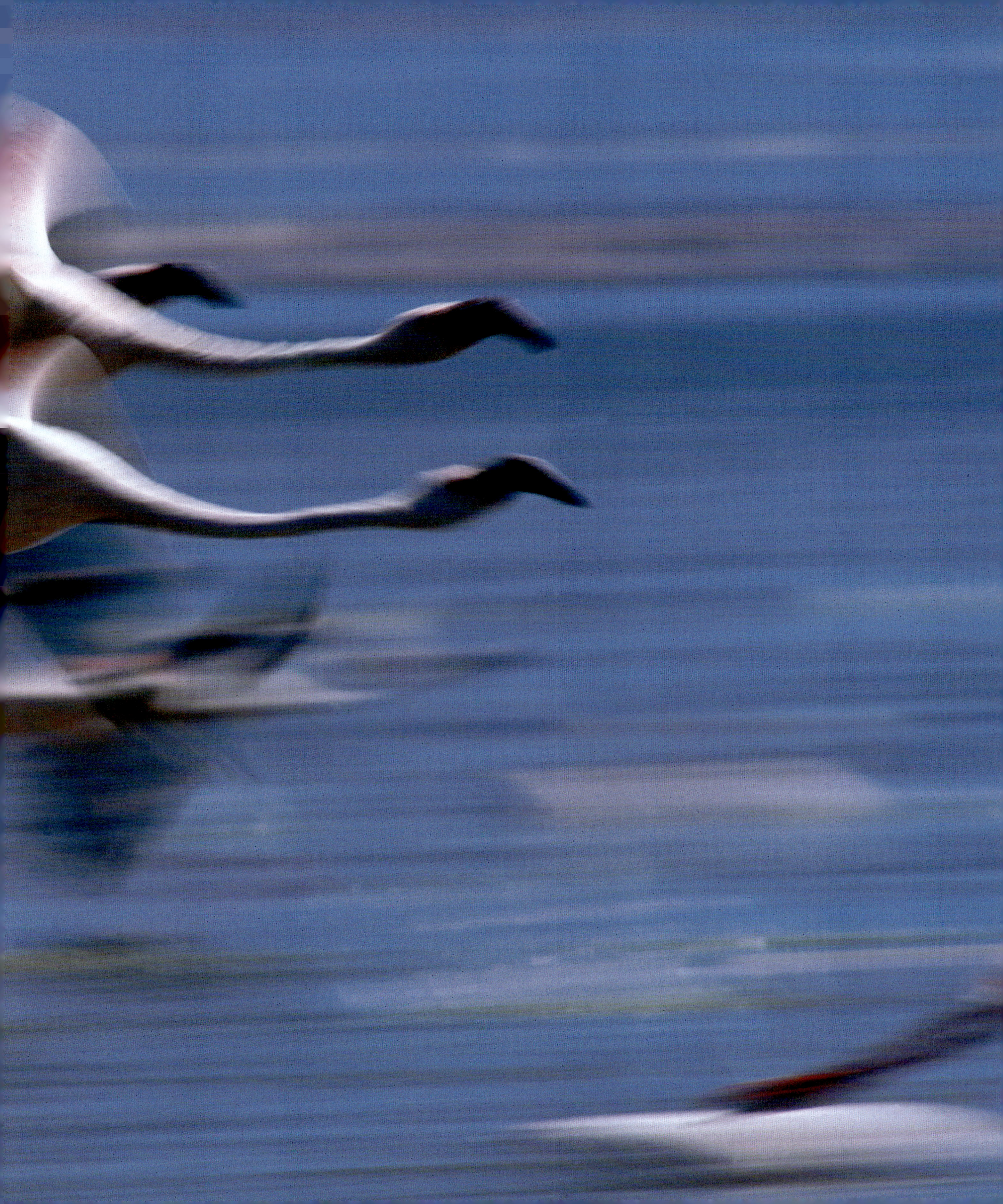

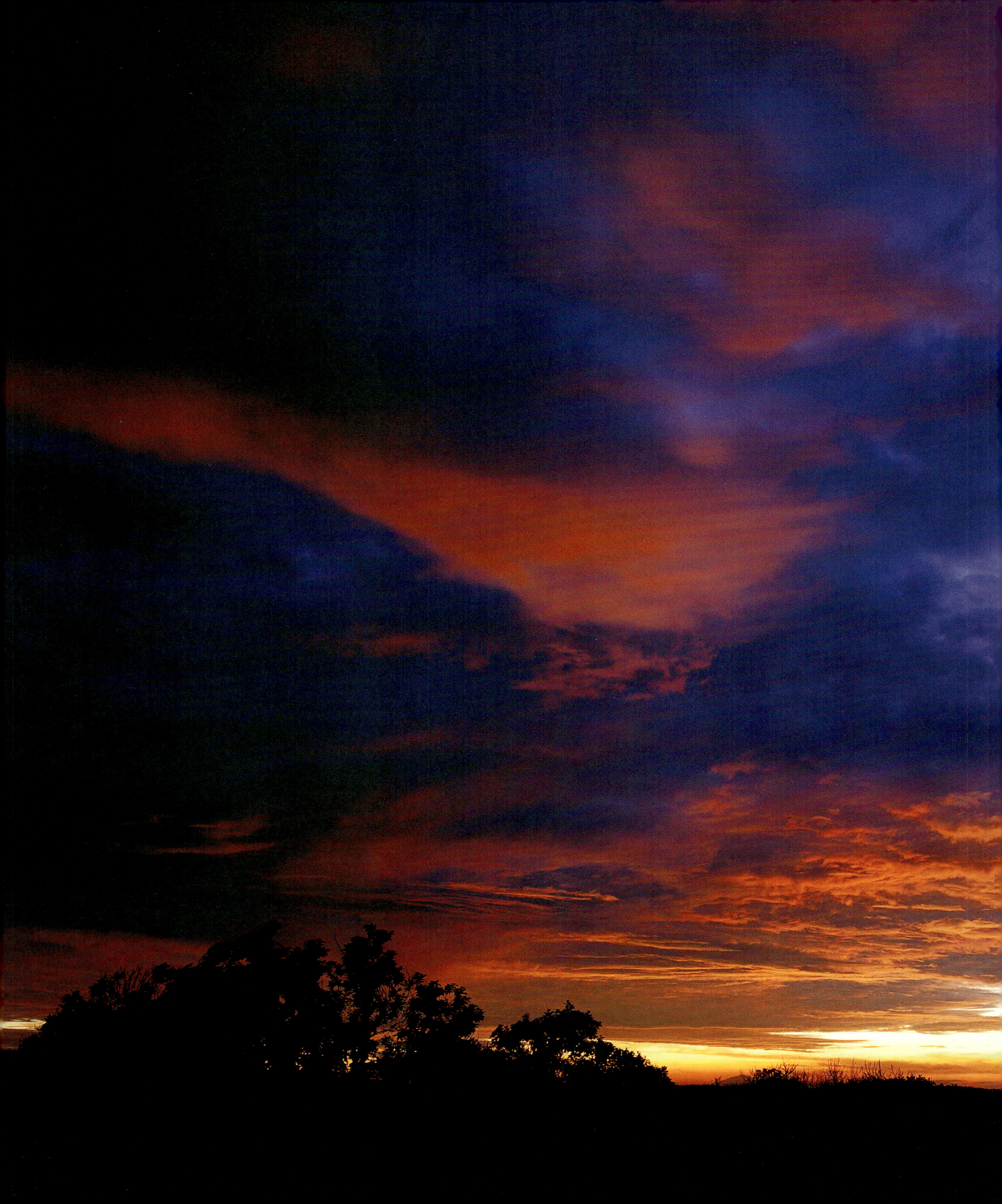

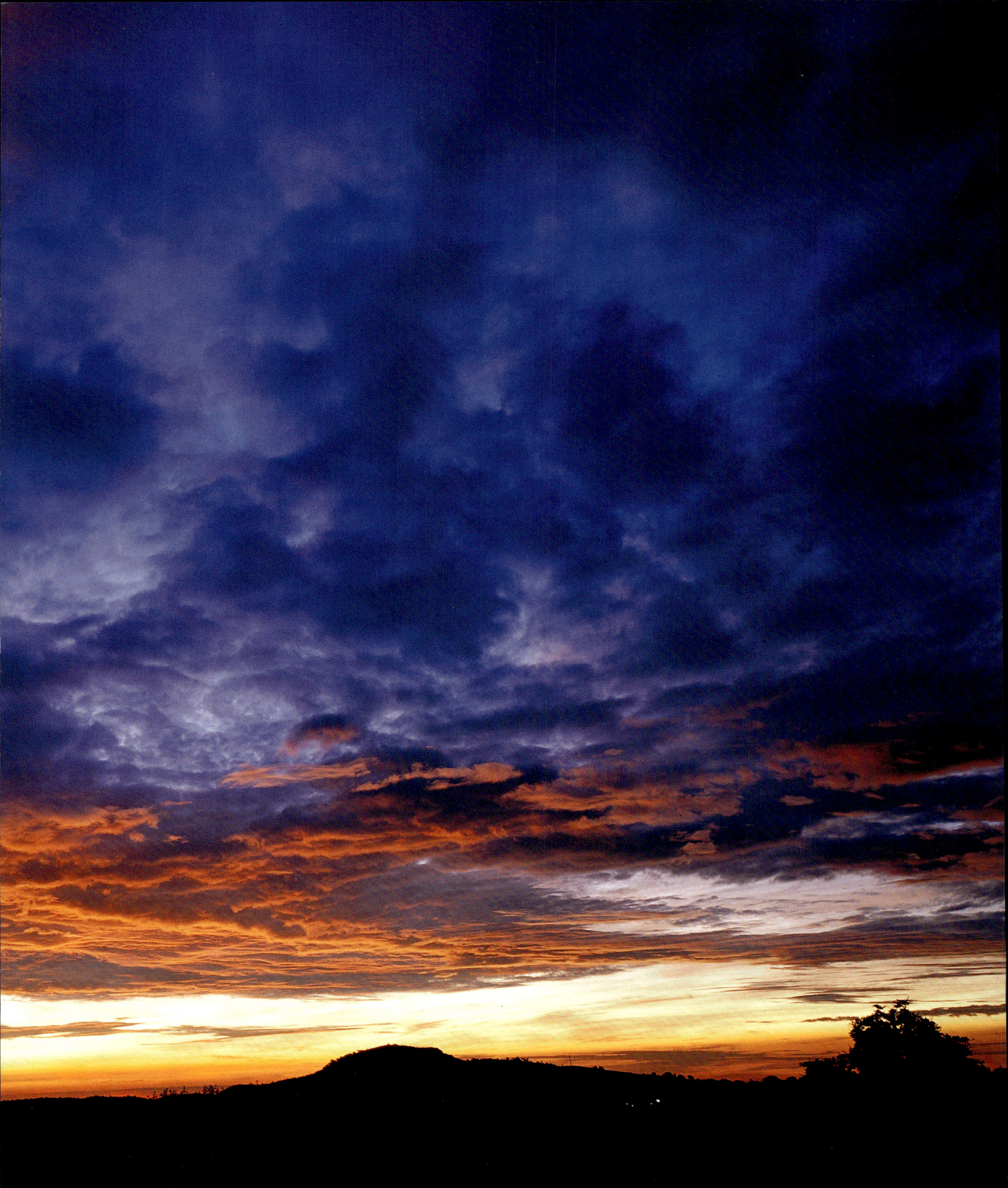

MEIN TRAUM VON AFR

IKA

CARLO MARI

mit Texten von
Claus-Peter Lieckfeld

Weltbild

Für meine geliebten Söhne Andrea und Carlo Alberto

Danksagung

Zum ersten Mal kam ich 1970 als Junge nach Kenia, zusammen mit meinem Vater und meinem älteren Bruder. Geplant war ein Abenteuerurlaub unter Männern. Bereits Tage vor unserer Abreise war ich so aufgeregt, dass an Schlaf nicht mehr zu denken war. Ich konnte es kaum erwarten, mit Erwachsenen auf Reisen zu gehen und eine für mich vollkommen neue Welt zu entdecken – und das ohne mütterliche Begleitung. Ich kam mir männlich und bedeutend vor!

Seit dieser ersten Reise nach Afrika sind mehr als dreißig Jahre vergangen. Mein Vater lebt mittlerweile nicht mehr. Er hat den Kampf gegen seine Krebserkrankung bereits vor langer Zeit verloren. Bevor er verschied, hat er mir noch anvertraut, dass er sich zum Sterben (wenn es denn nun unbedingt sein müsse) eigentlich lieber unter einen großen Baum in Afrika als zu Hause in ein Krankenhausbett gelegt hätte.

Auch meine Mutter leidet an derselben unheilbaren Krankheit wie er, auch sie empfindet eine große Liebe zu Afrika. Als sie erfuhr, dass sie nur noch kurze Zeit zu leben hätte, war gerade mein erster Fotoband in Vorbereitung. Meine Mutter gab mir unmissverständlich zu verstehen, dass sie mich nicht eher verlassen würde, bis sie dieses Buch in Händen halte. Daraus sind inzwischen fünf Bücher geworden. Mittlerweile ist meine Mutter vollkommen gelähmt und ans Krankenbett gefesselt, aber ihr Interesse an meiner Arbeit hat nicht nachgelassen. So konnte sie es kaum erwarten, auch mein neuestes Buch gezeigt zu bekommen. Wenigstens auf diese Weise kann ich unseren gemeinsamen Traum von Afrika für sie wieder lebendig werden lassen.

Seit vielen Jahren bereise ich nun diesen faszinierenden Kontinent. Ich konnte dabei immer auf die Hilfe und Sympathie vieler Menschen zählen. Ihnen allen möchte ich an dieser Stelle von Herzen danken.

Aber mein größter Dank gilt meinen Eltern, die mich stets aufs Neue zu meinen Reisen inspiriert haben.
C. M.

INHALT

Mein Afrika 15

Menschenbilder, Tierbilder, Seelenbilder 18

El Molo 35

Turkana 57

Pokot 77

Rendille 85

Samburu 97

Die Sodaseen 113

Kontinent der Vögel 147

Lebenselement Wasser 157

Geliebte, gejagte Elefanten 179

Maasai 213

Tierfamilien 229

Der große Treck 285

Making of 313

Glossar
Bevölkerung 318

Staaten 320

Fauna, mit Bildhinweis 321

Carlo Mari und seine Söhne Carlo Alberto (Seite 15) und Andrea (Seite 314)

Carlo Mari

MEIN AFRIKA

Irgendwie sieht man es mir wahrscheinlich an. Nicht, dass ich mich für etwas Besonderes halte, aber eine Sehnsucht, die so stark ist wie die meine, lässt sich nur schwer verbergen. Ich kann es kaum erwarten, wieder in die unberührte und ursprüngliche Welt Ostafrikas zurückzukehren, die ich seit vielen Jahren kenne und bereise – in »mein« Afrika.

Wie in diesem Buch bin ich immer wieder von Nord nach Süd gereist, von Kenia nach Tansania. Als Zwölfjähriger habe ich meinen Vater zum ersten Mal auf eine Safari begleitet. Noch heute höre ich den ohrenbetäubenden Klangteppich im Wald von Aberdare, dieses Konzert aus zirpenden Grillen, kreischenden Vögeln und Affen, während sich im Hintergrund dumpf grollend die Elefanten zwischen den Bäumen hindurchschieben. Hier habe ich eine ganze Nacht auf der Lauer gelegen, um einen Leoparden abzupassen, der zum Trinken an den kleinen See vor jenen Pfählen kommen sollte, auf denen unsere Lodge errichtet war. In jener Nacht ist der Leopard nicht gekommen, aber für mich als zwölfjährigen Jungen war dieses Erlebnis aufregend und unvergesslich. Es hat mich für immer geprägt, und bis heute ist es mein größter Wunsch, auf meinen Safaris einem Leoparden gegenüberzustehen.

Diese Suche nach wilden Tieren führt mich schon seit dreißig Jahren kreuz und quer durch das afrikanische Rift Valley und die Savannen und Wälder Ostafrikas. Fast so, als existiere ein Impuls in mir, der mich unabhängig von meinem Willen antreibt. Vielleicht habe ich einmal in Afrika gelebt, in einem anderen und längst vergangenen Leben. Vielleicht war ich ein Leopard, oder vielleicht ist in meinen Genen noch eine Spur meiner Vorfahren lebendig, die vor zehntausenden von Jahren an diesem Ort, wo das menschliche Leben wahrscheinlich seinen Anfang nahm, umherzogen. Viele prähistorische Funde belegen die Theorie, dass in Ostafrika die Wiege der Menschheit stand.

Und es muss wohl so sein, da viele Menschen – auch viele Fotografen – Ähnliches empfinden. »Mein Afrika.« Wie viele Bücher mit dieser Aussage im Titel gibt es! »Mein« Afrika ist das Afrika all derer, die es in ihrem Herzen tragen und, wie ich, an Heimweh leiden, wenn sie nicht dort sind. Uns alle vereint ein geheimnisvolles Fernweh, das uns unerklärlich bleibt. Aber es motiviert uns, unsere in Afrika gemachten Erfahrungen besonders kritisch zu sichten und zu dokumentieren, um irgendwann eine Erklärung wenigstens versuchen zu können.

Hat man das Glück, den verschiedenen Nomadenstämmen Ostafrikas zu begegnen, kommt man sich vor wie in einem Traum oder wie in einer Zeitreise zurück zu unseren Ursprüngen. Ich hatte bisher nur sporadischen Kontakt zu den Stämmen, die südlich des Lake Turkana, des früheren Rudolfsees, leben, und zu einigen Maasai-Familien, die über das gesamte Rift Valley verstreut sind. Diese kurzen Begegnungen haben mir gezeigt, wie viel uns miteinander verbindet. Hier in ihrem Land fühle ich mich wie zu Hause, und diese Menschen haben in mir nicht den neugierigen Fremden gesehen, sondern mich wie einen Bruder willkommen geheißen.

Doch es ist und bleibt der Leopard, der mich antreibt, immer wieder auf ausgedehnte Safaris zu gehen, mir meinen Weg durch dichte Wälder zu bahnen, Savannen, Flüsse und Seen zu durchqueren und auf Berge zu steigen. Auf diese Weise hatte ich das Glück, Landschaften zu sehen, wo es den Menschen gelungen war, das Erbe unserer Menschheitsgeschichte in seiner Ursprünglichkeit zu bewahren. Ich habe Tiere aller Arten gesehen und bin mit ihnen gezogen, auf der Suche nach neuen Weiden, Wasserstellen, Farbnuancen. Nachts habe ich unter dem afrikanischen Himmel geschlafen, der unvergleichlich reich an Sternen ist, und morgens bin ich oft im violetten Licht der Dämmerung erwacht, über mir orangerot brennende Wolken, von einer Sonne entflammt, die gerade über dem Horizont aufgeht und kurz danach bereits hoch am äquatorialen Himmel steht. Wieder am Abend dann schlief ich neben einem lodernden Feuer ein, während die untergehende Sonne schlagartig einen purpurroten Samtvorhang vor diesem Naturschauspiel herabließ…
Ich öffne meine Augen und kehre in die Gegenwart zurück: Vielleicht habe ich geträumt, oder vielleicht hat mich auch nur wieder meine Sehnsucht gepackt. Es ist an der Zeit, endlich wieder in mein Afrika zurückzukehren!

REISEN DURCH OSTAFRIKA

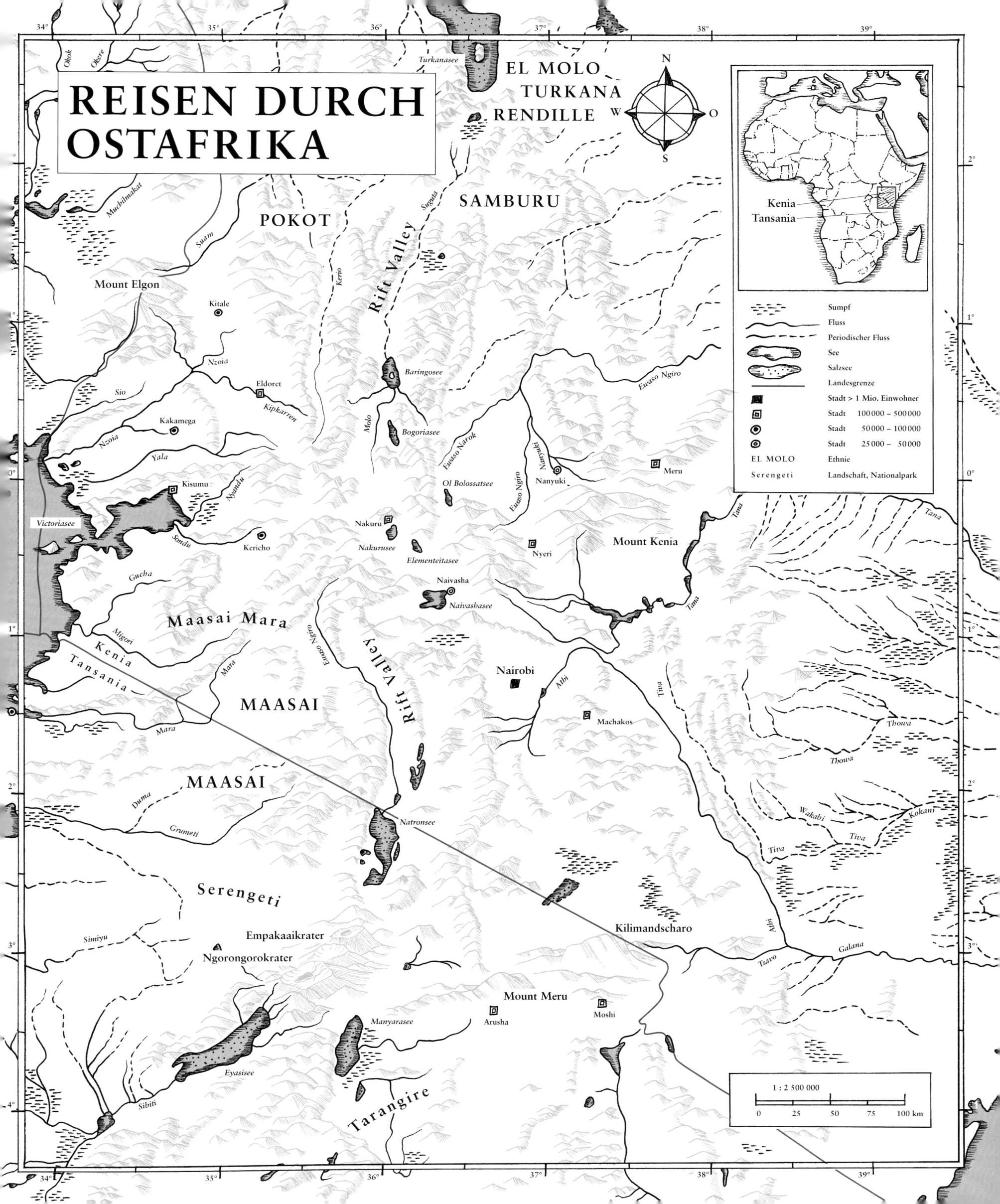

Claus-Peter Lieckfeld

MENSCHENBILDER, TIERBILDER, SEELENBILDER

Afrika. »Ach, Afrika ...« Mein Freund Klaus K. winkt ab: »... also aus journalistischer Sicht gibt es für unsereins genau eine Hand voll Stichworte für Afrika-Geschichten: Dürre, Hungersnot, Bürgerkrieg, Korruption. Und seit ein paar Jahren natürlich Aids.«
Wenn Klaus so etwas sagt, kann ich es nicht einfach achselzuckend wegdrücken. Klaus ist seit 29 Jahren Afrika-Korrespondent, Chronist einer ausgemergelten Welt, die in westlicher Wahrnehmung immer irgendwie als südliches Anhängsel von Europa vorkommt. Wenn überhaupt.
»Also, für dich ist Afrika fünfmal ein Minus ...?«, frage ich. »Dann schau dir mal diese Fotos hier an!«

Klaus beugt sich über eine Auswahl von Fotos, die *Carlo Mari* in den Savannen Kenias und Tansanias aufgenommen hat, Bilder eines Traumfängers, eines Mannes, der dem Traum von Afrika nachgegangen ist. Klaus blättert, nickt mehrfach anerkennend, macht ein paar autobiografische Bemerkungen: »... da war ich noch vor den großen Massakern der Pokot an den Samburu.« Schließlich reißt er sich aus der kurzen Gedankenreise los, in die ihn Carlo Maris Afrikabilder gezogen haben, und meint: »Nein ... die Fotos sind nicht gelogen. Afrika ist zum Weinen schön. Immer noch. Aber eben auch zum Heulen.«

Zum Weinen schön. Dem kann jede empfindsame Seele nur zustimmen, sofern sie einmal auf der großen archaischen Weide weilen durfte – den Savannen Kenias, Tansanias, oder noch weiter im Süden. Nahrung für die limbische Hirnregion, in der sich die ganz tiefen Gefühle regen.
Einige Afrika-Autoren gestatten sich eine schillernde Spekulation: Wenn hier die ersten Menschen aufrecht gingen,

wäre es da nicht denkbar, dass sich diese Landschaftsbilder unseren Vor-Läufern tief eingesenkt haben? Überlebenswichtige Bilder von der großen, von der nahrhaften, also von der *guten* Weite. So tief eingesenkt, dass sie genetisch fixiert wurden und noch sechs Millionen Jahre nach den ersten vormenschlichen Savannengängern als eine Art ästhetische Grundierung spürbar sind. Erlebbar für Safari-Touristen und für die Liebhaber der großen Afrika-Optik. Brüllt also der Frühmensch in uns Zustimmung, wenn wir »Ahs« und »Ohs« stammeln? Zum Beispiel in der Serengeti, angesichts wogender Weiten. Oder beim Anblick von Akazien-Scherenschnitten, drapiert vor die schwebende Schneehaube des Kilimandscharo. Oder wenn Gnu-Herden zum großen Marsch aufbrechen – eine einzige ergreifende Metapher für Durst. Durst nach Leben.

Mein Freund, der Afrika-Veteran Klaus K., mahnt dazu, erst einmal die paar Dinge zu greifen, die sich *zweifelsfrei* begreifen lassen. Was also sind die Savannen Afrikas? Warum sind sie so großartig, wie sie sind, und so verletzlich? Savannen sind »ganzjährig warme, wintertrockene, tropische Grasländer ... (meist) mit eingestreuten Gehölz- und Baumgruppen, mitunter sogar großen Waldgebieten, so genannten *Waldsavannen*«, definiert der Heidelberger Geograf *Horst Eichler*. Entlang der Frage, was genau »trocken« bedeutet, lässt sich die Großlandschaft Savanne etwas feiner strukturieren: Im Randbereich der Wüsten, der Sahara im Norden und der Namib im Süden, dehnen sich auf dem afrikanischen Kontinent die knochentrockenen *Dornstrauchsavannen*; am anderen Ende der Skala liegen die äquatorialen *Feuchtsavannen*. Durstige 300 Millimeter Jahresniederschläge (mm/a) müssen in den semiariden Kampfzonen der Pflanzen ausreichen, dort, wo die Wüsten unerbittlich gegen die Savanne an Boden gewinnen. Am anderen Ende der Savannengürtel, am Äquator, fallen üppige 1400 mm/a. Hier, im tropfnassen Dschungel, ist das Savannen-Schema ausgesetzt.
Neben dem alles beherrschenden Faktor Feuchtigkeit – ihrer Verteilung und Heftigkeit, ihrer Regel- oder Unregelmäßigkeit – gibt es andere, die kaum weniger wichtig sind: vor allem die Beschaffenheit der Böden, nährstoffarm oder nährstoffreich, und das Oberflächenrelief, gebirgig, hügelig oder eben. Und damit das Schema nicht zu schematisch wird, klassifizieren die Geografen noch Hochplateaus und so genannte *Inselberge*, die aus ihrem klimatischen Umfeld herausragen und ihr »Privatmilieu« pflegen. Wie Gegenwelten wirken auch manche Fluss- und Bachläufe, in denen es ganz und gar Savannen-untypisch sprießt.

Aber Feuchtsavanne bedeutet aus Sicht der großen Pflanzenfresser nicht immer und überall »gute Savanne«, so wie wenig Feuchtigkeit nicht zwangsläufig »schlecht« heißen muss. In den Trockensavannen überziehen nach den seltenen Regenfällen besonders zarte und nährstoffreiche Gräser, Kräuter und Büsche die Erde. In den äquatornahen Feuchtsavannen dagegen sind die Böden bisweilen ausgewaschen und entsprechend nährstoffarm. Grünzeug genug, aber es macht schlecht satt. All diese Faktoren und Bedingungen sind Lehrbuchwissen der Geografie und der Geobotanik; man kann sie diskutieren, aber wohl kaum in Frage stellen.
Ganz anders, nämlich höchst kontrovers, zeigt sich die Gemengelage aus Meinungen und Gegenmeinungen, wenn man seine Fragen auf die Weidetiere des Menschen ausweitet. Die Diskussion schlägt seit rund fünfzig Jahren Sprechblasen: »Rinder im Garten Eden!« ... »Nomaden ruinieren die Nationalparks!«

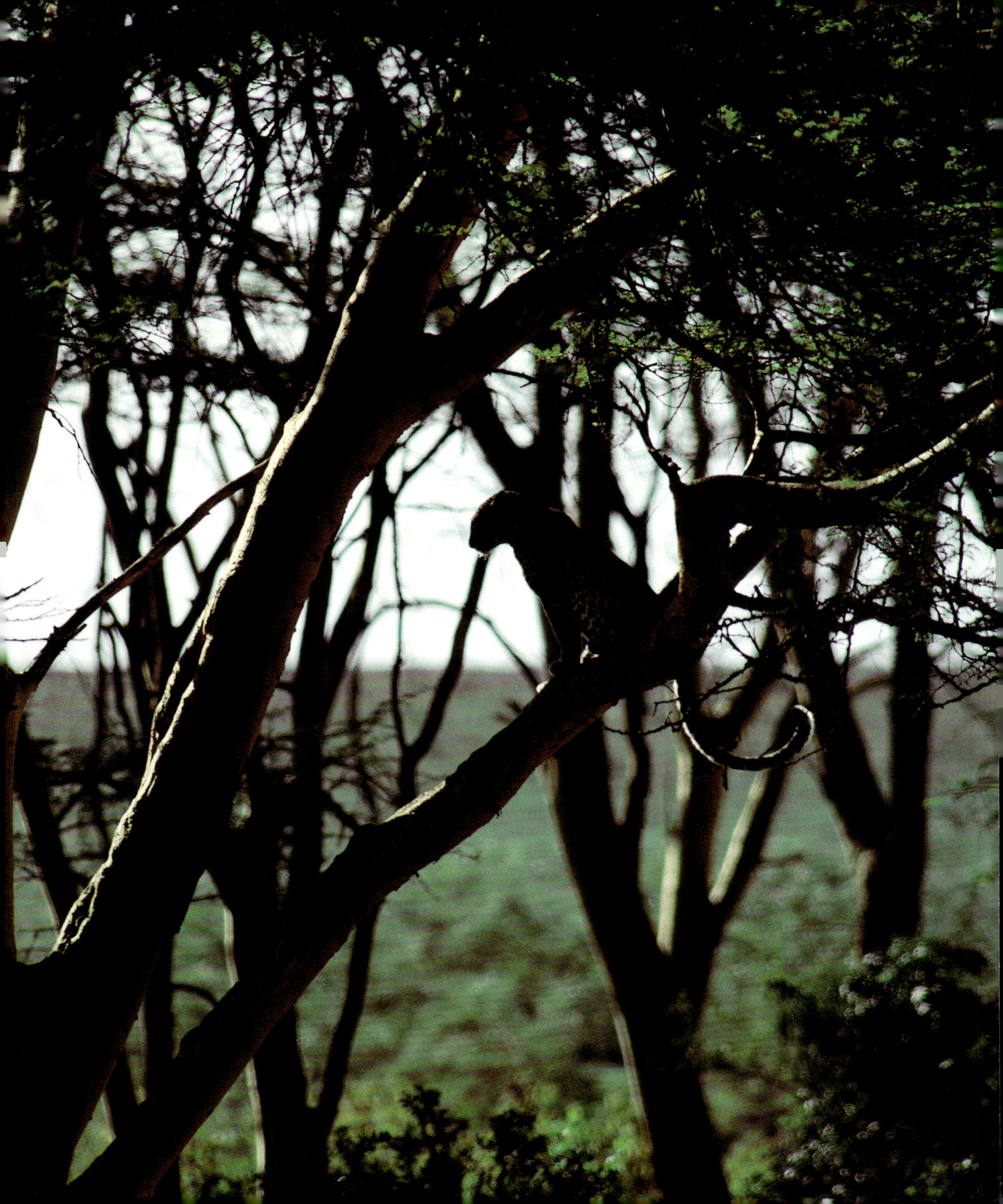

Aber beginnen wir mit dem Unstrittigen. Zweifellos sähe die Savanne ohne den erheblichen »Weidedruck« der riesigen wilden Huftierherden anders aus. Sie würde horizontweit verbuschen. In feuchteren Lagen gäbe es Wälder mit geschlossenen Kronendächern. Man darf sich vorstellen, dass Gnu und Co. für die afrikanischen Savannen ähnlich »konstitutiv« sind, wie es die Bisons für die nordamerikanischen Prärien waren oder die Heidschnucken für die Lüneburger Heide.

Schon das Alter der afrikanischen Savannen – in der Serengeti mindestens eine Million Jahre – beweist, dass auch große Herden ihre Nahrungsgründe nie zu Tode weiden. Ehe die Savanne unter zu vielen Hufen durchscheuert, wird sie unergiebig. Die Herden setzen sich rechtzeitig in Bewegung, und irgendwann überzieht ein Regen die aufgescheuerten Flächen mit grüner Heilhaut.

So weit, so gut, nickt der Naturfreund zustimmend: Solange Mutter Natur ihr Haushaltsgeld klug ausgibt, wird die Großfamilie satt – von der klitzekleinen Savannenmotte bis zum größten Elefantenbullen. Erst die großen und schließlich übergroßen Rinderherden der Nomaden drohten die Nahrungskette nachhaltig zu zerreißen. Das jedenfalls galt lange als gesicherter Befund. Fast alle Savannen-Nationalparks wurden *no-go-areas* für Hirtenvölker; die Nomaden verloren ihre besten Weiden und sicheren Wasserstellen.

Die Folgen waren großflächige Zerstörung uralter Nomadenkulturen, waren und sind Hungersnot, Verelendung und Siechtum tausender Ex-Hirten in städtischen Slums. Und, so als bräuchte die kulturelle und reale Pulverisierung von Stämmen, Clans und ganzen Ethnien noch eine finale Pointe: Die große Heimatvertreibung aus den Savannen – auch »zugunsten« des Naturschutzes – könnte völlig unnötig gewesen sein. Das jedenfalls legt eine aufwändige Langzeitstudie (Homewood et al.; *Long-term changes in Serengeti-Mara*) nahe, welche die Naturschutz-Öffentlichkeit 2001 in Erstaunen versetzte. Die Autoren der Studie stellen fest: Veränderungen der Vegetationsdecke durch Beweidung haben über die Jahrzehnte weit kleinere Gebiete beeinflusst als die Umwandlung von Savanne in mechanisch bewirtschaftetes Farmland. Gesamtdichte und Wachstum der Maasai-Bevölkerung führte im Serengeti-Maasai-Mara-Ökosystem nicht zur Verringerung der Wildtierzahlen.

Die Studie wird im Kern bestätigt durch eine ergreifende, 270 Seiten starke Anklageschrift des Oxforder Zoologen und Autors George Monbiot (*Nomadenland, Marino Verlag, 1996*). Weniger die Nutztier-Konkurrenz **in** den berühmten Parks bedroht die Wildtiere; ruinös sind die Anballungen **außerhalb** der Reservate. Denn auf ihren Wanderungen ziehen die großen Wildherden auch regelmäßig über nicht geschützte Flächen. Hier erreichen ihre Weidekonkurrenten, die Haustiere, Konzentrationen, die wegen der Aussperrungspolitik – notgedrungen – unerträglich geworden sind. Wanderwege sind blockiert, und es geschieht – **außerhalb** – genau das, was es in den Parks zu verhindern galt: Überweidung, Übernutzung und schließlich: Erosion. Die *Conservation* frisst ihre Kinder.

Apropos *Conservation*! Die Gegenwelt zum Elend der bedrängten oder schon ruinierten Hirten lebt in Tansanias *Ngorongoro-Conservation-Area*. Im Südostzipfel des berühmten Serengeti-Parks dürfen 40 000 Maasai ihre Rinder unter die Top-Devisenbringer, die Elefanten, Löwen, Zebras, Gnus und Antilopen, treiben – ohne jeden erkennbaren Schaden für das Ökosystem und ohne Beeinträchtigung der Optik, des Sehnsuchtshorizontes aller Afrika-Touristen. Gleichwohl: »Es muss in dieser engen Welt wenigstens kleine nutzungsfreie Zonen geben, geschützte Grenzen, innerhalb deren sich die biologische Vielfalt für kommende Generationen völlig ungestört erhalten kann«, sagt Christof Schenck, Geschäftsführer der Zoologischen Gesellschaft Frankfurt (ZGF), die in Zentral-Ostafrika einen traditionellen Arbeitsschwerpunkt hat; und er fügt hinzu: »Außerdem kann man nicht davon ausgehen, dass die Nomaden unserer Tage gleichermaßen sensibel und umweltverträglich agieren wie ihre Väter. Es wäre etwas naiv, in den Maasai der Gegenwart grundsätzlich die geborenen Naturschützer zu sehen.«

Doch einerlei, ob man künftig Weidevieh in Parkgebieten eingeschränkt zulassen wird oder nicht – das gravierende Problem liegt woanders. Hauptfeind von Gnu, Elefant, Zebra, Büffel, Nashorn, Löwe und Gepard ist die großflächige Umwandlung von Savanne in Ackerland außerhalb der Parks, wie sie insbesondere Kenia mit Macht betreibt. Die kopfstarken Wildtierherden, für die es keine Parkgrenzen gibt, werden in ihren Wanderrouten eingeschränkt. Ihre Durstmärsche, die schon von Natur aus Wettläufe mit dem Tod sind, führen immer öfter auf ruinöse Umwege.

»Moment mal. Was ist das Thema? Ich meine, was ist dein thematischer Schwerpunkt – Mensch oder Tier?«, fragt mein Freund Klaus, der alle Großtiere Afrikas gesehen, aber dabei die Menschen nie übersehen hat.
»Ich denke mal, das sollte man nicht trennen ... oder?«
»Ja. Aber ich finde, der Leser muss eine Vorstellung davon bekommen, was es heißt, Menschen wie die Samburu in die Sesshaftigkeit zu zwingen, Menschen, denen das Hirtendasein seit Jahrtausenden im Blut steckt.«
Die Samburu? Klaus macht mir klar: Ethnologen unterscheiden sie als Sonder-Ethnie von den Maasai. Die Tourismus-Industrie ist da bedenkenloser: Kenia-Touristen »verkauft« man die dort lebenden Samburu unter dem gut eingeführten »Markenzeichen« Maasai. Maasai gleich »Edler Wilder«, gleich ursprüngliches Afrika. »Schlaf allein!«, heißt der letzte Gruß der Samburu an ihre würdigen alten Männer, denen das Privileg zuteil wird, auf einer Kuhhaut zur ewigen Ruhe gebettet zu werden. Diese Kuhhaut war Schlafdecke, auf einer Tierhaut wurde man geboren, man trug als Jüngling ein rußgefärbtes schwarzes Lederkleid in Erwartung der rituellen Beschneidung. Kuhhaut ist die zweite Haut. Sie einem Samburu zu nehmen heißt, ihn zu häuten.

Die Samburu leben nicht nur **von** ihren Tieren – Rindern vor allem, aber auch Ziegen –; das tun alle Hirtenvölker. Sie leben in einem spirituellen Sinne aus, *mit* und *in* ihren Tieren. In diesem Sinne ist auch das Leib- und Seelegetränk der Samburu, Saroi, sicherlich mehr als nur eine probate Not- und Nährlösung in einer trockenen Umwelt: Das Gemisch aus Rinderblut und Milch symbolisiert zwei Lebenselixiere. Kein Wunder also, dass es Wunder tun kann.

Rinderfett, auf den Leib einer bisher Unfruchtbaren aufgetragen, hilft, sofern die Prozedur mit einem Ochsen-Festessen gekrönt wird; und nach der Geburt ist natürlich wieder ein Rind fällig. Zur Abschlussfeier ihrer Junggesellenzeit müssen die künftigen Familienväter gemeinsam einen Bullen niederringen und ersticken, damit sein Blut erst fließt, wenn der Kult offiziell beginnt.

Kühe sind nicht nur den Samburu heilig. Auch wenn sich zwei »echte Maasai« in der Savanne begegnen, werden sie sich mit den Worten begrüßen: »Ich hoffe, es geht deinen Kühen gut!«

Der Gruß sagt mehr als »Guten Tag«, er bedeutet »Gutes Leben« und »Gott mit dir«. Der Schöpfergott der Maasai handelt – natürlich – wie ein guter Rinderhirte: Als Gott Enkai Himmel und Erde trennte, überließ er den Maasai die Kuh.

Kuh und Erde verschmolzen zu einem heiligen Mysterium – und im Heiligen buddelt und wühlt man nicht herum. Die Abneigung der Maasai gegen Ackerbau ist tief religiös grundiert; eine Furche zu ziehen ist ein Stück Entweihung, selbst Brunnen zu graben gilt streng genommen als fragwürdige Tat. Anders bei den Lieblingsfeinden der Maasai (und Turkana), den kriegerischen Pokot: Sie waren über die Jahrhunderte traditionell Ackerbauern, lebten dann umständehalber eine Zeit lang nomadisch, sind aber schon vor einigen Generationen – im Doppelsinne des Wortes – zu den Wurzeln zurückgekehrt.

Noch 1850 erlaubte der herdenzentrierte Lebensstil den Maasai auf 300 Kilometer Breite eine Nord-Süd-Ausdehnung von 1100 Kilometern – vom Turkana-(ehemals Rudolf-)See in Nordkenia bis zum heutigen Manyara-Nationalpark in Nord-Tansania. Doch ihre *high days* währten nicht lange; die Schicksalsschläge kamen im Stakkato: 1889 vernichtete eine gigantische Rinderpest-Epidemie rund 95 Prozent aller Nomaden- und wilden Herden im und am heutigen Serengeti-Parkgebiet; in anderen Savannen-Landschaften waren die Zahlen kaum weniger dramatisch. Fast zeitgleich wütete eine Pockenepidemie, der zigtausend Maasai zum Opfer fielen.

Als sich die Stämme zu Beginn des 20. Jahrhunderts langsam erholten, begann der Vormarsch der Siedler – illegal, halb legal, scheinlegal –, wie auch immer, in jedem Fall unerbittlich und unaufhaltsam. 1926 richteten die britischen Kolonialherrscher Maasai-Reservate im heutigen Kenia ein, was die Hirten allerdings keineswegs vor Landraub schützte. In Afrikas Savannen lief dasselbe üble Spiel der *broken treaties* (gebrochenen Verträge) wie in den nordamerikanischen Prärien, wo sich weiße Siedler keinen Deut um verbürgte Indianerrechte kümmerten.

Schließlich waren es zwei auf das Wohl der Nationalstaaten zielende Bewegungen, welche die Nomadenkultur auf die Knie zwangen. Zum einen begann mit den Fünfzigerjahren des zwanzigsten Jahrhunderts die Aussperrung der Hirten aus den Wild- und Naturschutzgebieten; sie wurde in dem Maße unerbittlicher, wie sich der Nationalpark-

Tourismus zur Top-Devisenquelle in Kenia und Tansania entwickelte. Schon damals gab es Einspruch: Hatten nicht die Maasai-Rinder über lange Zeiträume mit den wilden Herden koexistiert? Aber entscheidend war etwas anderes: Der zahlende Tourist wollte und will Wildnis pur sehen. Kuh vor Kudu passt nicht ins Bild.

Der zweite Stoß war die sozialistisch inspirierte »Ujamaa-(Gemeinschafts-)Politik des tansanischen Präsidenten Julius Nyerere ab 1967 – proklamiert in der berühmten »Arusha Declaration«. Im Kern ging es dem integeren Staatsmann Julius Nyerere darum, aus teils verfeindeten Stämmen ein Staatsvolk zu machen, was für ihn ganz selbstverständlich auch bedeutete: Nomaden, für die es keine Landesgrenzen gab, anzusiedeln. Aus Herumstreunern sollten sesshafte Ackerbauern werden. Man ließ ihnen letztlich nur die Wahl: Grab oder Grabstock. Das Heil, das hinter der menschlichen Katastrophe ausgerufen wurde, hieß: nationale Einigung. Moderne Landwirtschaft. Oder ganz allgemein – Fortschritt.

Proteste gab es kaum; die tansanische Zentralregierung konnte, wenn es um Einrichtungen von »fortschrittlichen« *agro farms* und *food corporations* auf Ex-Weideland ging, leicht an immer schon vorhandene Vorurteile anknüpfen: Das Nomaden-Dasein galt und gilt den Sesshaften – übrigens weltweit – als minderwertig und rückständig. Wer sich gleichwohl nicht in die Knie – sprich: in die Ackerfurche – zwingen ließ, fand sich in einem Teufelskreis: Auf schlechten Weiden ohne Wegerecht zu sicheren Wasserstellen sank die Milchleistung rapide. Die Maasai und Samburu stockten ihre Herden auf; immer mehr Rinder, Schafe und Ziegen, zusammengepfercht auf ruinös kleiner Fläche, zerstörten schließlich die Grasfluren. Am Ende eines Kampfes, der von Anfang an verloren war, blieb den kenianischen Maasai nur die Abwanderung in die Slums der mittleren und großen Städte (den tansanischen erging es besser). Endstation Hunger, Kleinkriminalität, Prostitution. Einigen gelang auch der Absprung samt weicher Landung ins 21. Jahrhundert. Es gibt ein paar wohlhabende, reiche, erfolgreiche Maasai in Nairobi und anderswo.

Und einige schafften es, sich in die Nischenexistenz von Postkarten-Maasai zu flüchten. Entlang der Haupt-Tourismusrouten verkaufen sie Schmuck, zum Beispiel »Maasai-Masken«, die mit ihrer traditionellen Kultur ungefähr so viel zu tun haben wie Sombreros mit orientalischen Turbanen. »Airport-Art« heißen all die netten kleinen Dinge, die handlichen, fluggepäcktauglichen Speer-Miniaturen und Original-Schlafschemel, die zumeist von den handwerklich hochbegabten Rendille herstammen.
»Warum so zynisch?«, ermahnt mich Klaus: »Natürlich bekommen die Touristen Talmi geboten … Aber die inszenierte Folklore funktioniert sehr gut als Ablenkungsfütterung. Neunzig Prozent der Touristen genügt das; und die Massen drängen dann nicht in die wenigen Rückzugsgebiete, wo die Maasai tatsächlich noch Maasai sein dürfen.«
Ich nicke und fühle mich ein wenig ertappt. Andererseits würde ich mich als Afrikatourist natürlich auch nicht gerne dabei ertappen lassen, auf jeden Klischee-Leim zu kriechen.
»Was ist überhaupt noch übrig von der Nomaden-Kultur, ich meine, wenn man all die Airport-Kunst und die Kodak-Color-Tänze mal weglässt?«

Freund Klaus überlegt eine Weile und wird dann kurz grundsätzlich: »Ich denke, Maasai und Samburu definieren sich dreifach.
Durch die Maa-Sprache; die ist noch nicht unmittelbar vom Aussterben bedroht. Dann durch ihren alles beherrschenden Lebensmittelpunkt, die Herde – da bröckelt es, wie gesagt, gewaltig, und eine Kultur kann nicht lebendig bleiben ohne ihr Herzstück. Drittens sollte man das System der Altersgruppen nicht vergessen; es ist wichtiger als Familienbande oder Clan-Zugehörigkeit.«

Die altersgleichen Maasai-Jünglinge, die gemeinsam das Beschneidungsritual durchstehen, bleiben einander als eine Art Bruderschaft lebenslang verbunden. Man steigt gemeinsam zum mannbaren Krieger (*murran*) auf, erst zum Juniorkrieger, dann zum Seniorkrieger, schließlich zum Junior-Älteren und Senior-Älteren, dann erst zum Junior-Ältesten und womöglich noch zum hoch angesehenen Senior-Ältesten. Die Bruderschaft verpflichtet ihre Mitglieder zu gegenseitiger Hilfe. Wenn ein *murran* seine Tiere verloren hat, kann sein Mit-*murran* ihm unter fast keinen Umständen Hilfe bei der Neugründung einer Herde verweigern.

Zum *murran* qualifiziert man sich durch allerlei Mut- und Ausdauerproben. Früher, vor der Zeit der Nationalparks, zum Beispiel durch Löwenjagd, die für Maasai weniger Jagd im üblichen Sinne als vielmehr Herdenschutz und Bewährungsprobe war. Vor allem aber verbindet langjähriges, isoliertes, karges Junggesellenleben in einer entlegenen *manyatta*, wo die neue Generation Traditionen, Lieder, Tänze und Kampftechniken erlernt.

Das Stichwort »Kampftechnik« zwingt zu ein paar Einsichten, die uns harmoniebedürftigen Nachfahren auf den Savannenpisten nicht so recht gefallen wollen. Kriegerische Übergriffe, Viehdiebstahl, blutige Konkurrenz um die besten Weidegründe waren und sind keineswegs nur der schlimme Erbteil kolonialer Zerrüttung. Der Nachbargruppe etwas abzujagen, ihr Vieh zu klauen oder – sofern man selbst der Geschädigte war – solche Übergriffe zu rächen, galt als anständiger Beweis der eigenen Vollwertigkeit und verhalf zu Ansehen innerhalb der Gemeinschaft.
Bei den Pokot, die eine streng geregelte Friedenspflicht nach innen halten, konnte man schlechterdings nicht als vollwertiger Krieger (sprich: als Mann) gelten, ohne wenigstens einen getöteten Feind vorzuweisen. Das hohe Ideal aller Pokot ist der »Töter«. Und der ist – einmal mehr wird man auf die archaische Verschränkung von Zeugen und Töten gestoßen – zugleich der legitime, der berufene Beschützer der Schwangeren.

Solange das begrenzte, rituell eingebundene Töten einzelner Savannen-Nachbarn noch mühselige Handarbeit war – mit Speer, Pfeil, Messer oder Axt –, war es von Fall zu Fall schrecklich. Aber es war nie katastrophal.

Das wurde es erst mit den modernen Feuerwaffen. Kenias Ex-Präsident Arap Moi und seine Clique ließen sie an die Pokot austeilen, zum Abschlachten ihrer traditionellen Rivalen, der Samburu und Turkana. Auf dass deren Rinder die Kühlhallen in Nairobi füllten. Kleine Geschenke fürs Wahlvolk.

Dem Staatsvolk von Kenia, das im Jahre 2002 nach 24 Jahren korruptester, mörderischer Moi-Diktatur voll Schaudern in dessen Folterkeller und Gefängnisse schaute, steht der Blick auf den alltäglichen, staatlichen und staatlich geduldeten Terror im Savannenland noch bevor. Oder wird es den Überlebenden so gehen wie den europäischen Nicht-Sesshaften, den Zigeunern? Deren Opferrolle in deutschen KZs fand jahrzehntelang im Bewusstsein der Öffentlichkeit kaum statt. Den Sesshaften erscheinen die Nicht-Sesshaften von Geburt an und von Natur aus – irgendwie – tendenziell selbst schuld.

Kain, der Ackerbauer, erschlug Gottes Liebling, den Hirten Abel. Abel ist der Gute. Aber Kain ist der Überlegene, der Überlebende. Das zählt mehr als ein bisschen Brudermord.

Mir sitzt so etwas wie ein Kloß im Hals: »Fällt es nicht auf«, frage ich Klaus, »dass man nicht lange von den Nomaden der großen Savannen reden kann, ohne bei Vertreibung, Totschlag oder sogar Völkermord zu landen? Oder wenigstens bei dem Dauerkonflikt Weidewirtschaft – Nationalpark?«

Klaus nickt Zustimmung: »Zumindest wenn man ehrlich bleiben will, landet man bei diesen Themen ... zwangsläufig. Aber ... (... kann es da noch ein Aber geben?, denke ich) ... aber man muss auch sehen, dass in Kenia und Tansania die Parks die Top-Devisenbringer sind. Der großflächige Schutz ist eine gewaltige Leistung, die sollte man, auch mit Blick auf das Unrecht an den Nomaden, nicht kleinreden.«

Erlauben wir uns ein *pars pro toto* – einen Teilausschnitt aus Afrikas Savannen-Vielfalt: **eine** Großlandschaft stellvertretend für das Ganze, wohl wissend, dass die Problemlinien in jedem Reservat, in jedem Park etwas anders verlaufen. Keine Wahl läge näher als die des Serengeti/Maasai-Mara-Park-und-Öko-Systems.

Es gibt einen augenfälligen Grund dafür, dass die Serengeti – wie ihr Retter, Professor Bernhard Grzimek, 1959 programmatisch buchtitelte – »nicht sterben darf«. Ihre Schönheit. Und, so könnte man ergänzen, ihre Einzigartigkeit, ihr Status als Erbe der Menschheit, ihr Reichtum an herrlichen Geschöpfen, ihre atemberaubende Weite. Hier findet der Welt größte Säugetier-Weitwanderung statt; die Gnus, Charaktertiere der Serengeti, ziehen etliche hundert Kilometer aus dem trockenen Süden bis in den feuchteren Nordzipfel, in das Maasai-Mara-Gebiet auf kenianischer Seite. Und es sind heute sechsmal so viel wie die 150 000, die Vater und Sohn Grzimek in den Fünfzigern zählten, beziehungsweise schätzten. Einen Gutteil des Erfolges darf sich die Zoologische Gesellschaft Frankfurt (ZGF) zugute schreiben, die, in der ideellen und praktischen Nachfolge ihres Gründers Bernhard Grzimek, in den Randzonen der Reservate so etwas wie Flankenschutz organisiert: mit Schutzimpfungen der Nutztierherden (Rinderpest befällt Nutztier- und Wildherden!) und Entwicklungsprojekten für die Nachbarn der Parktiere.
Tansanias Ministerin für natürliche Ressourcen und Tourismus, Zakhia Maghij, lobt die neu konzipierte Arbeit in den Wildschutzgebieten (Wildlife Management Areas, WMA) als »bahnbrechende neue Phase des tansanischen Naturschutzes«. Erlaubt ist sogar moderate, kontrollierte Jagd an den Parkgrenzen – Einschnitte, die auf mittlere Sicht den Fleisch-Wilderern das Wasser abgraben sollen.

»Wildern. Weißt du, das ist so ein griffiges europäisches Wort. Da stecken in einem einzigen Begriff gleich die Fallbeschreibung, die Anklage und das Urteil«, sagt Klaus.
»Du meinst …?«
»Ich meine, da buddeln verhungernde Menschen Fallgruben oder bauen sich Schlingen … Menschen, die in der Nachbarschaft die Fleischberge vorbeiziehen sehen, während neben ihnen ihre Kinder vor Hunger wimmern …«

Derzeit werden in der Serengeti (»Unendliche Weite« in der Maasai-Sprache) immer noch rund 40 000 Tiere jährlich gewildert; Wildhüter konfiszieren per annum an die 15 000 Schlingen. Wandernde Gnuherden können den Aderlass zwar leicht verkraften, Büffel und Giraffen aber sind in Teilgebieten schon selten geworden.
Eine Trendwende erhofft sich der Schweizer Biologe Markus Borner von der geplanten Landrecht-Vergabe an Parkanrainer. Borner koordiniert für »Frankfurt« – so nennen Tansanias staatliche Natur- und Ressourcenschützer ihren wichtigsten Unterstützer – die Arbeit im und um den Serengeti-Park. Anfangs stießen er und andere weißgesichtige Experten in den Siedlungen entlang des Parks auf Skepsis, waren doch »die Naturschützer« – zumindest in der Wahrnehmung der Herdenbesitzer – diejenigen, die ihnen ihre Weideflächen entwunden hatten. Jetzt plötzlich profilieren sie sich als Helfer. Borner: »Jetzt stellen die Leute Anträge für eigene, lokal verwaltete Schutzgebiete um die

Serengeti herum beim Ministerium. Im Moment hilft die ZGF bei der Grenzmarkierung der Gebiete und unterstützt die Dorfgemeinschaften beim Entwurf der Zonen-Nutzungspläne.«

Jährlich drängen 90 000 Touristen in den Serengeti-Nationalpark, der mit seinen 14 763 Quadratkilometern ein Vierundsechzigstel der tansanischen Landesfläche bedeckt. Sechs Millionen Hufe, schätzt man, stampfen den Boden, darunter 200 000 Zebras und 300 000 Thomsongazellen. Die Serengeti gilt der Welt-Naturschutzgemeinde als eine der wenigen ganz großen Erfolgsstorys. Und der Wissenschaft ebenfalls: In keiner anderen Großlandschaft wurden Tierpopulationen über 40 Jahre vergleichsweise akribisch gezählt und beobachtet. 500 Vogelarten ziehen Ornithologen und Birdwatcher aus aller Welt an wie Nektar die Honigvögel; die Fernglas-Virtuosen lassen für Ibis und Marabu, Drogon und diverse Adlerarten sogar die ewigen *big five* links liegen: Elefant, Löwe, Kaffernbüffel, Leopard und Nashorn.

Schön. Hier würde sich eigentlich das halbwegs erfreuliche Ende unserer Betrachtung anbieten: Carlo Maris Afrika passt wunderbar zur Afrika-Vision des vielgeliebten Frankfurter TV-Tierprofessors, der eine ganze Generation für die Serengeti eingenommen hat. Die Gnurücken wogen noch immer, Zebras galoppieren, Elefanten rüsseln, Giraffen grätschen an den Wasserstellen, Krokodile lauern, Geparden sprinten, Geier schweben, Löwen gähnen. Das Paradies ist nicht vor die Hunde gegangen.

Und doch bleibt es bedroht. Denn gerade jetzt scheint sein Niedergang billigend in Kauf genommen zu werden. Kenia spielt offenbar sehr ernsthaft und konkret mit dem Gedanken, den Mara-Fluss im Nordzipfel des Serengeti/Maasai-Mara-Ökosystems abzuleiten. Er soll das Wasser, das er auf zehntausend Quadratkilometer Fläche einsammelt, nicht mehr im Victoriasee abliefern – es soll über irrsinnig teure Tunnel- und Ableitungssysteme in die großen Trockengebiete südlich von Nairobi gelangen, soll dort Felder wässern, Turbinen treiben und schließlich im berühmten Natronsee enden.
Kleiner Kollateralschaden, wenn der Wahnsinn tatsächlich in Zement gegossen würde: Der berühmte tansanische Natronsee, dessen Nordspitze die Grenze zu Kenia berührt, wäre plötzlich süßwasserdurchspült; das einzigartige Ökosystem, in aller Welt berühmt durch seine rosa Flamingo-Wolken, würde verwässert.
Und auch die Serengeti-Gnus würden den Verlust ihres Wanderziels am Ende des lebensrettenden Durstmarsches nicht lange überleben. Besonders in Trockenjahren ist der Mara die absolut letzte Zuflucht. Eine ZGF-finanzierte Studie prognostiziert für den Ernst- und Trockenfall den Zusammenbruch der Gnu-Großherden auf ein Fünftel.

Und das ohne jede Erholungsmöglichkeit; die voranschreitende Austrocknung Afrikas, Folge der globalen Klimaänderung, würde nicht zulassen, dass sich die großen Herden quasi natürlich regenerieren. Ohne ausreichend Gnus, die effizienten Rasenmäher der Savanne, bräche das Ökosystem unrettbar zusammen. Der wohl berühmteste Schlachtruf der jüngeren Naturschutz-Geschichte: »Die Serengeti darf nicht sterben« sollte schon mal wieder eingeübt werden.

»Was empfindest du, wenn du diese Fotos siehst?«
»Heimweh«, sagt Klaus. Und nachdem er die Carlo-Mari-Impressionen aus der Hand gelegt hat, fügt er hinzu: »Heimweh ... und die Notwendigkeit, noch einmal die große Afrikatrommel zu schlagen!«

Heimweh, sagt Klaus. Das Wort will mir nicht aus dem Kopf, zumal man bei Schwarzafrika doch eher geneigt ist, an Fernweh zu denken. Aber alle, die dieses Firmament einmal gesehen haben, reden anders über den Himmel, sind gläubig in einem diesseitigen Sinne; sie wollen den Himmel auf Erden nicht preisgeben. Einen Himmel mit ewigem Leben – nicht ohne Tod, aber mit Wiedergeburt aus Staub, Gras und Wasser.
Man nimmt sich als moderner Nomade vor, ein gutes Hotel, einen angenehmen Strand, eine quirlige Stadt wieder aufzusuchen. Und vergisst es. Die Savanne vergisst man nicht, man verlässt sie, ohne ihr den Rücken zu kehren. Sie bleibt einem. Es muss doch etwas dran sein an der Vorstellung, dass uns ein Prägebild von Savanne aus den frühmenschlichen Tagen geblieben ist.
Alle, die einmal die Würde eines alten Elefanten gesehen haben, alle, die das Rollen einer galoppierenden Gnu-Woge im Ohr hatten oder nur den Atem im Savannengras gespürt haben, sind Gefangene dieser Freiheit.

Das Großartige – wie bedroht auch immer – wirbt mit seiner Großartigkeit. Von dieser Hoffnung leben Menschen, die Afrikas Natur mit Zähnen und Klauen verteidigen. Und Künstler wie Carlo Mari, die ihr Bilder malen. Menschenbilder, Tierbilder, Seelenbilder.

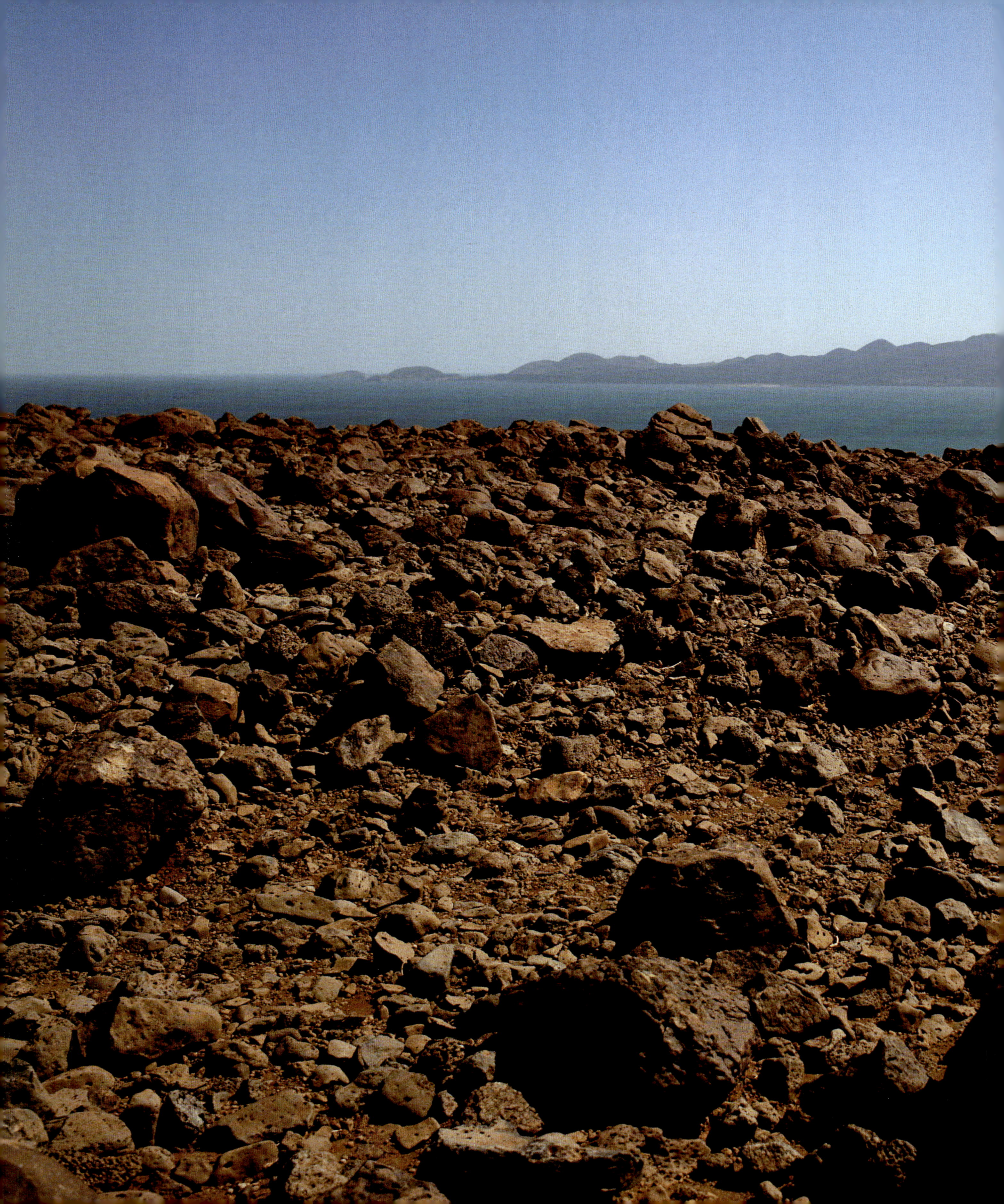

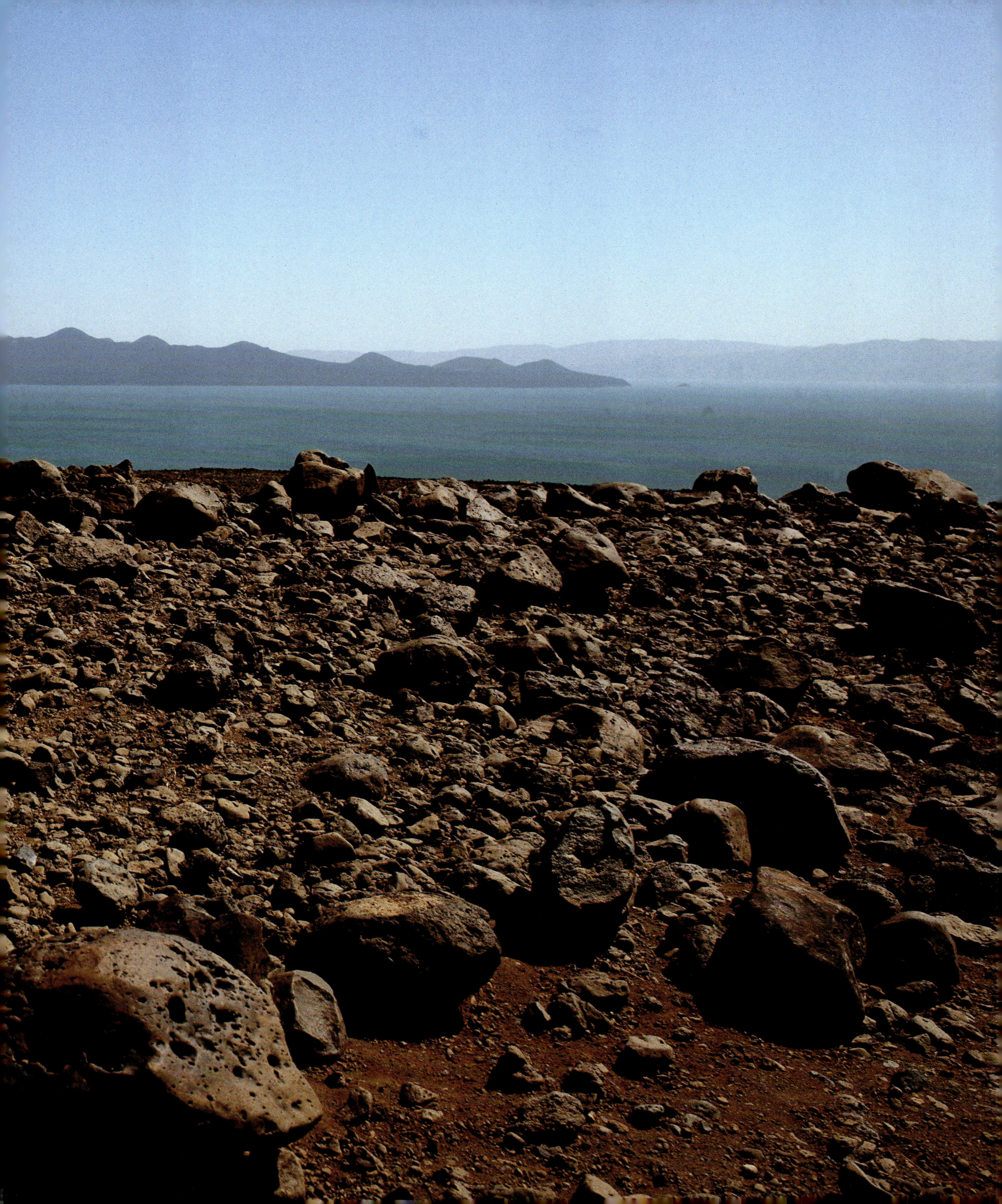

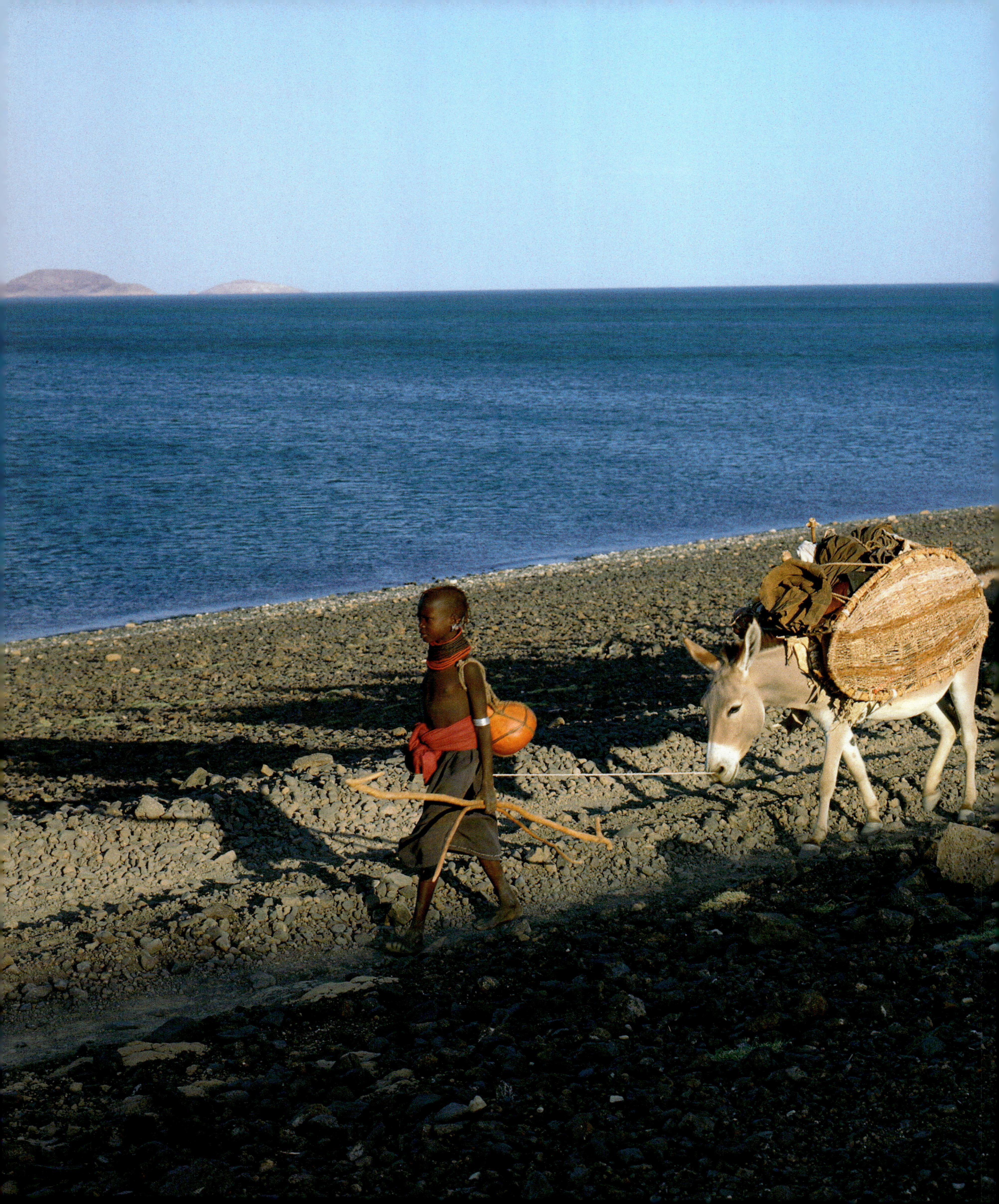

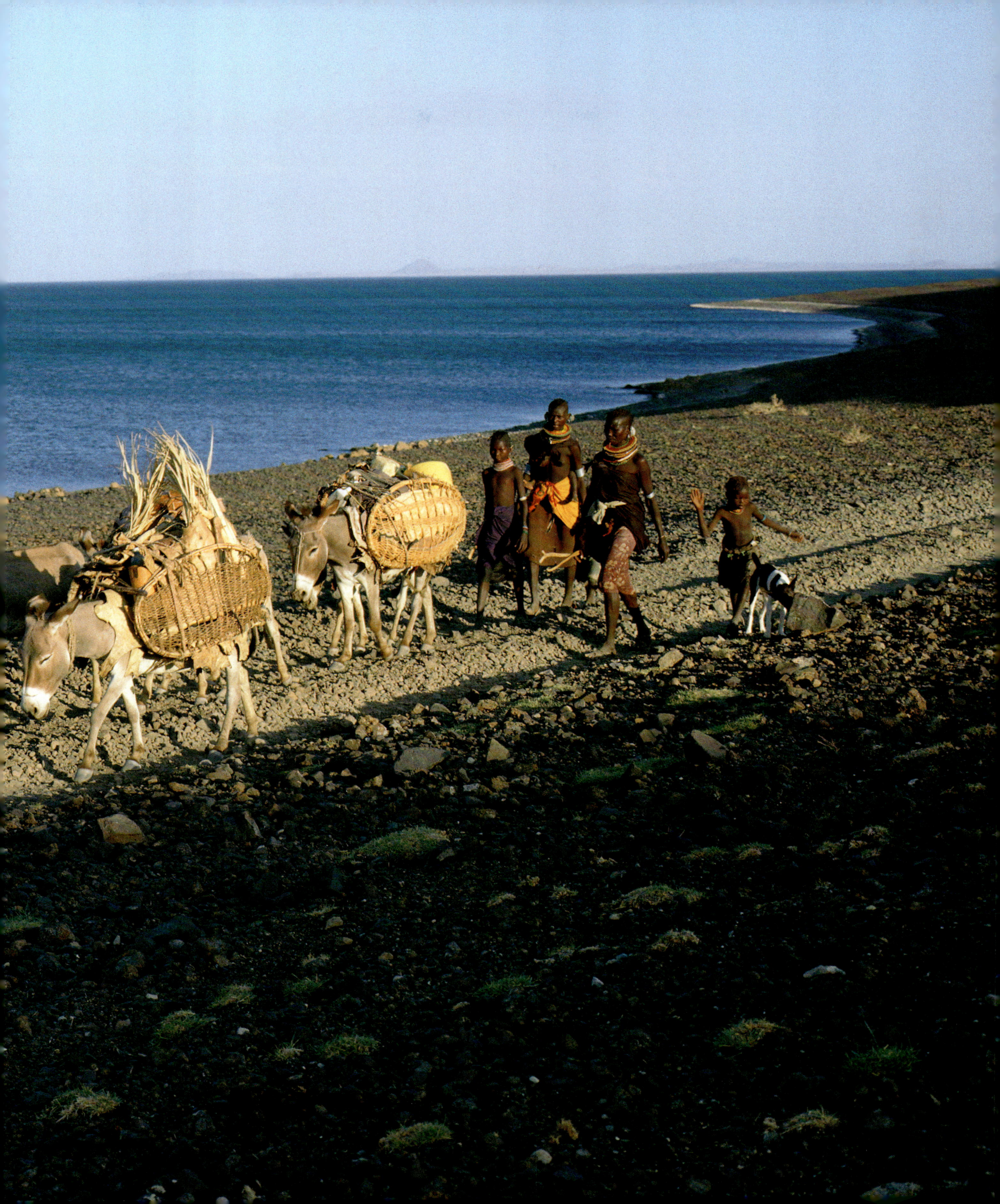

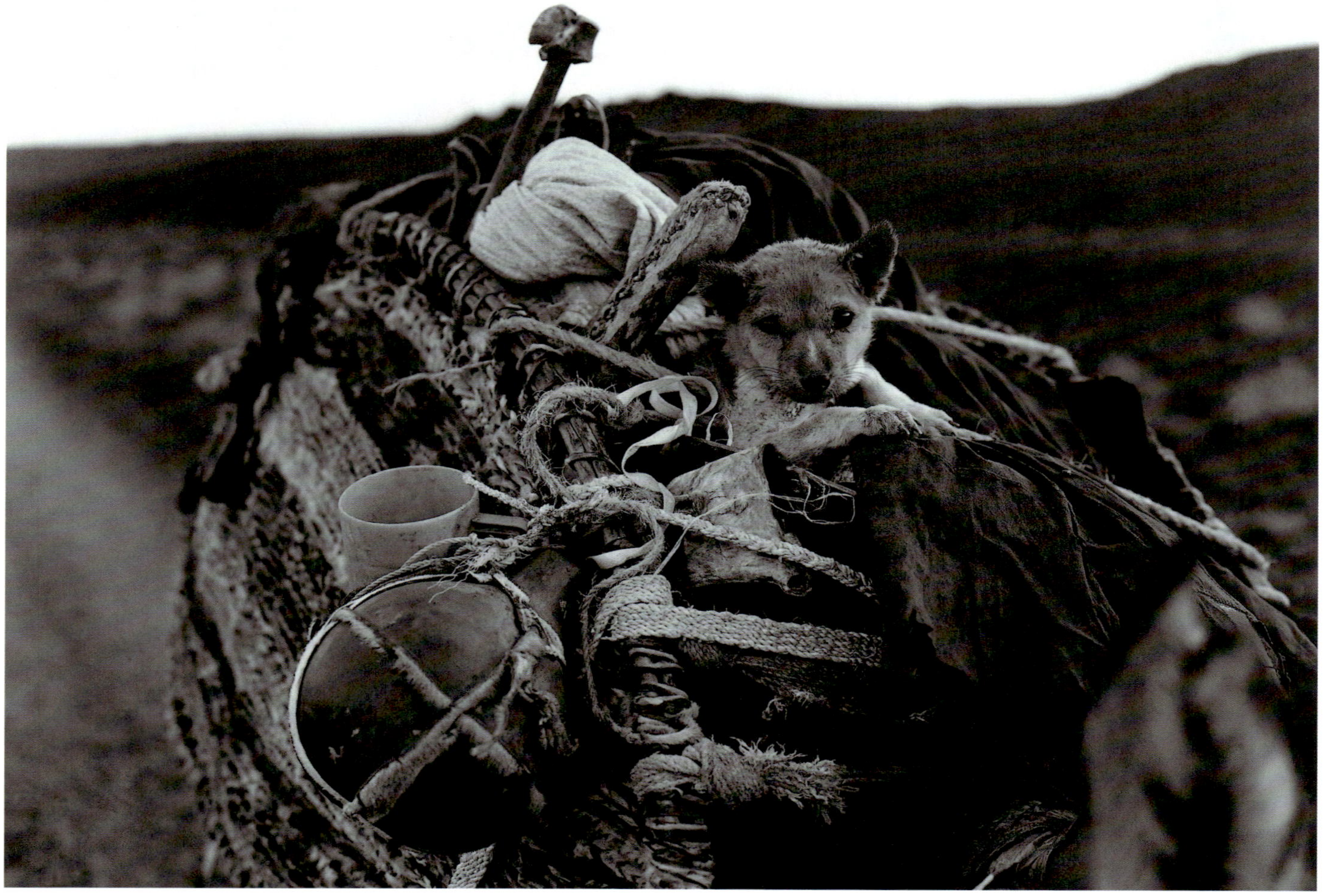

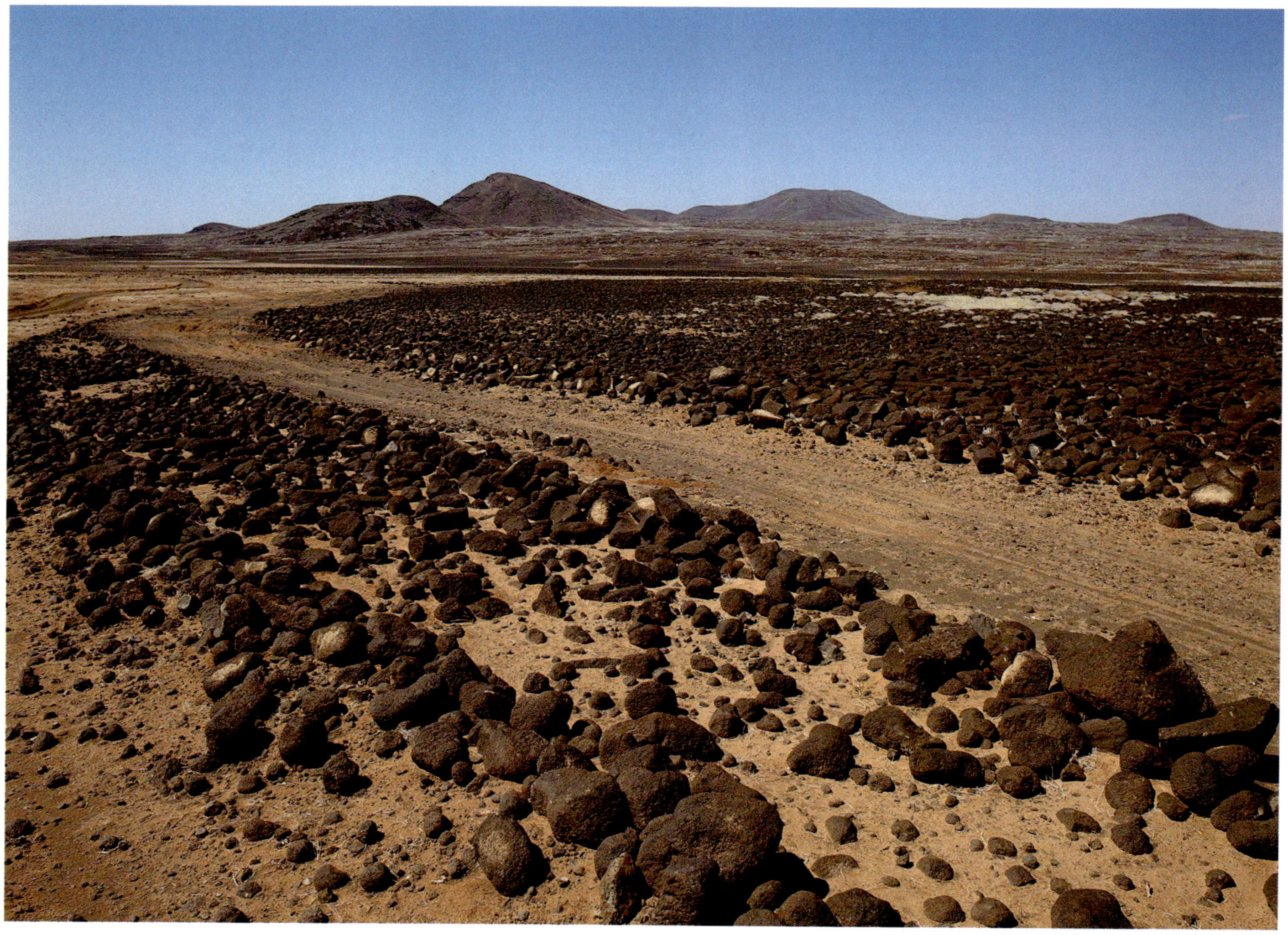

EL MOLO

Wie einige andere Ethnien in den Savannen Ostafrikas haben auch die El Molo kuschitische Ahnen, die vor einigen Jahrhunderten den äthiopisch-somalischen Raum verließen. Schon bald nachdem sie sich am Ostrand des 180 km langen Turkana-Sees niedergelassen hatten, wurden sie die Opfer kriegerischer Nachbarn. Die wenigen Überlebenden retteten sich auf kleine Inseln im See. An diese Leidensgeschichte und den Überlebenskampf der kleinsten Ethnie Kenias erinnert noch der Name »Insel ohne Wiederkehr«; das Eiland liegt dem heutigen Siedlungsgebiet der El Molo an der Südostküste gegenüber.

Die El Molo trotzen einer heißen, unwirtlichen Gegend mit nur 50 bis 60 mm Niederschlag pro Jahr, wenn es denn überhaupt regnet. Trinkwasser ist das zentrale Lebensproblem der See-Anrainer, denn der Fluorid-Gehalt des Wassers liegt siebenfach über dem von der Weltgesundheitsorganisation (WHO) empfohlenen Richtwert. Das Seewasser, für das es keine Alternative gibt, versprödet die Knochen. Die Hälfte des kleinen Volkes leidet unter Zahnkrankheiten, Knochenveränderungen, Deformationen und Brüchen. Europäische Hilfsorganisationen bemühen sich um sichere Trinkwasserversorgung und Pflanzprojekte.

Fisch ist Hauptnahrung; die pflanzliche Kost besteht fast ausschließlich aus Beeren und den Früchten der Dumpalme. Diese Fächerpalmenart ist für die El Molo überlebenswichtig: Aus ihren Fasern fertigen sie Kleidungsstücke sowie Netze und Reusen für den Fischfang; mit ihren Blättern bedecken die Frauen – bei den El Molo sind sie die Hausbauer – die runden Hütten. Das Gerüst bilden viele zu einem Kuppeldach gebogene Stöcke. Dumpalmen-Stämme werden zu Flößen zusammengebunden, auf denen die ausgezeichneten und wagemutigen Fischer harpunenbewehrt zur Krokodil- und Flusspferdjagd fahren. Das Fleisch stellt eine willkommene Abwechslung im täglichen Einerlei aus Nilbarsch und Tilapia dar. Der Fisch wird, sofern nicht gleich fangfrisch verzehrt, auf erhöhten Gestellen in der Sonne getrocknet.

Nach des Tages Mühen erholen sich die Männer, vor allem die älteren, beim *kalaha*, einem Spiel, in dem nur punktet, wer schnell und präzise kopfrechnen kann. Beliebt sind auch die hölzernen Kopfstützen. In ganz Ost-, Zentral- und Südafrika verbreitet, sind sie keineswegs so unbequem, wie sie aussehen; sie ermöglichen entspanntes Ausruhen, da die Halswirbelsäule gut gestützt wird und man sich nicht um die oft sehr kunstvollen Frisuren sorgen muss.

So hart das tägliche Leben auch immer sein mag, es hat die El Molo nicht daran gehindert, ihm geschmückt die Stirn zu bieten. Die meisten der vielen Halsketten sind aus Glasperlen (von frühen Handlungsreisenden aus Venedig, Böhmen und Indien herangeschafft); die Armreifen, früher häufig aus Kupferdraht, sind dieser Tage aus Plastik. Kulturell verlieren die El Molo auch deswegen an Eigenständigkeit, weil sie sich immer mehr den Samburu annähern.

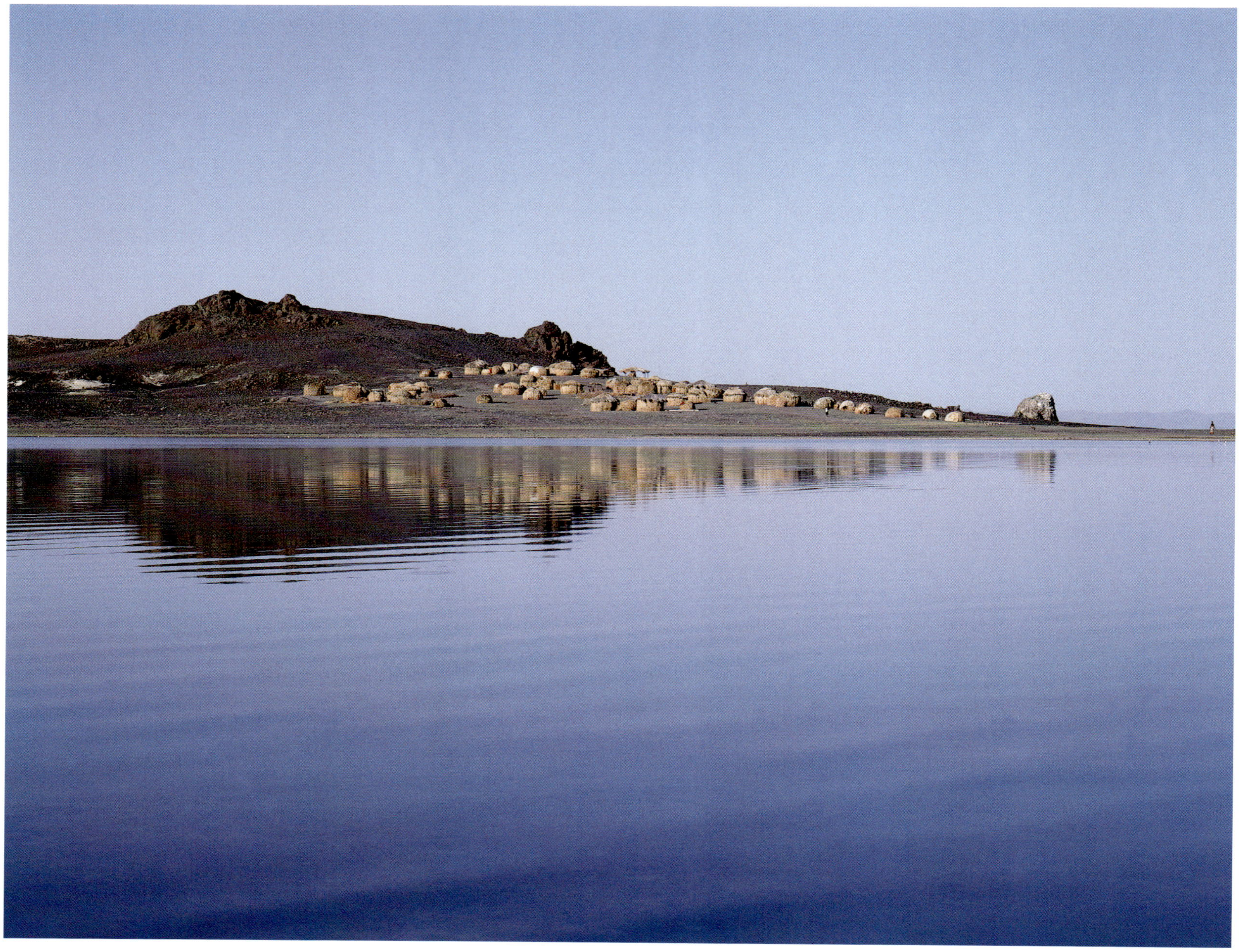

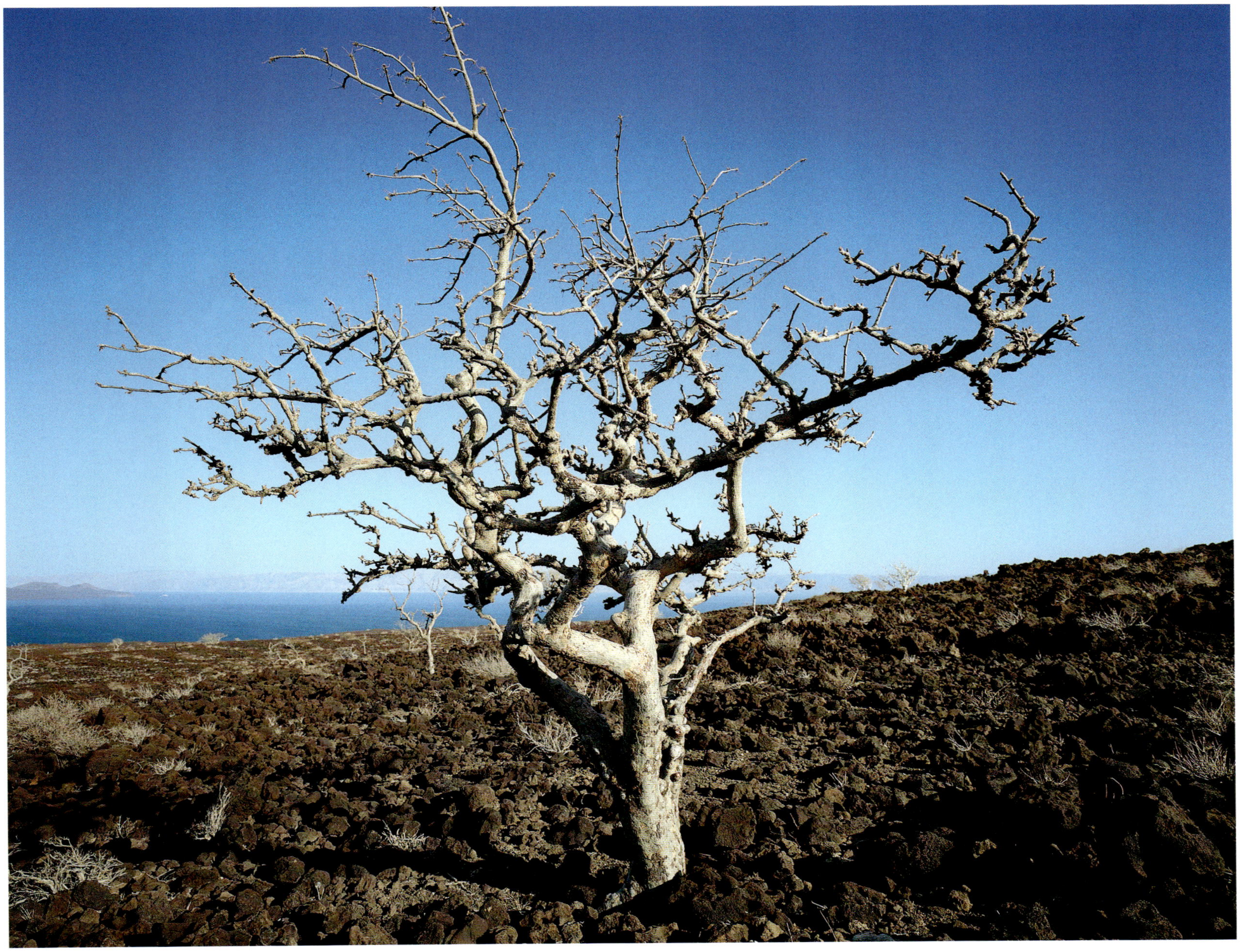

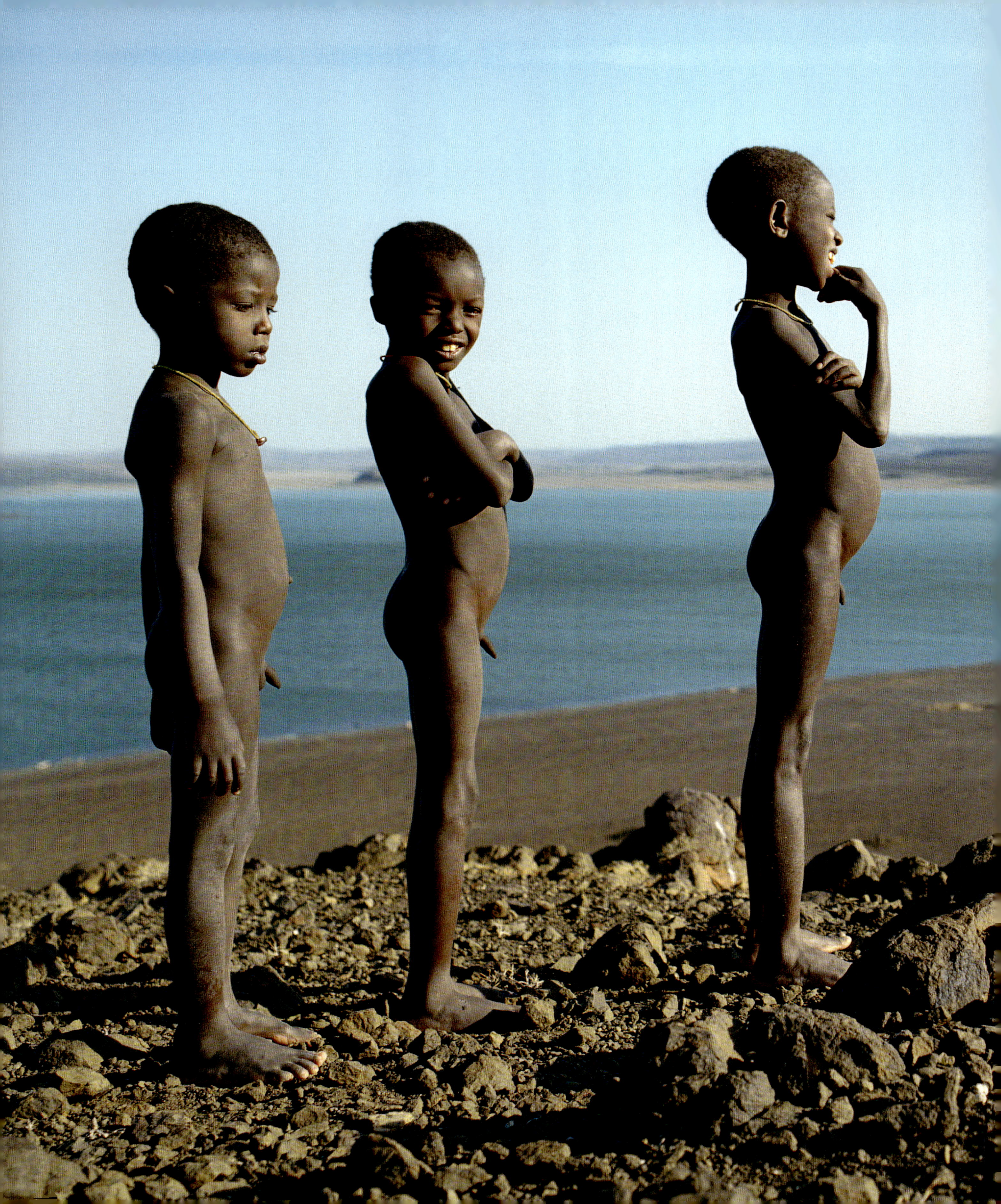

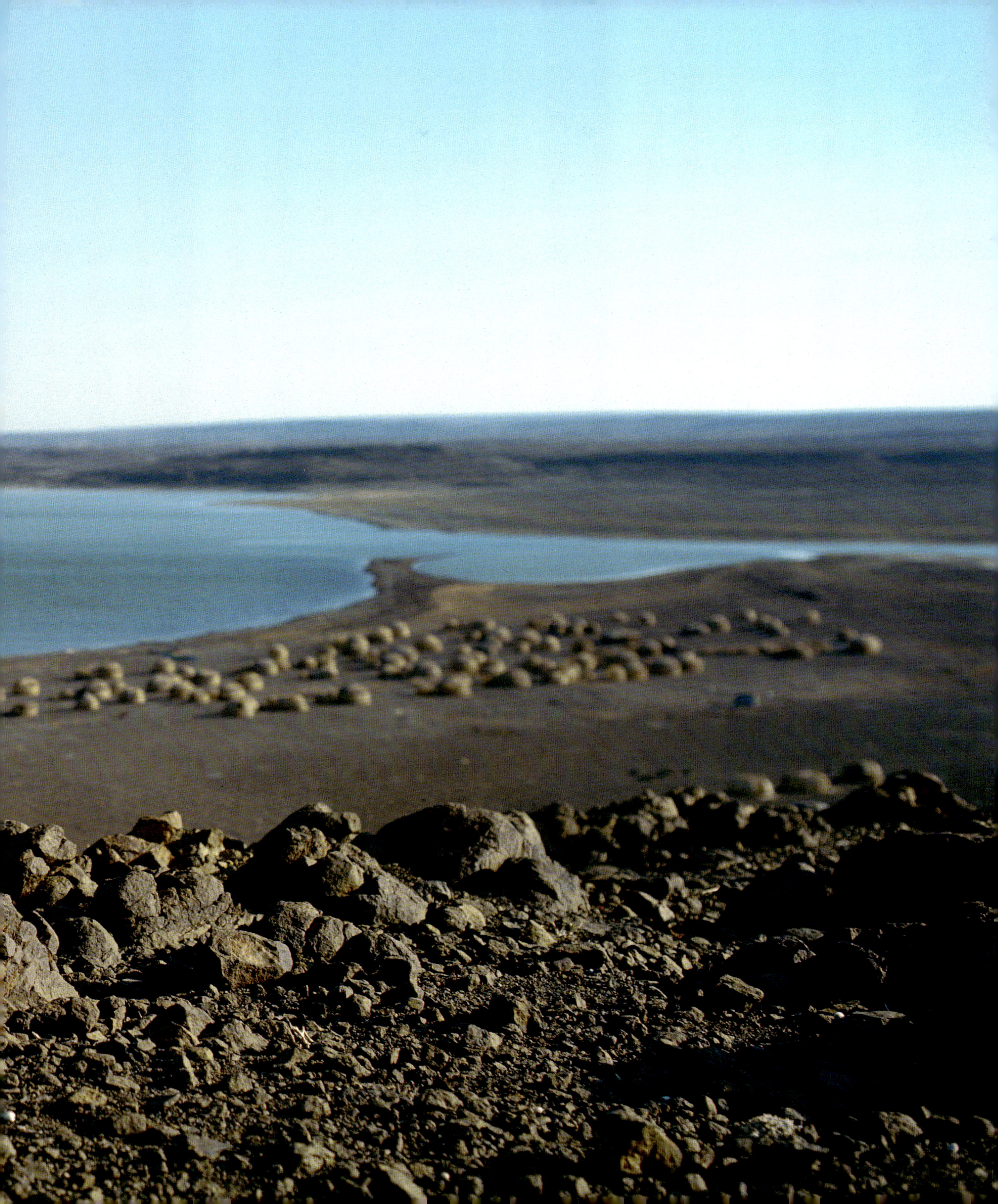

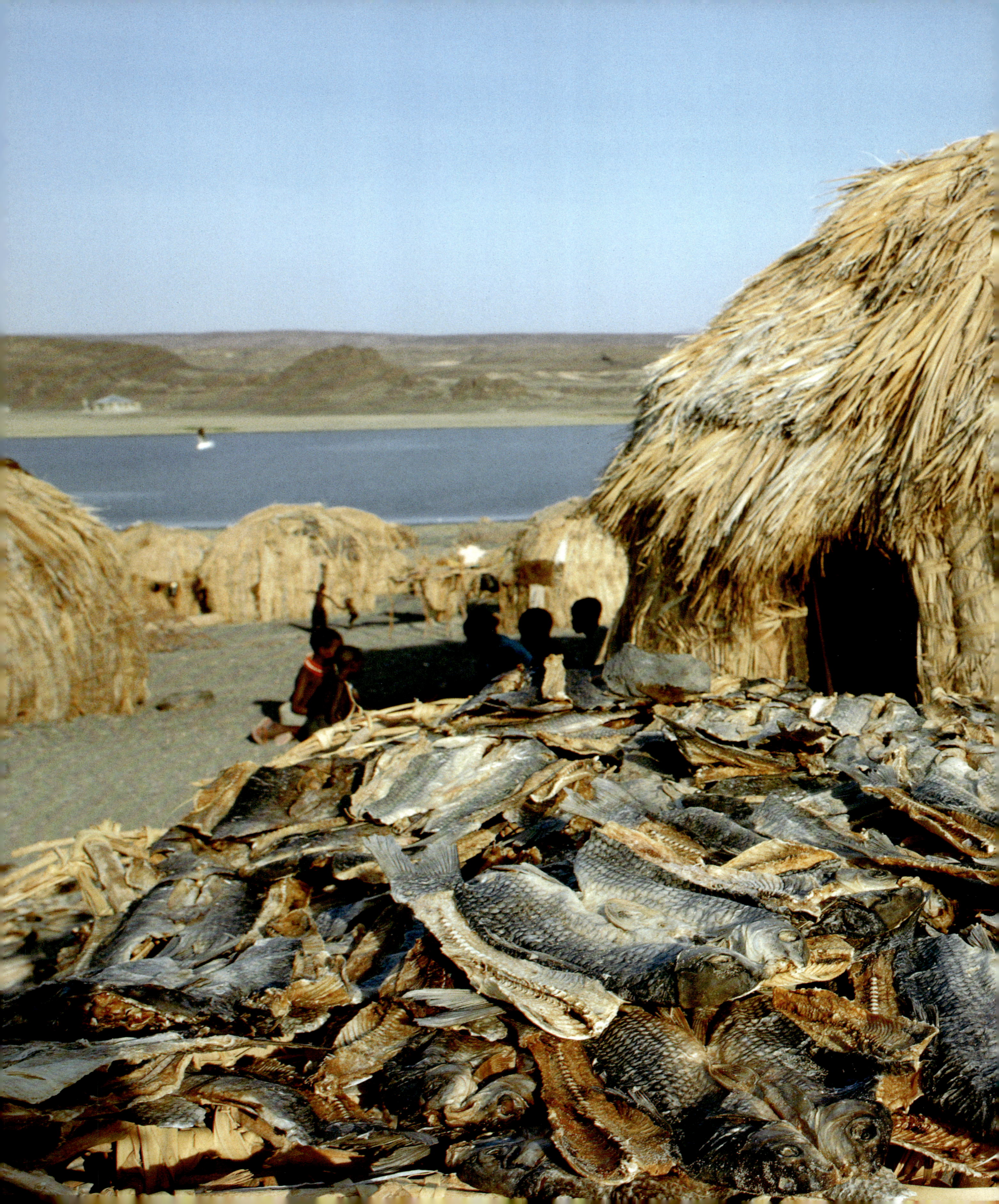

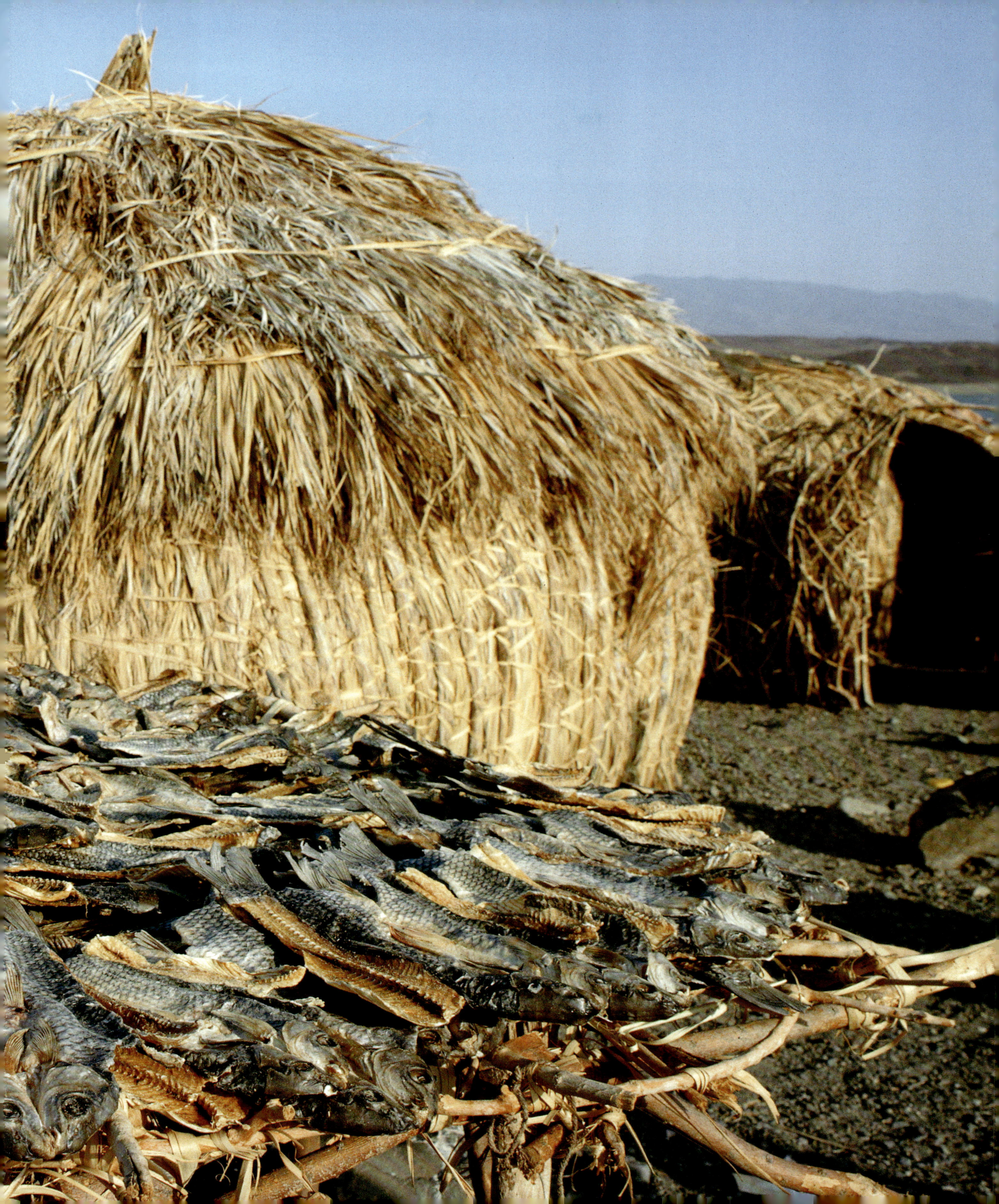

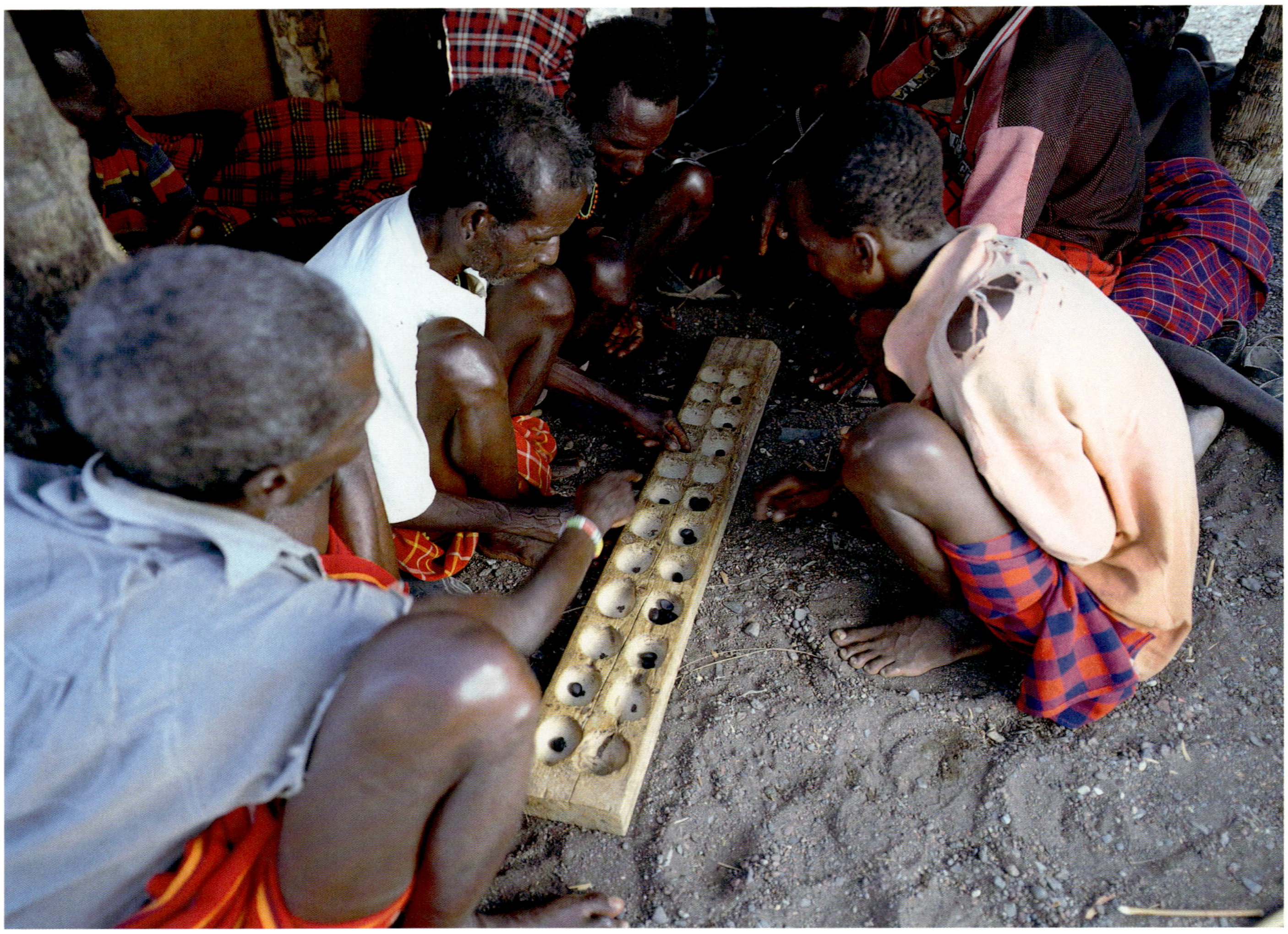

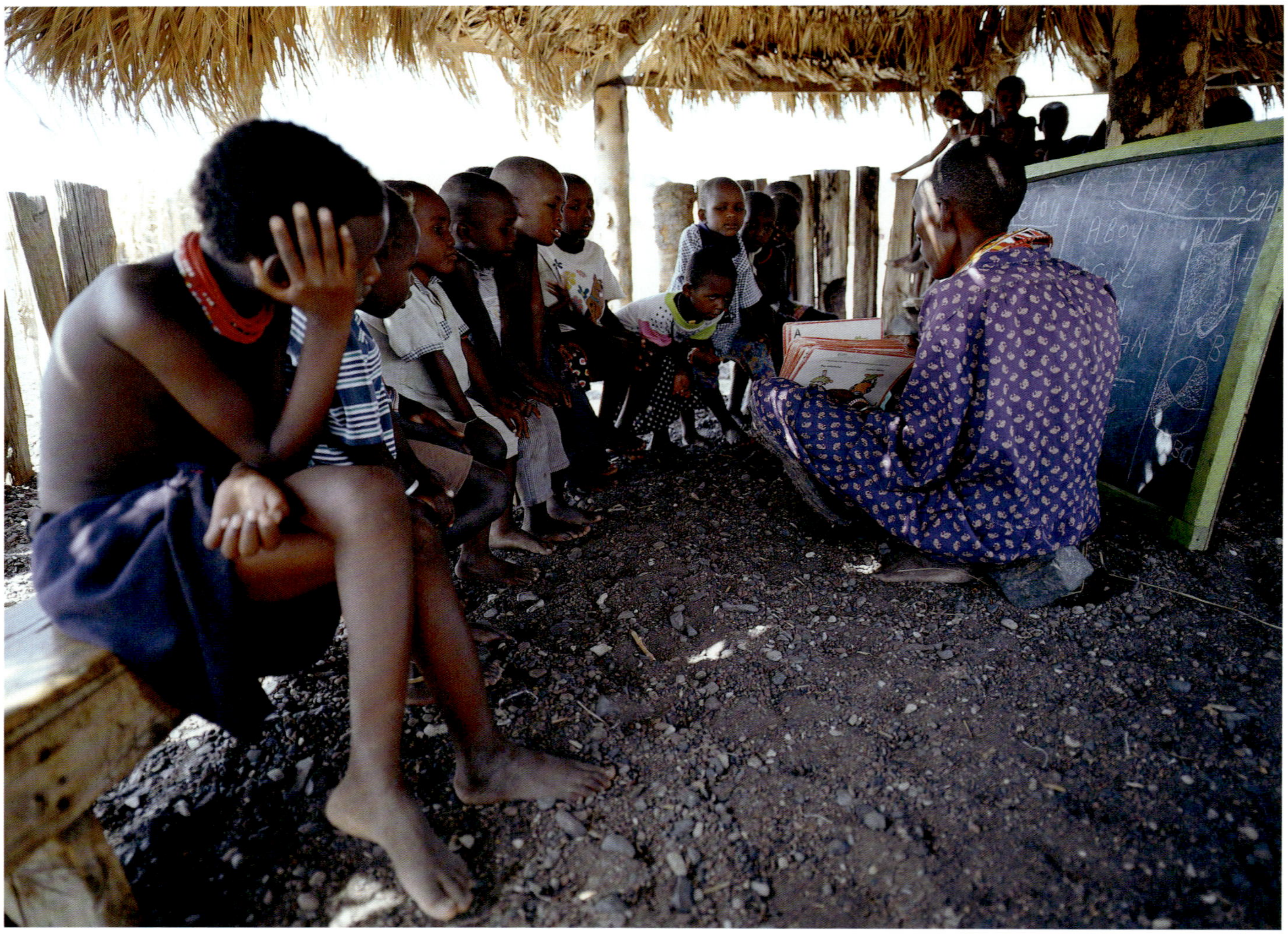

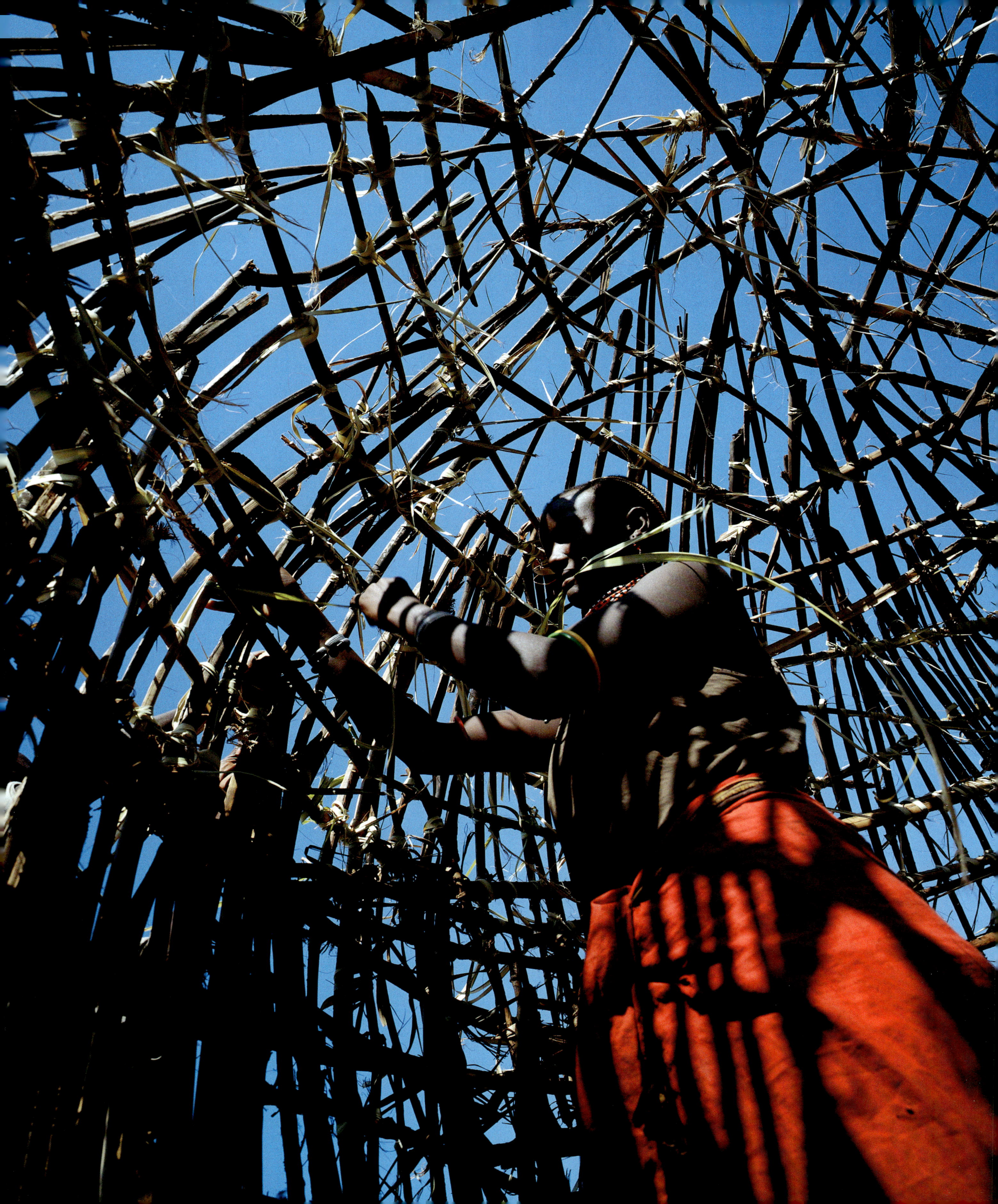

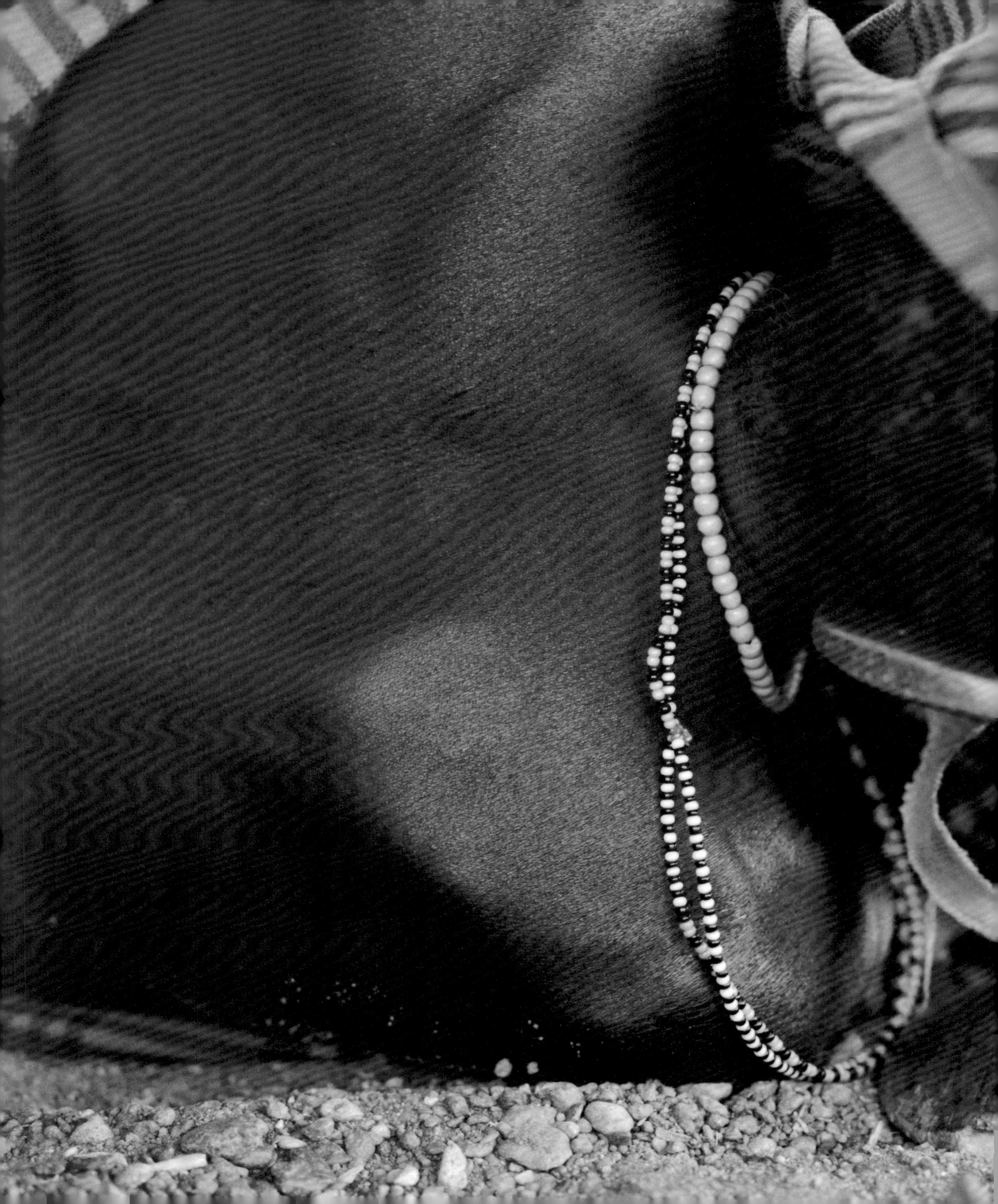

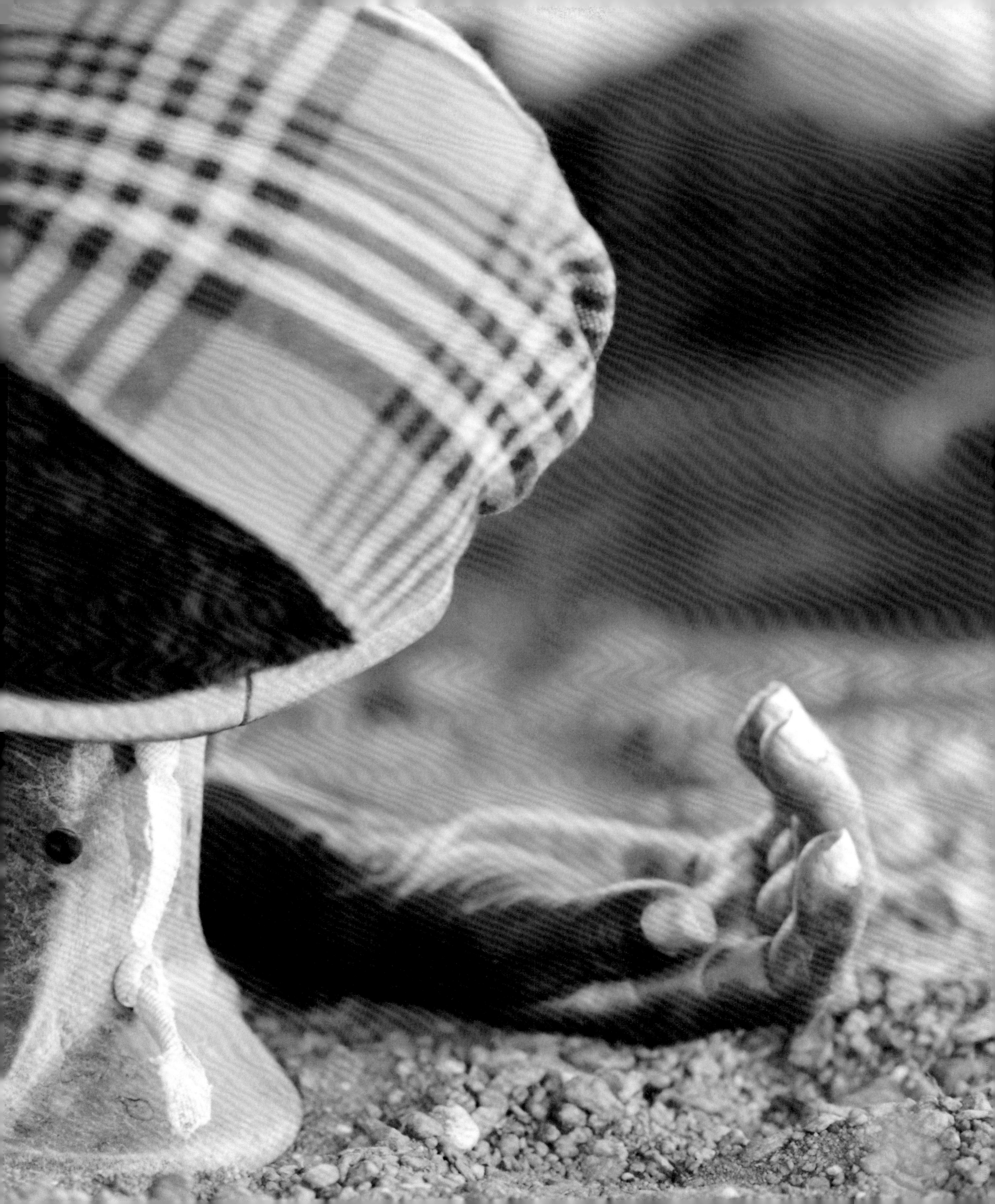

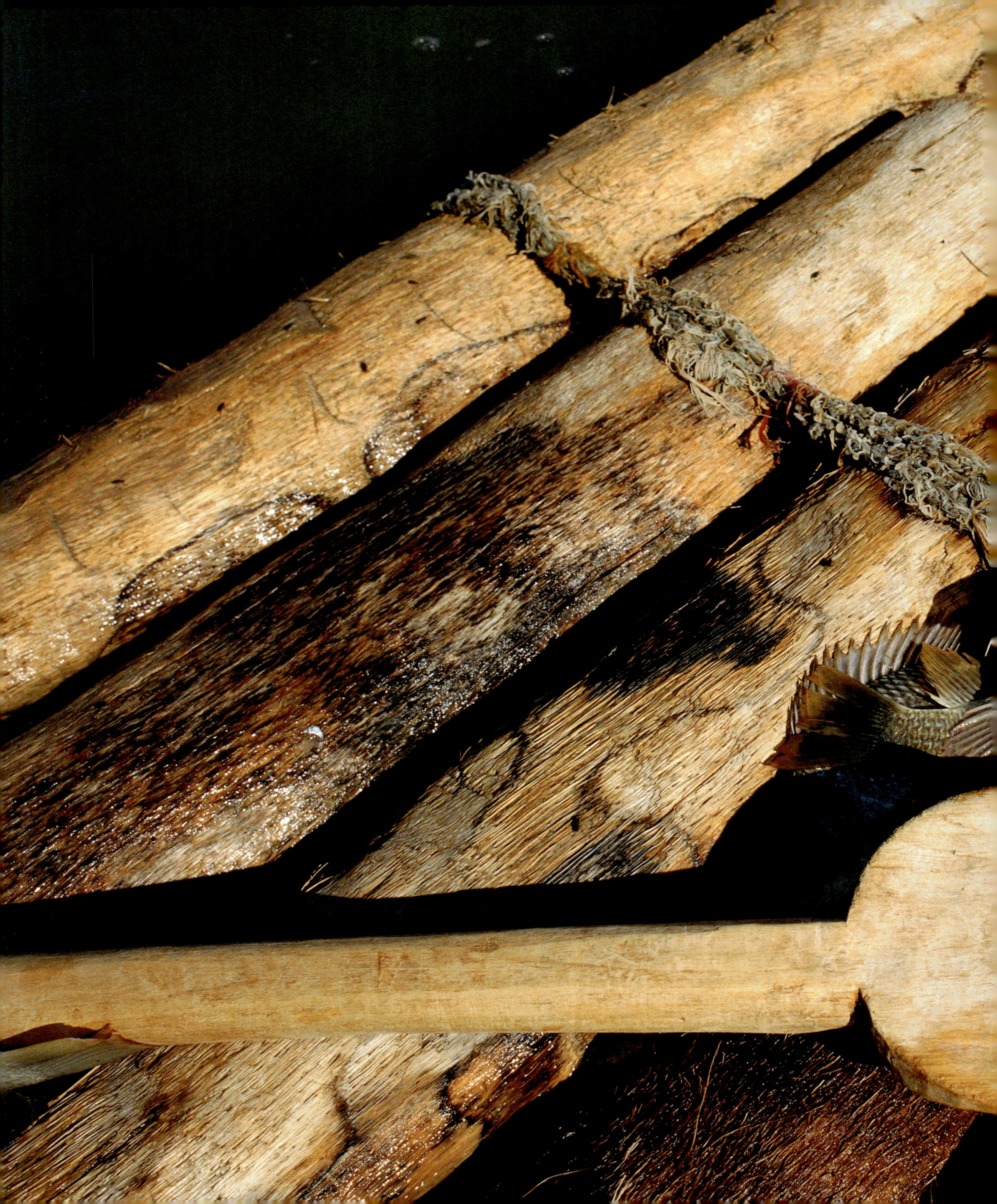

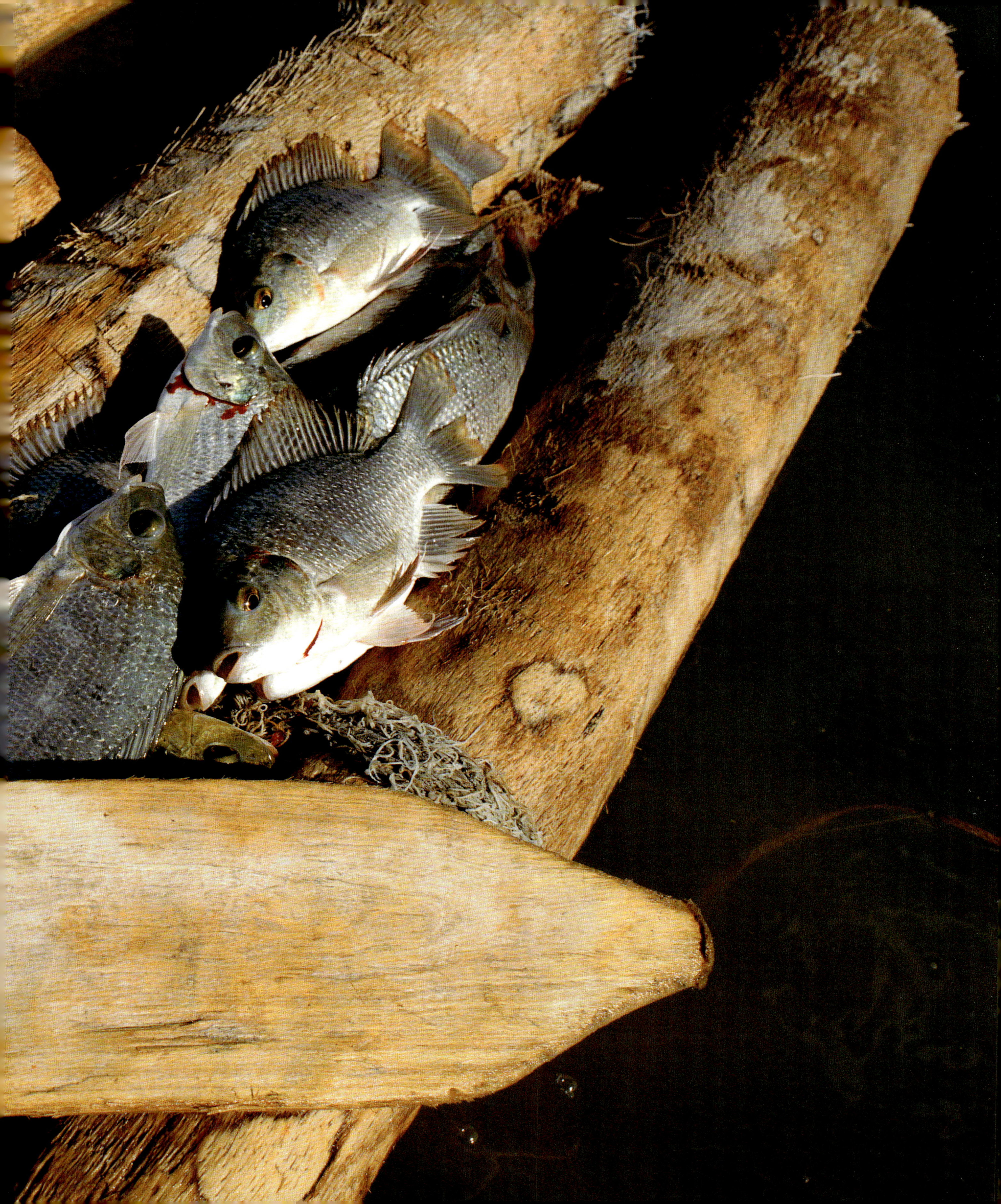

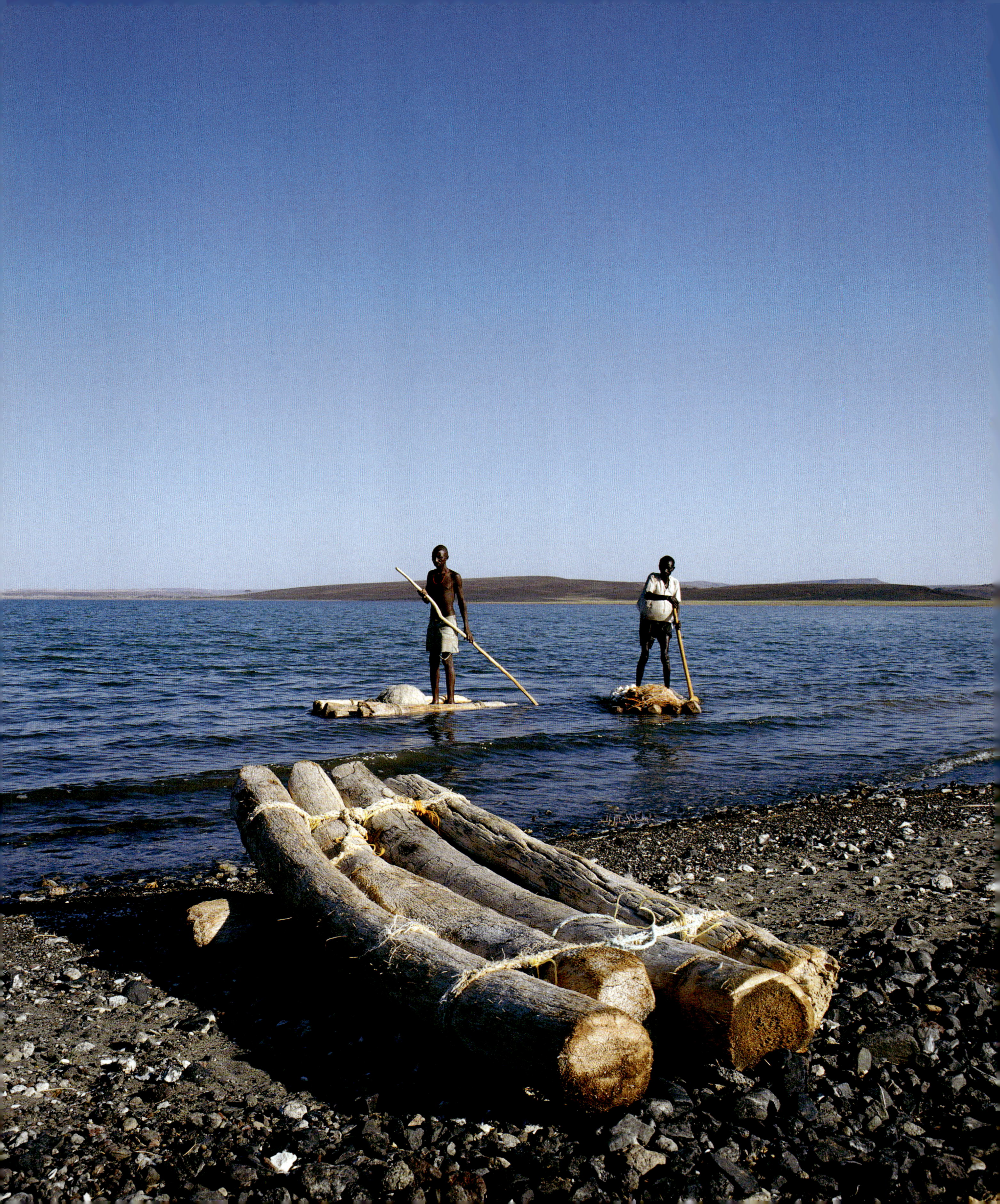

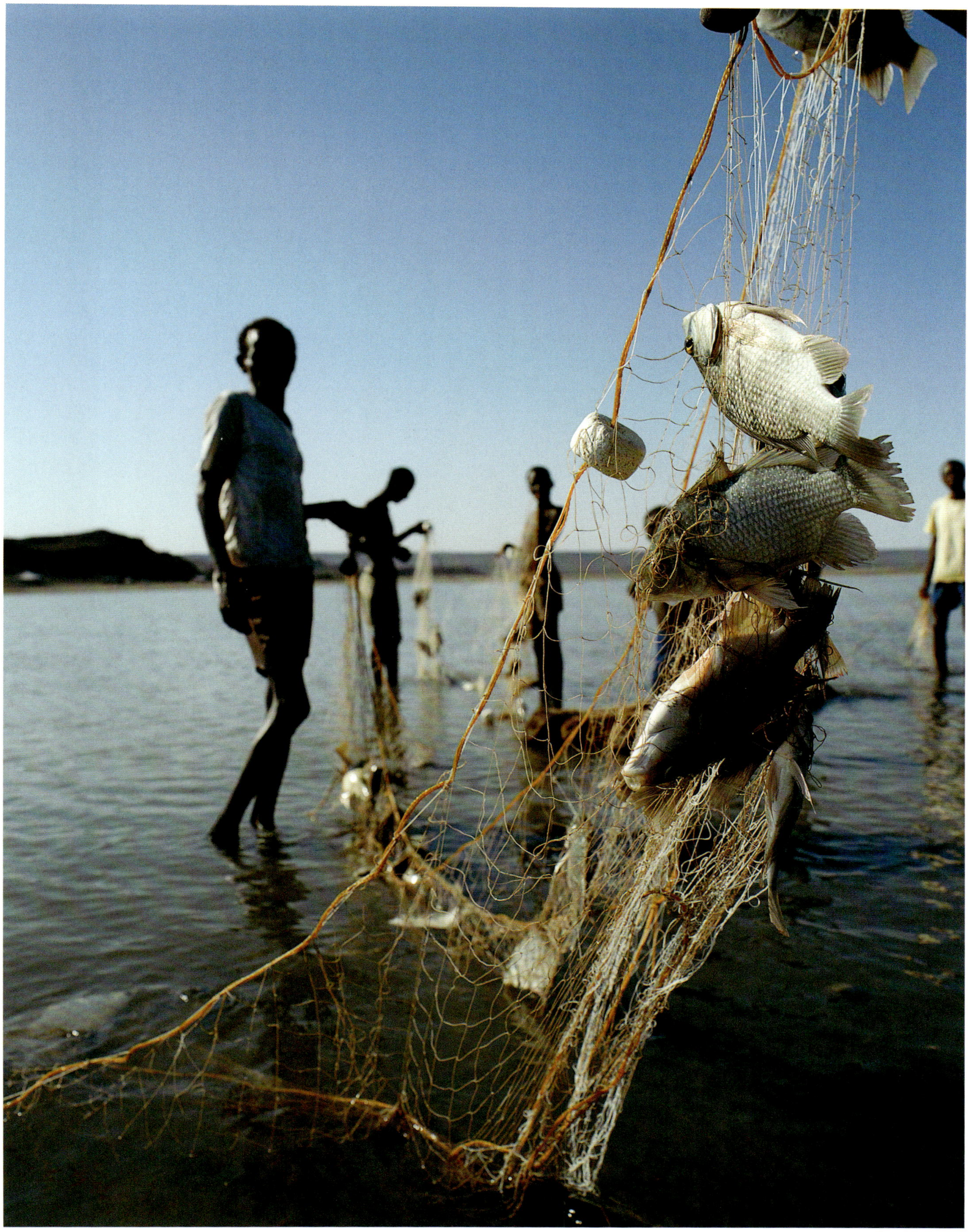

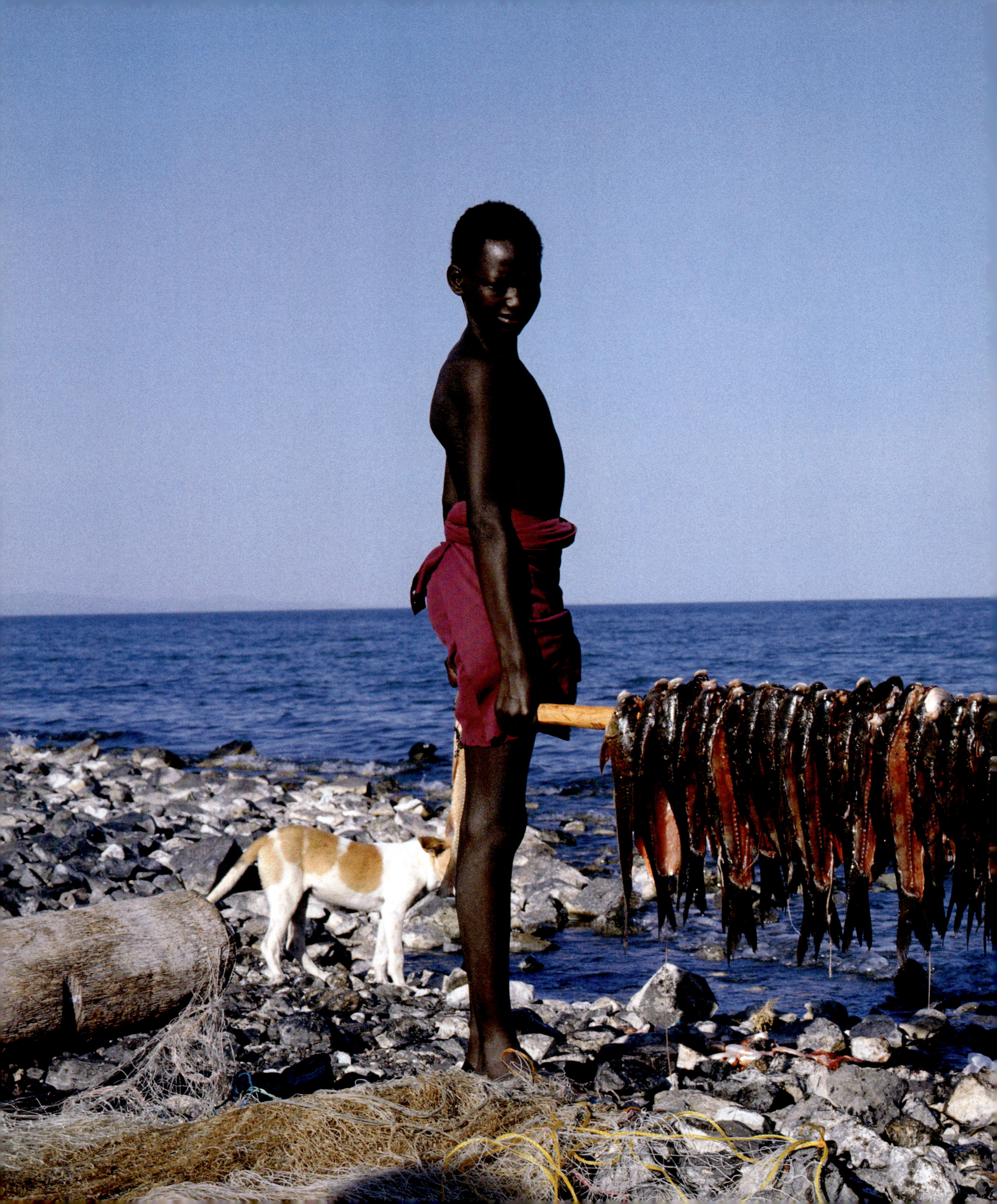

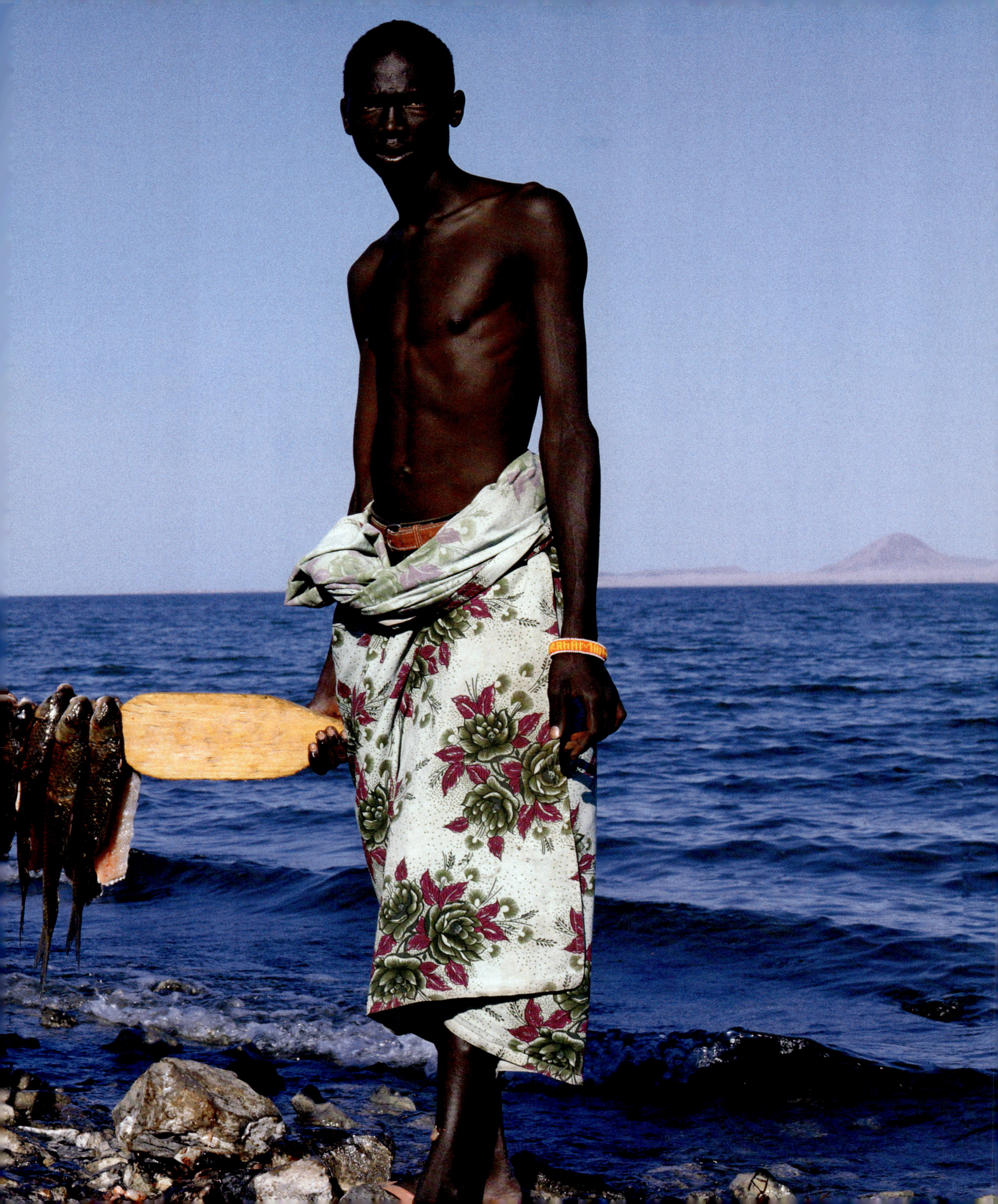

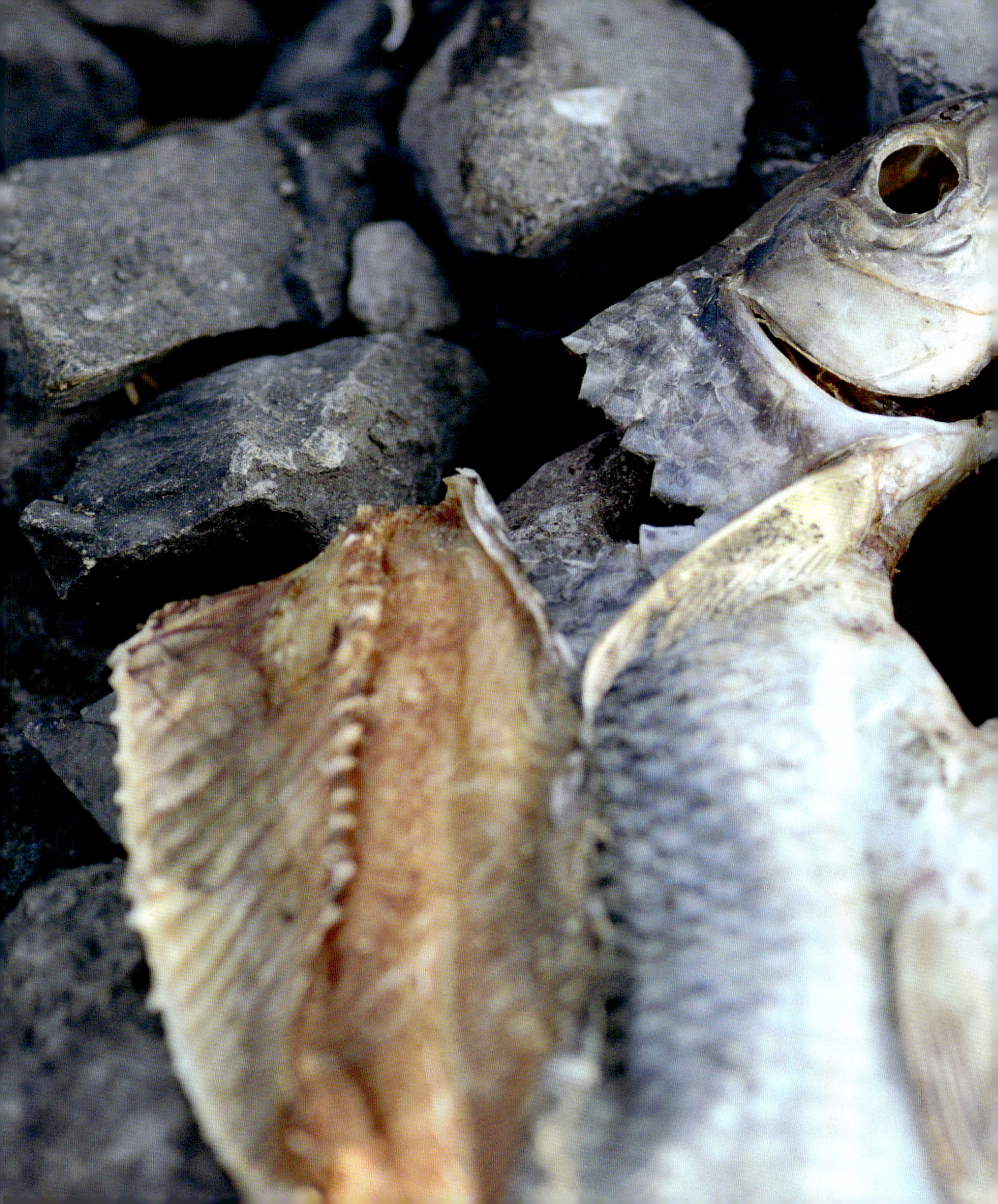

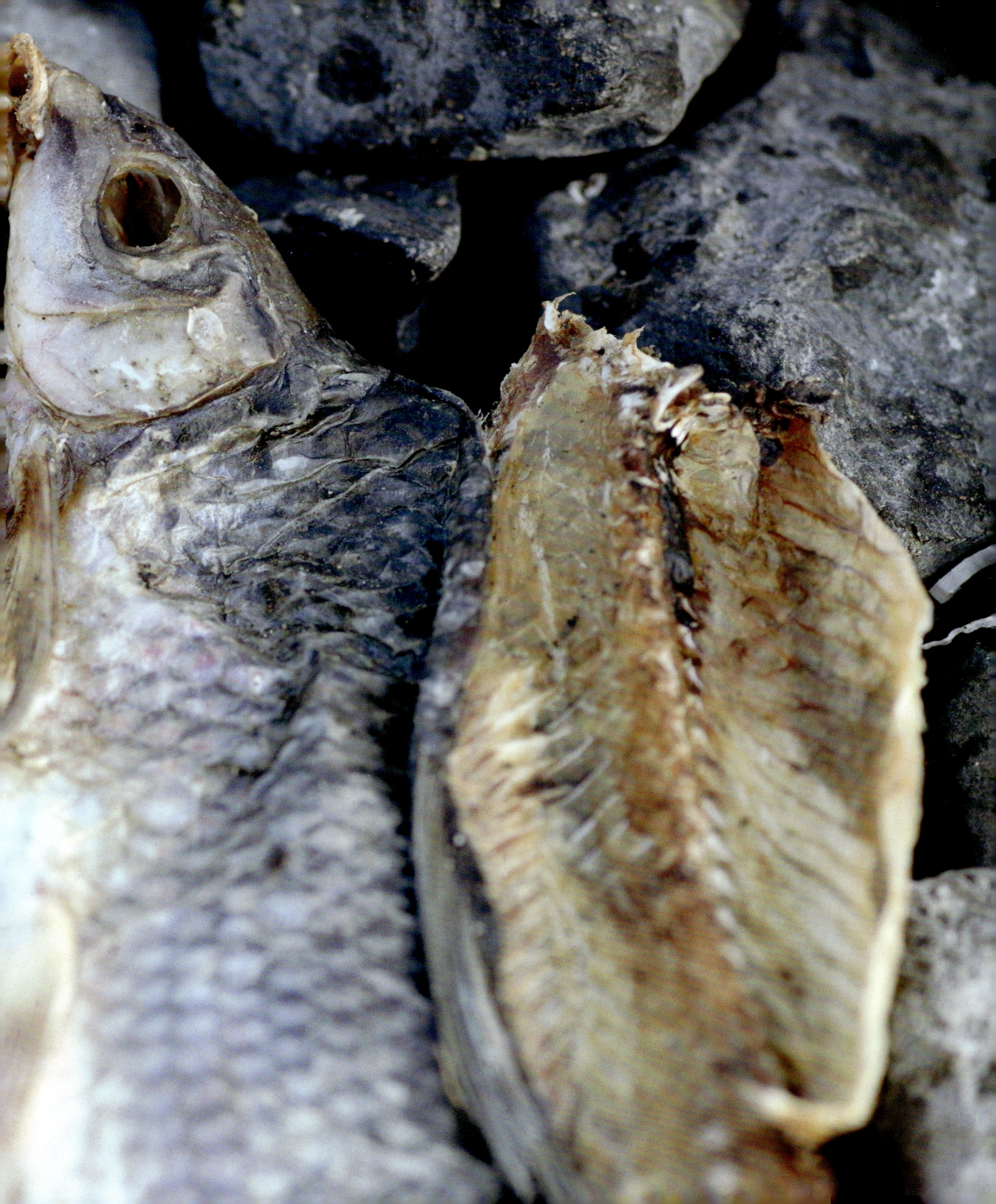

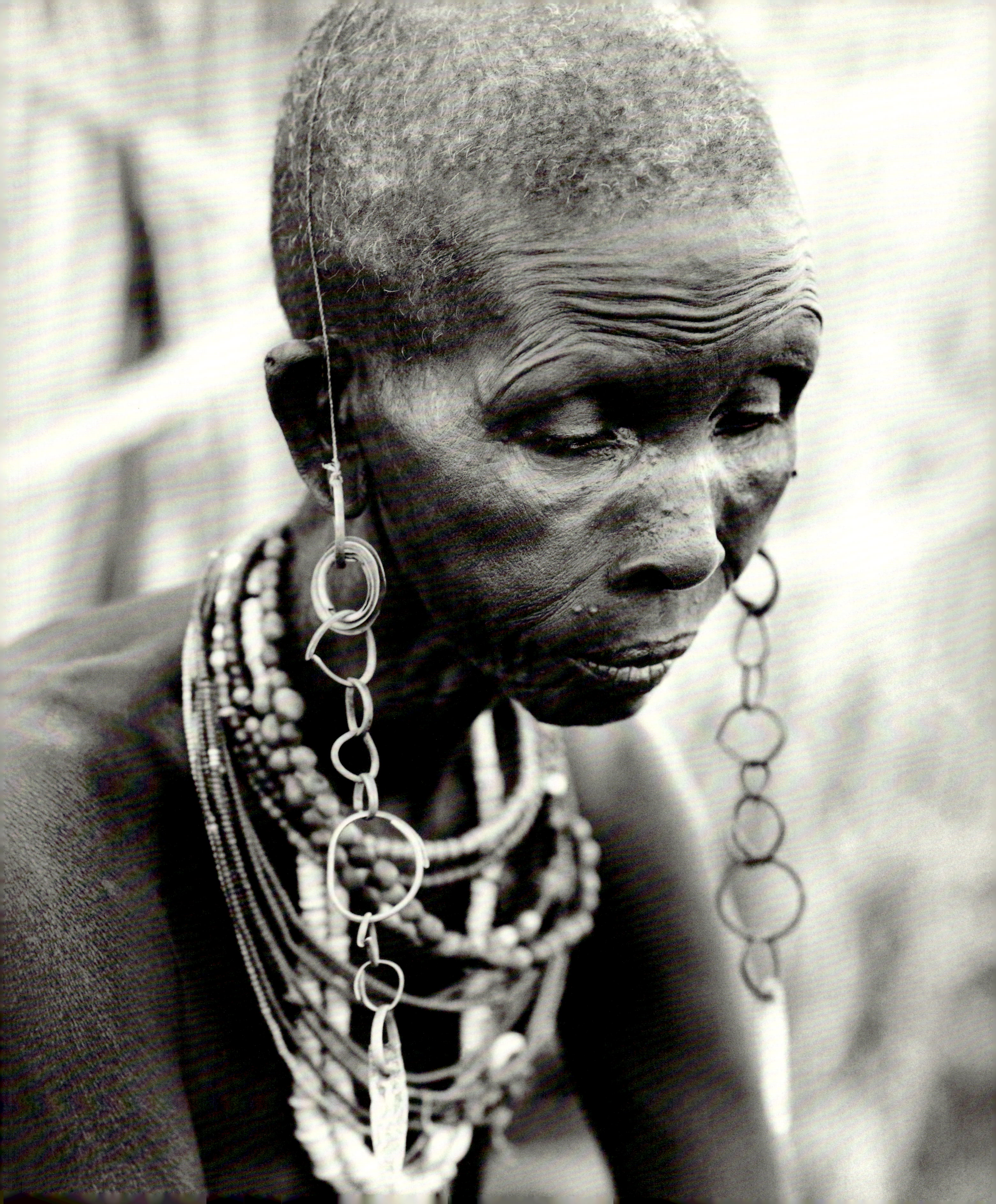

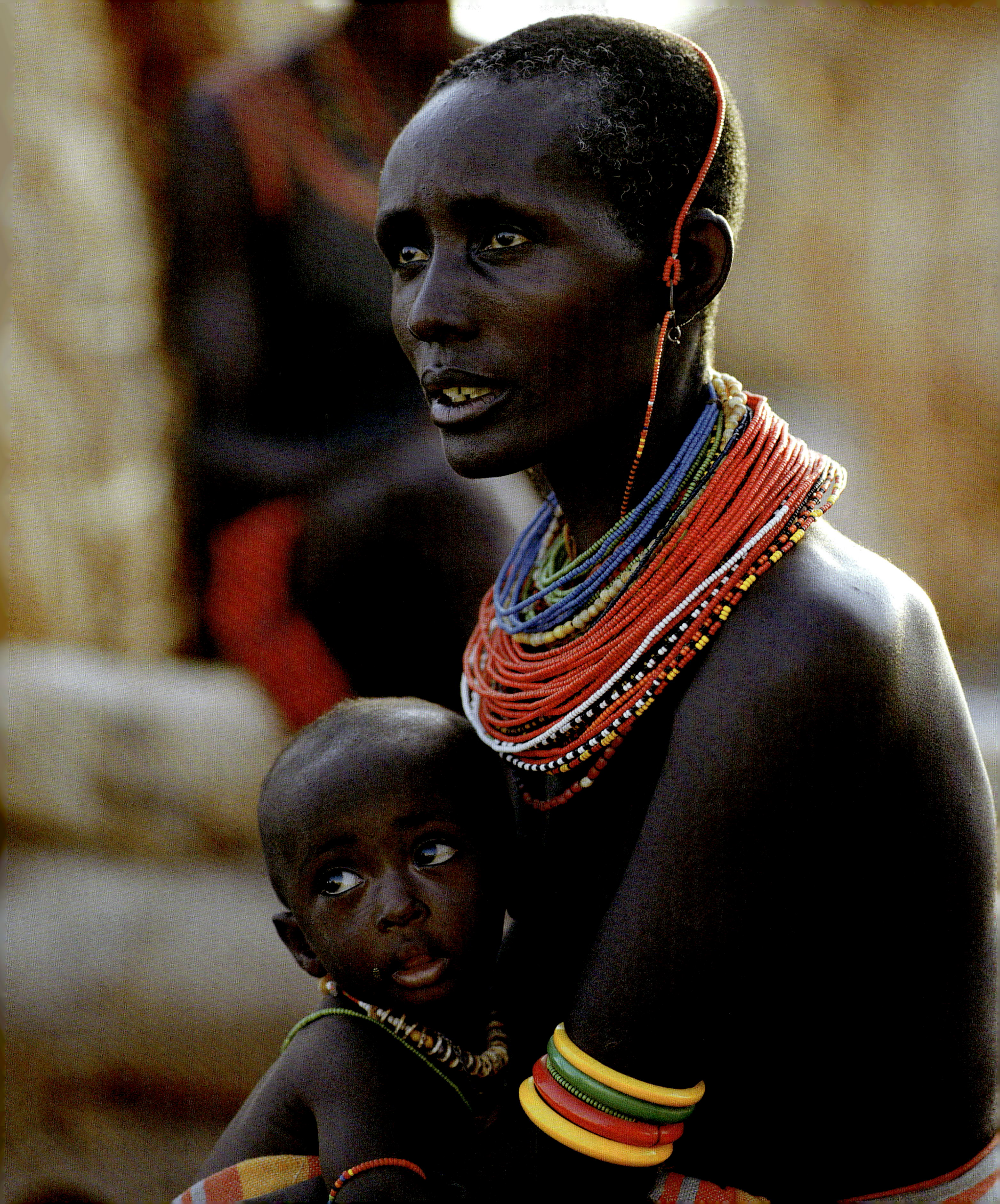

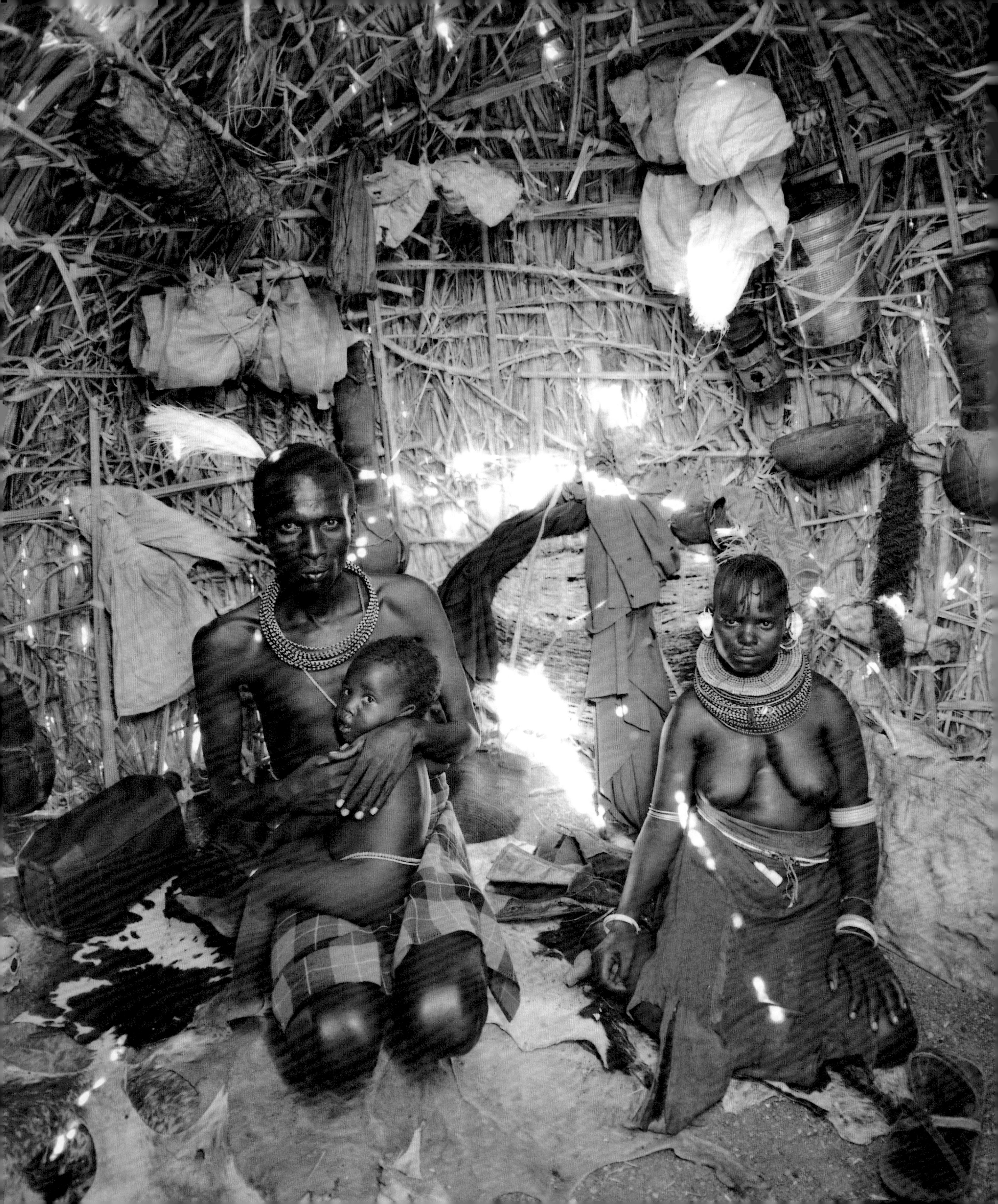

TURKANA

Im 17. Jahrhundert verließen Angehörige des Jie-Volkes ihr Gebiet im heutigen Uganda und zogen ostwärts. Der neue Name kündet von ihrer spirituellen Nähe zum heiligen Berg Aturkan. In nur 30 Jahren gelang es den kriegerischen Turkana, alle rivalisierenden Nomaden zu vertreiben und großräumige Weidegründe zu erobern.

Nicht alle Turkana teilen gleiche Lebensumstände. Die so genannten Lake-Turkana betreiben seit jeher Mischwirtschaft: Viehhaltung, Fischfang, Ackerbau. Andere, die über Generationen hinweg ausschließlich Wanderhirten waren, zwangen Dürre und mörderische Raubüberfälle in eine Existenz als Fischer.

Für die Gesellschaftsstruktur der Turkana spielen Altersklassen (als Mann ist man Gleichaltrigen lebenslang verbunden) zwar eine große Rolle, sie haben aber nicht den zentralen Rang wie bei den Maasai, Samburu und Rendille. Die Clan-Zugehörigkeit ist mindestens ebenso wichtig.

Nomaden kommen immer nur an, um wieder aufzubrechen; schon deshalb nehmen sie nur das Nötigste mit. Platz sparend wird das Wenige, beispielsweise Kleidungsstücke, auf Gerüststangen in den Hütten verstaut. Die umzäunten Gehöfte bergen Einfriedungen, in denen Rinder und Kleinvieh nachts vor Raubtieren und Dieben leidlich sicher sind.

Die Kriegskunst der Turkana ist legendär – die britischen Kolonialherren rekrutierten daher gern diese »geborenen Soldaten« für ihre Kriege. Heute verwenden die Turkana ihre Speere, wenn überhaupt, nur als Jagdwaffen.
An abgerundeten Spitzen erkennt man die Ritualspeere, die bei Zeremonien – zum Beispiel der Brautwerbung – zum Einsatz kommen. Ein interessanter, auch in Europa noch lebendiger Brauch ist die Braut-Entführung am Hochzeitstag.

Zu jedem Fest gehört ein Wettstreit der Tänzer: Wem gelingen die höchsten Sprünge, wer ist der Anmutigste? Diese Hüpftänze sind noch bei allen ostafrikanischen Nomaden lebendig.

Traditionelle Kleidung und Schmuck geben demjenigen, der sich auskennt, Einblick in Status und Rang, ja sogar in ganze Lebensgeschichten. Unverheiratete Mädchen sind leicht an ihren Lederröcken, verziert mit Straußeneischalen und Glasperlen, zu erkennen. Lippenpflöcke aus Kupfer- oder Messingdrahtgeflecht sind verheirateten Frauen und initiierten Männern vorbehalten. Und Männersache sind auch die typischen Lehmkappen, die mit aufgemalten Statuszeichen und Straußenfeder-Schmuck Eindruck machen sollen.

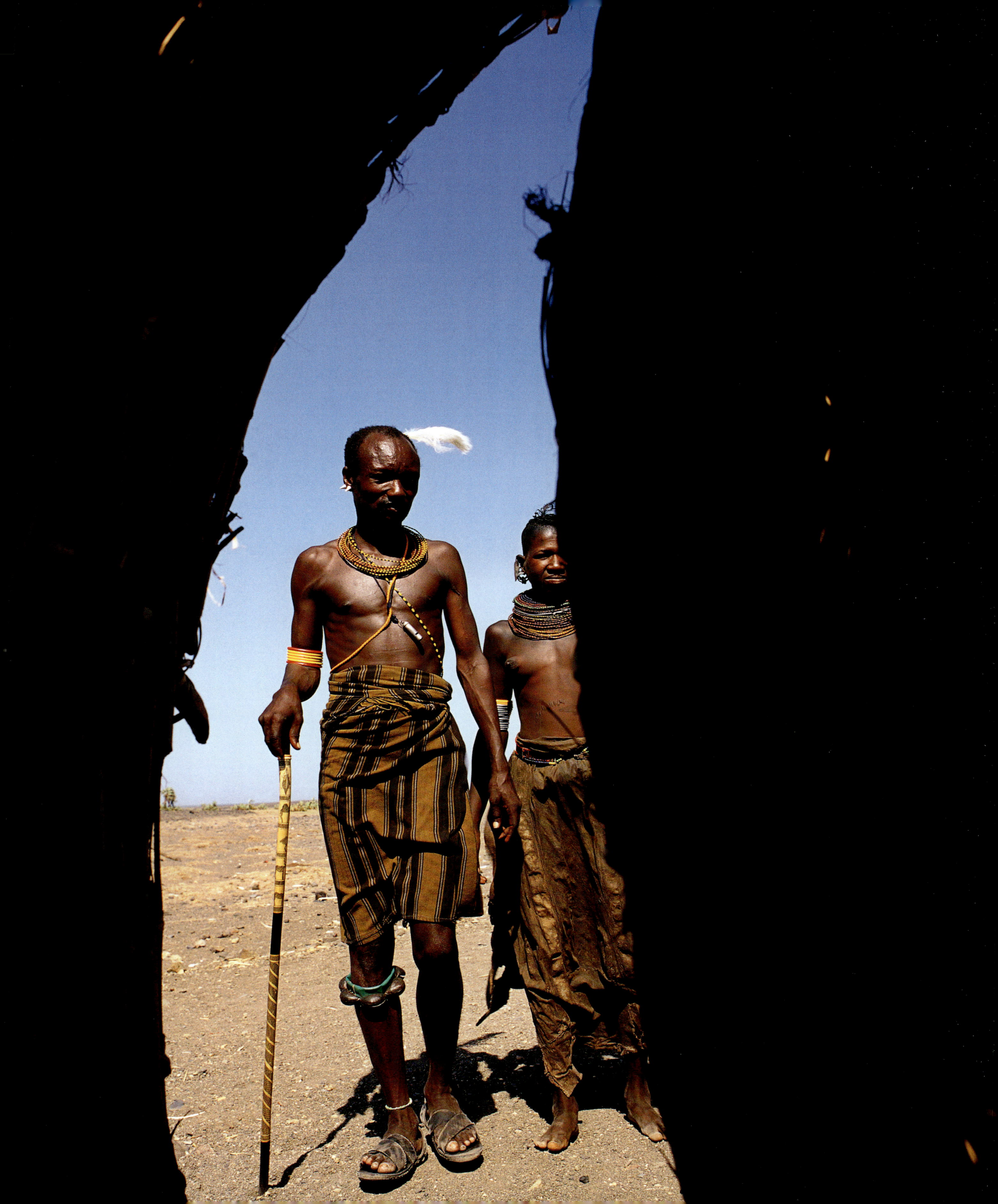

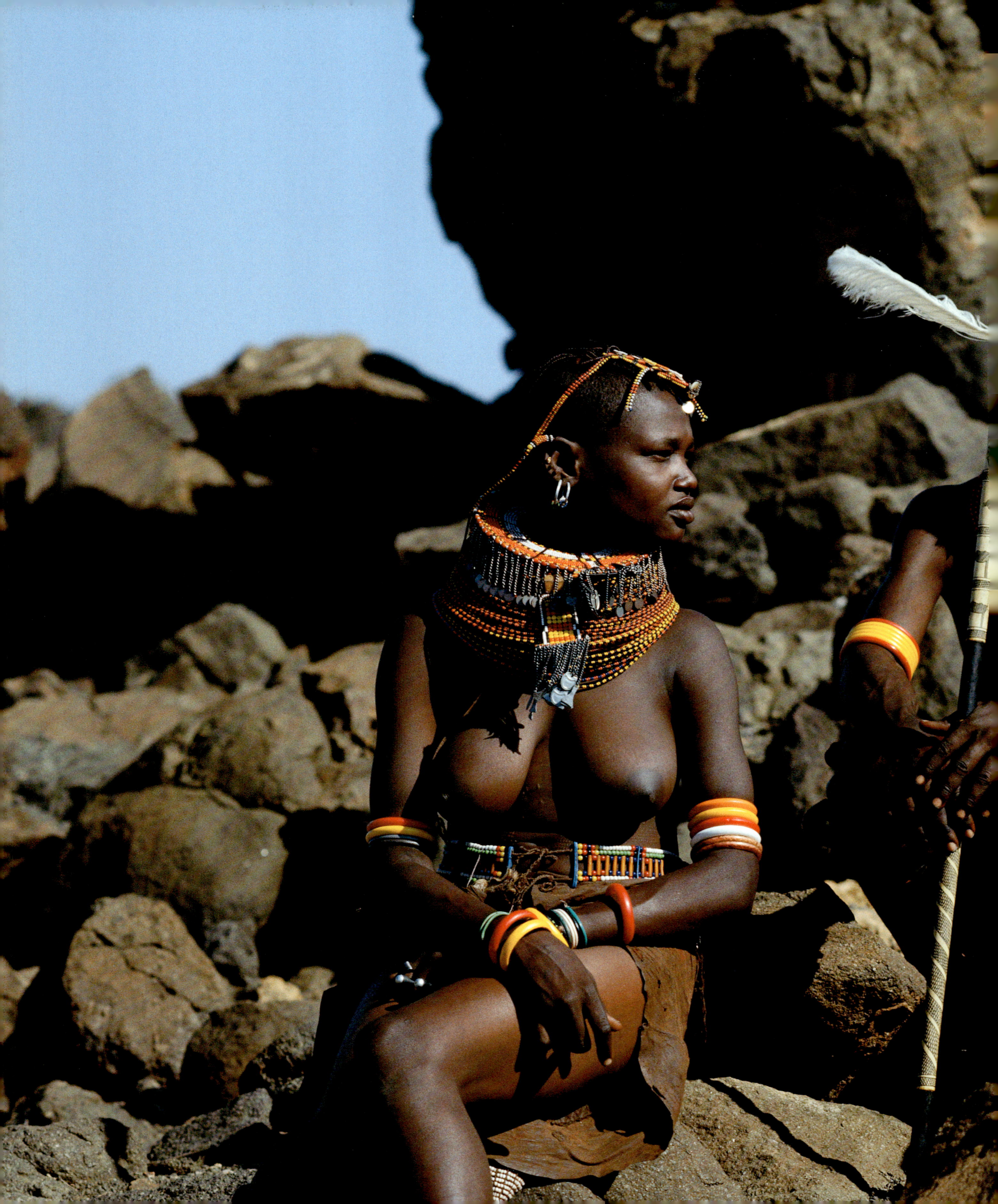

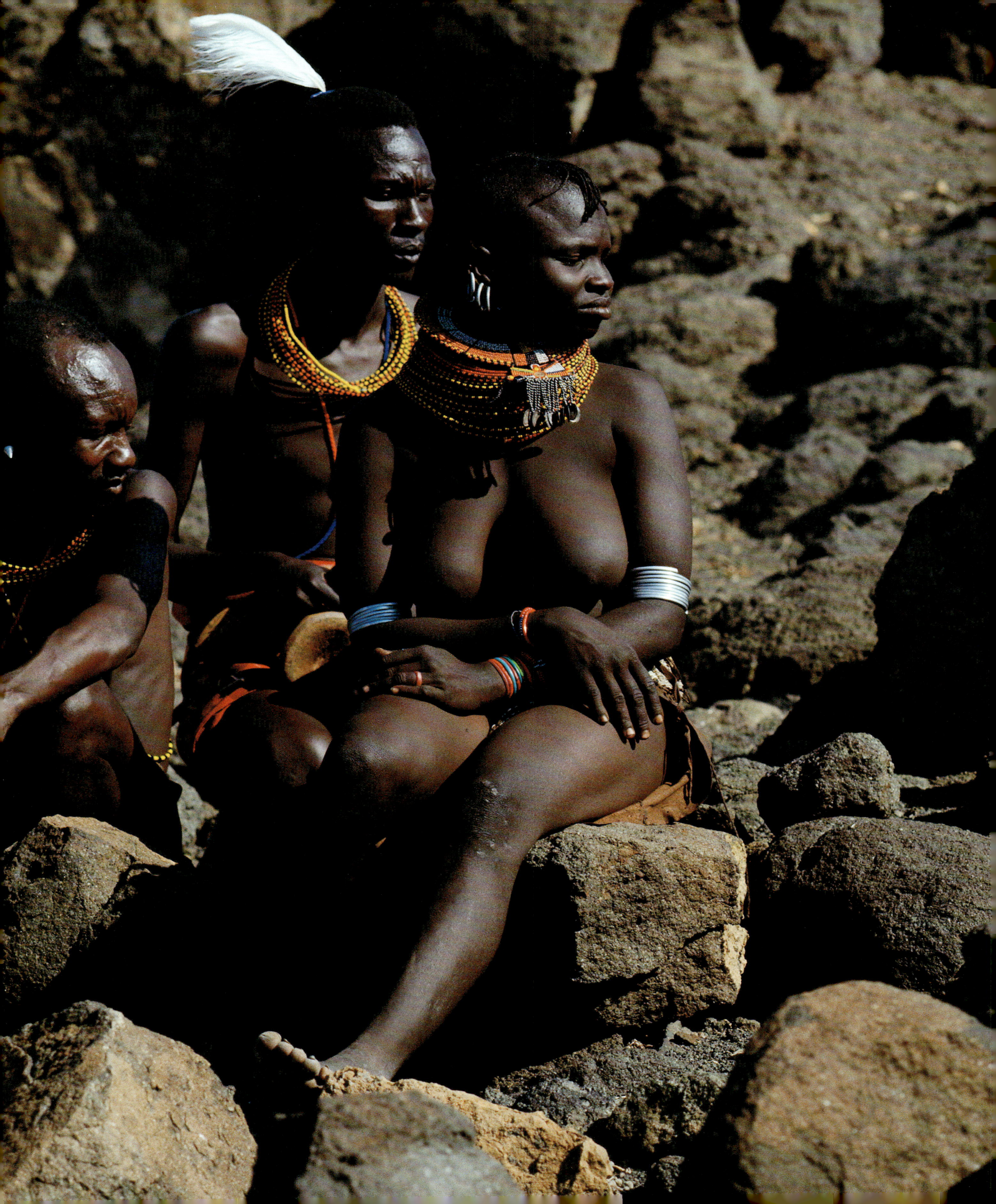

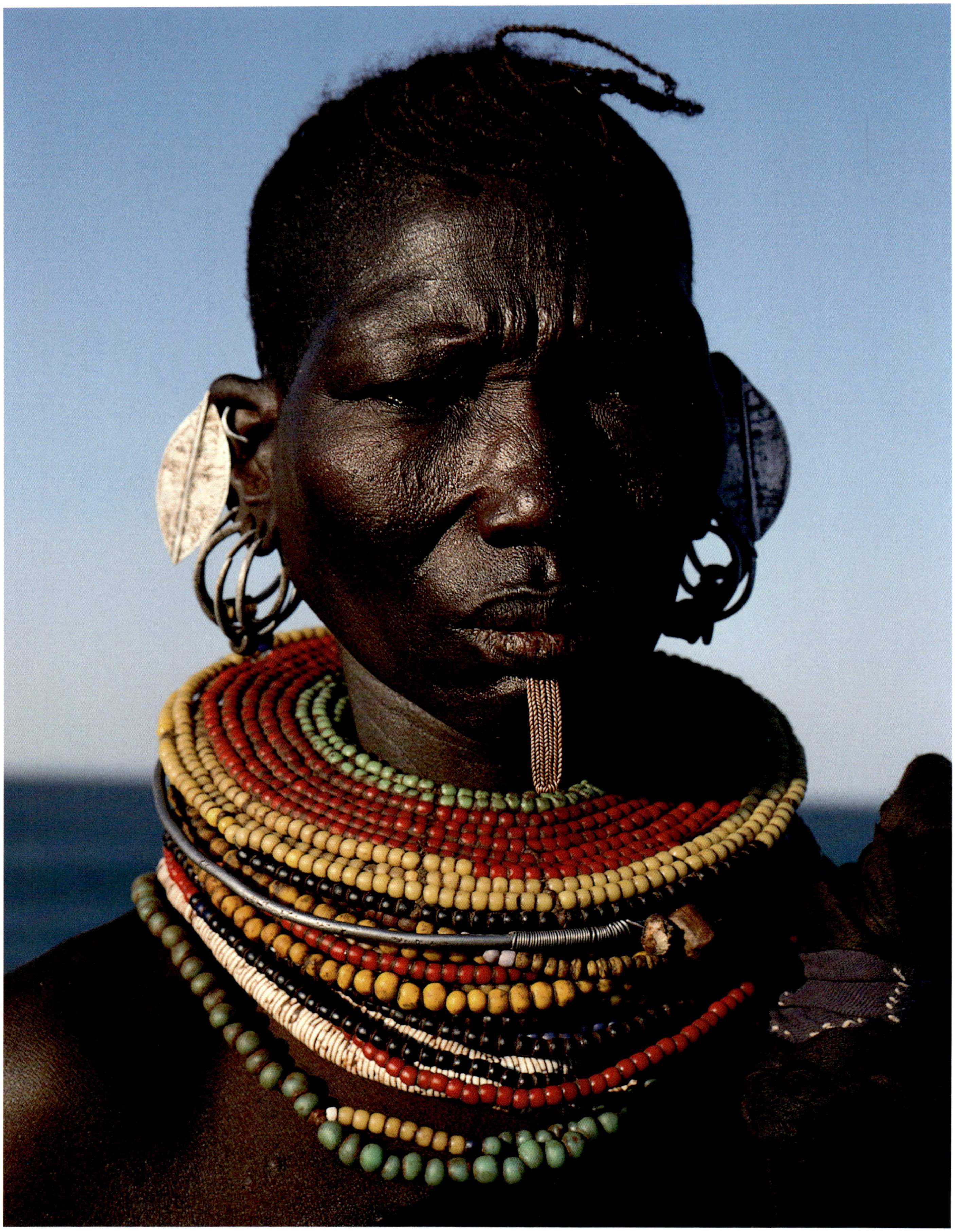

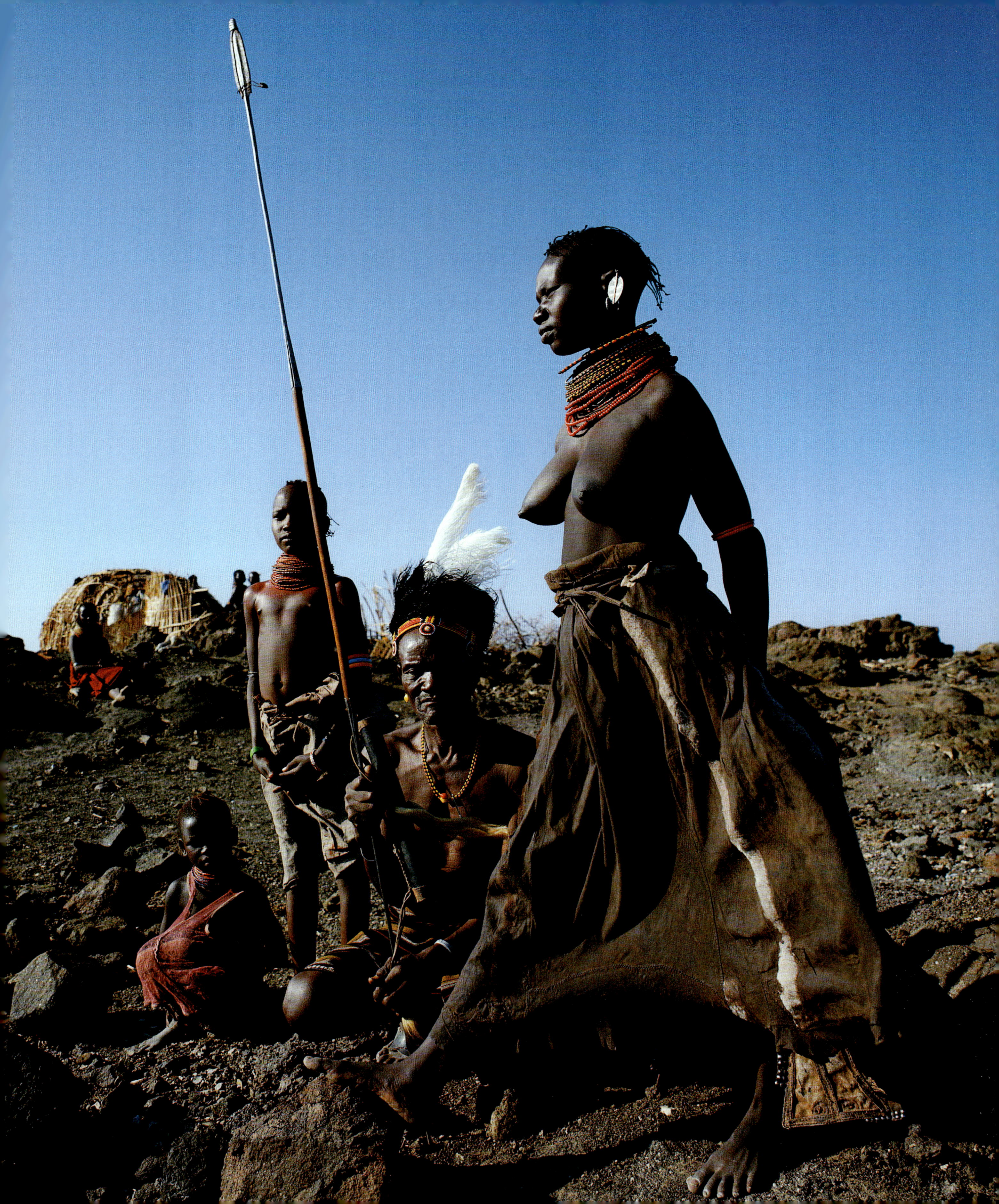

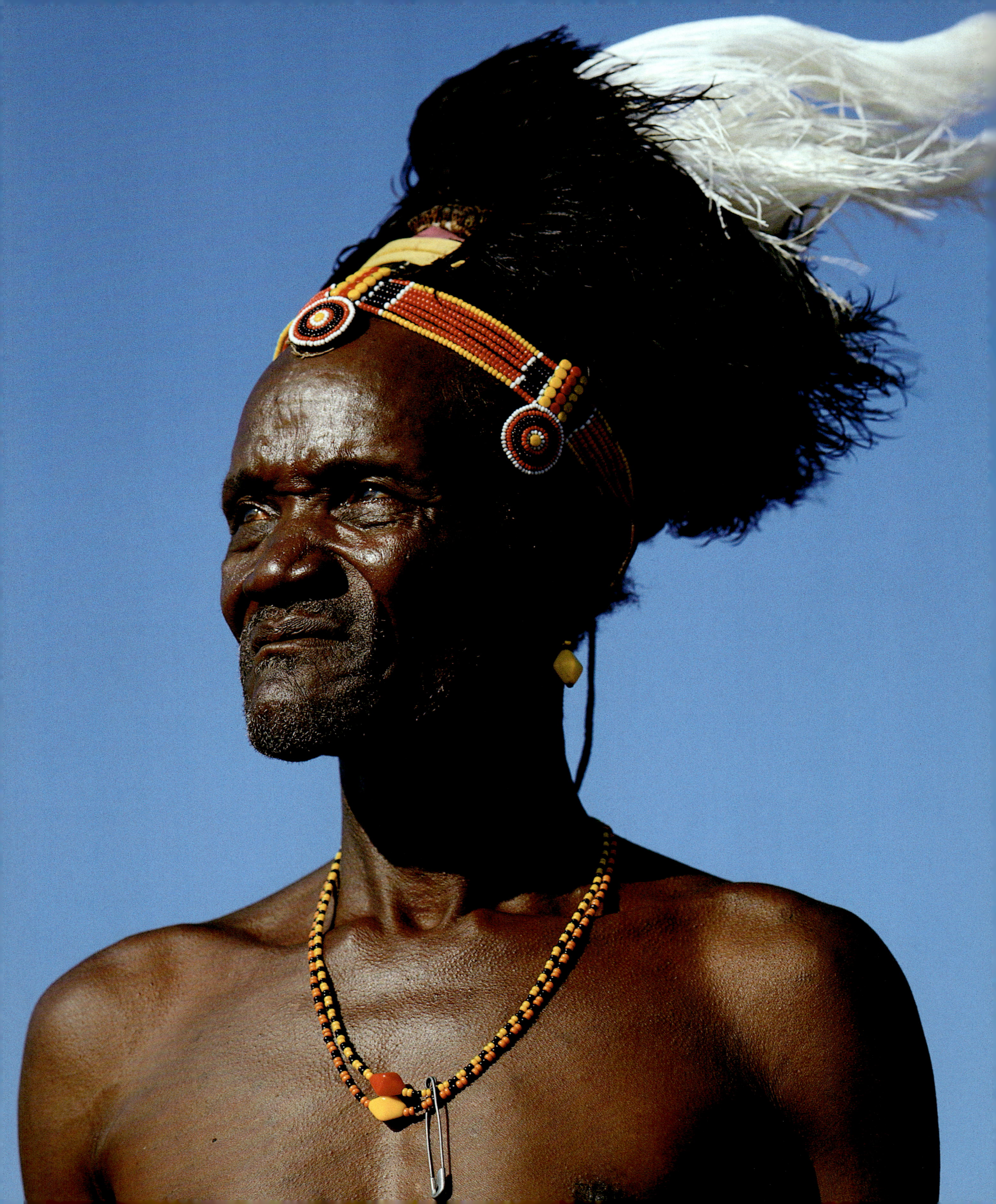

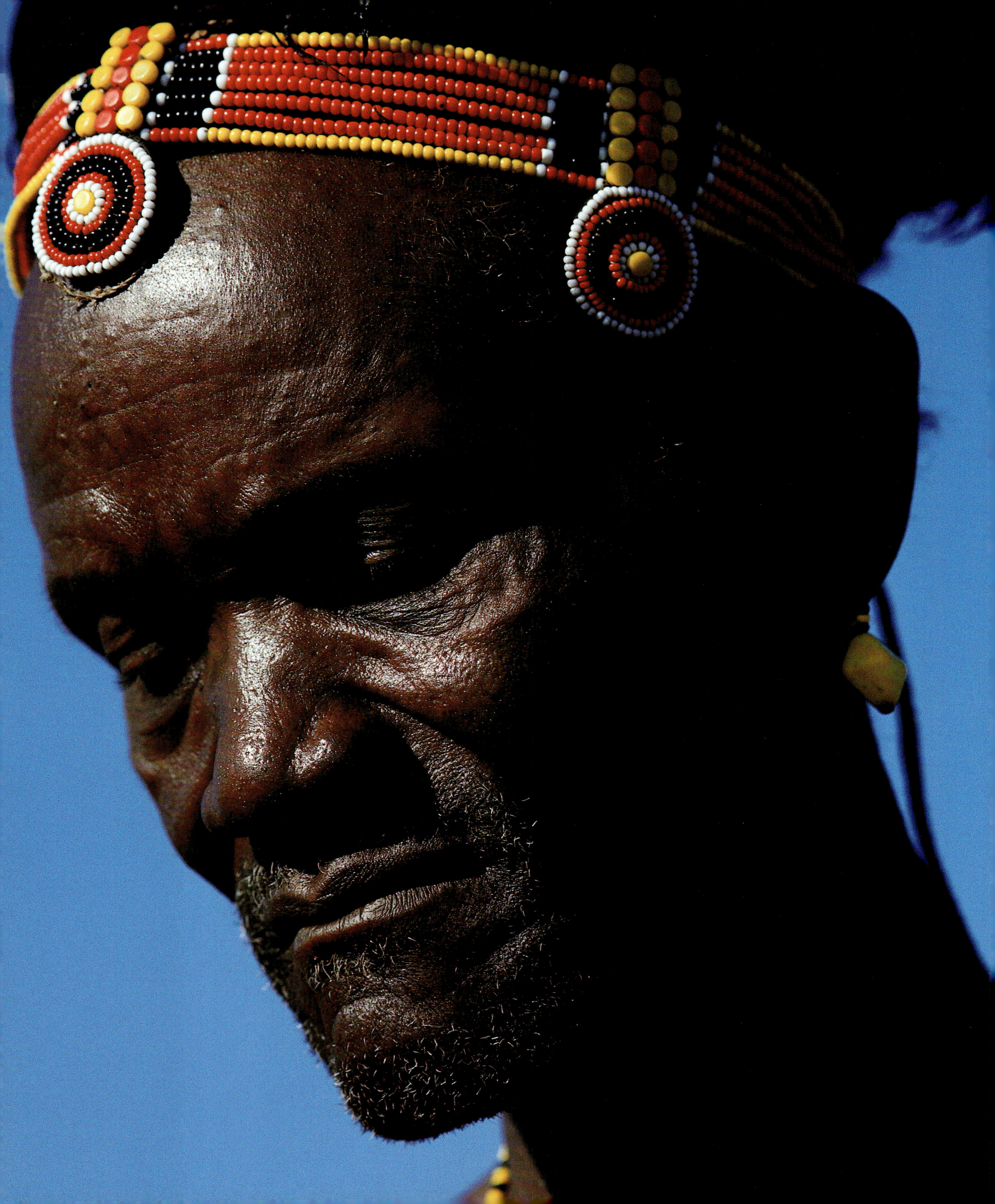

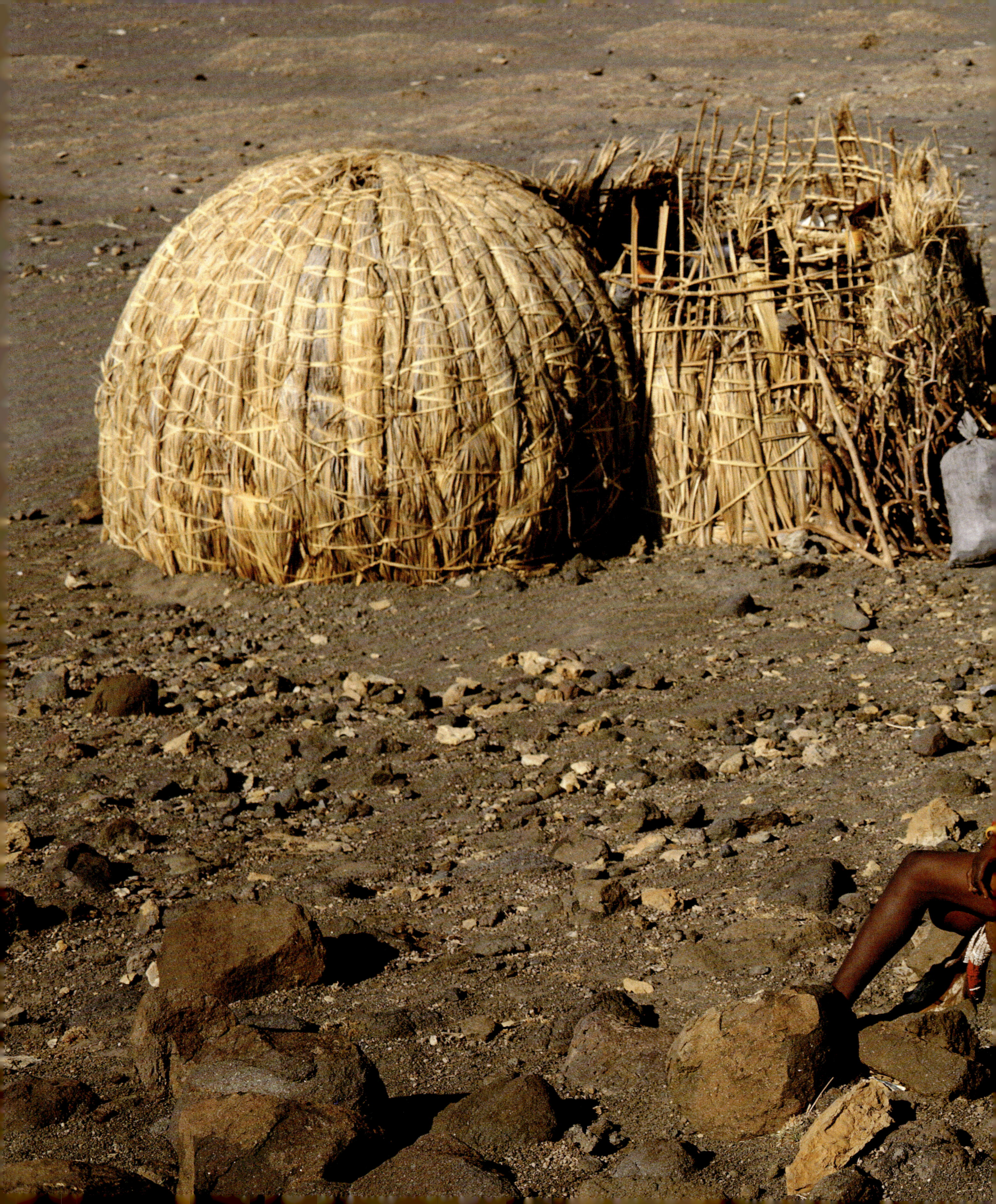

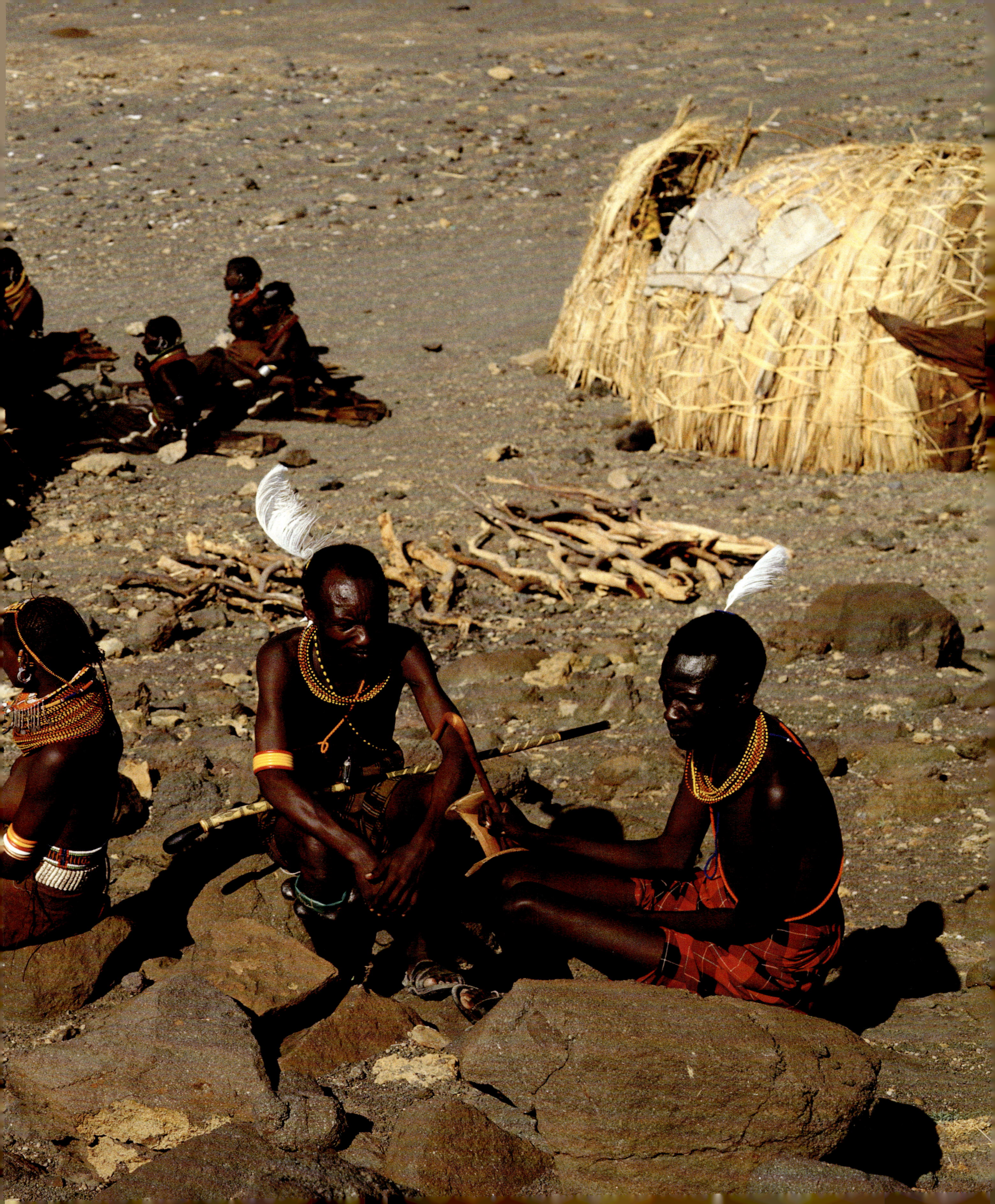

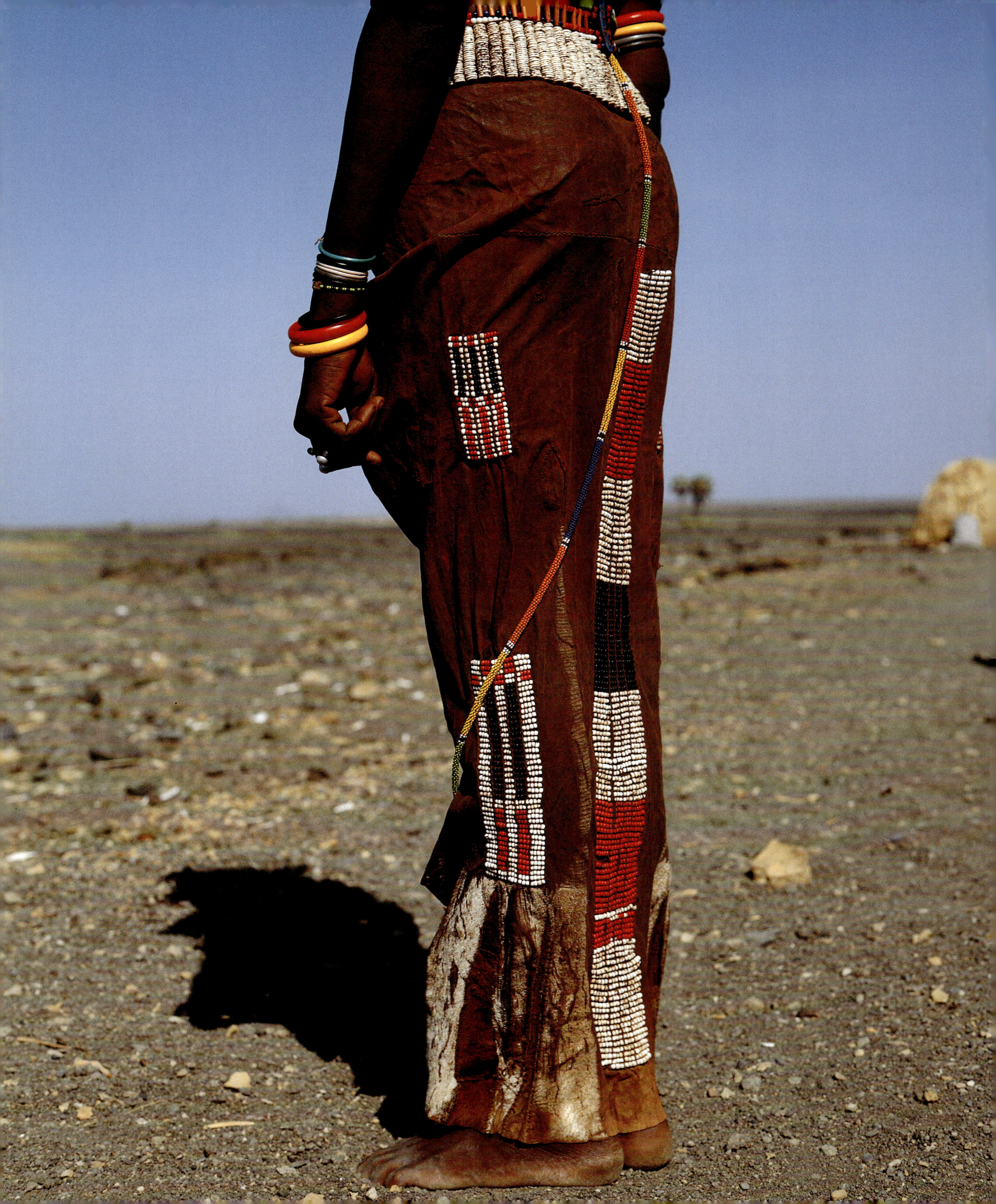

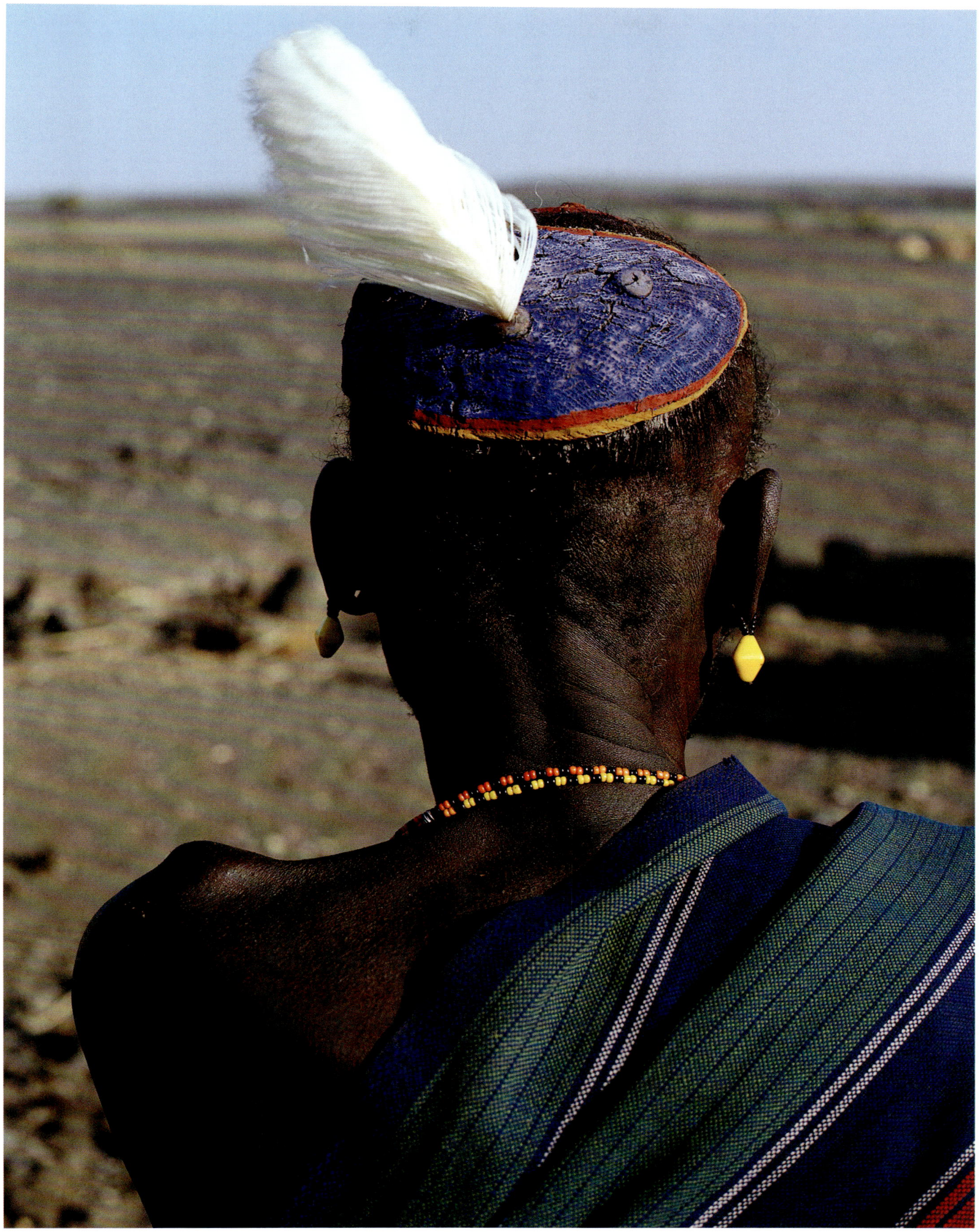

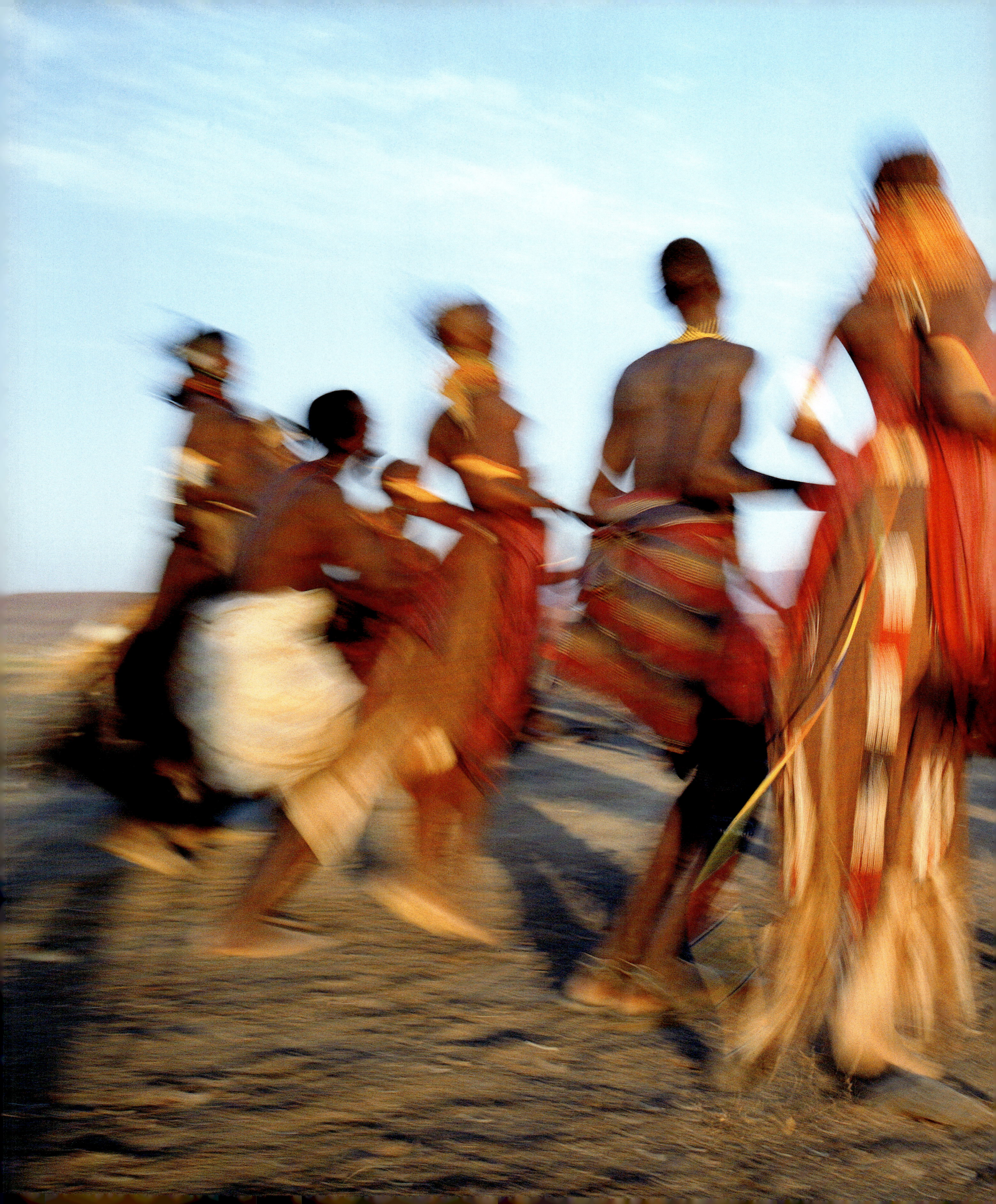

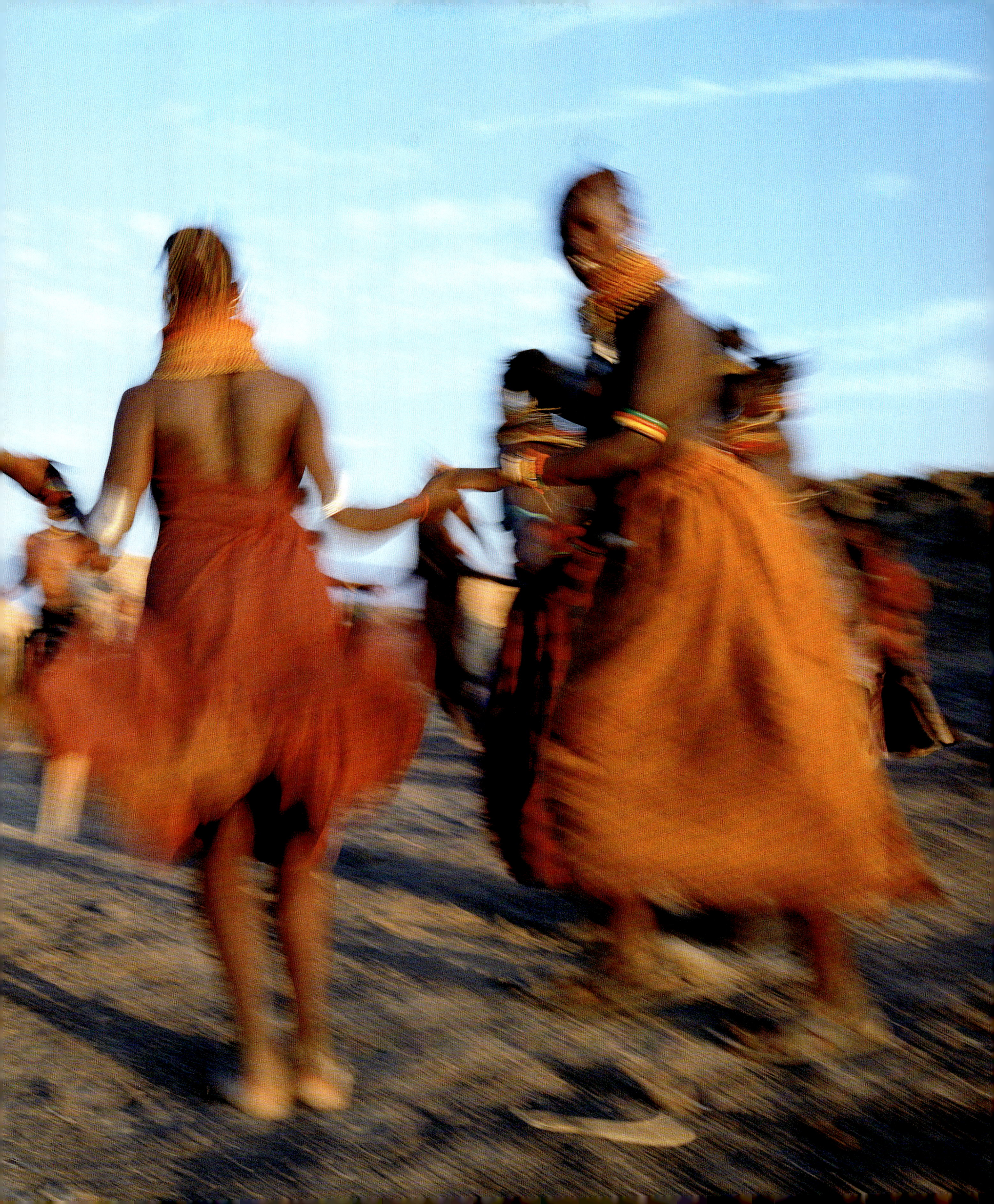

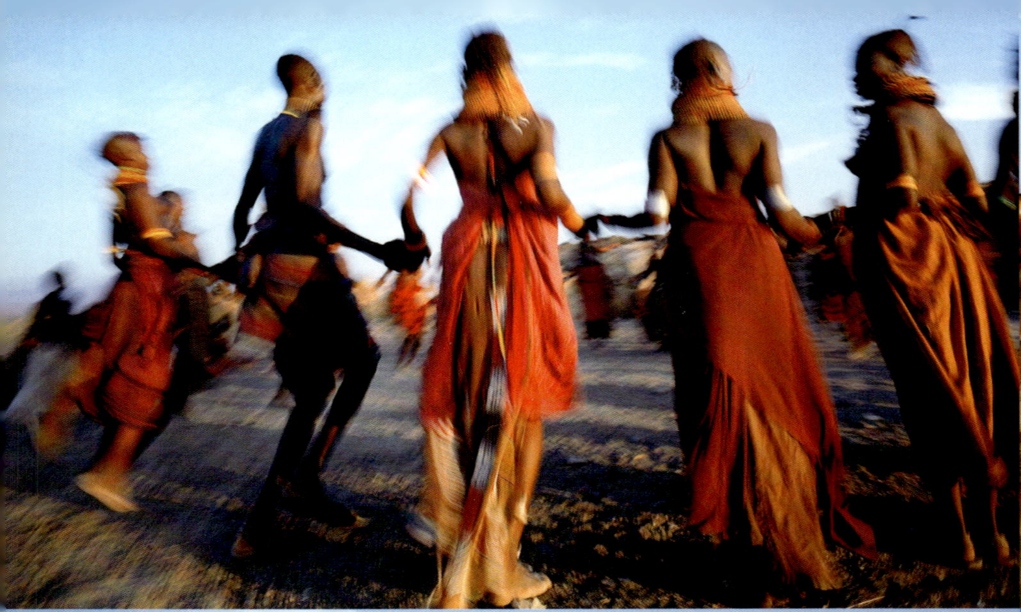
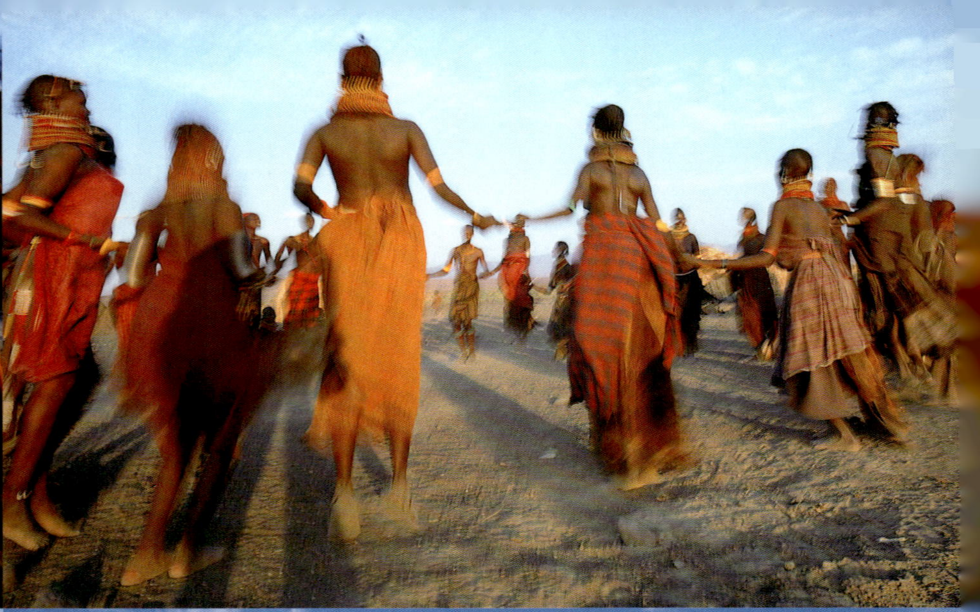
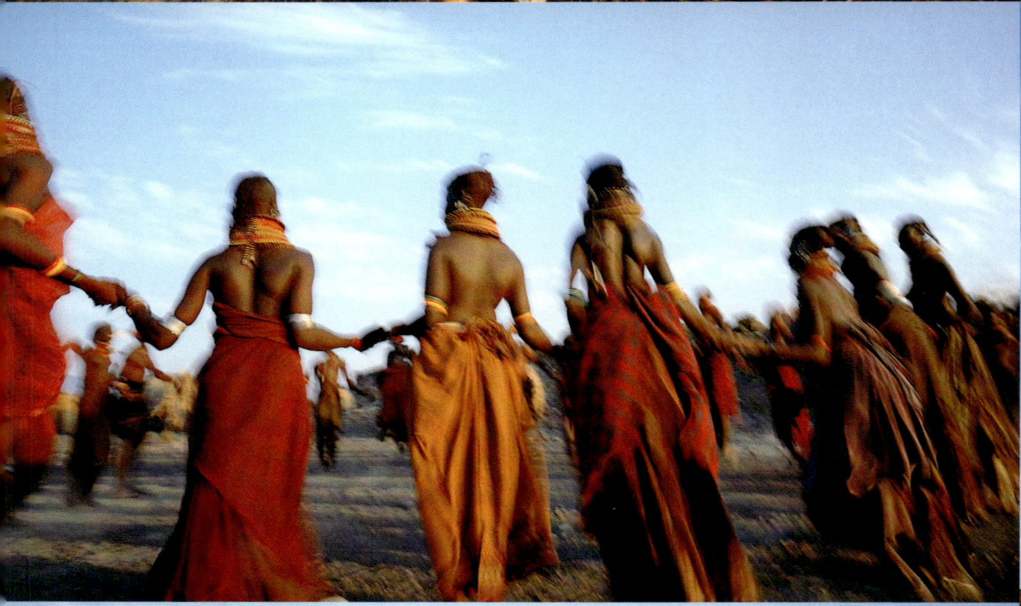
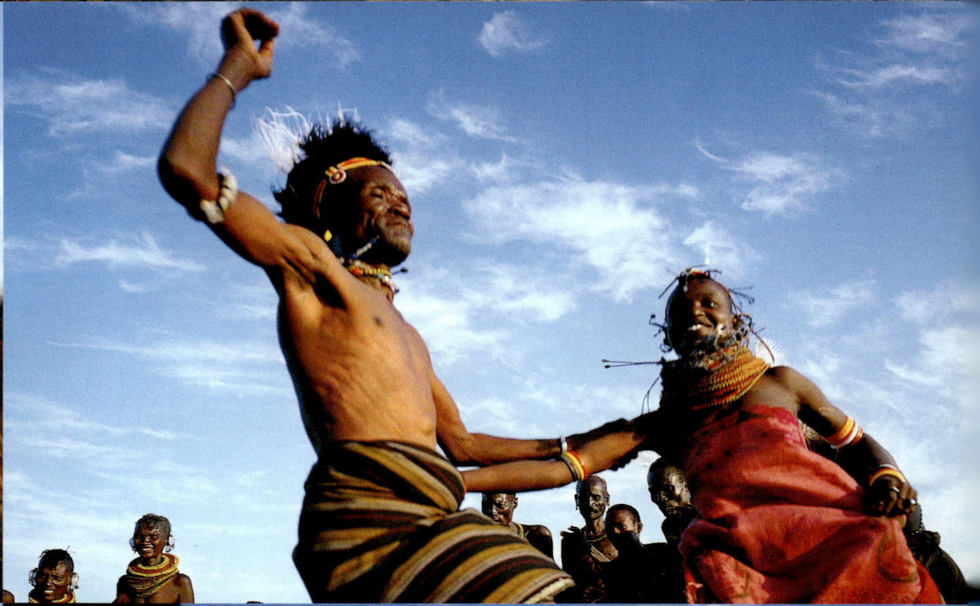
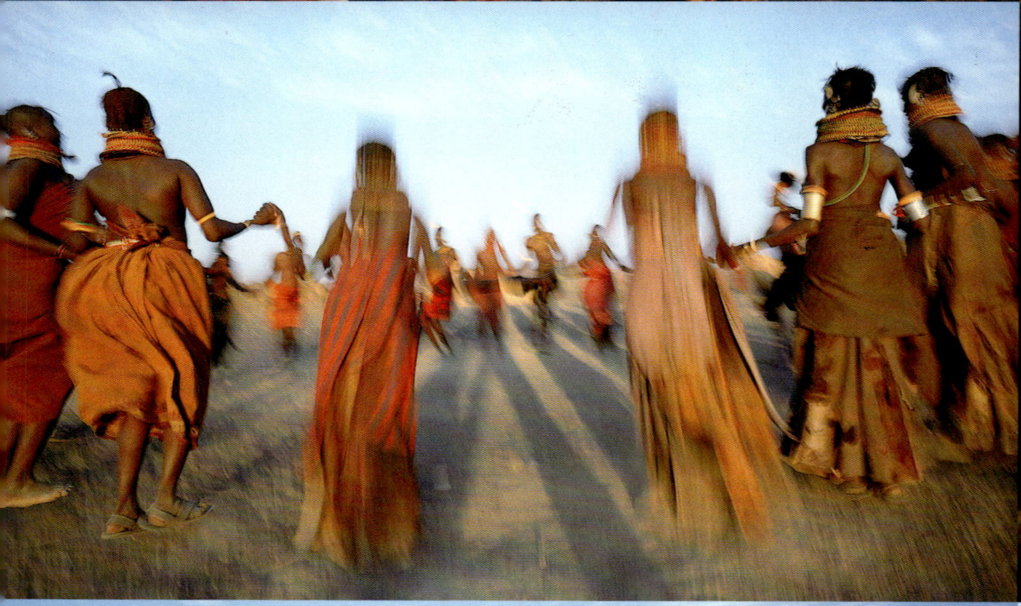
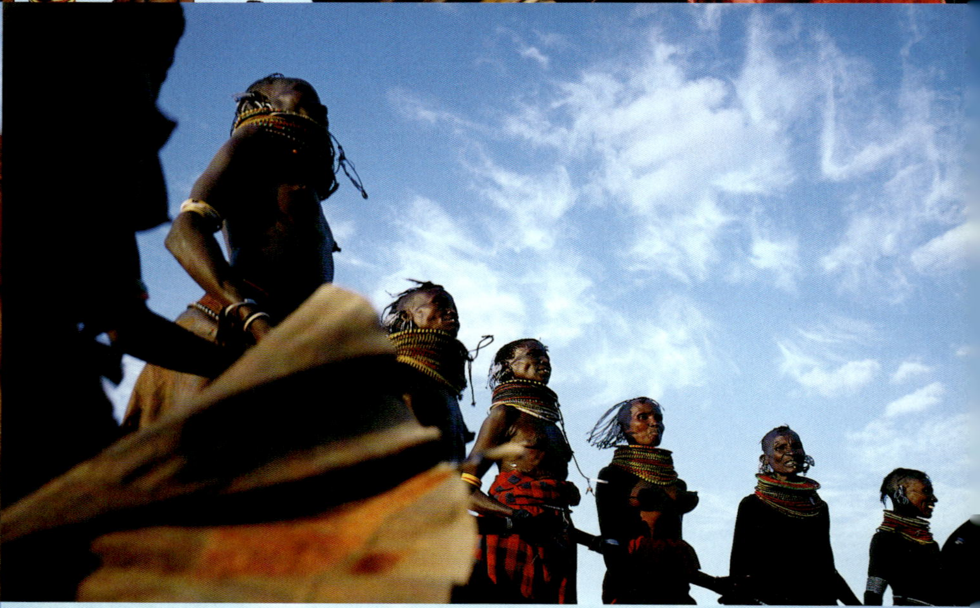
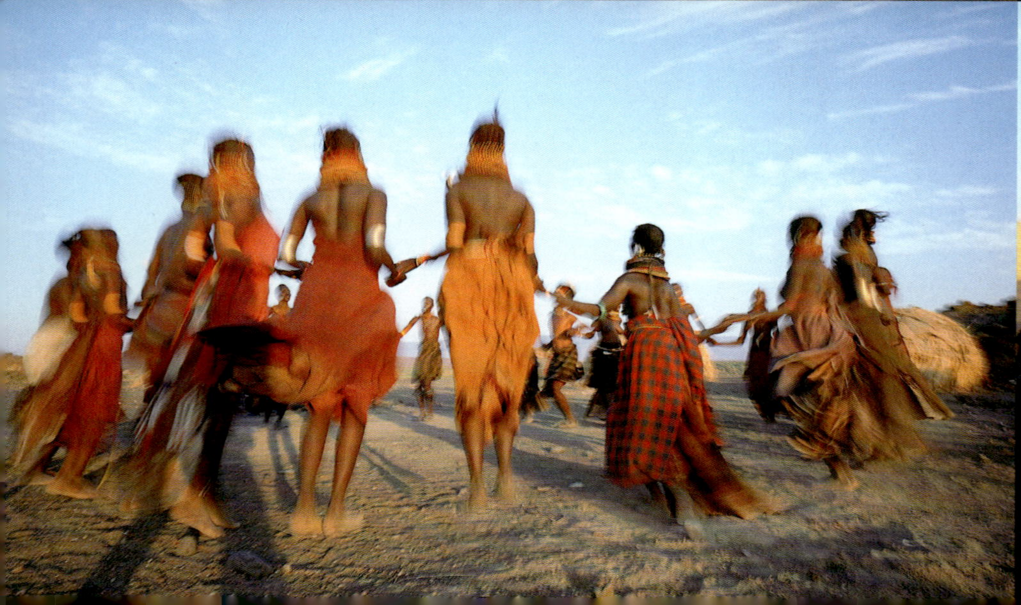
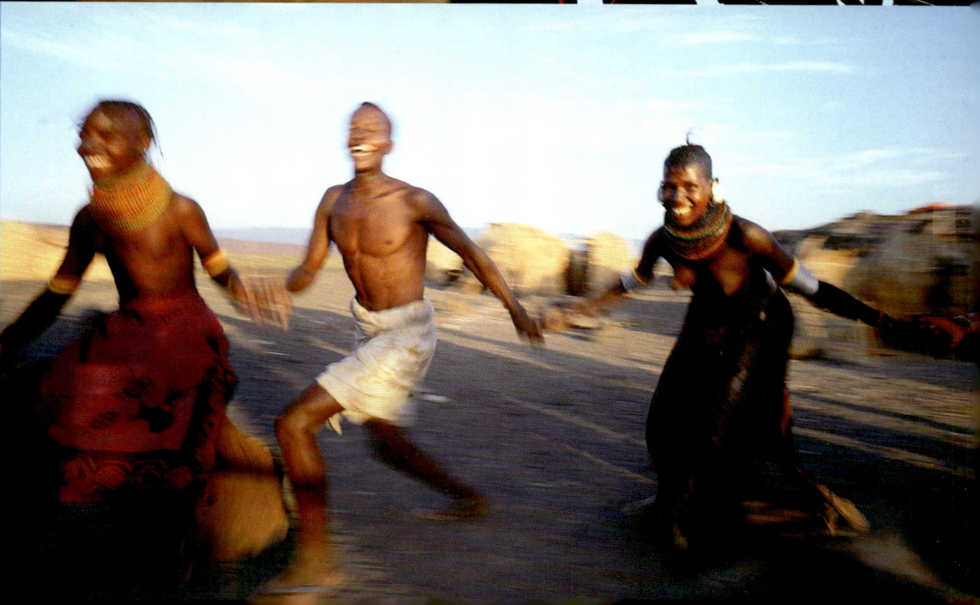

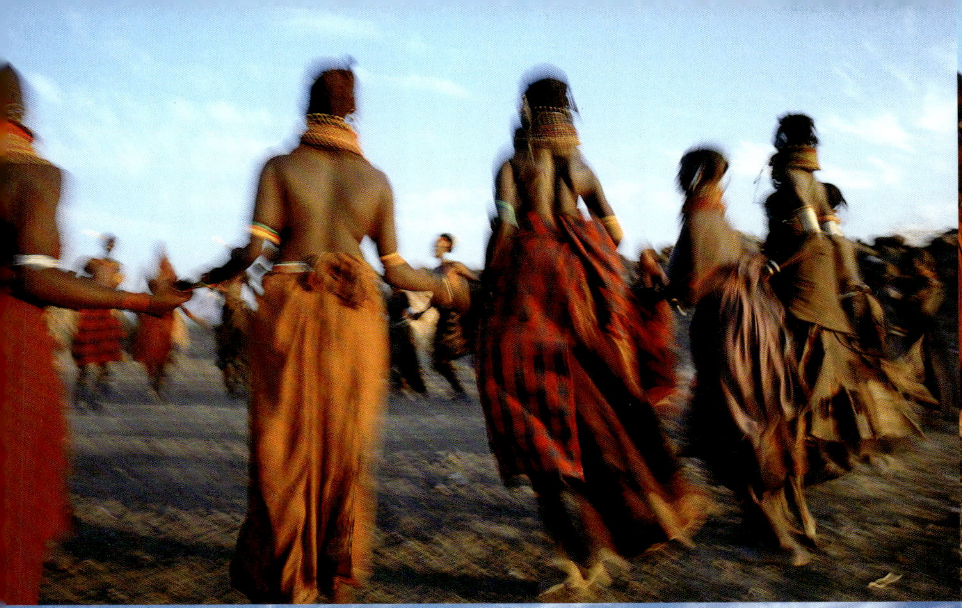
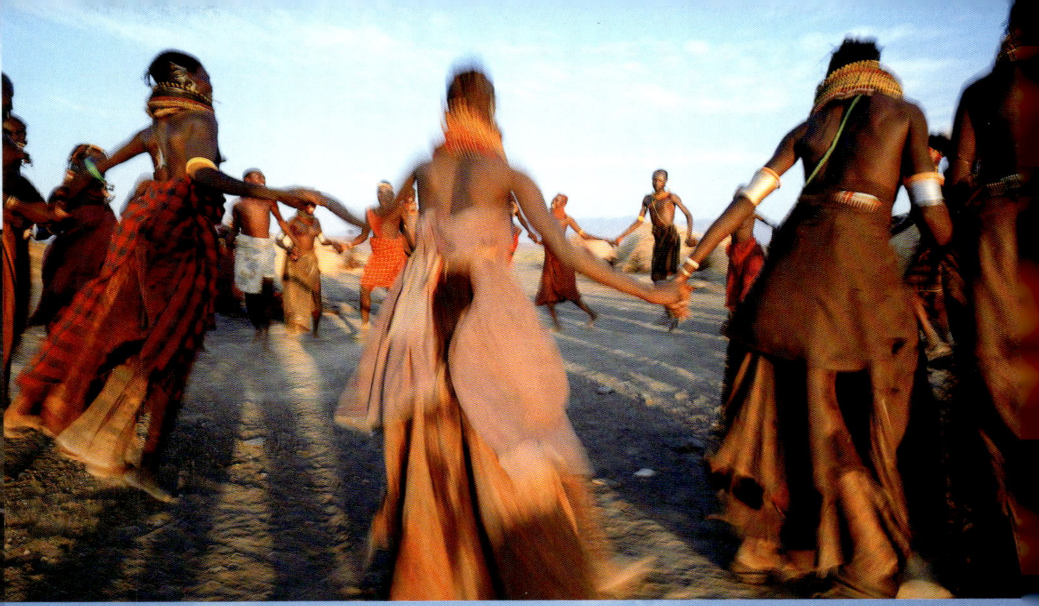
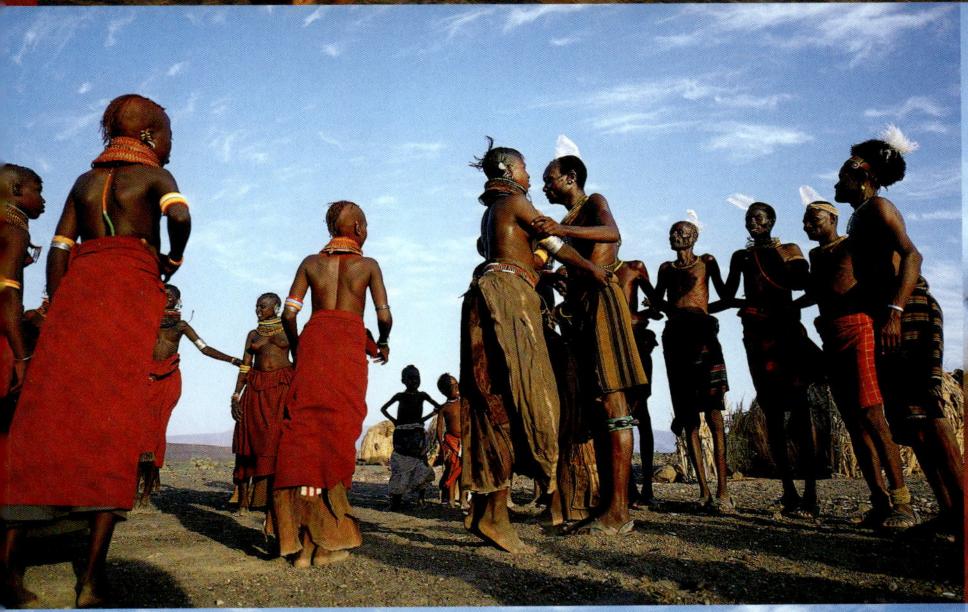
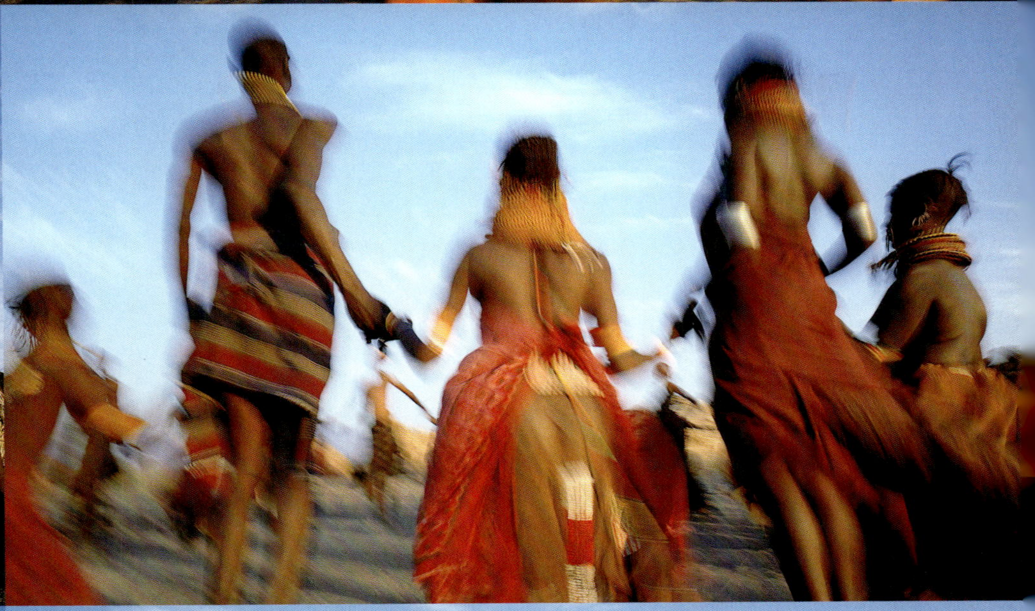
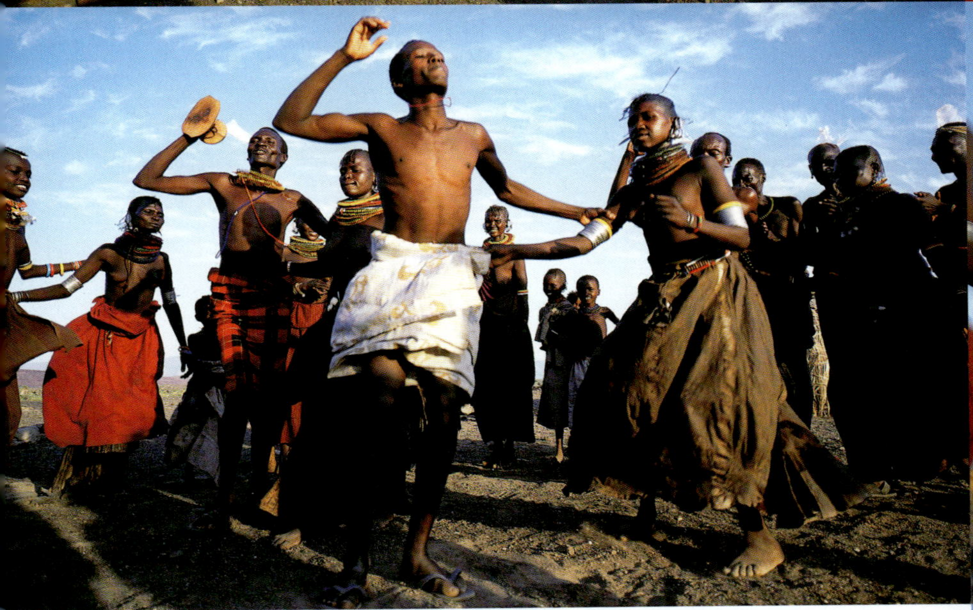
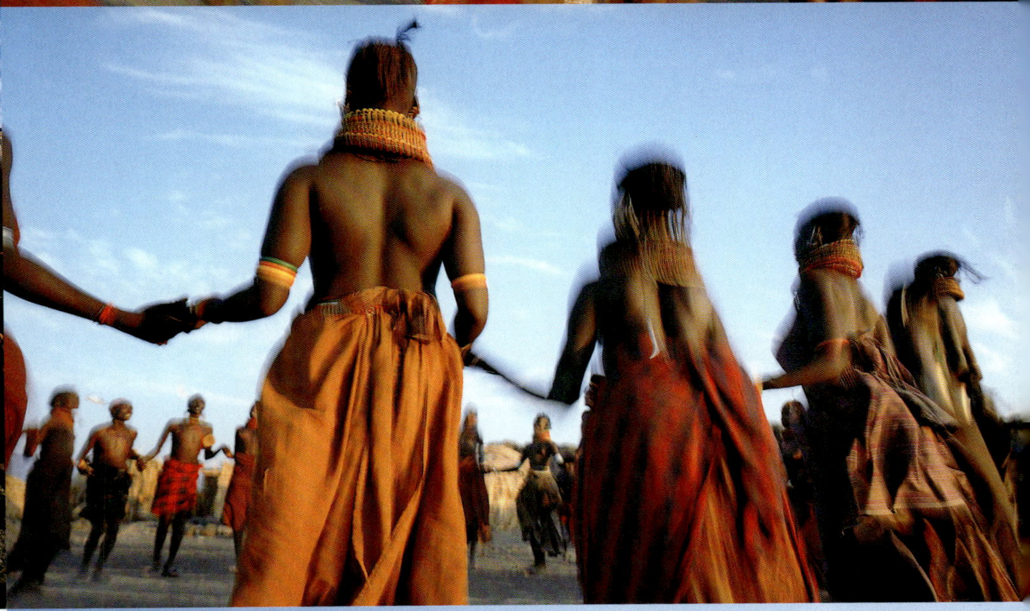
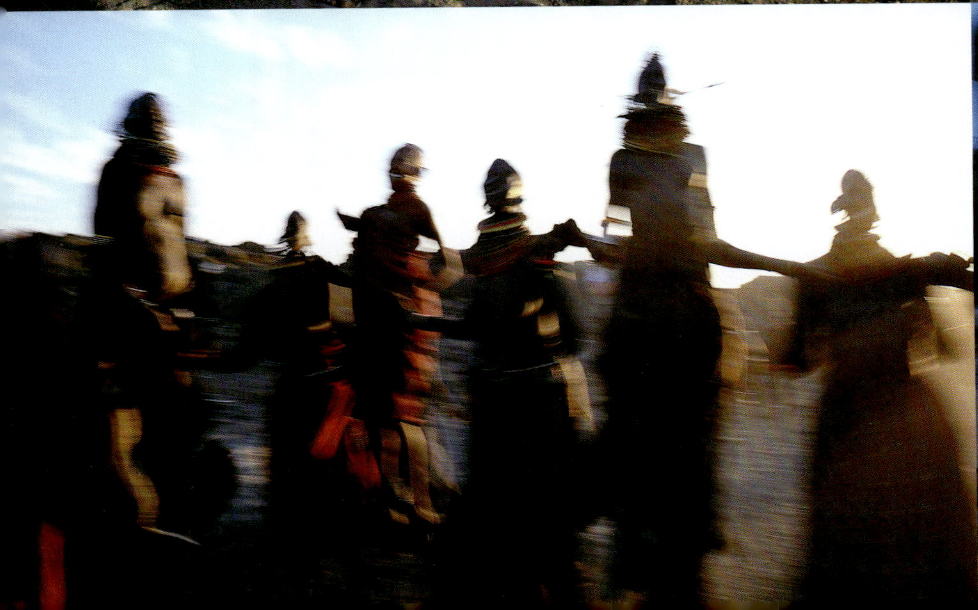
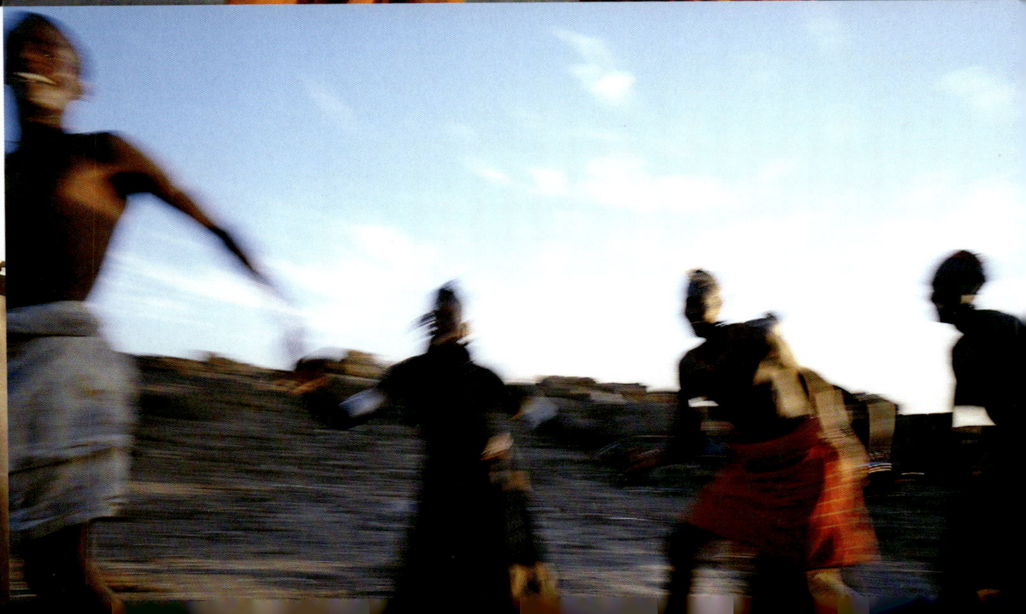

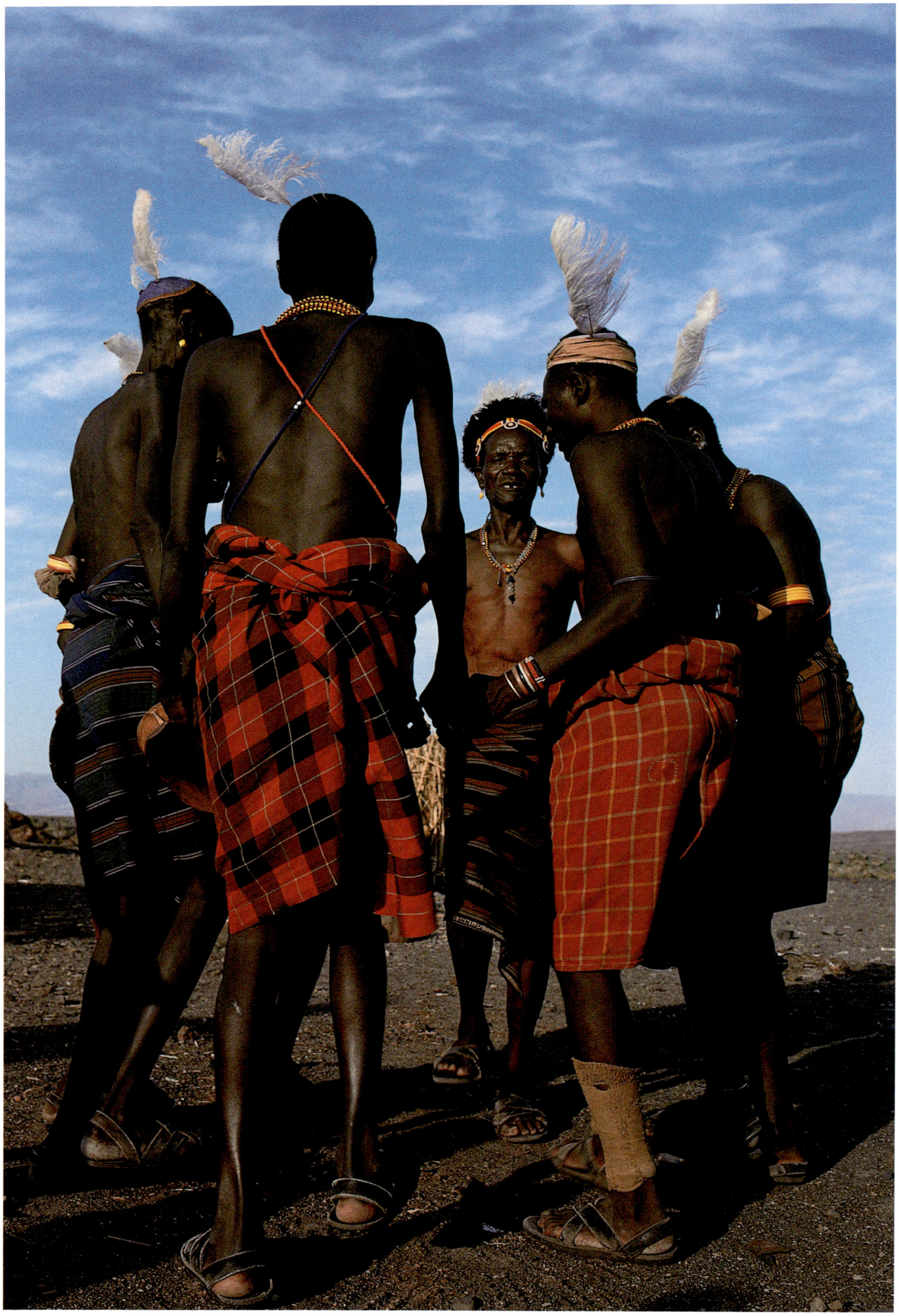

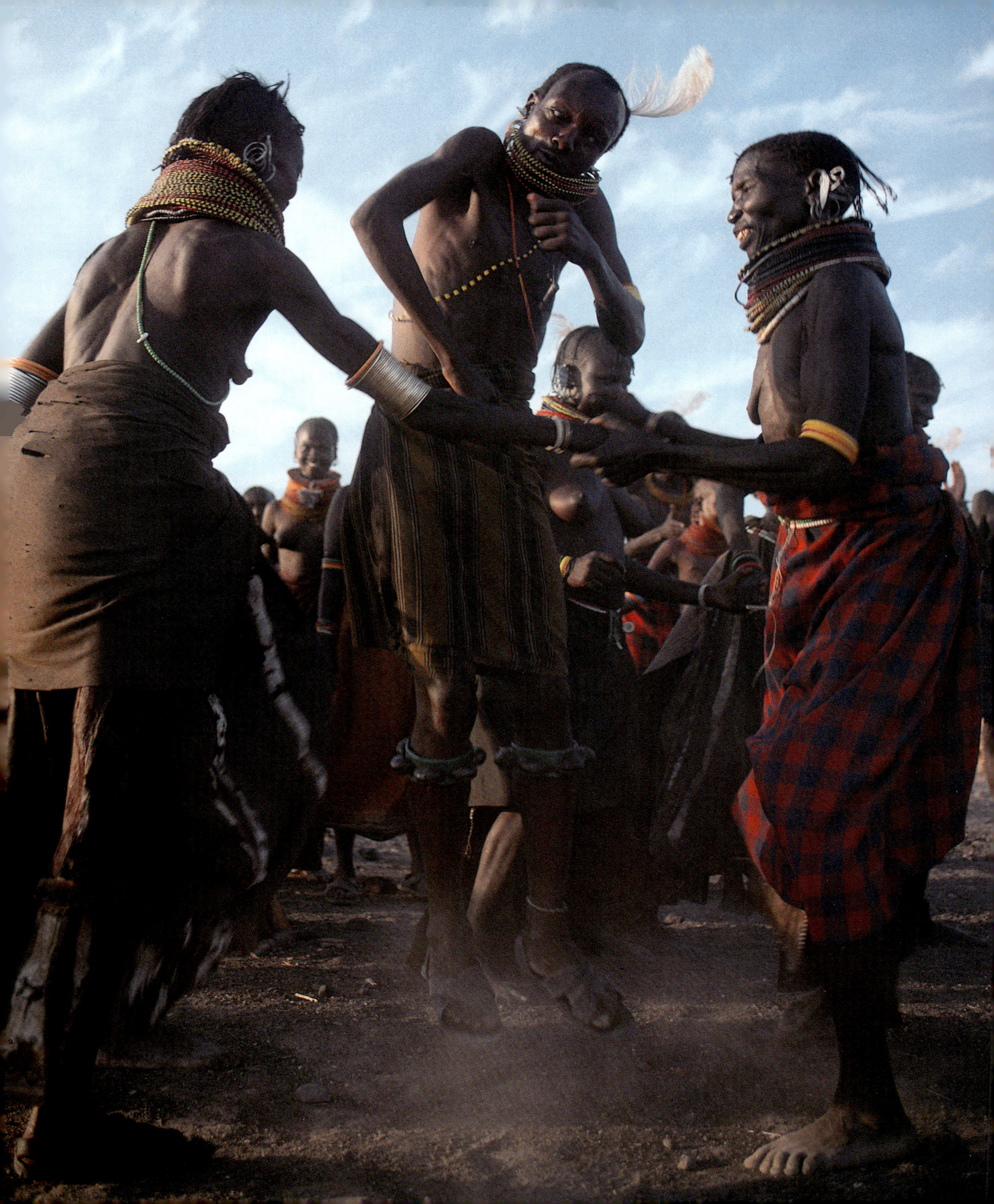

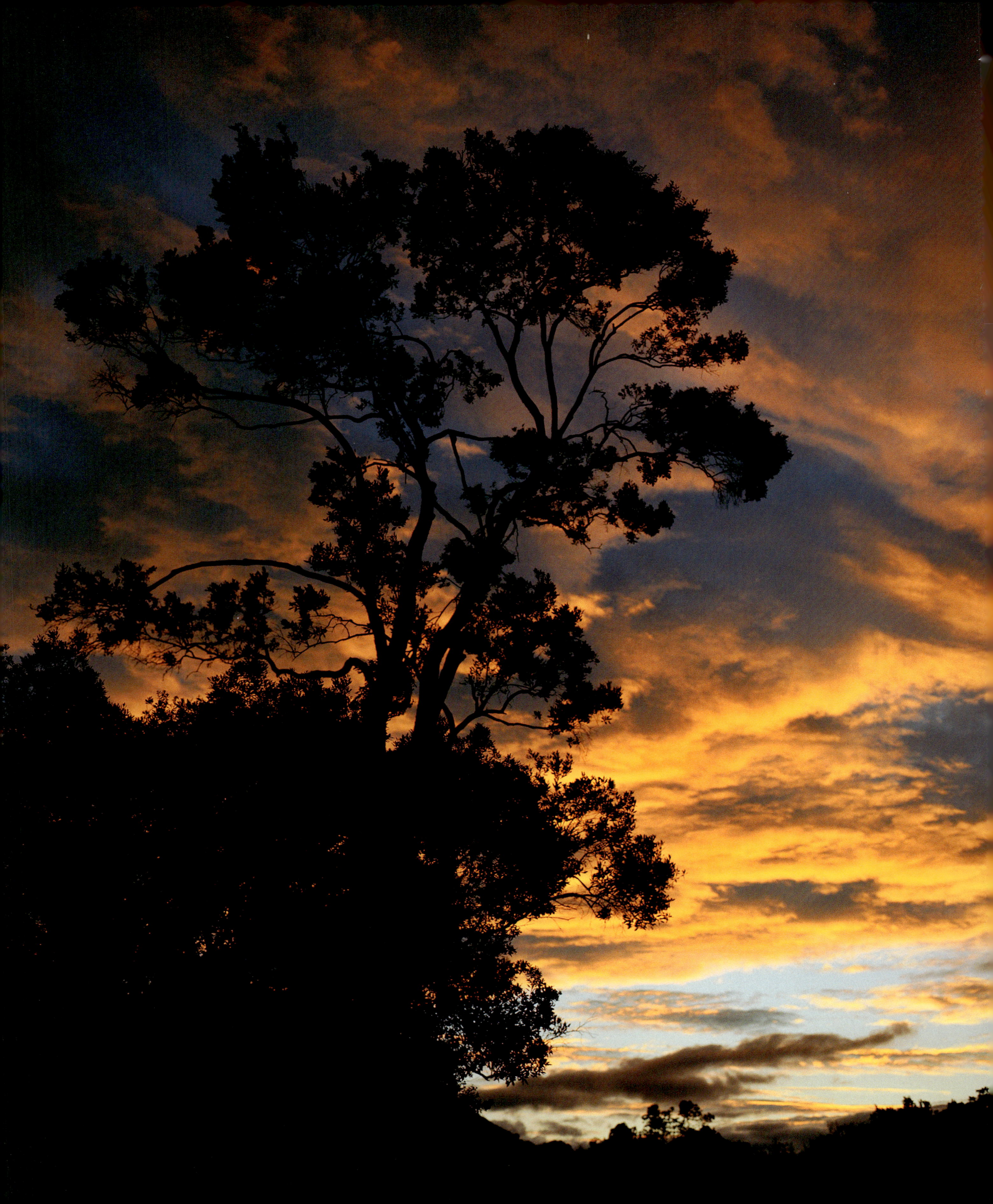

POKOT

Frieden nach innen, Aggression nach außen – im Spannungsfeld dieser beiden Pole leben im Westen Kenias die Pokot. Ein sehr komplexes Beziehungsgeflecht sorgt dafür, dass auch in Zeiten knapper Ressourcen der innere Friede gewahrt bleibt.

Friedenstiftend ist vielerlei: weit verzweigtes Heiraten, Brautgeld, das nicht nur den Brauteltern, sondern auch anderen Clanmitgliedern zugute kommt; ferner ein komplexes System, sich durch Geschenke und erweiterte

Nachbarschaftshilfe gegenseitig zu verpflichten. Wenn all diese kompliziert gesponnenen Freundschaftsbande nicht halten können, was man sich von ihnen verspricht, nimmt auch die Außenwelt Schaden; es kommt zu schlimmen Dingen, etwa Dürre oder dem Ausbruch einer Seuche.

Als vor vielen Generationen zahlreiche Pokot die Bergwelt Ost-Ugandas verließen, wurden aus Ackerbauern nomadische Hirten, Menschen der semiariden Savanne. Zugleich veränderte sich ihre Gesellschaftsstruktur. Sie übernahmen das Altersklassen-System ihrer Nachbarn. Und sie begannen mit ausgedehnten Raubzügen im Maasai-Gebiet – brutale Überfälle, für die sie berüchtigt wurden.

Schon bald wurden die Turkana, mit denen sie sich früher vermischt hatten, ihre ärgsten Feinde. Und sie sind es geblieben, bis zum heutigen Tage. Die große Waffenkonzentration im ostafrikanischen Raum – schlimmer Erbteil zweier Weltkriege und des Kalten Krieges – hat die alten Fehden noch mörderischer gemacht.

Wenn die Waffen ruhen, ruhen auch die Krieger. Die hölzernen Kopfstützen, die auch für die Entlastung von Rücken, Beinen und Armen taugen, sind nur die auffälligsten Gebrauchsgegenstände einer Kultur, die auf leichtes Gepäck achten muss.

Auch Pokotmänner – darin neureichen Europäern und Nordamerikanern durchaus wesensverwandt – demonstrieren ihren Wohlstand gern mit dem, was sie ihren Frauen um den Hals hängen. Kraft gleich Kaufkraft. Als noch keine Glasperlen ins Land kamen und Schmuck noch kunstvoll aus Antilopenknochen und Straußen-Eierschalen gefertigt wurde, trugen die Frauen vergleichsweise bescheidenen Halsschmuck.

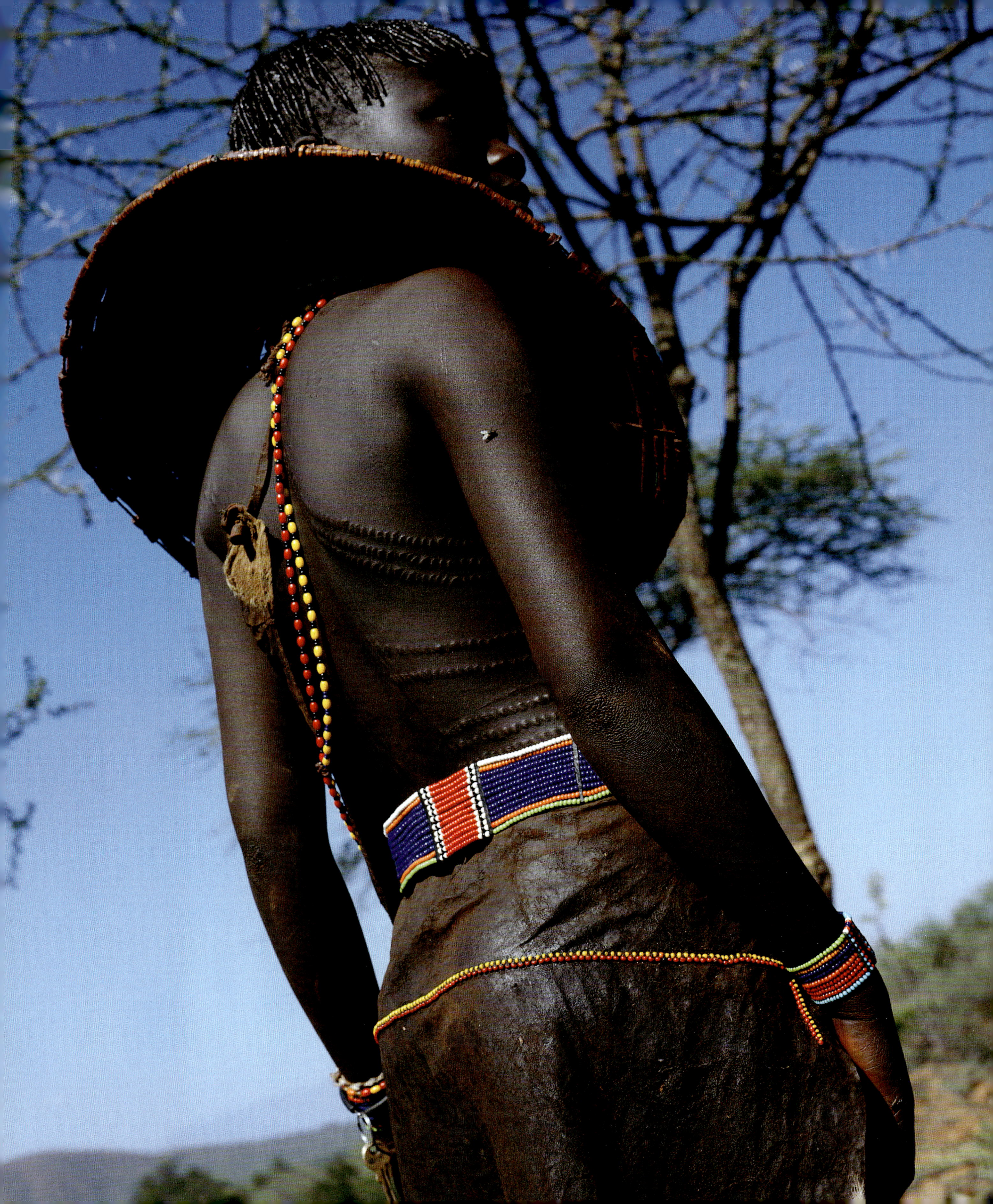

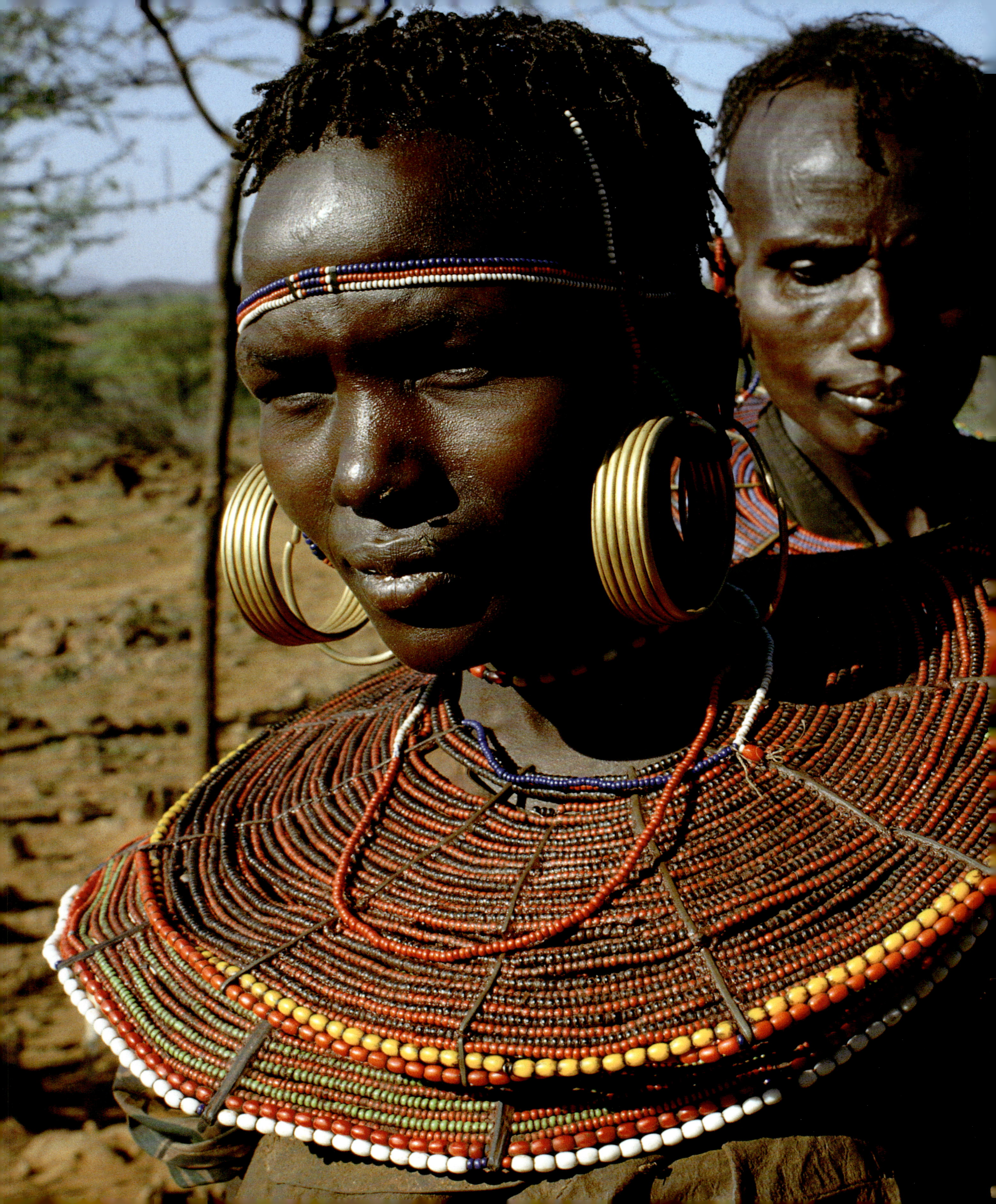

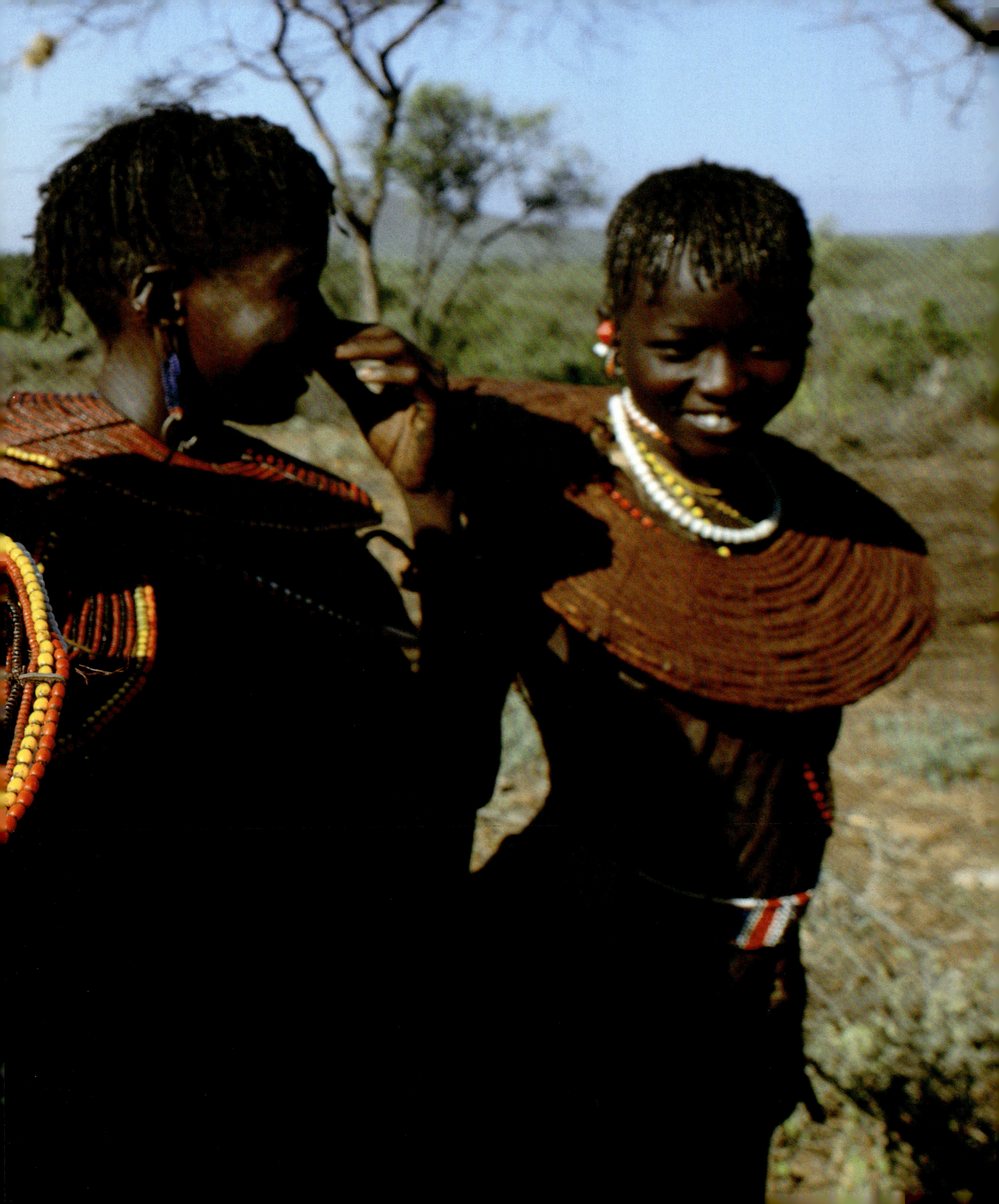

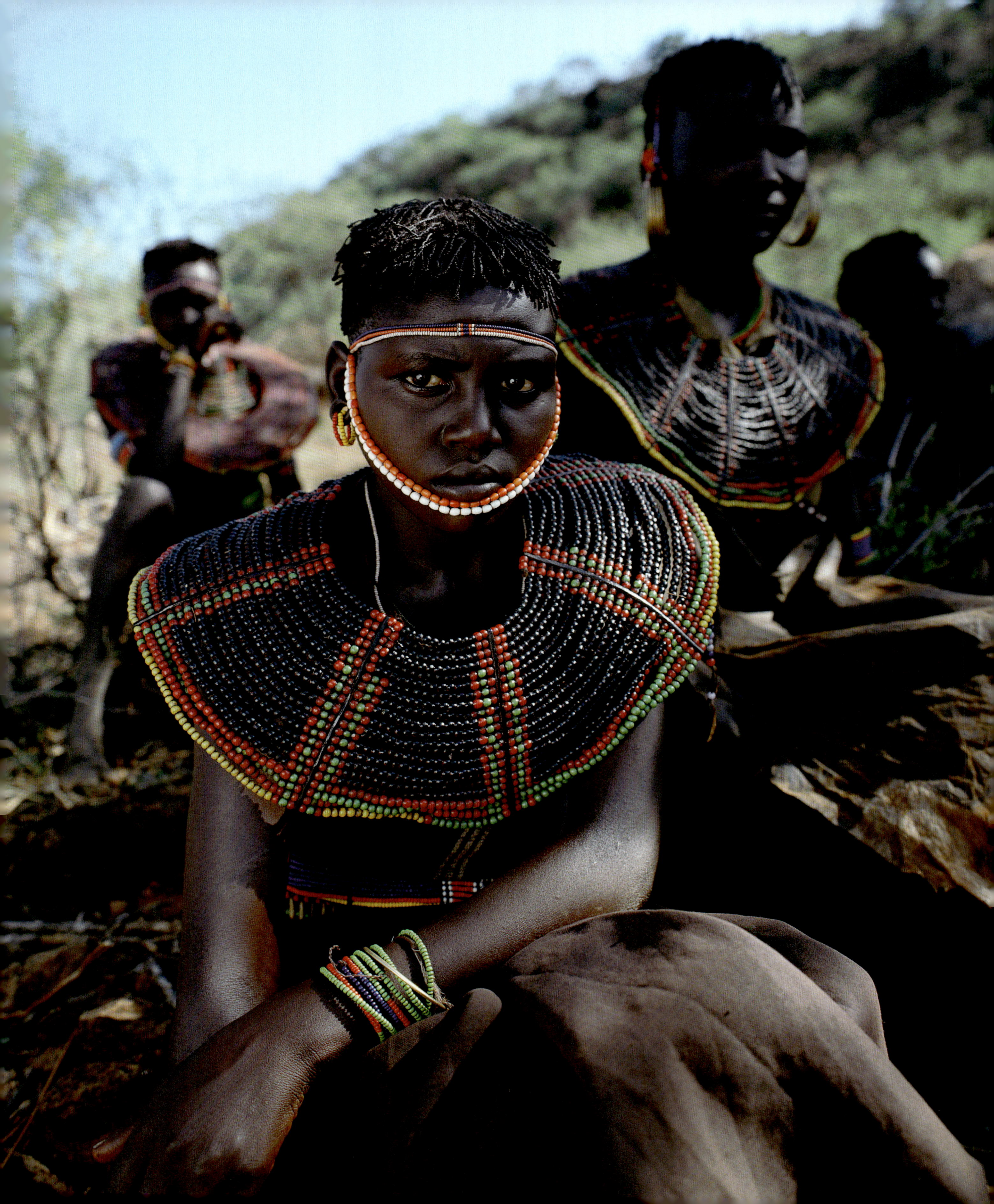

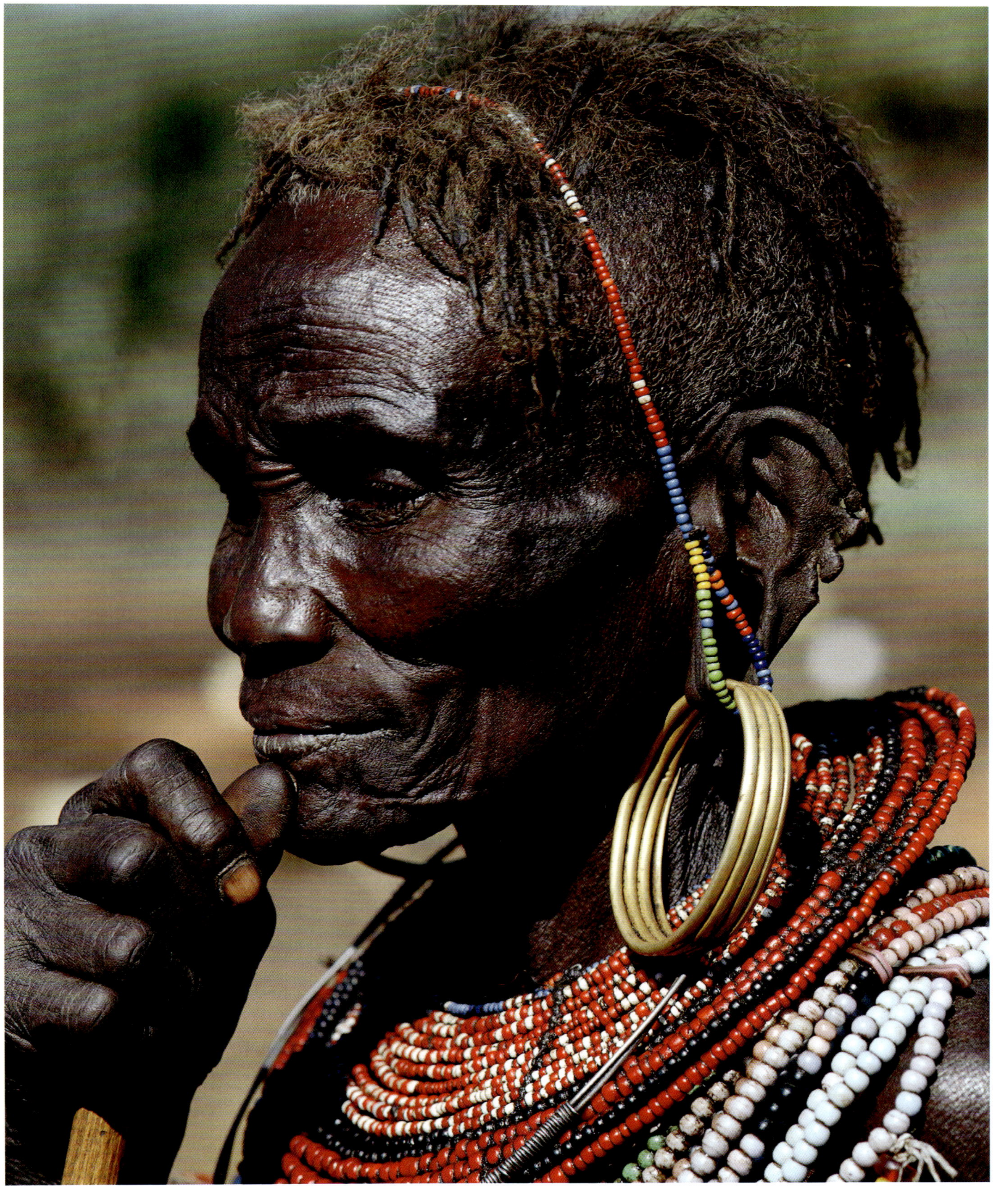

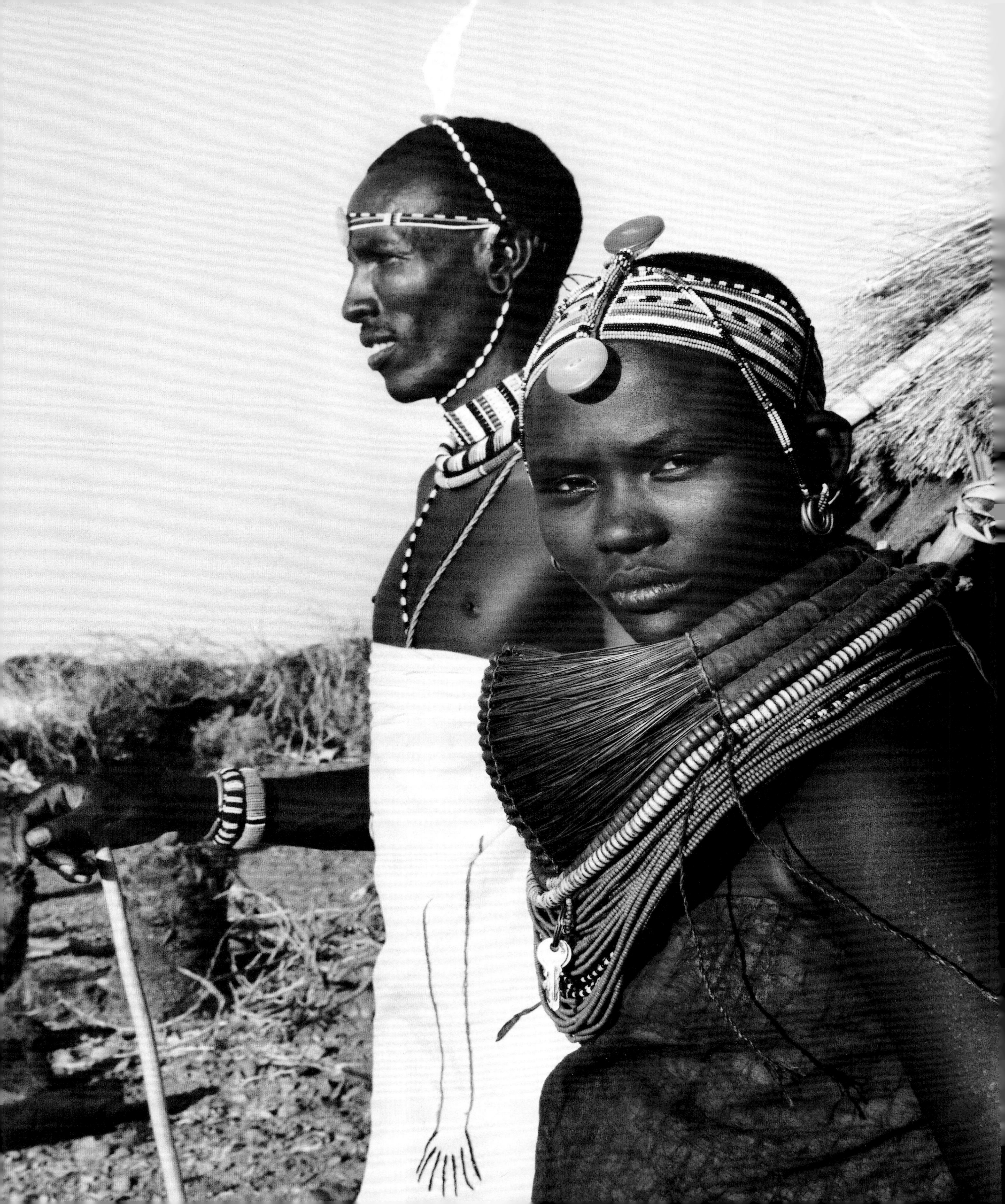

RENDILLE

Die ewige Suche nach neuen Weidegründen veranlasste auch die Rendille, ihr Gebiet im heutigen Somalia zu verlassen. Einige siedelten sich südöstlich des Turkana-Sees an, andere zogen weiter in den Süden, bis sie ins Samburu-Land vorstießen. Sie blieben, und eine friedliche Nachbarschaft fand ihren Anfang. Die Rendille waren mit Kamelen gekommen, die den Rindern der Samburu weder an Tränken noch auf den Weiden wirklich Konkurrenz machten.

Die Neuankömmlinge übernahmen so viel von der Kultur ihrer neuen Nachbarn und Verbündeten, dass man beide Gruppen kaum voneinander unterscheiden kann; es sei denn, man hört hin: Ihre Sprache, die dem heutigen Somali sehr ähnelt, haben sie beibehalten.
Auch für das Leben des Rendille-Mannes sind die Altersklassen das ordnende Prinzip; wie bei den Samburu und Maasai beginnt nach der Beschneidung die *moran*-(Krieger-)Zeit. Wie ihre Samburu-Nachbarinnen tragen die Rendille-Frauen über den vielen Glasperlenketten einen Halsschmuck aus Pflanzenfasern und einem vertikalen Perlenband. Diese Kette, die eine Mutter an ihre Tochter zur Hochzeit weitergibt, veranschaulicht die Kette des Lebens: Aus der Geborenen wird eine Gebärende. Und der Schmuck drückt in besonderer Weise die Hoffnung auf Fruchtbarkeit und Wohlstand aus: gesunde Kinder, kräftige Herden.

Heute sind viele Schmuckmaterialien in Läden vorrätig; so auch die Gehäuse von Kauri-(Meeres-)Schnecken, mit denen die Rendille zum Beispiel lederne Schulterbänder verzieren. In vorkolonialer Zeit galten diese Schneckenhäuser in weiten Teilen Afrikas als Währung.

Ihr Selbstschutz gegen Übervölkerung hat die Rendille bei Ethnologen und Bevölkerungsexperten berühmt gemacht: Mit teils drakonischen Mitteln sollte sichergestellt werden, dass die Bevölkerungszahl mit dem Nahrungsangebot im Einklang blieb; Auswanderung, Monogamie, Kindstötung, (solange noch ein anderes Baby gestillt wurde) – all das schreckte offenbar weniger als die Drohung, dass irgendwann Kamelblut und Milch nicht mehr für alle ausreichen könnten.

Ein wesentliches Element in diesem Kontrollsystem verkörperten die *sepaade*; diese Frauen durften erst nach all ihren Brüdern heiraten. Wenn erst noch der jüngste Bruder und Nachzügler seine lange Krieger-Zeit absolvieren musste, bevor seine ältere Schwester Mutter werden durfte, war die Arme unter Umständen schon nicht mehr im gebärfähigen Alter.

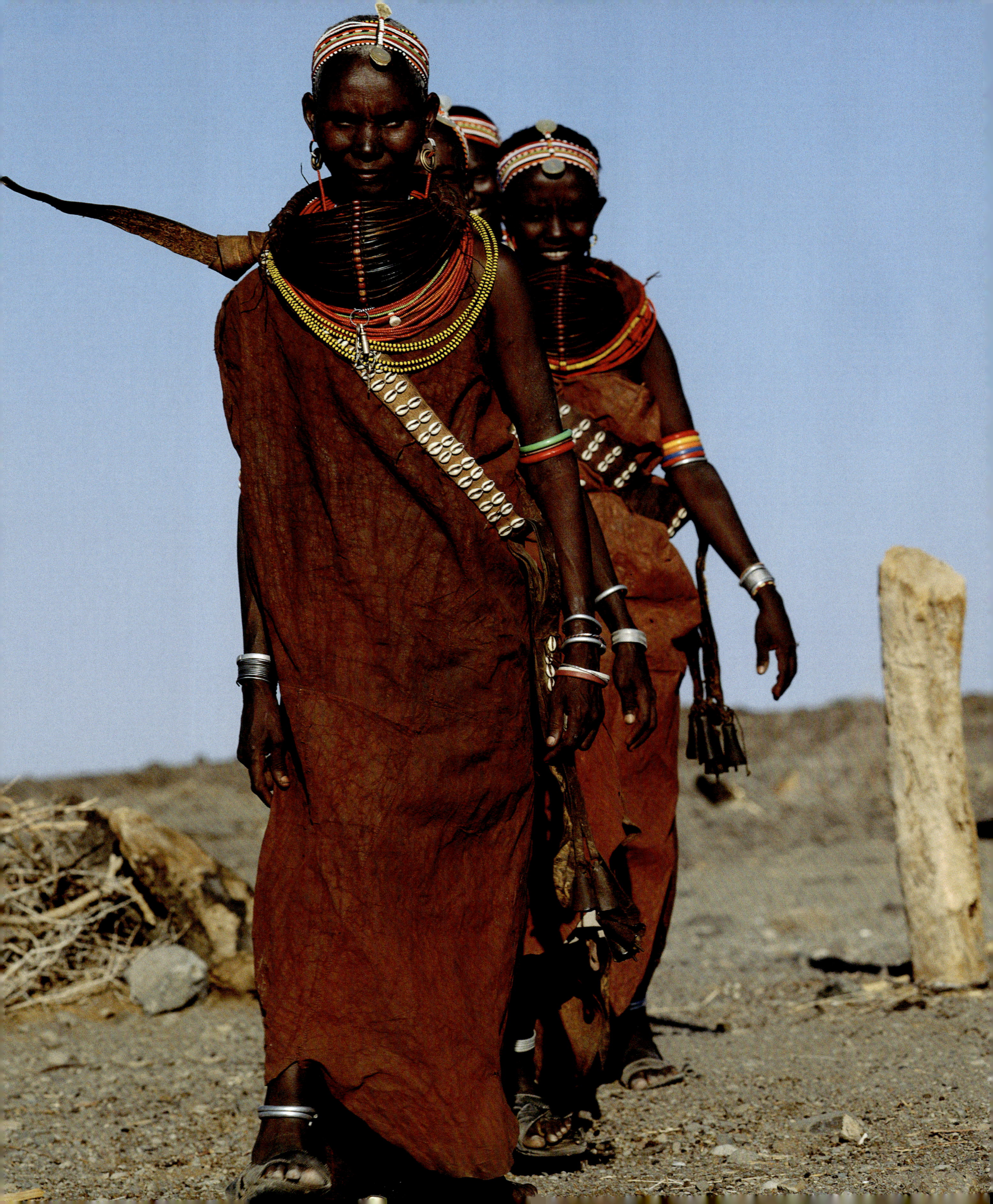

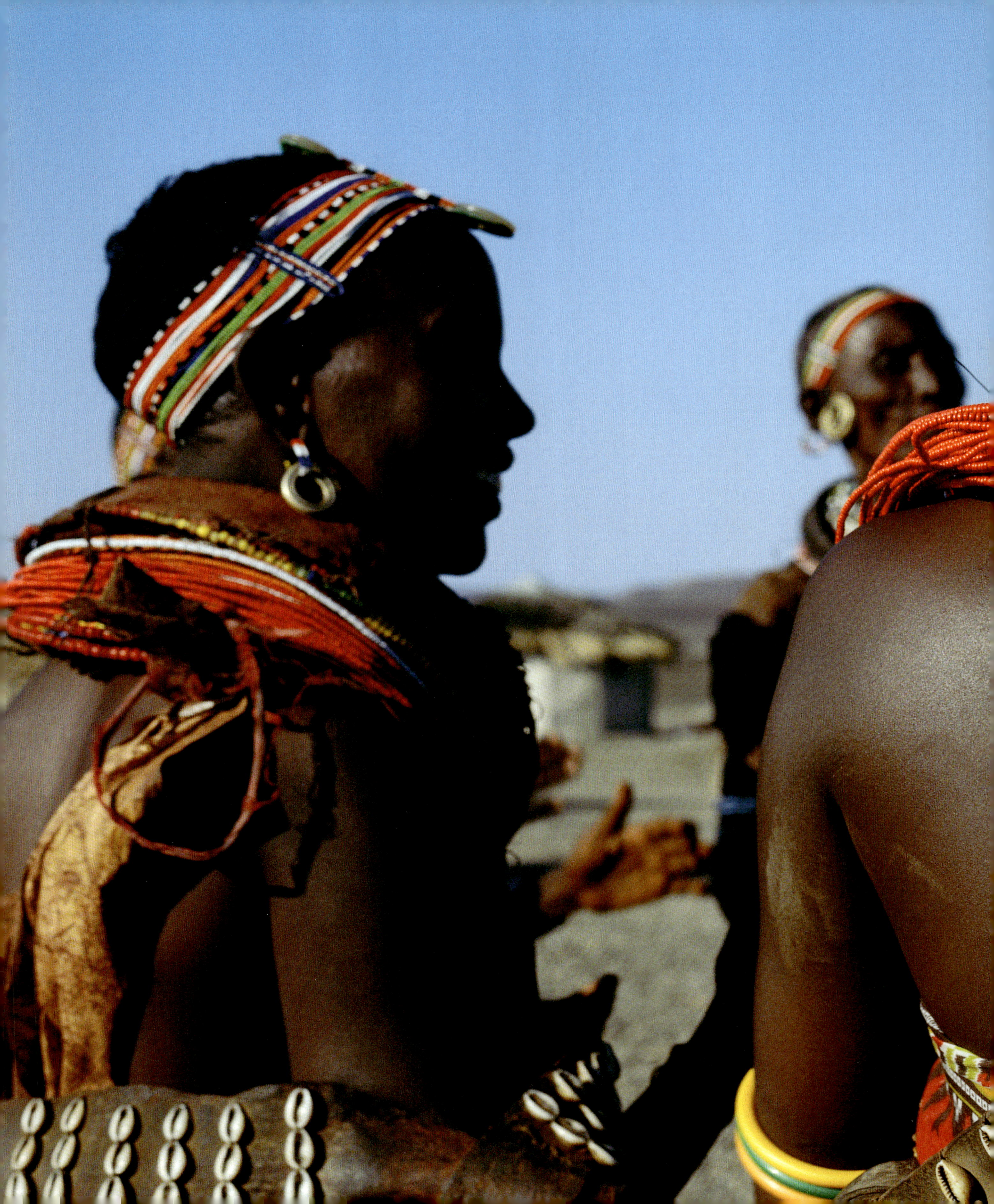

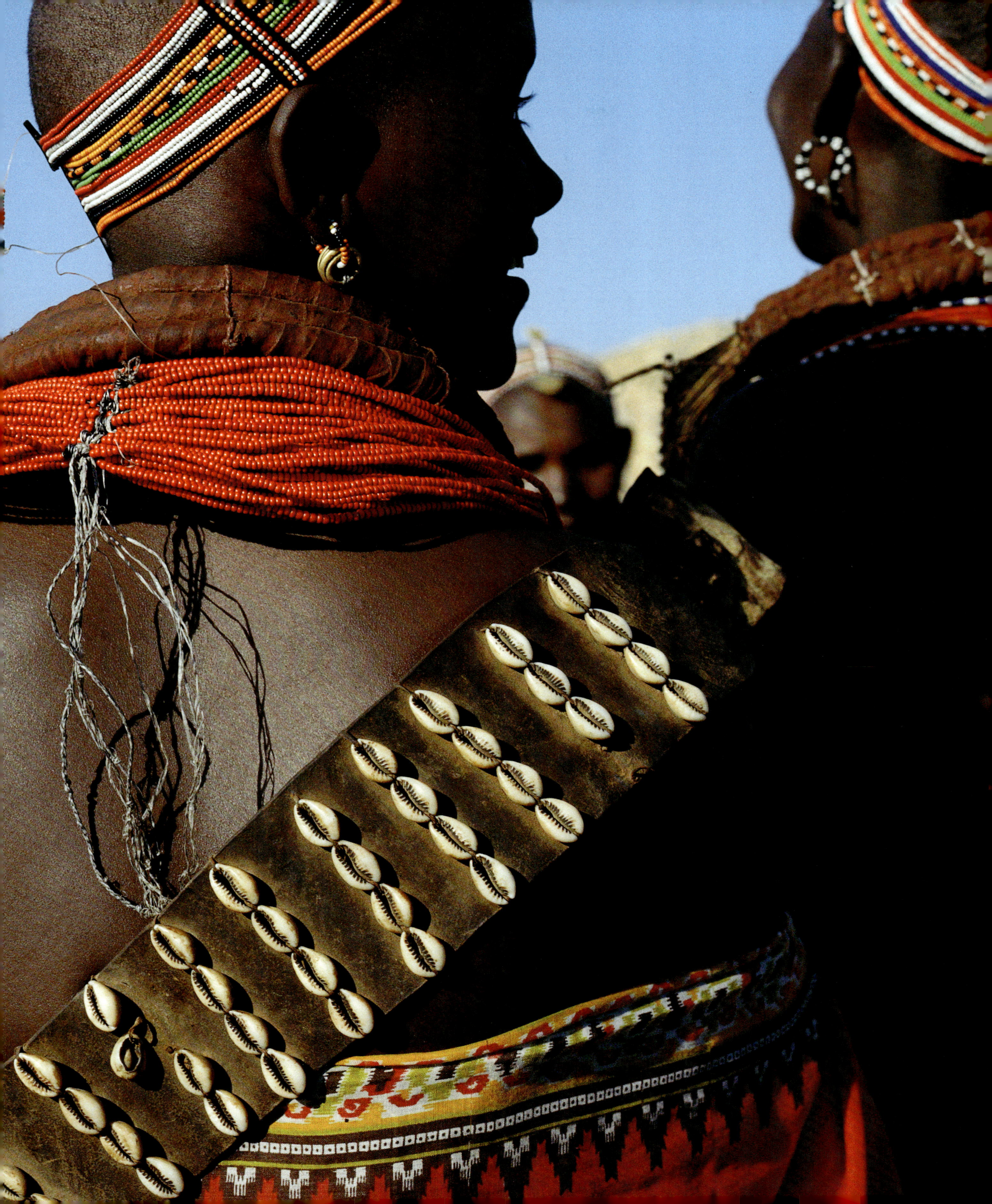

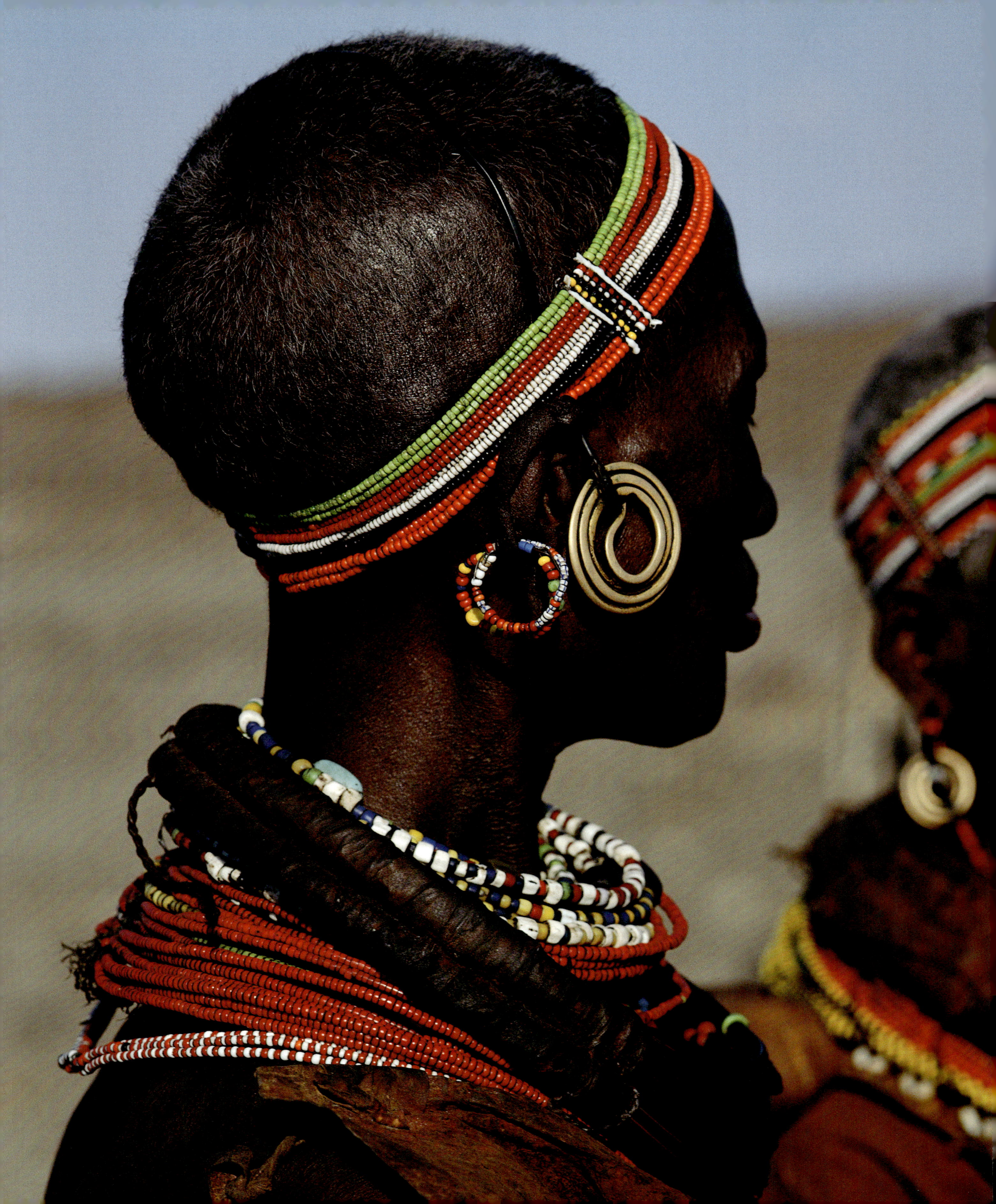

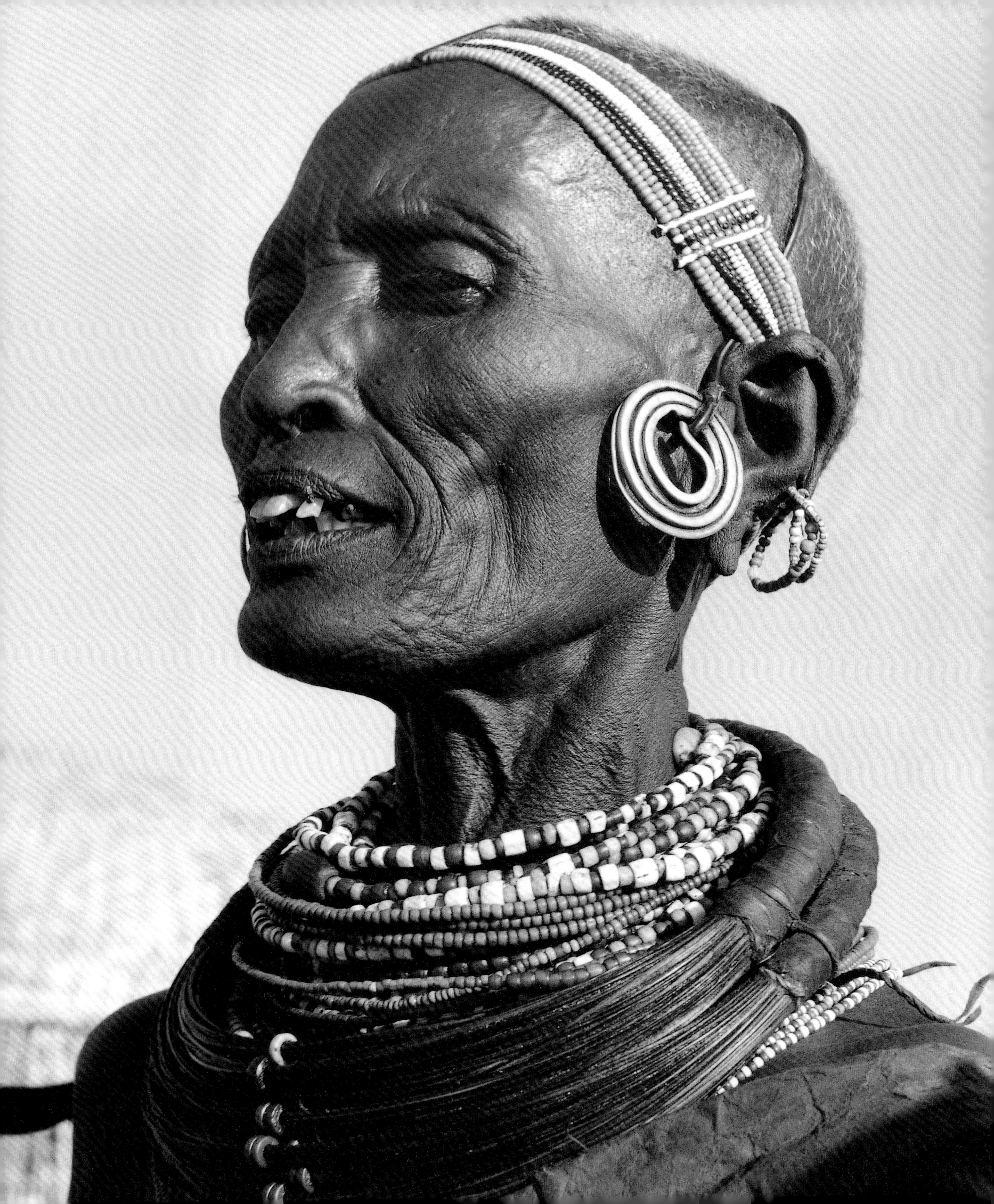

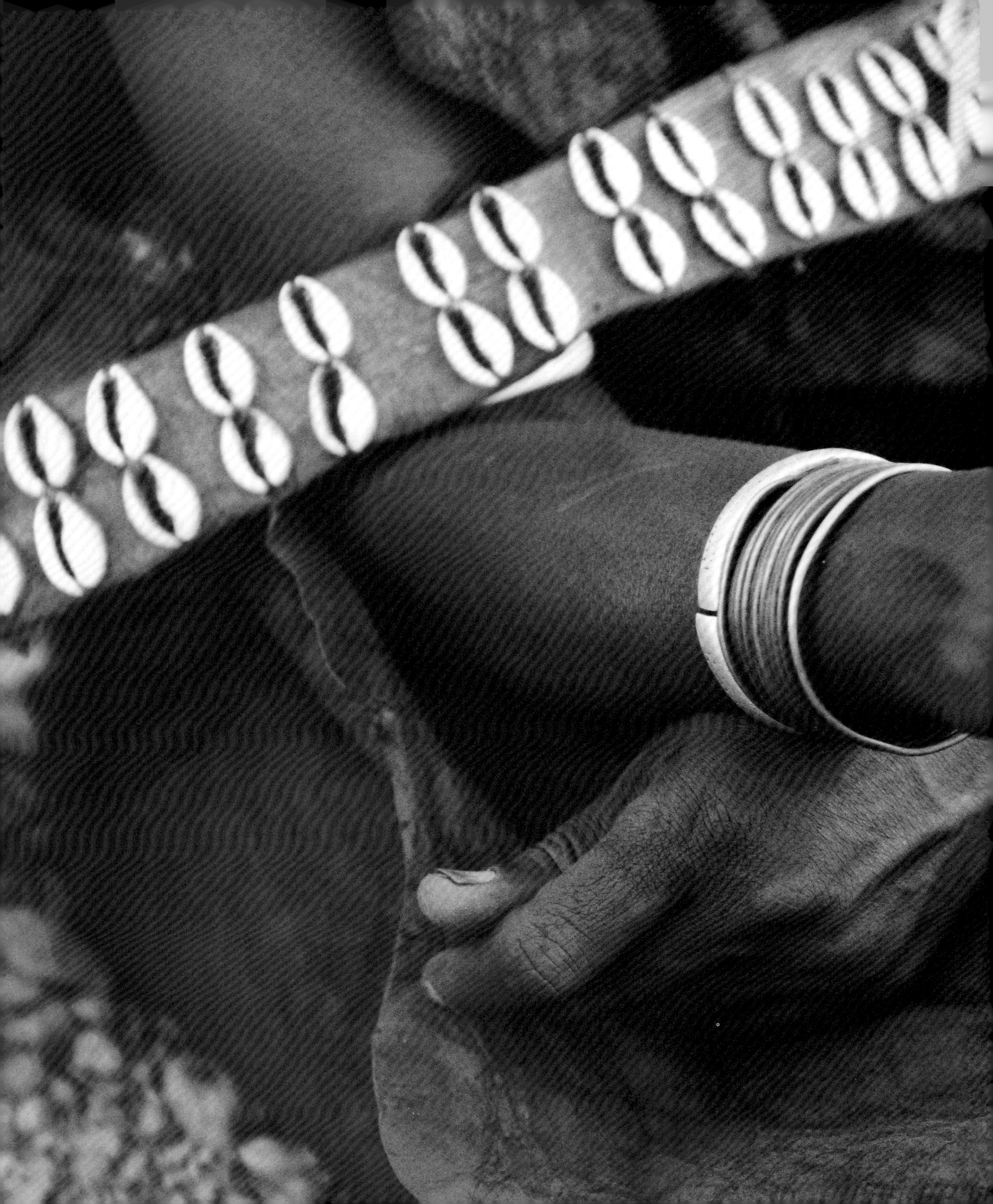

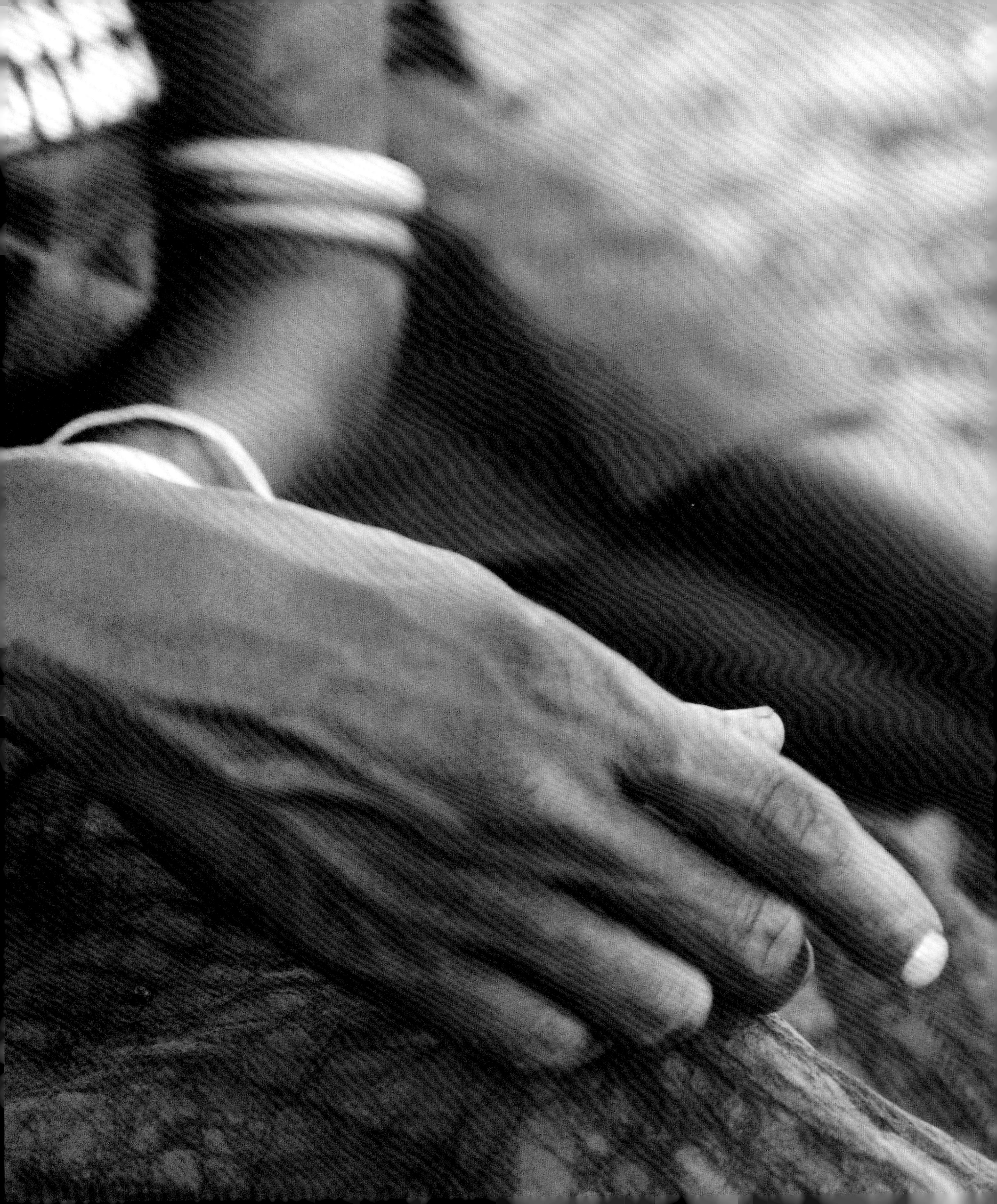

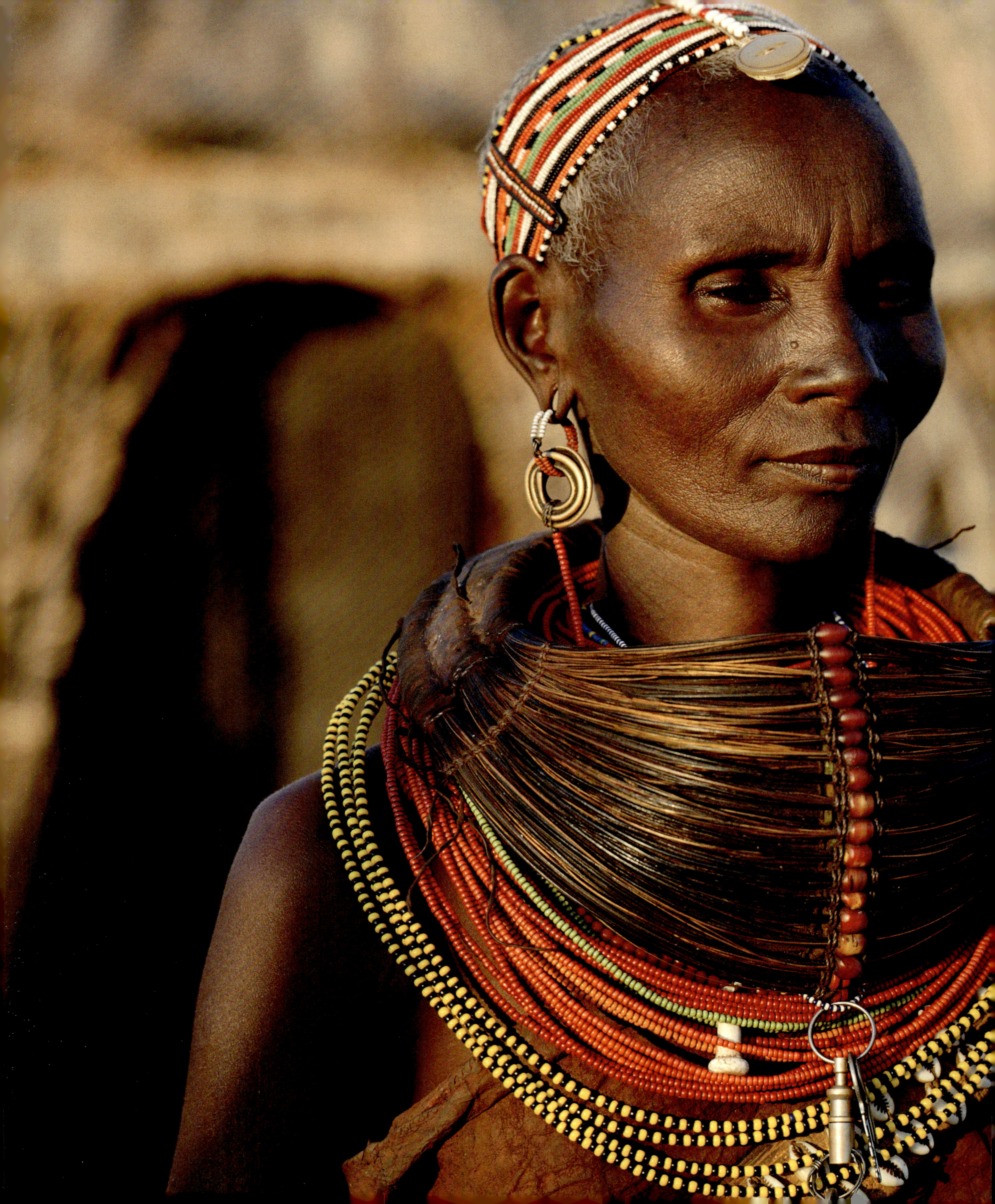

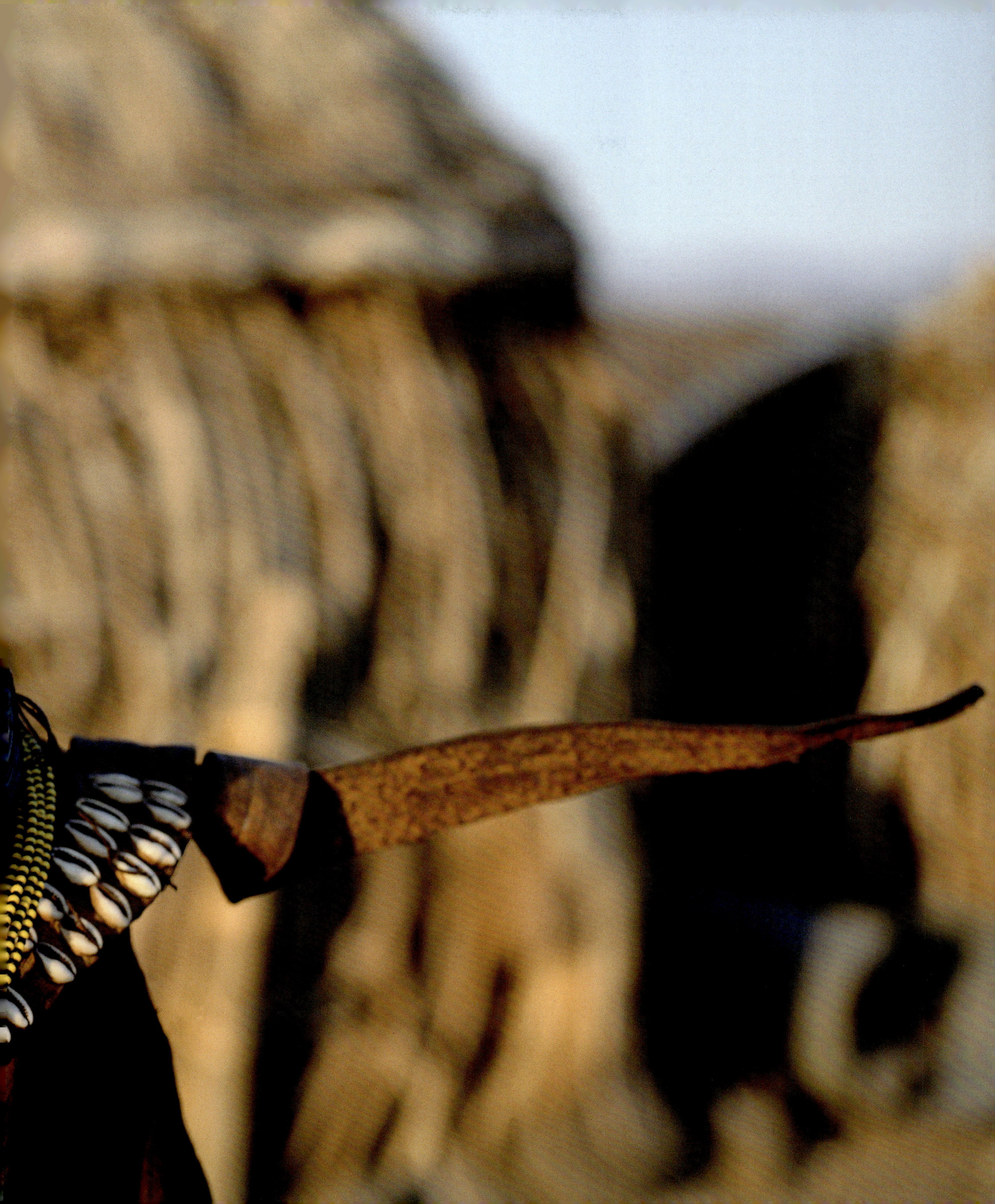

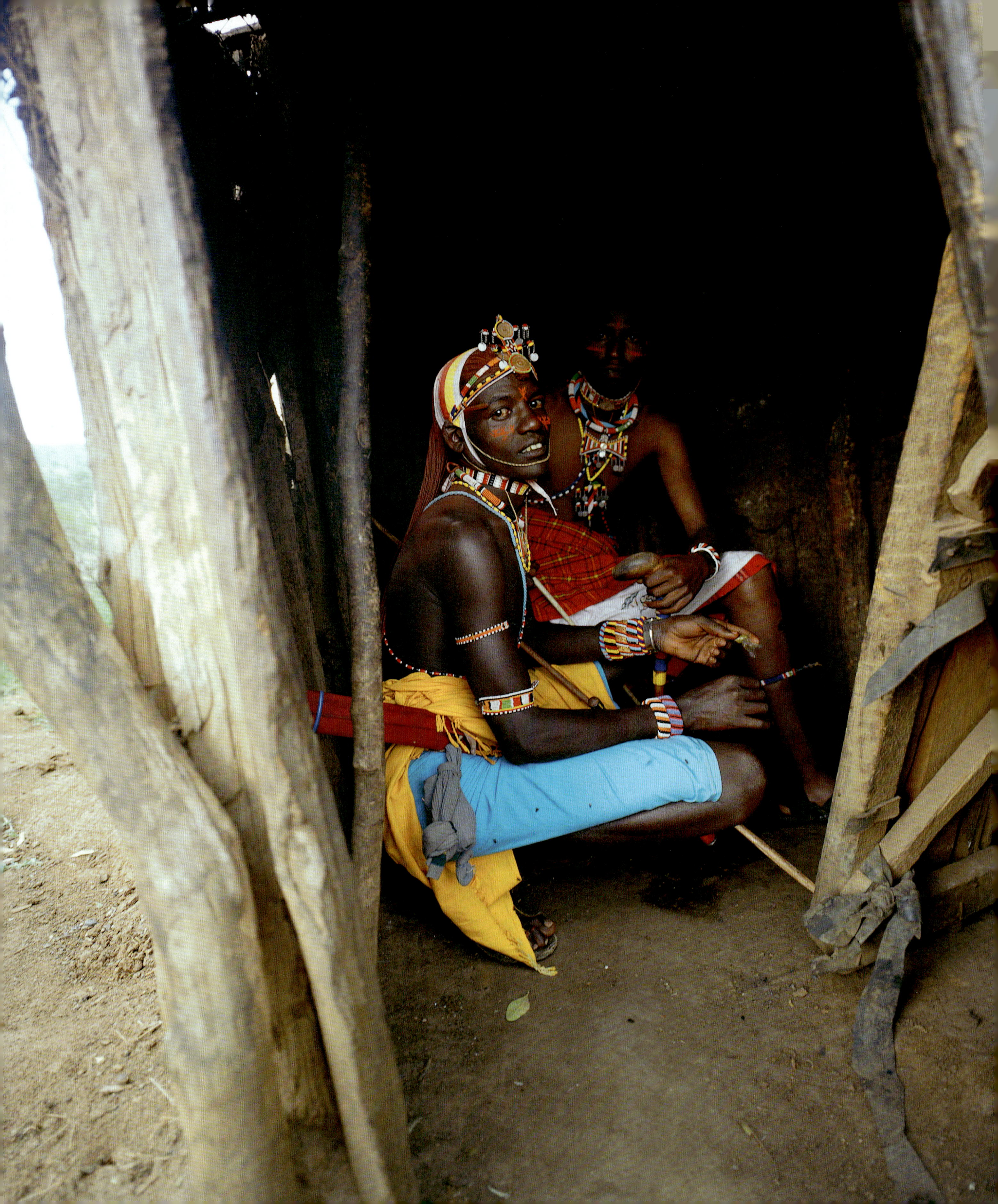

SAMBURU

Die Samburu sind vermutlich nahe Verwandte der Maasai. Vielleicht sind sie einfach auch nur Maasai mit ein paar Besonderheiten. Es ist unklar, wann sich die Samburu vom Maasai-Mainstream abgespalten haben, um im nördlichen Kenia zu bleiben, während andere Gruppen mit ihrem Vieh südwärts zogen, weit nach Tansania hinein. Reicht das, um ihnen einen Extraplatz auf der ethnologischen Afrikakarte zuzuweisen?

Auch die Bezeichnung *Samburu* gilt als einigermaßen rätselhaft. Die wohl lieblichste Erklärung: Der Name soll »Schmetterling« bedeuten, ein Hinweis auf die sanfte, feine Art der Samburu. Tatsächlich gelten sie, verglichen mit den »echten« Maasai, als weniger kriegerisch. In Sprache, Lebensweise, Sozialstruktur und Erscheinung sind sie den anderen Maasai zum Verwechseln ähnlich. Die meisten Kenia-Touristen wissen nicht einmal, dass viele der von ihnen abgelichteten Maasai eigentlich Samburu sind.

Einige Unterschiede springen, für den, der's weiß, allerdings doch ins Auge: Die jungen Samburu-Männer, die mit ihren Altersklassen-Freunden, den *moran* (Kriegern), mehrere Jahre in einer gesonderten *manyatta* (Gruppe von Hütten) zusammenleben, verbringen konkurrenzlos viel Zeit mit Körperpflege. Nach jedem ausgiebigen Bad bemalen sie erneut die Haut ihres Gesichts und Körpers mit kunstvollen Ornamenten und verschönern ihr langes, zu vielen Zöpfchen geflochtenes Haar mit rotem Ocker und Fett. Sie wetteifern um die Aufmerksamkeit der jungen Mädchen, die sie in ihrer *manyatta* besuchen kommen; eine gewisse sexuelle Freizügigkeit ist erlaubt, Schwangerschaften allerdings sind verpönt.

Trägt ein schmucker Krieger dicke Elfenbeinringe in den geweiteten Ohrläppchen, ist er ganz sicher Samburu und nicht einfach »nur« Maasai.
Einige Schmuckstücke, wie Armreife aus Kupfer und Blech, entstehen in der Schmiedewerkstatt. Das Handwerk wird vom Vater auf den Sohn vererbt. In einer mehrjährigen Lehrzeit lernt der Azubi, wie man Schmuck, Messerklingen, Pfeil- und Speerspitzen fertigt.
Die Schmiedewerkstätten liegen außerhalb des Dorfes. Der praktische Grund ist Brandabwehr, der mystisch-überhöhte: die Furcht vor unheimlichen Kräften, mit denen die Schmiede im Bunde sind – ein weltweit verbreiteter Glaube in vielen Kulturkreisen.

Die halbnomadische Lebensweise der Samburu ist stark gefährdet, vor allem seit den Schrecken der 1990er Jahre: Nach vier regenlosen Jahren und vielen Raubüberfällen durch die Pokot schrumpften die Herden von 100 000 auf insgesamt 10 000 Stück. Verliert der Schmetterling seine Flügel?

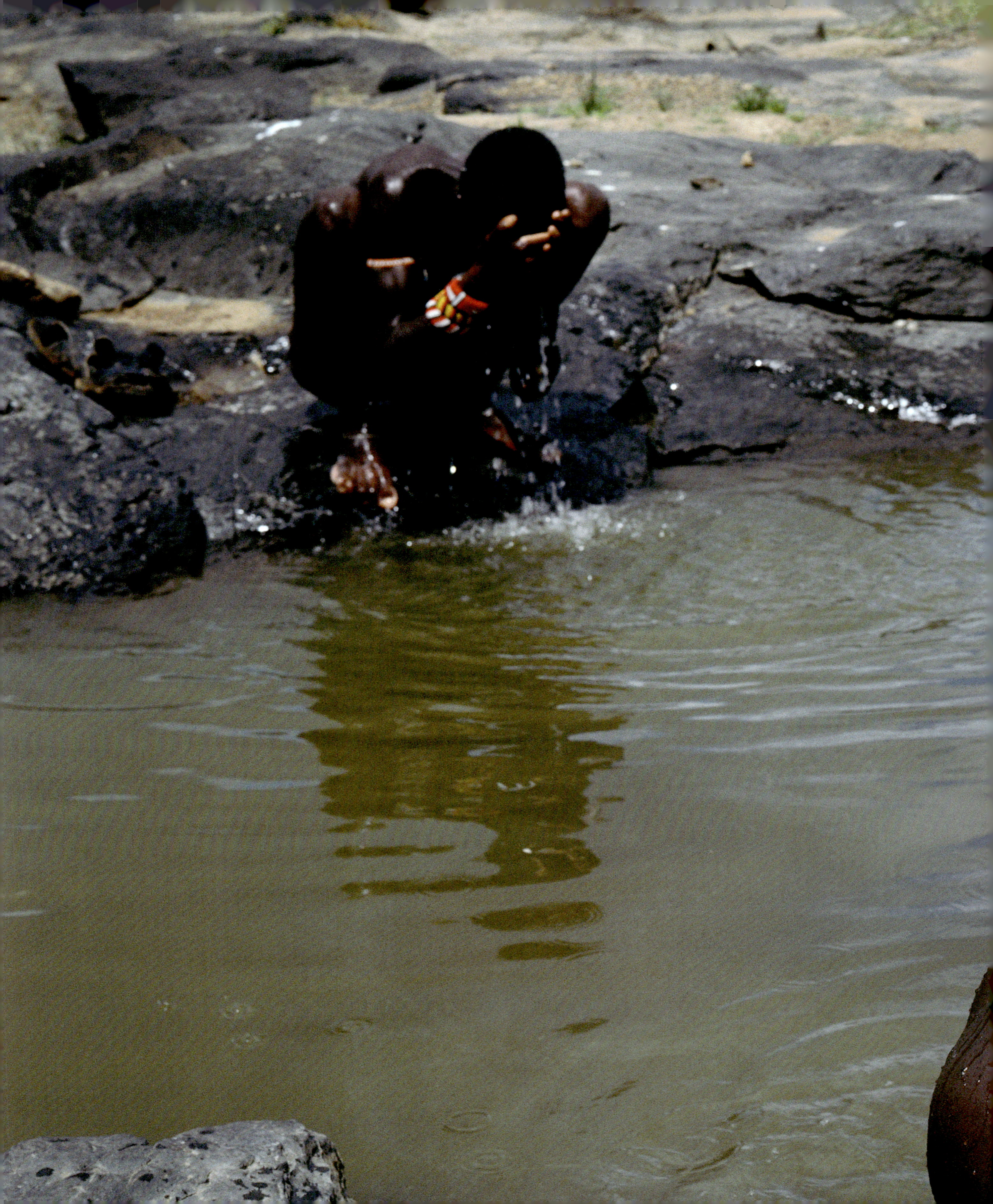

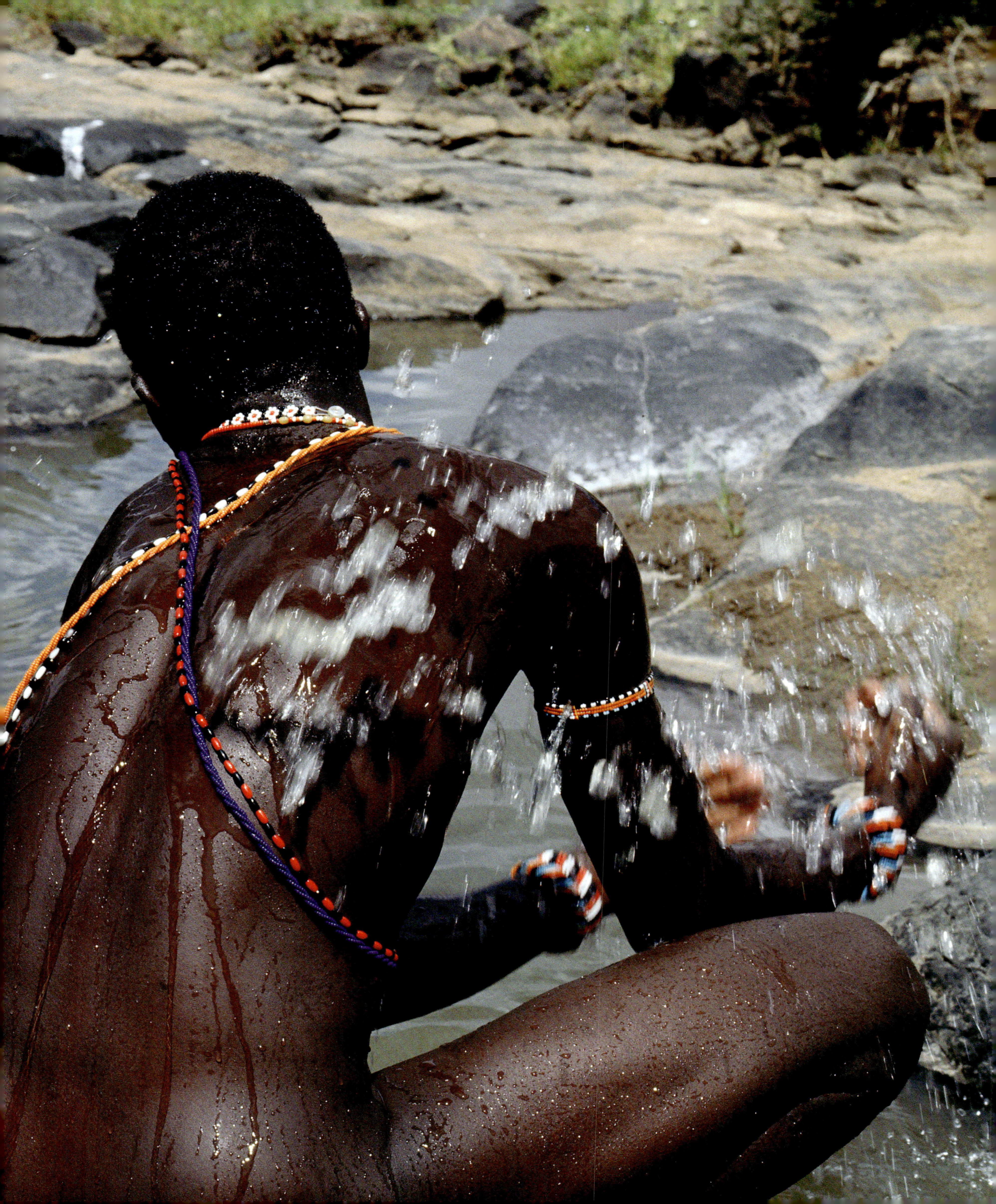

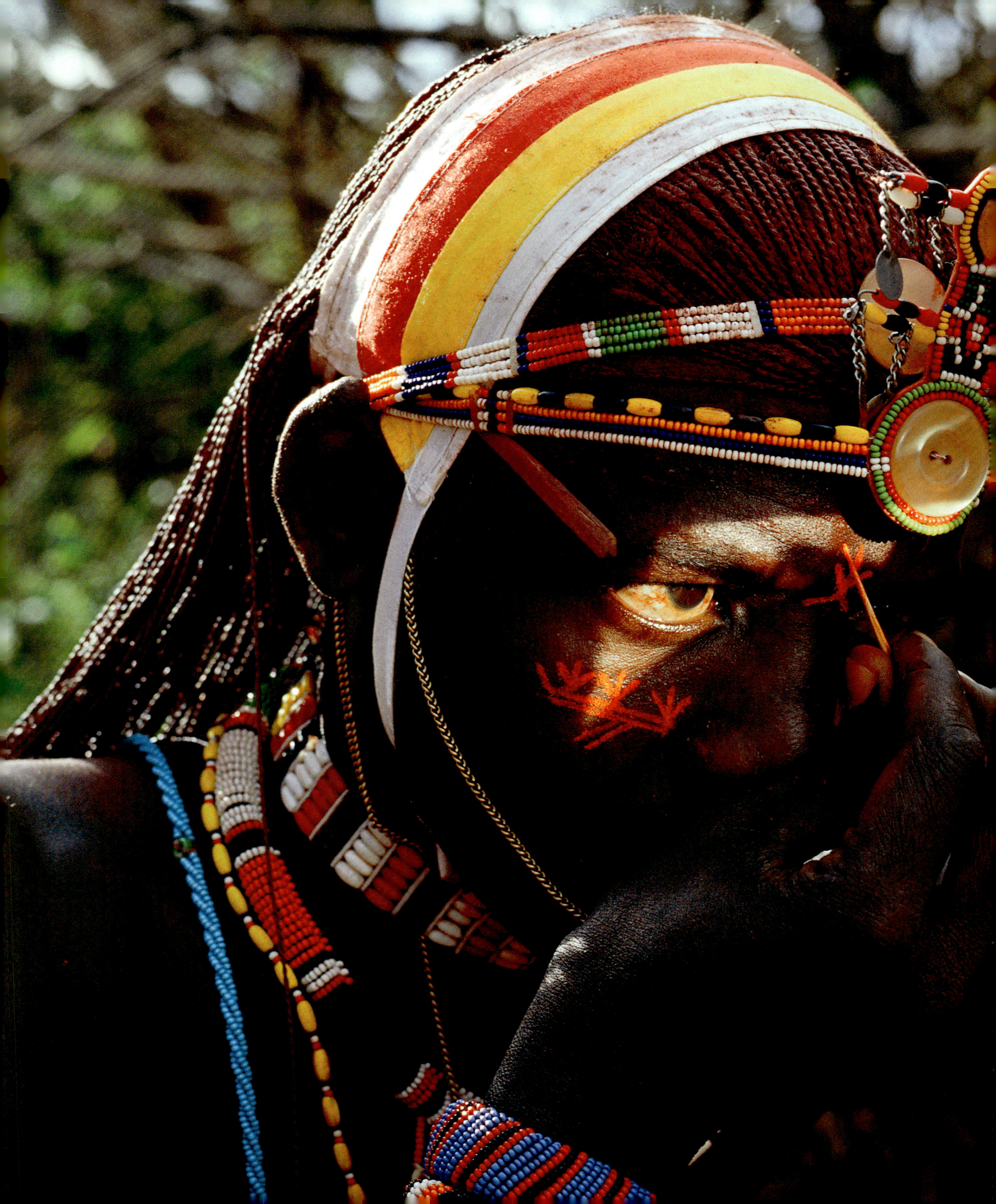

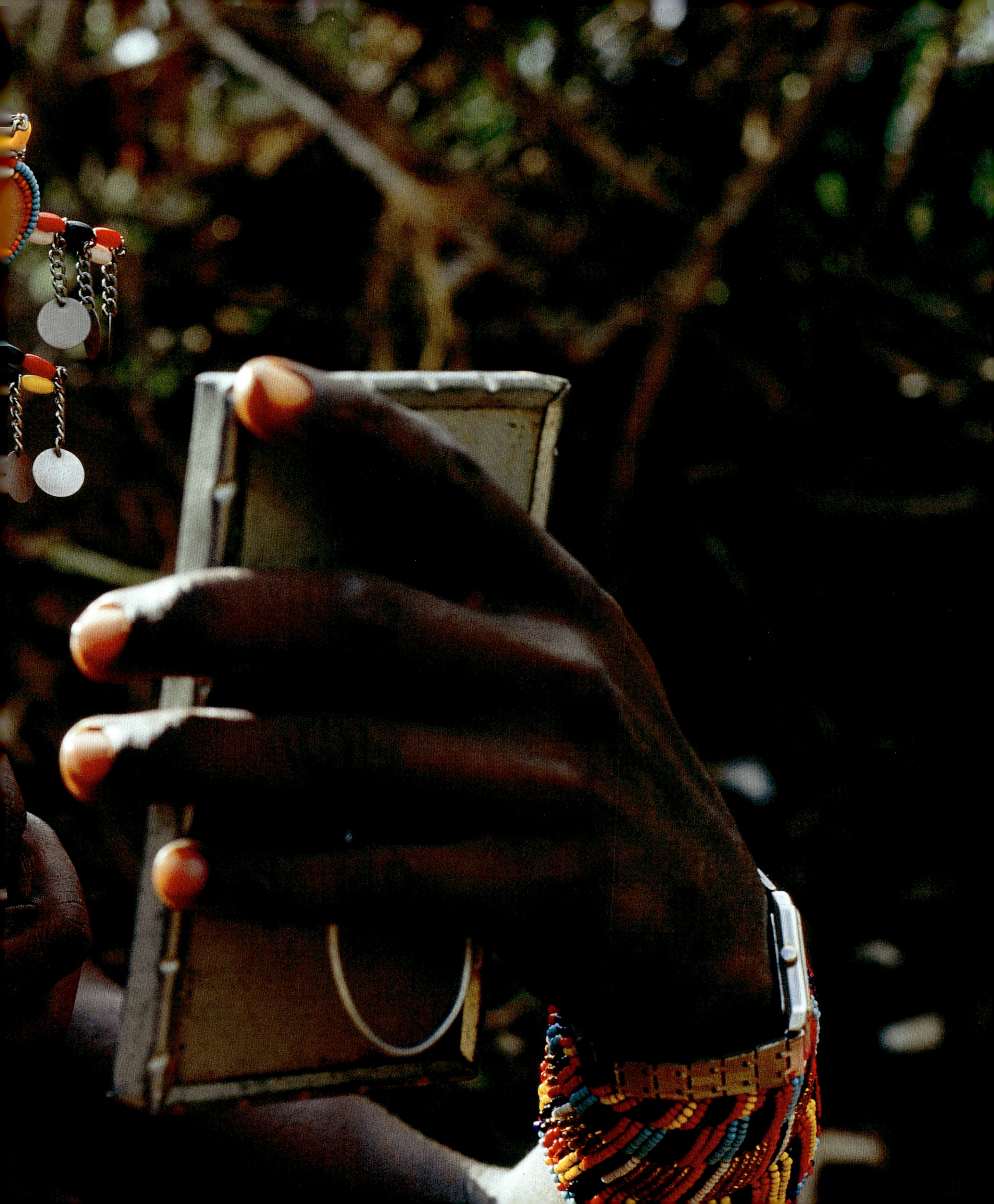

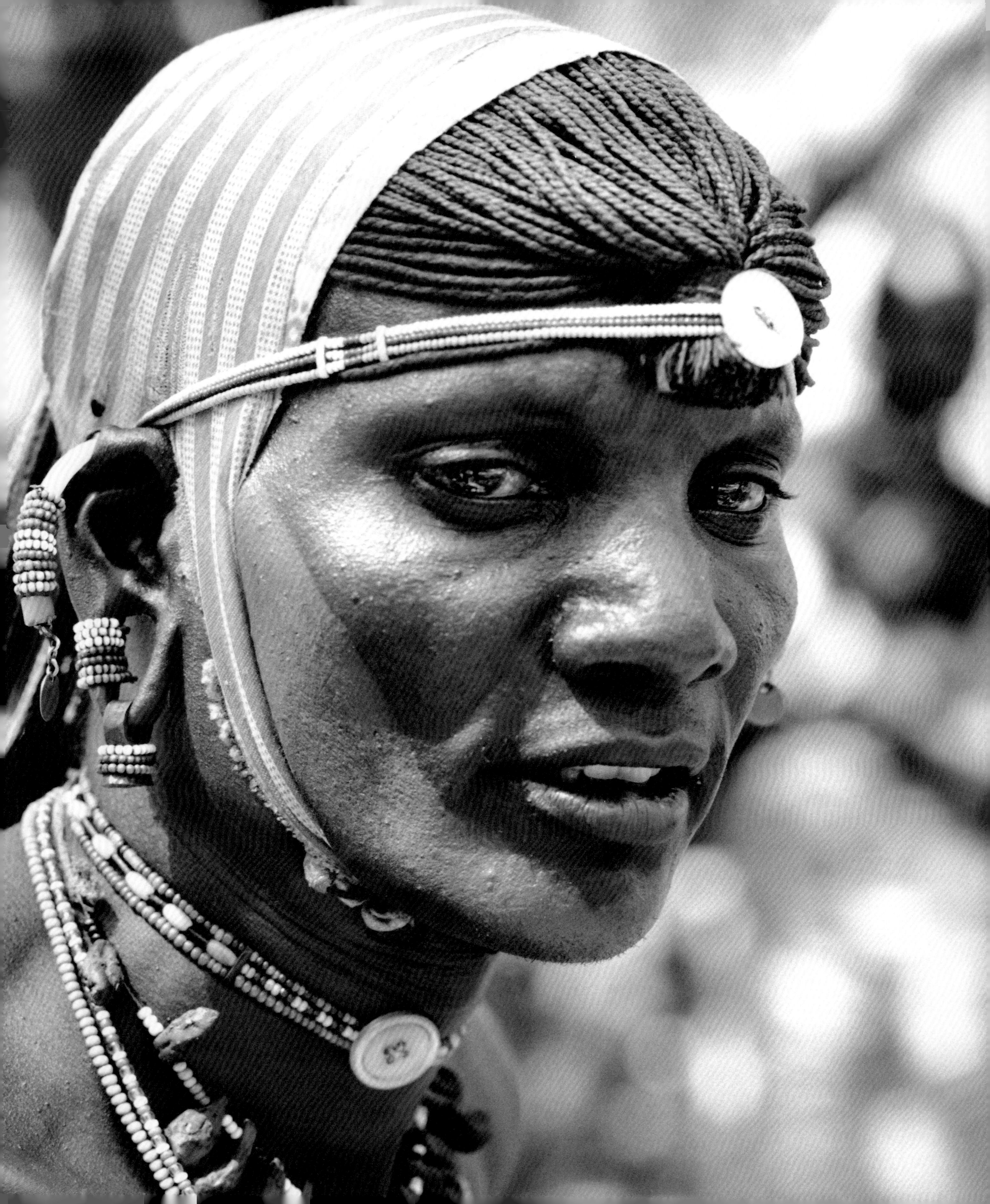

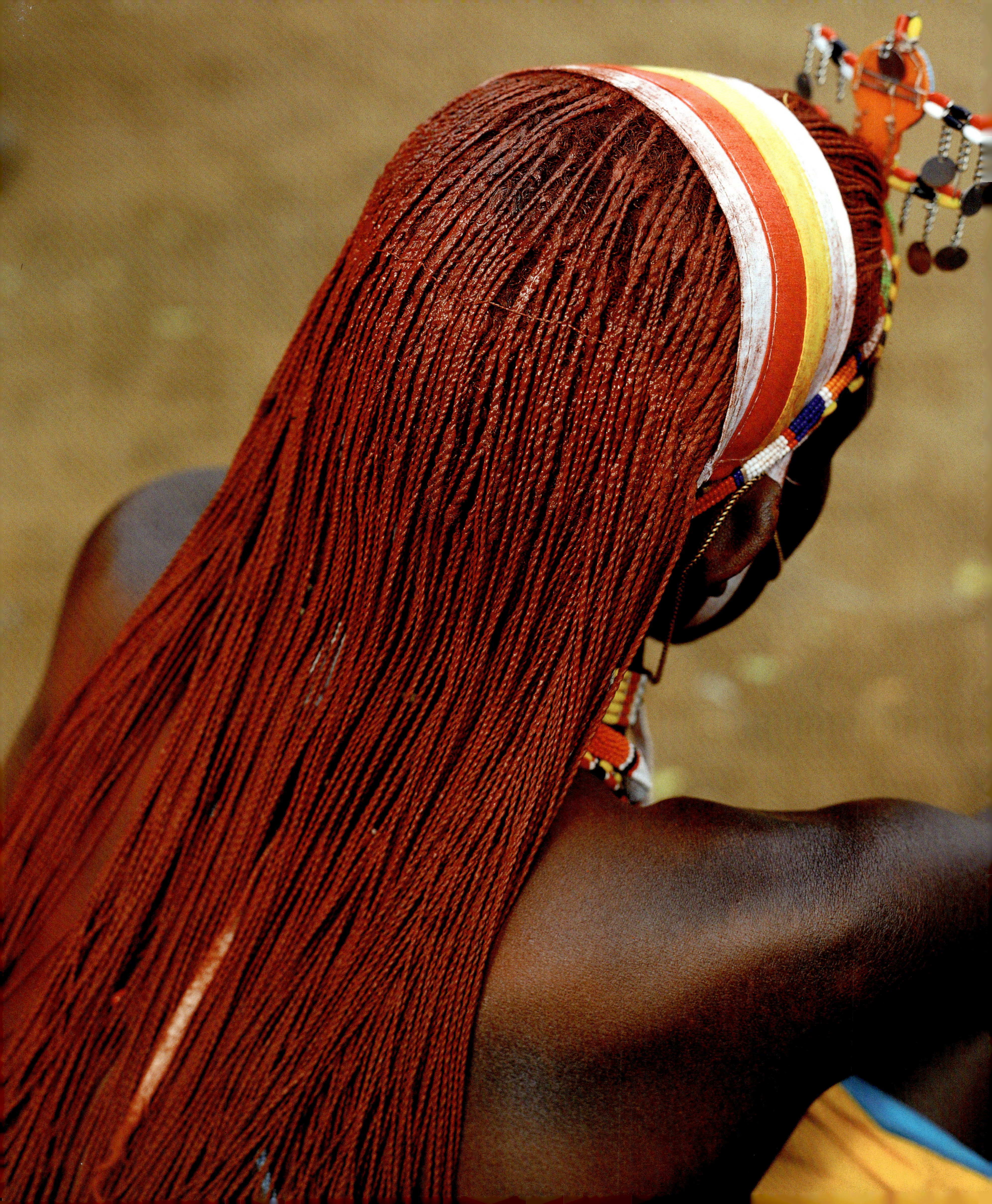

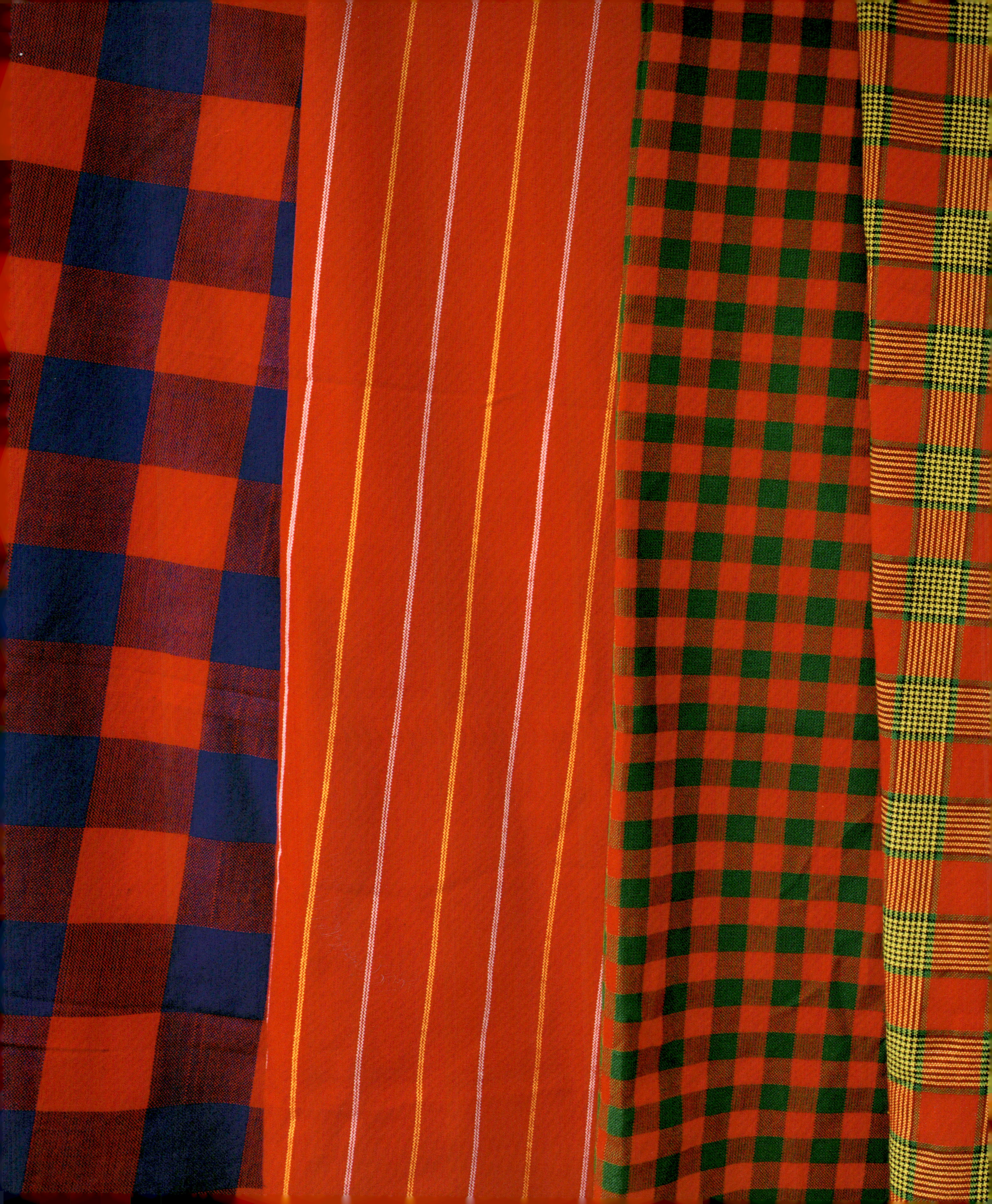

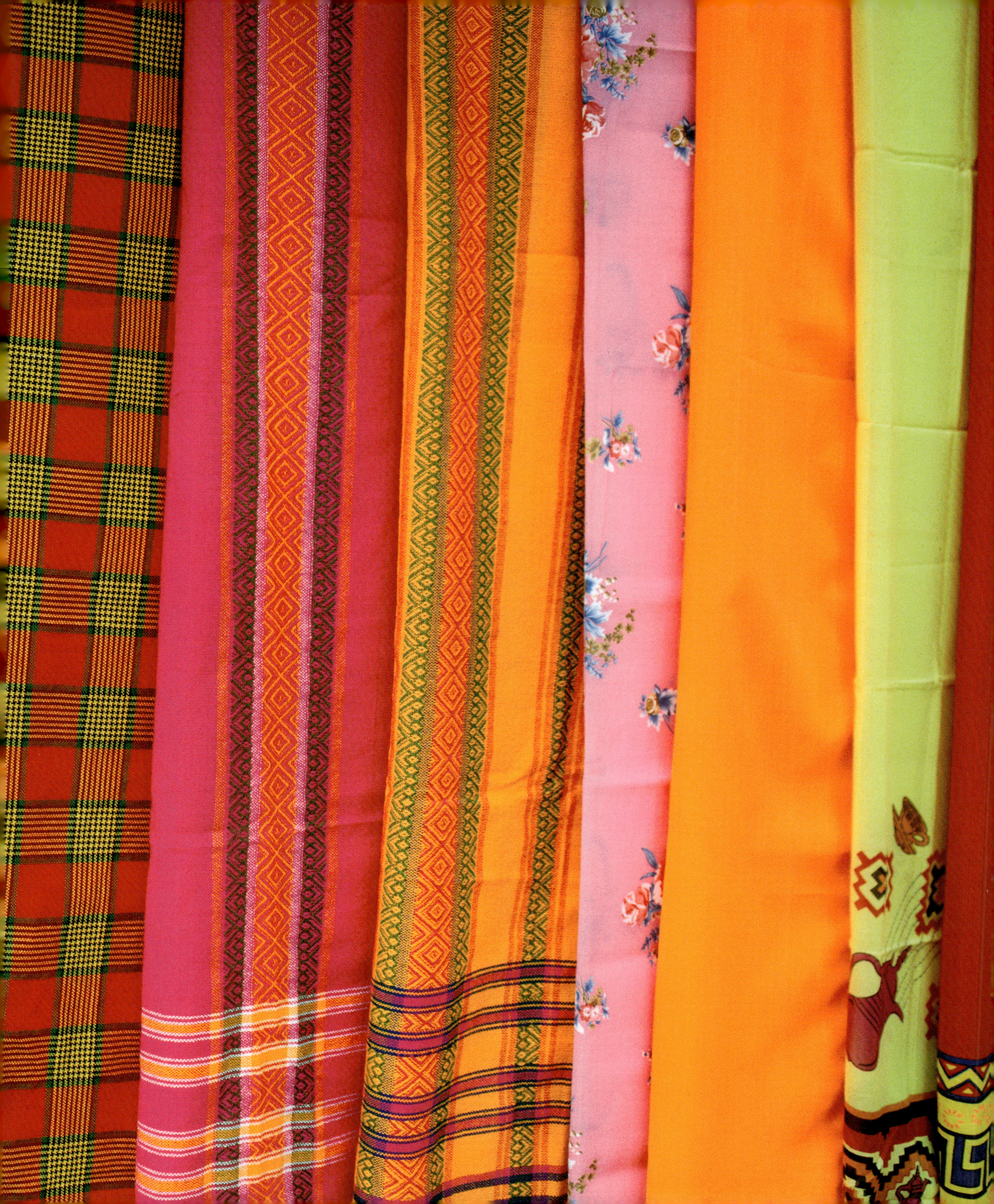

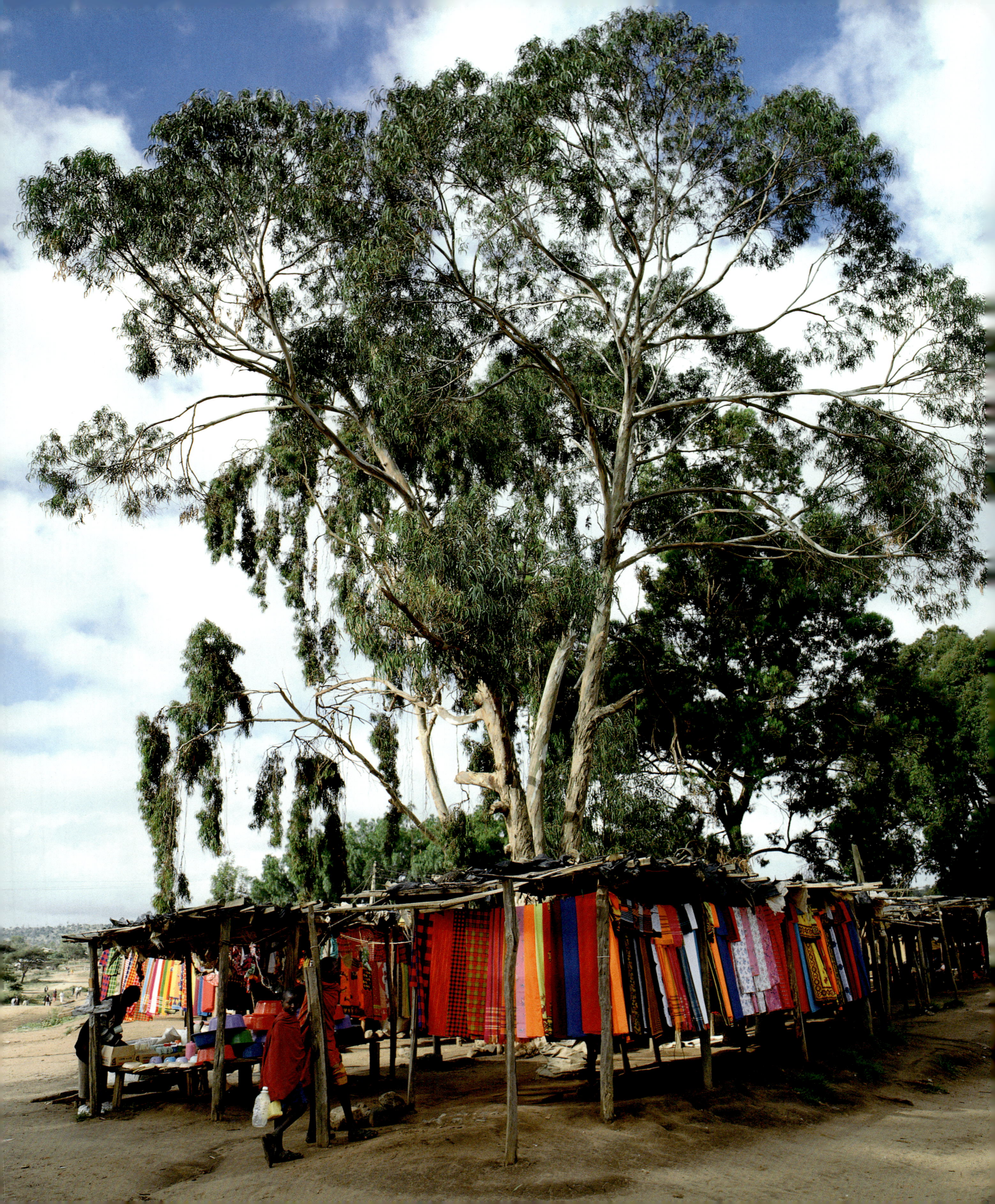

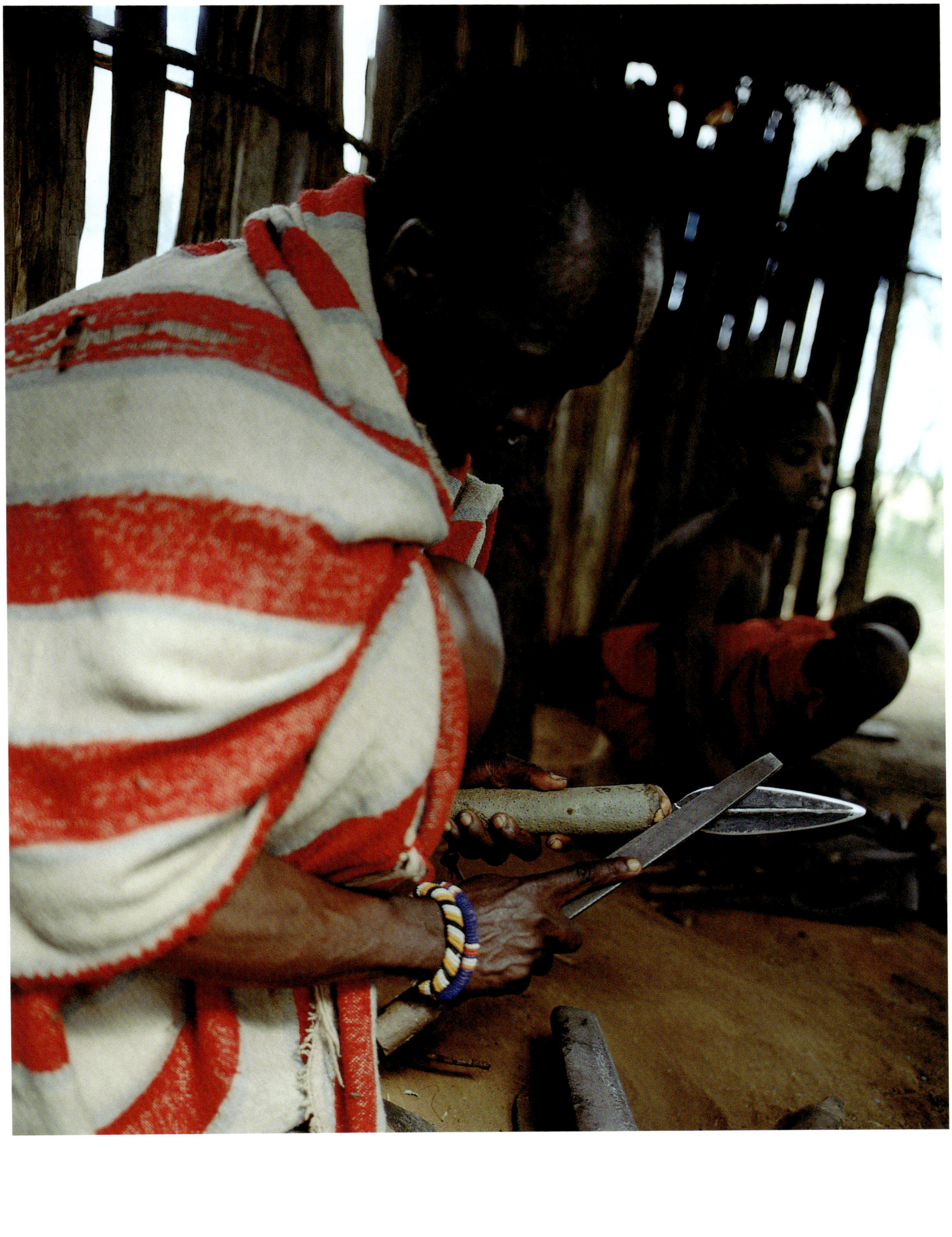

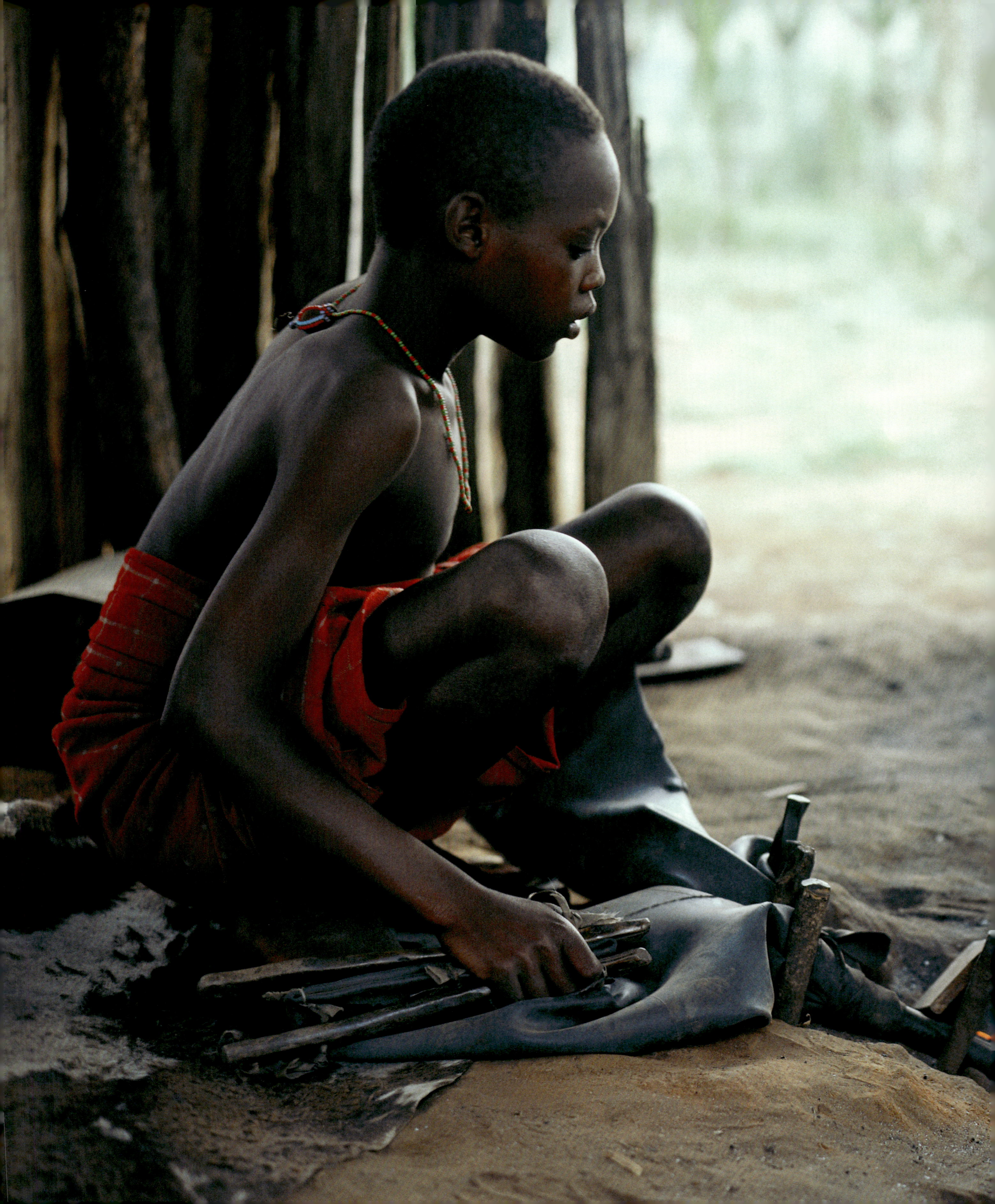

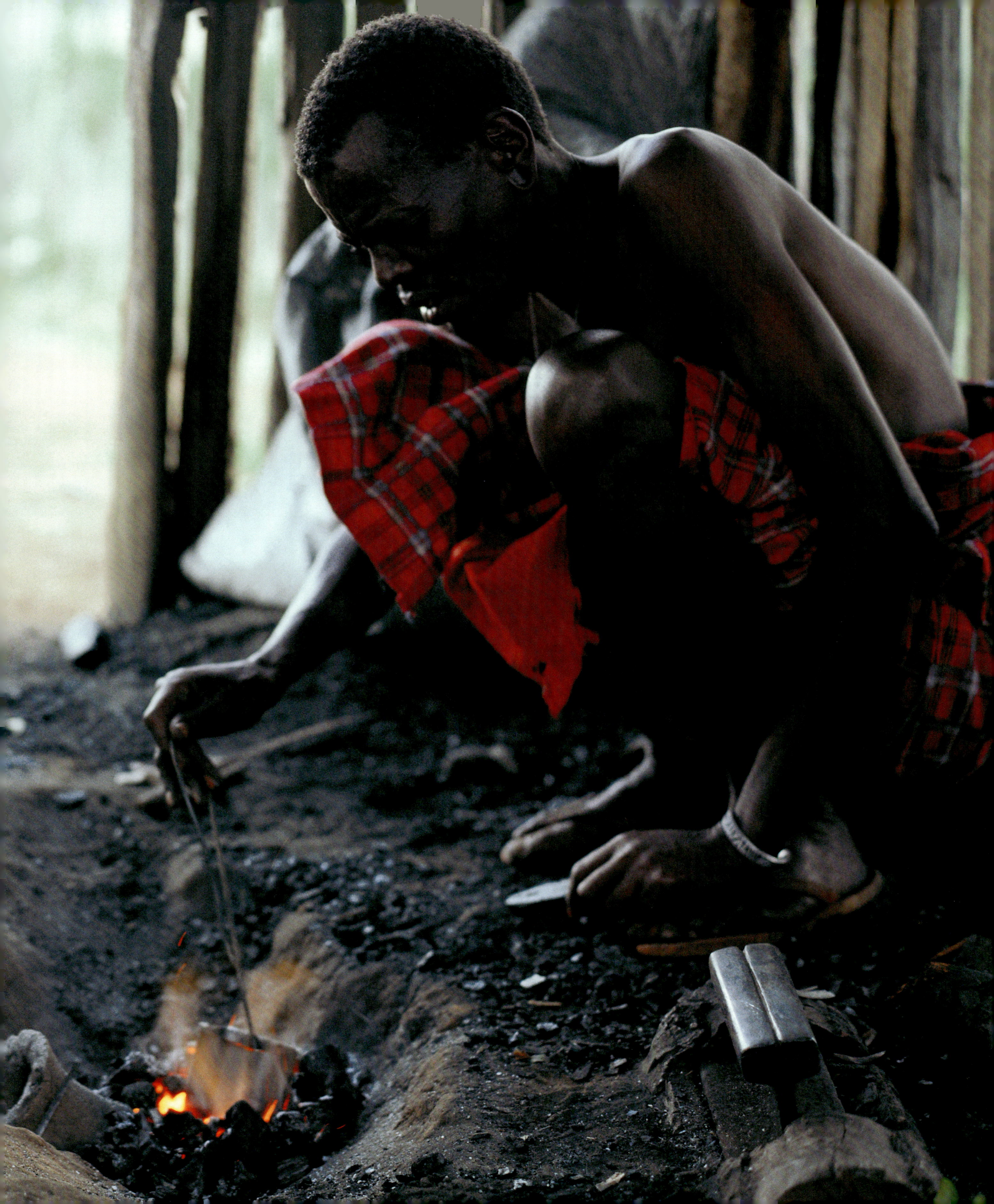

110

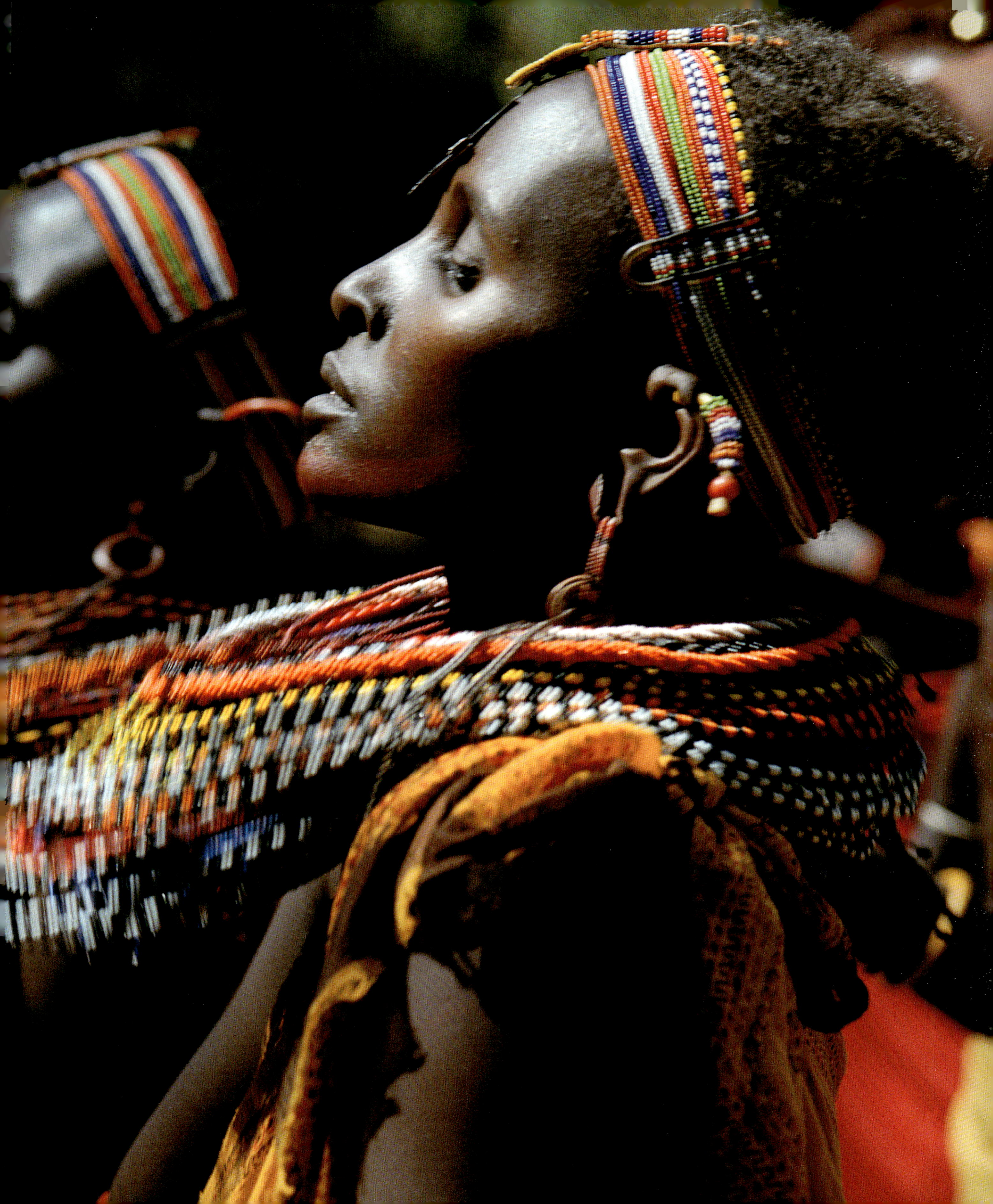

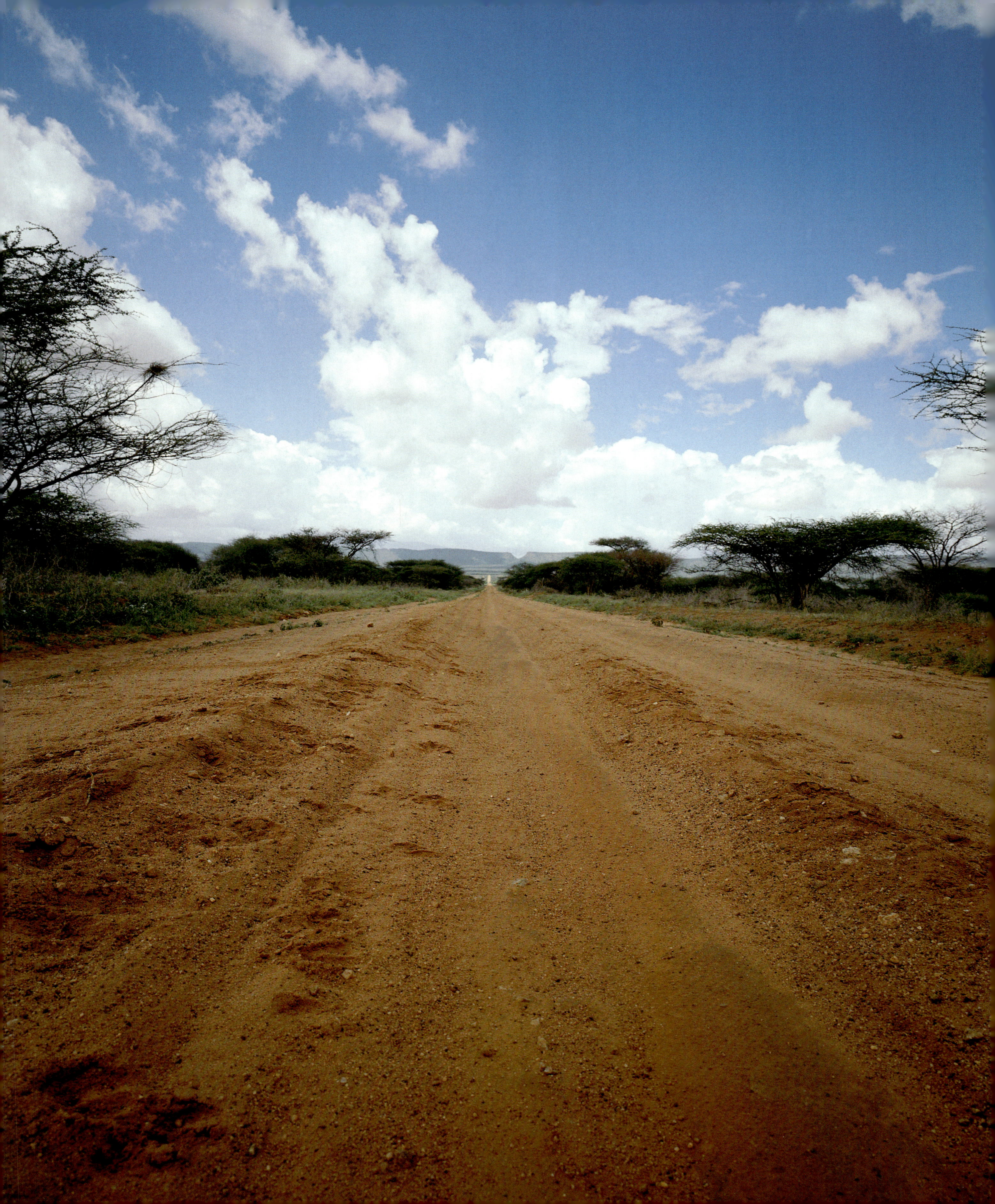

DIE SODASEEN

Für Naturgenießer sind die Soda- einfach nur die Flamingo-Seen. Das rosa beschwingte Wunder fußt auf einer denkbar kurzen Nahrungskette. Irgendwann haben auch wir biologischen Laien begriffen, was das ist, eine Nahrungskette. Zum Beispiel: Gras-Gnu-Krokodil oder Eisalgen-Krill-Wal; eine Abfolge aus Fressen und Gefressenwerden. Wobei am Anfang fast immer Grünzeug steht und am Ende meist ein Fleischfresser. Wenn die Kette viele Glieder umfasst, findet sich an ihrem Endpunkt bisweilen nur **ein** spezialisierter illustrer »Endverbraucher«. Ein Fischadler zum Beispiel, der einen schweren Hecht greift, setzt den Schlusspunkt unter eine Reihe, die mit pflanzlichem Plankton beginnt und über mehrere Kettenglieder von Kleinkrebs, Libellenlarve, Weißfisch und Forelle bis unmittelbar unter die Adlerkrallen reicht. Unzählbar viele Primärproduzenten (in unserem Beispiel: Grünalgen) ernähren nur ein Fischadler-Paar pro See. Viele Zwischenhändler vermindern den Endertrag.

Bei sehr kurzen Nahrungsketten liegen die Dinge deutlich anders. Das berühmteste Beispiel für eine hoch produktive, nur zwei Glieder lange Nahrungskette sind die Sodaseen in der afrikanischen Savanne.
In dem stark alkalischen Sodawasser können nur wenige Pflanzen existieren; aber die es schaffen, sind von Konkurrenz unbedrängt und können deshalb gewaltig ins Kraut schießen. In den Sodaseen hat die Blaualge *Spirulina platensis* den Auslesewettbewerb »Wer-ist-der-Soda-Härteste?« gewonnen.

Dichte Schlieren verwandeln die Gewässer bisweilen in eine Suppe, mit der nur Zwergflamingos etwas anfangen können. Und weil sie absolut konkurrenzlos sind als Abnehmer des grünlichen Nährschleims, ballen sich am Ende der zweigliedrigen Nahrungskette die berühmten rosa Wolken.
Die Schnäbel der Flachwasser-Spezialisten funktionieren wie Lamellen-Druckpressen: Die Zunge drückt rhythmisch pulsierend das Wasser aus dem Algenschleim, der grüne Brei verschwindet im Schlund. 450 Gramm Trockengewicht pro Quadratmeter Seeoberfläche sind in etwa das, was ein Zwergflamingo eine gute Weide nennen würde.
Am Nakuru-See wurden bis zu anderthalb Millionen Exemplare der apart gefärbten Vögel gezählt. Am sehr viel kleineren Bogonia-See (siehe die folgenden Seiten) sind es immerhin noch etliche zehntausend Flügelpaare, die sich dort rühren.

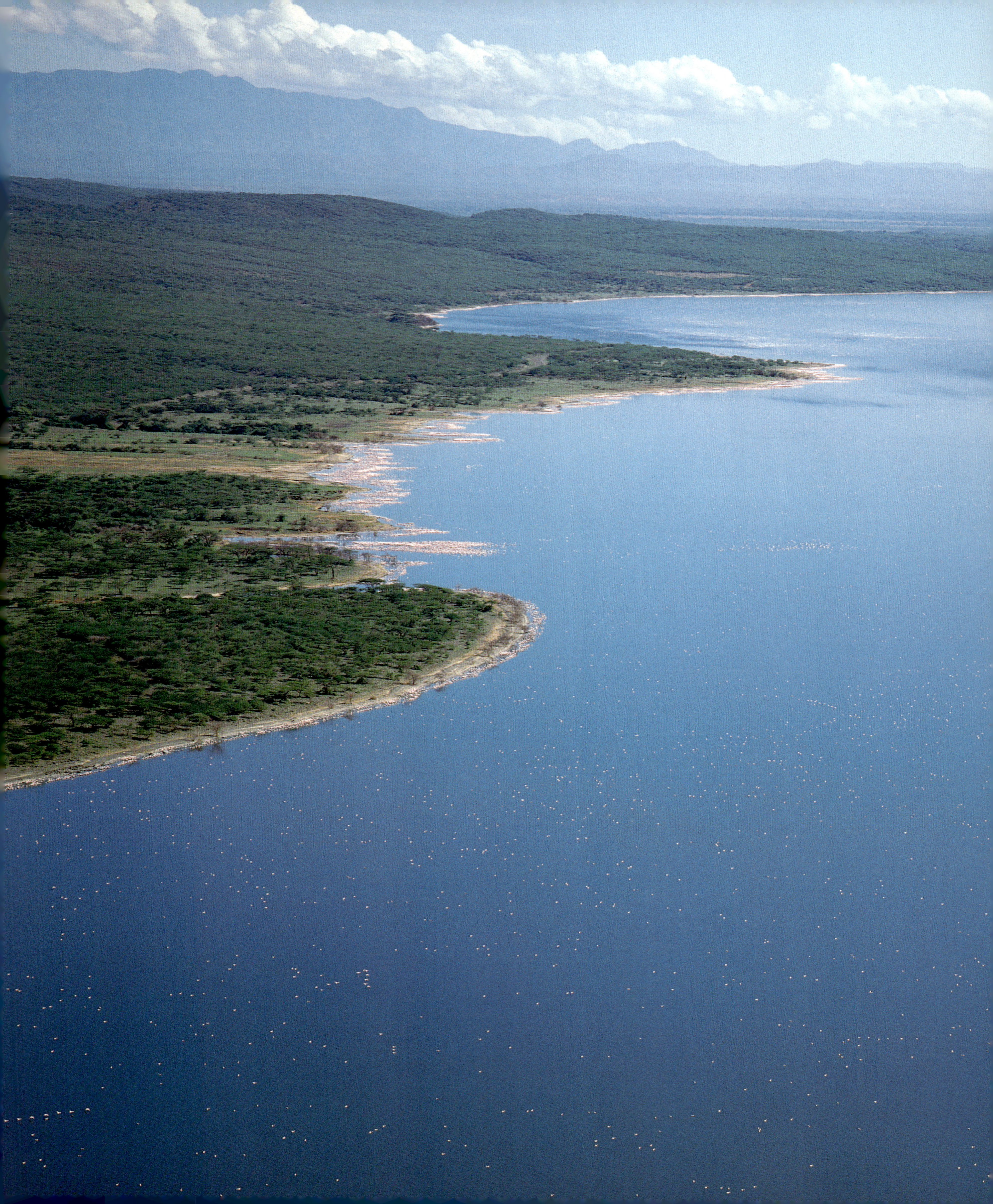

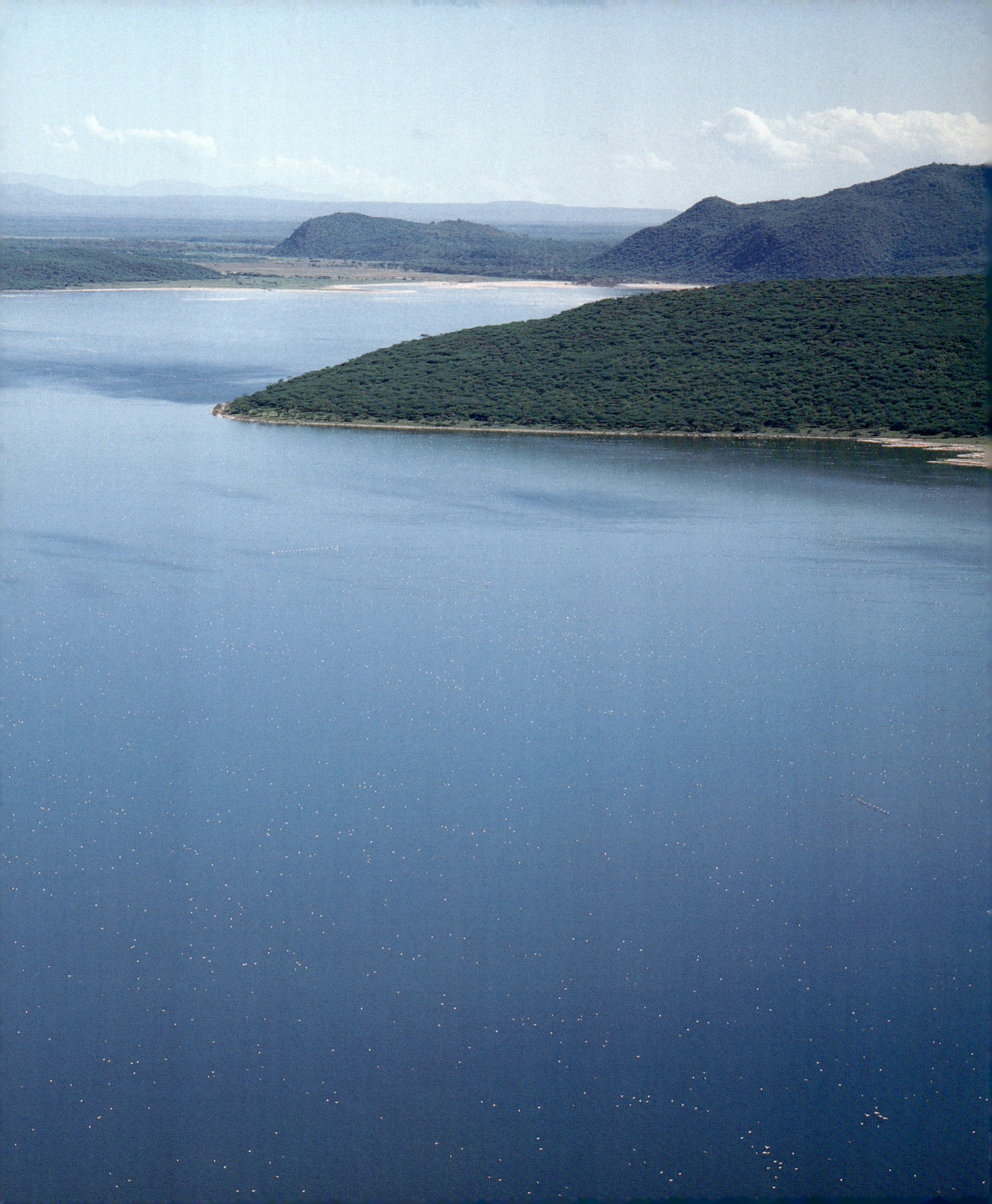

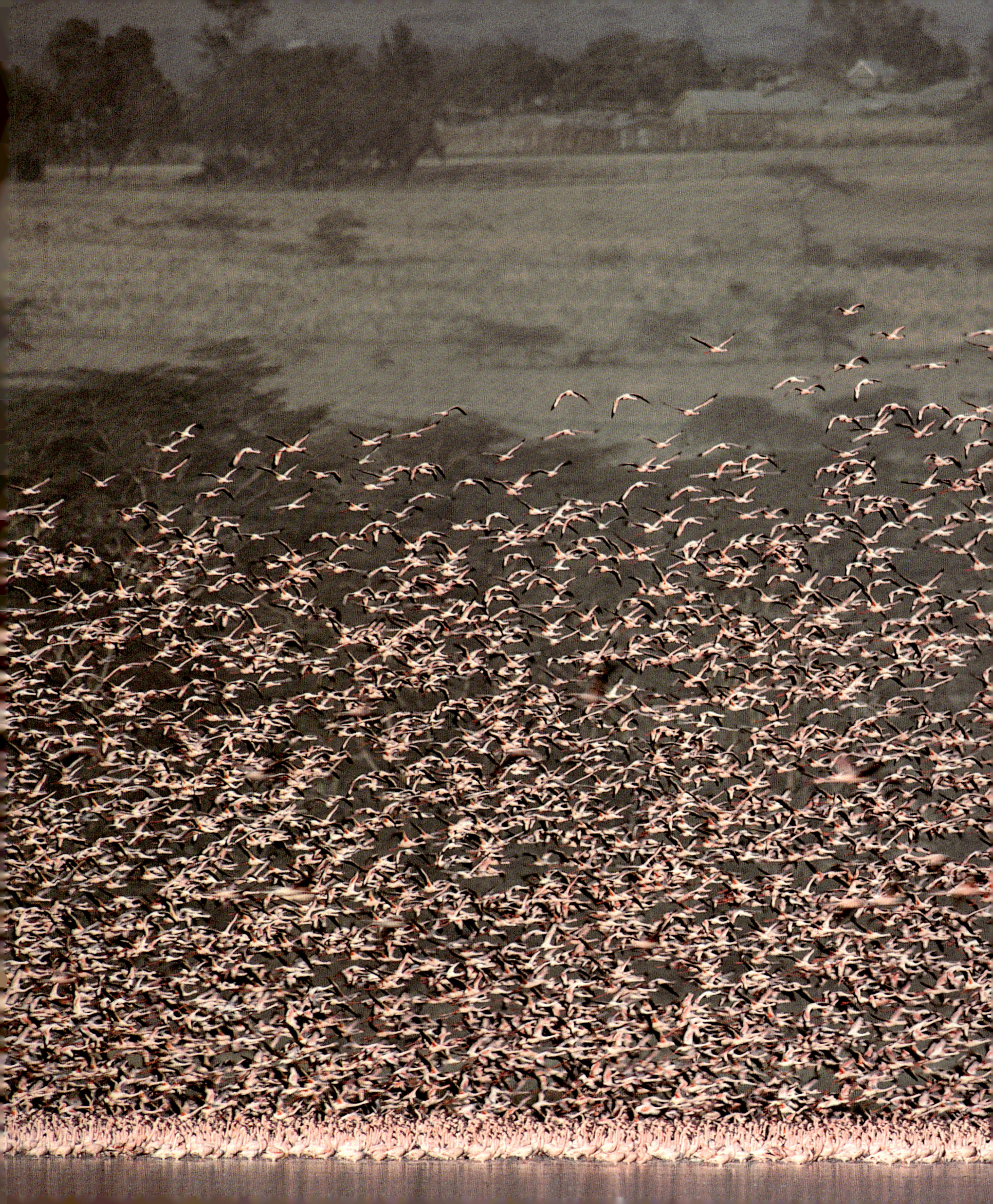

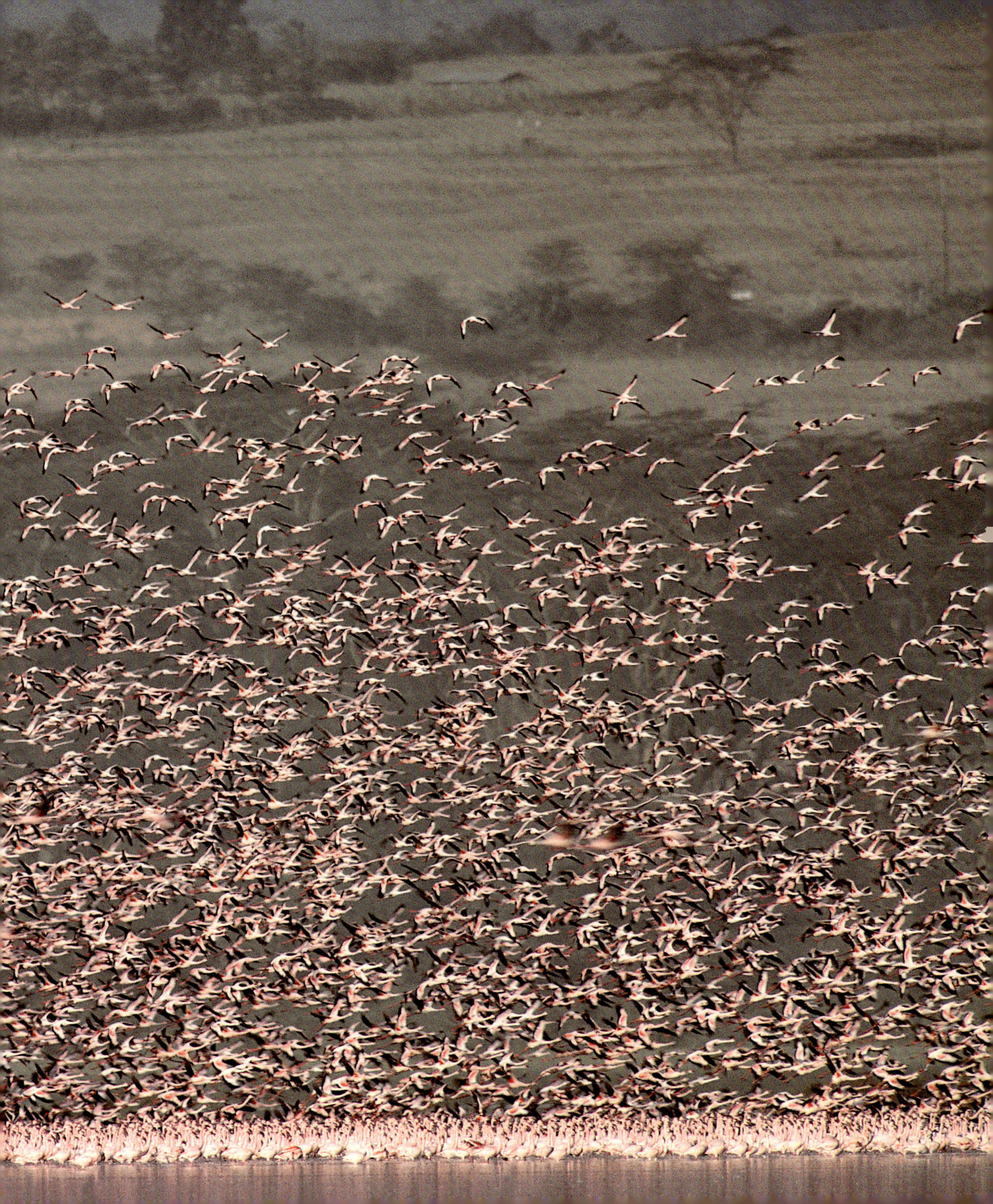

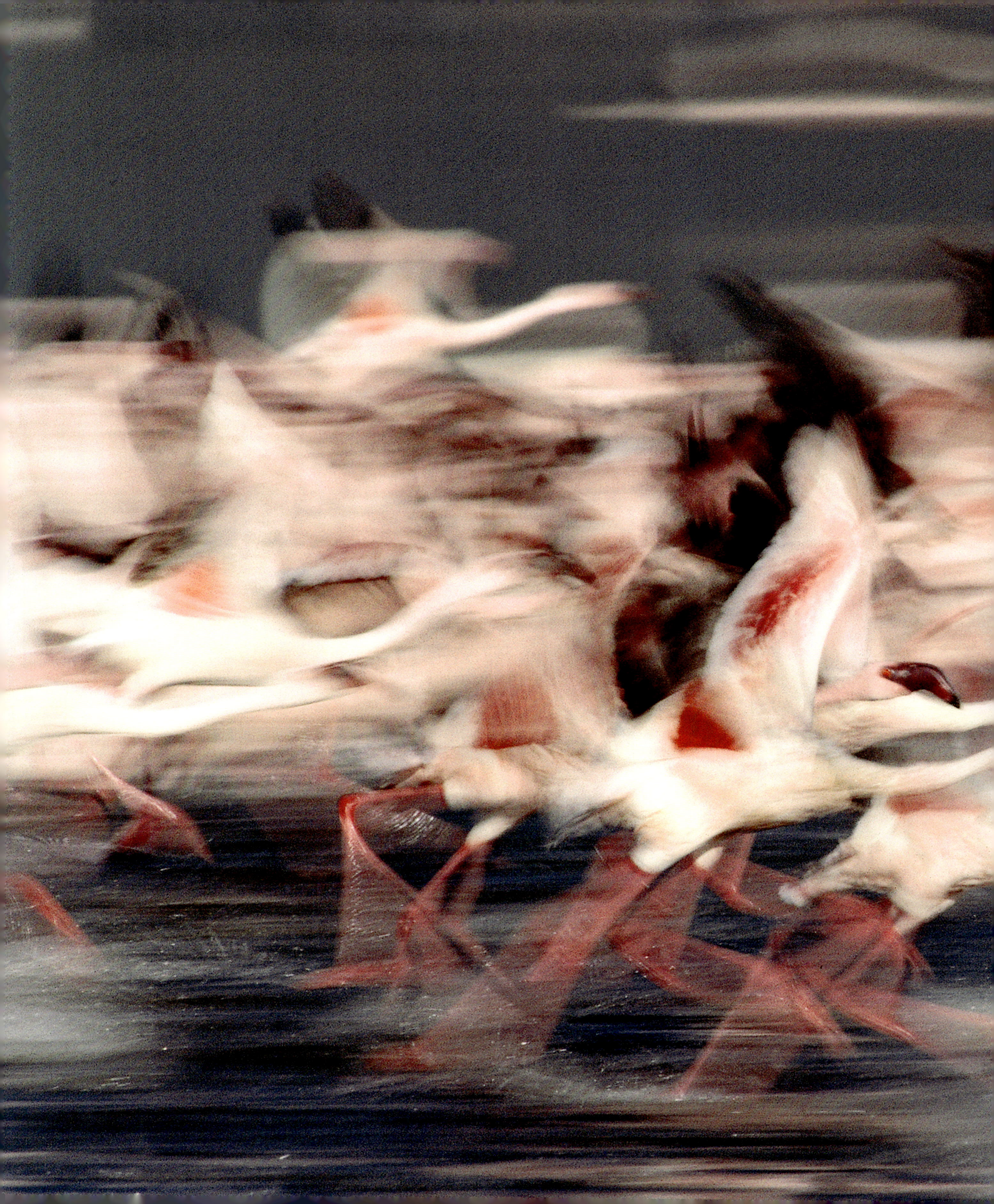

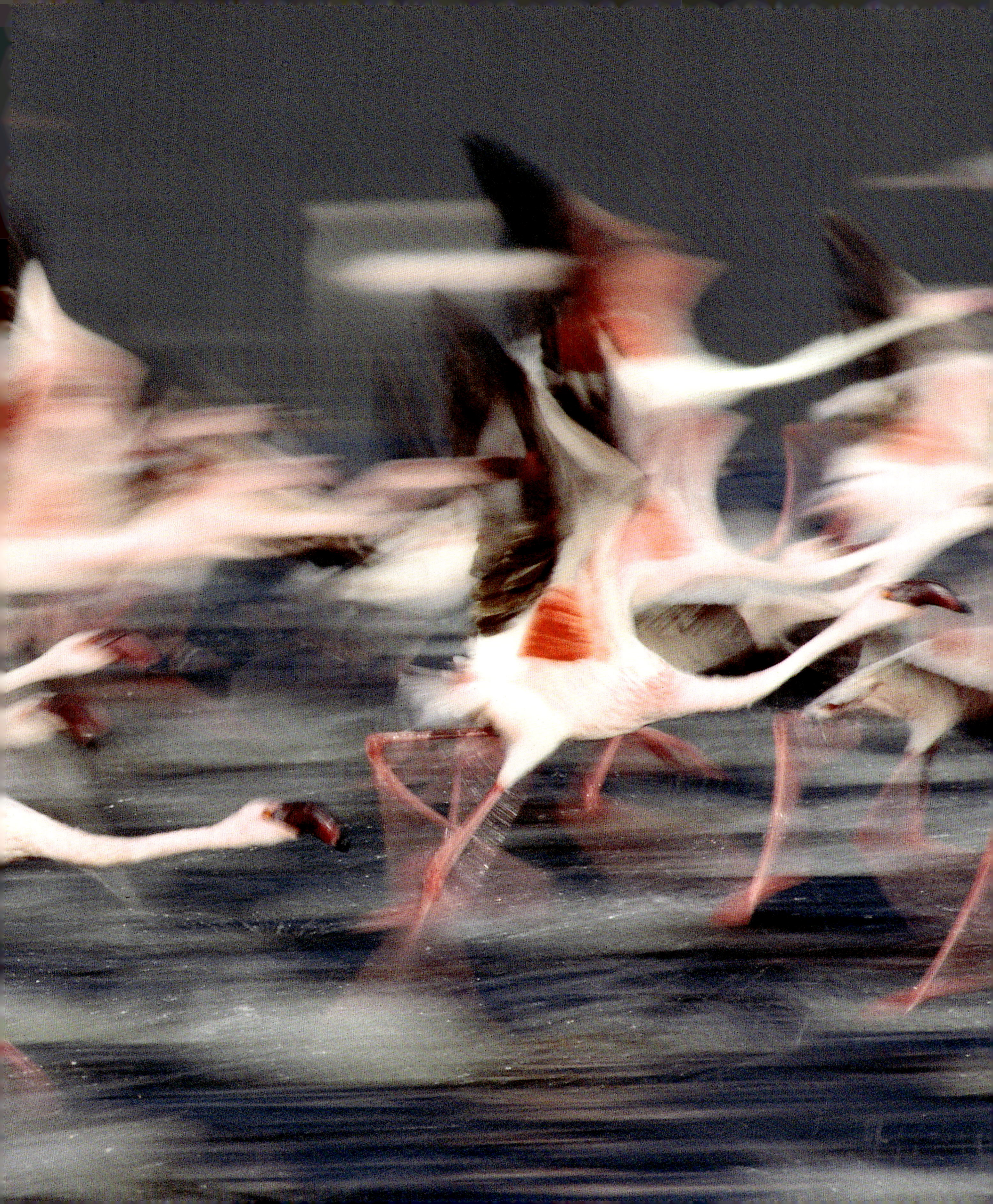

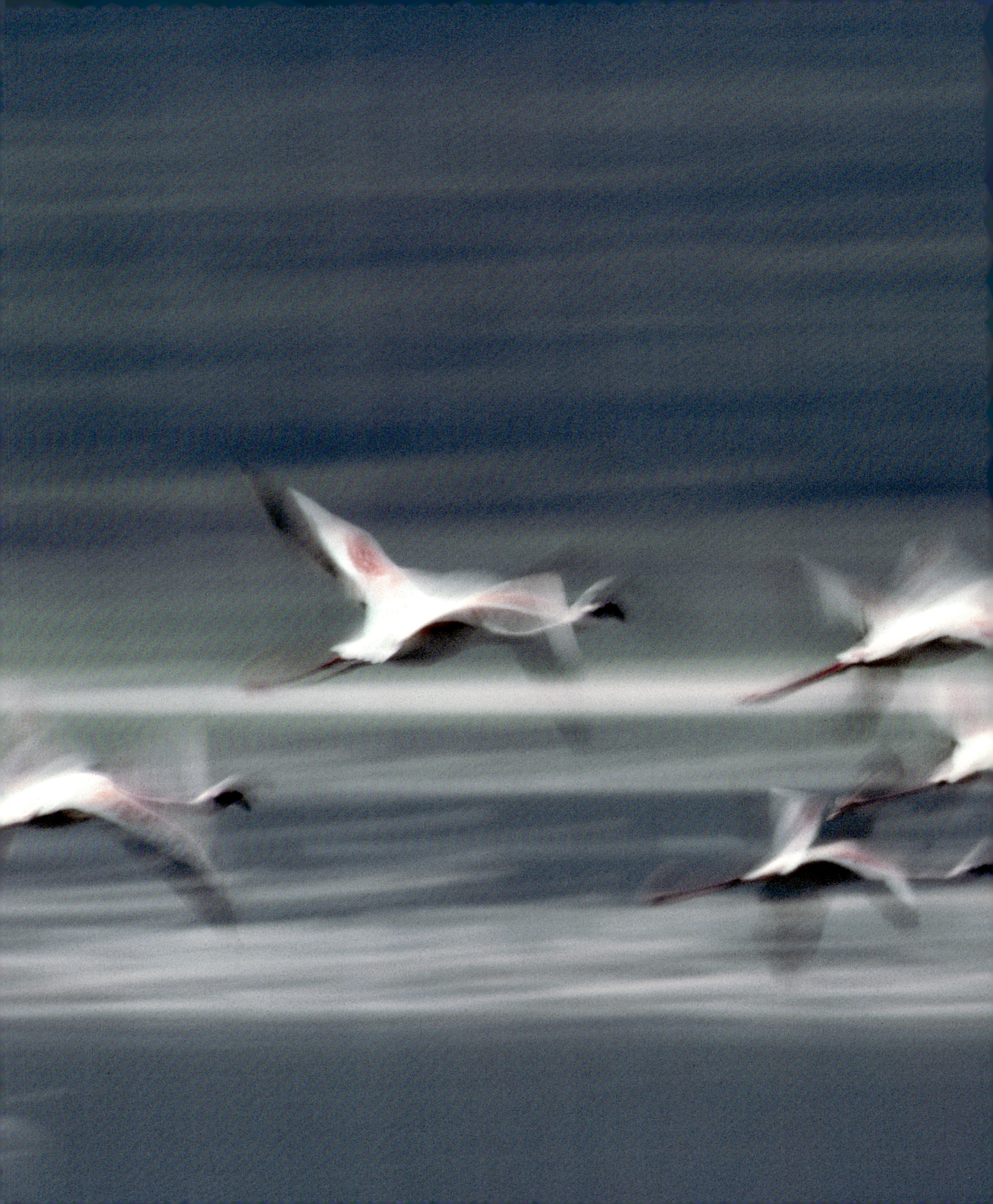

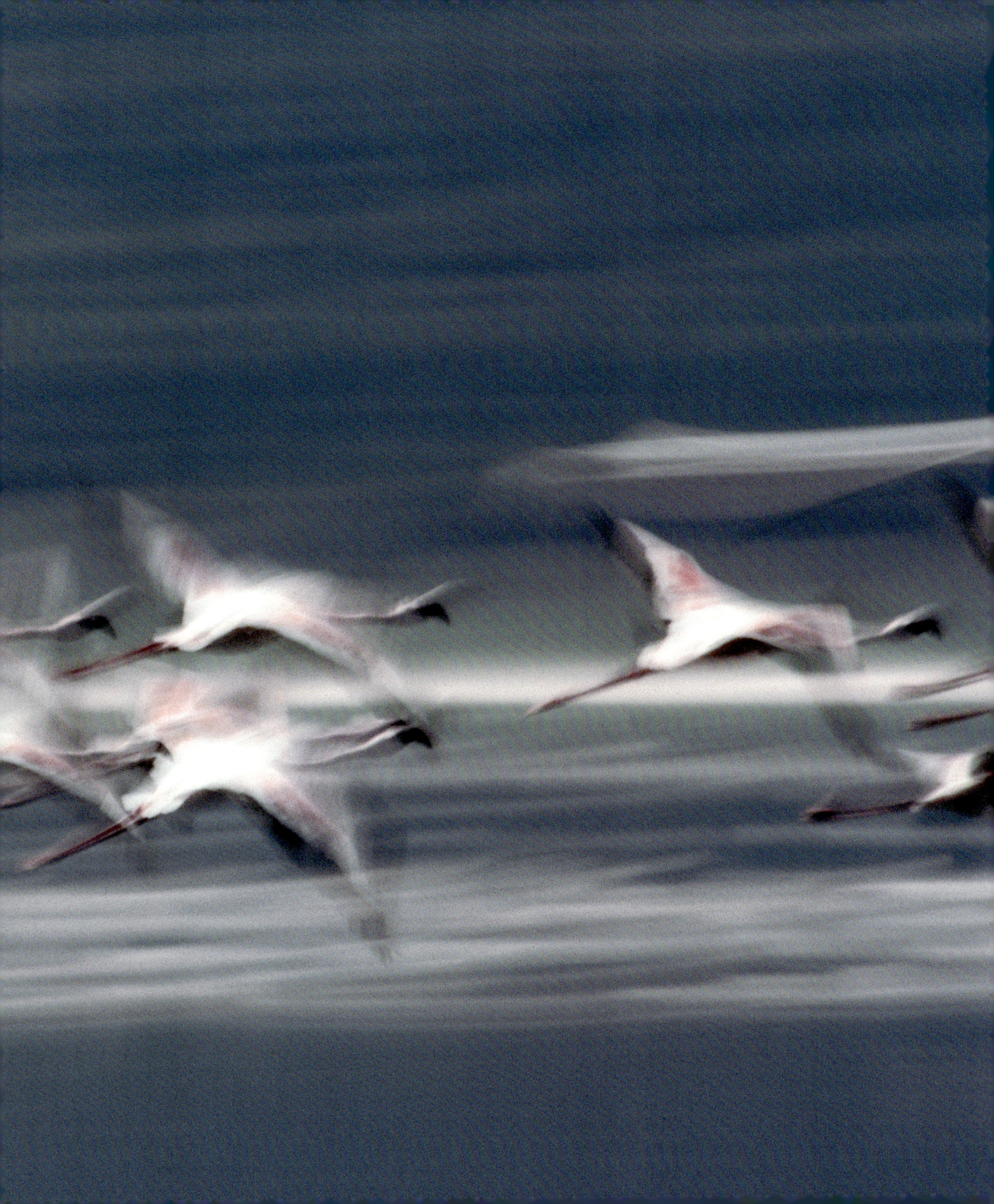

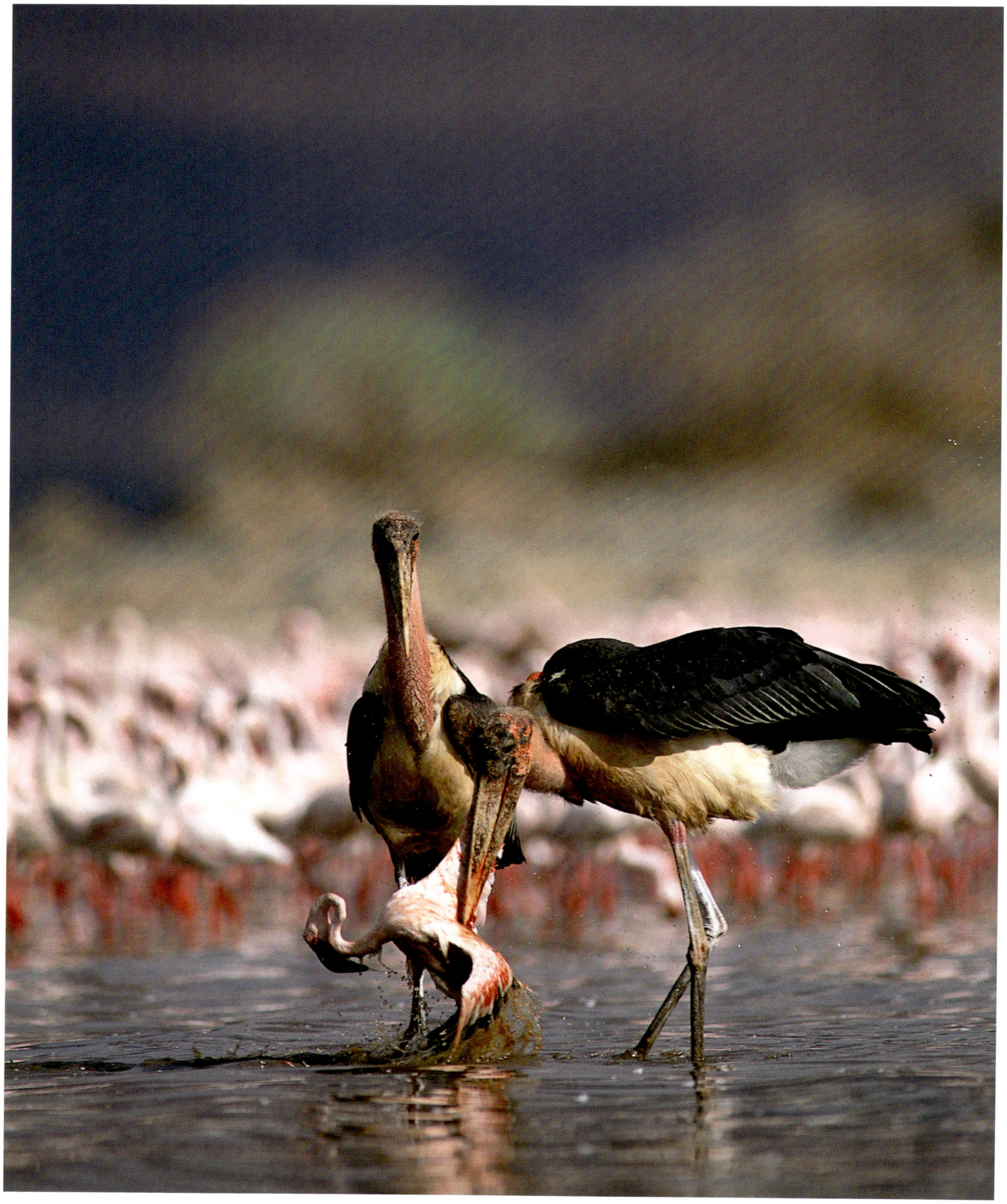

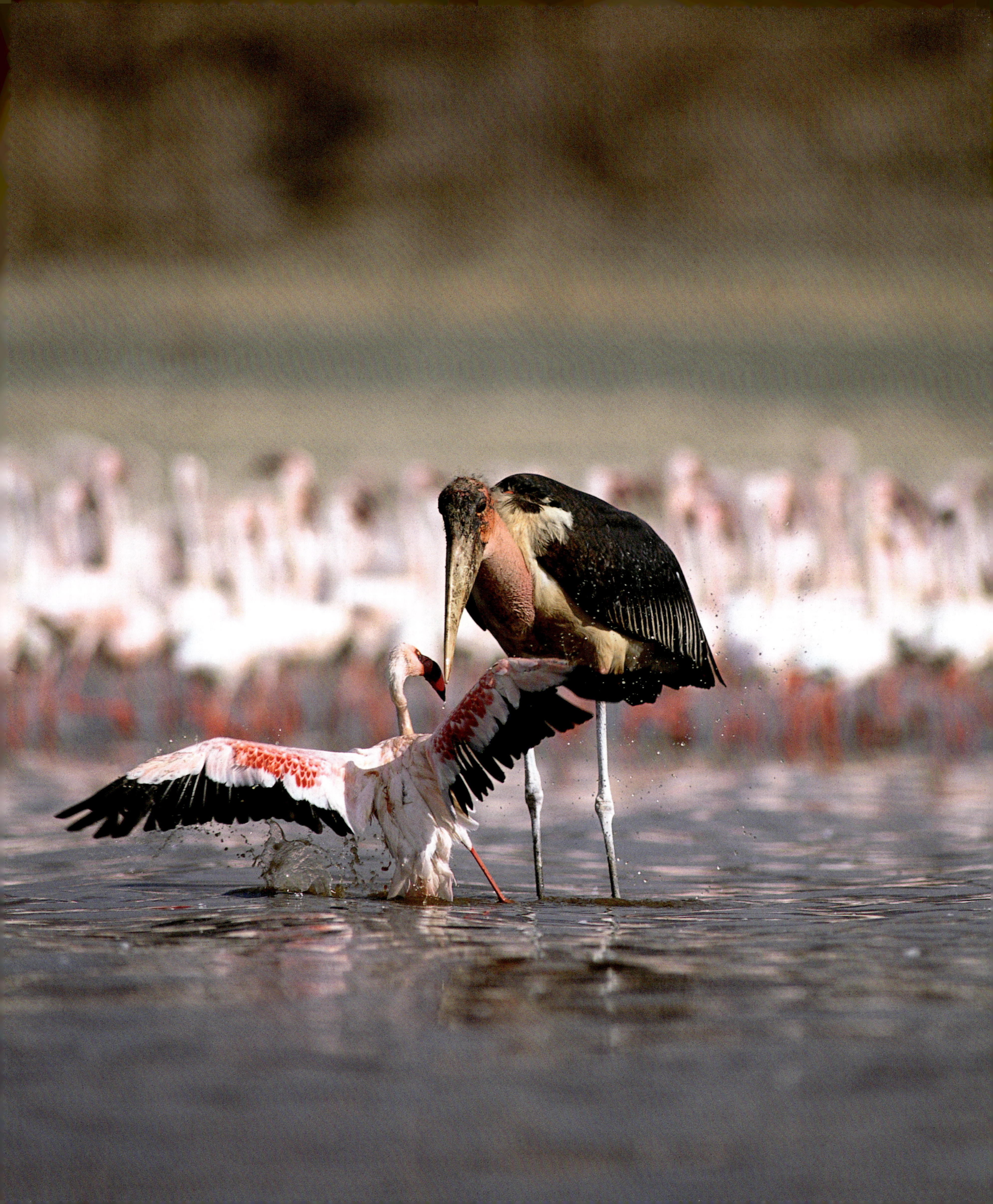

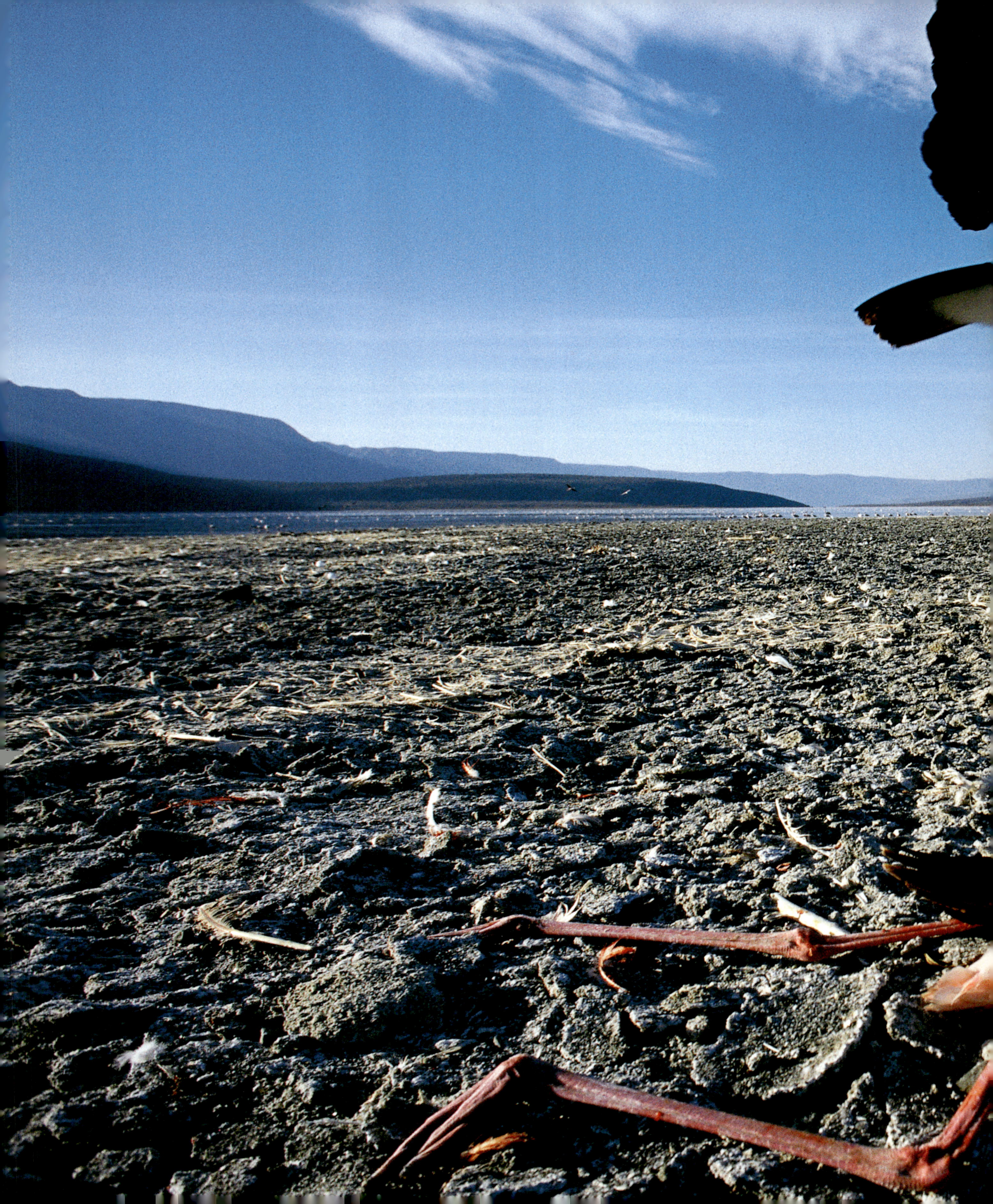

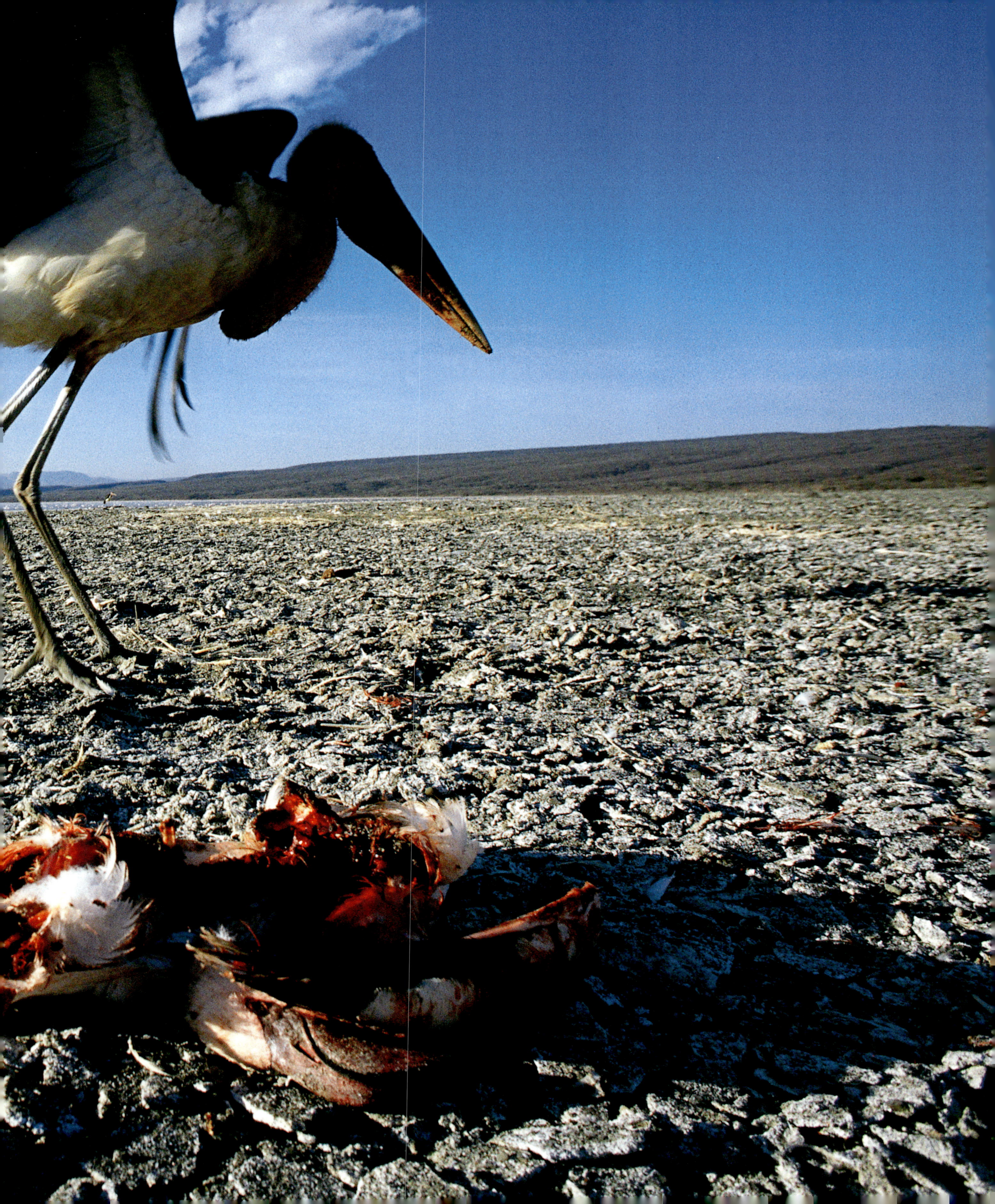

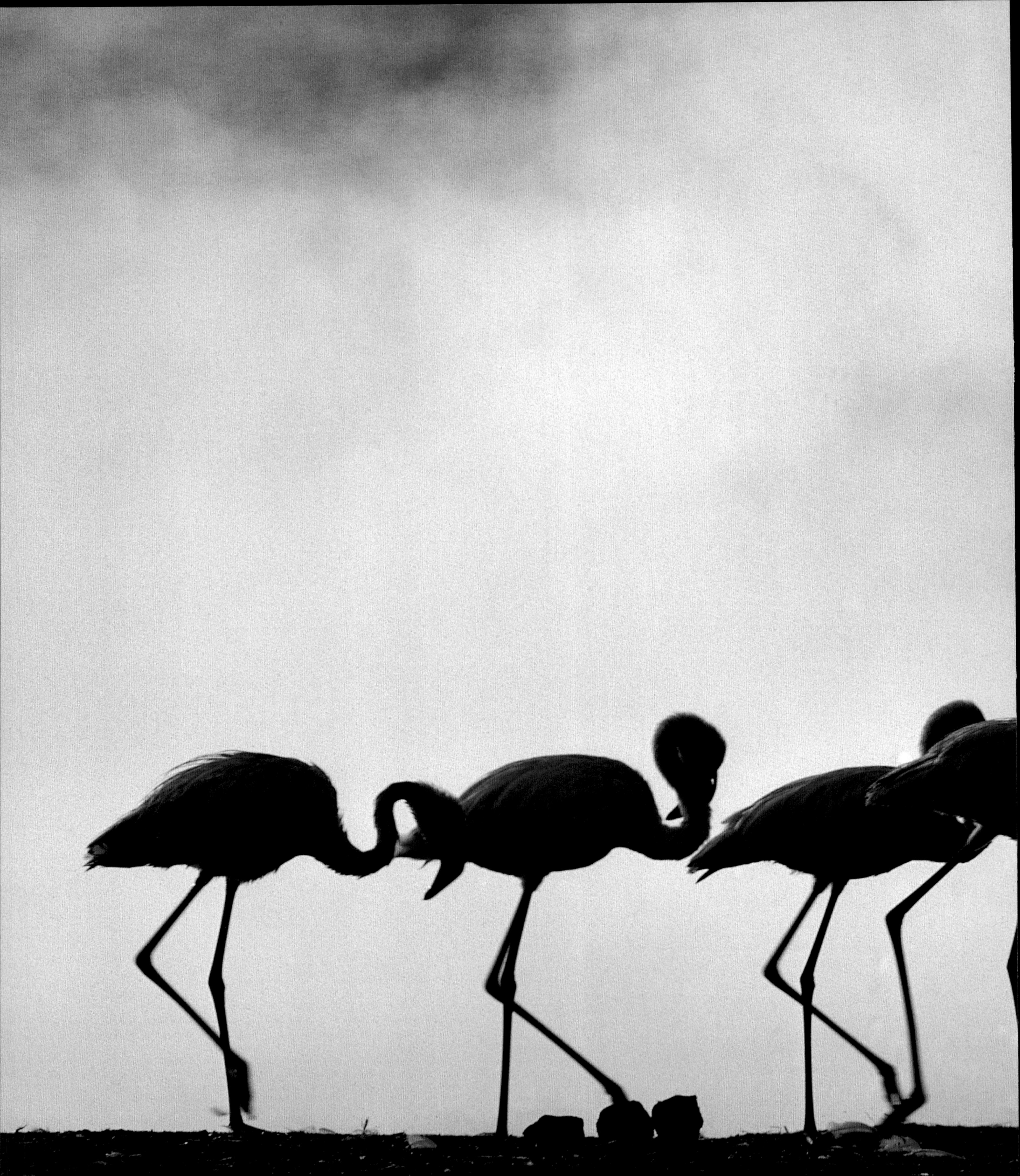

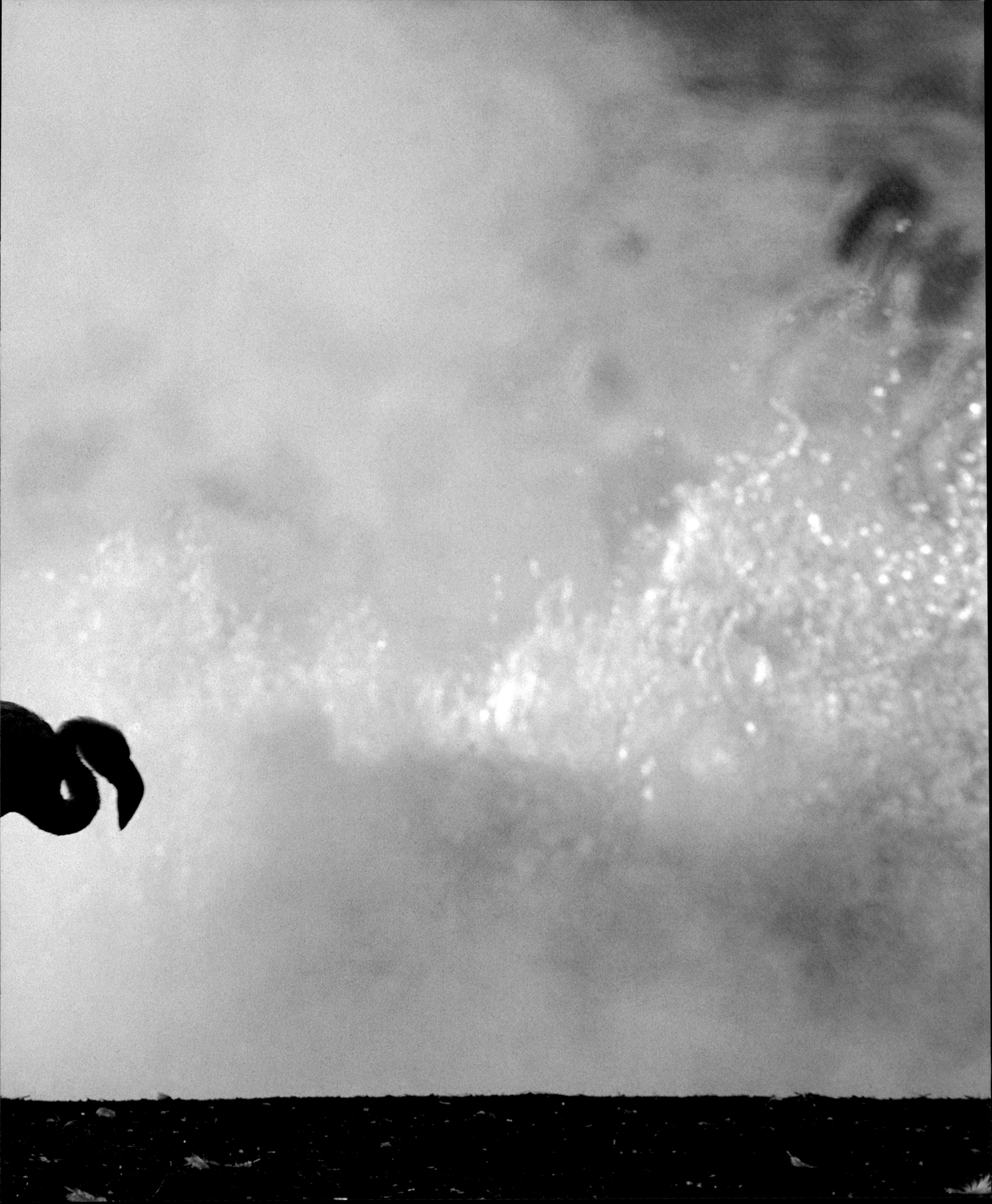

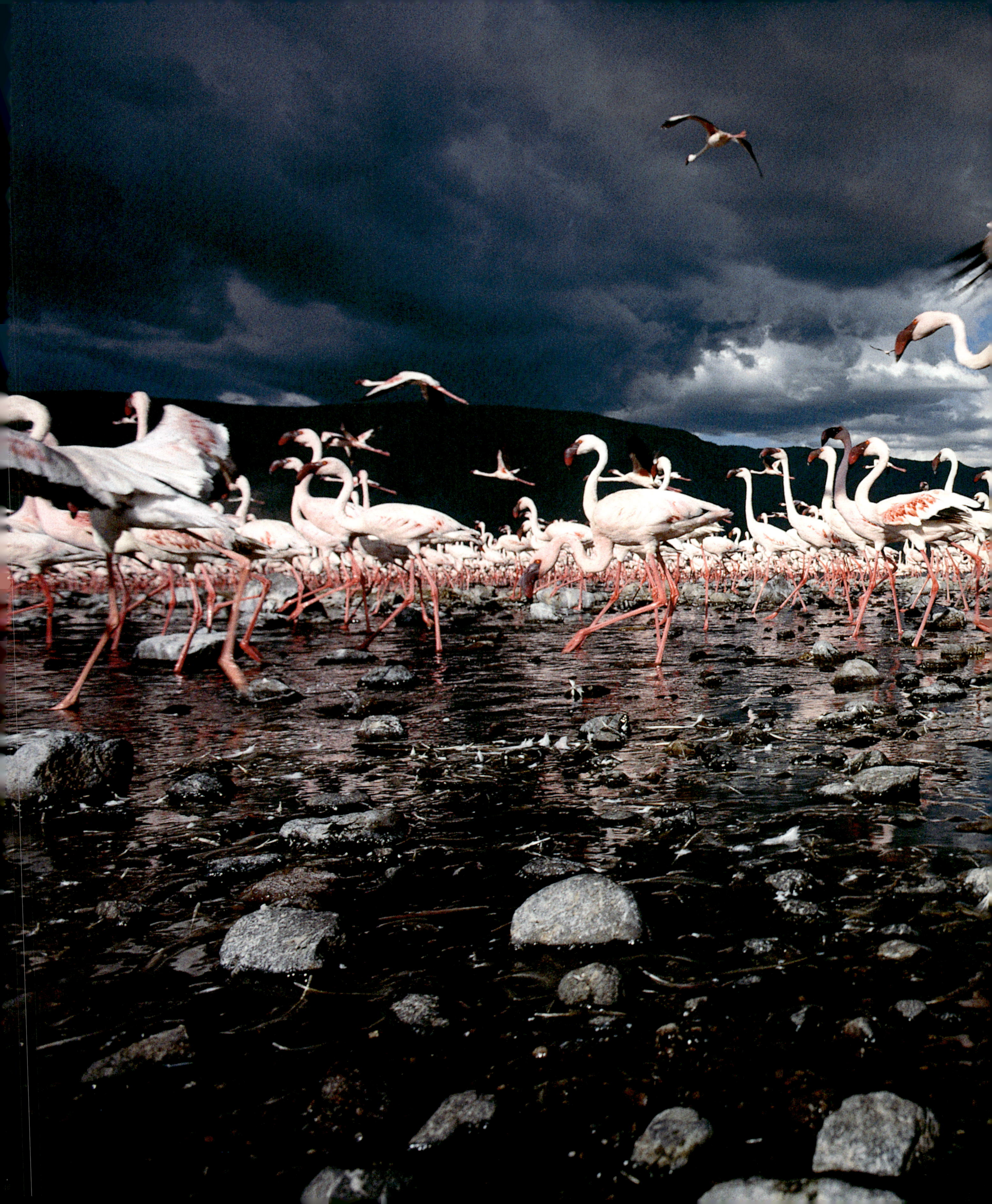

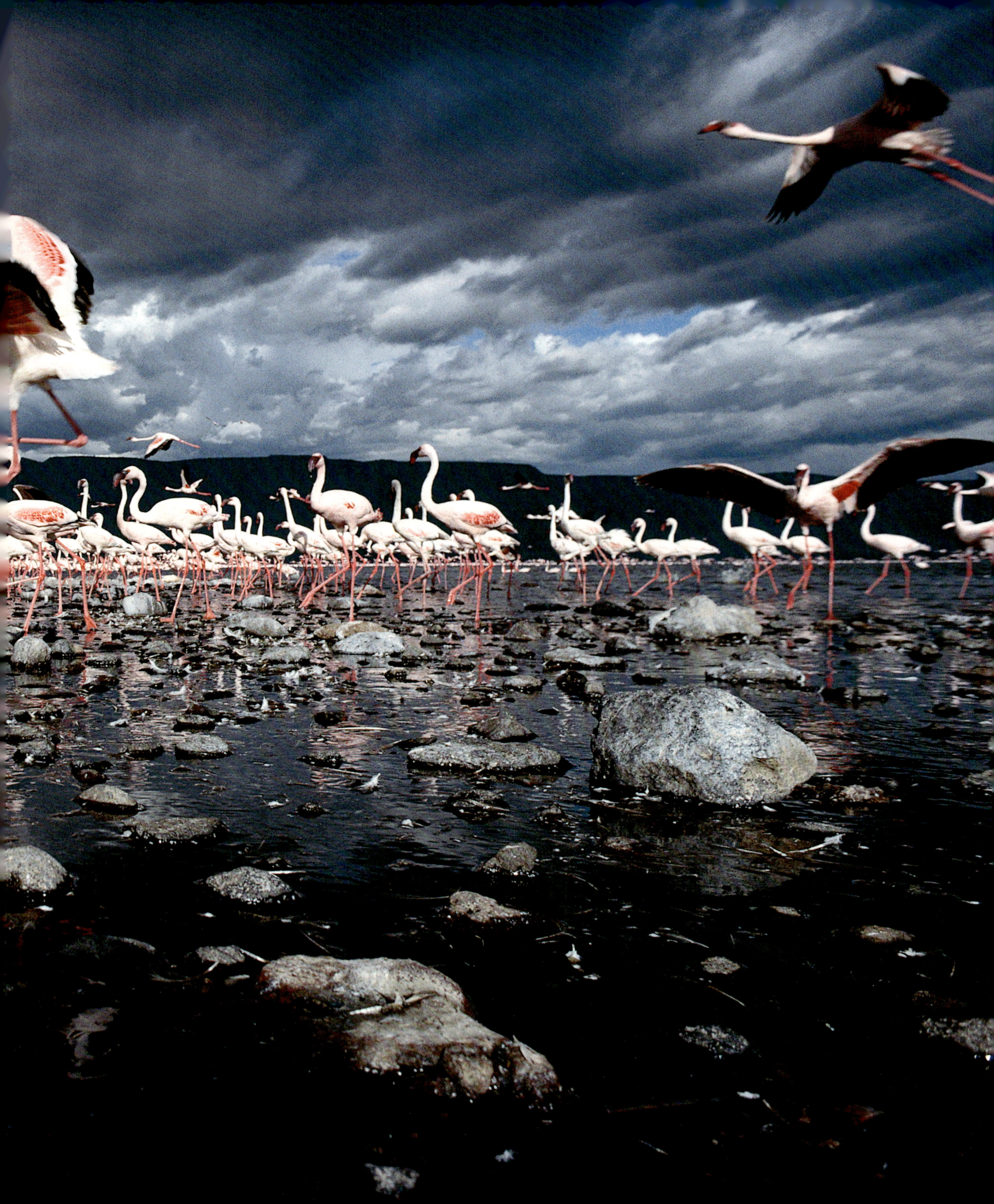

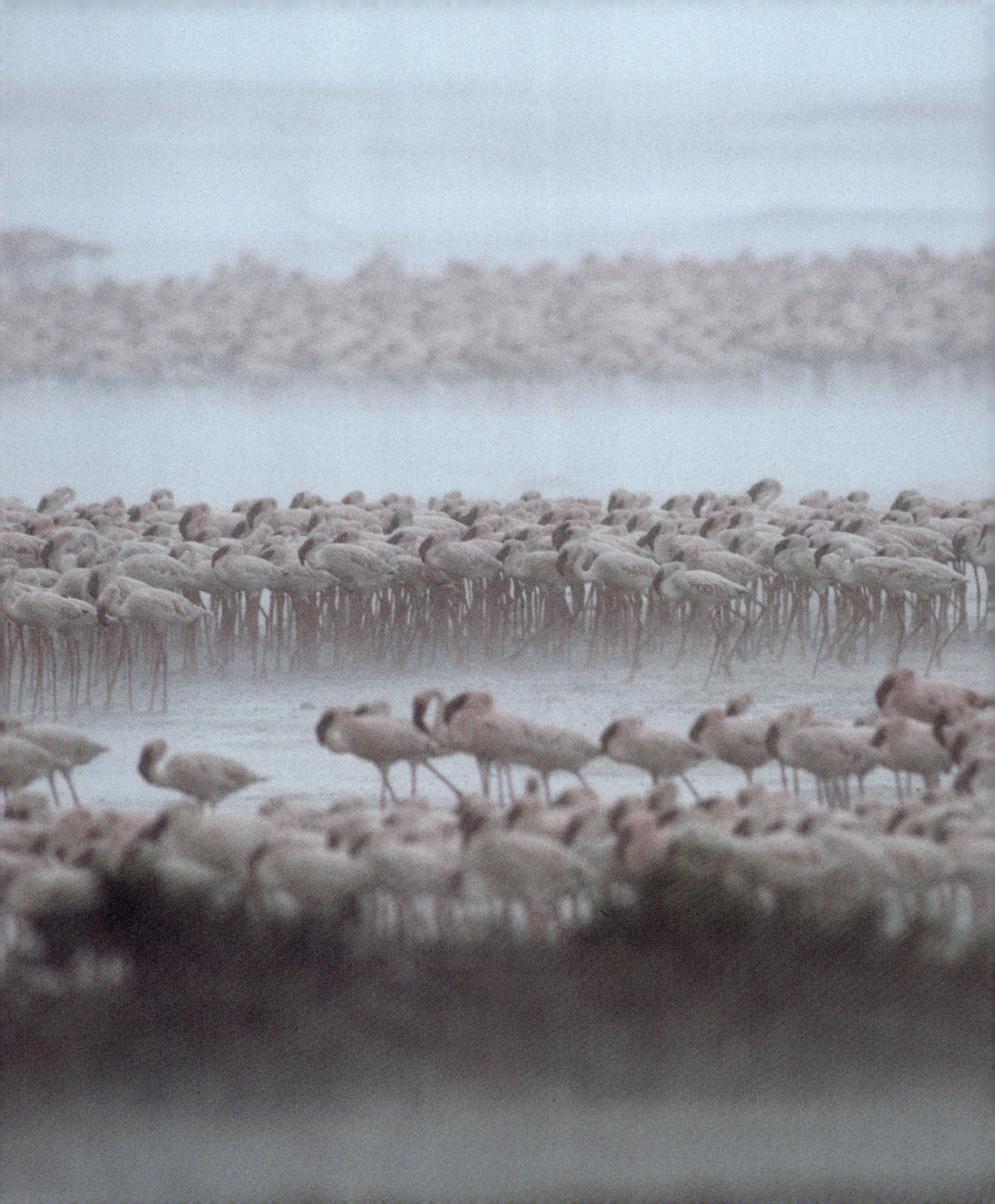

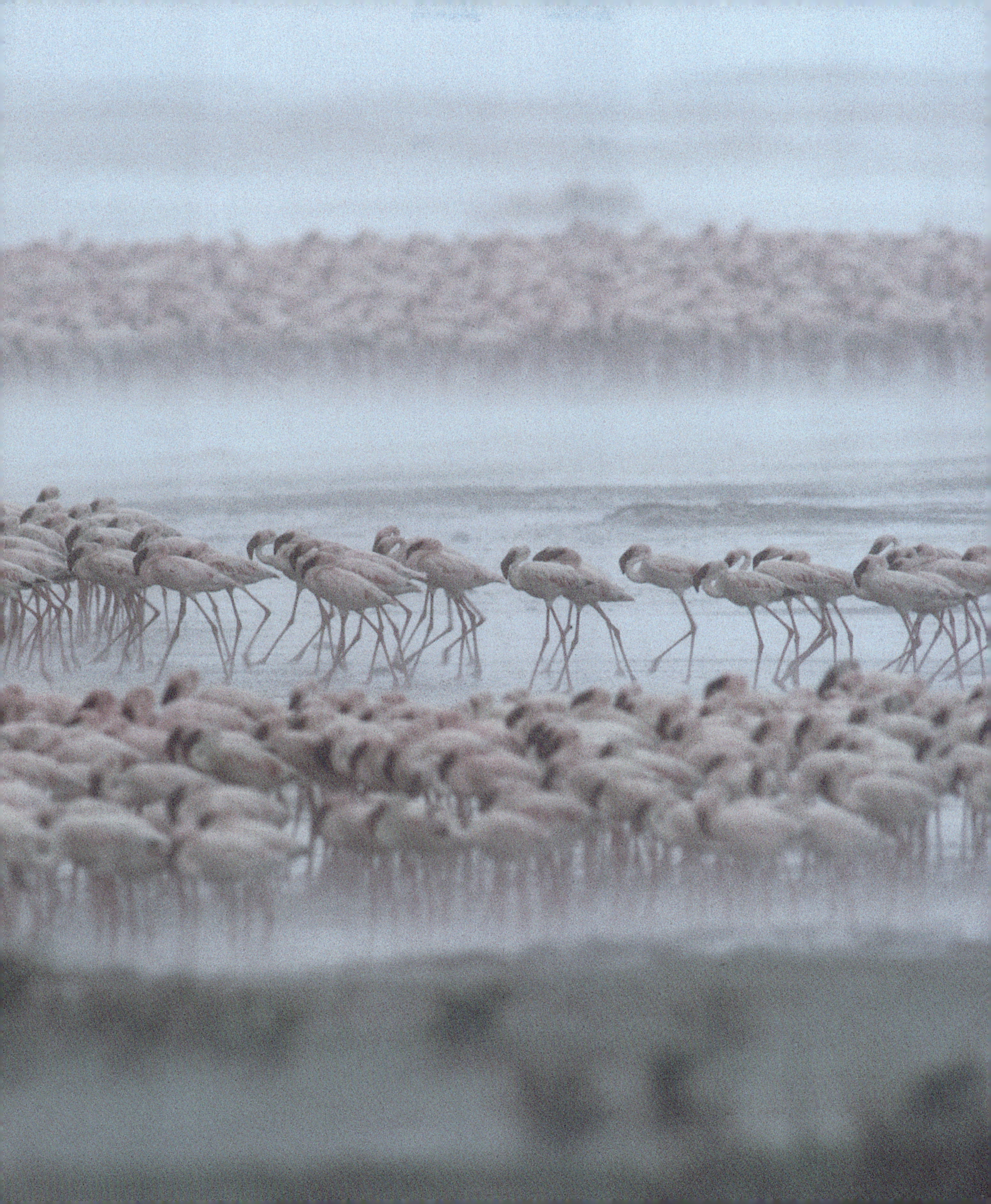

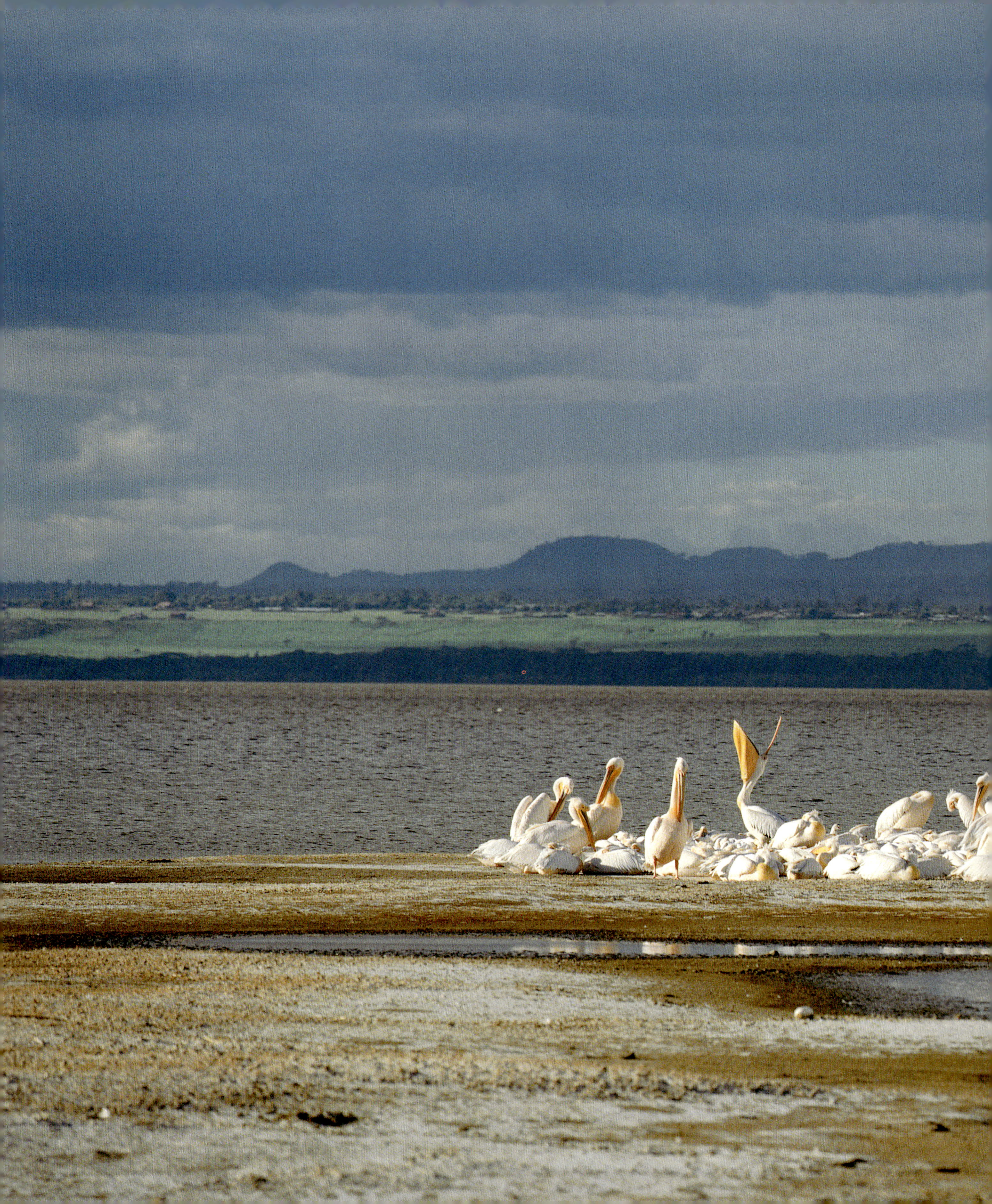

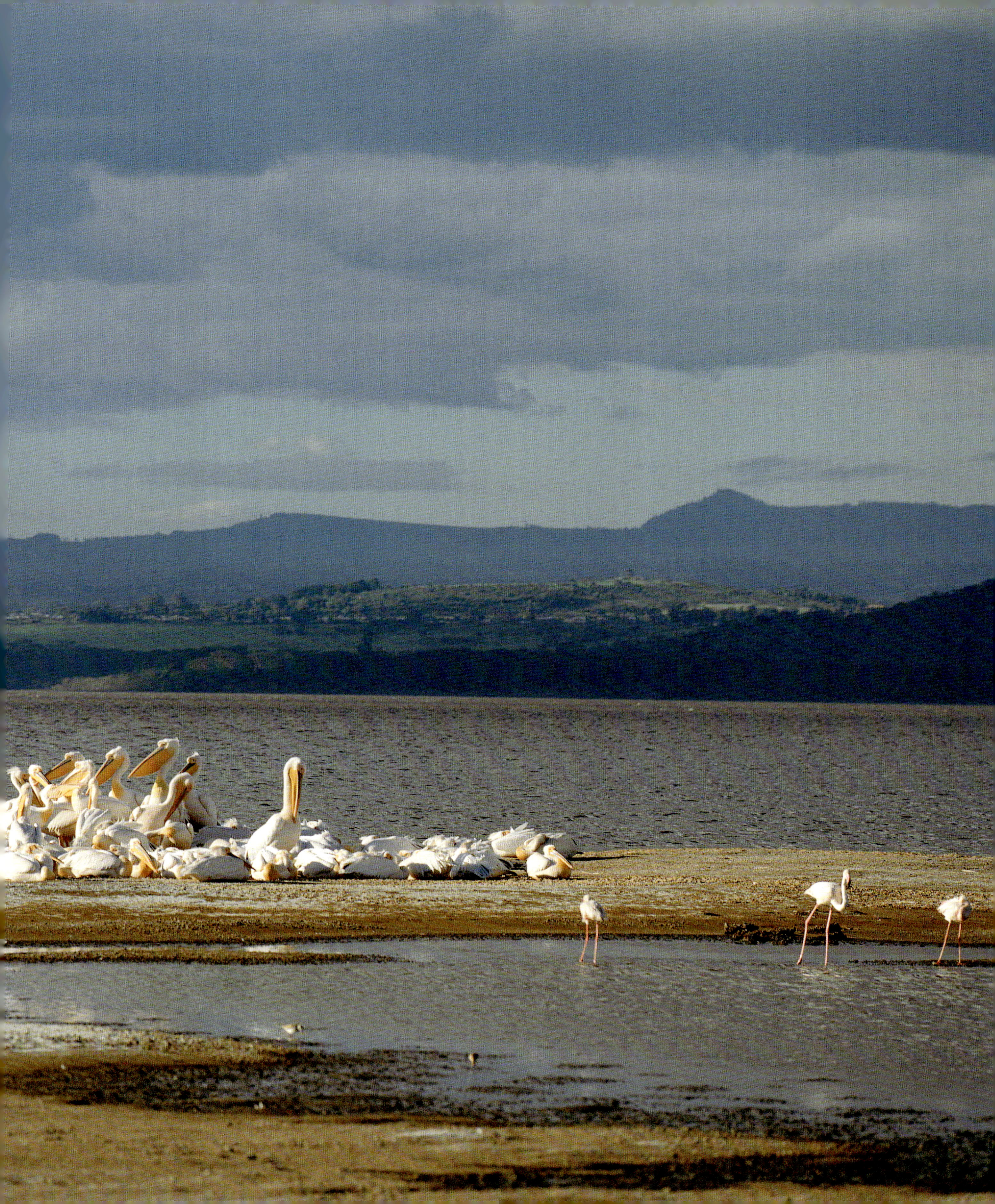

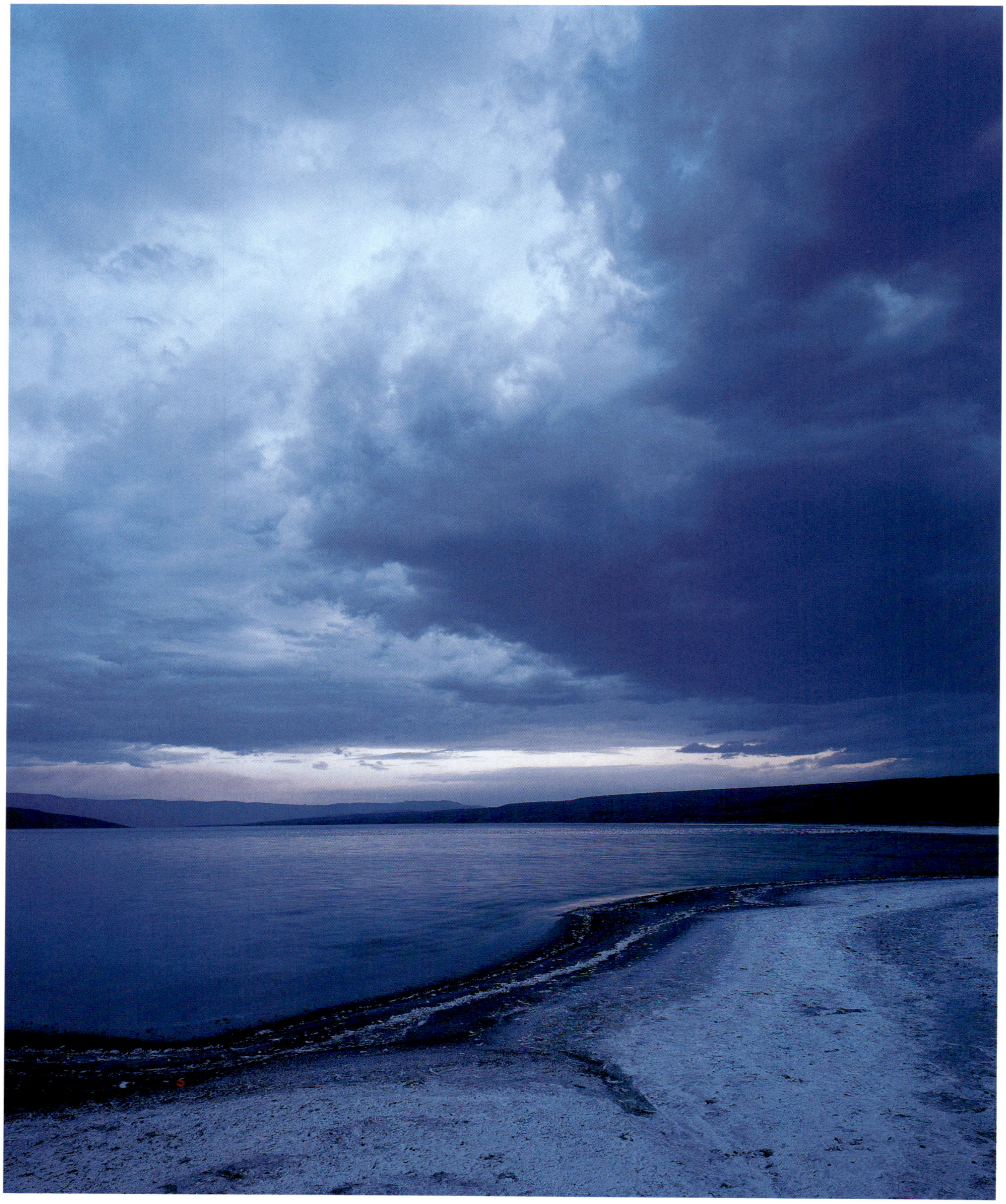

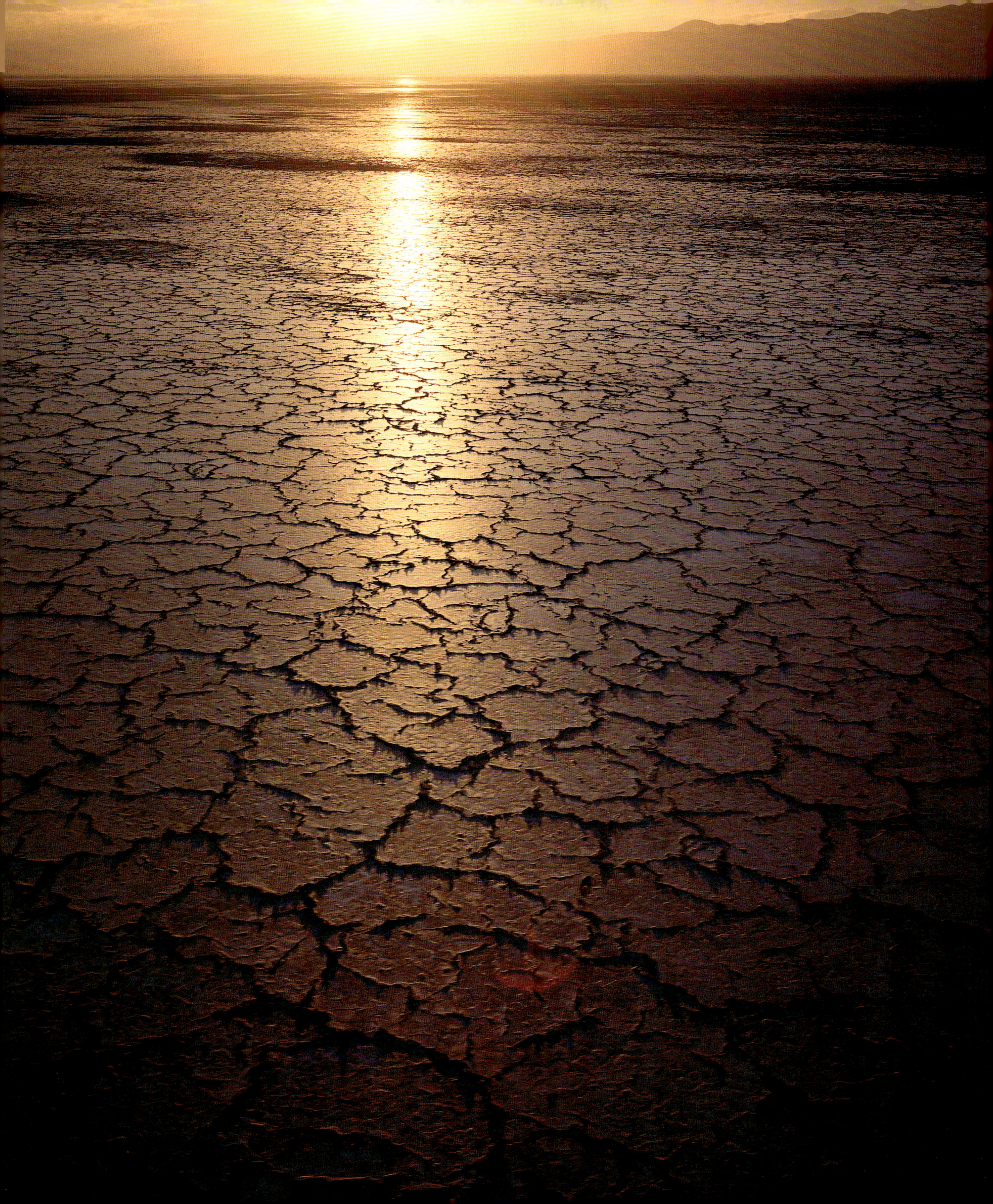

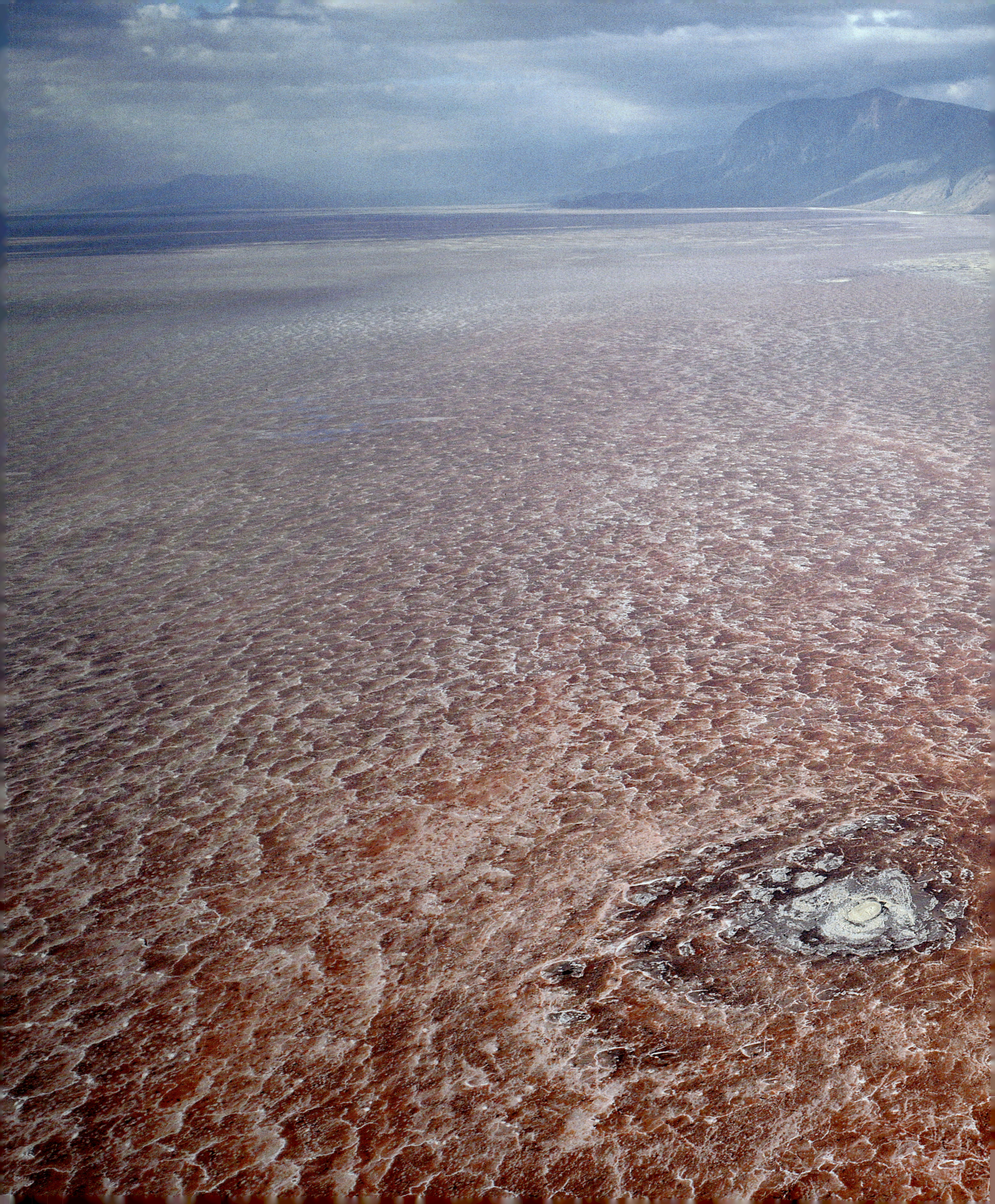

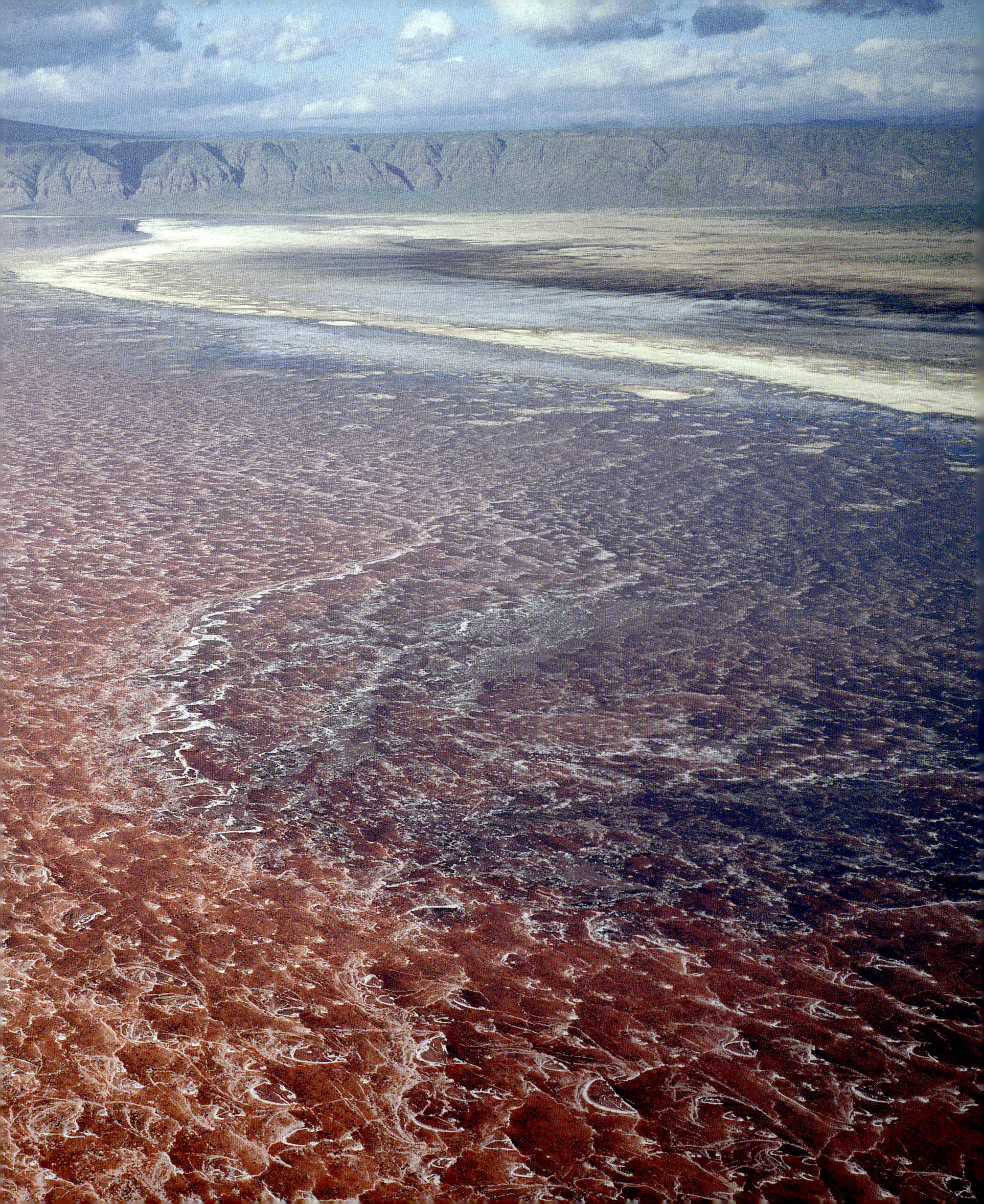

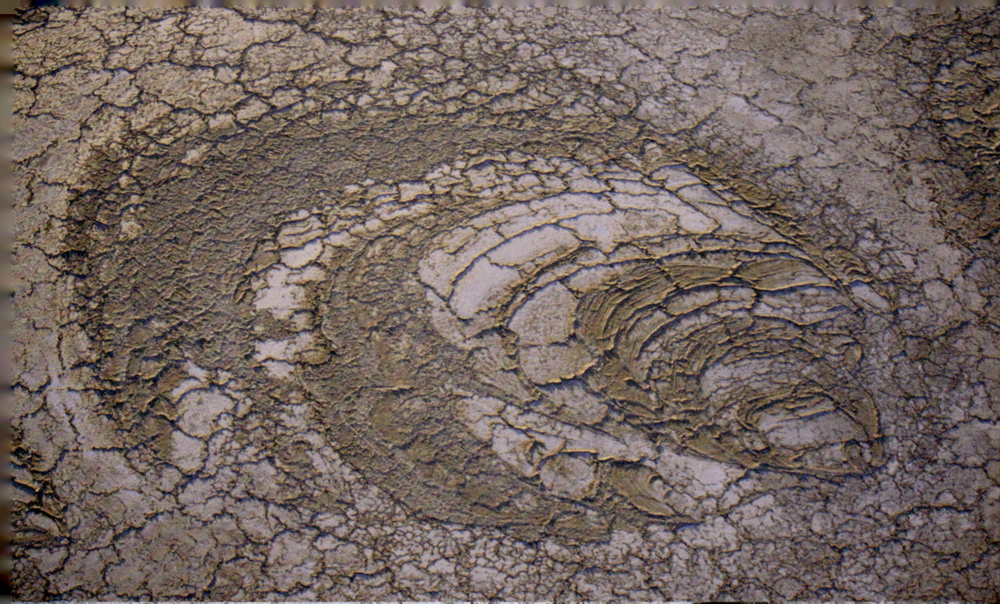
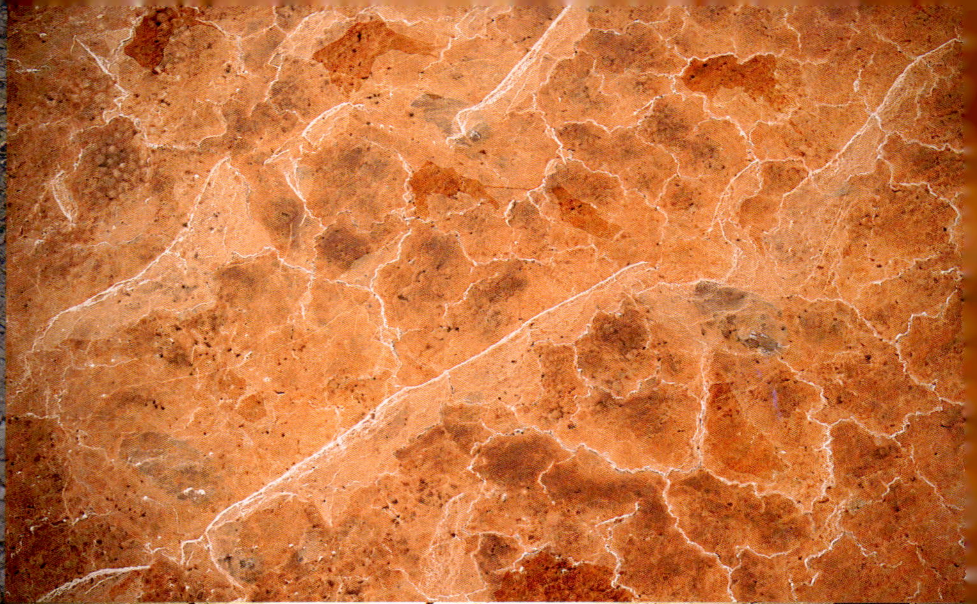
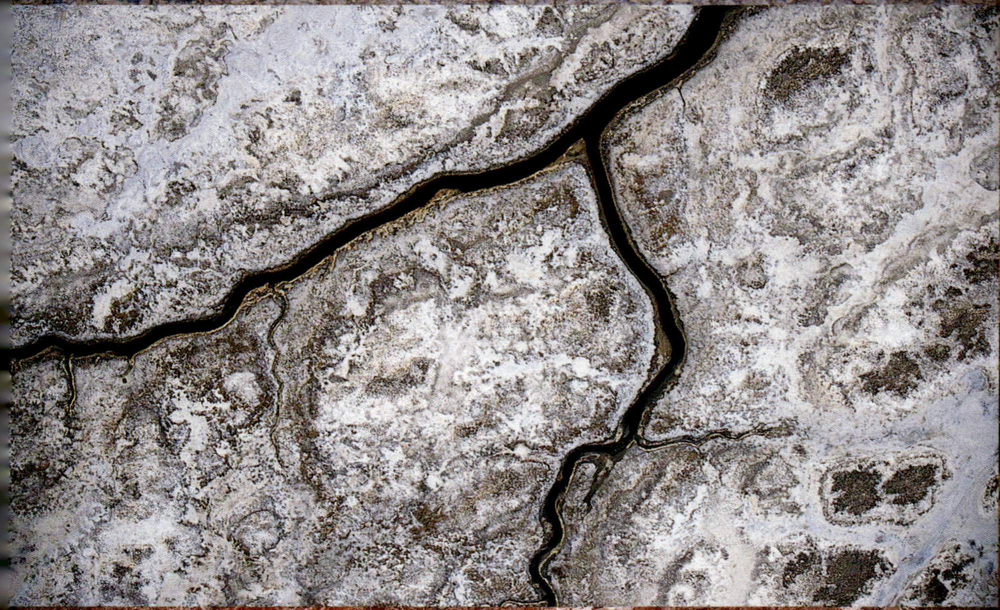
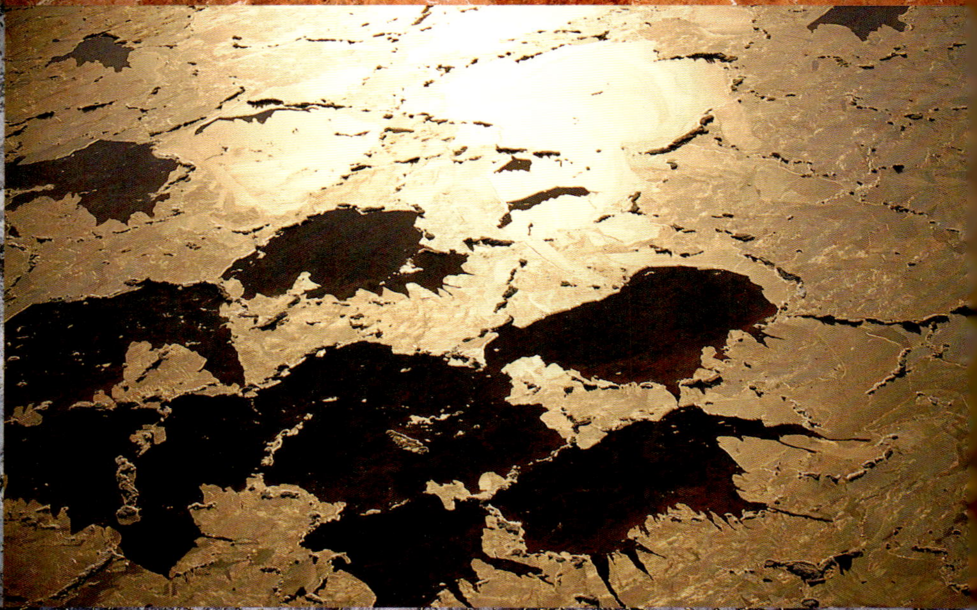
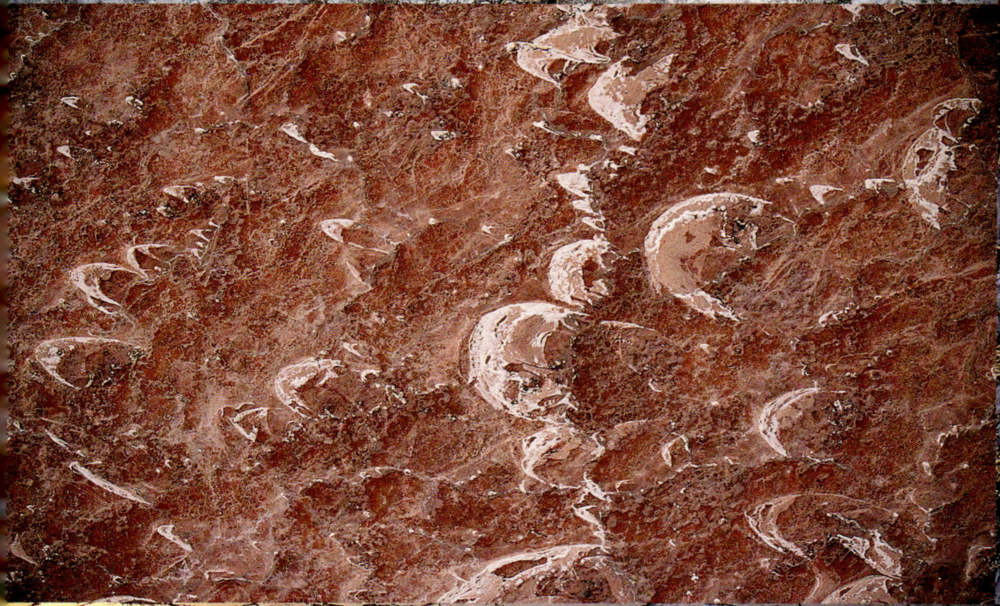
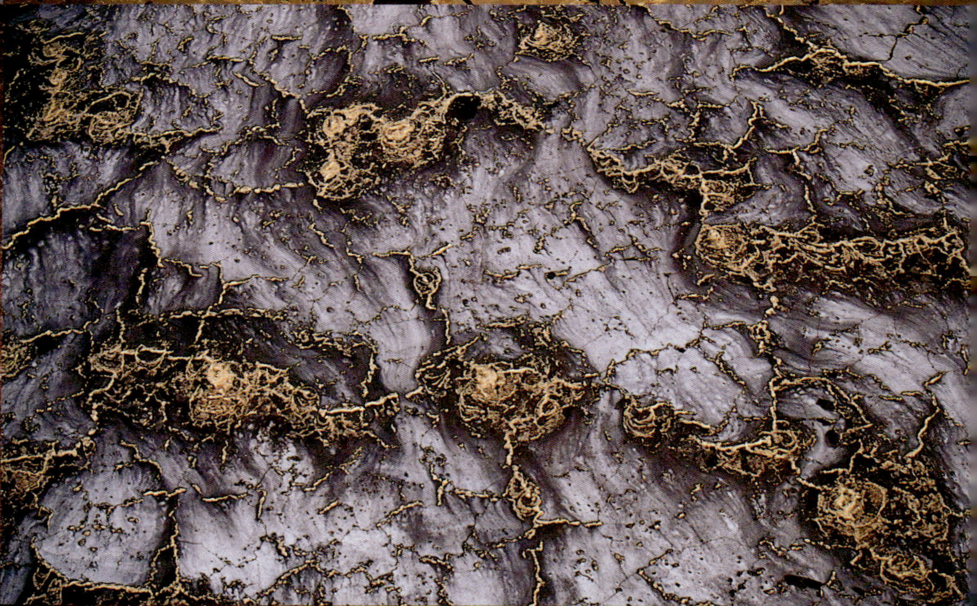
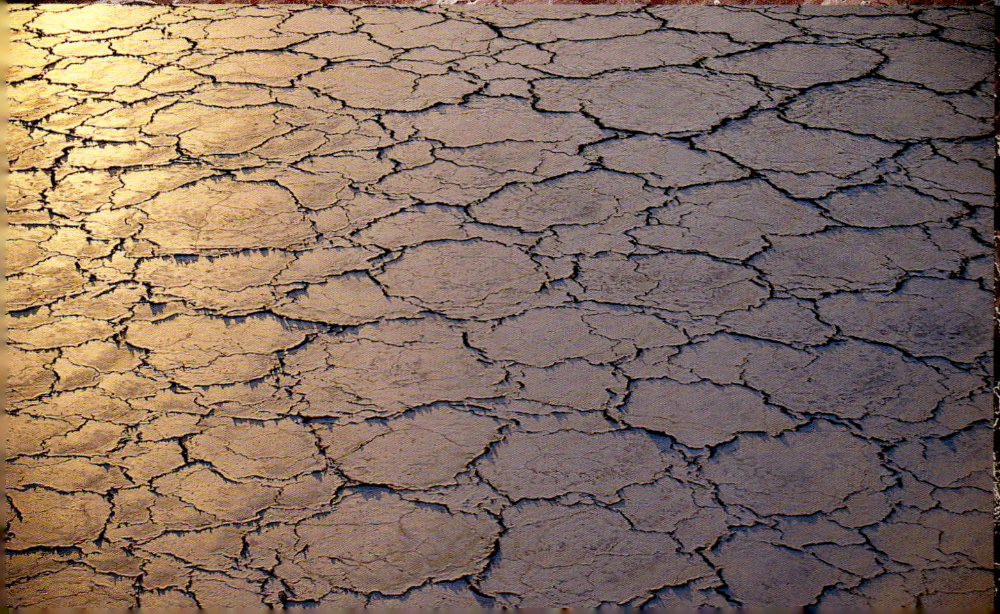
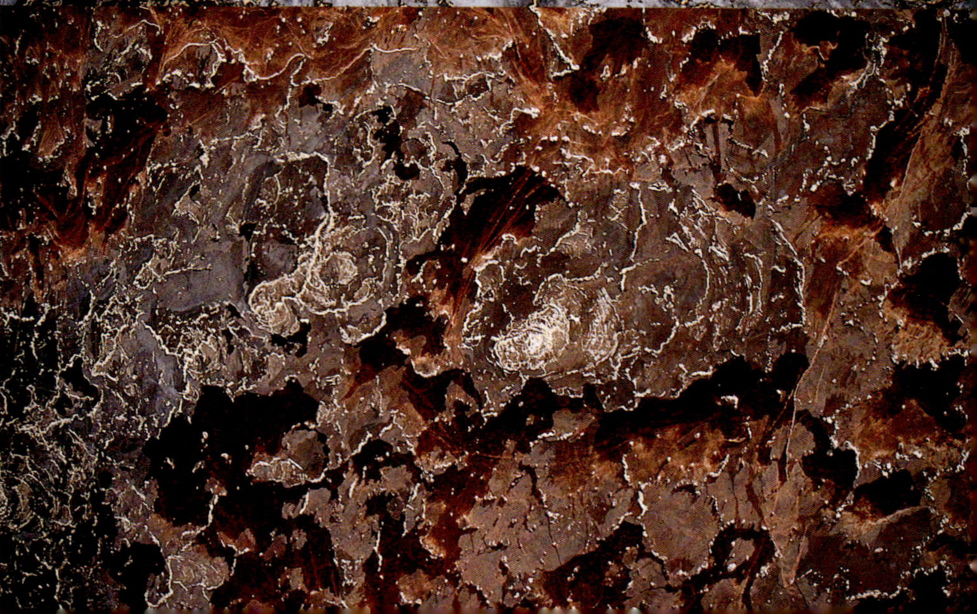

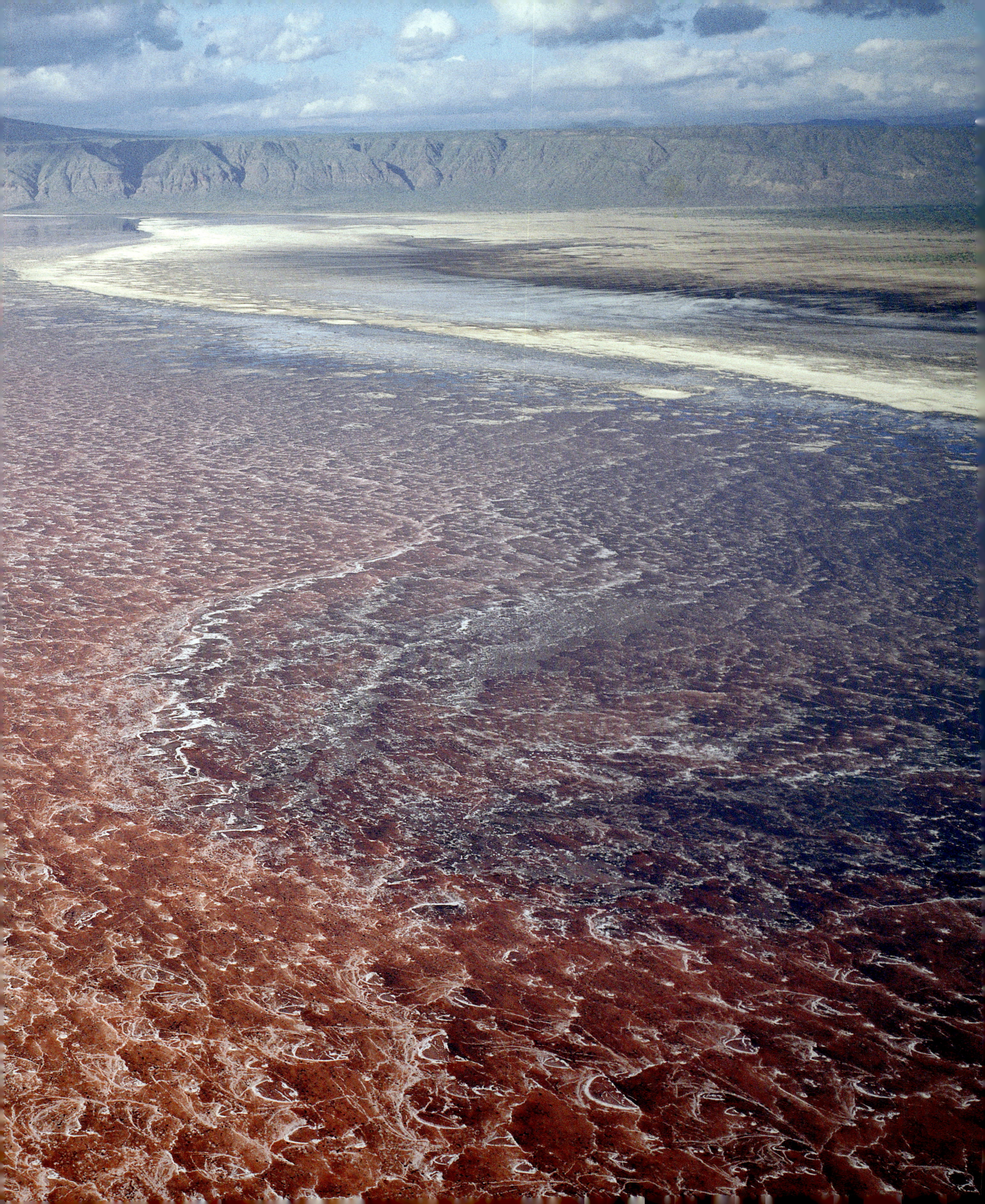

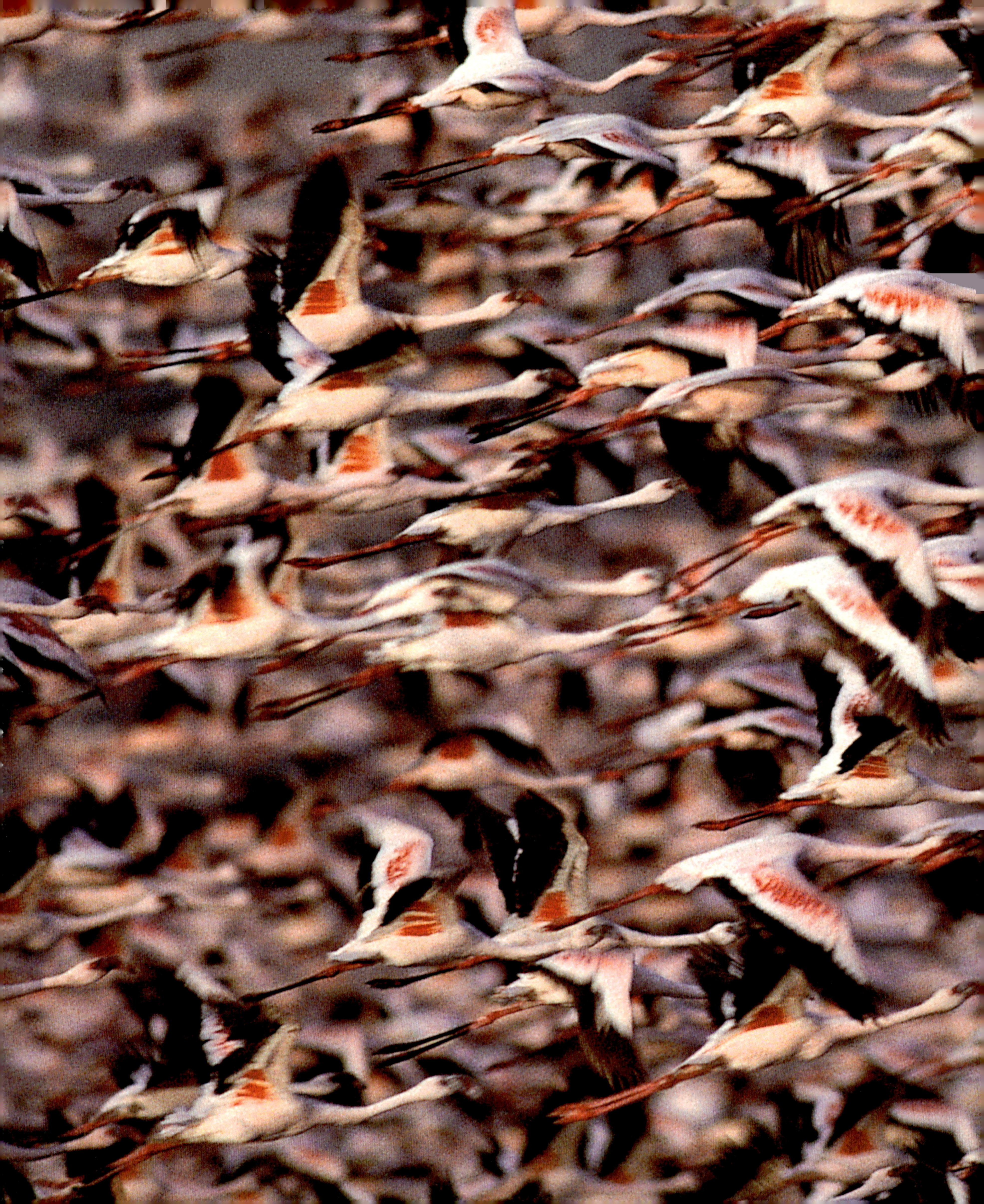

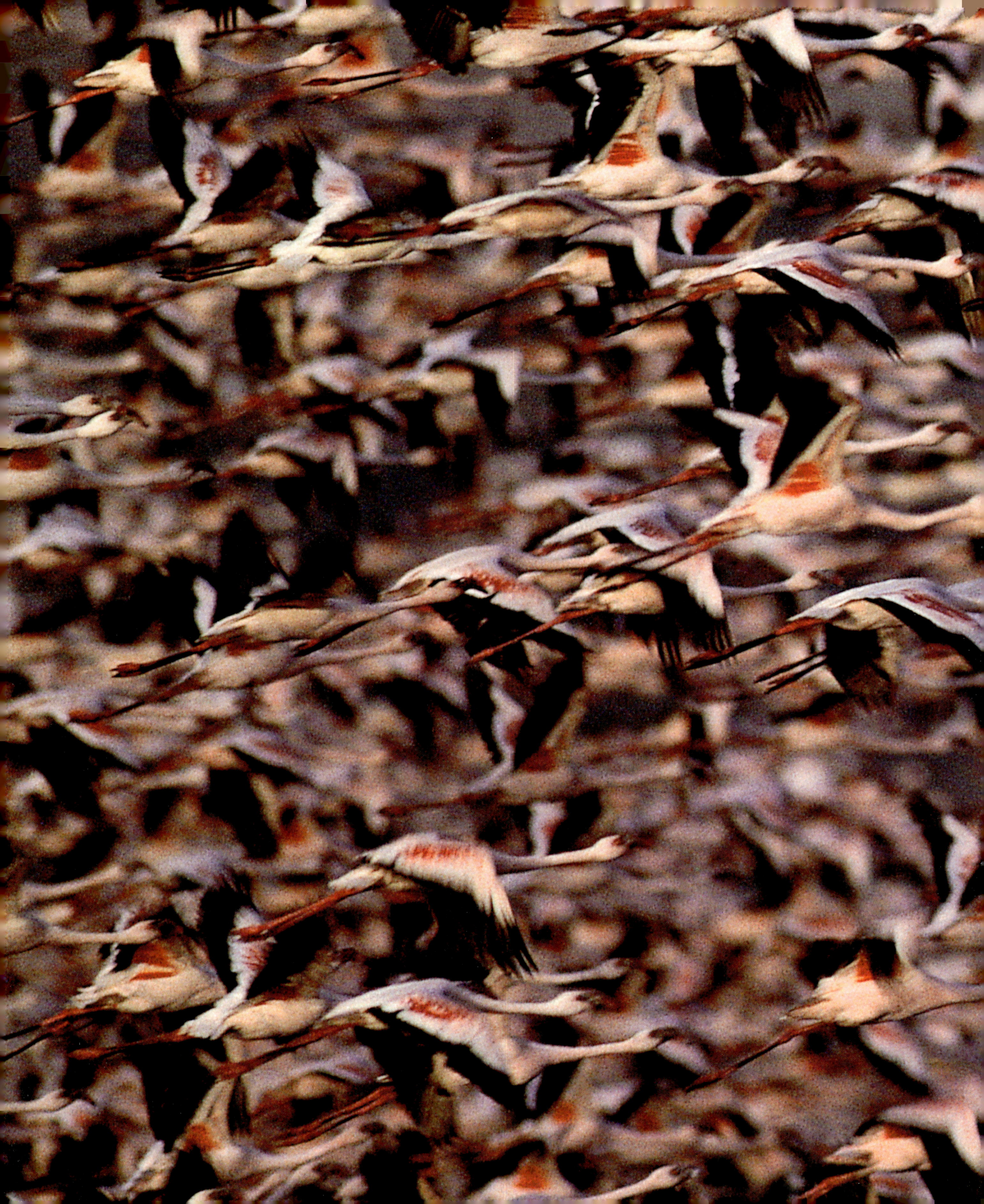

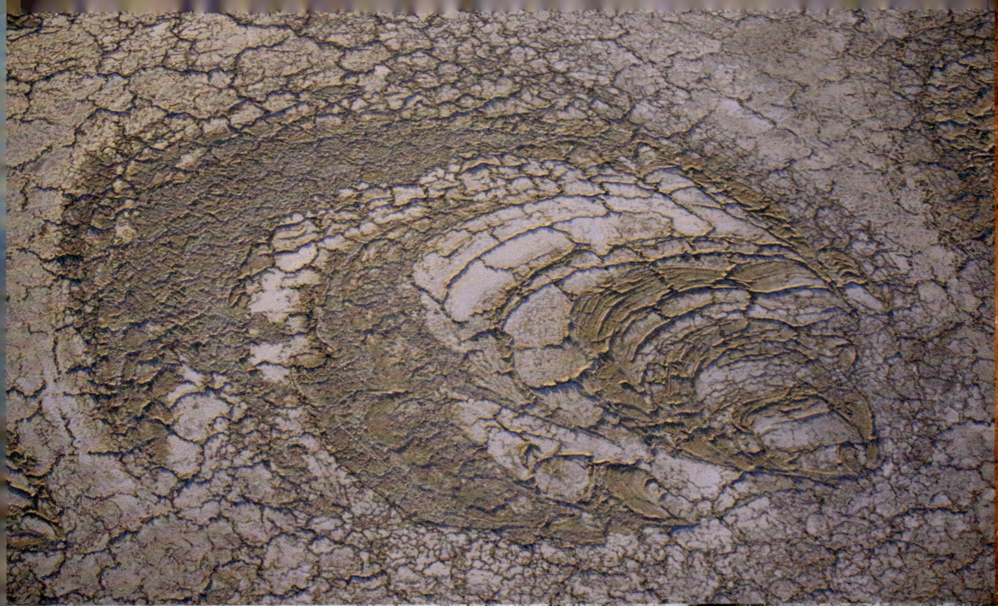
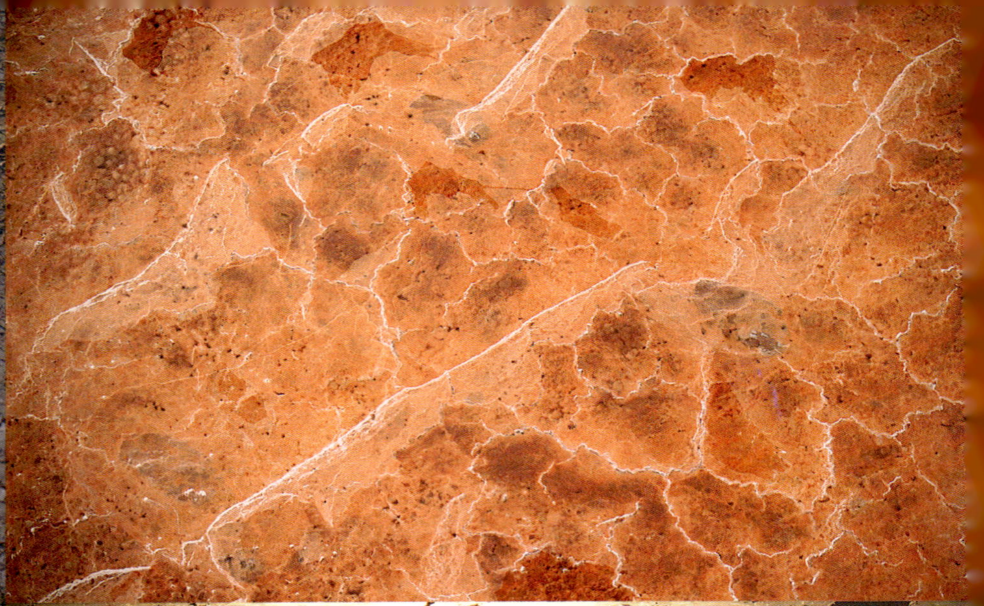
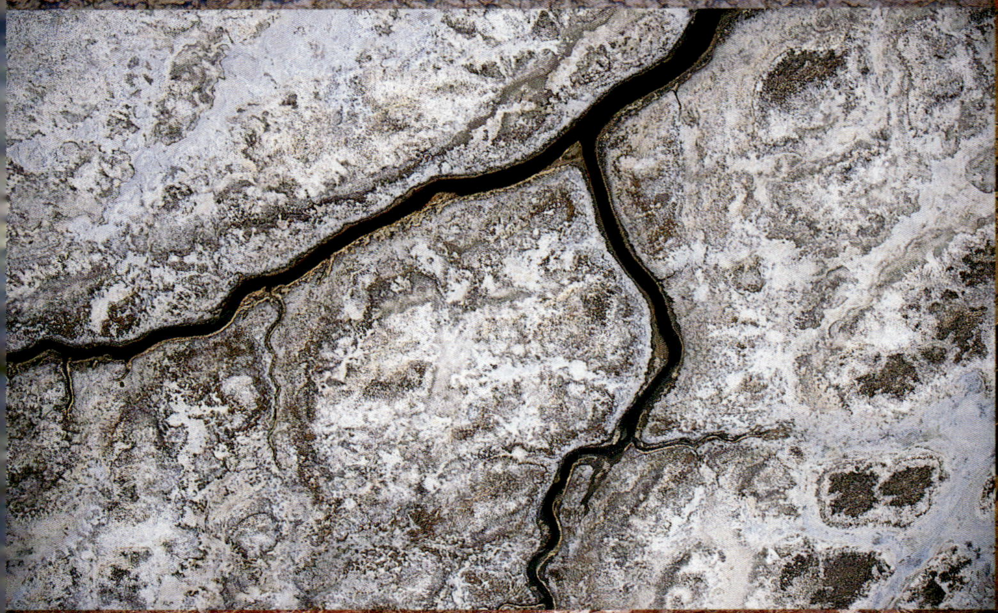
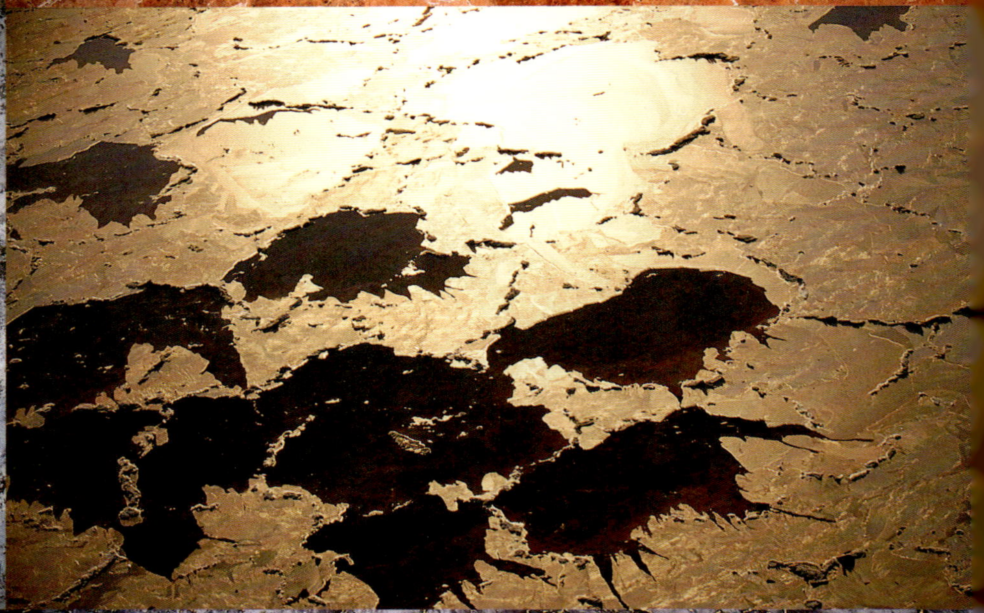
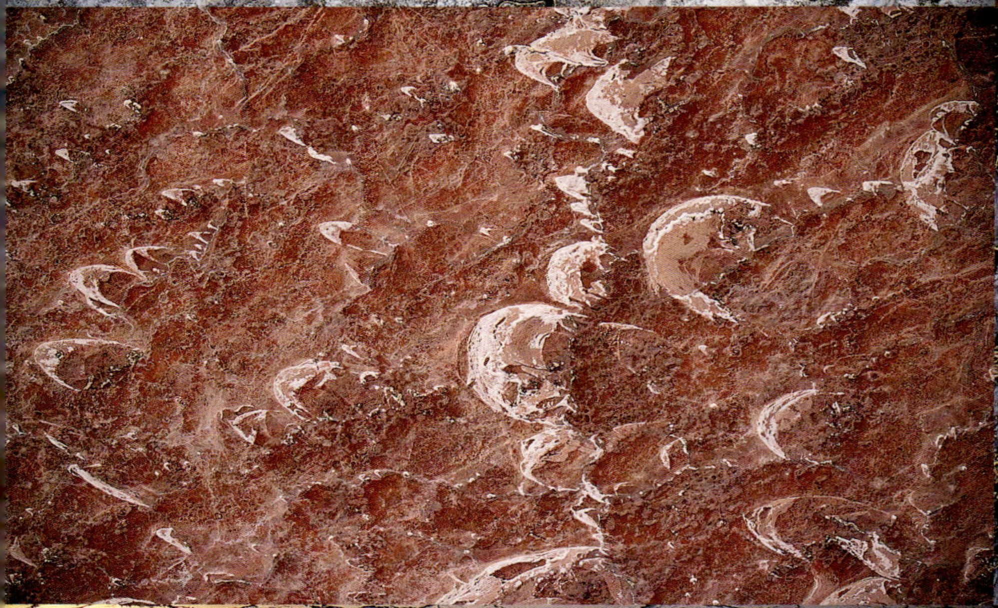
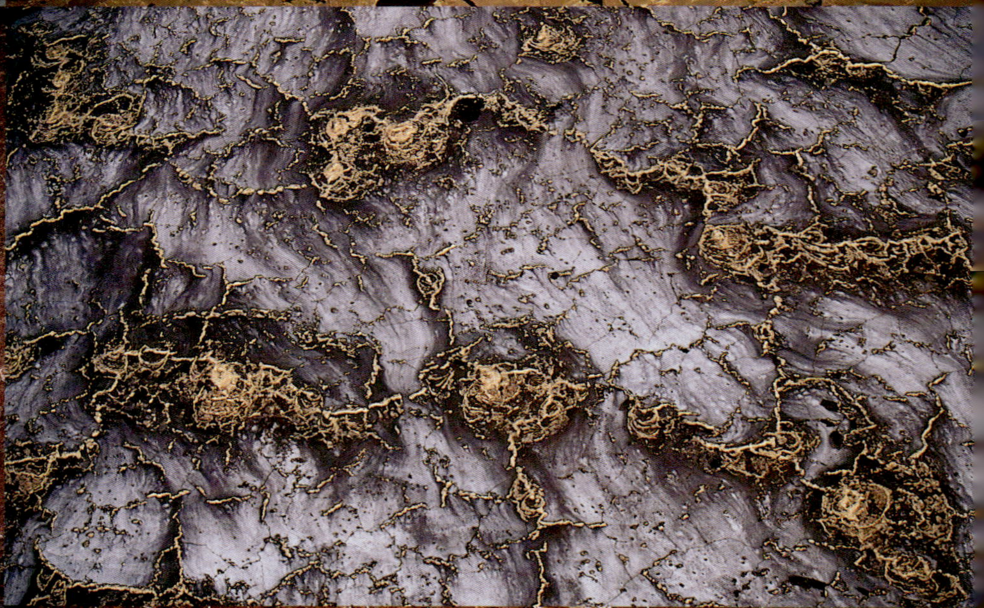
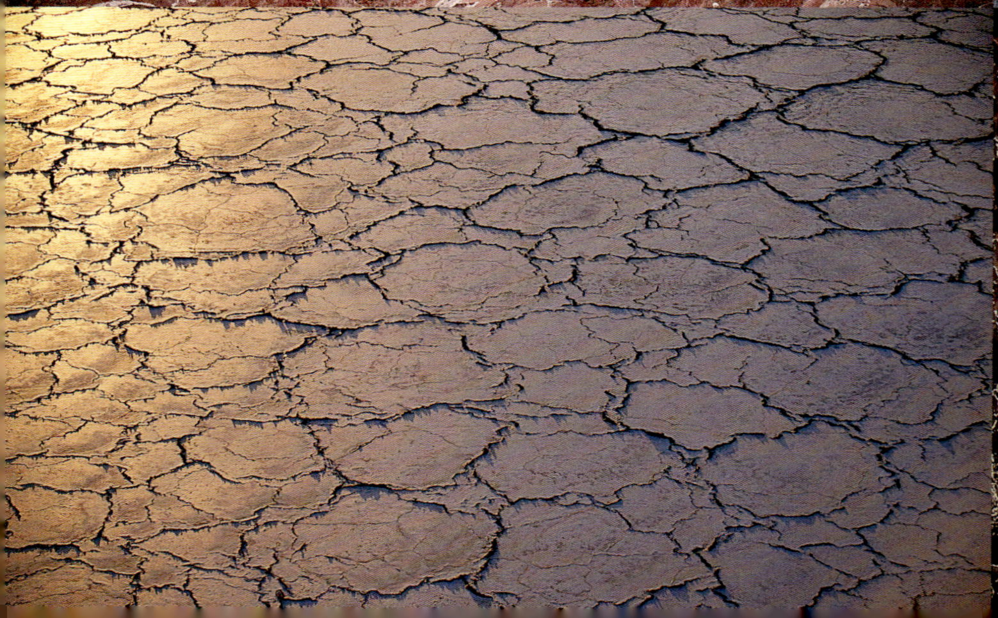
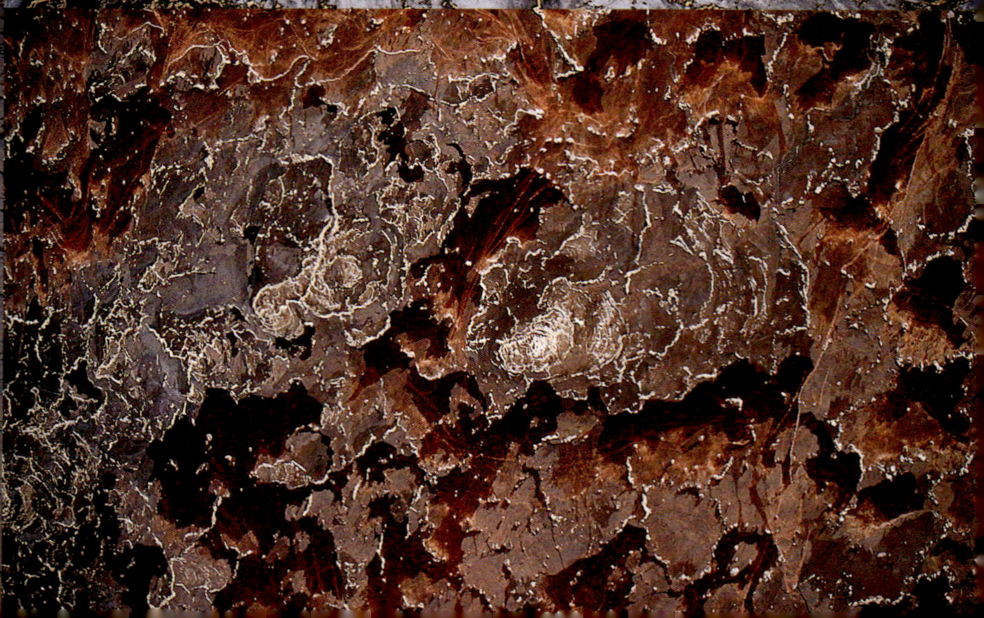

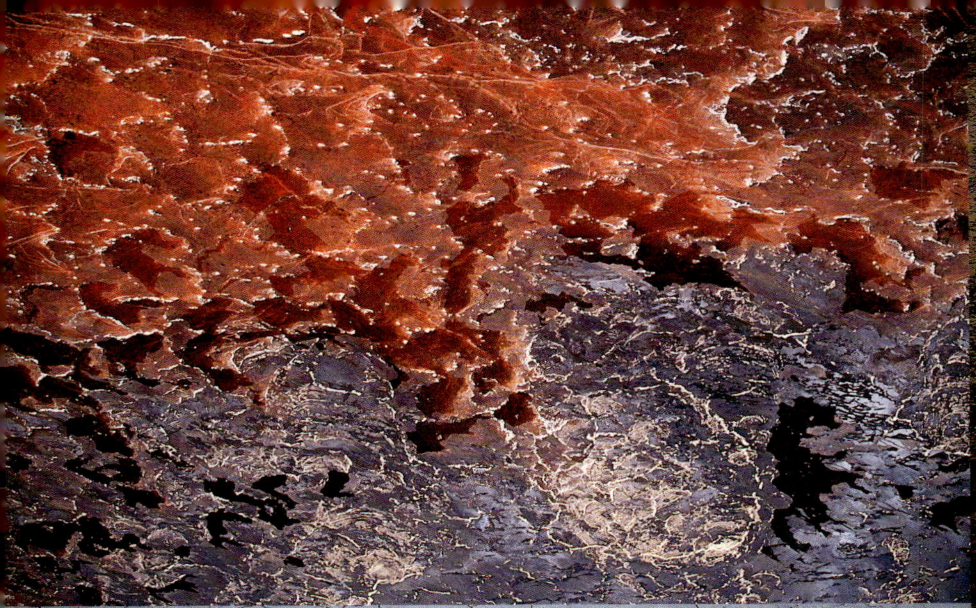
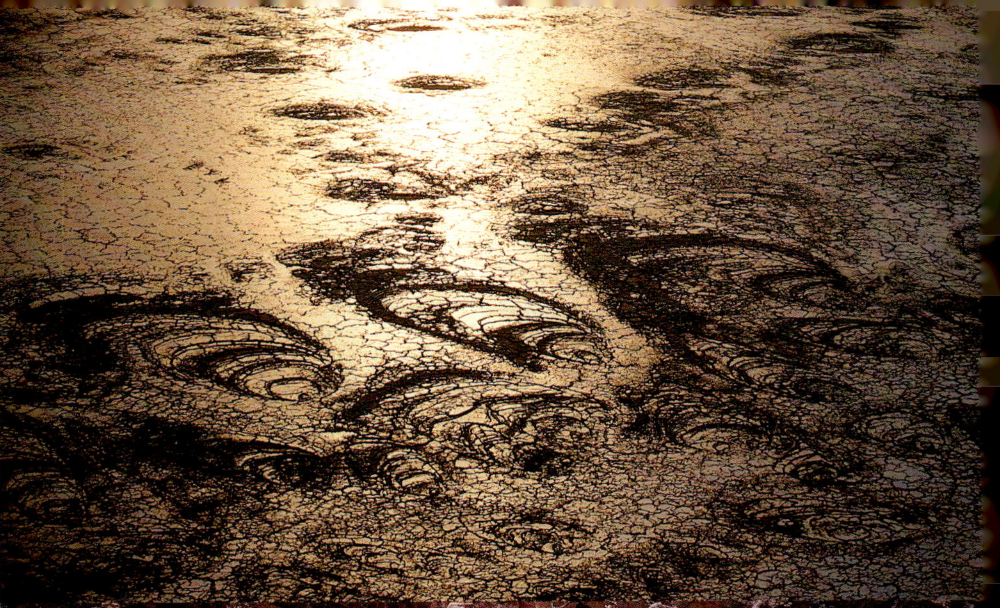
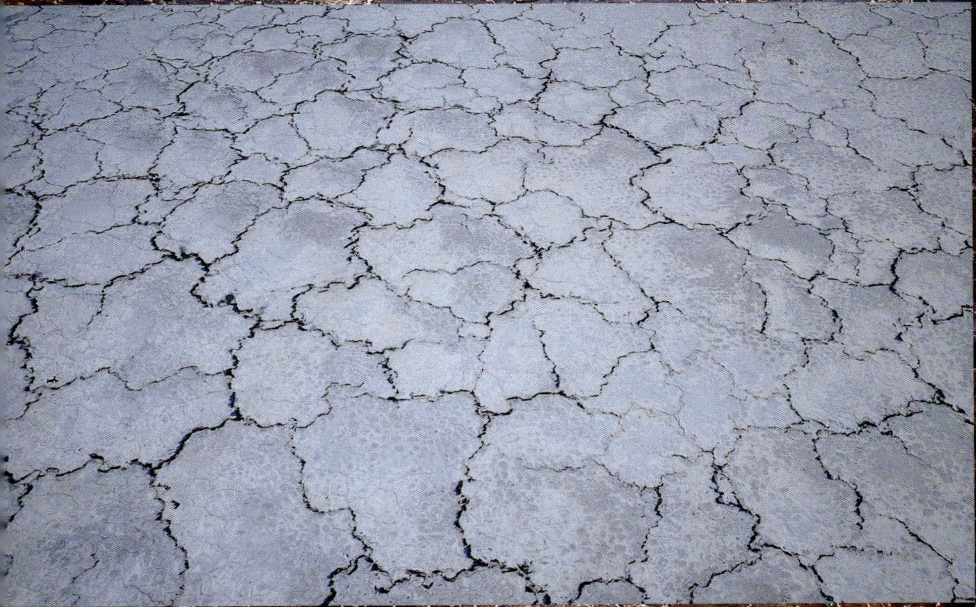
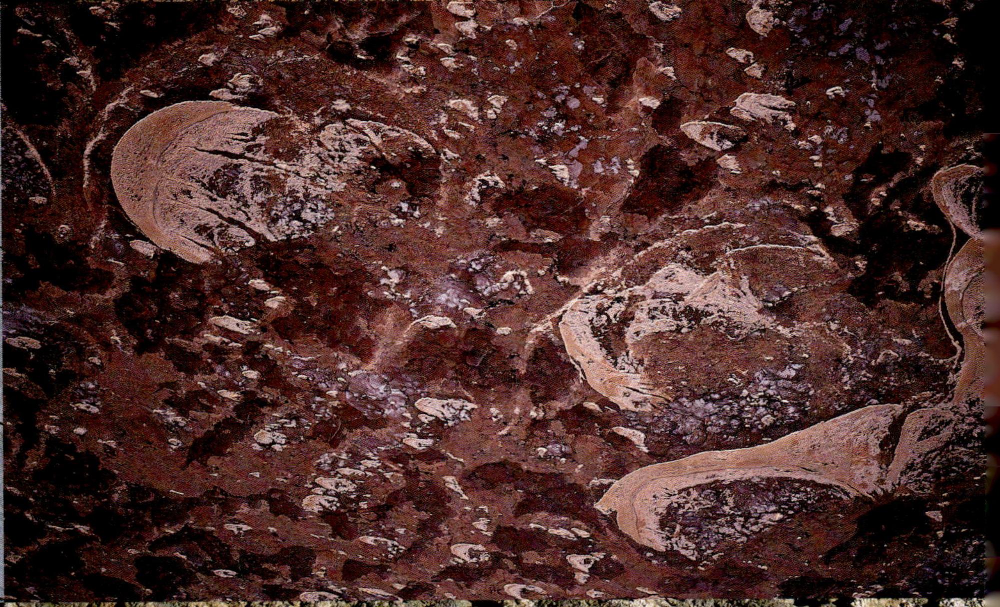
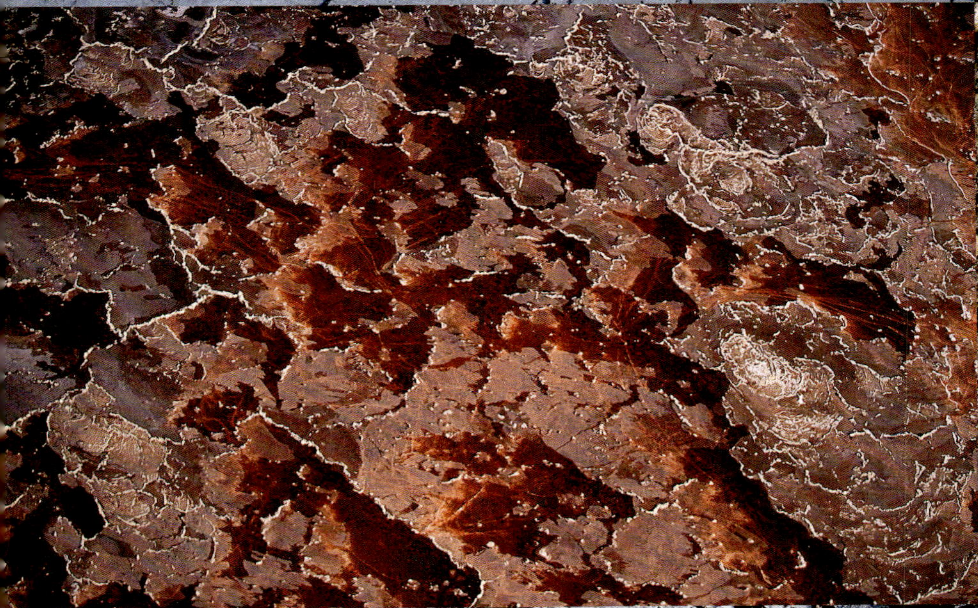
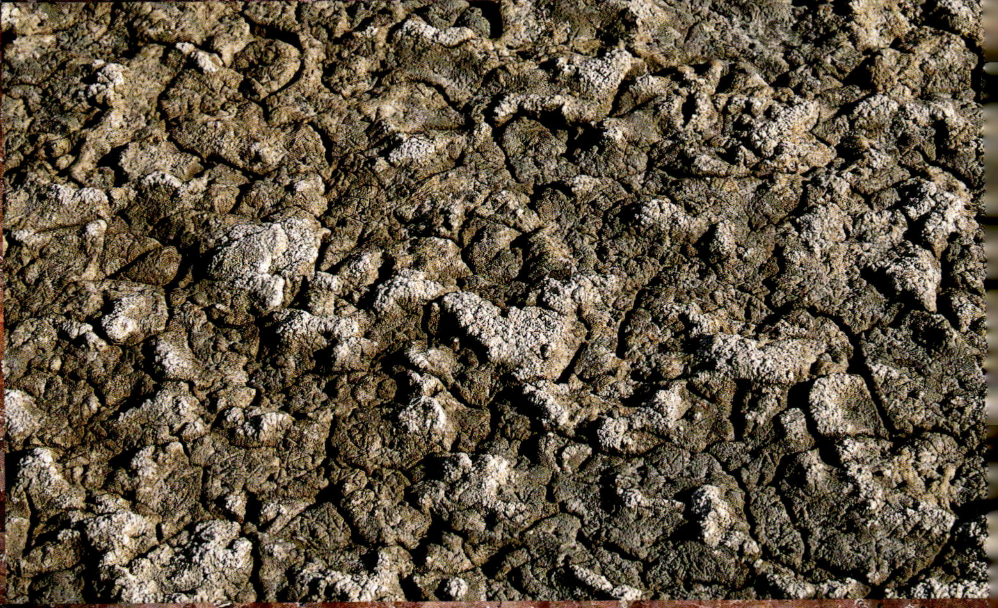
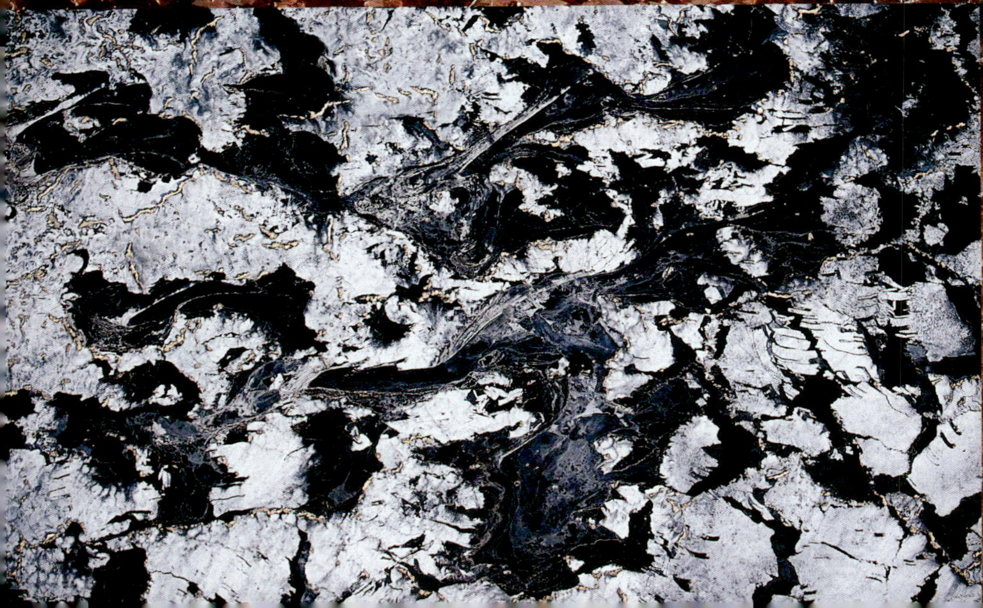
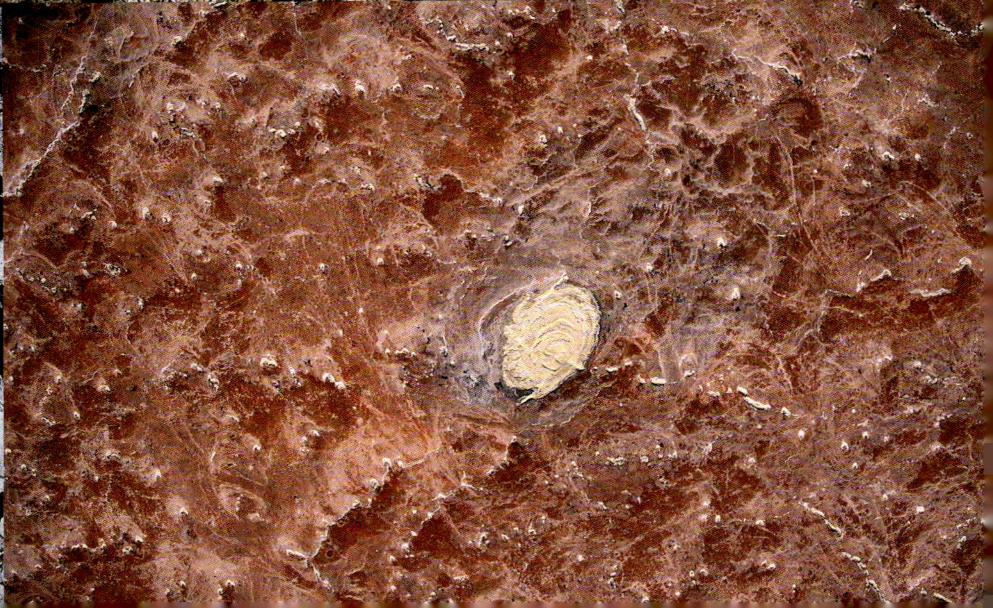

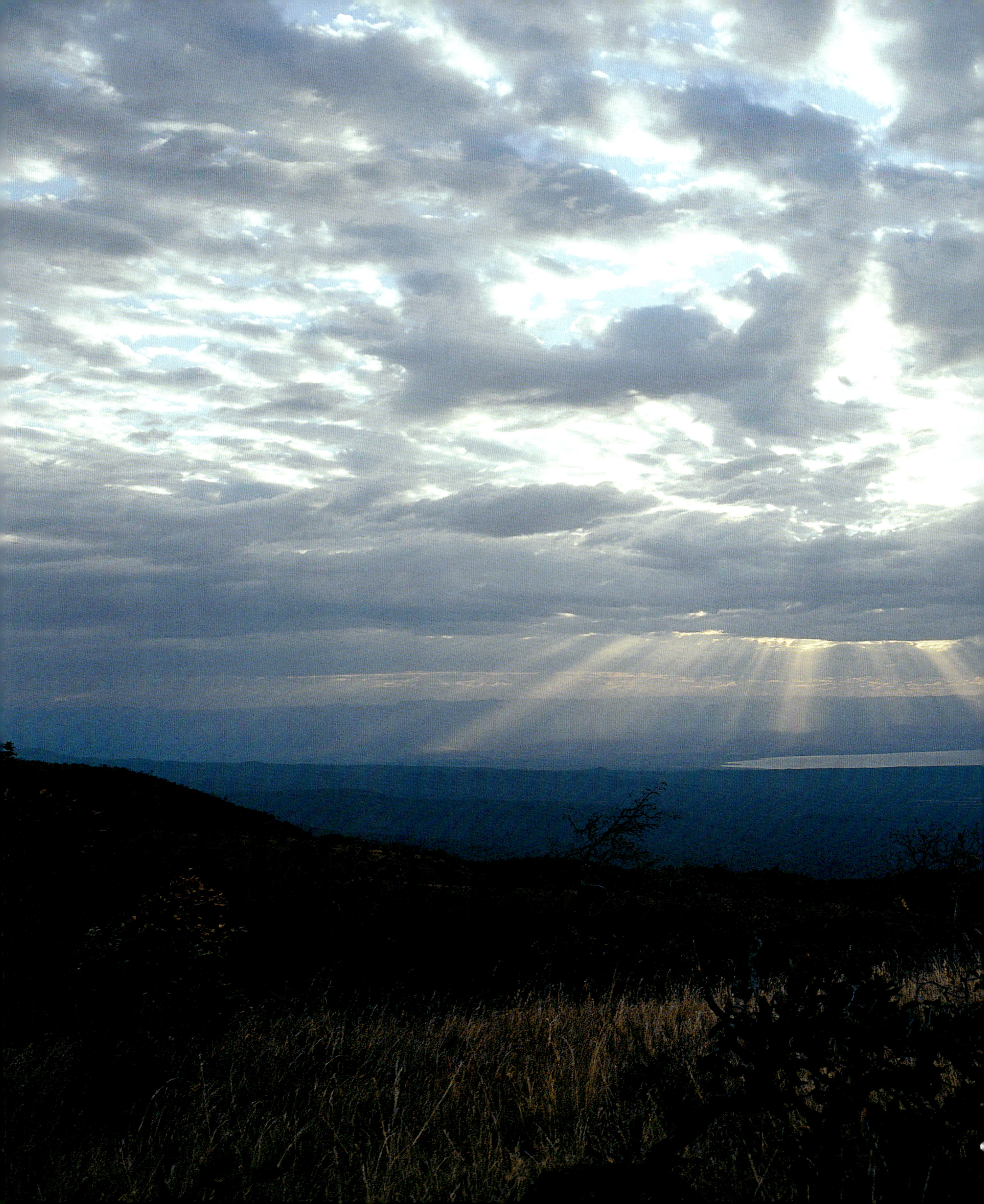

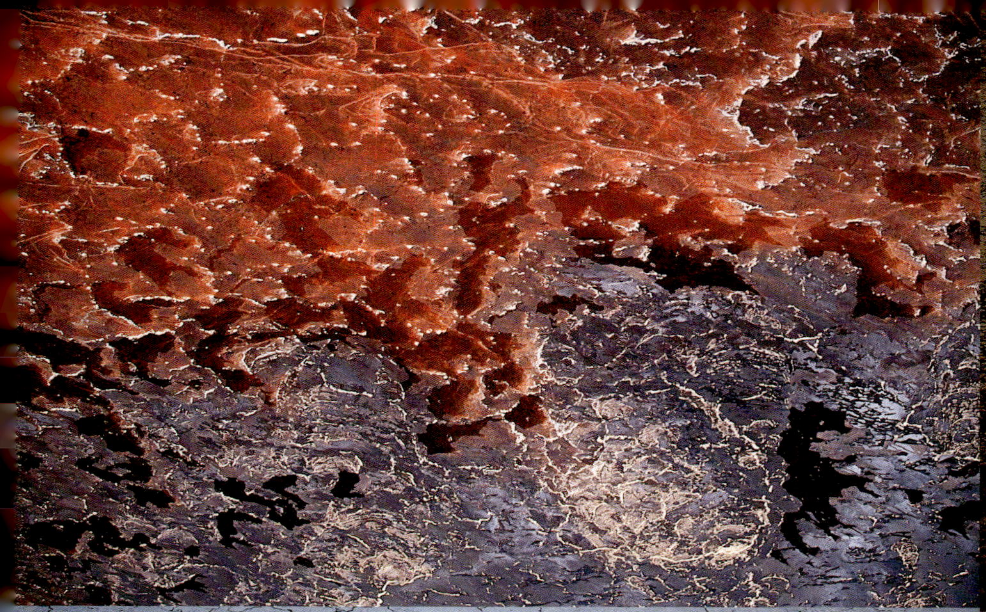
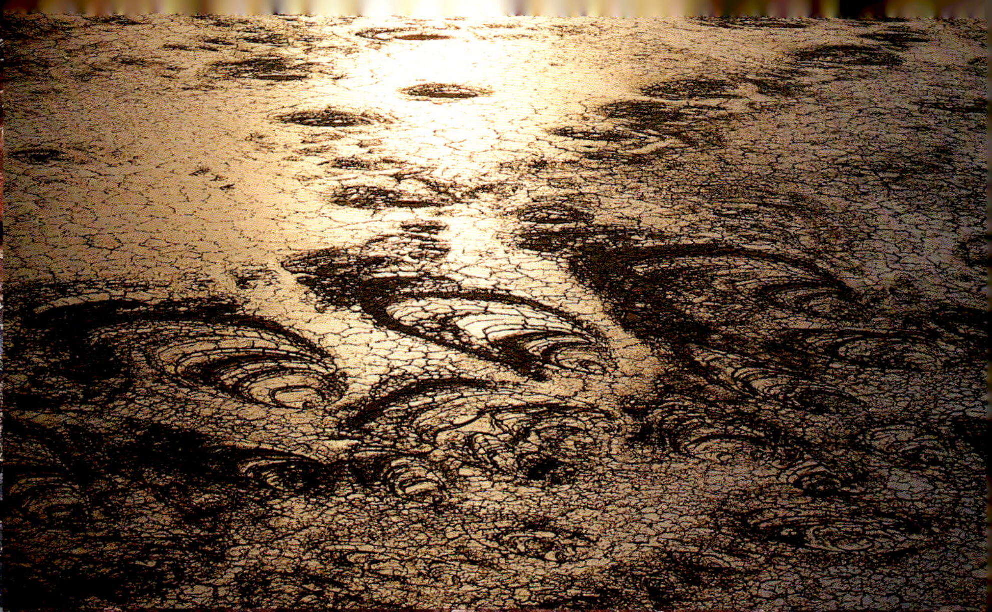
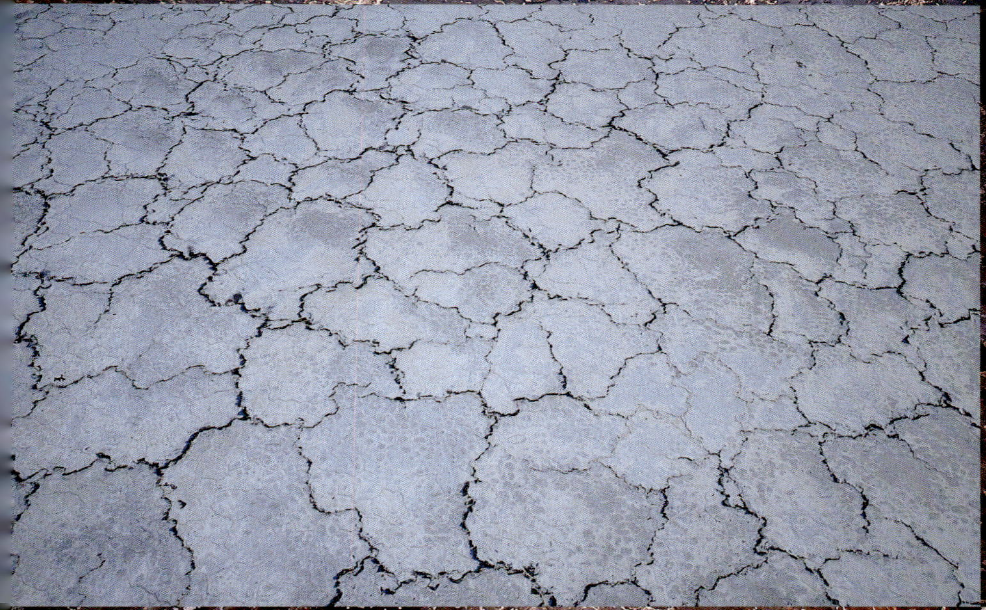
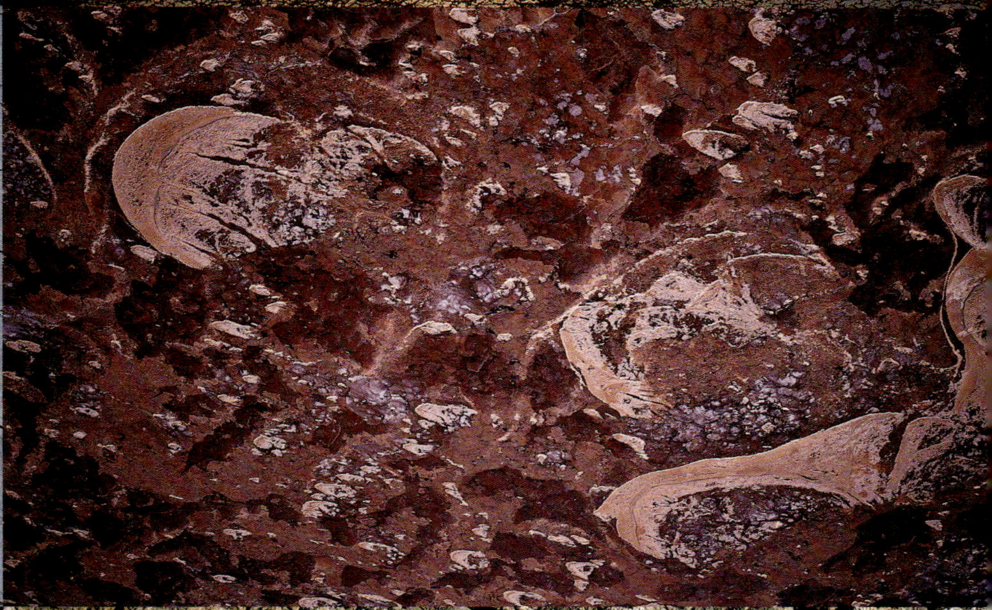
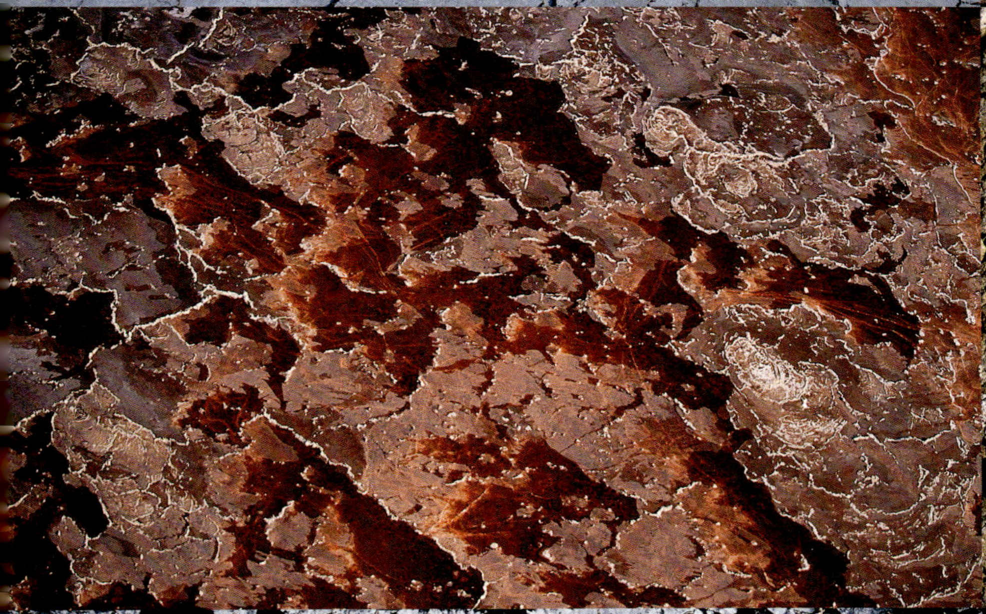
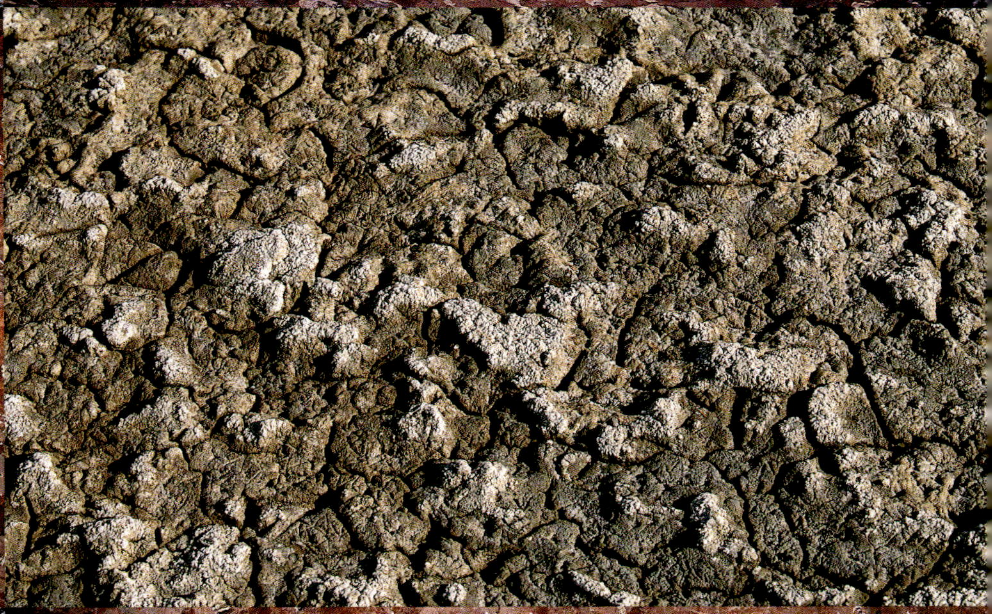
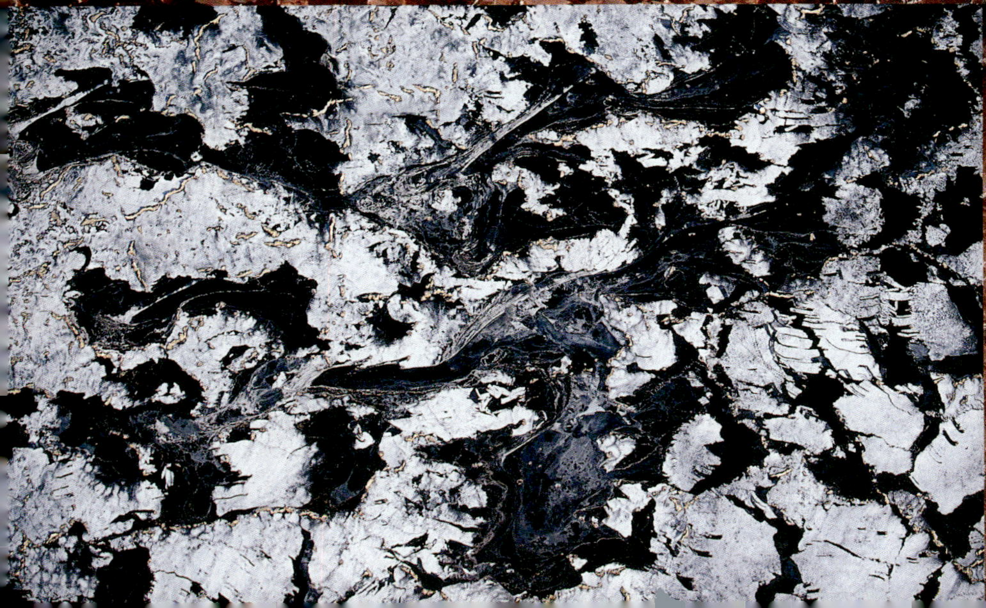
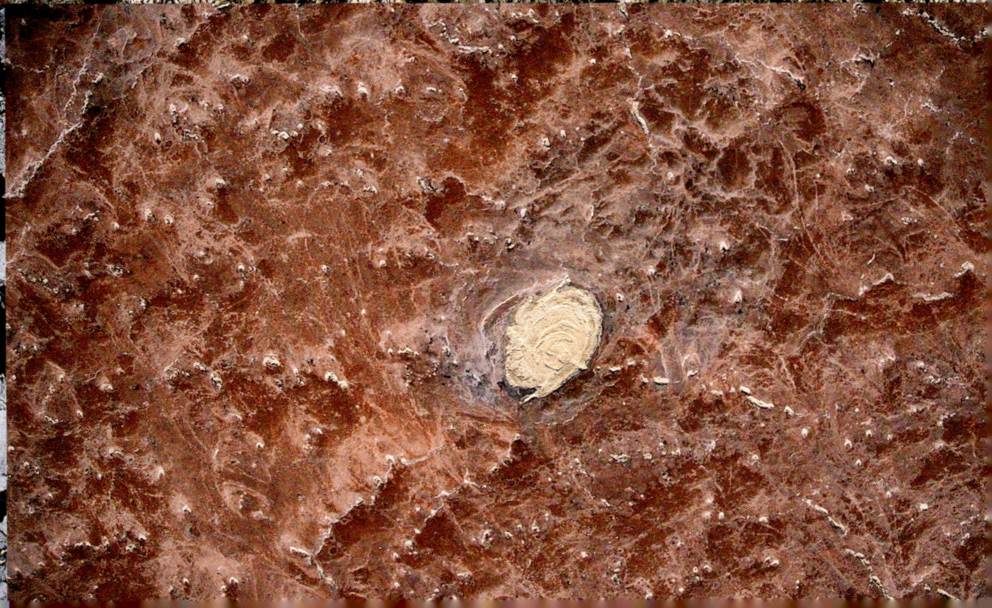

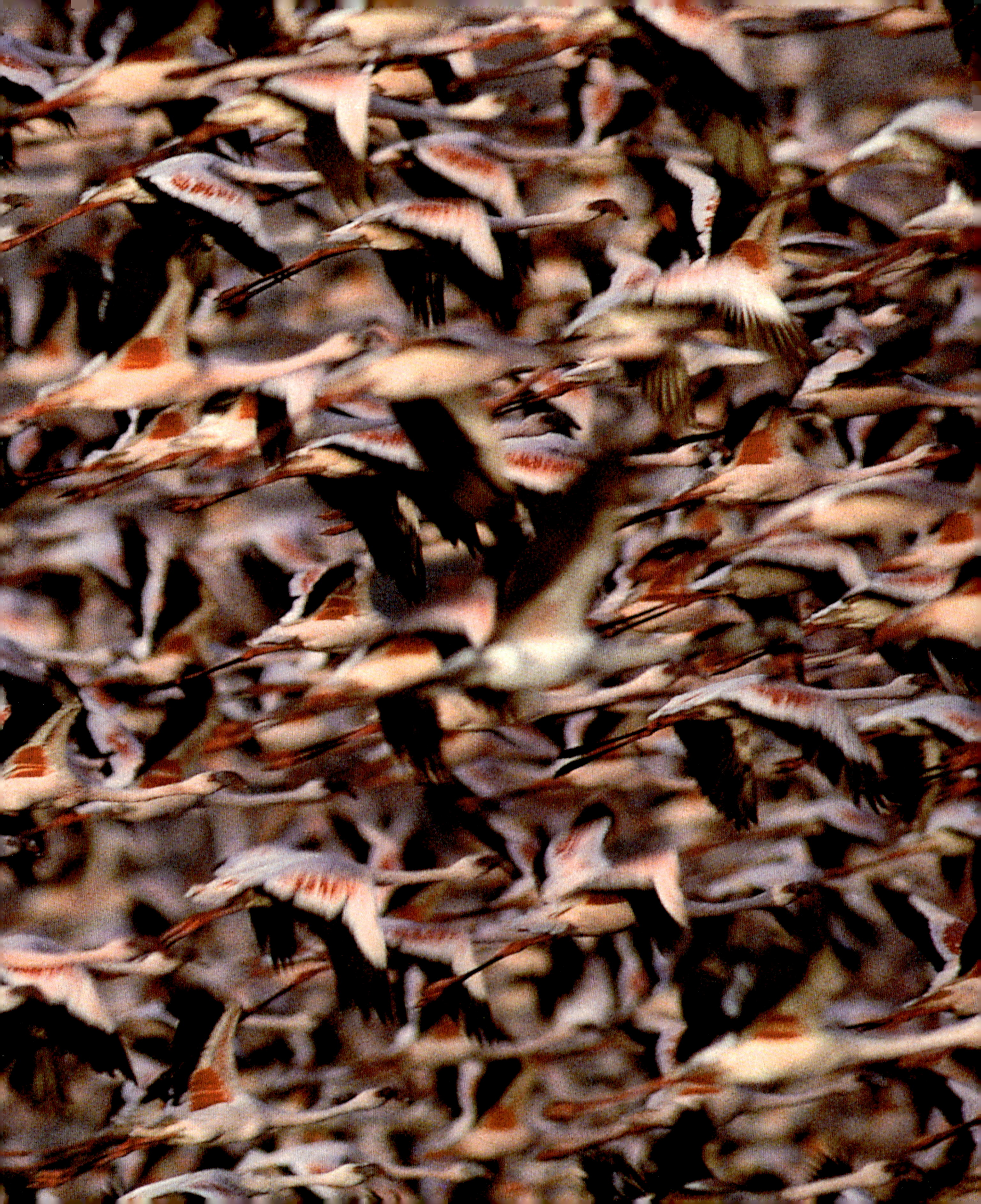

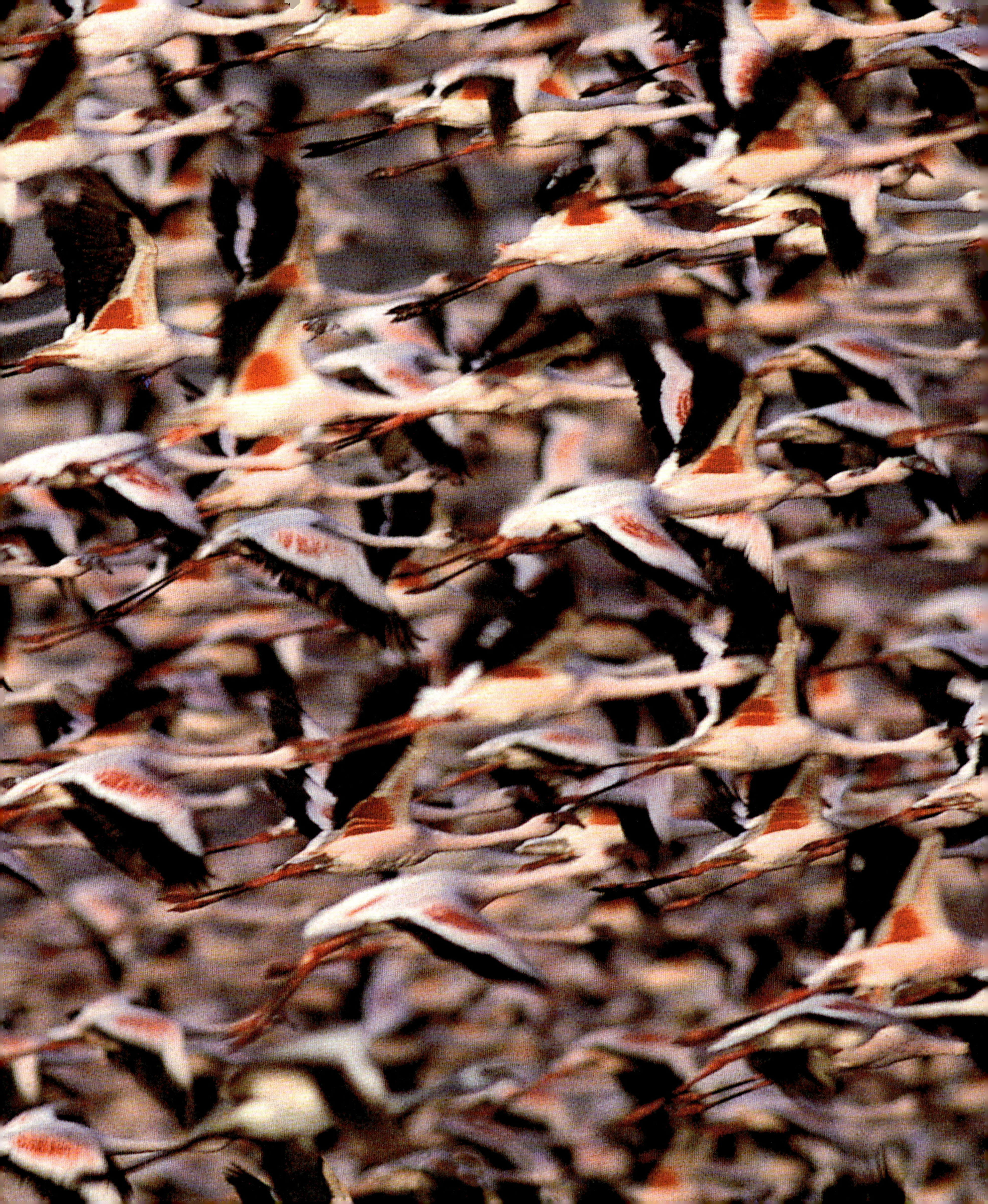

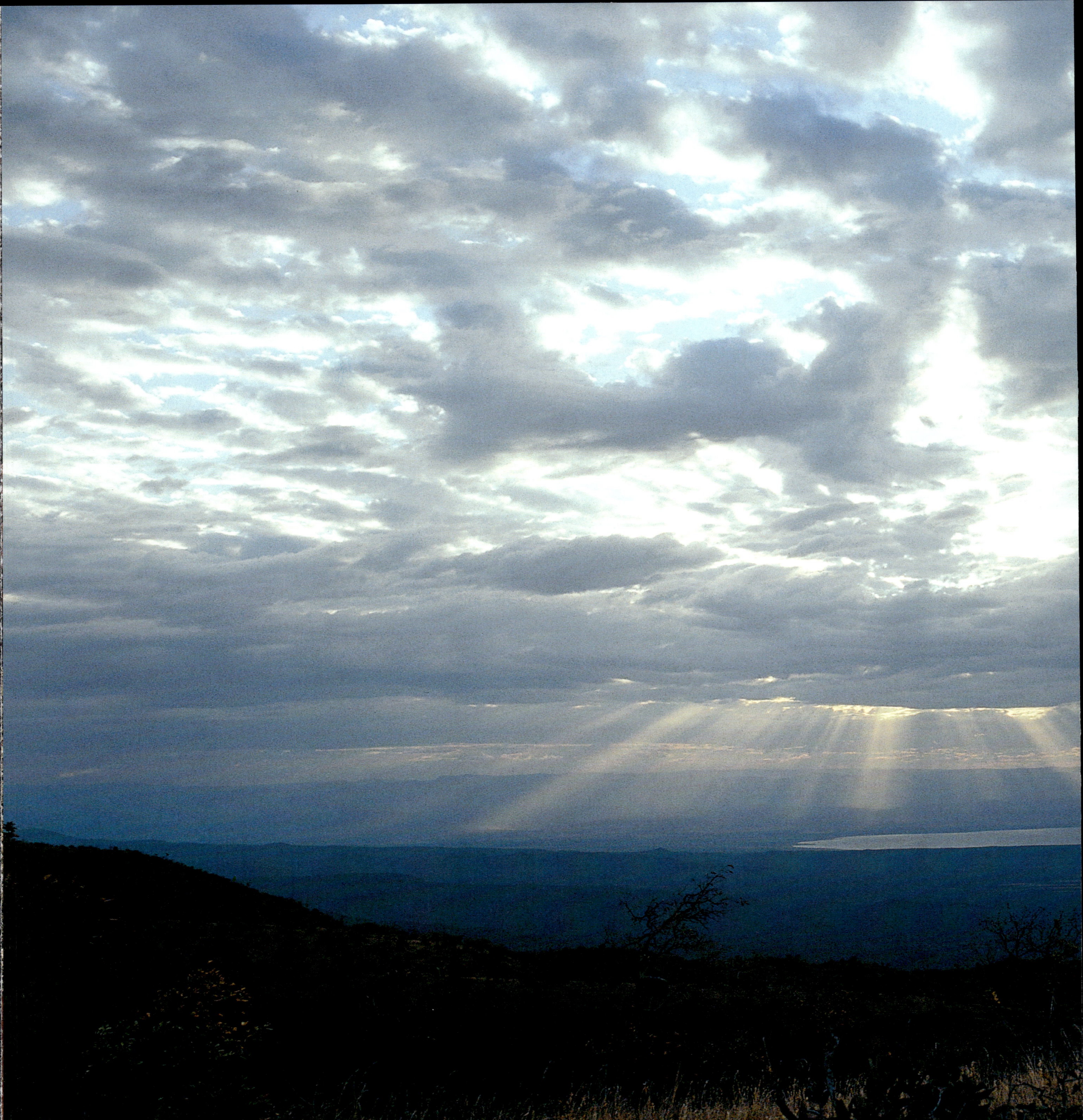

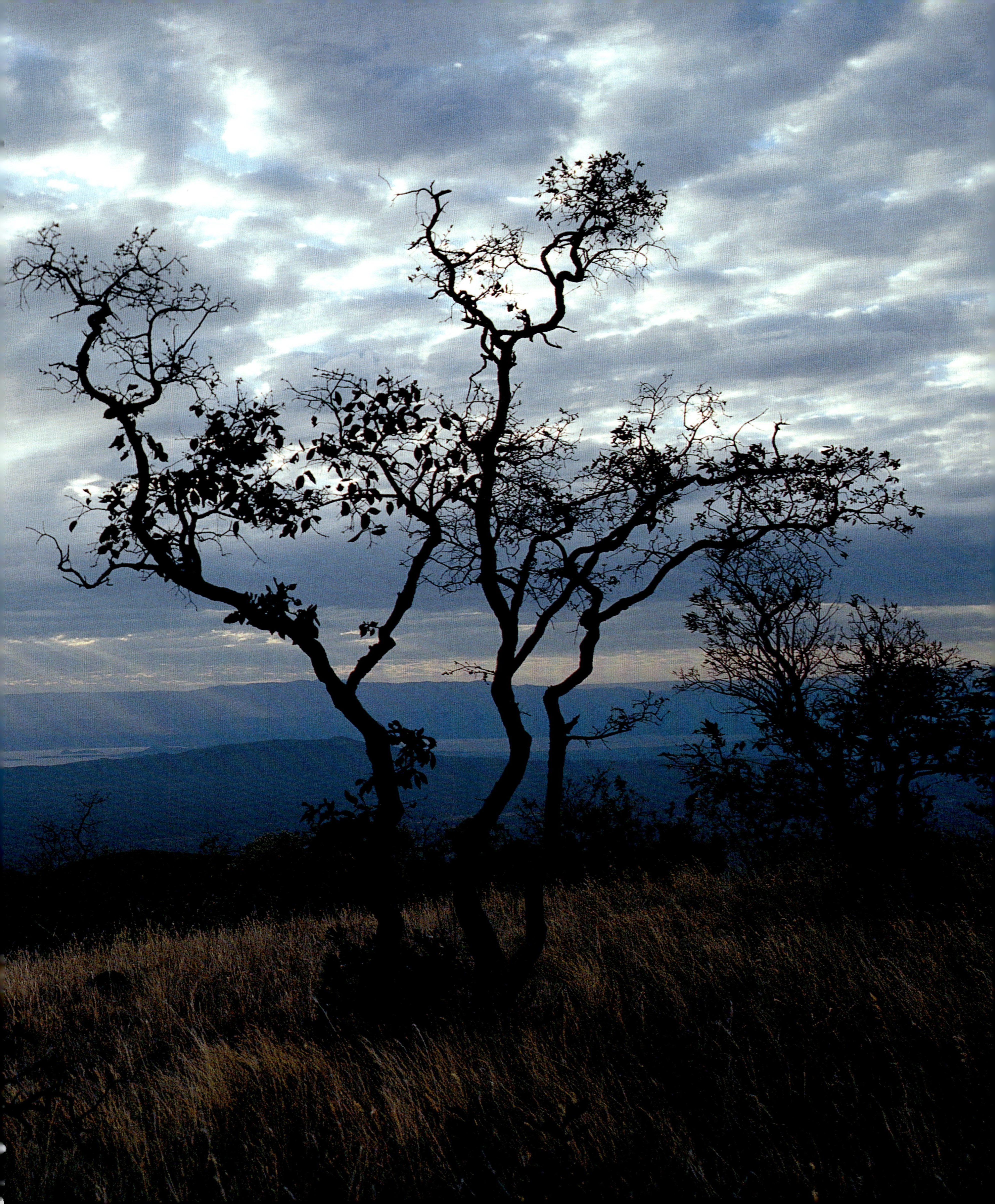

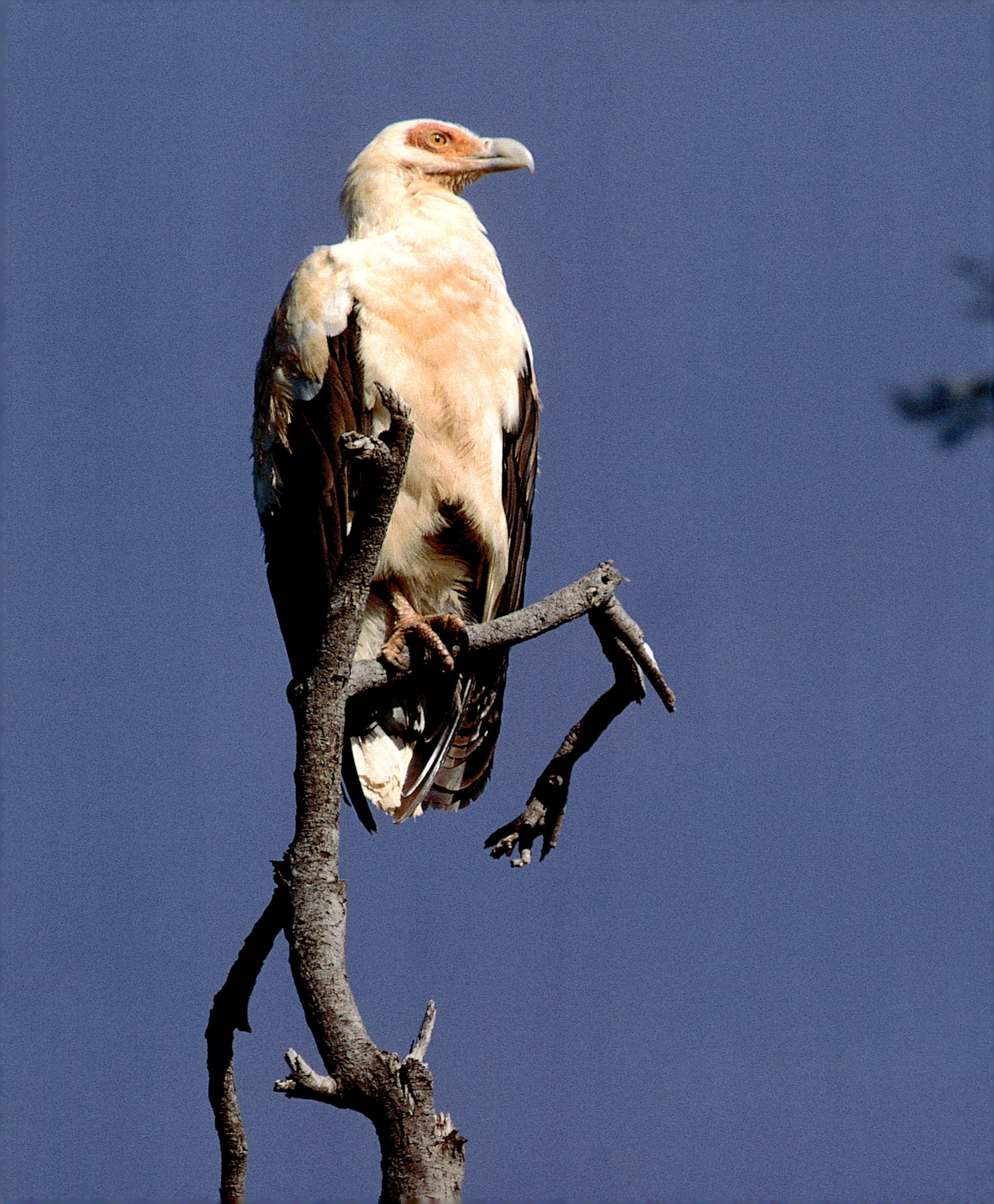

KONTINENT DER VÖGEL

Um die 10 000 Vogelarten soll es weltweit geben. Die Zahl ist umstritten, insbesondere deshalb, weil sich die wissenschaftlichen Kriterien ändern, nach denen man eine Art entweder als eigenständig zählt oder ihr nur den Status einer Unterart zuerkennt.

Die Savanne Afrikas – wegen der offenen Weiten ideal für Vogelbeobachtung – ist das Mekka der Ornithologen und Birdwatcher: Exquisite Vogelgestalten, Masse und Klasse. Hier wölbt sich der himmlischste aller Himmel für weit gereiste Fernglas-Enthusiasten – für jene eigentümliche Subspezies aus der großen Gruppe der Naturfreunde, der ein »Gaukler« in seinem unvergleichlichen Taumelflug mehr bedeutet als der Anblick ziehender Giraffen oder imponierender Elefantenbullen.

Wem sich das Bild »unseres« Storches eingeprägt hat – eines Vogels, der bekanntlich auch Teilzeit-Afrikaner ist –, wird sein Augenmerk unwillkürlich auf dessen Verwandten, den Nimmersatt, richten, einen innerafrikanischen Zugvogel, der im Flachwasser nach Fischen, Amphibien und Wasserinsekten sucht. Mit seinem robusten Schnabel wühlt der Rotgesichtige den Bodenschlamm auf; wenn der zu trocken und zäh wird, begibt sich *Mycteria ibis* auf die Wanderschaft, Schnabelspitze voran, immer Richtung Wasser.

Noch spektakulärer stolzieren die Koritrappen ins Bild, besonders wenn die männlichen Tiere zur Balz ihr Halsgefieder wie Federboas tragen und das Schwanzgefieder ekstatisch hochklappen – wie Eintänzer ihre Fächer. Die Großtrappe, mit 18 Kilo noch so gerade eben flugfähig, ist von Natur aus eher ein ausdauernder Fußgänger. Die Grassavanne bietet dem Vogel der großen Weiten ein reiches Buffet von Insekten und Kleinwirbeltieren.

Birdwatcher, die der Ehrgeiz um die Welt treibt, möglichst viele Vogelarten in ihrem Lebensraum zu sehen, sammeln nebenbei auch immer gern ein paar Superlative ein; etwa: nach dem schwersten flugfähigen Vogel gleich noch den kleinsten Hornvogel als Zugabe. Der Rotschnabeltoko hat eine radikale Lösung gefunden, sich gegen Nesträuber zu schützen. Er mauert sein Weibchen für die 30-tägige Brutzeit in einer Baumhöhle ein und versorgt sie durch einen schmalen Futterschlitz.
Das mag frauenfeindlich scheinen, aber es hat sich bewährt. Wenn es um Arterhaltung geht, zählt nur Erfolg.

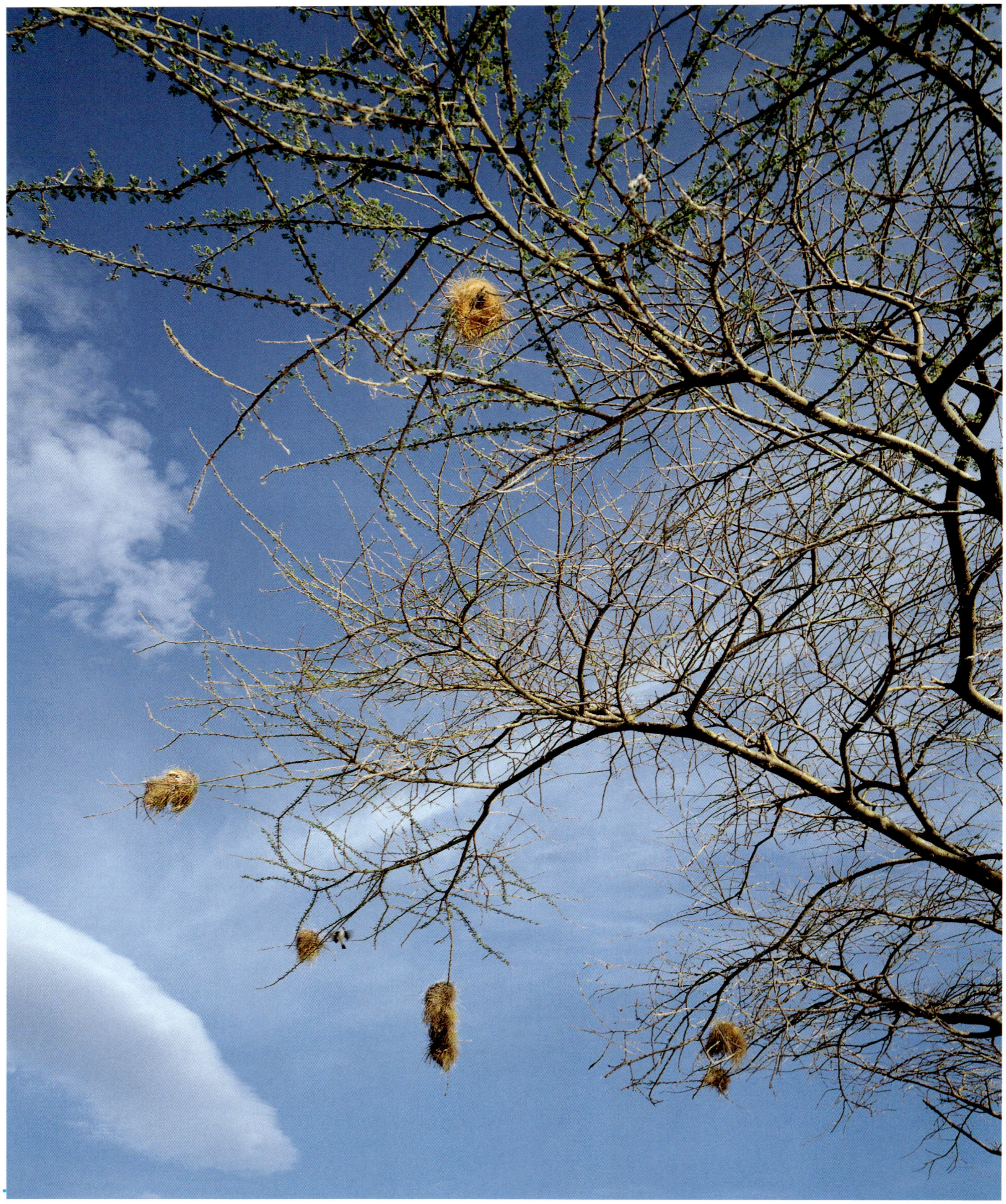

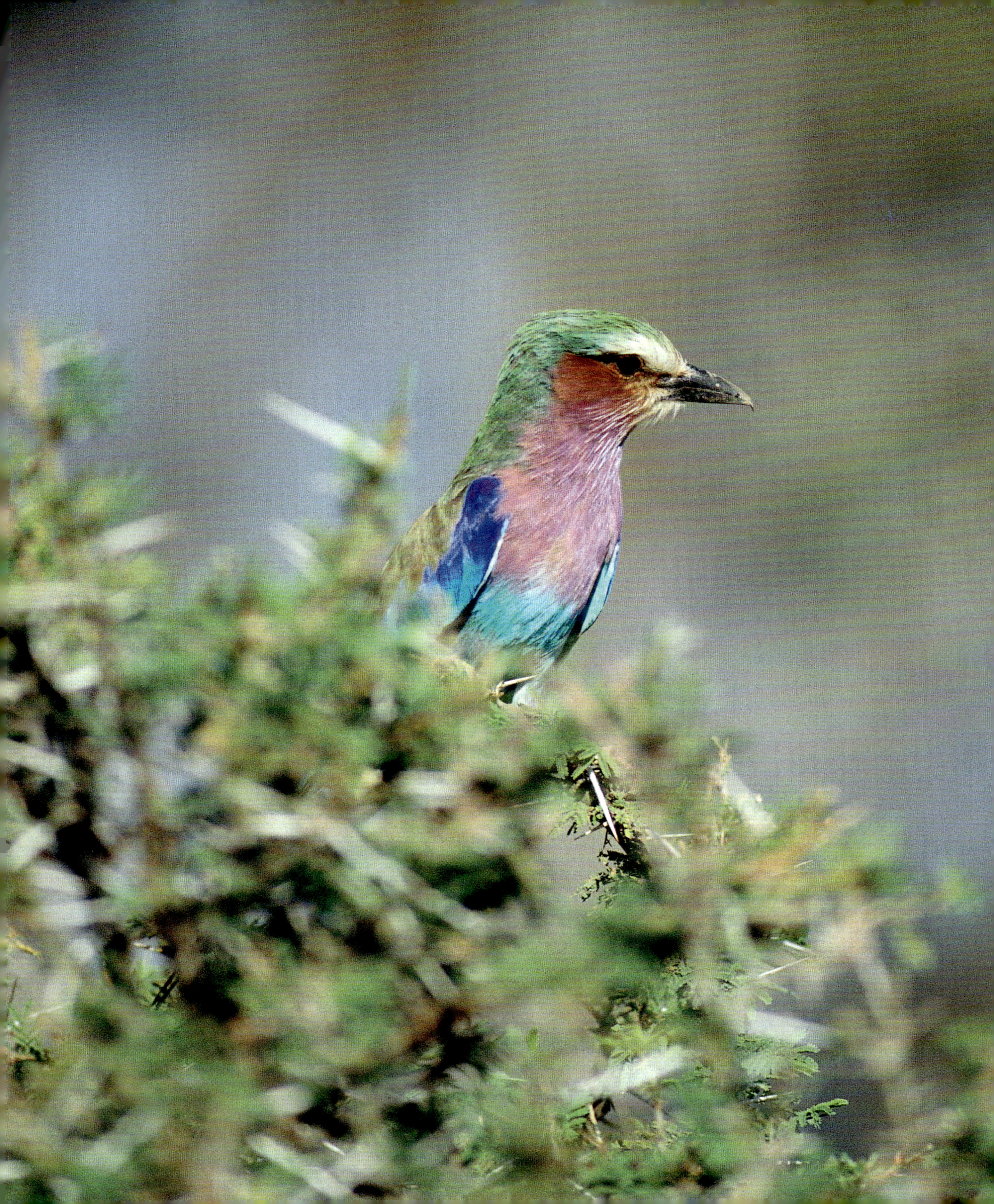

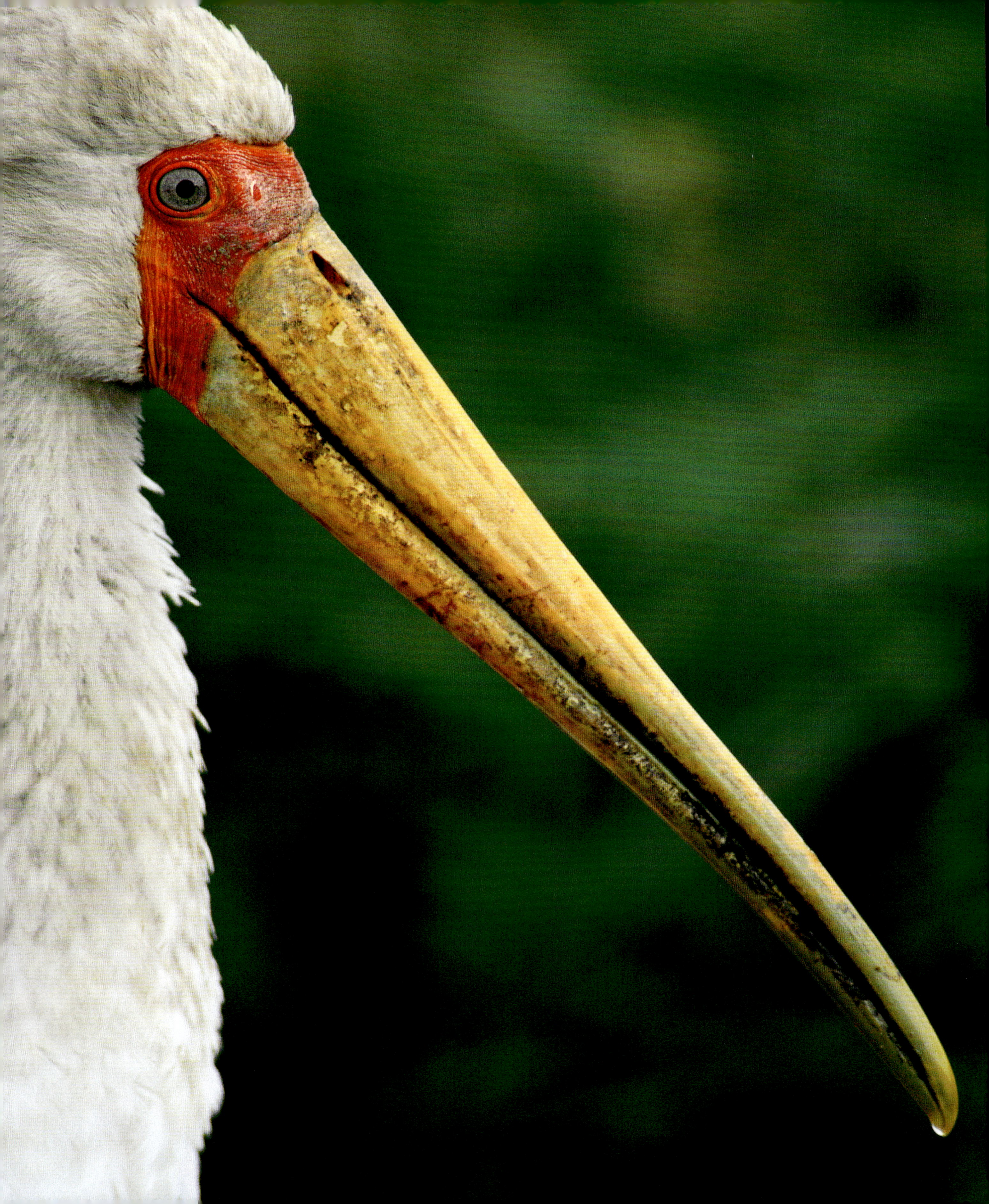

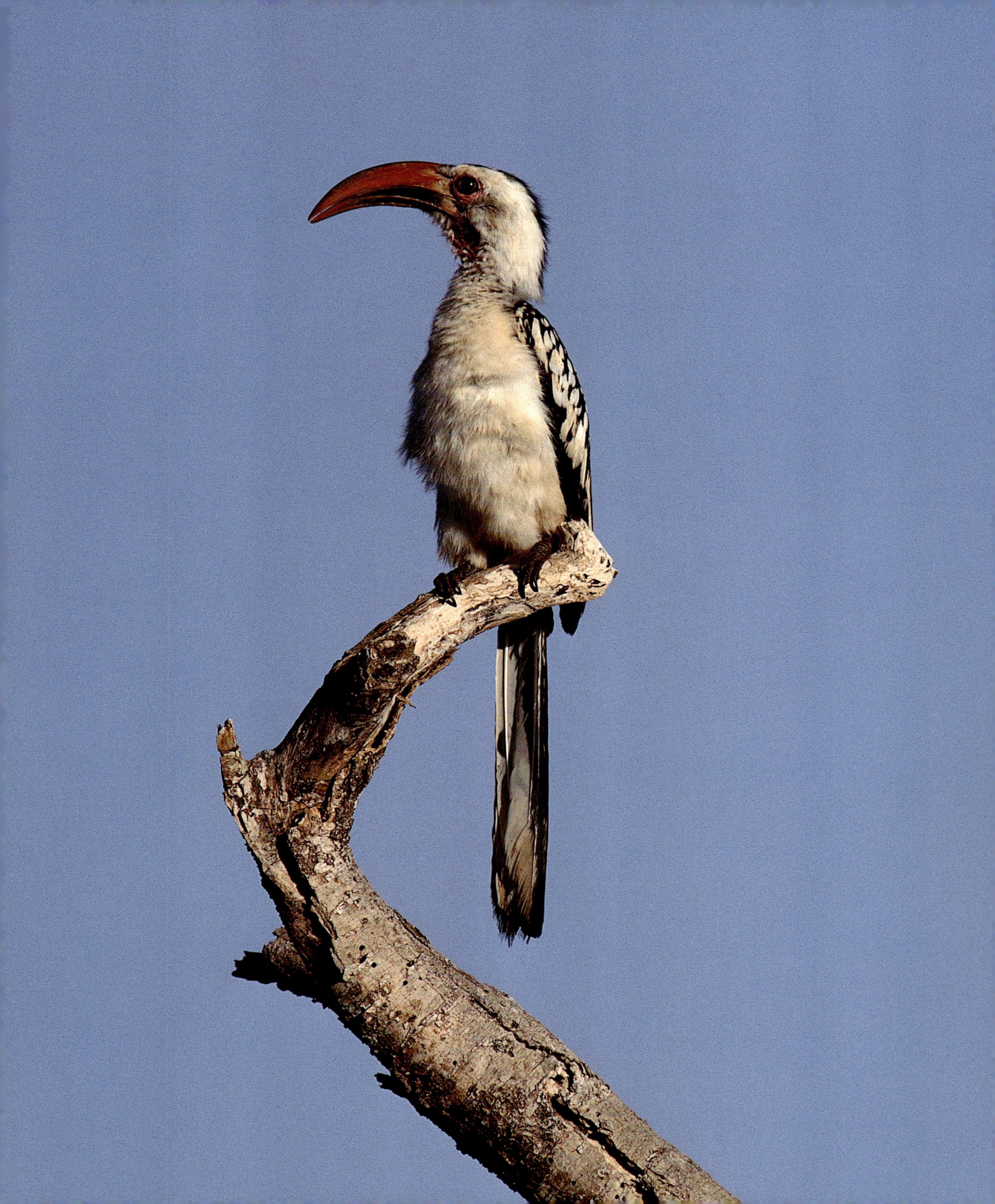

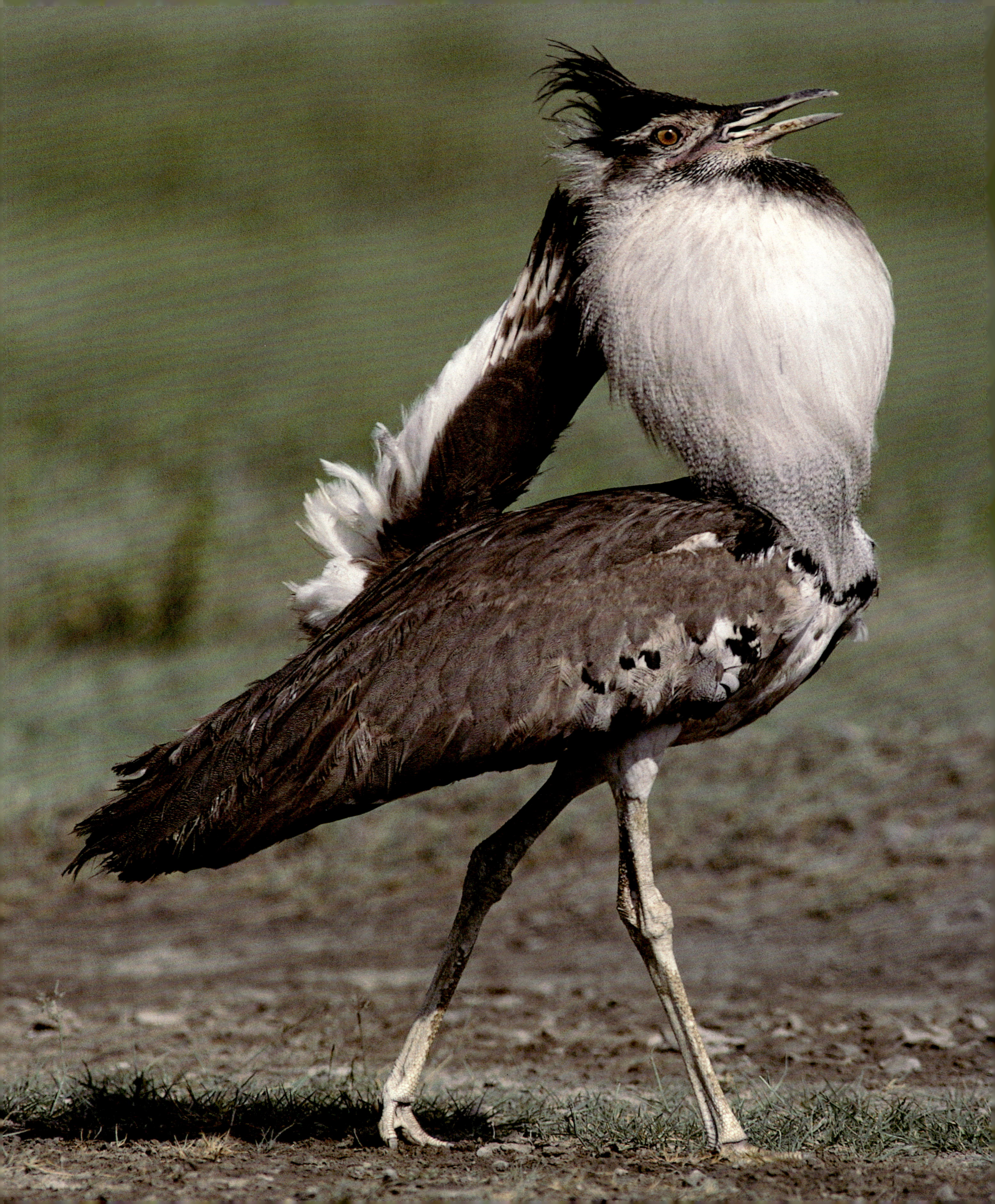

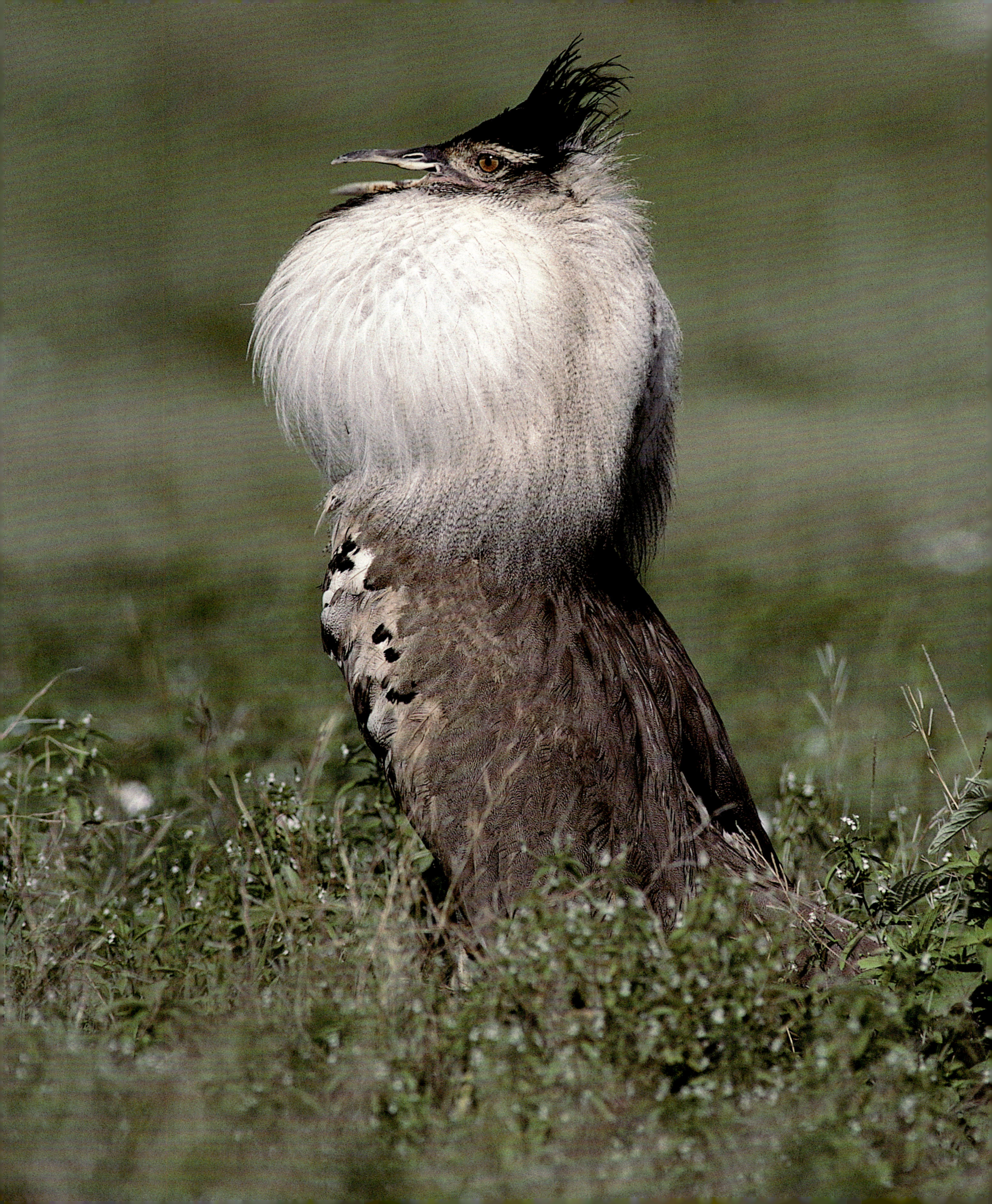

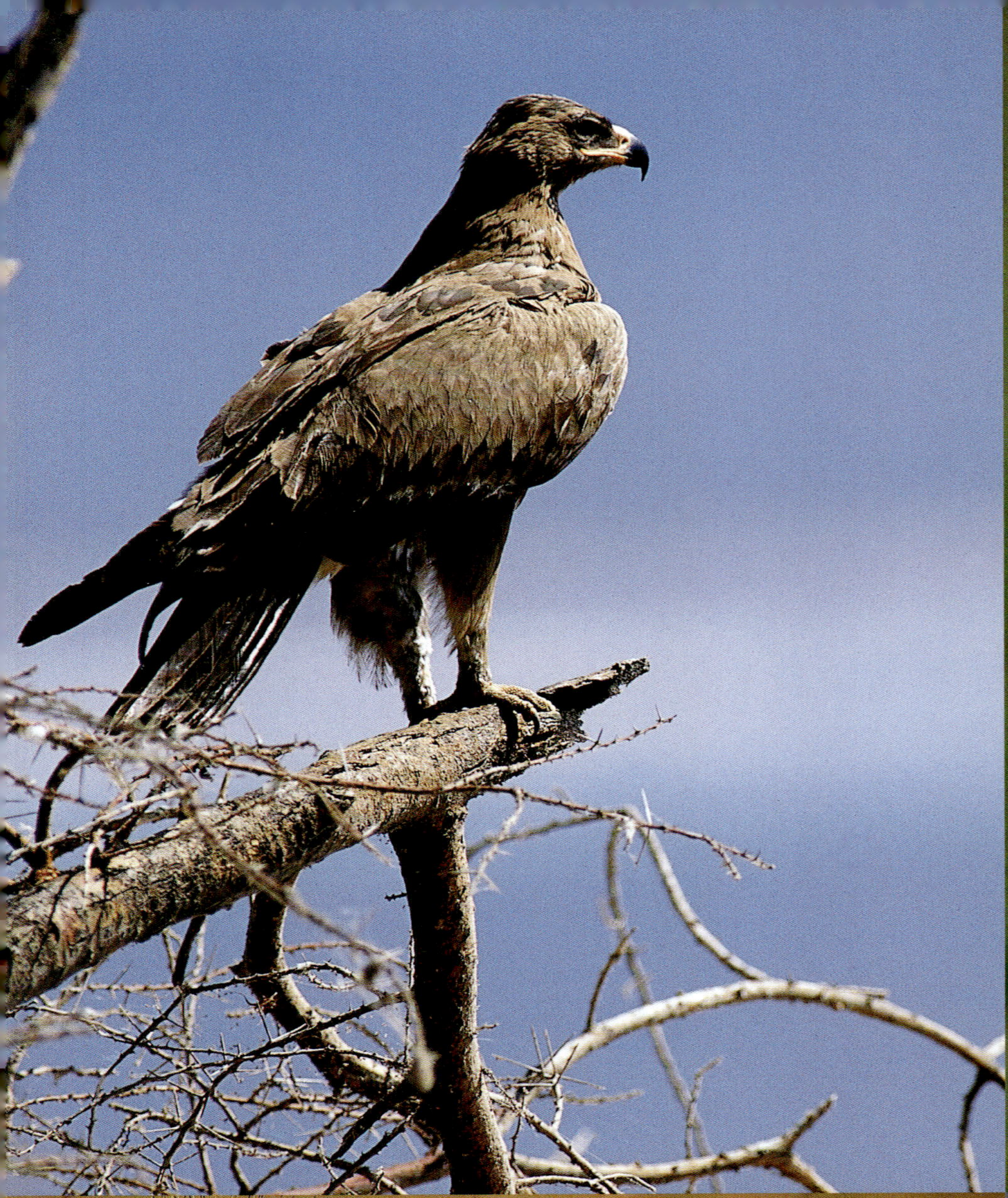
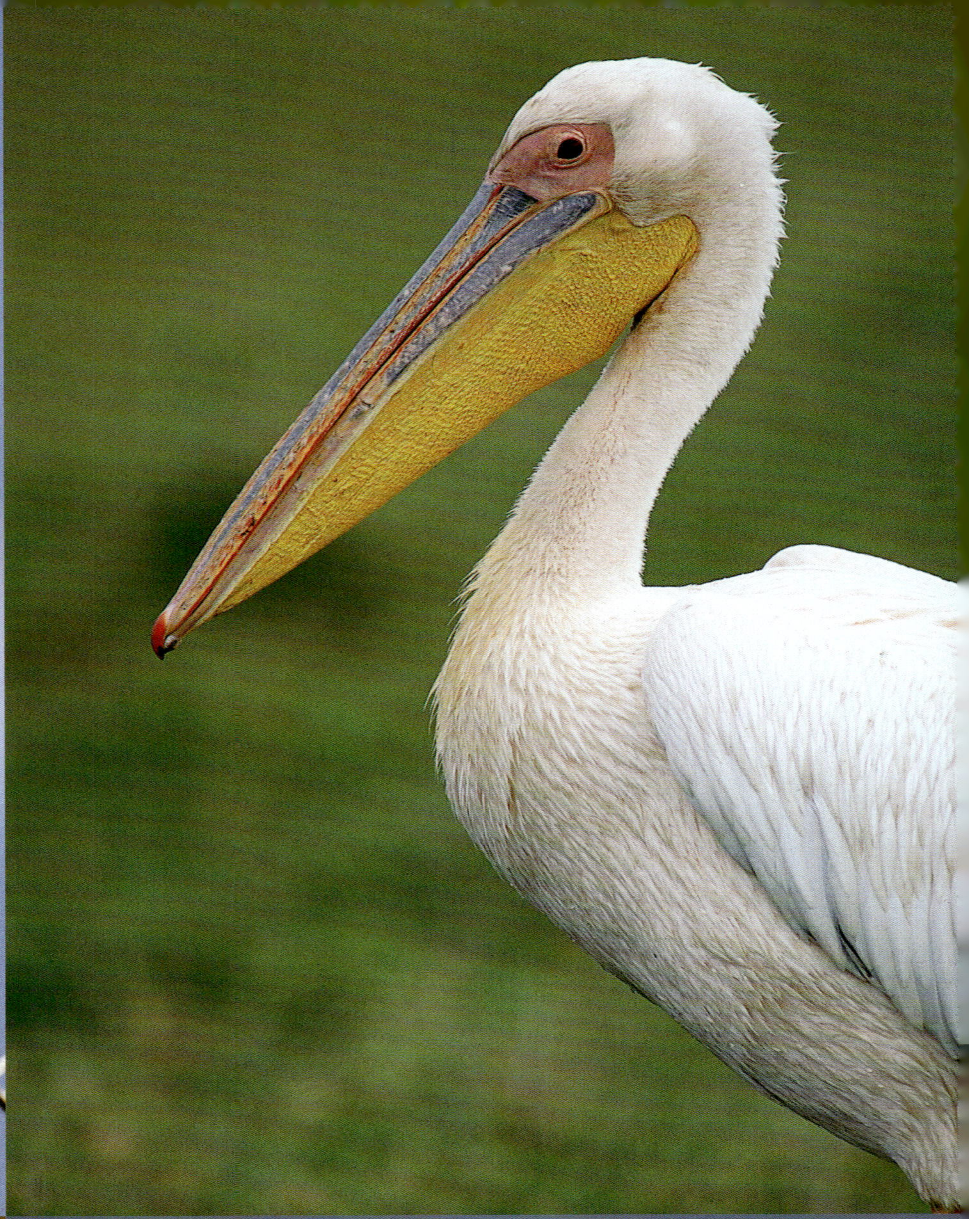
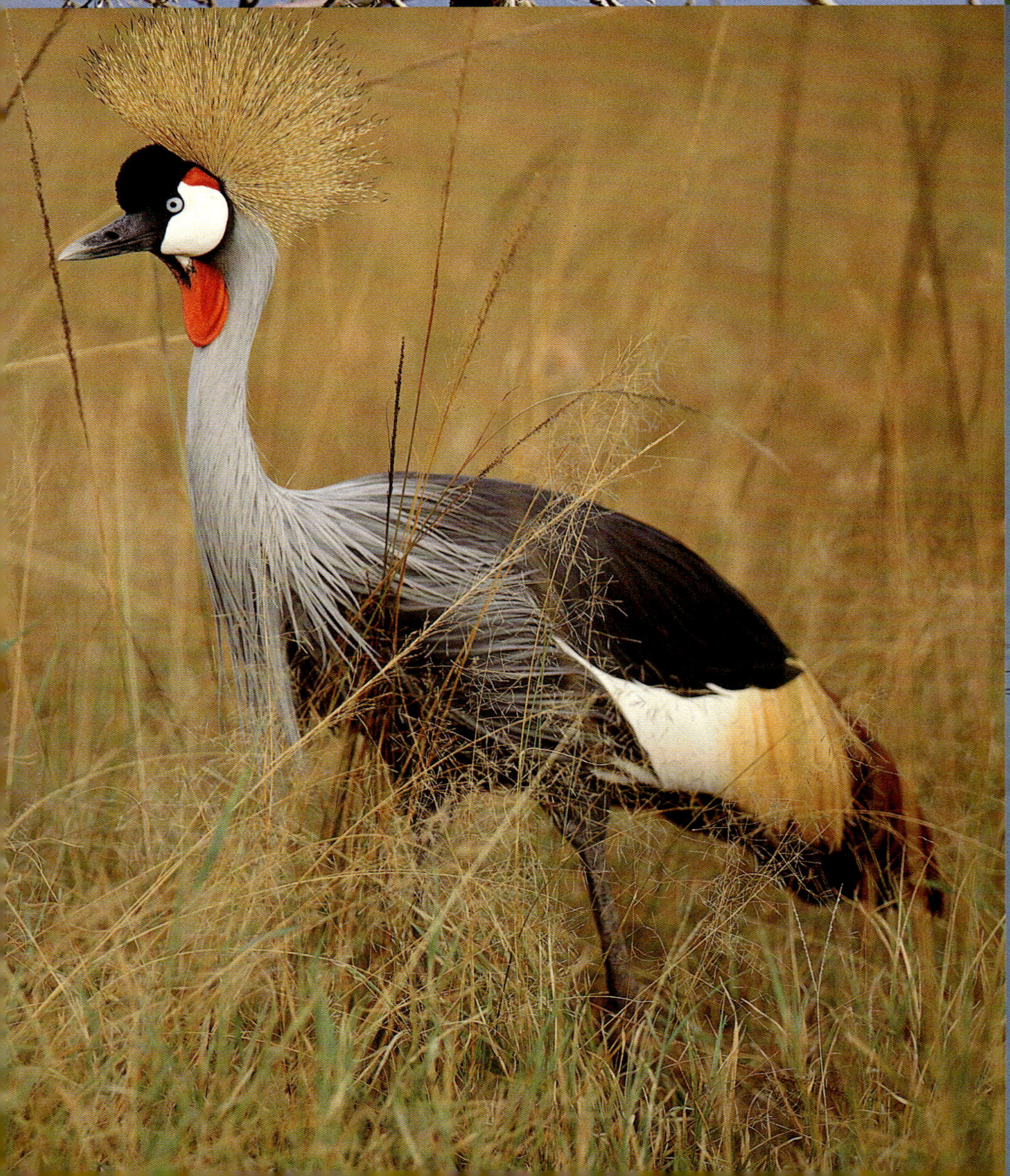
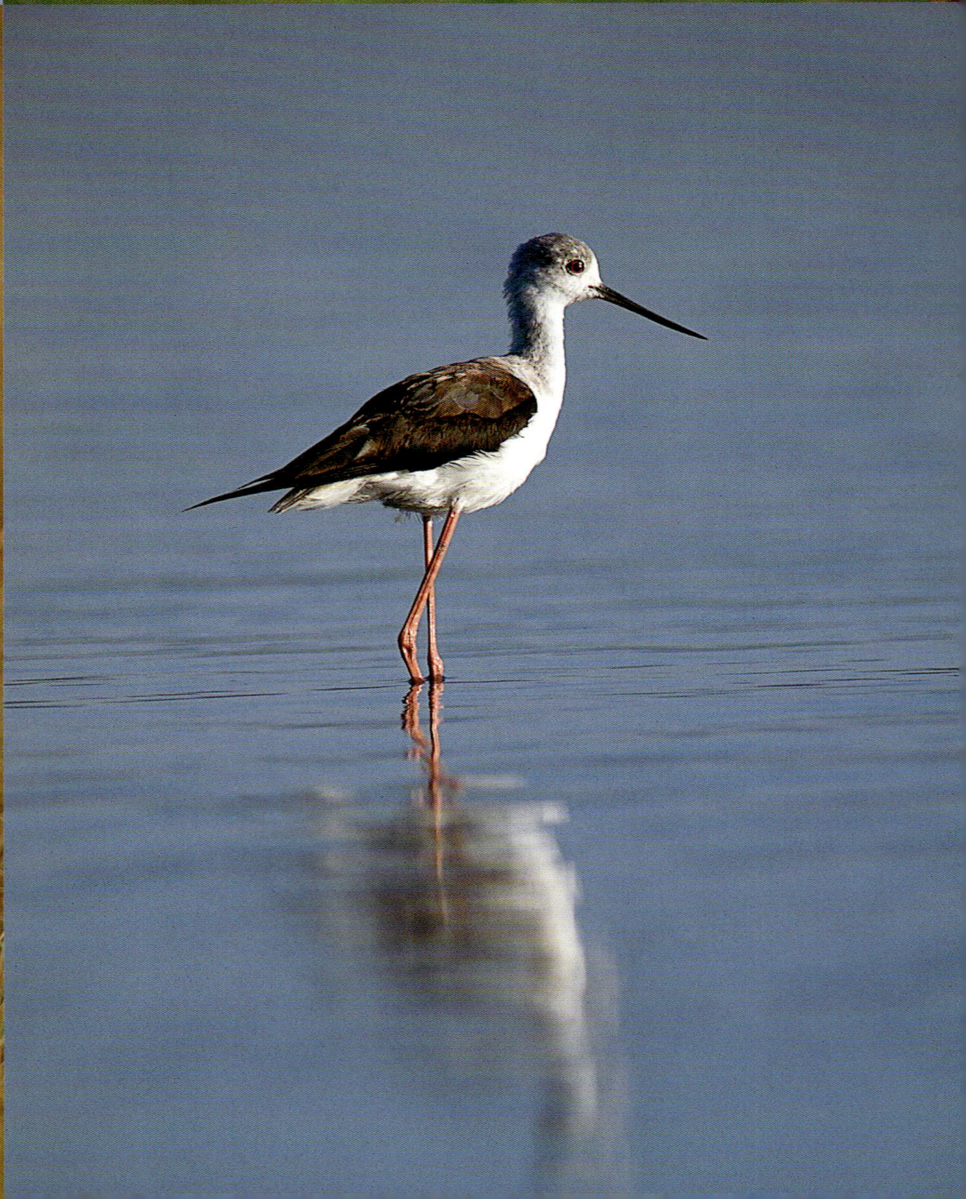

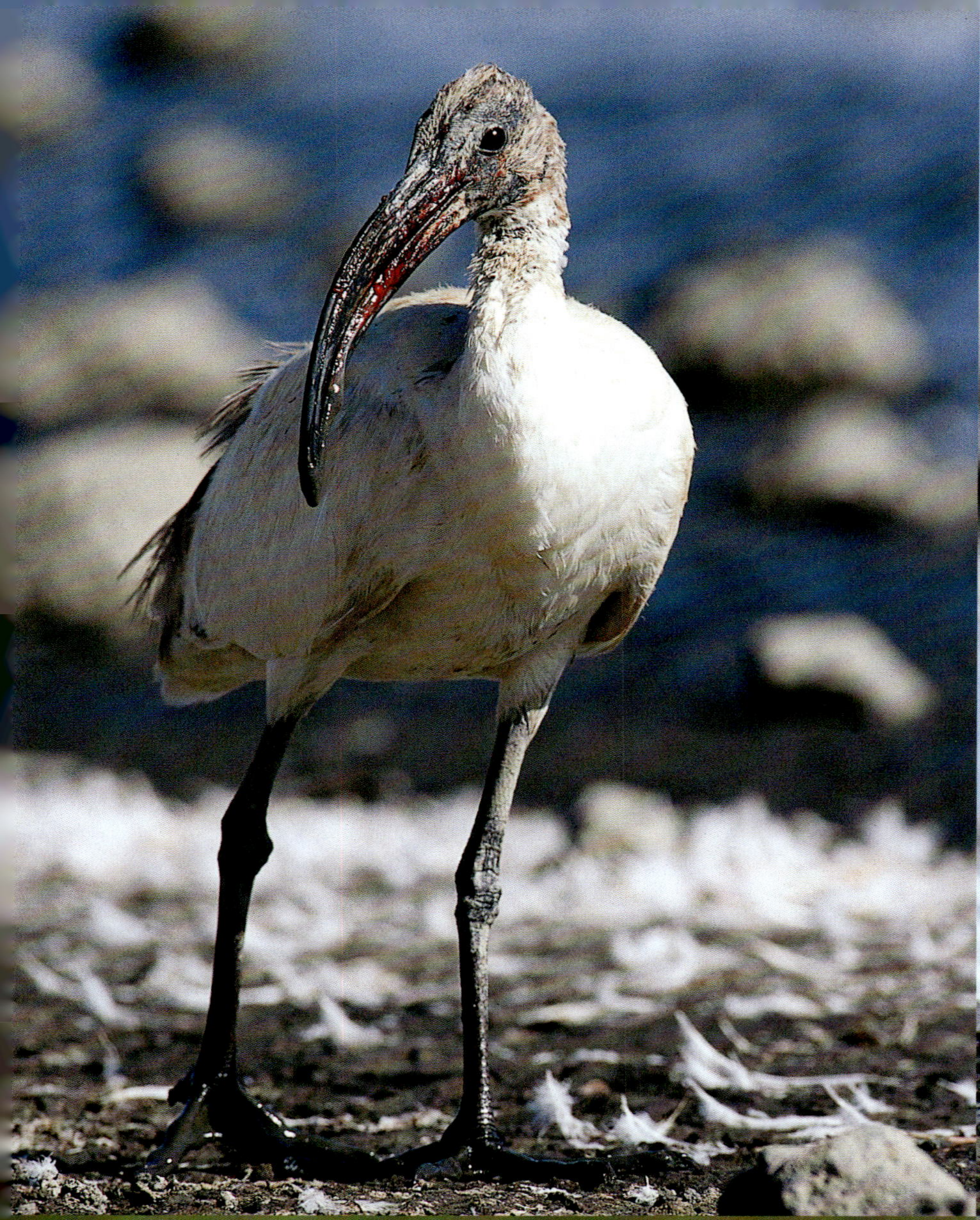
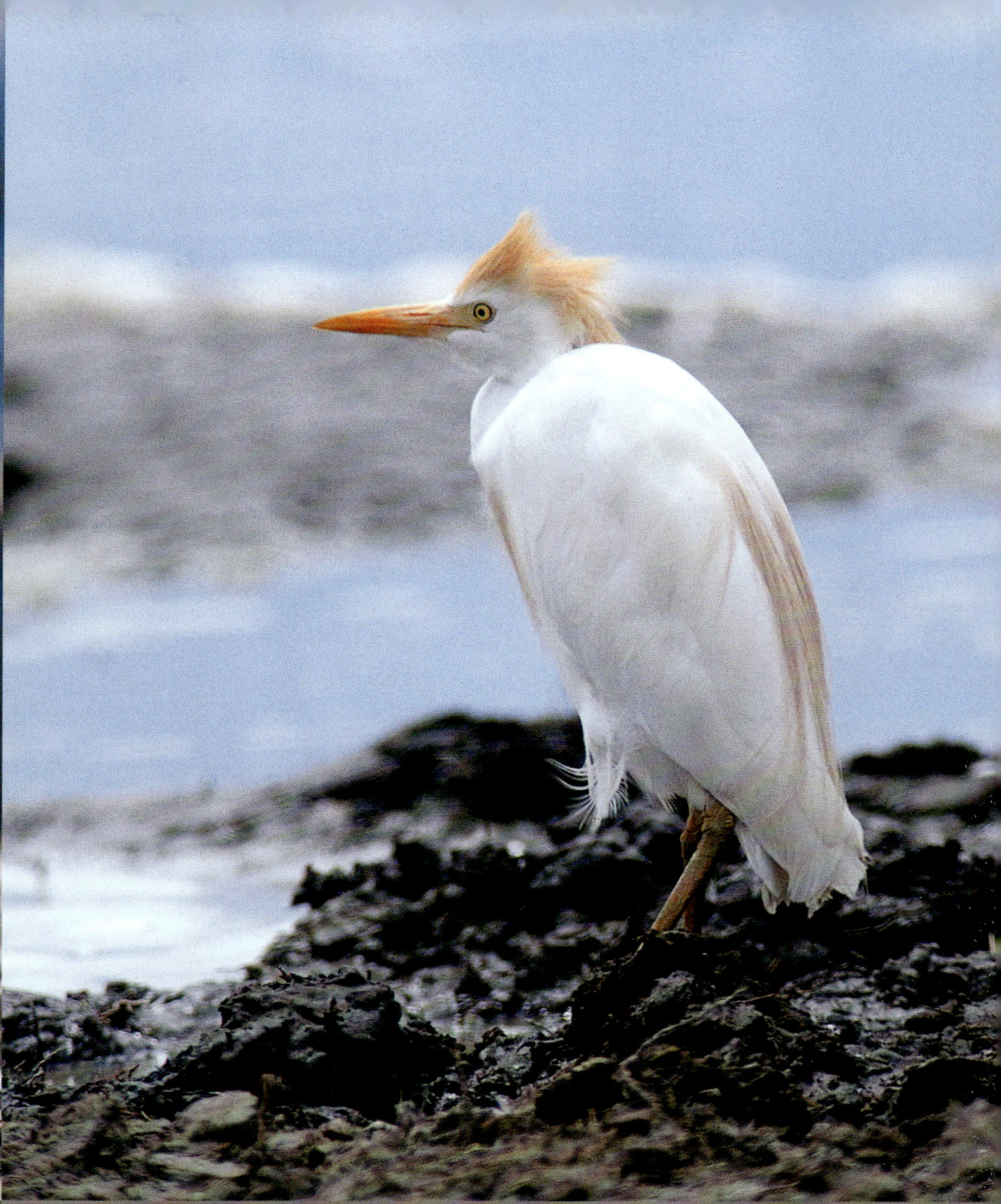
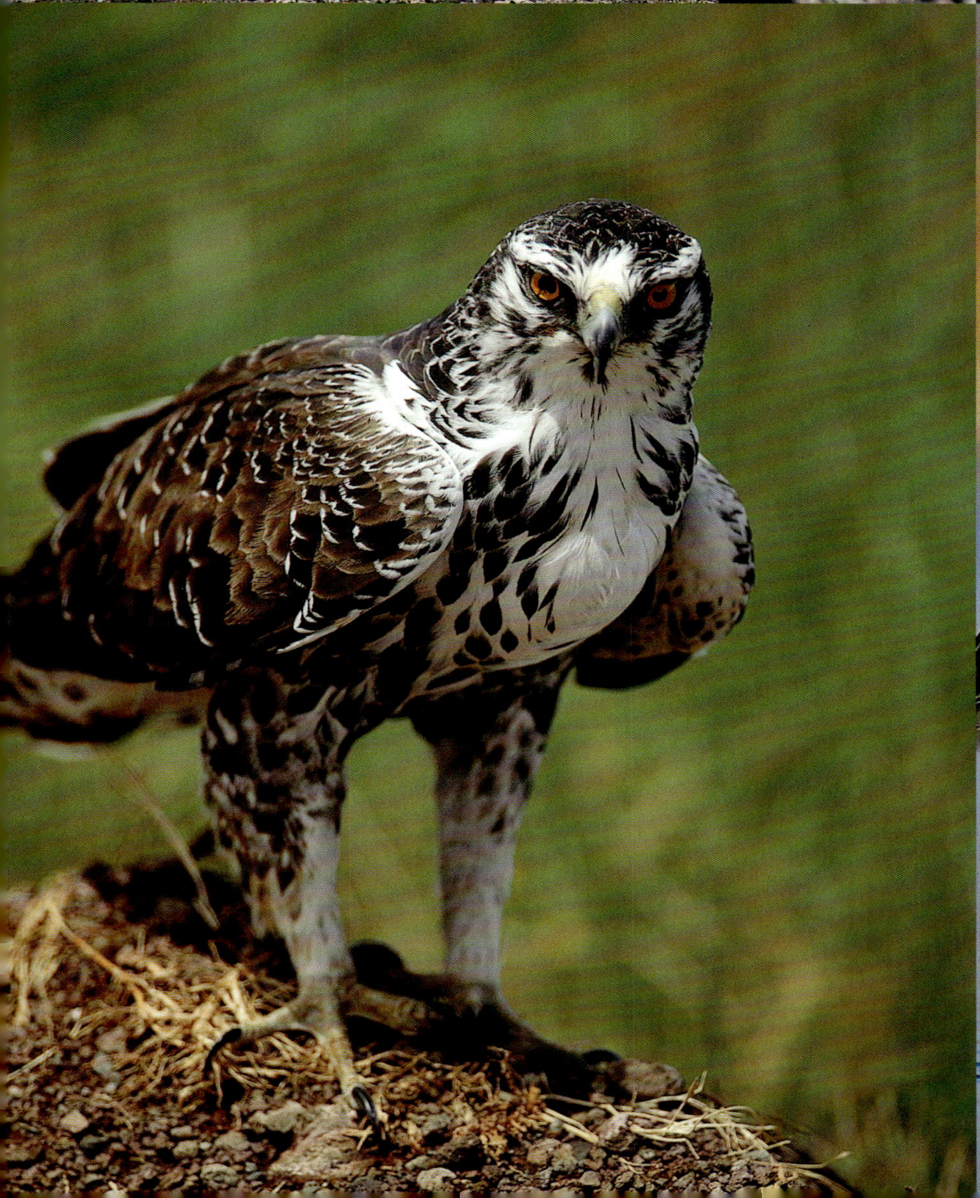
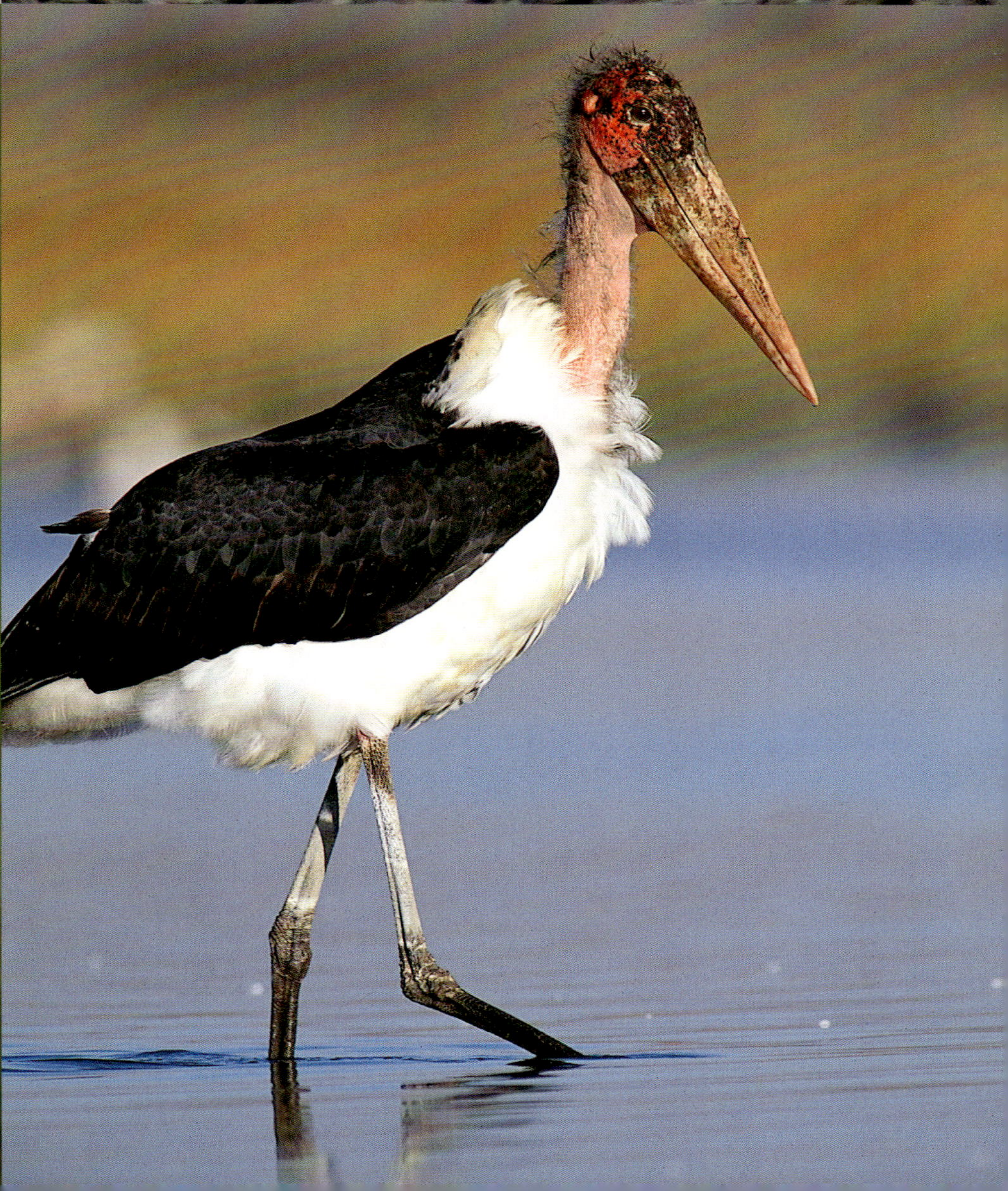

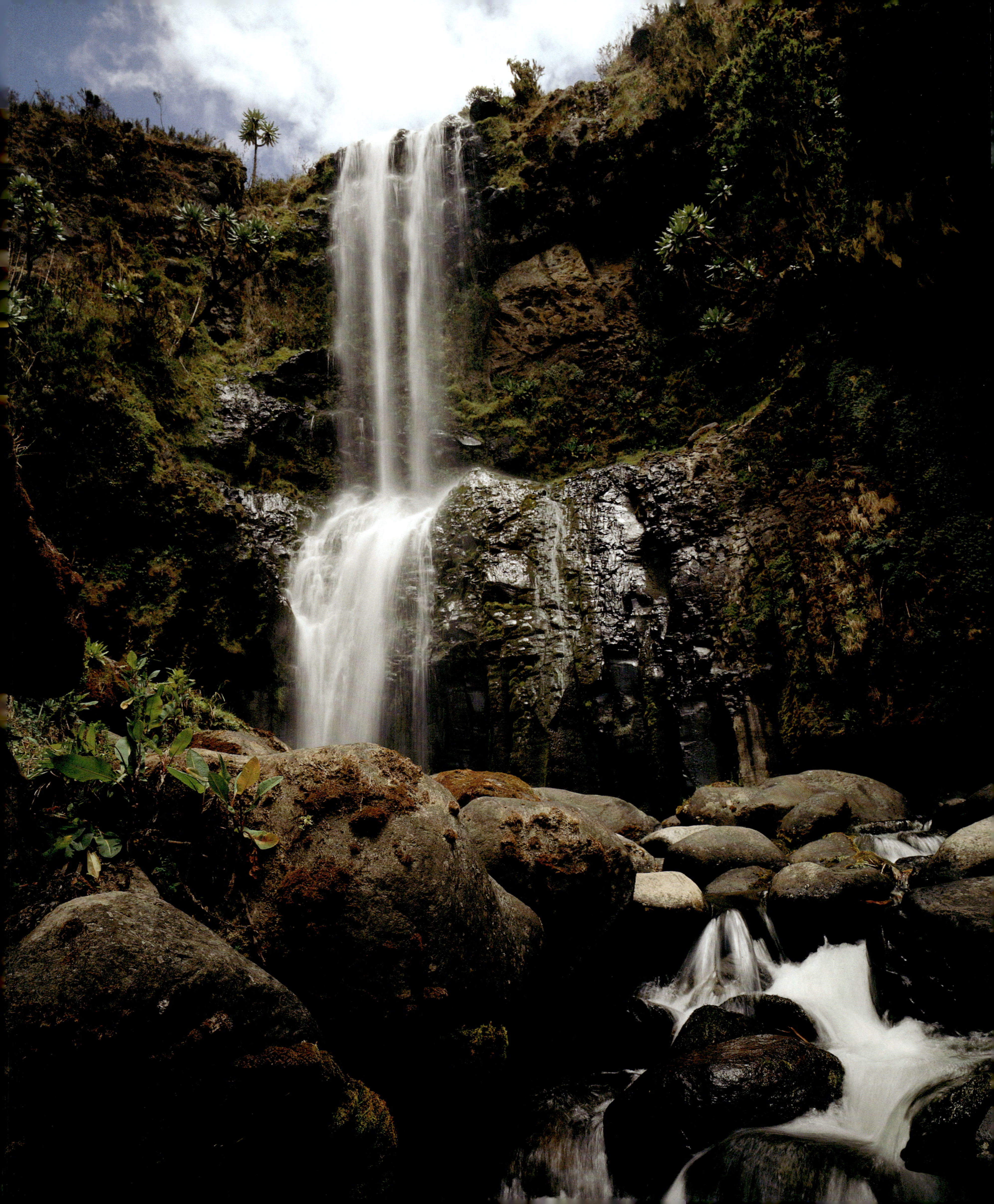

LEBENSELEMENT WASSER

Das A und O der Savanne ist ohne Zweifel Wasser. Wasser rechtfertigt jedes Risiko. Giraffen riskieren dafür ihr Leben. Zwar schützt sie beim Trinken ein raffinierter Puffer-Mechanismus vorm Hirnschlag; beim Wasserschöpfen mit gesenktem Haupt würde sonst der für Giraffen normale Hyper-Bluthochdruck (notwendig, um den Kopf meterhoch über dem Herzen mit Blut zu versorgen) die feinen Adern im Hirn platzen lassen. Aber die extreme Trinkgrätsche – unvermeidlich, um die Lippen aufs Wasser zu bringen – macht die Tiere kurzzeitig wehrlos gegen allfällige Löwen- oder seltenere Krokodil-Attacken.

Das Risiko der Flusspferde liegt woanders. Eine falsche Entscheidung – und ein ganzer Verband ist erledigt. Wenn eine Wasserstelle auszutrocknen droht – ein schlammiges Loch wird, das gerade noch die nötige Feuchte und den lebensnotwendigen Sonnenschutz bietet –, muss sich das Leittier entscheiden: ausharren und hoffen, dass der Regen noch rechtzeitig kommt, oder mühselige nächtliche Gewaltmärsche auf der Suche nach einer rettenden Alternative unternehmen, die es unter Umständen nicht gibt.

Zebras sind, ähnlich wie Gnus, fähig, lange Durstmärsche durchzustehen, um instinktgesteuert der Dürre davonzulaufen. Aber auch für sie gilt: zu spät gestartet, zu viel Kräfteverschleiß auf zu langen Etappen, zu wenig Kraftreserven für die Weitwanderung – all das wird mit dem Tode bestraft.

Eine Frage, die sich dem Laien stellt: Warum diese riskanten Märsche, warum halten sich die Weidetiere nicht dort auf, wo es das Jahr über genug Wasser gibt? Die Antwort leuchtet ein: Es käme schnell zur Überweidung. Außerdem ist das junge Gras in regenarmen Gebieten, wenn es denn einmal sprießt, besonders nahrhaft und verlockend.

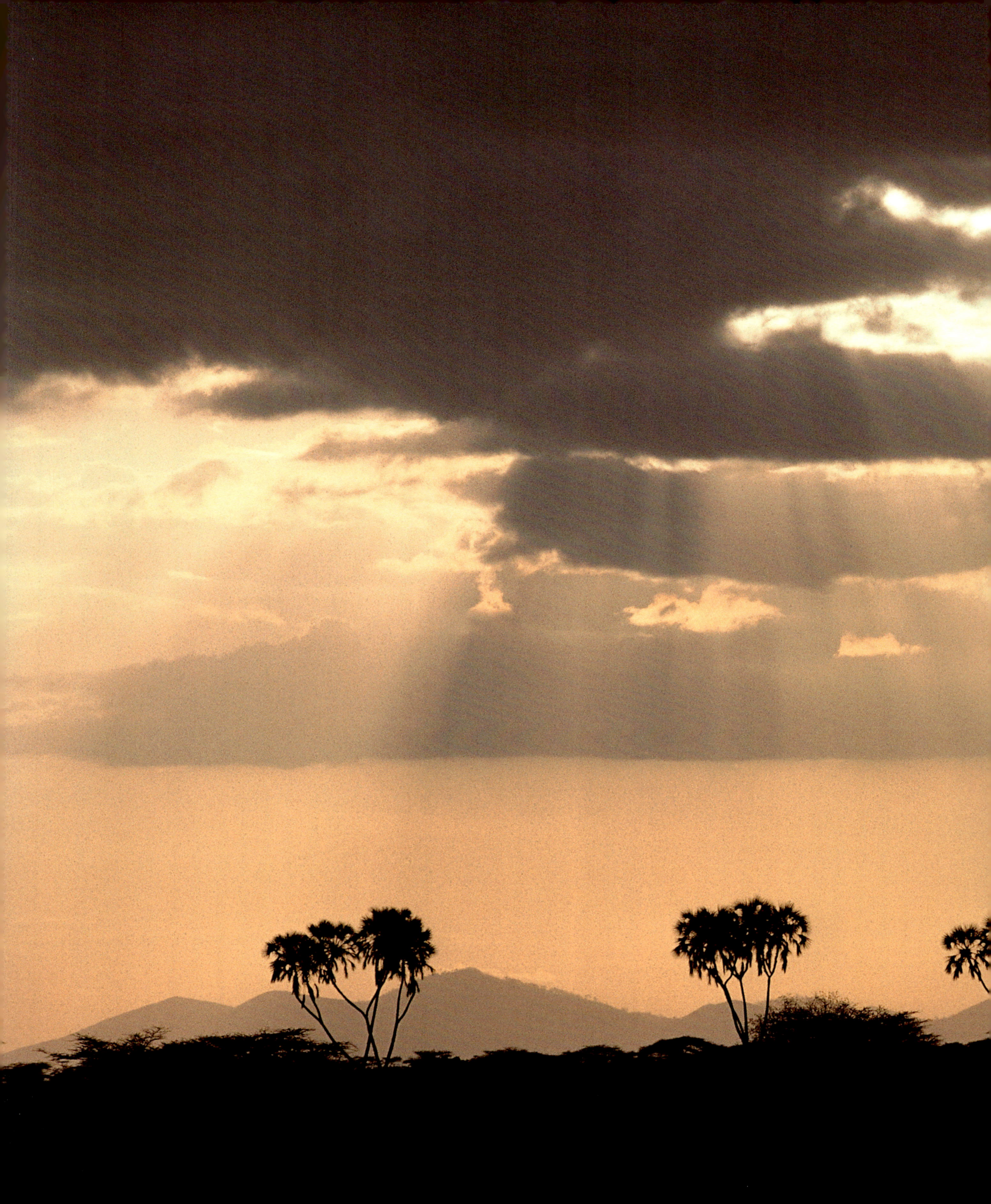

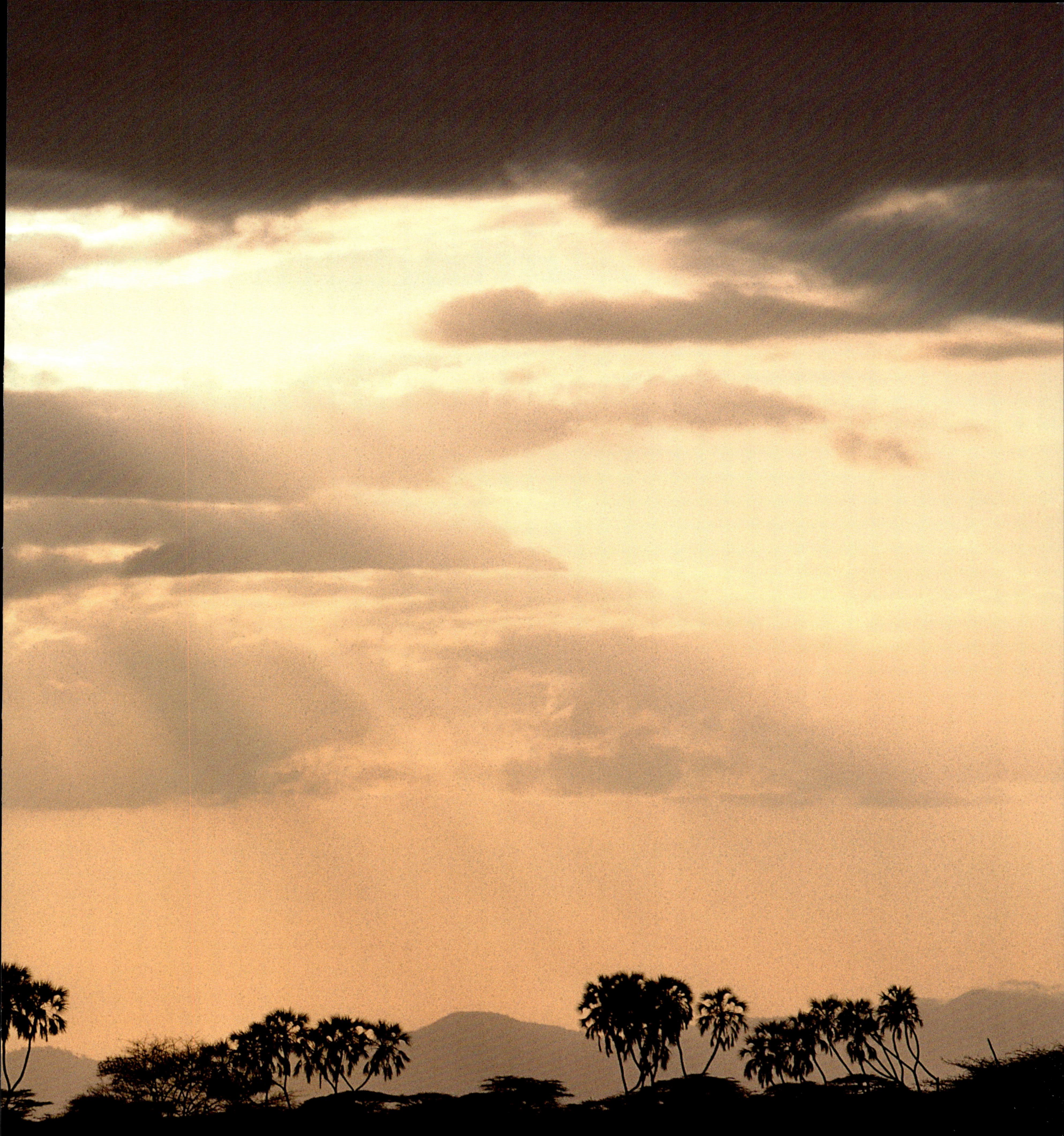

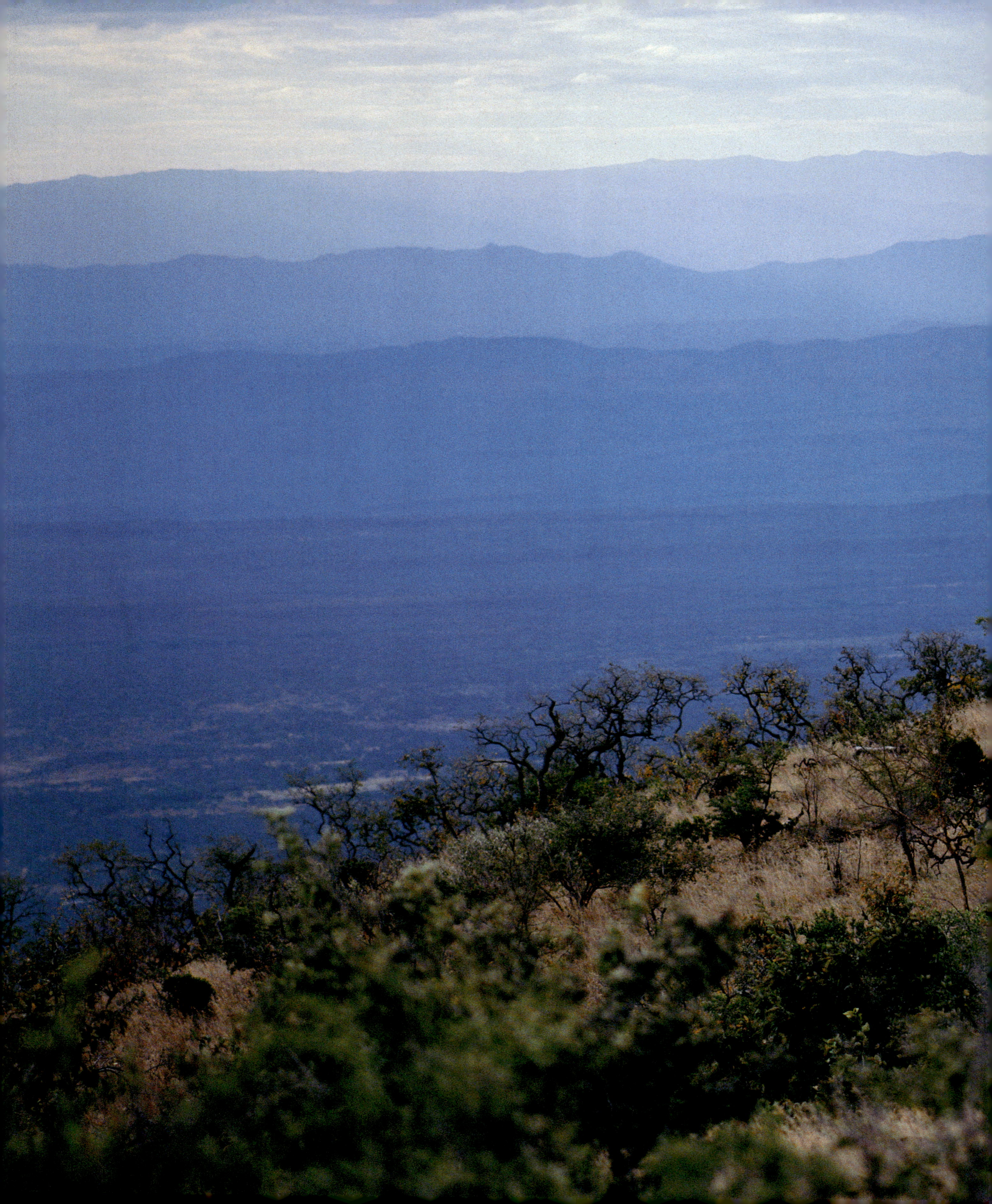

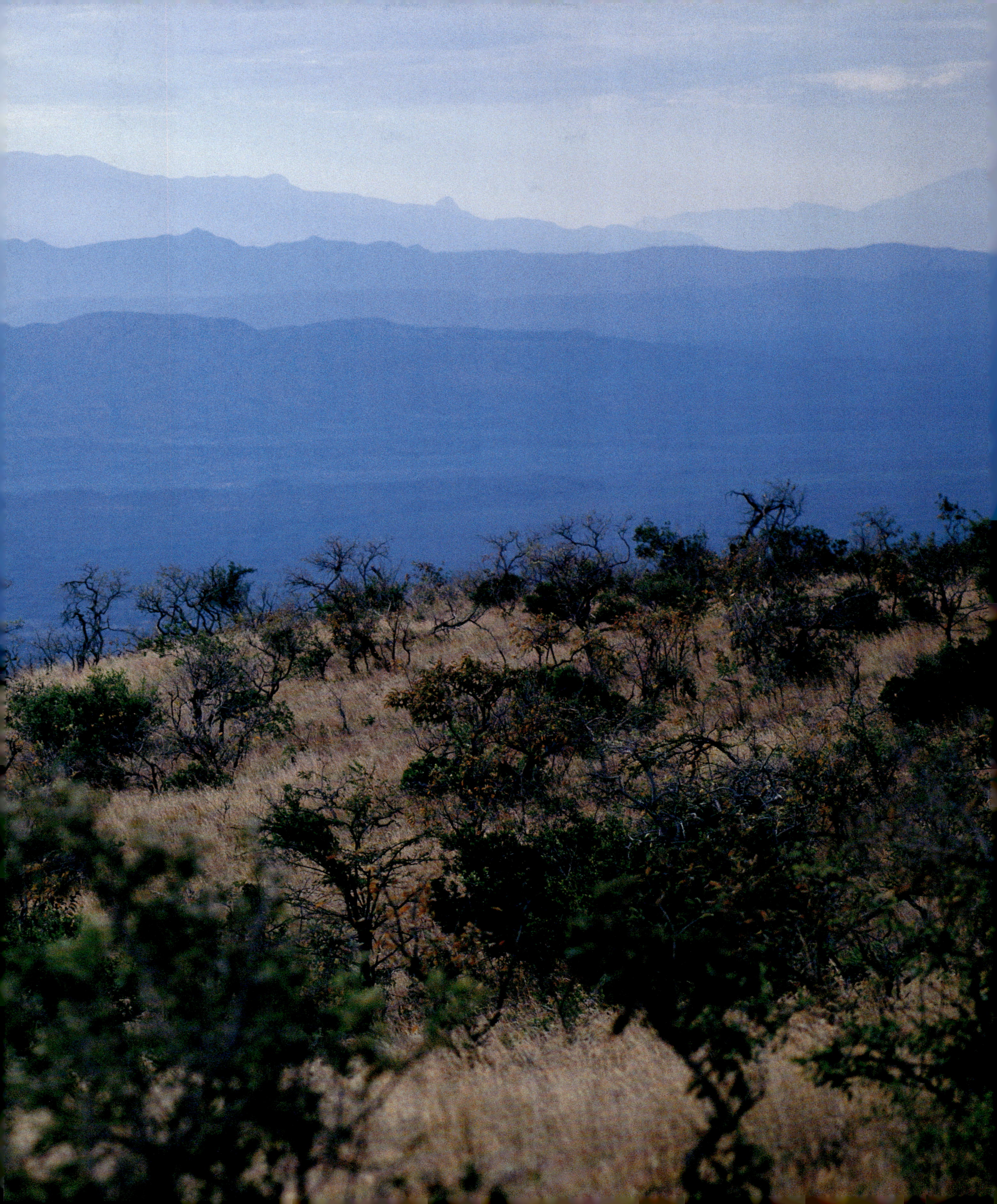

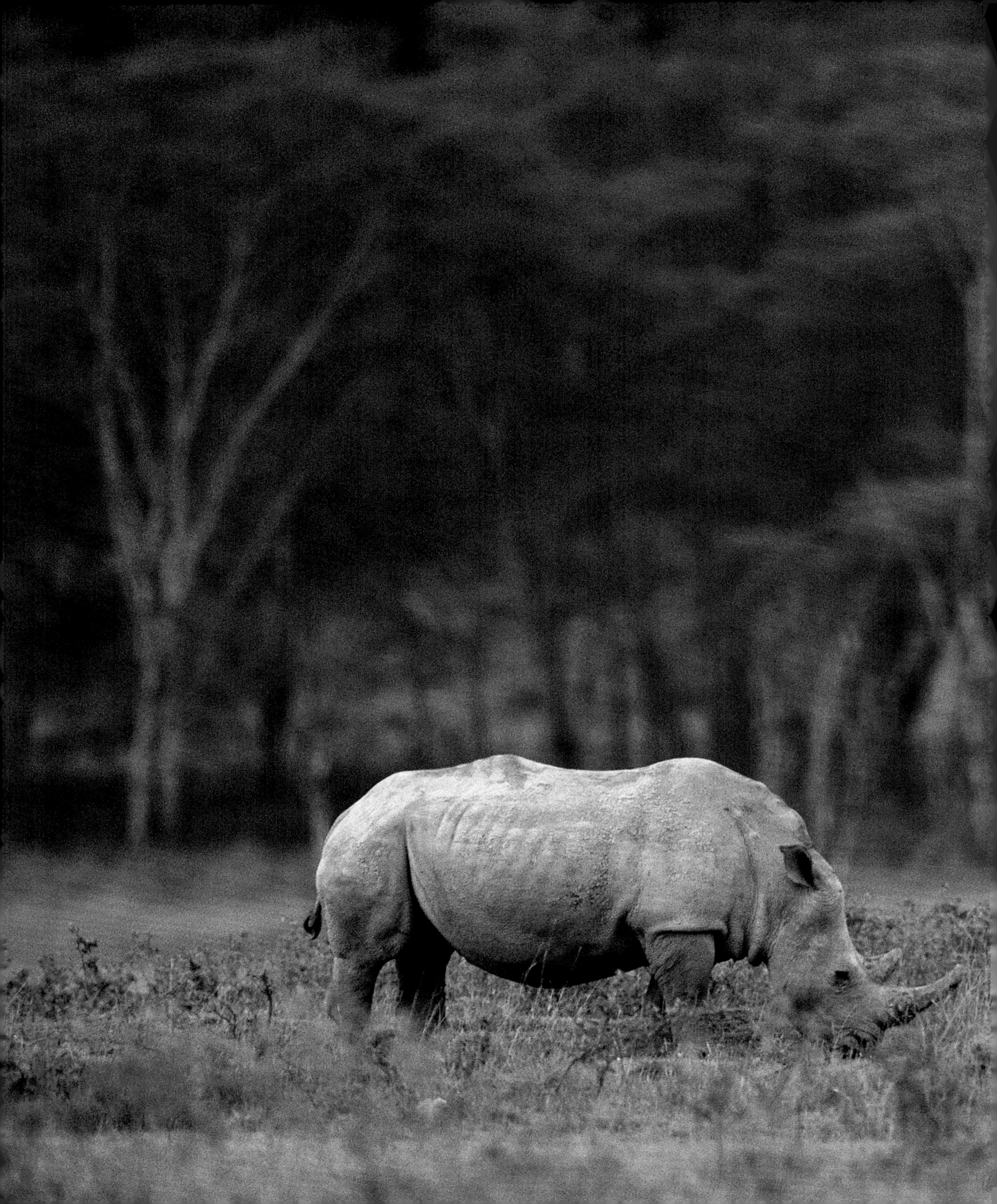

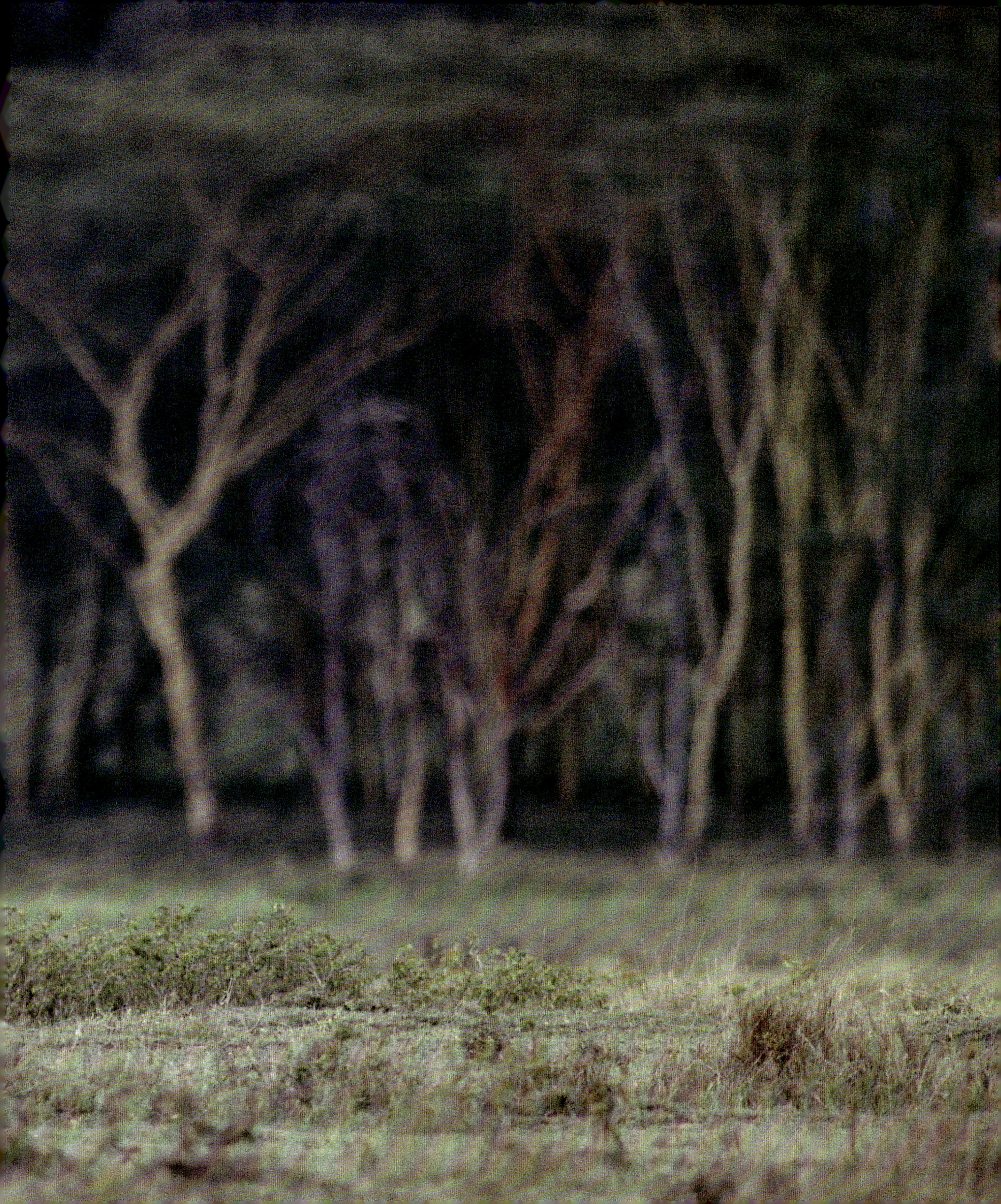

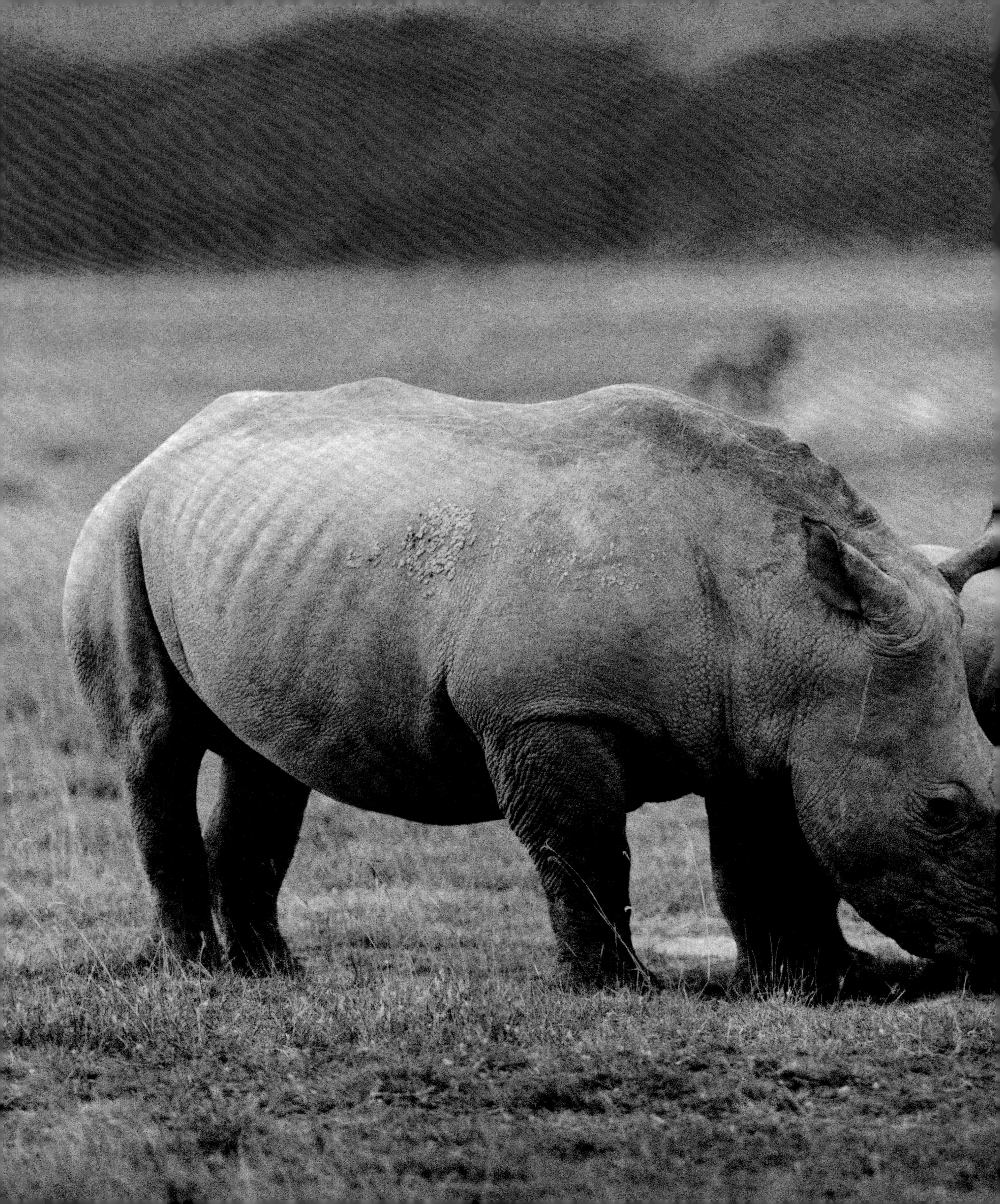

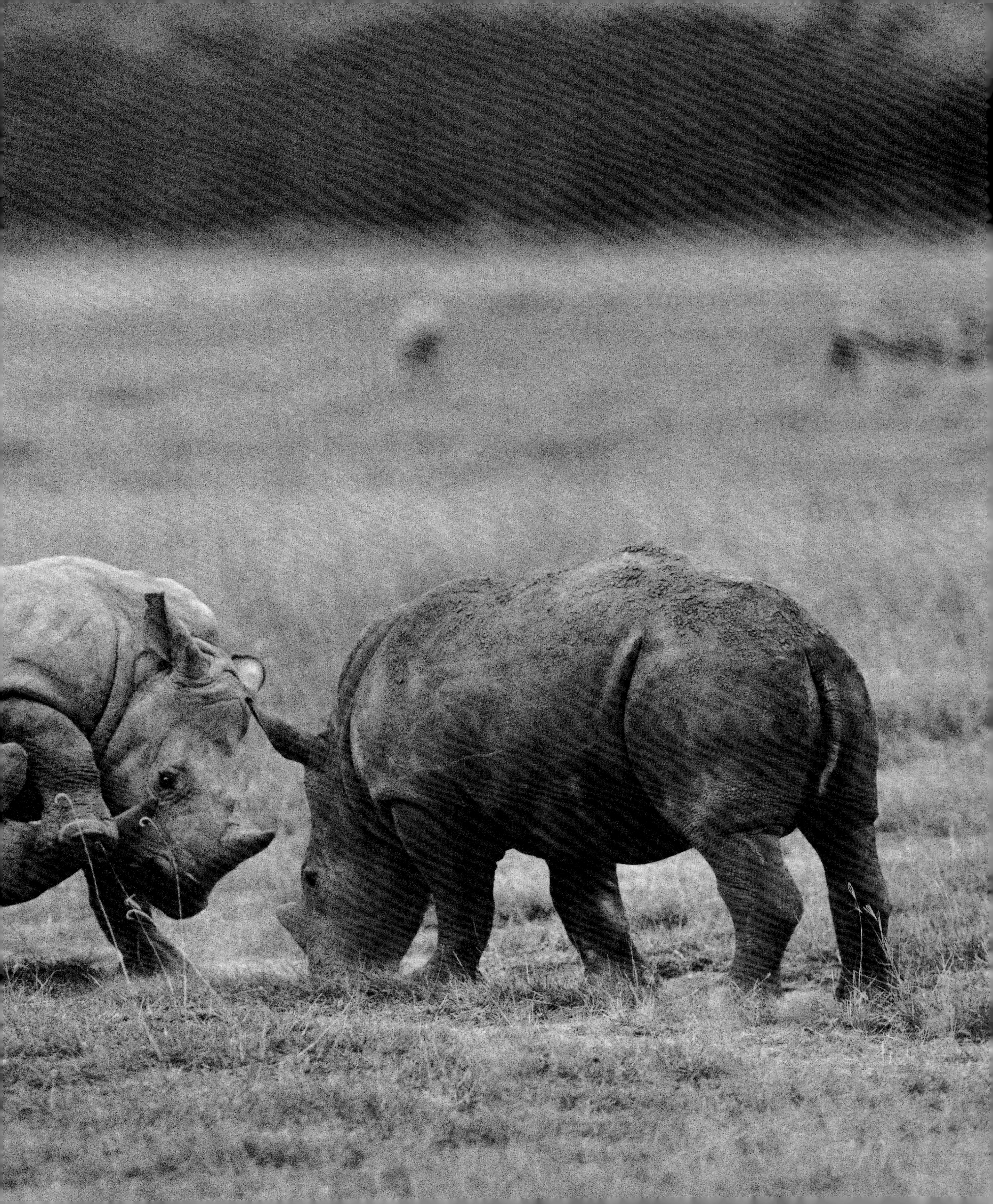

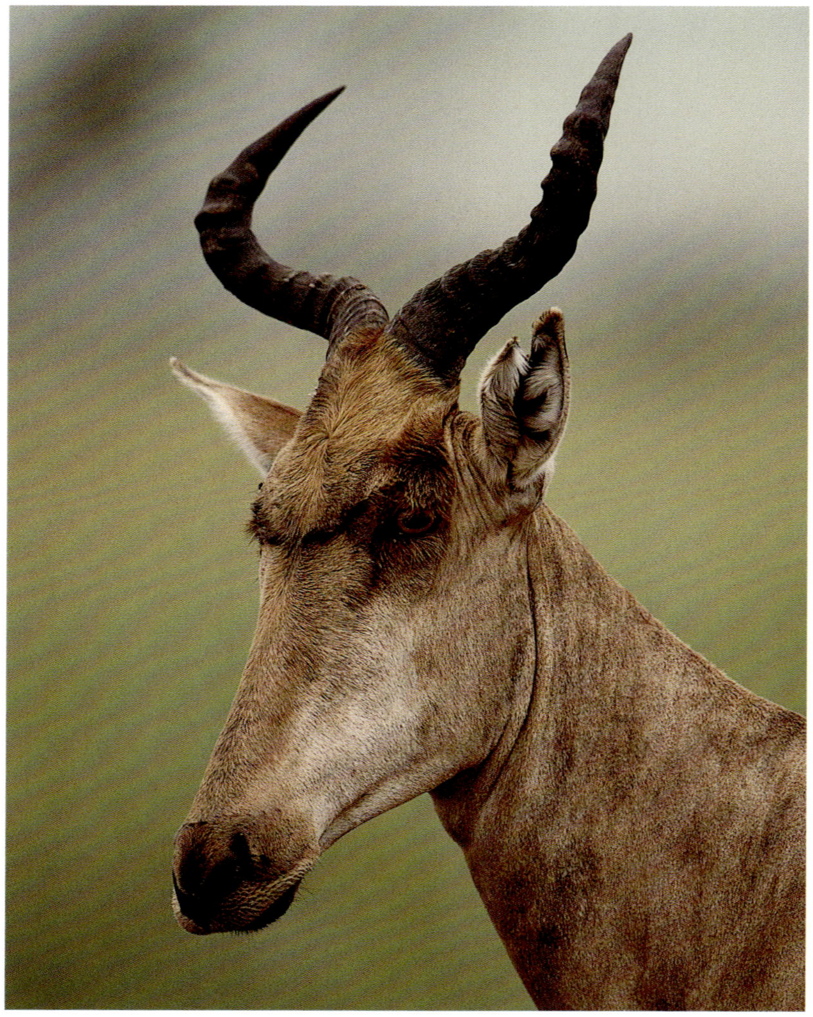

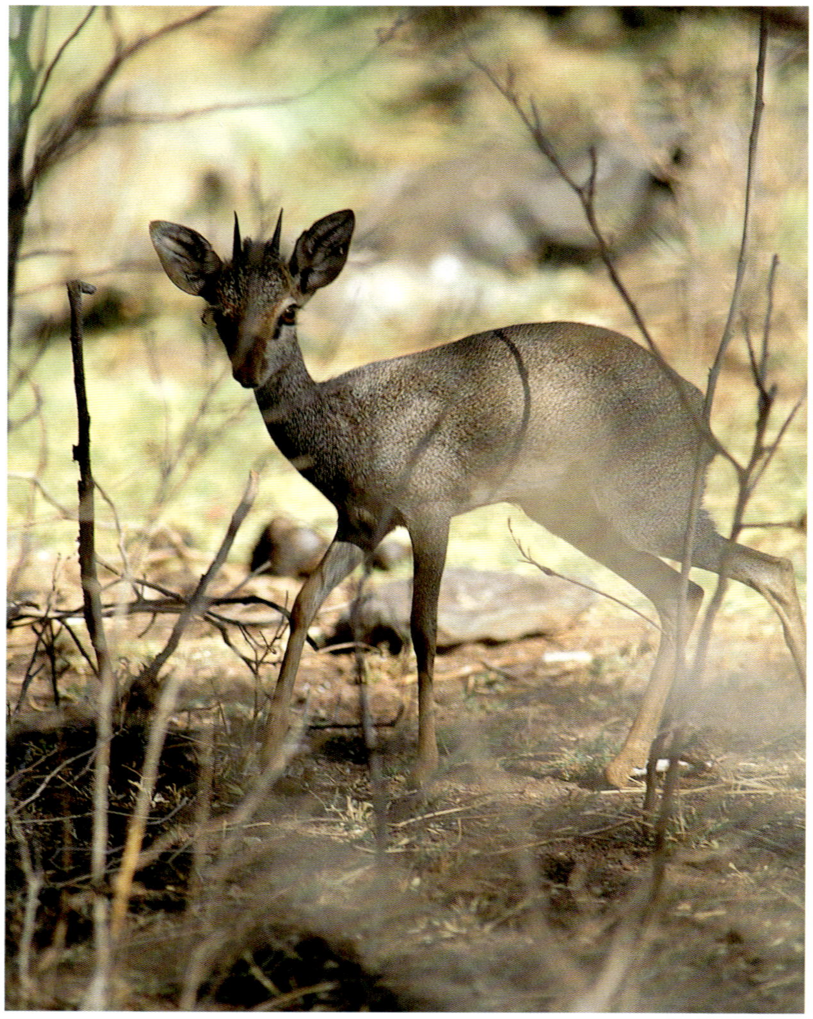

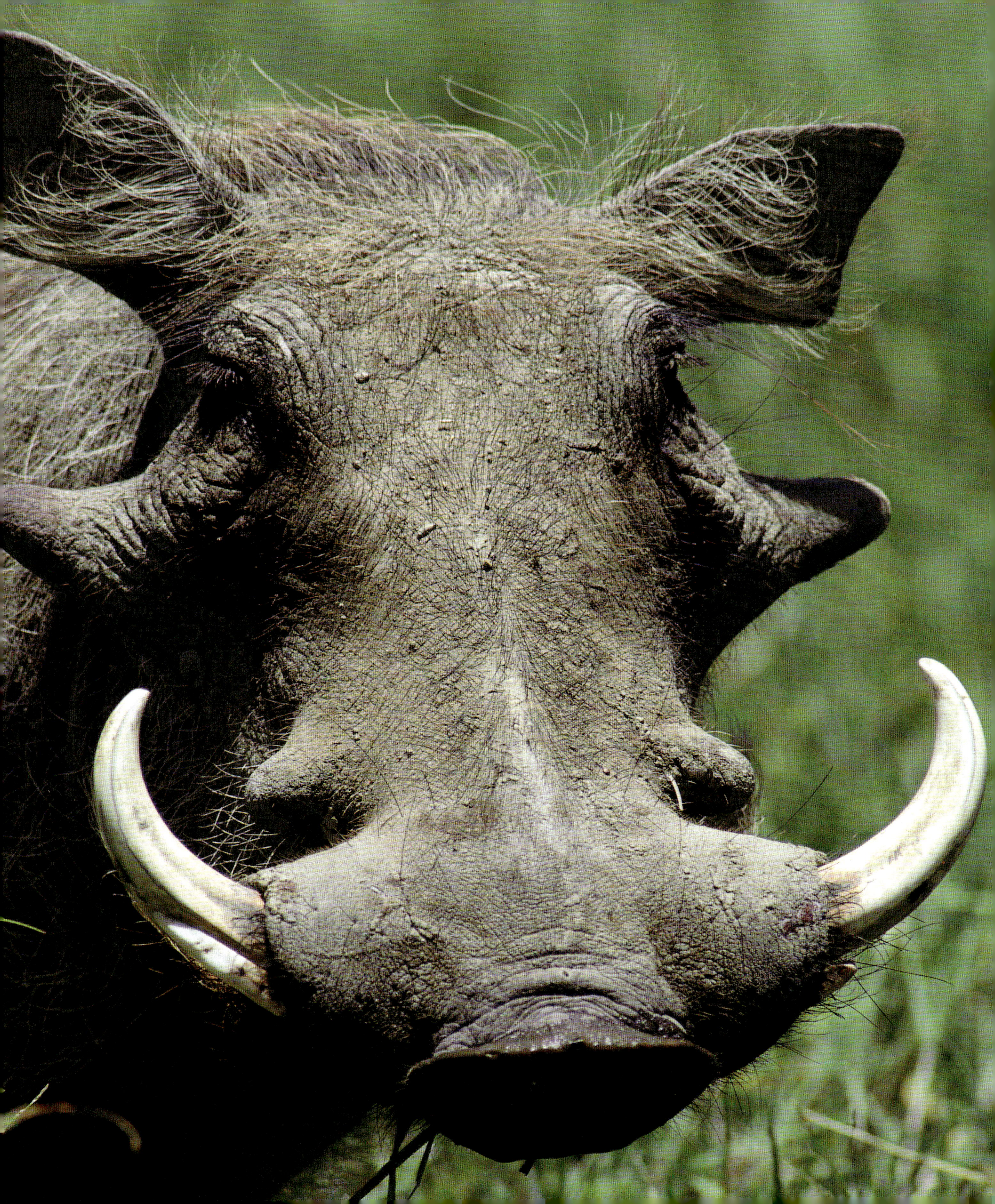

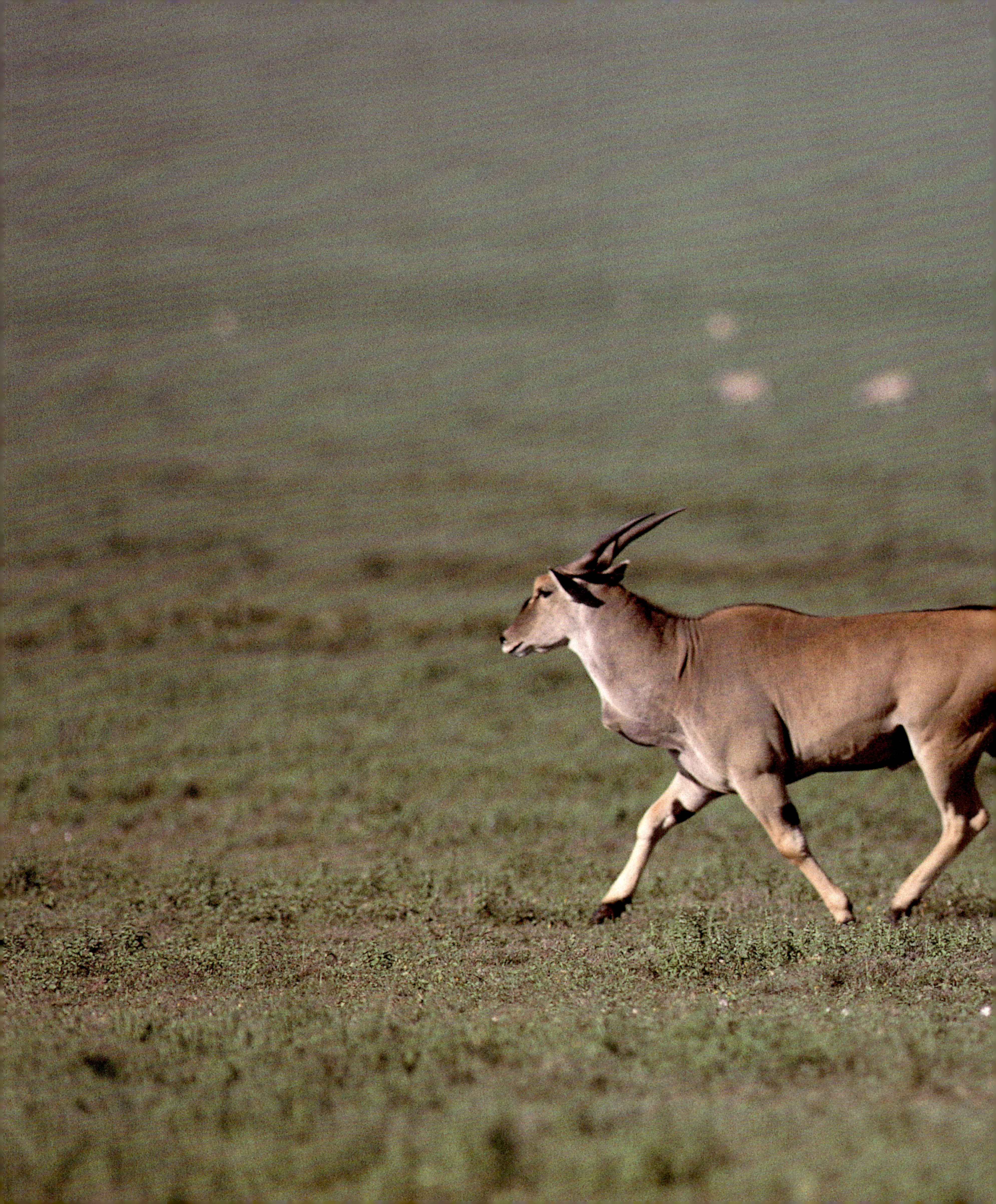

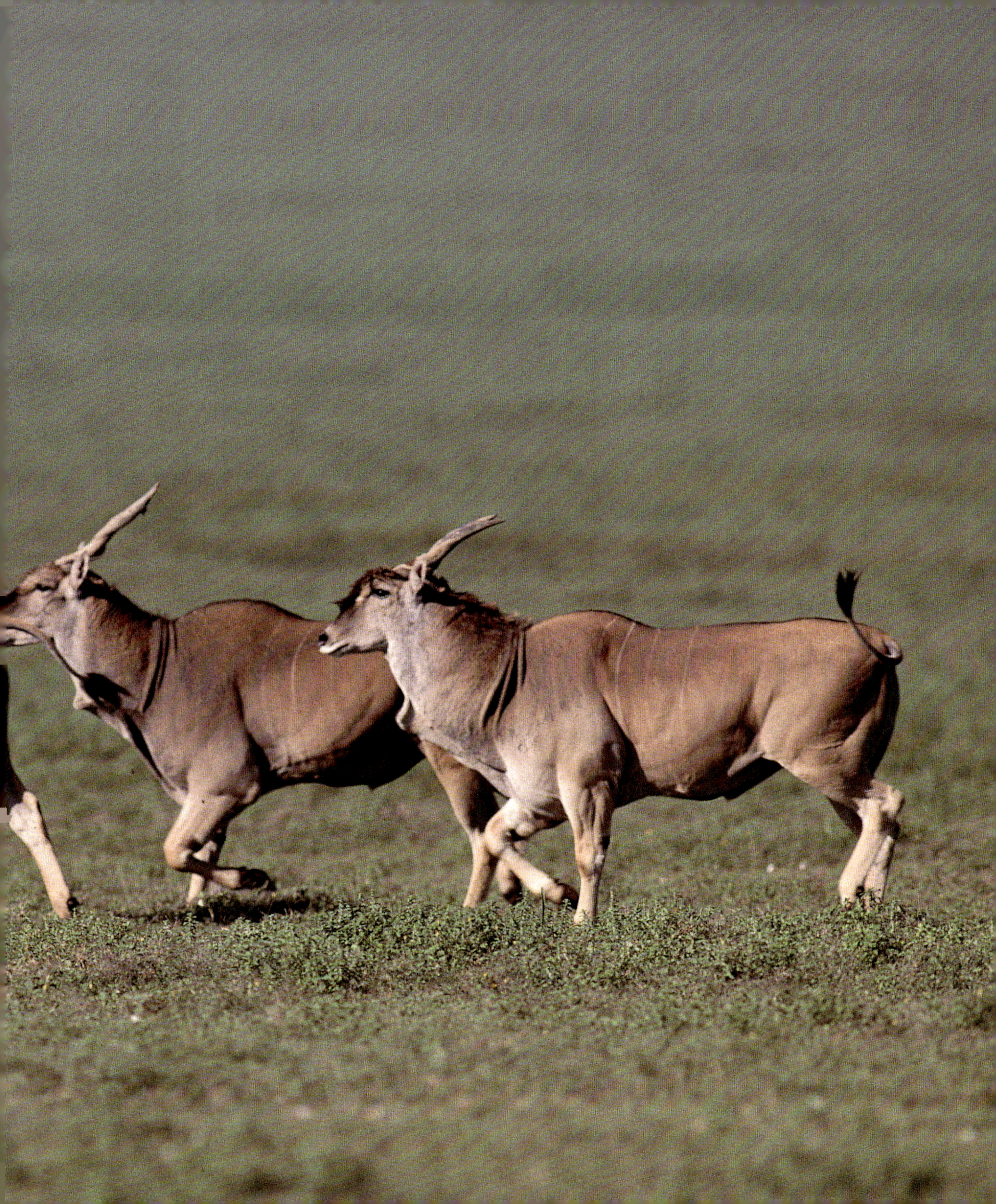

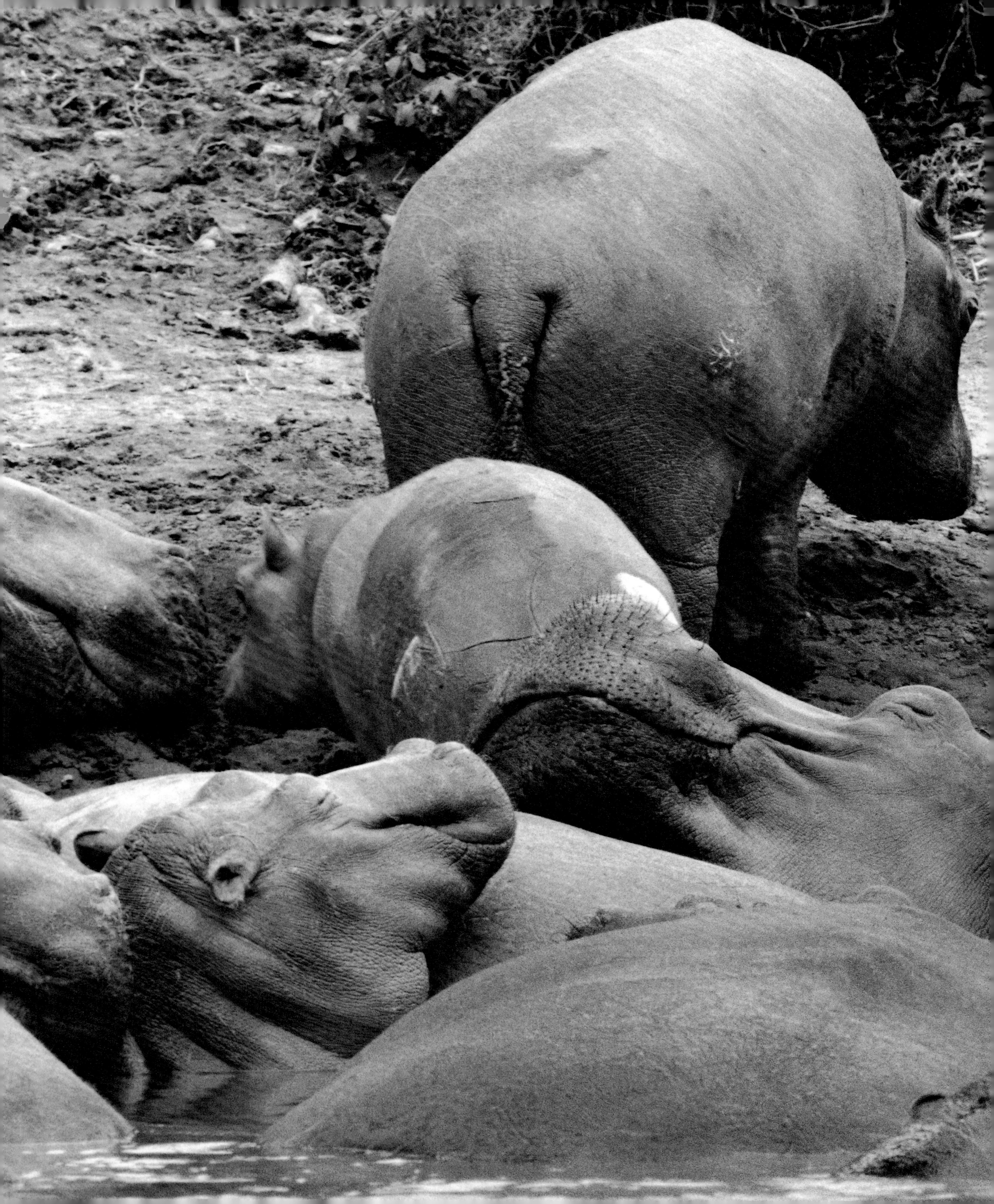

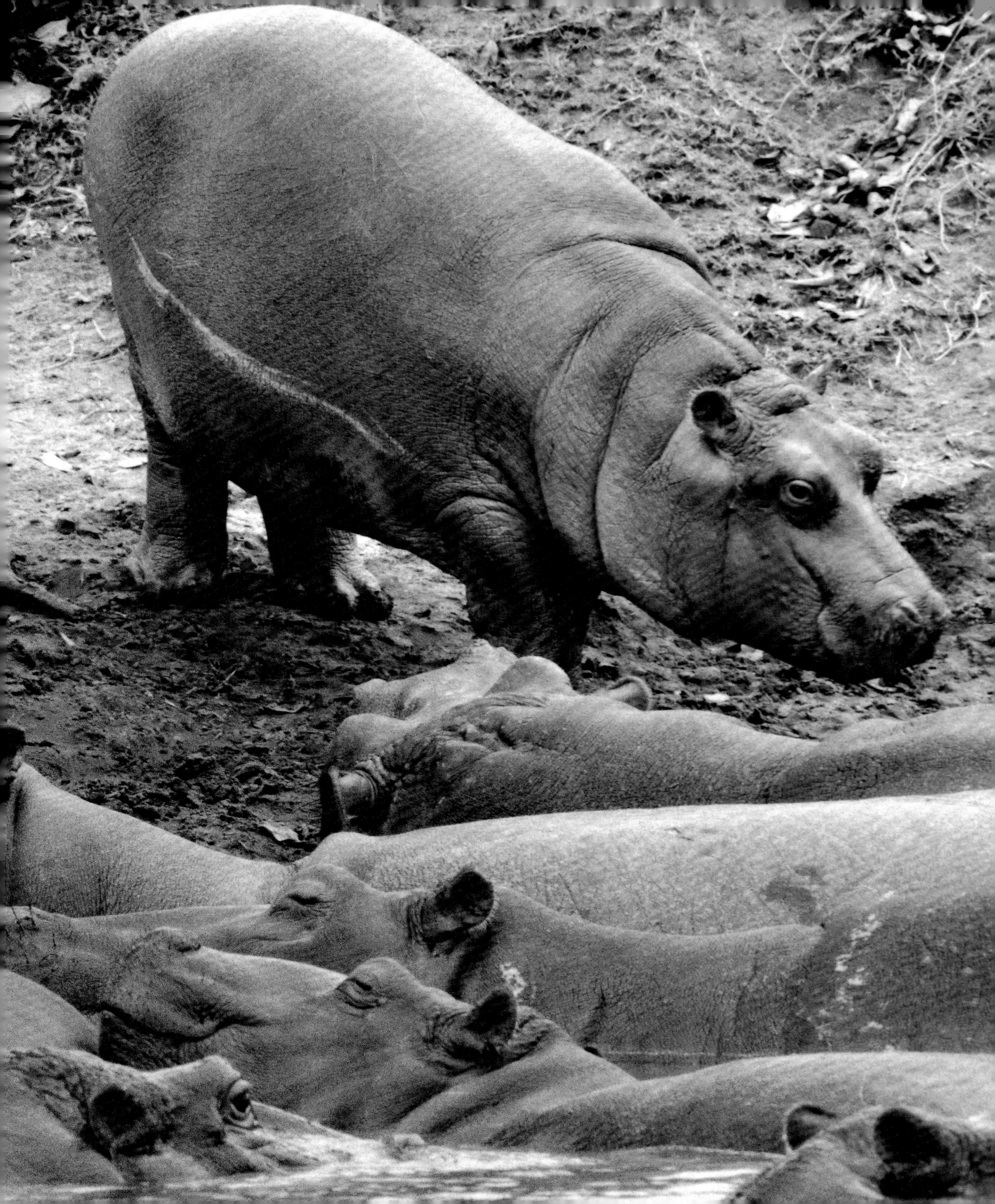

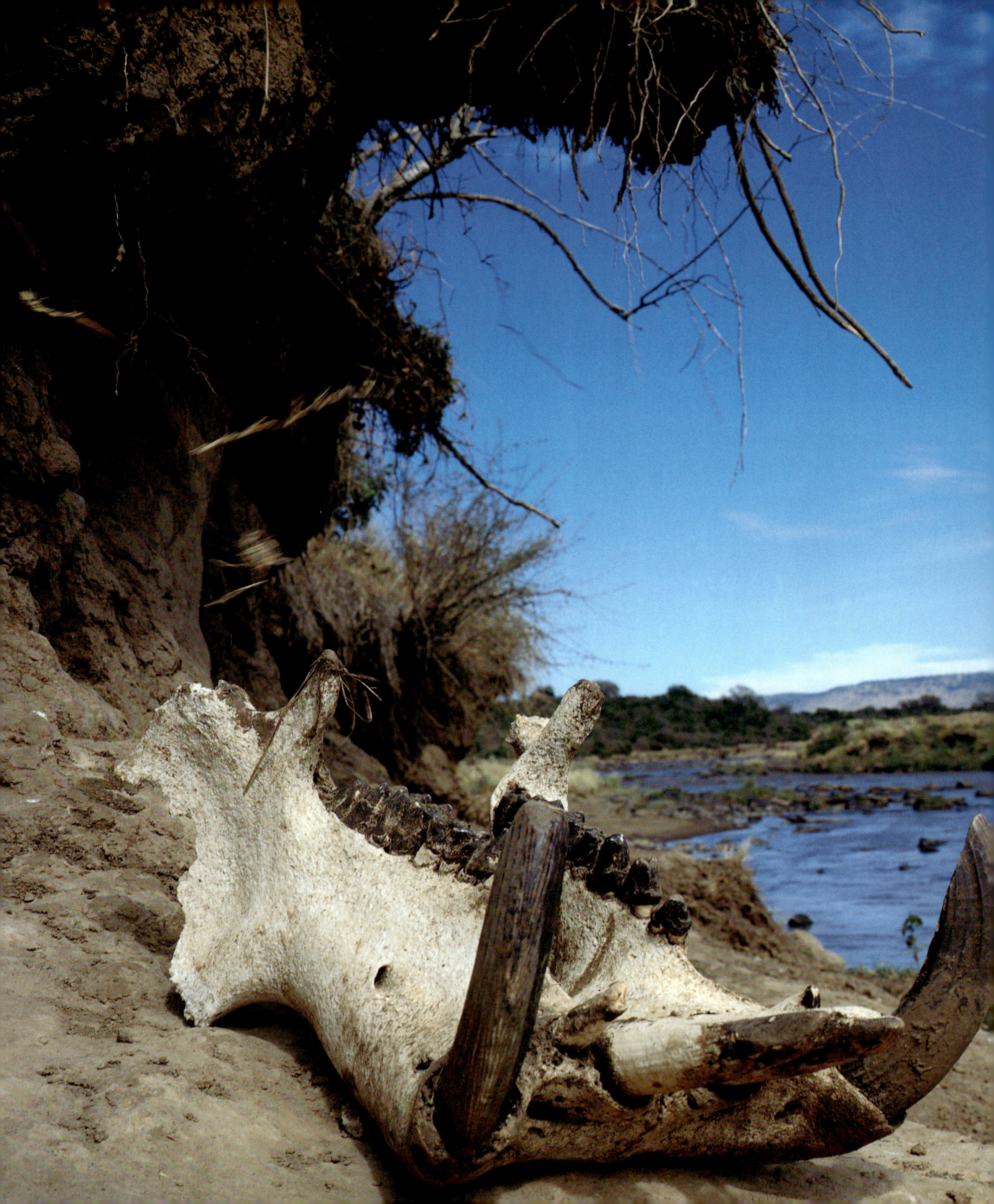

173

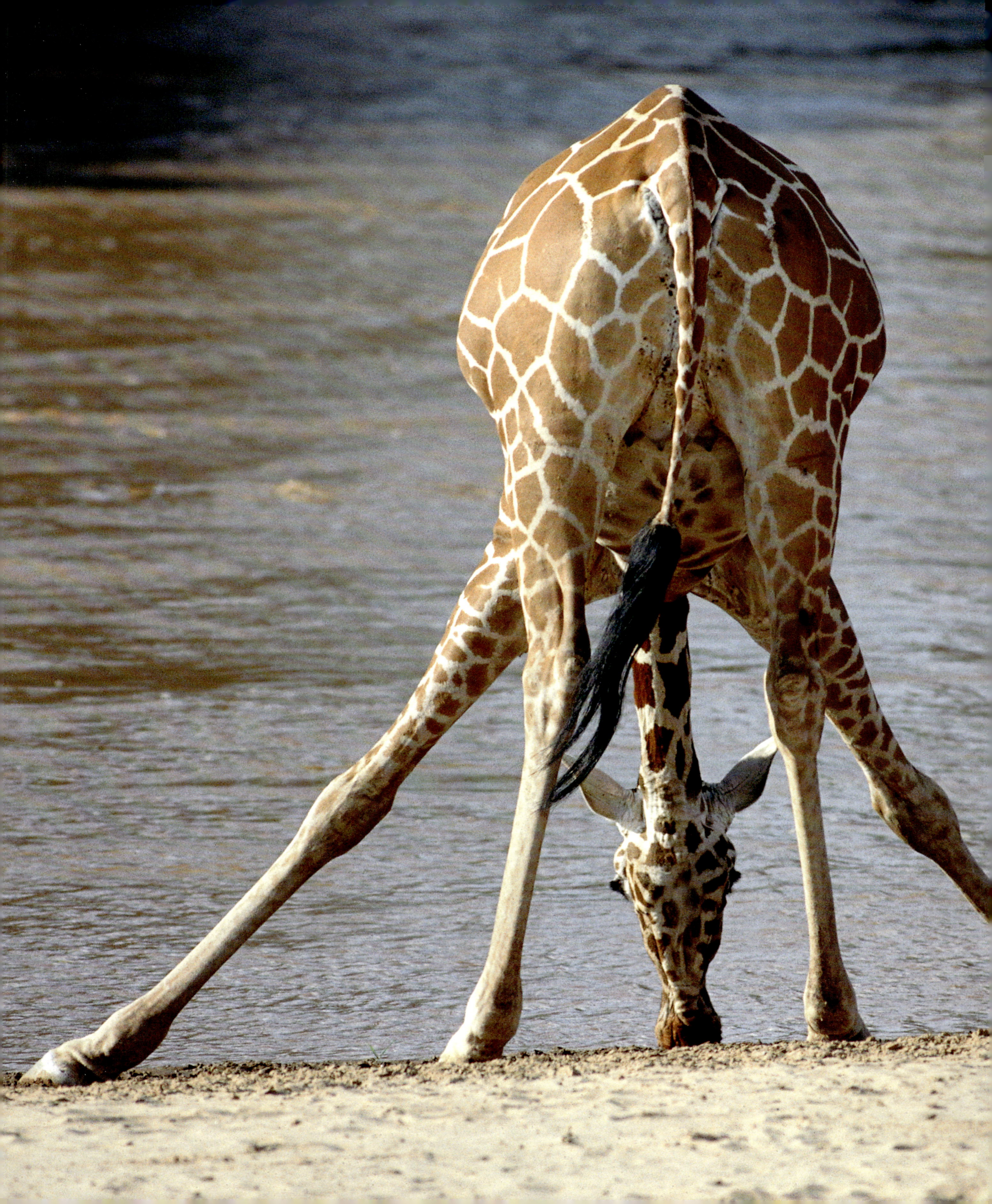

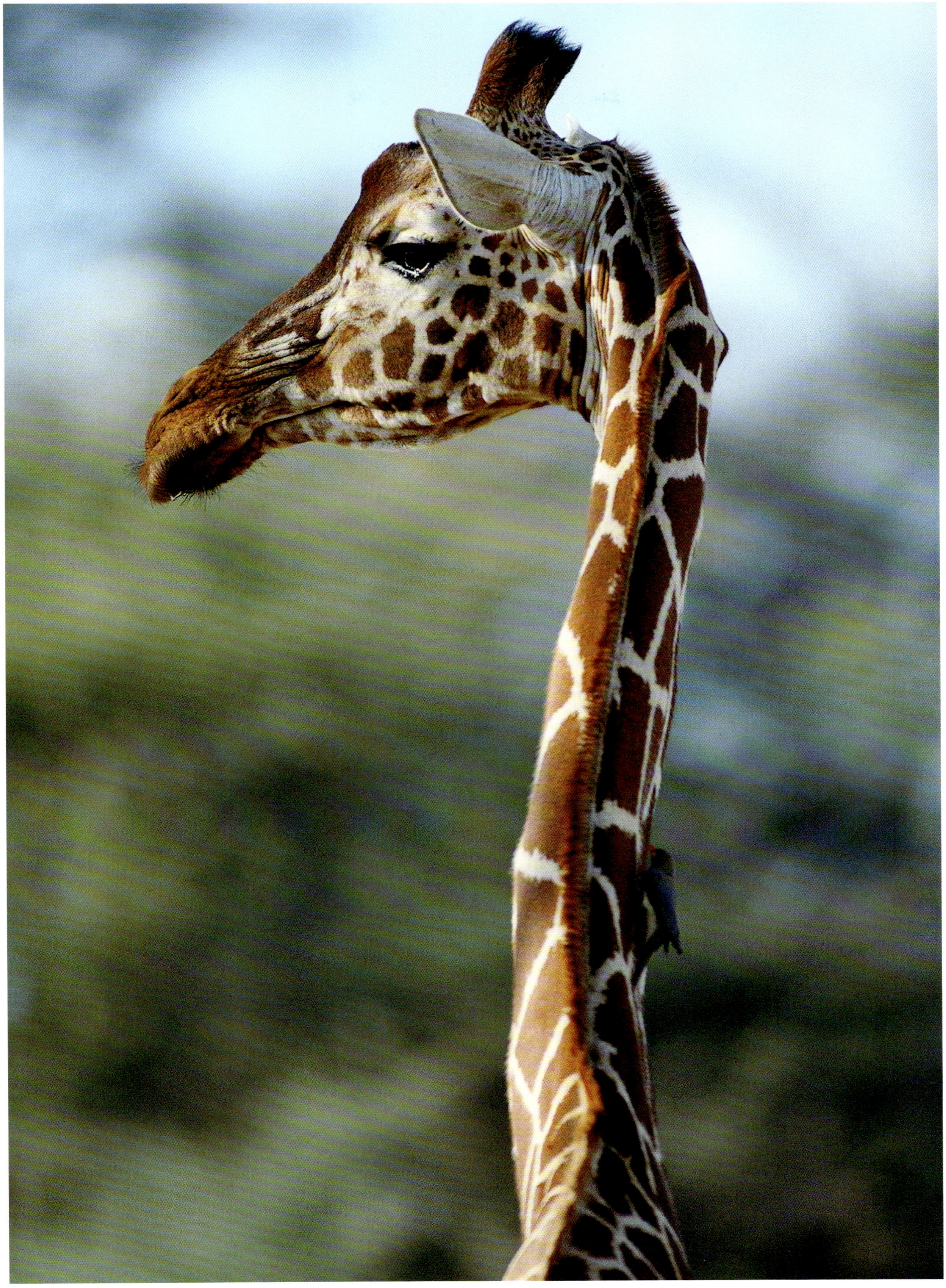

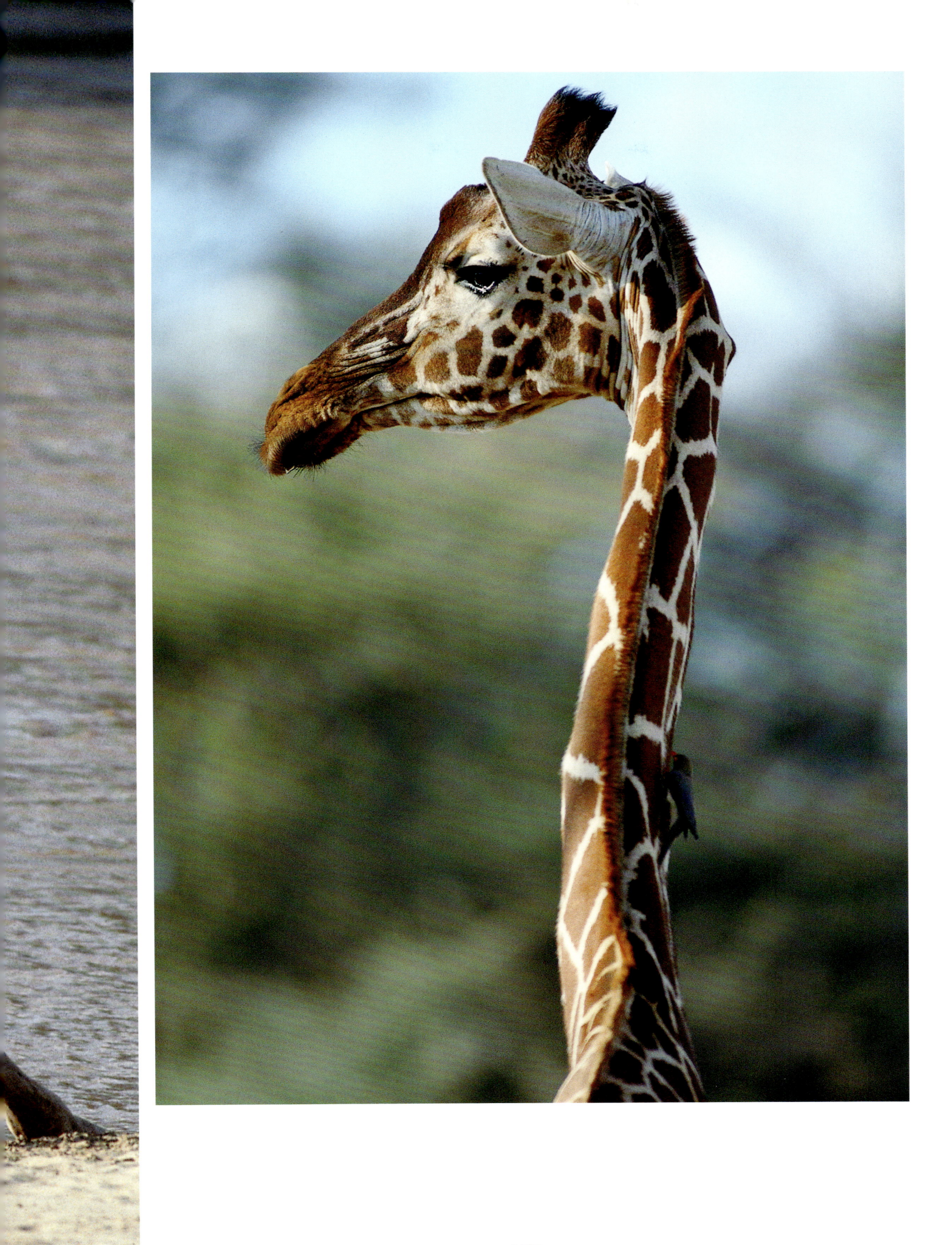

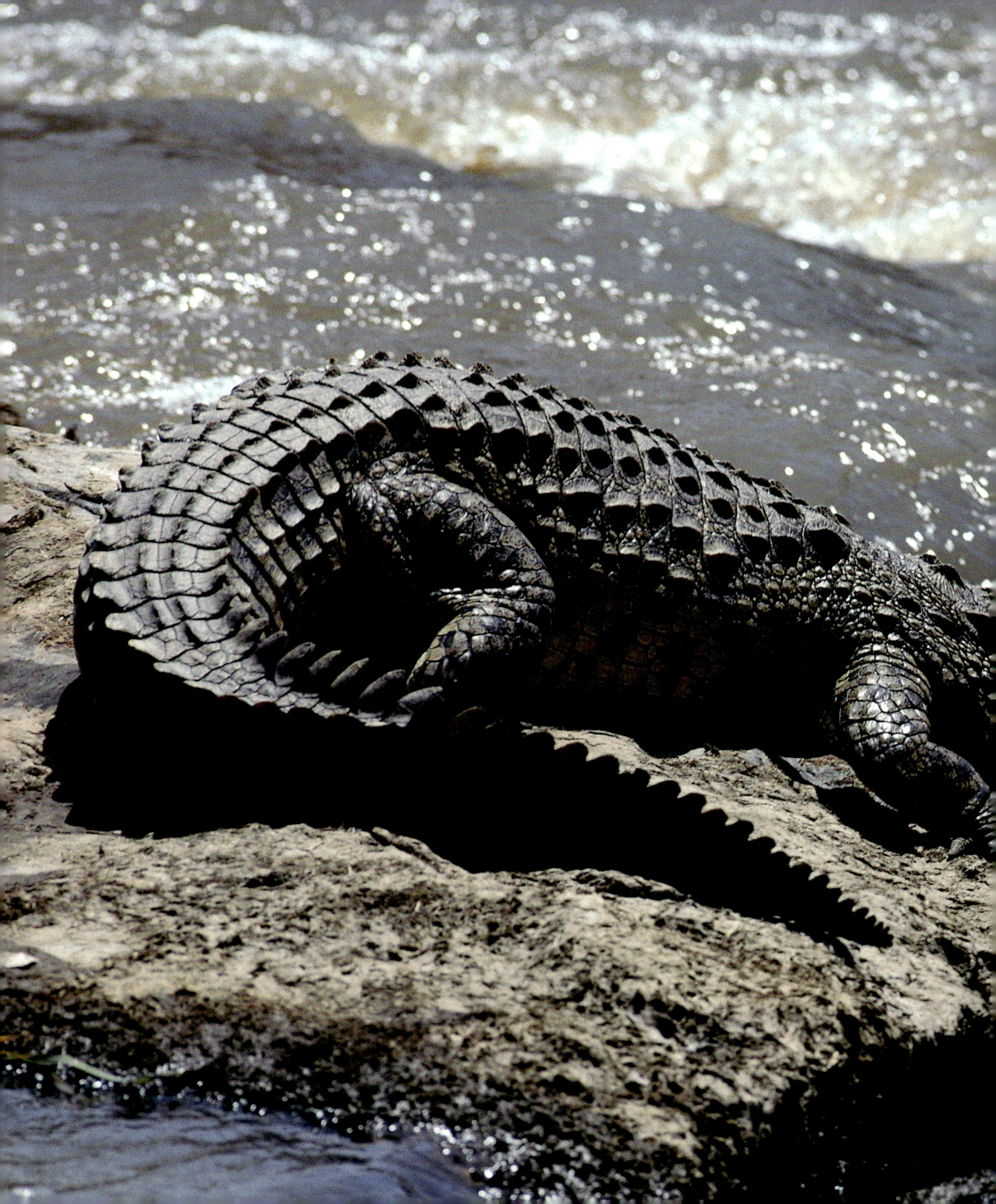

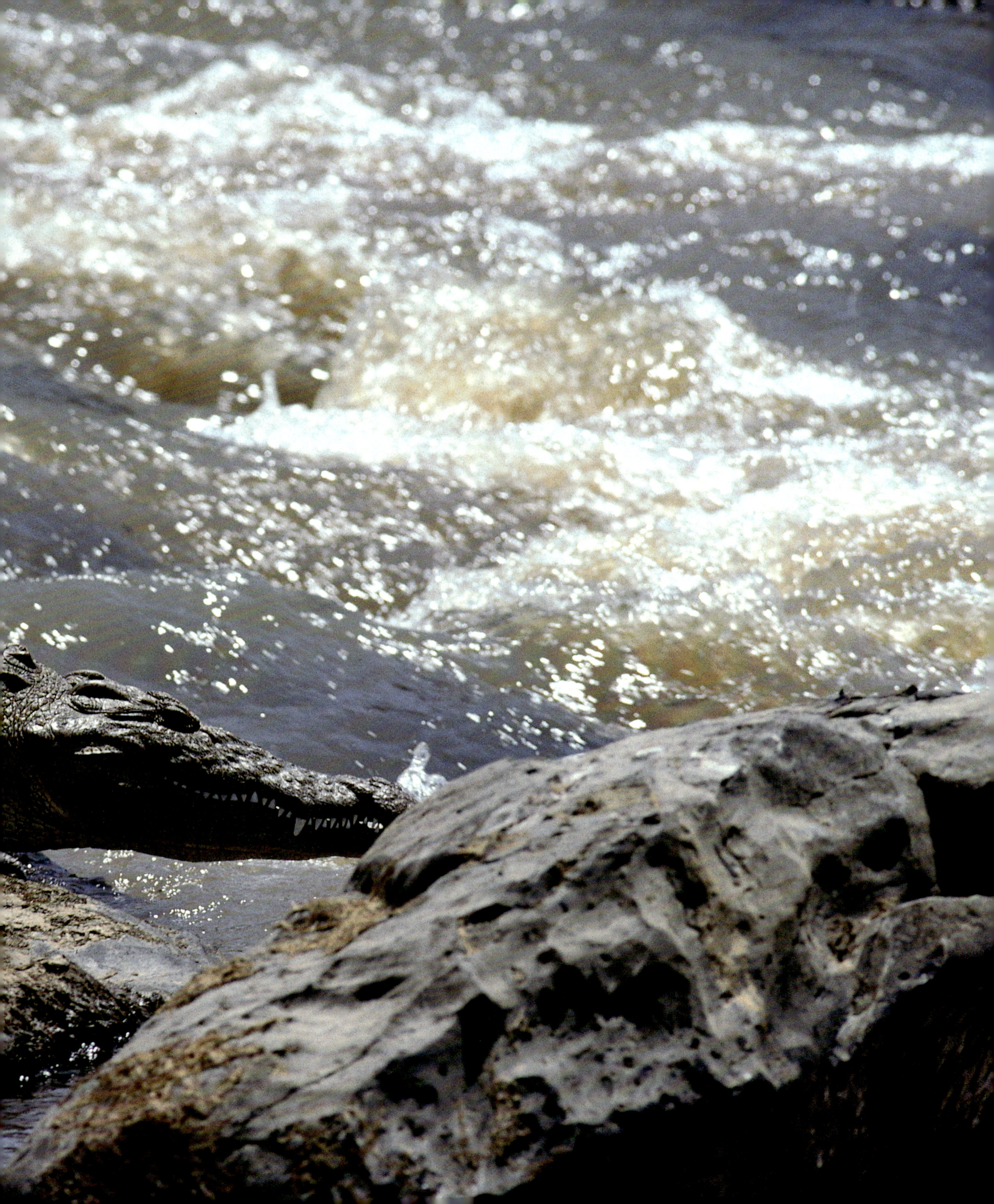

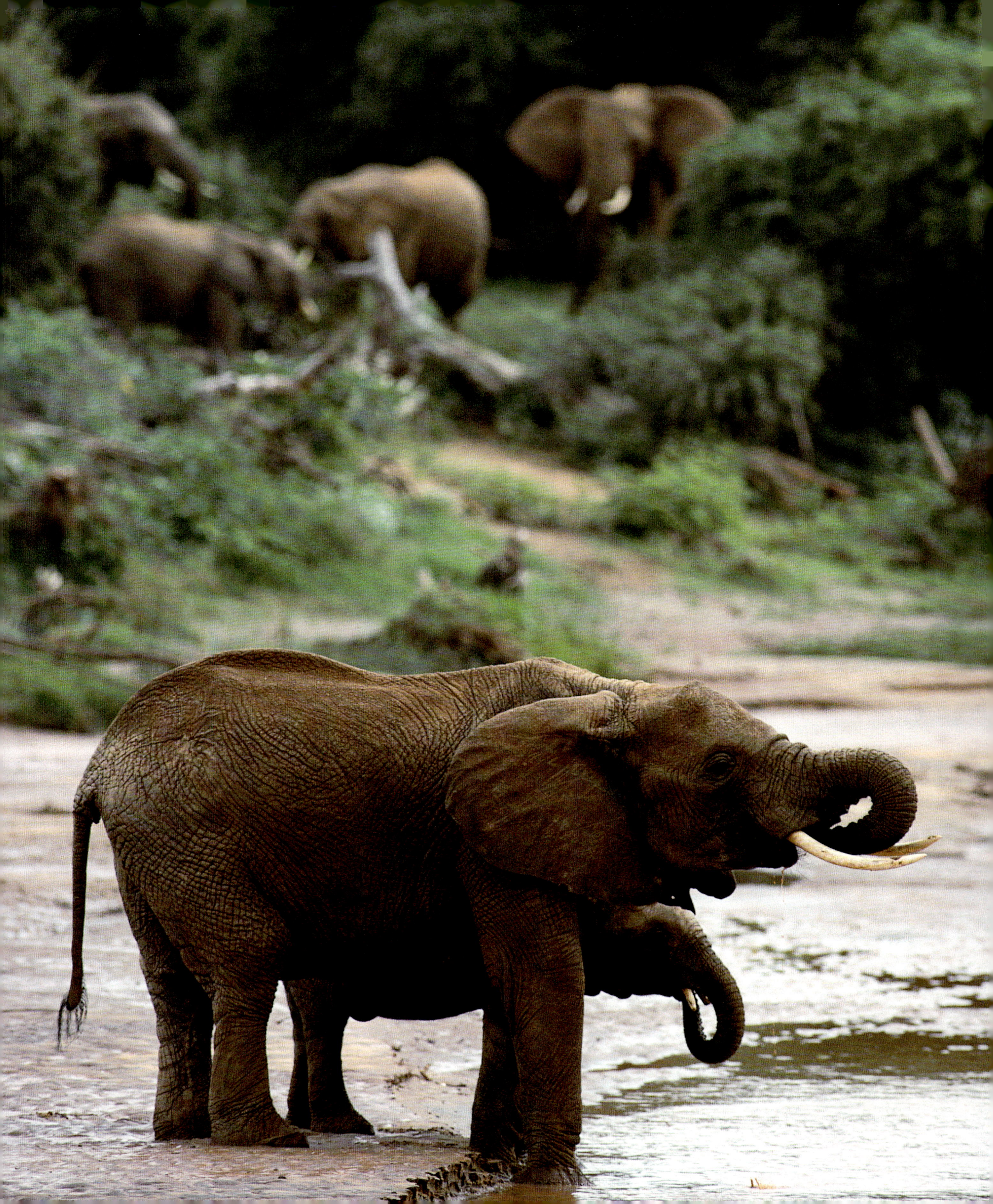

GELIEBTE, GEJAGTE ELEFANTEN

Elefanten sind neben (Teddy-)Bären die Charaktertiere europäischer Kinderzimmer; hier haben sie feste, unbedrohte Biotope, hier werden sie vorbehaltlos geliebt. Den echten Elefanten Afrikas, mit bis zu vier Meter Schulterhöhe und bis zu 6,5 Tonnen Lebendgewicht die größten Landsäugetiere der Erde, geht es in aller Regel weniger gut. Elfenbeinwilderer hätten die Dickhäuter in der zweiten Hälfte des 20. Jahrhunderts fast vom Erdboden getilgt, ehe ein internationaler Handelsstopp für »weißes Gold« spürbare Entlastung schaffte.

Das Paradox, mit dem das Wildlife-Management heutigen Tags zu kämpfen hat: Es gibt zu wenig und zu viele Elefanten. In weiten Teilen ihrer angestammten Heimat kommen sie nicht mehr vor, in den sicheren Nationalparks drängen sie sich bisweilen, überschreiten – nein, übertrampeln – nicht selten die Grenzen der ökologischen Tragfähigkeit.

Wenn das Futter knapp wird, weichen die Herden in benachbartes Farmland aus. Ein hungriger Elefantentrupp kann locker in einer Nacht die Lebensgrundlage einer Bauernfamilie einstampfen und abräumen.
Die Hilferufe der Geschädigten beantworten die Regierungen, denen in aller Regel das Geld für Entschädigungen fehlt, notfalls mit Abschuss-Ausnahmegenehmigungen. Was wiederum Tier- und Artenschützer empört.

So groß Afrika auch sein mag, für die grauen Riesen scheint es zu klein geworden zu sein. Allerdings hat *Loxodonta africana* gegenüber anderen bedrohten Arten einen Riesenvorteil: Sein positives Image, seine Weltberühmtheit machen es leichter, kostspielige Hilfsprogramme in Gang zu setzen, als im Falle anderer Tierarten, die bedrohter, aber unscheinbarer sind.

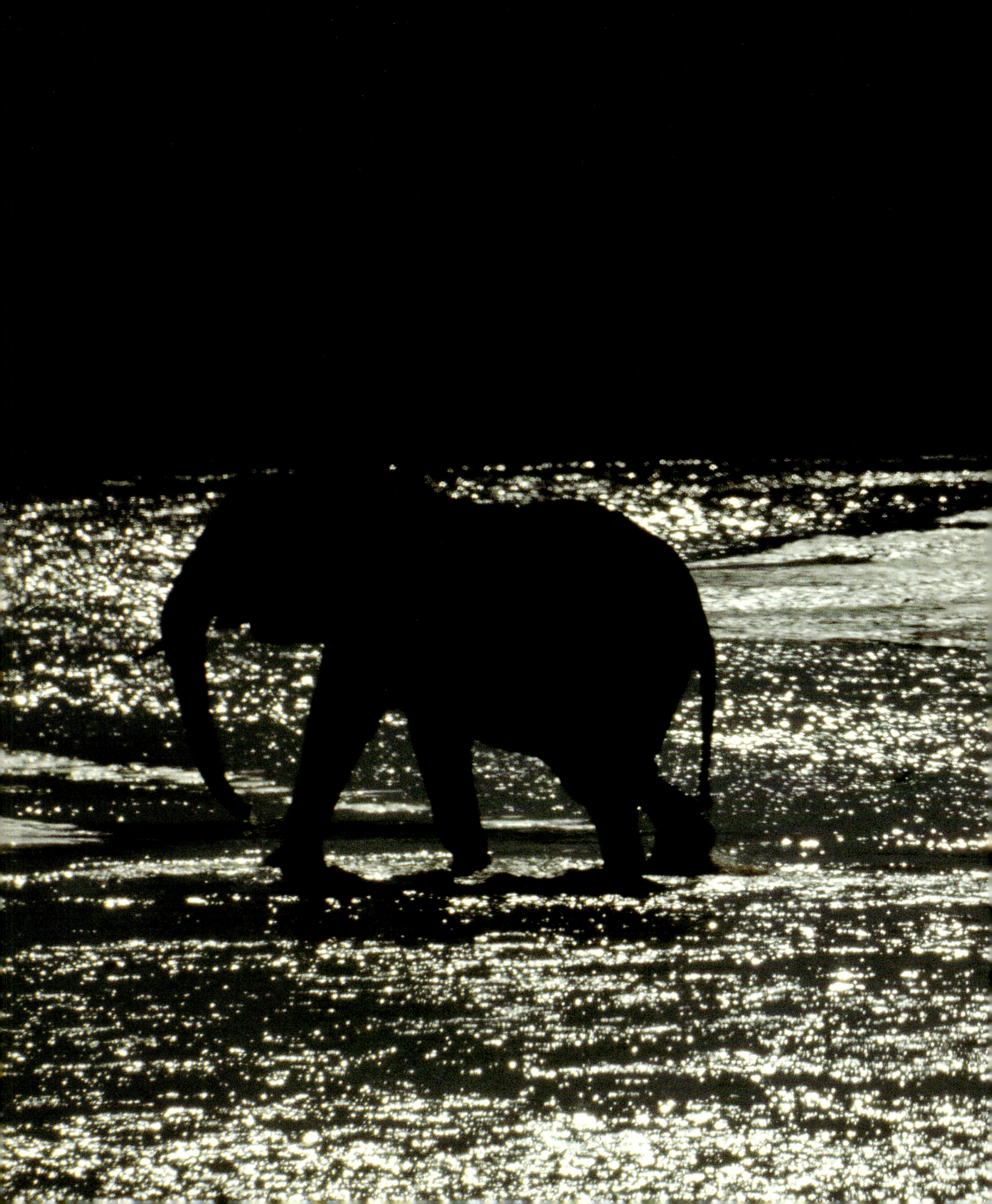

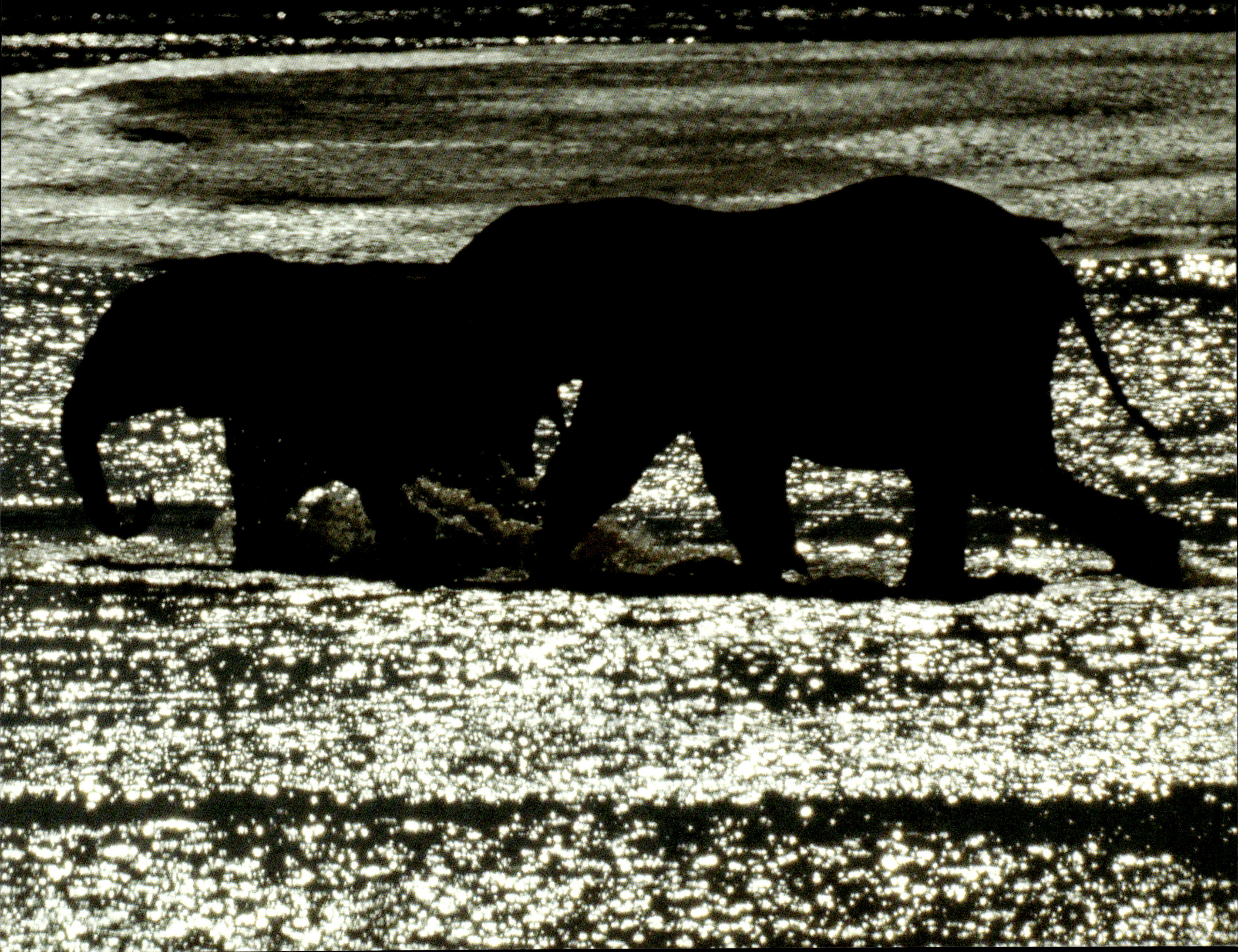

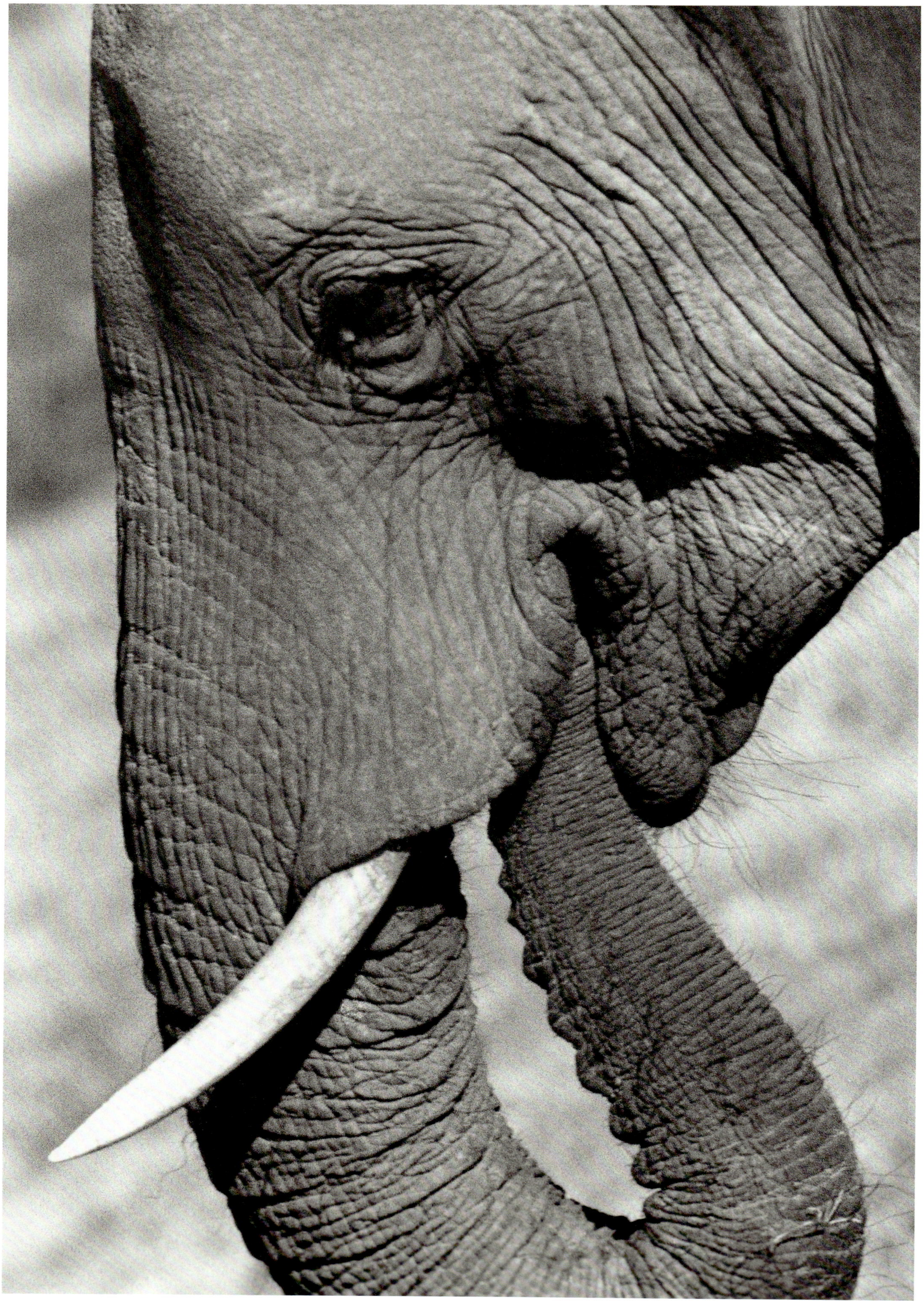

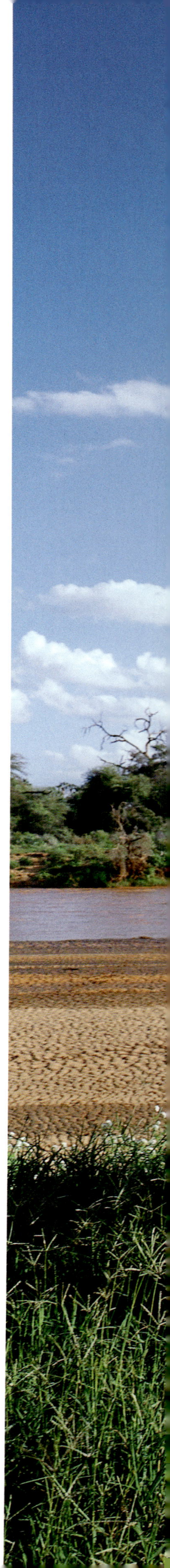

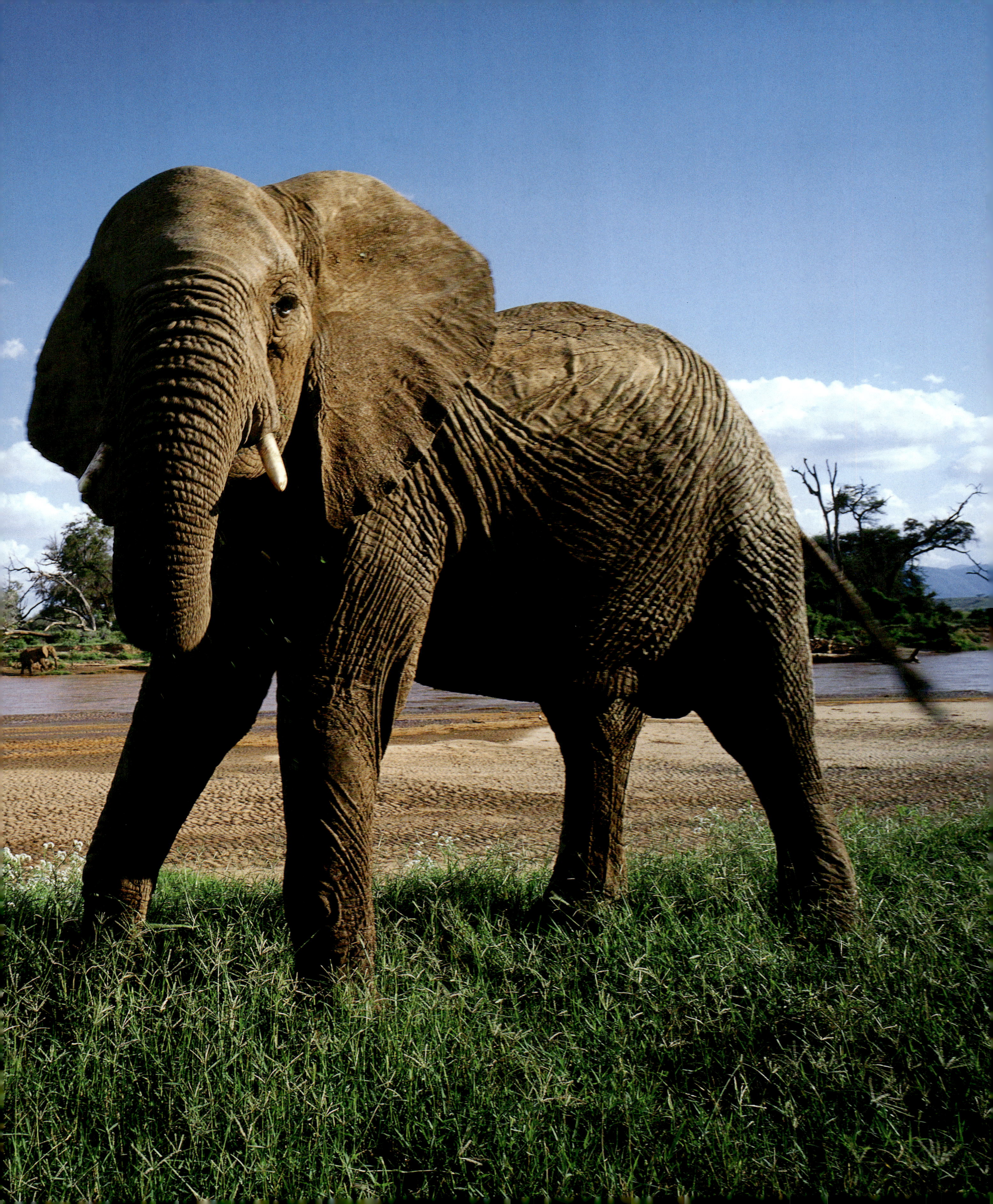

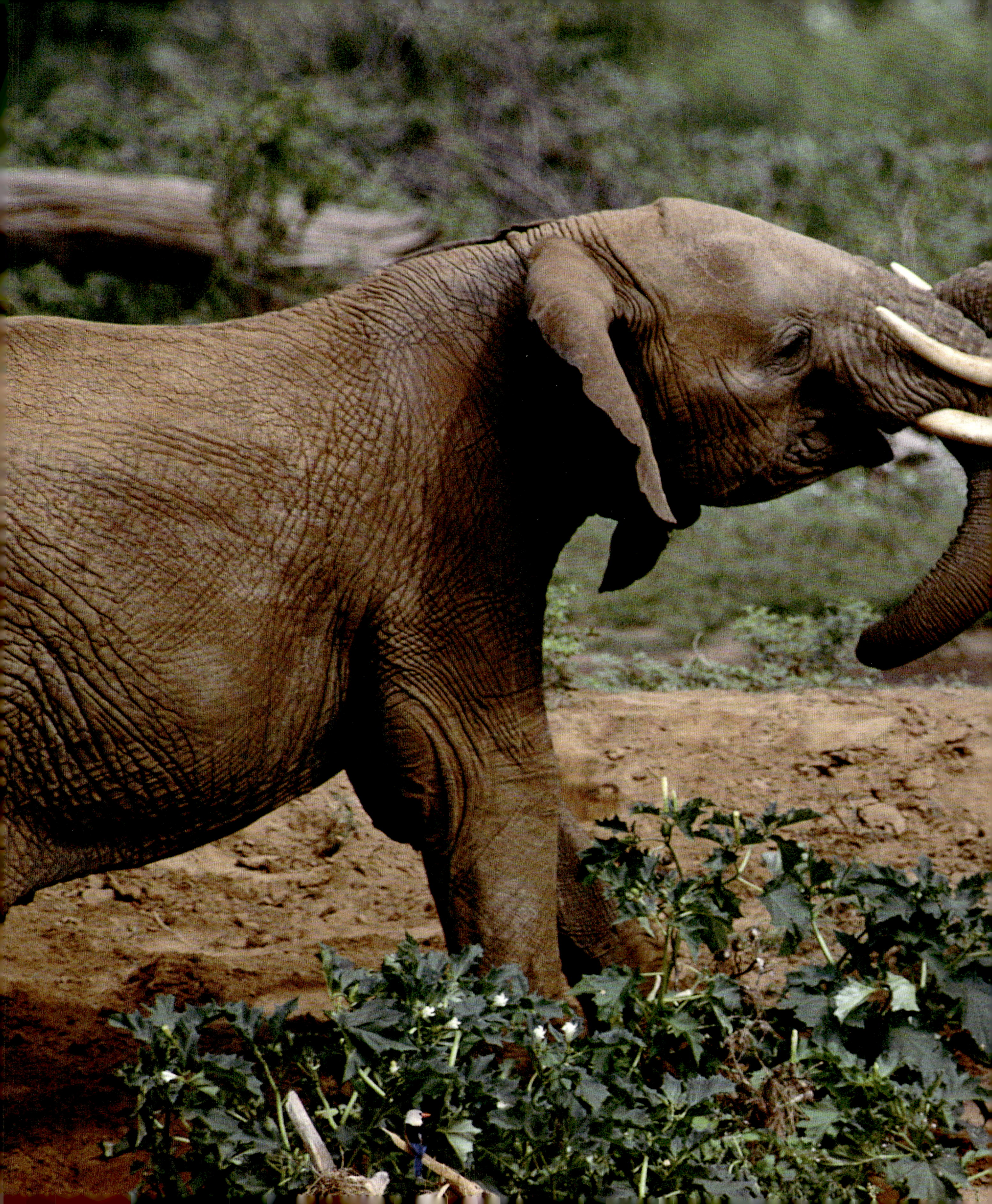

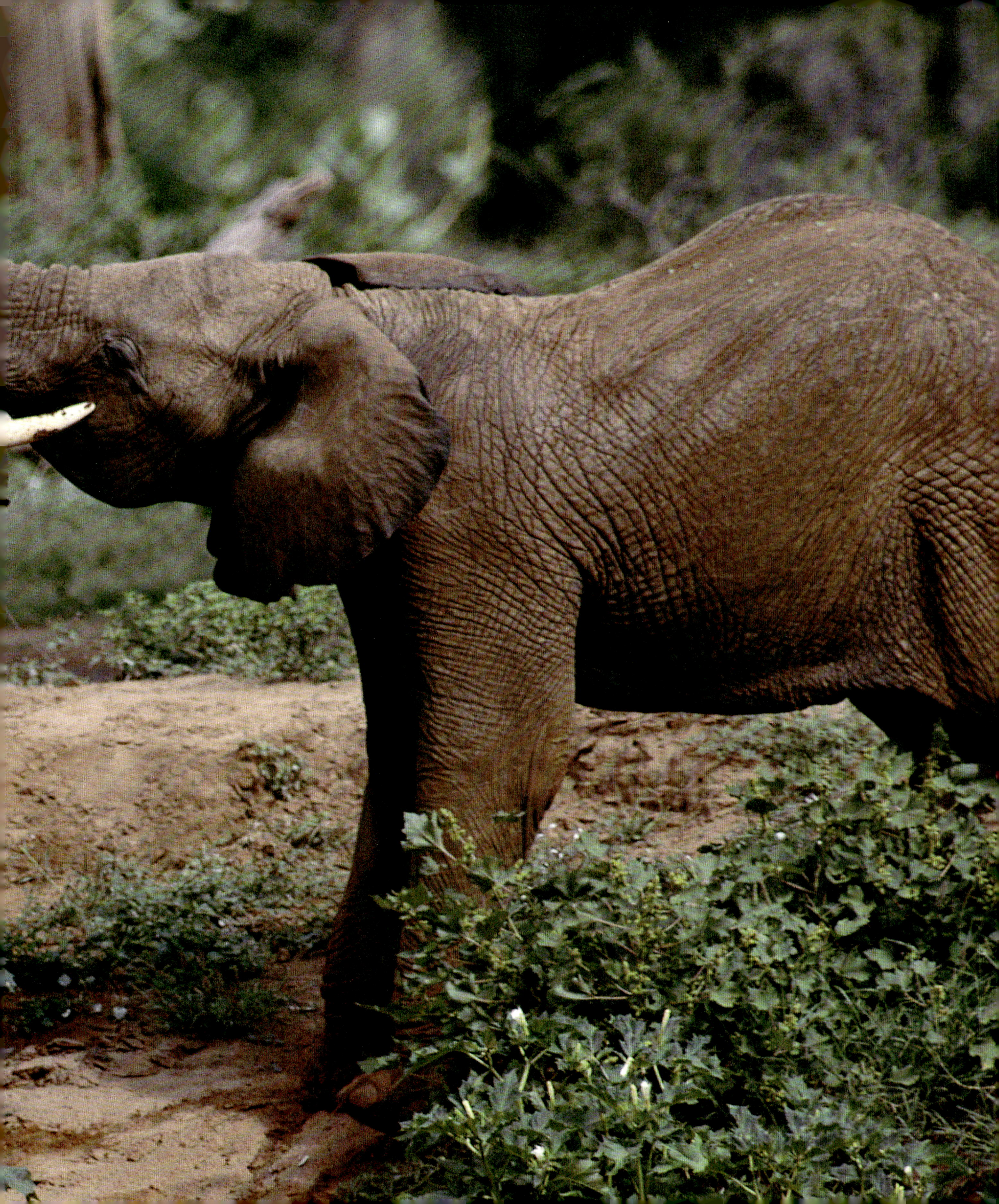

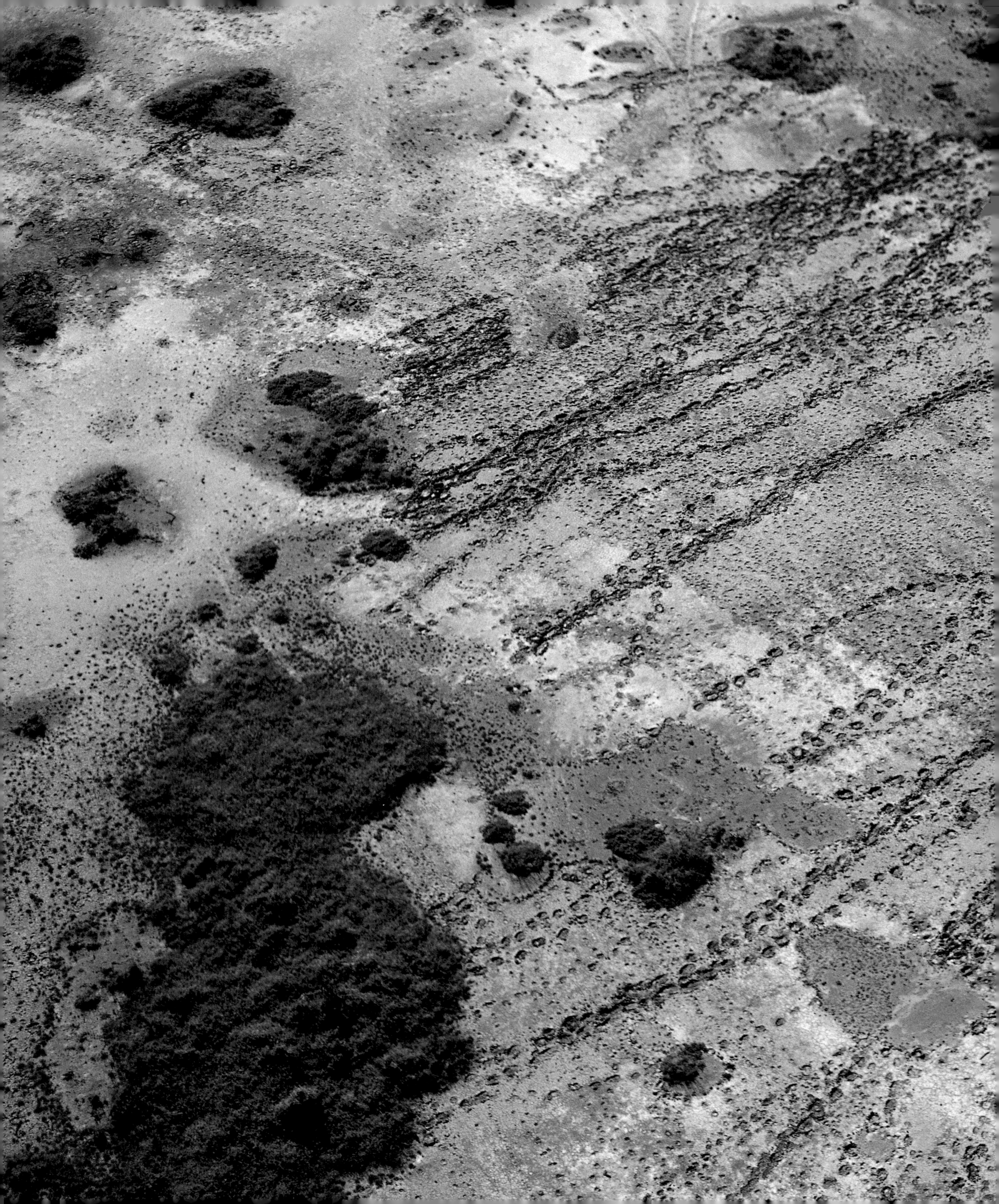

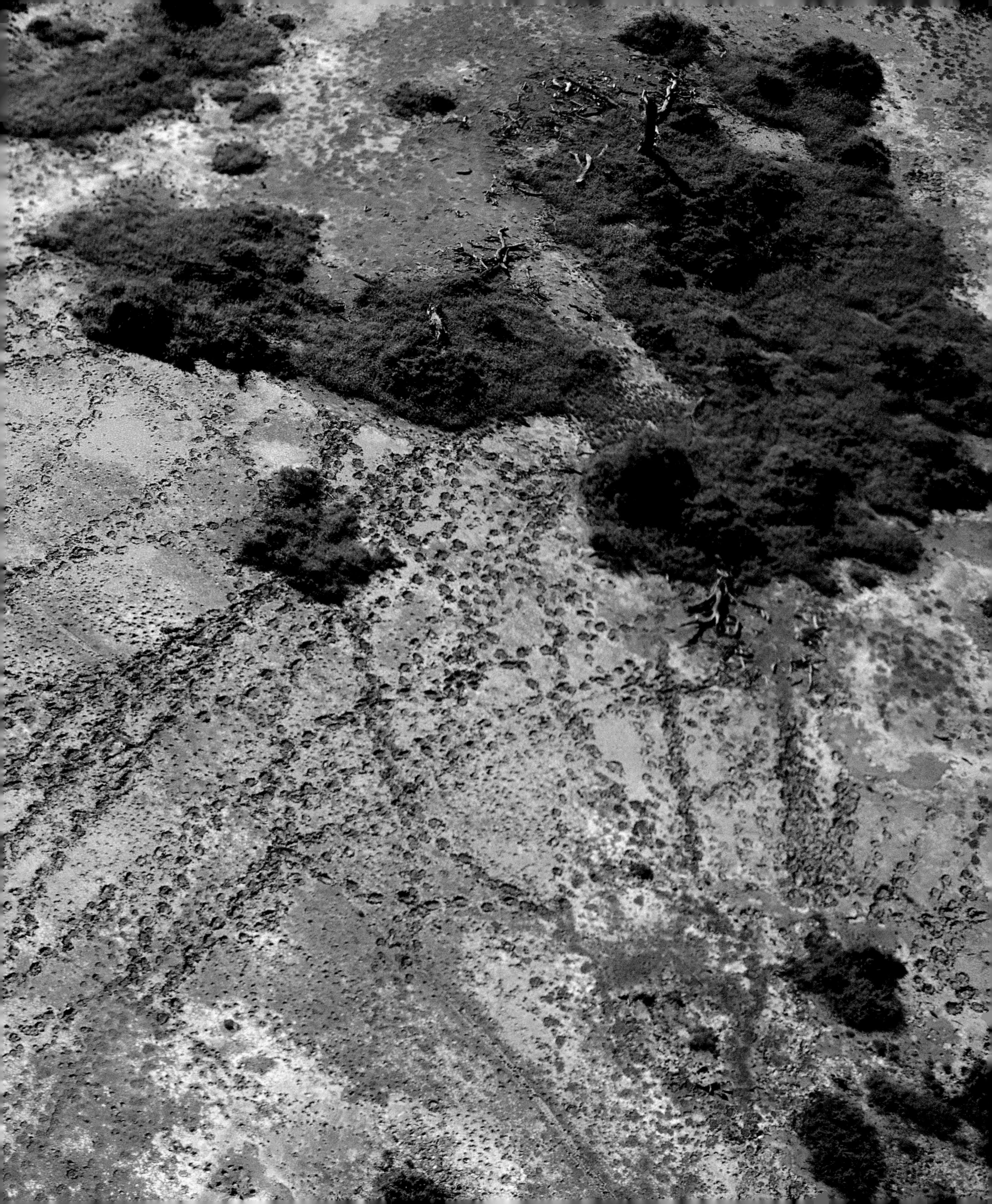

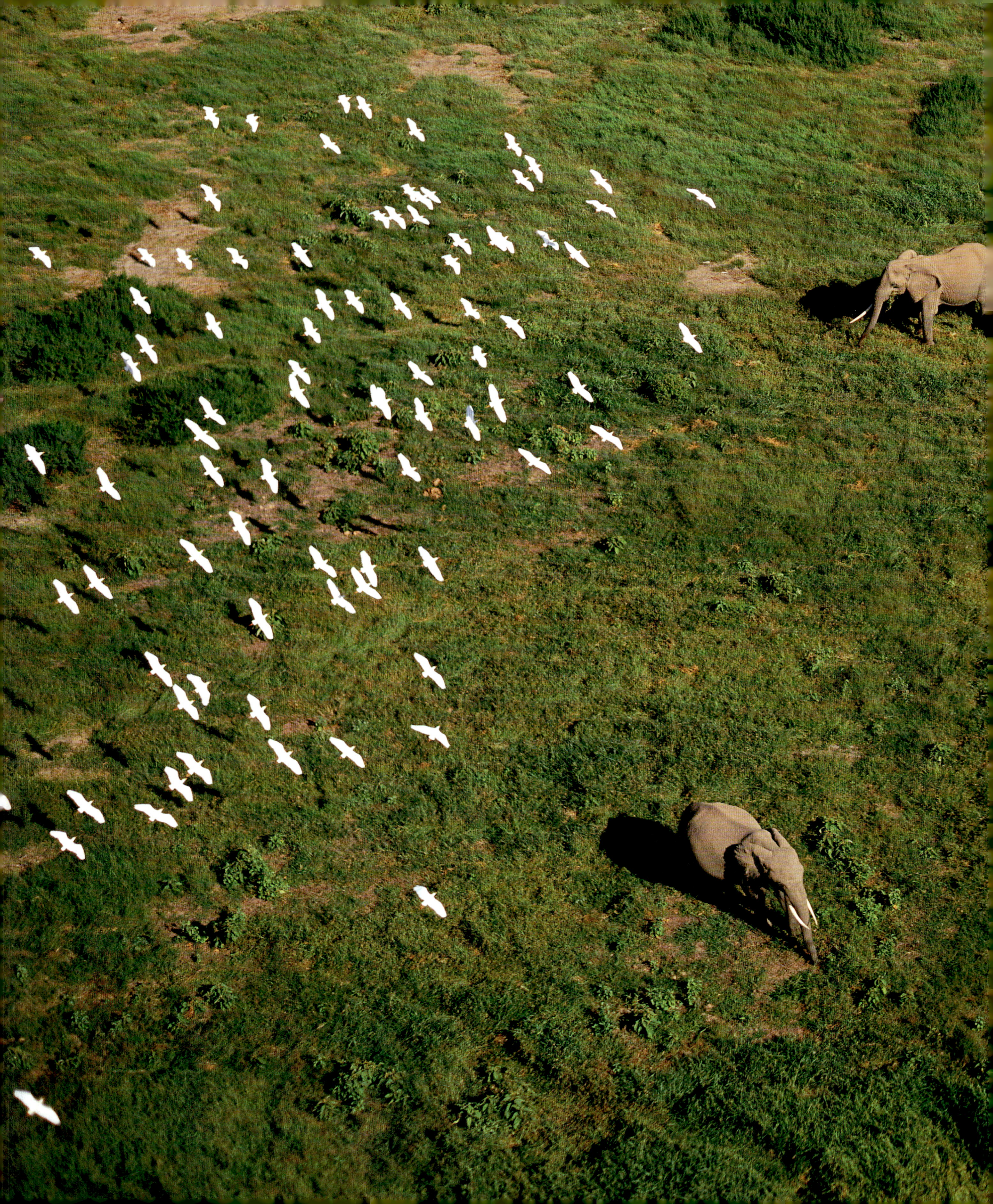

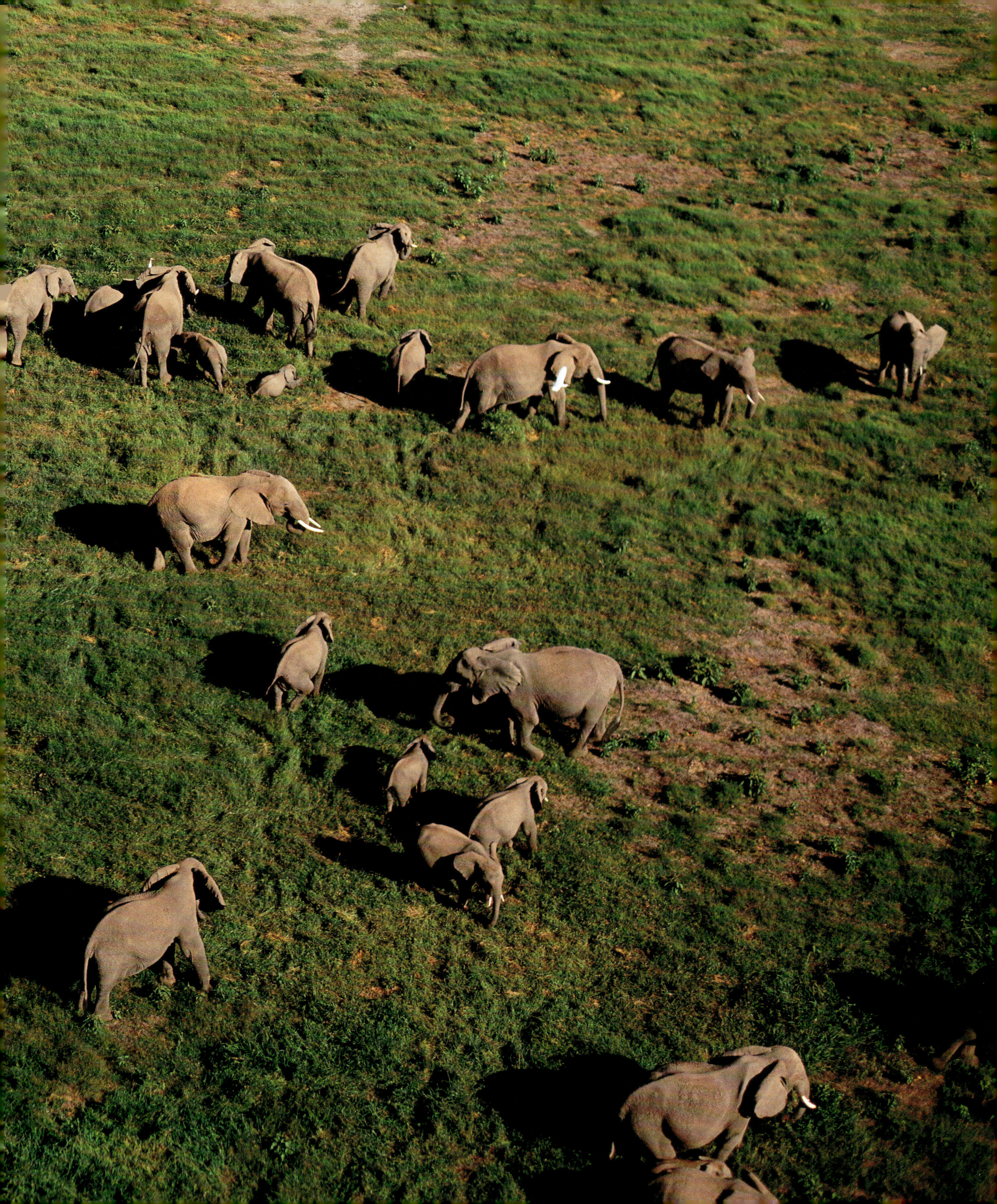

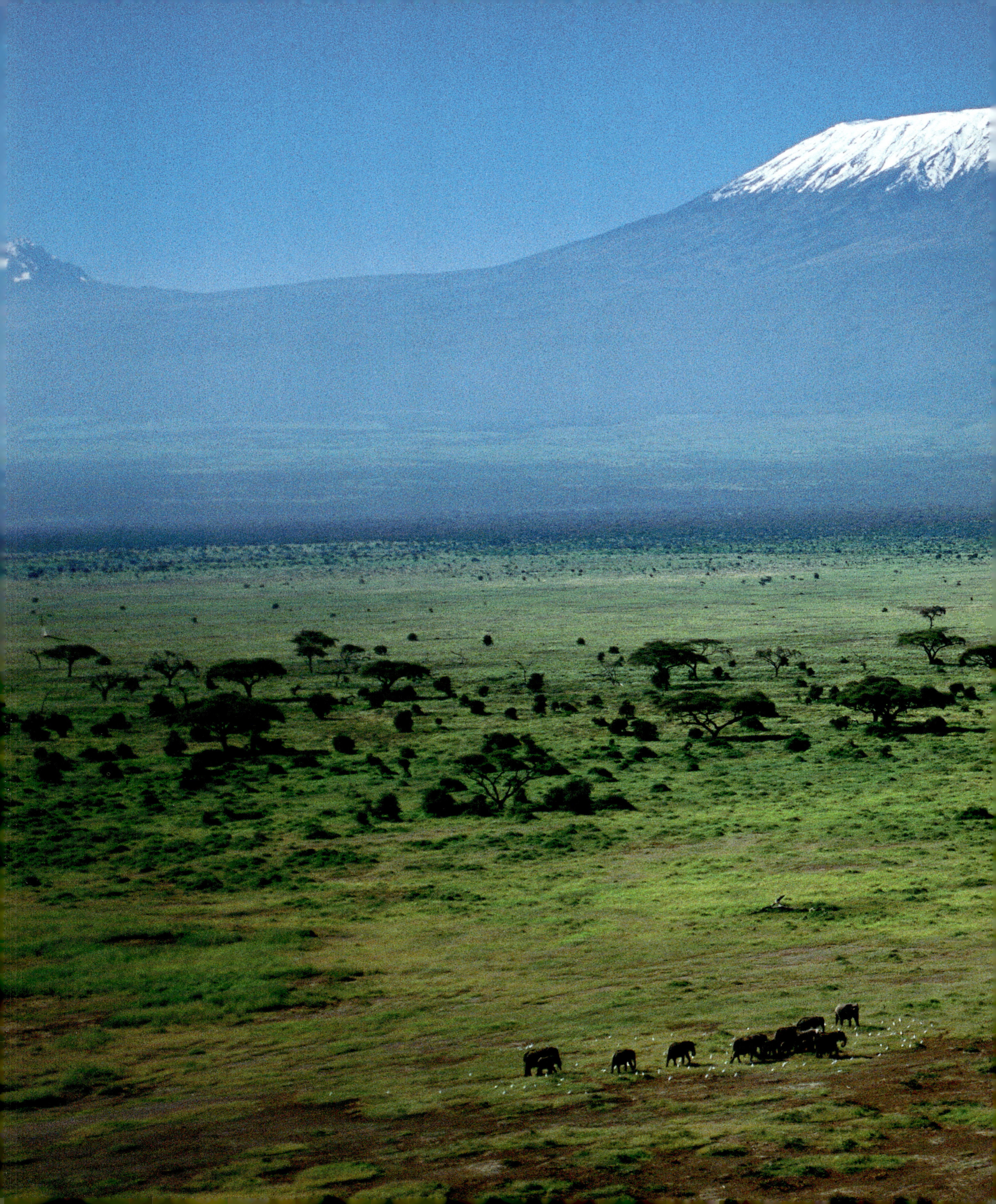

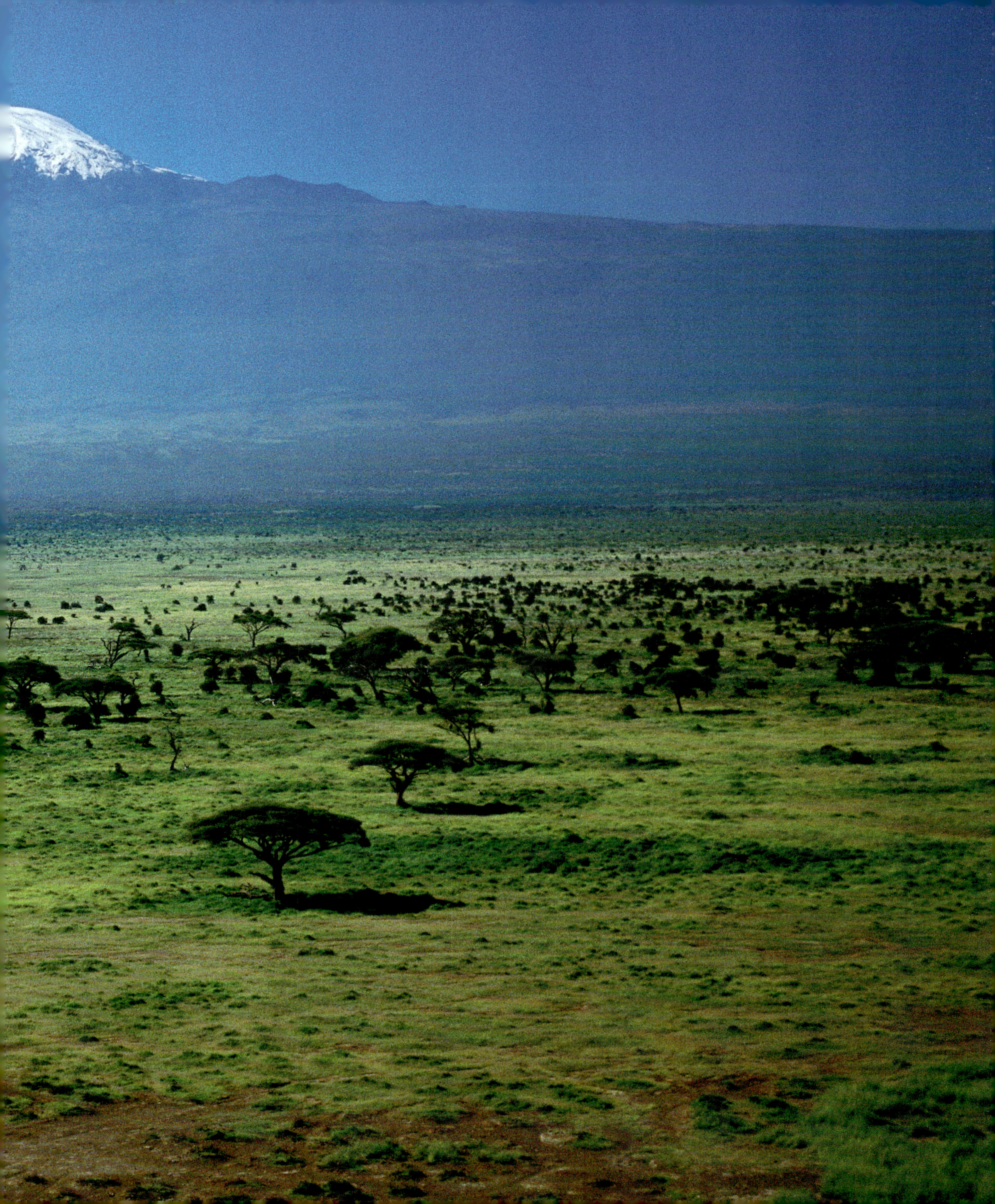

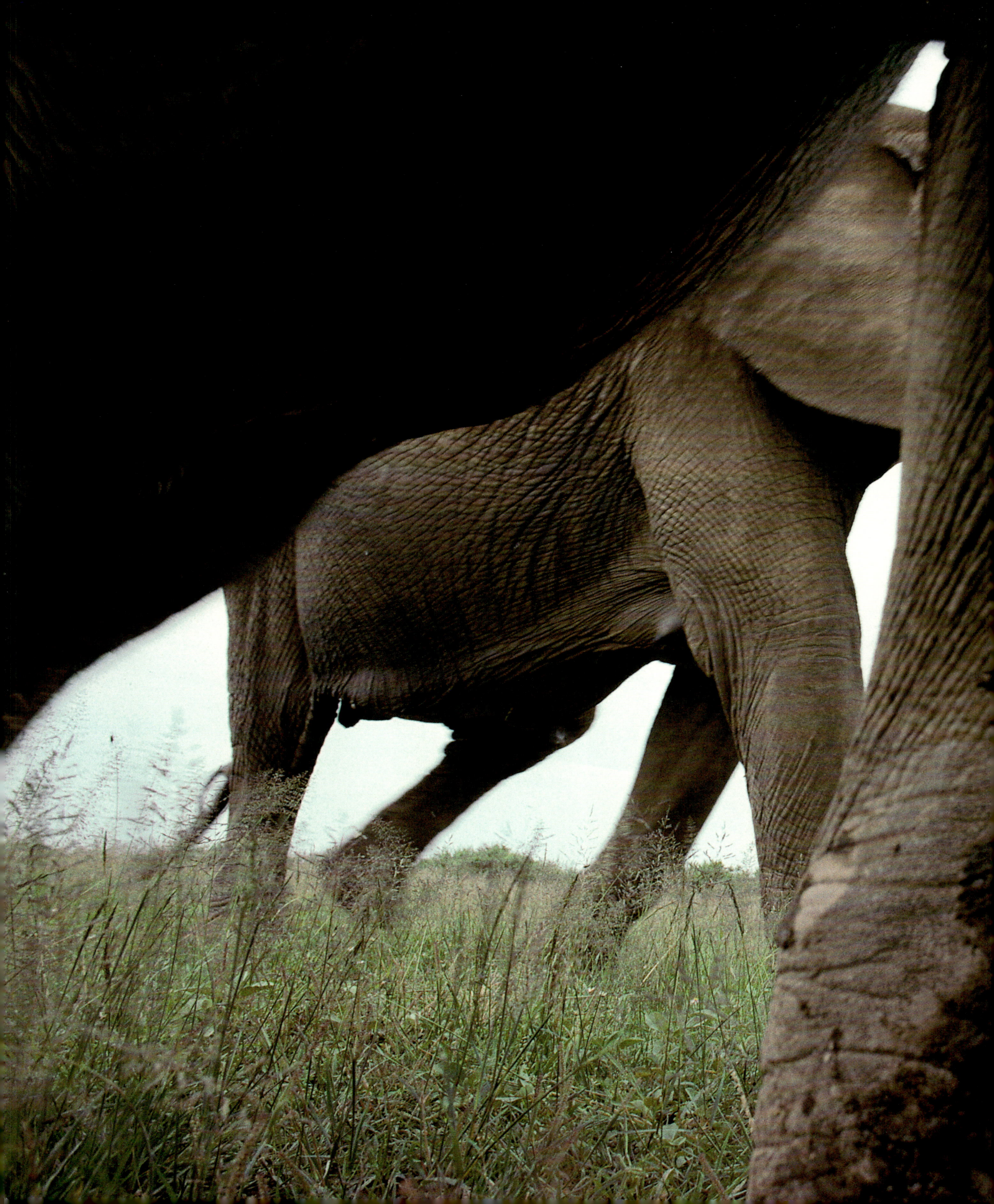

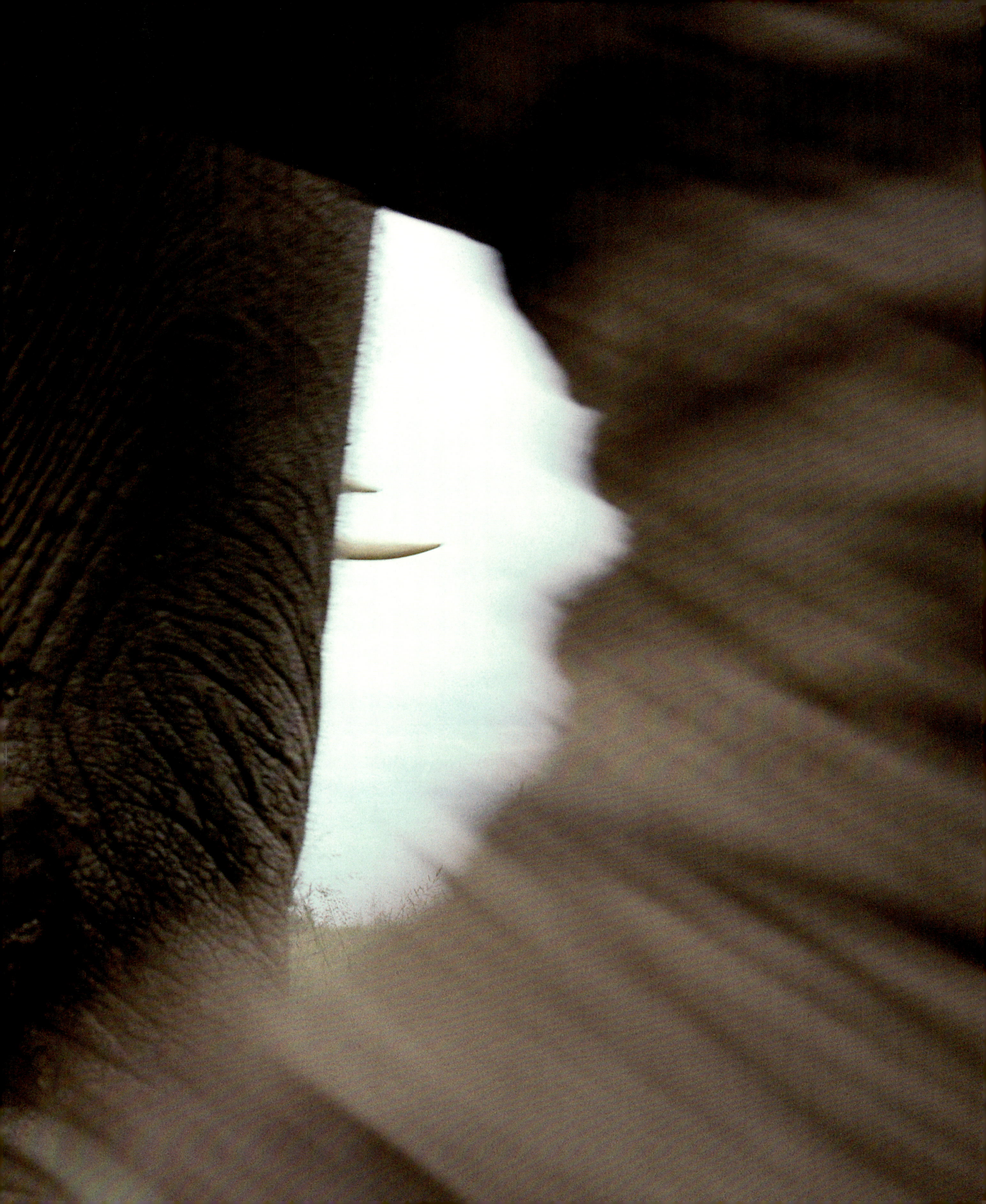

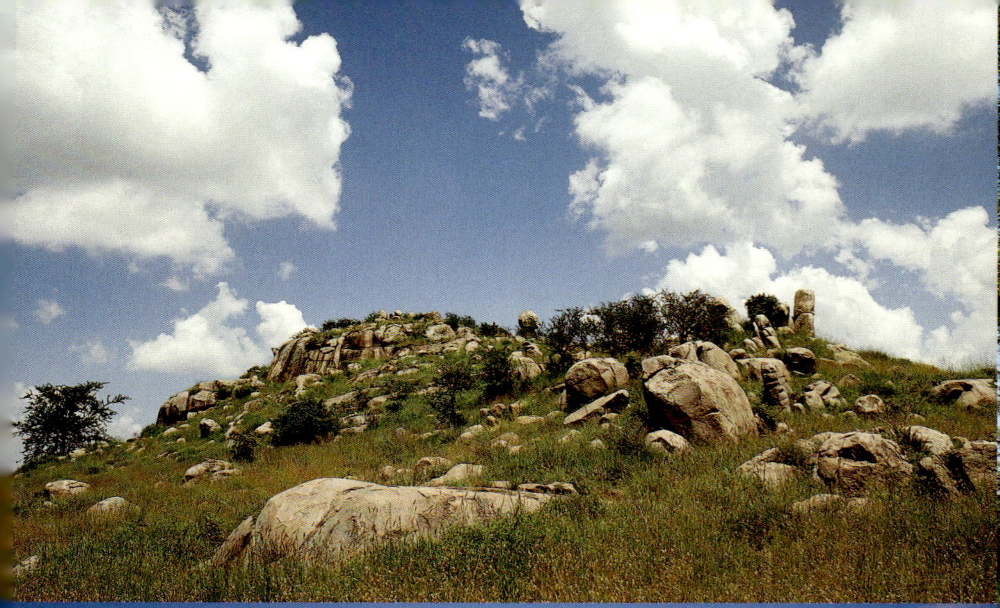
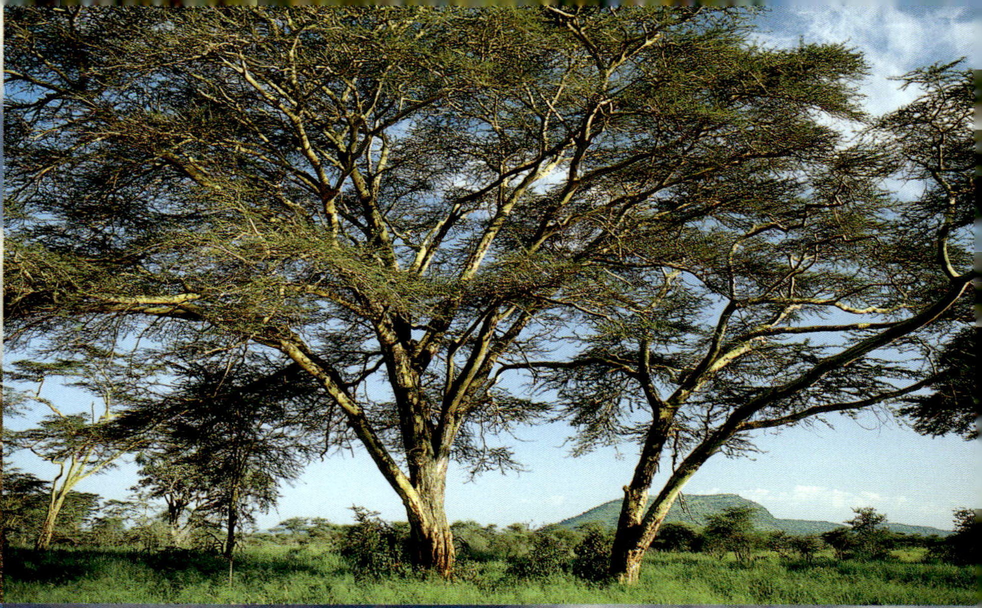
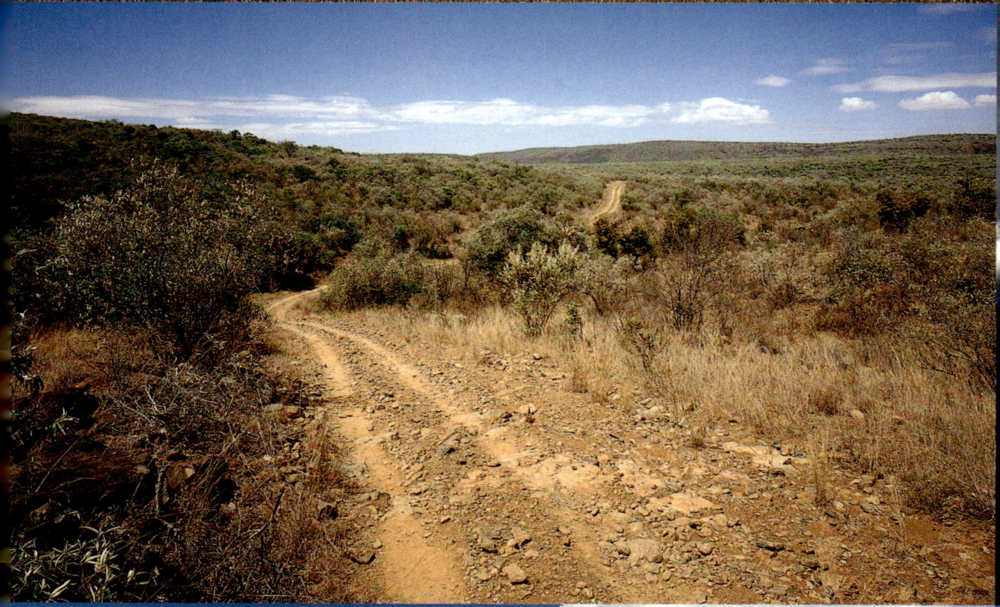
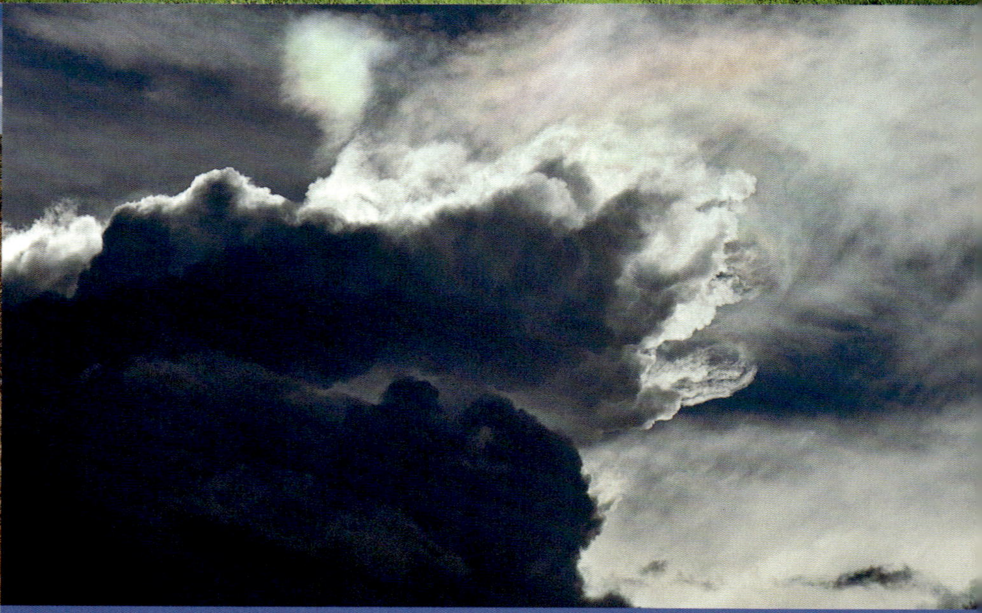
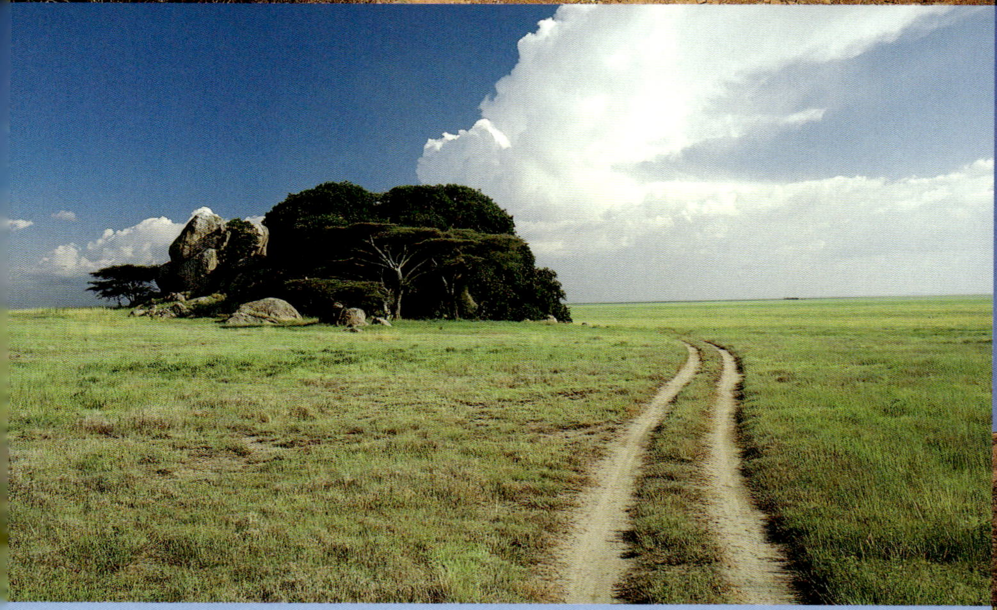
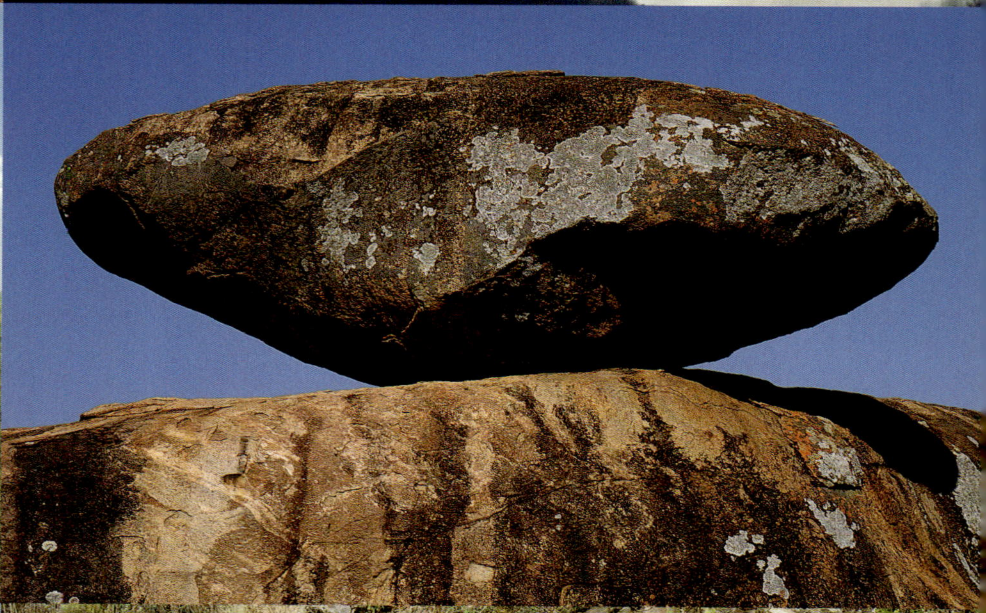
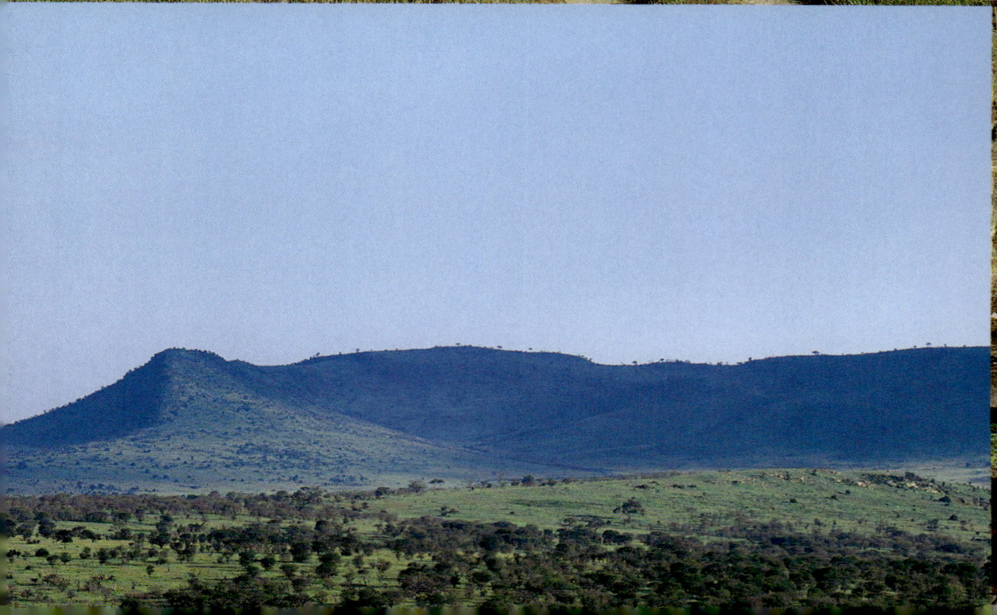
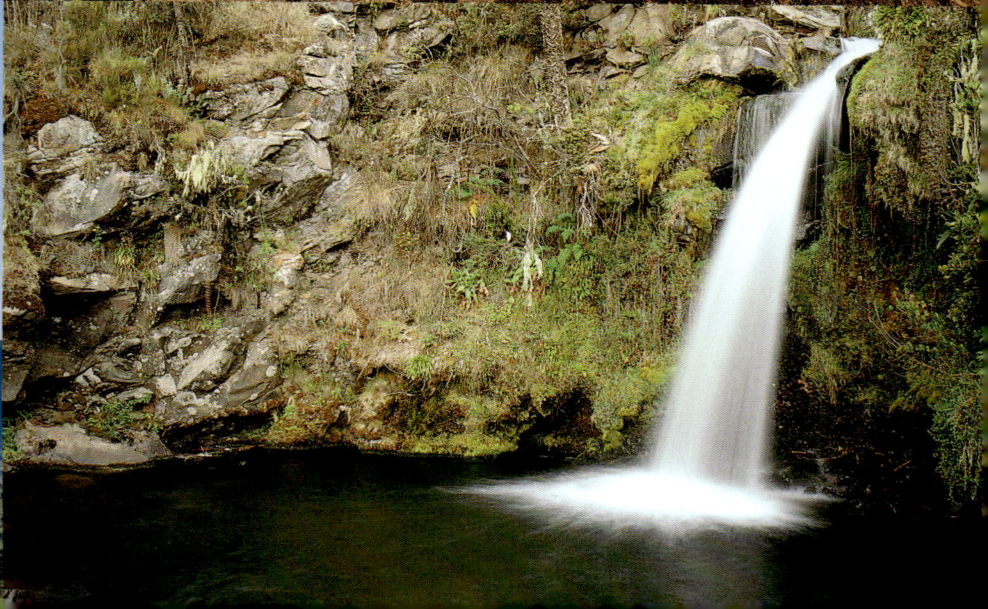

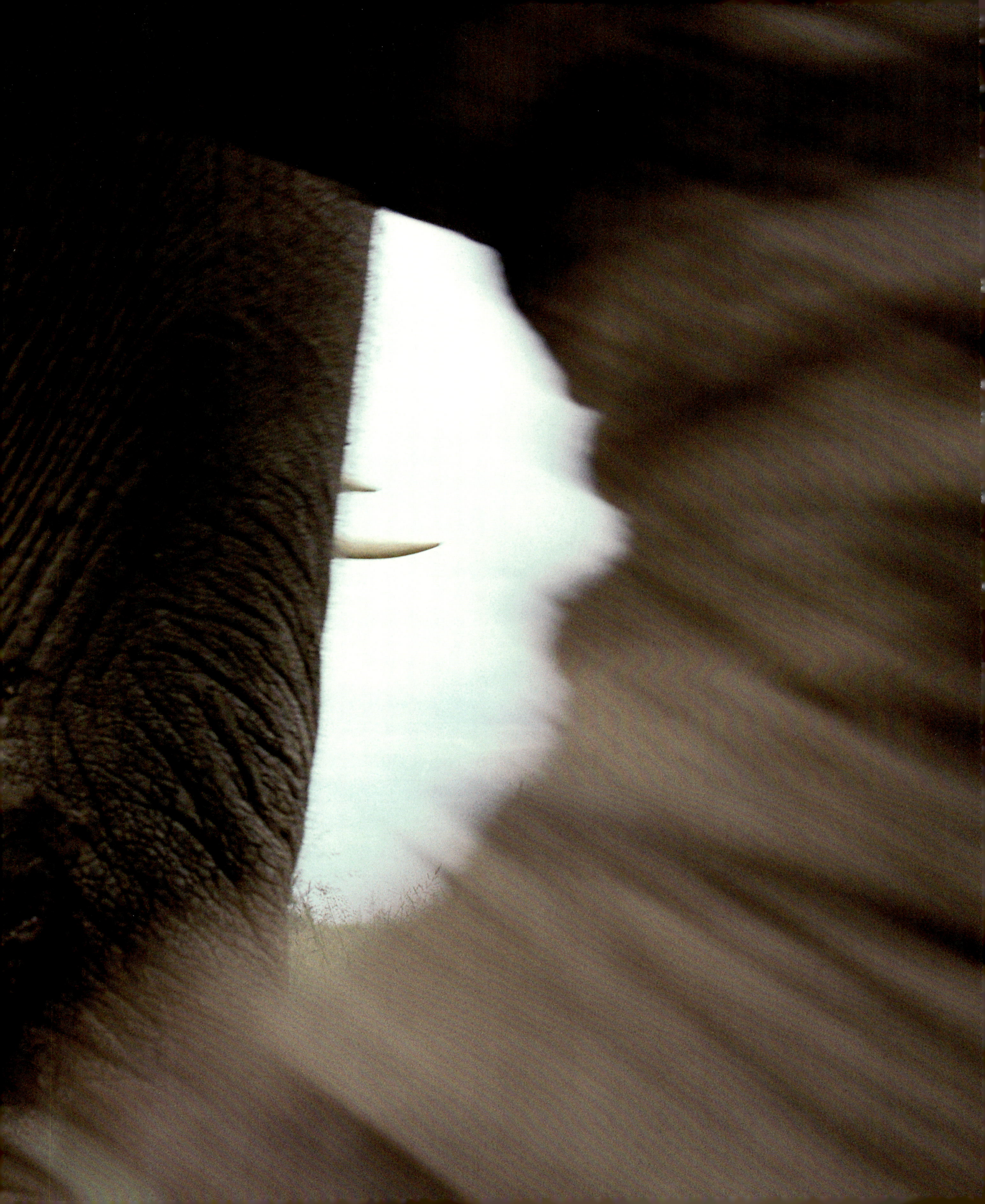

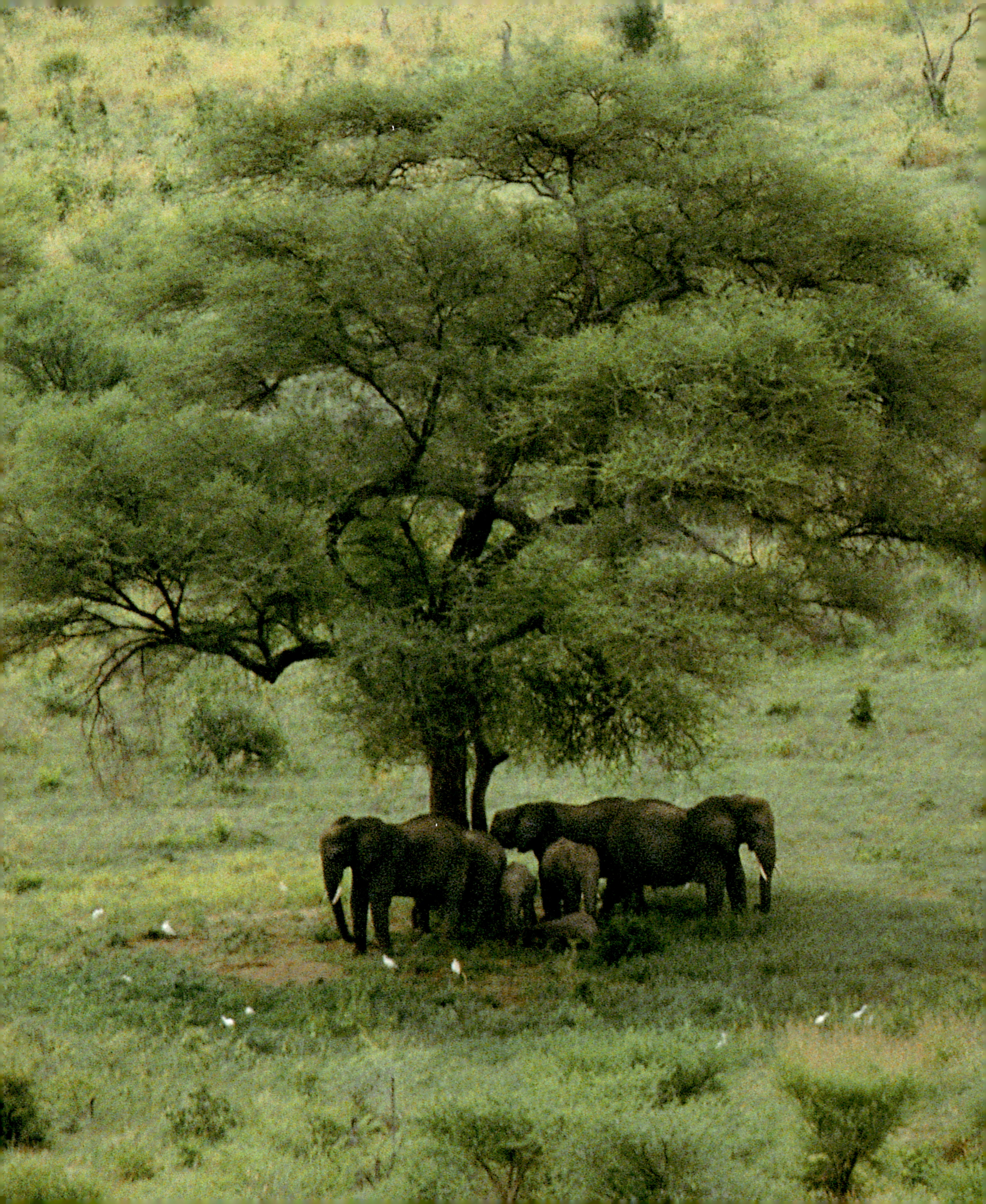

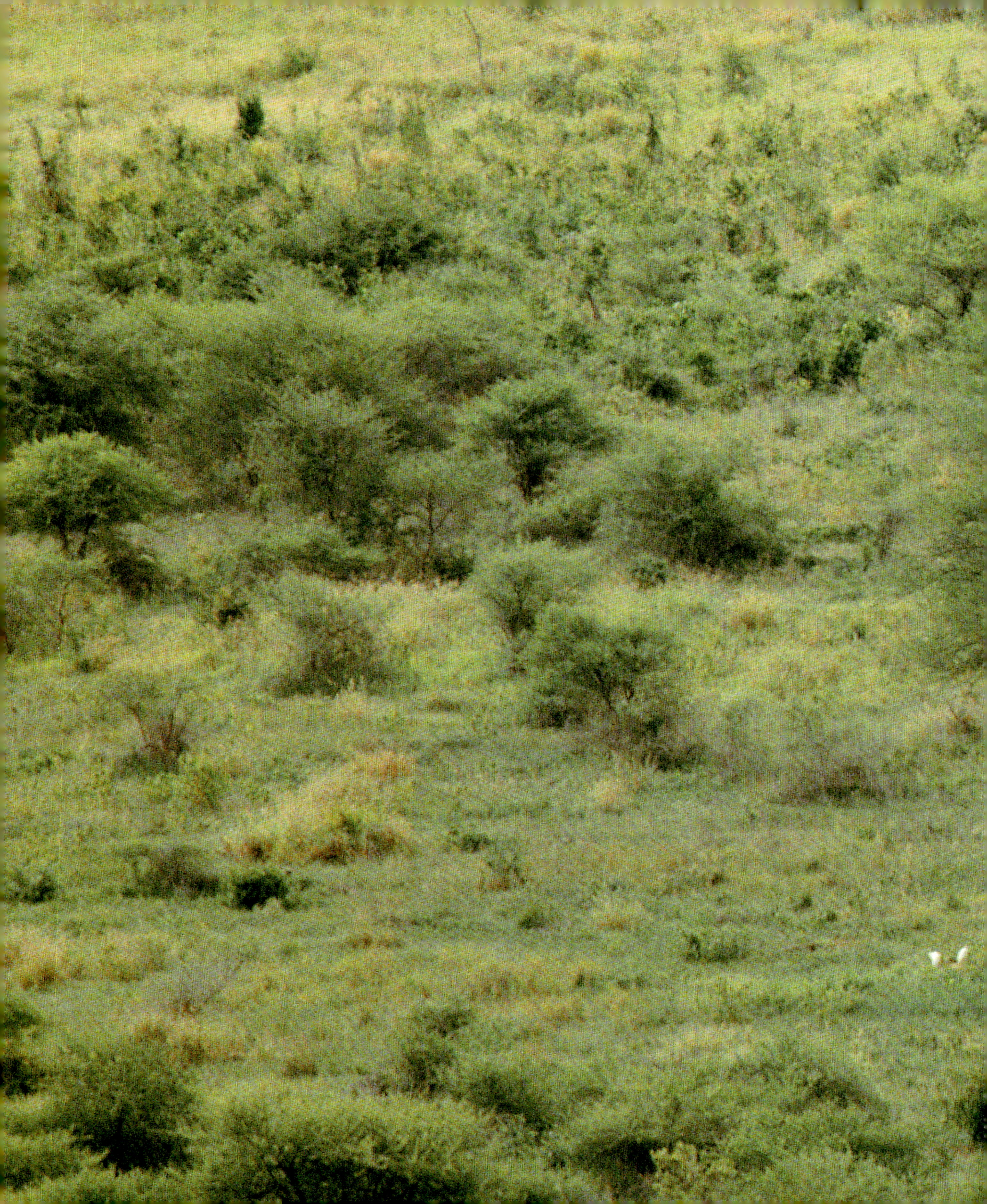

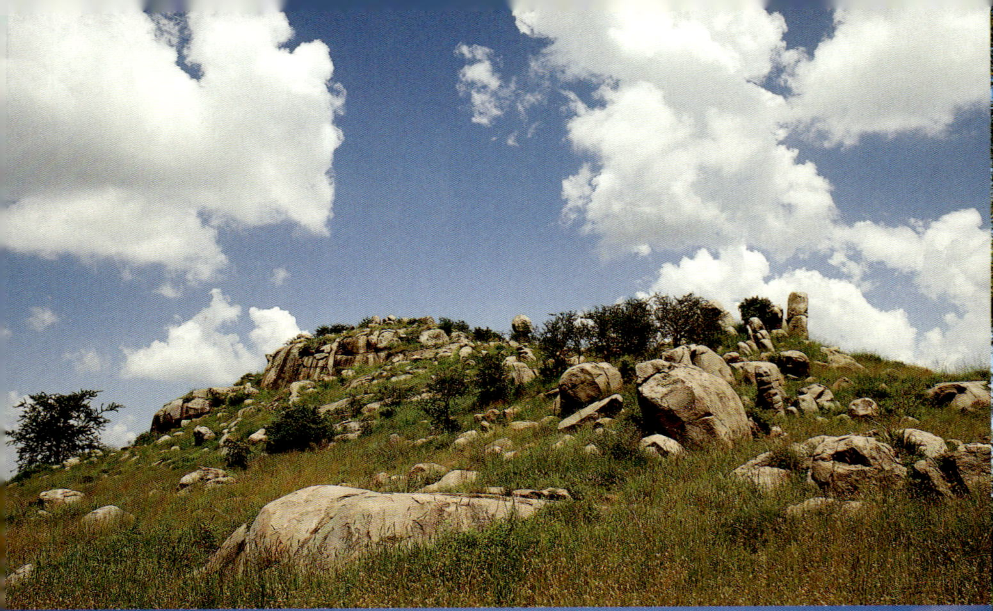
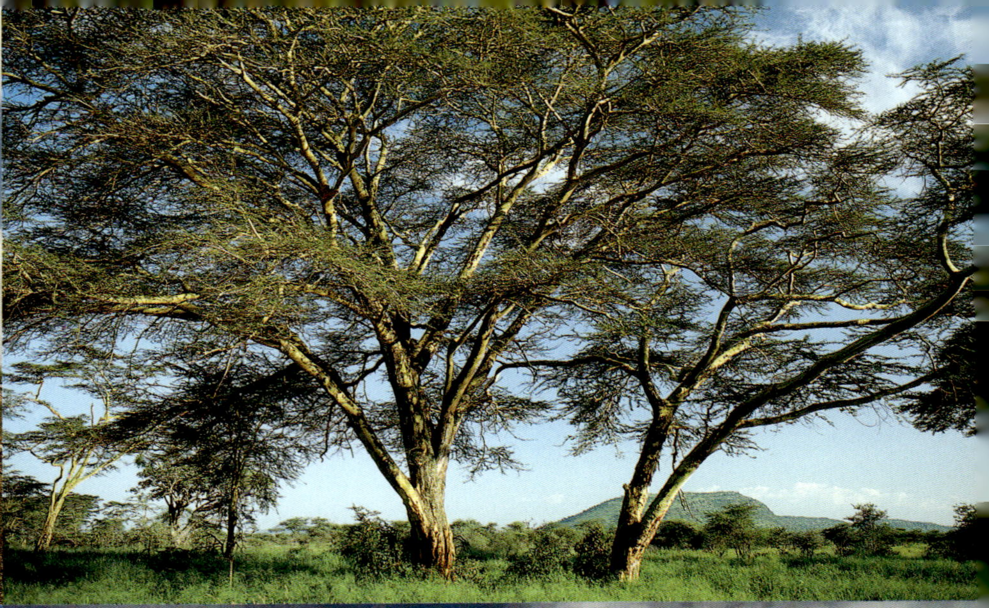
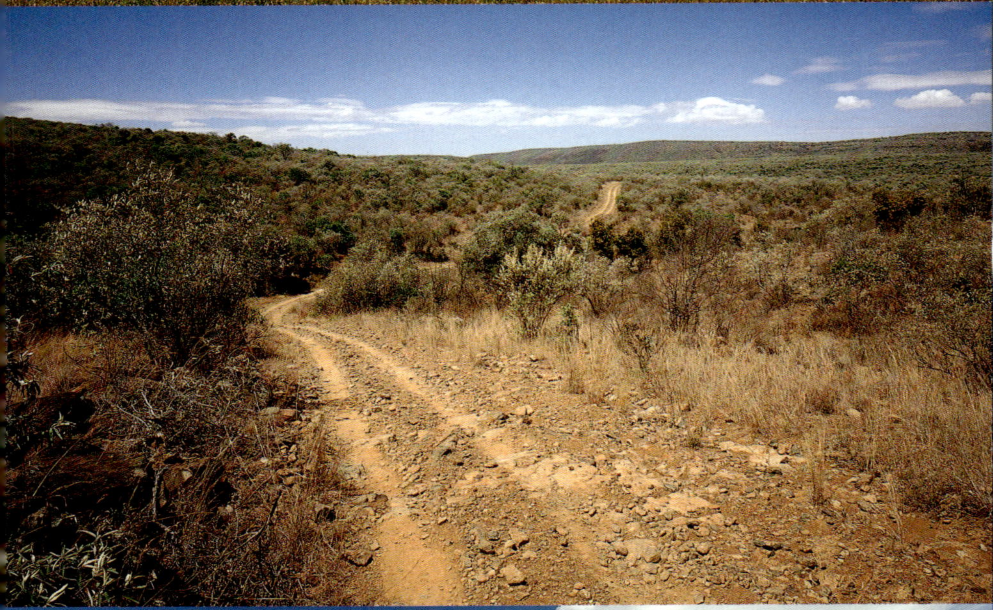
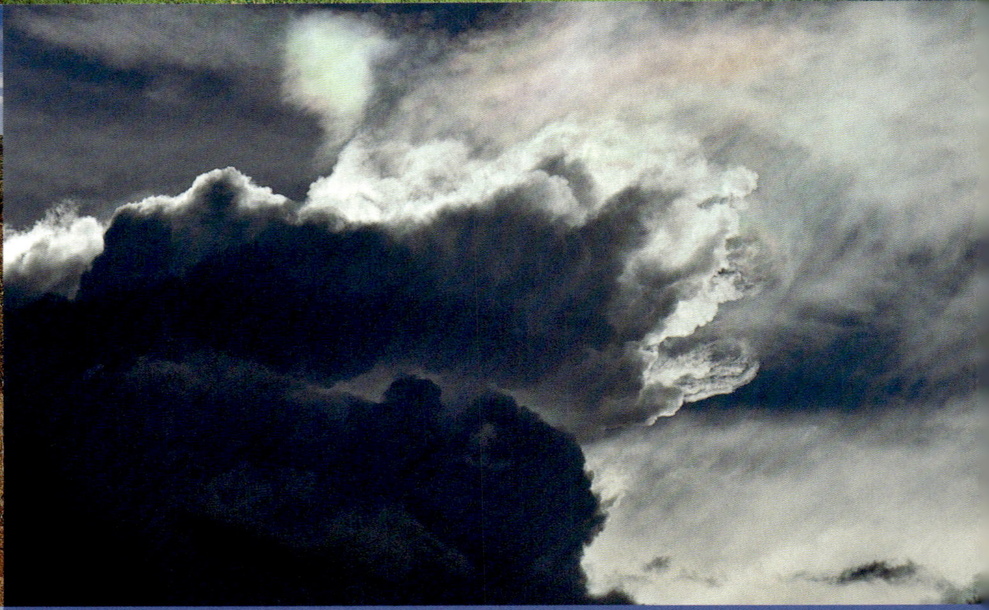
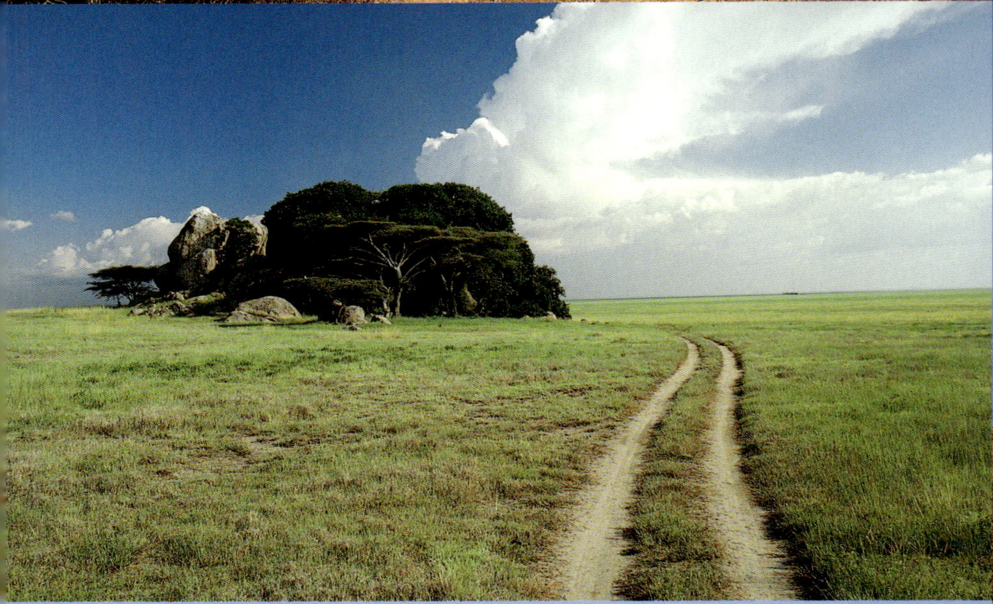
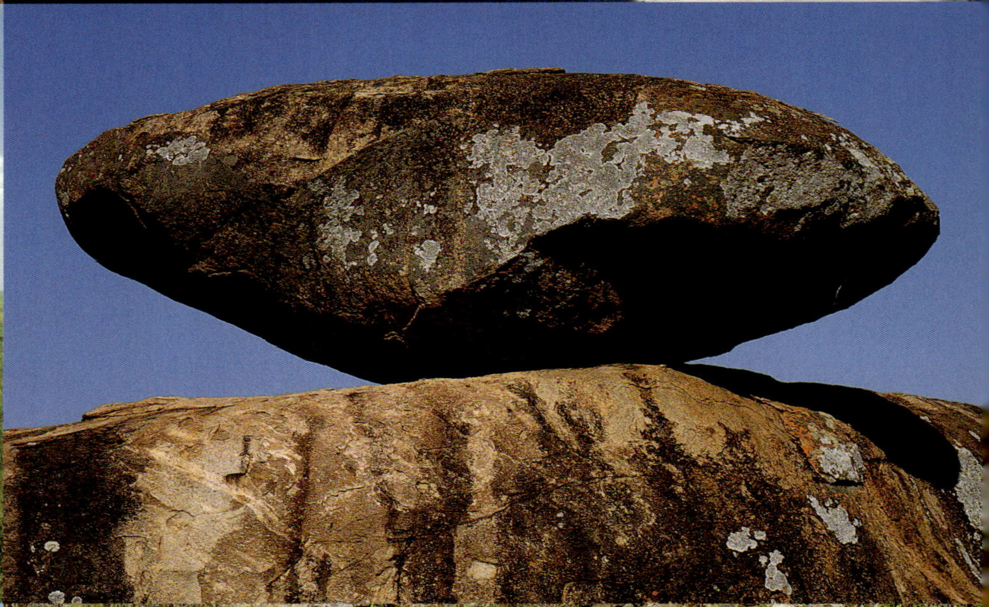
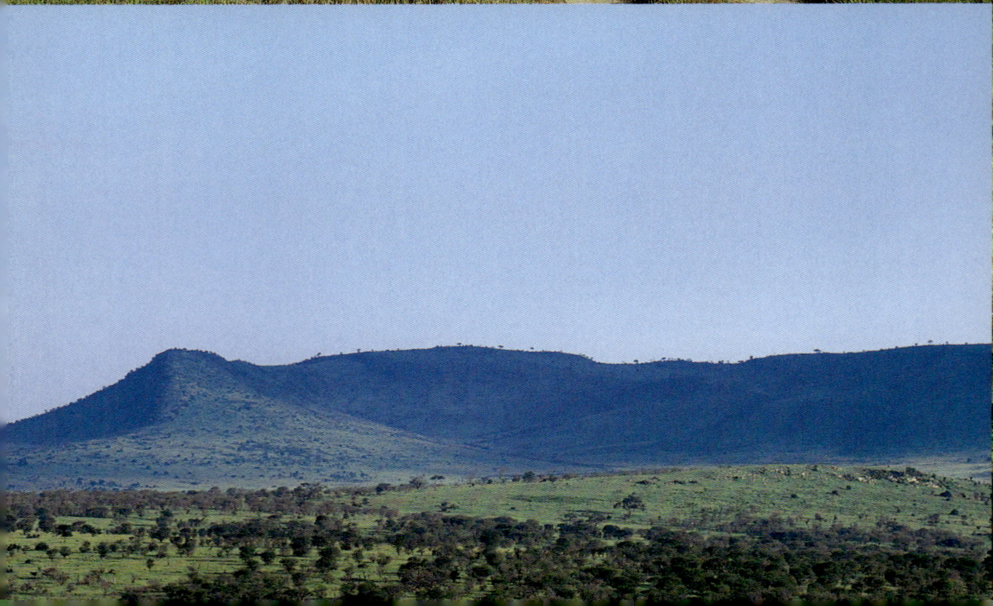
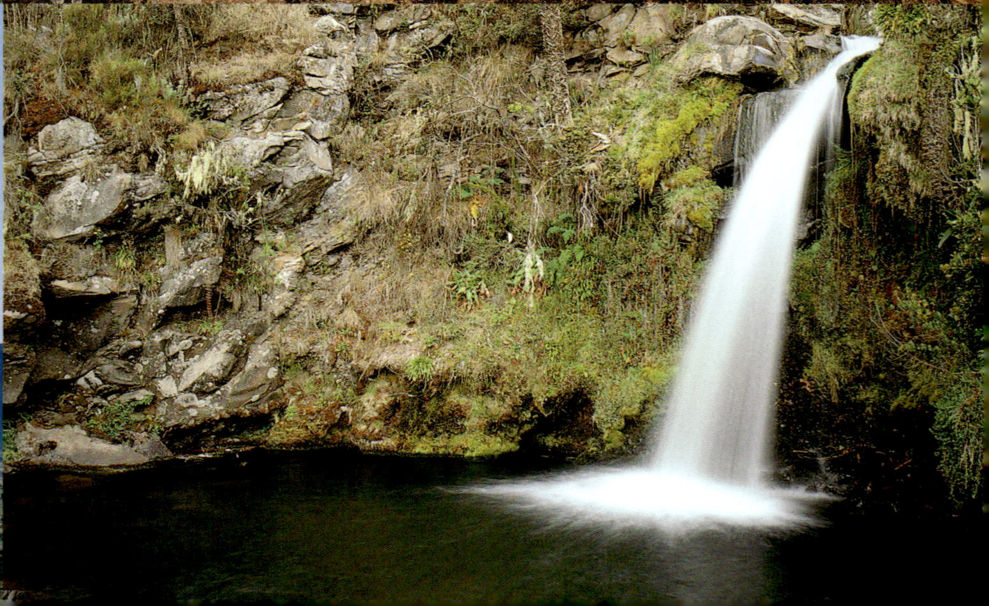

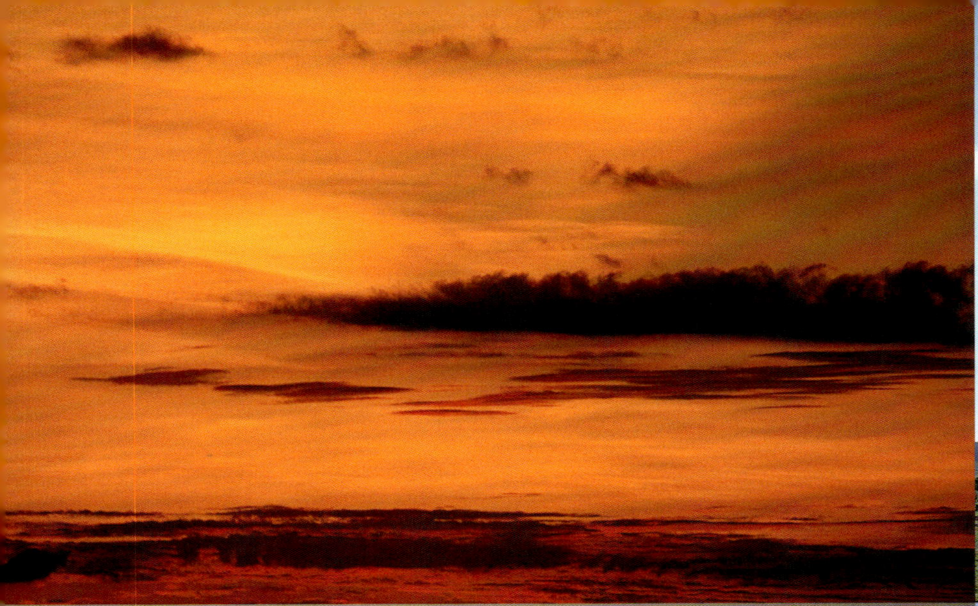
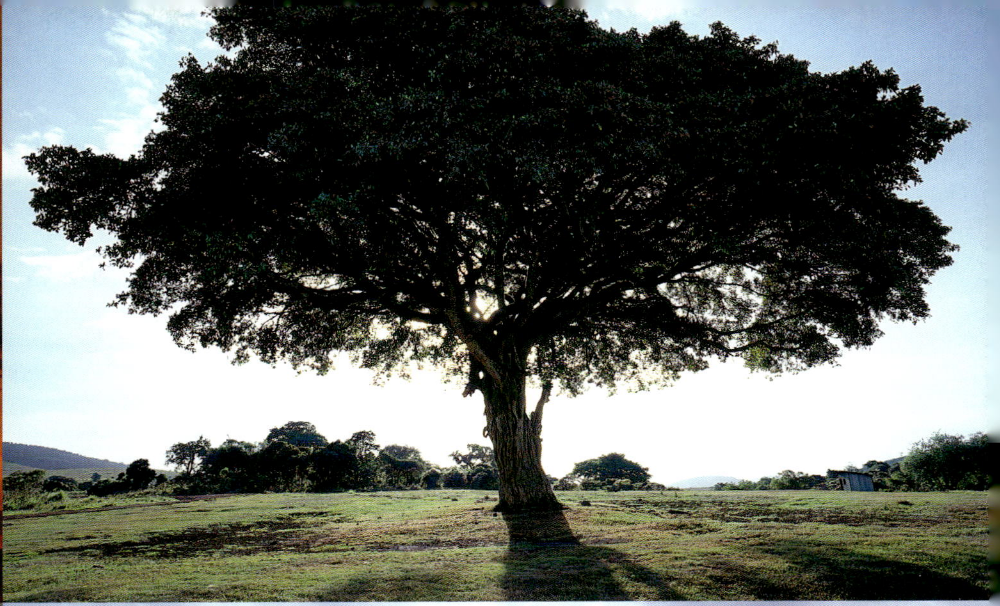
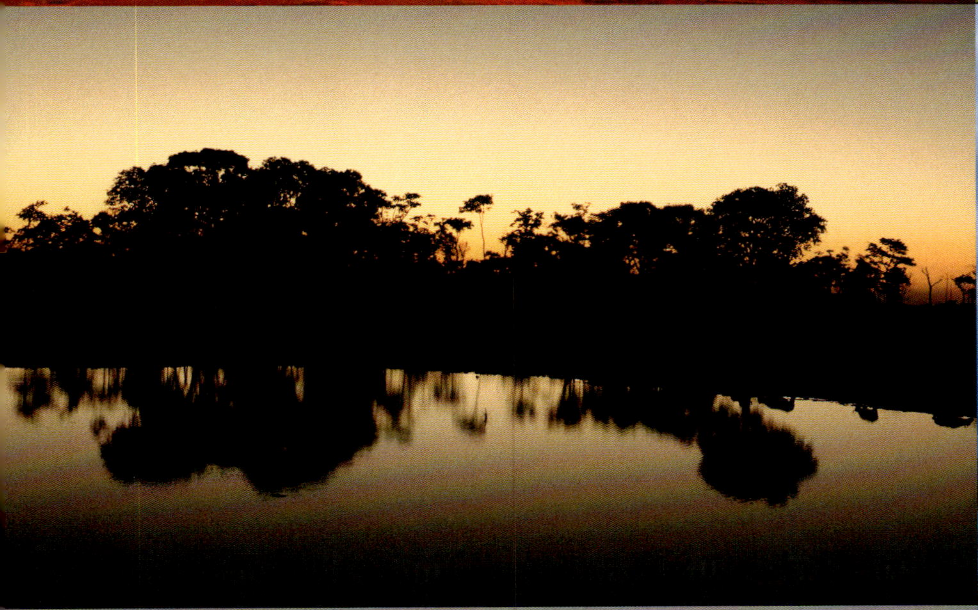
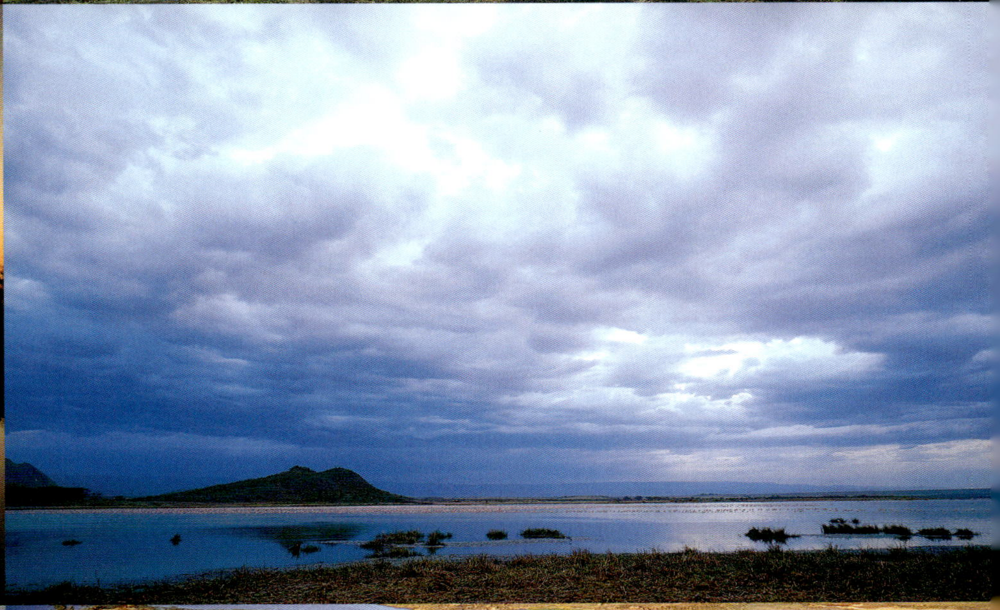
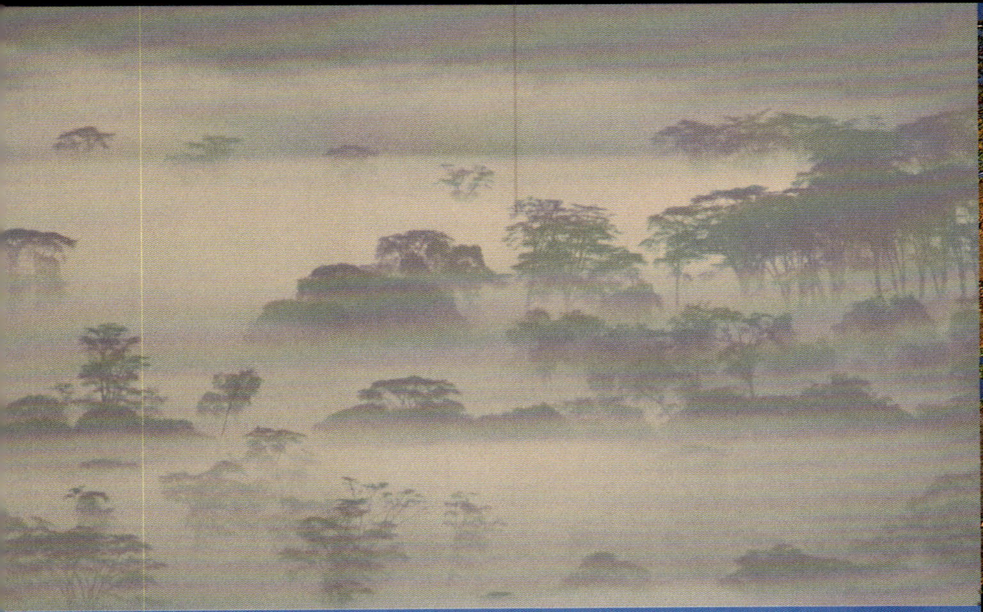
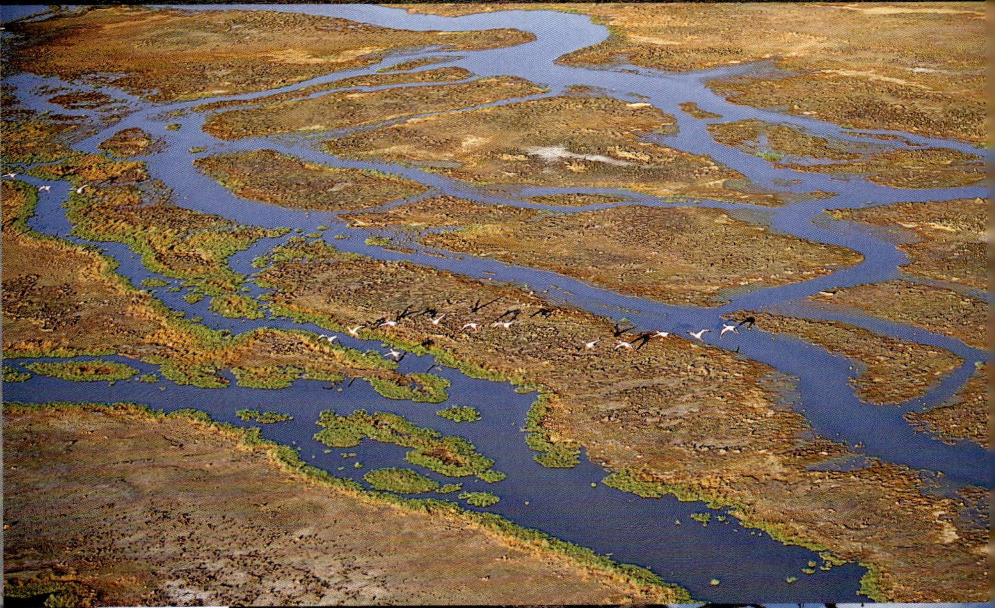
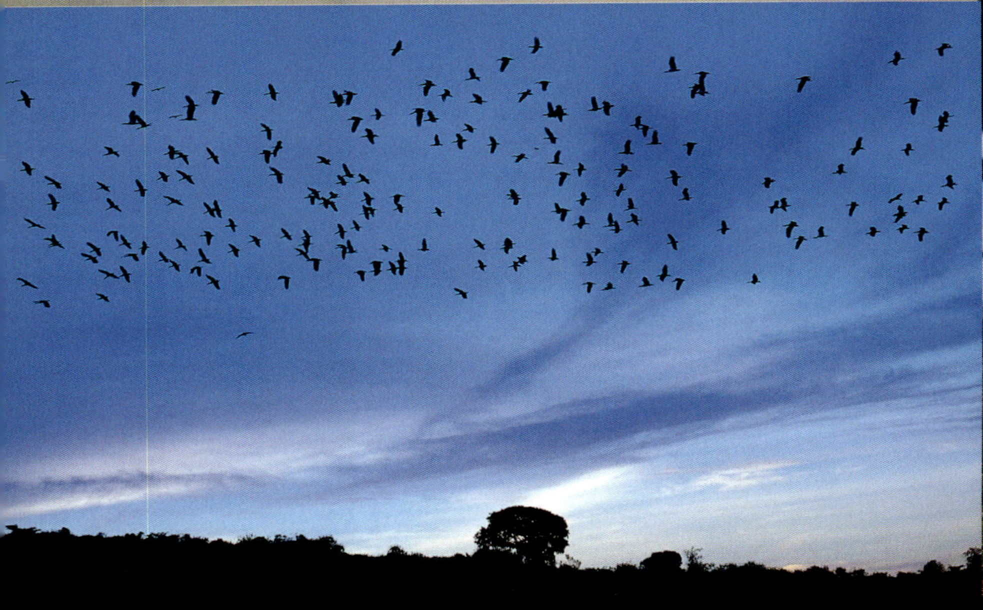
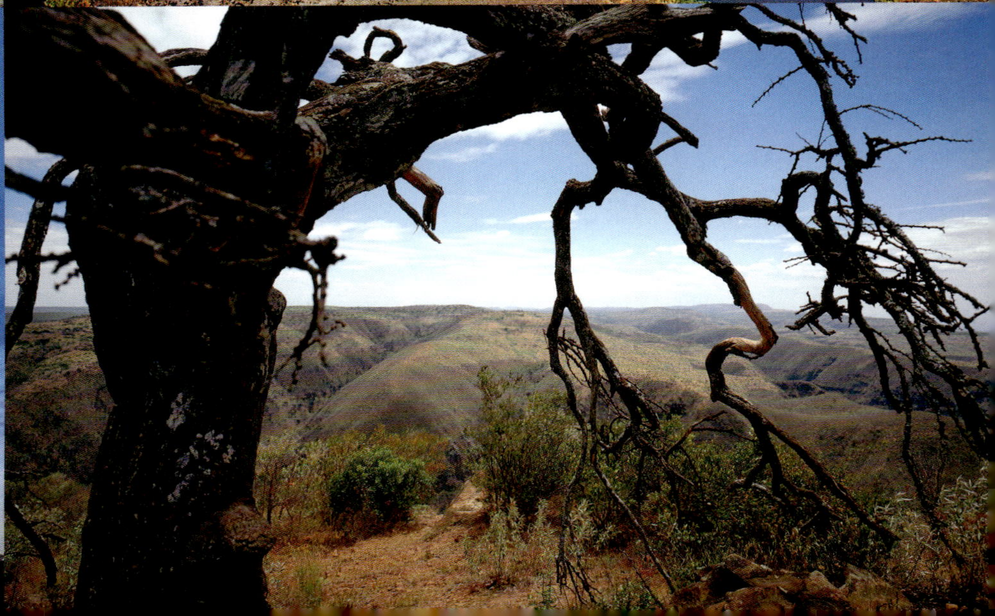

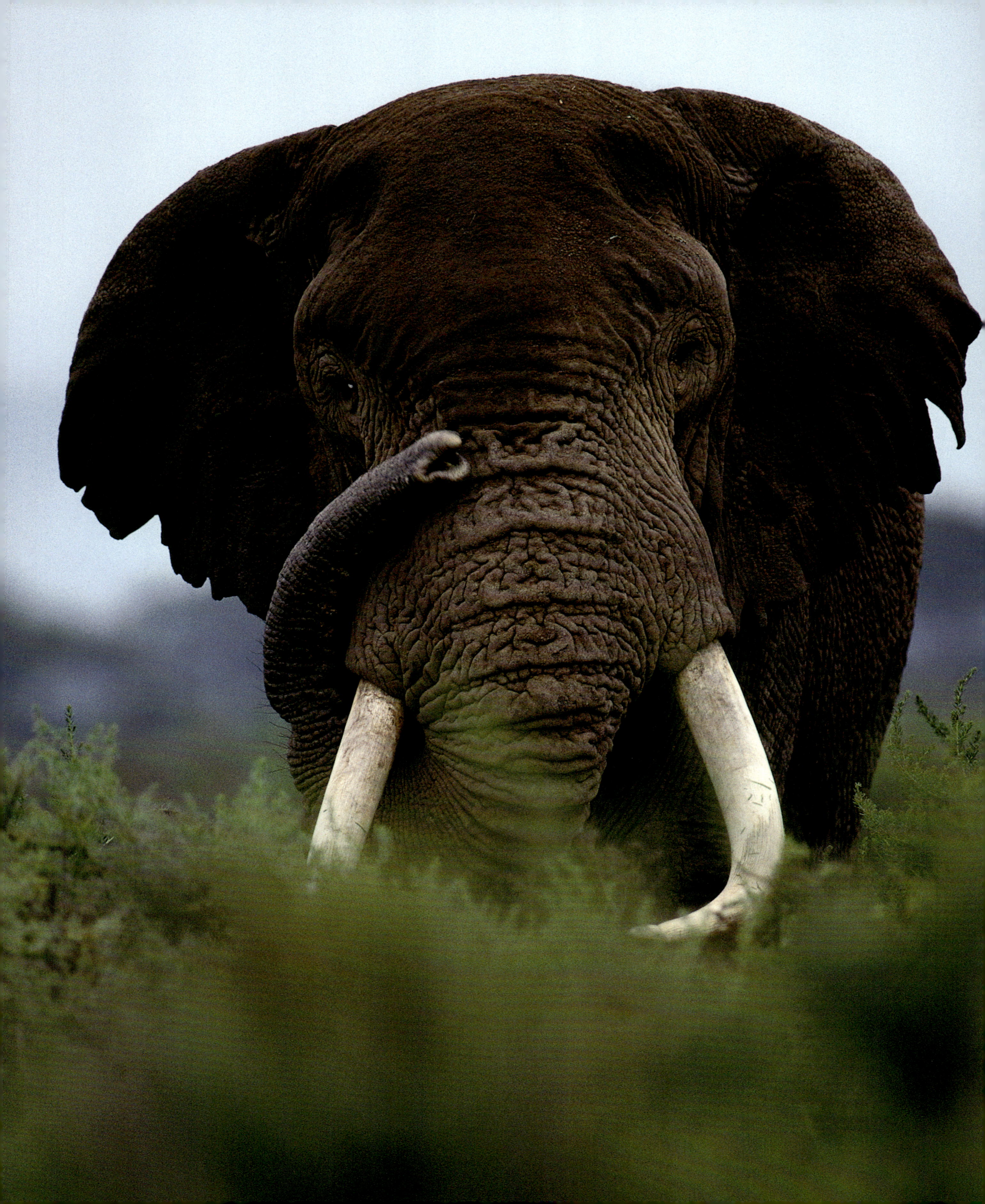

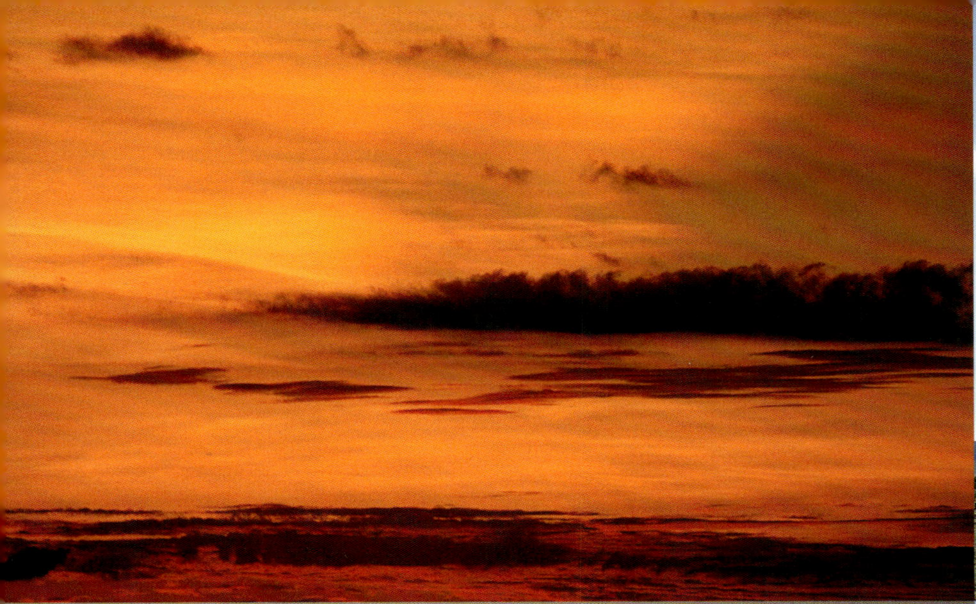
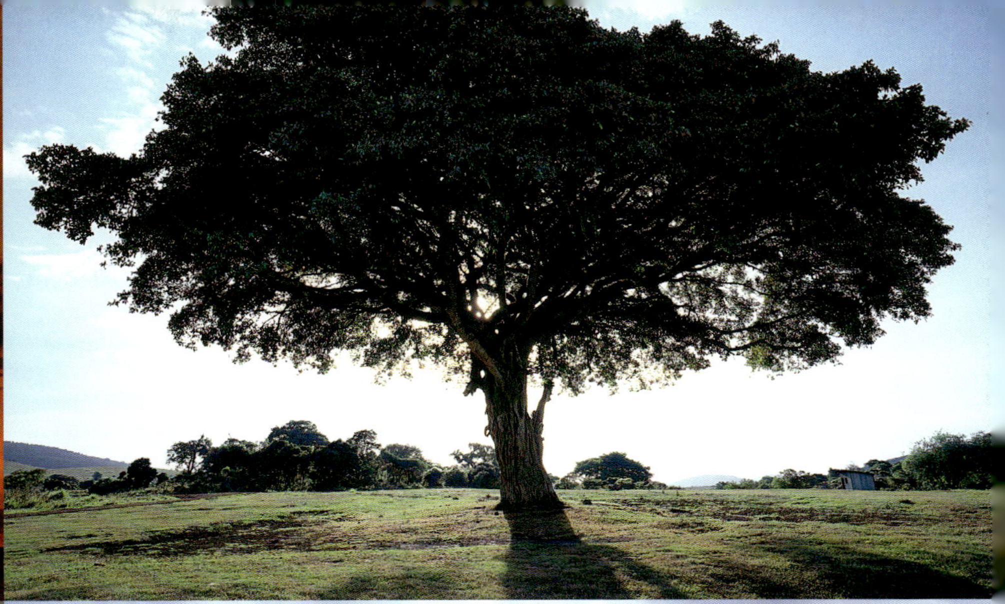
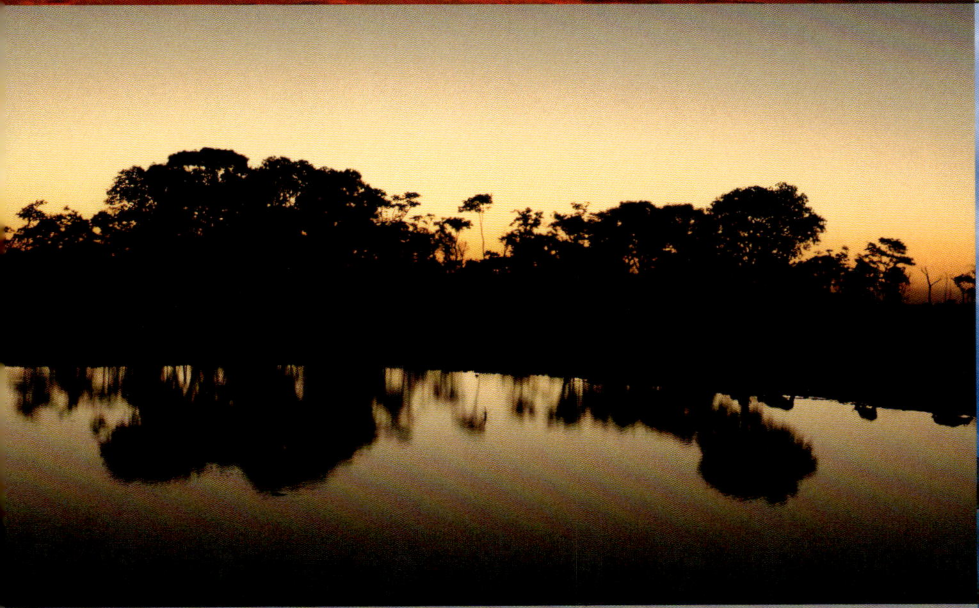
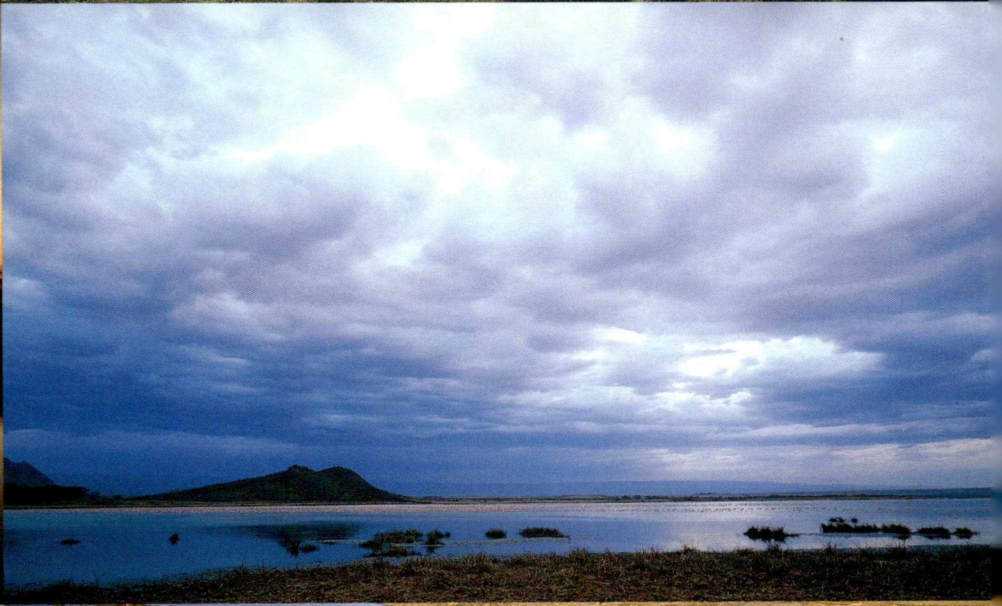
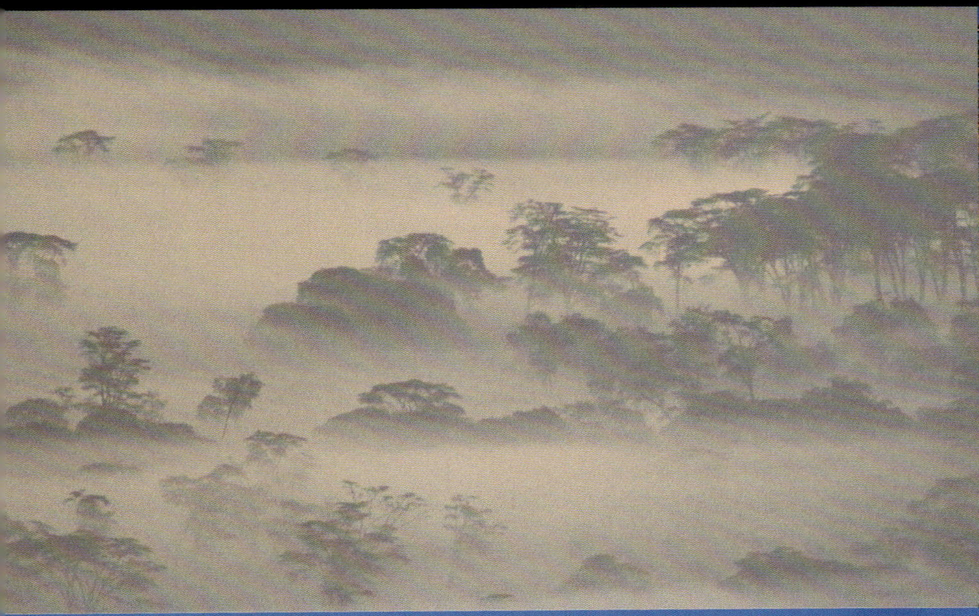
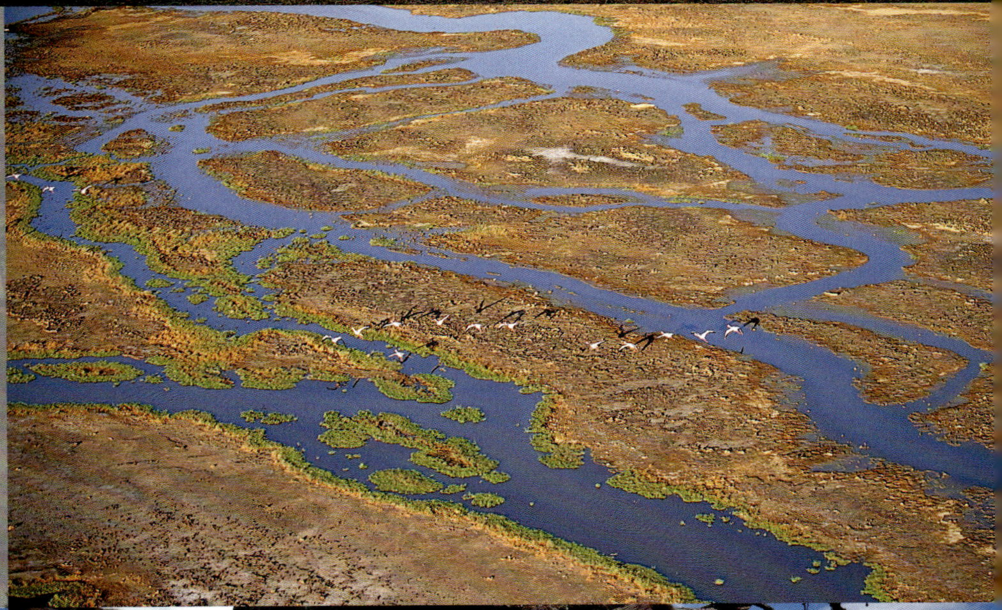
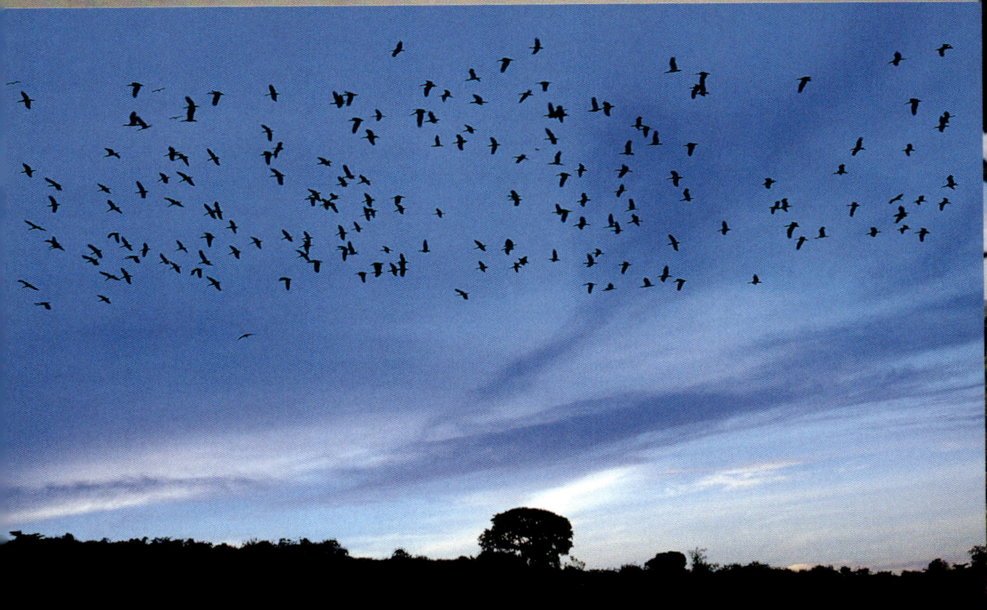
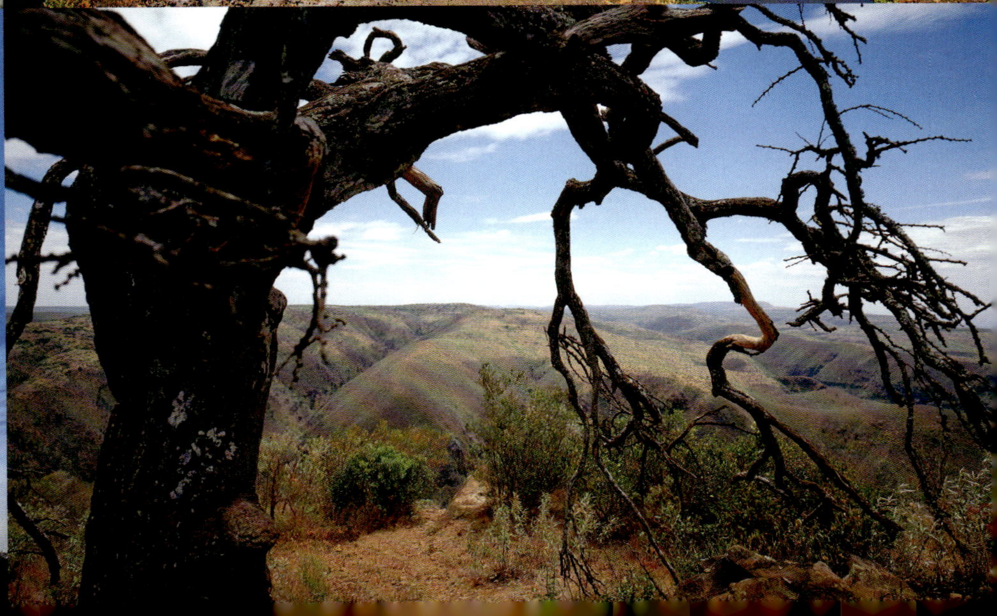

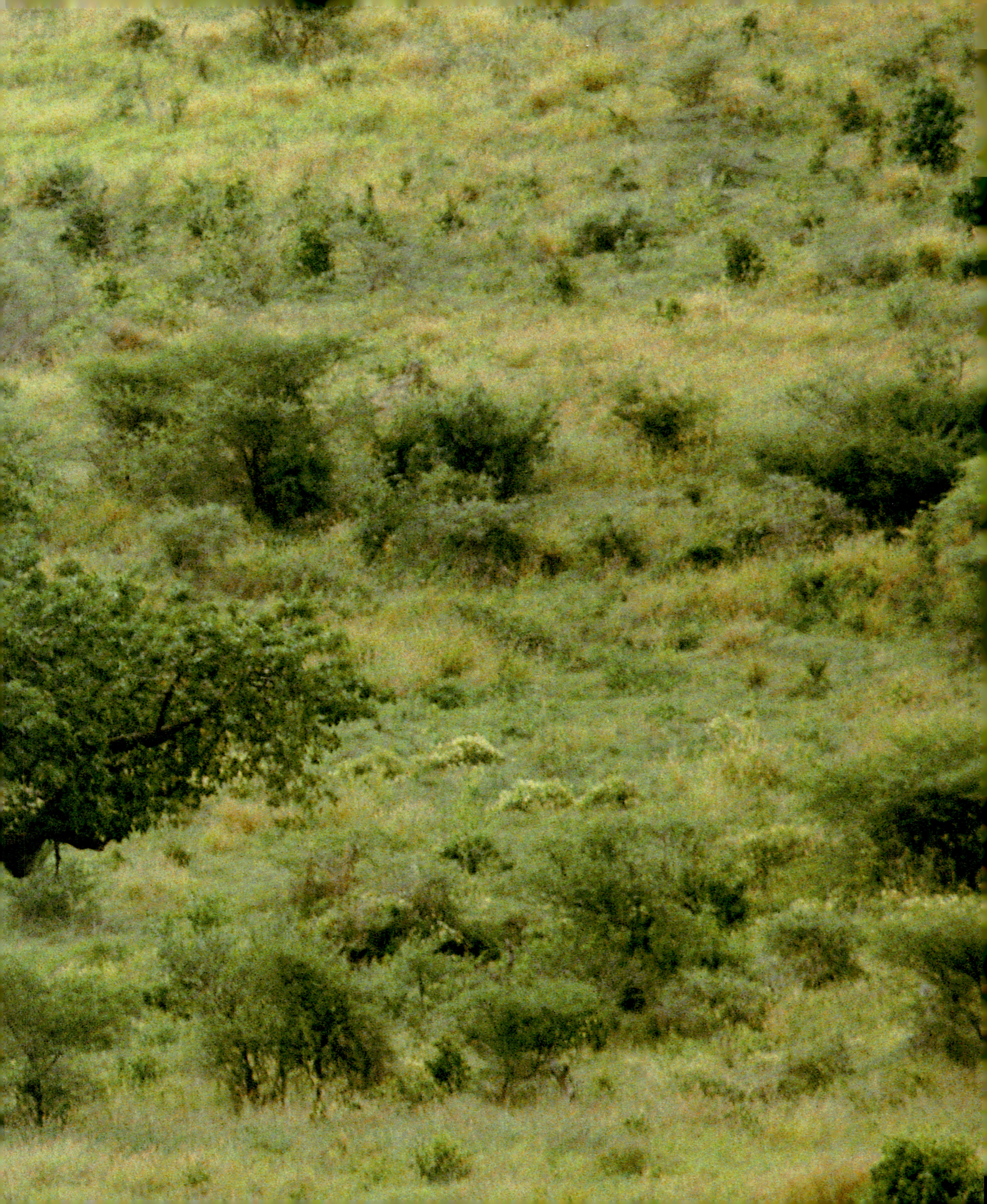

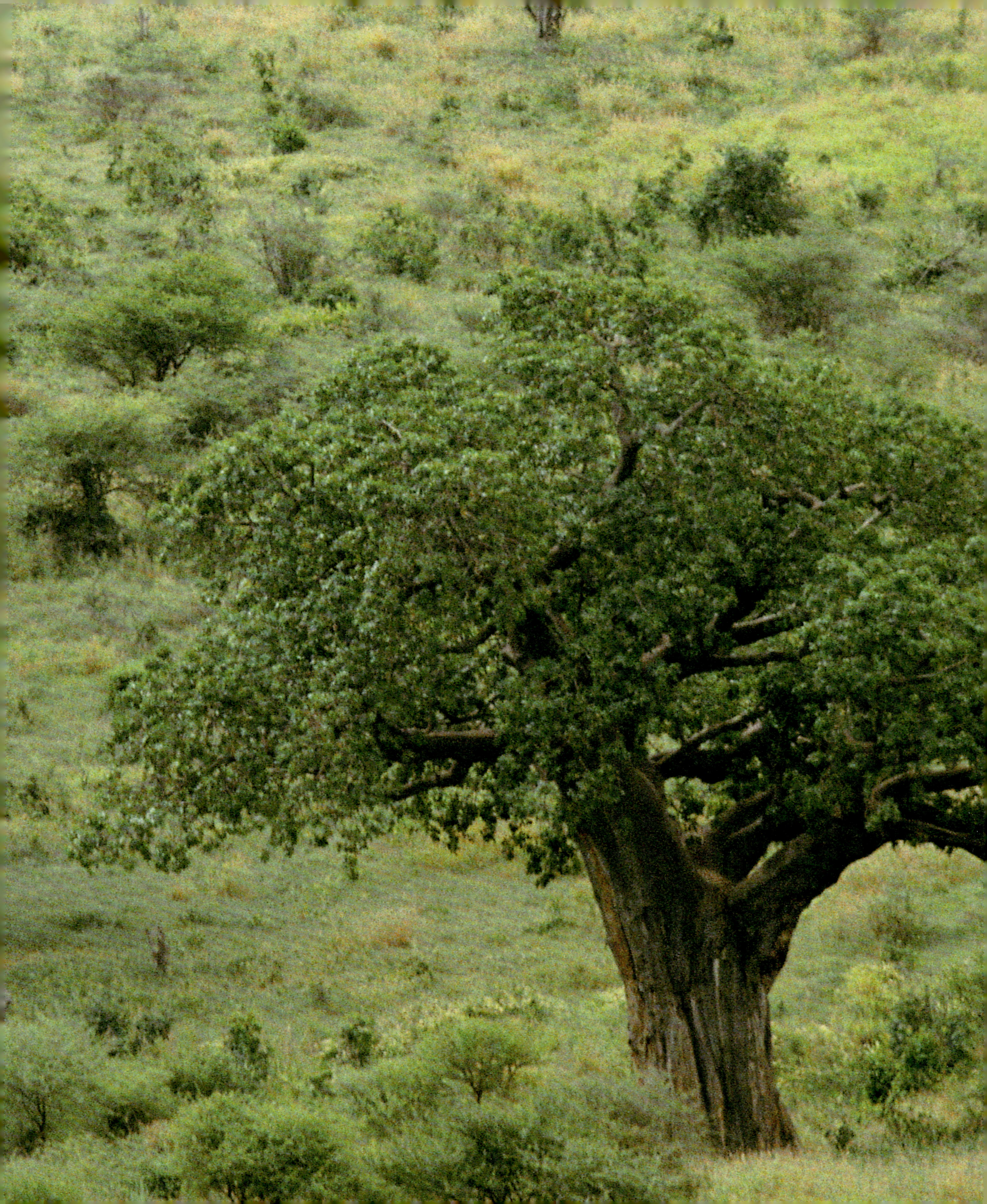

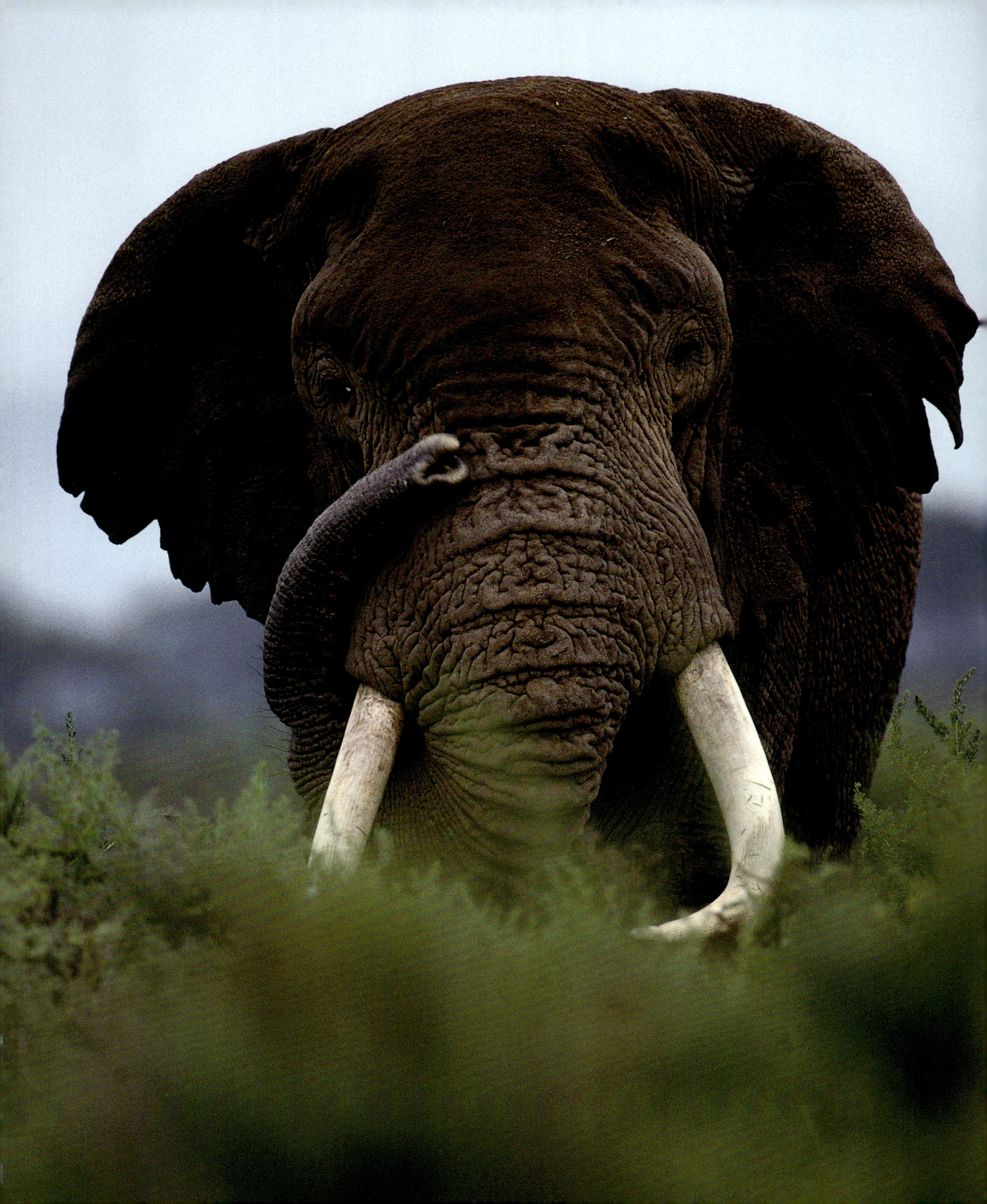

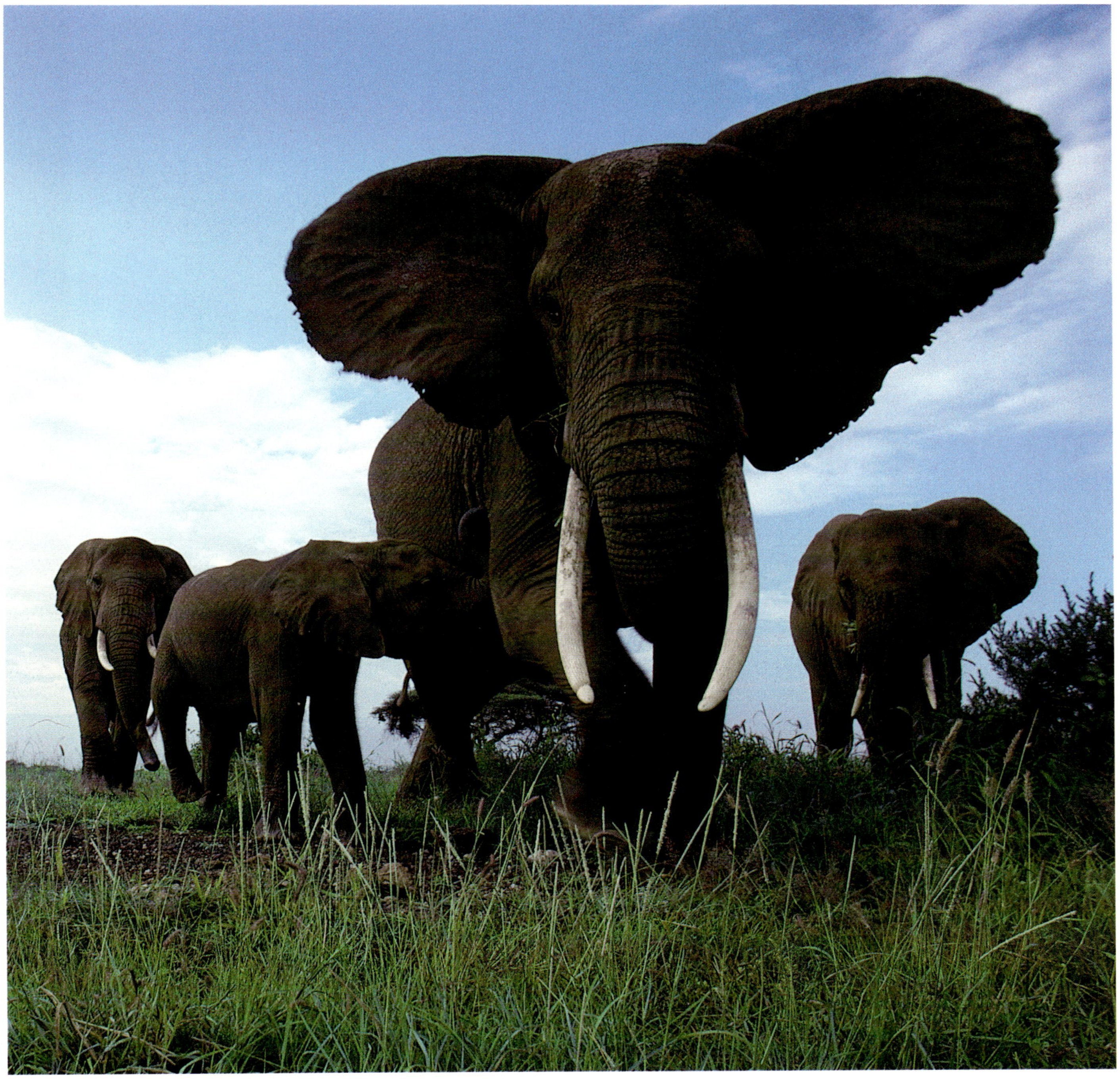

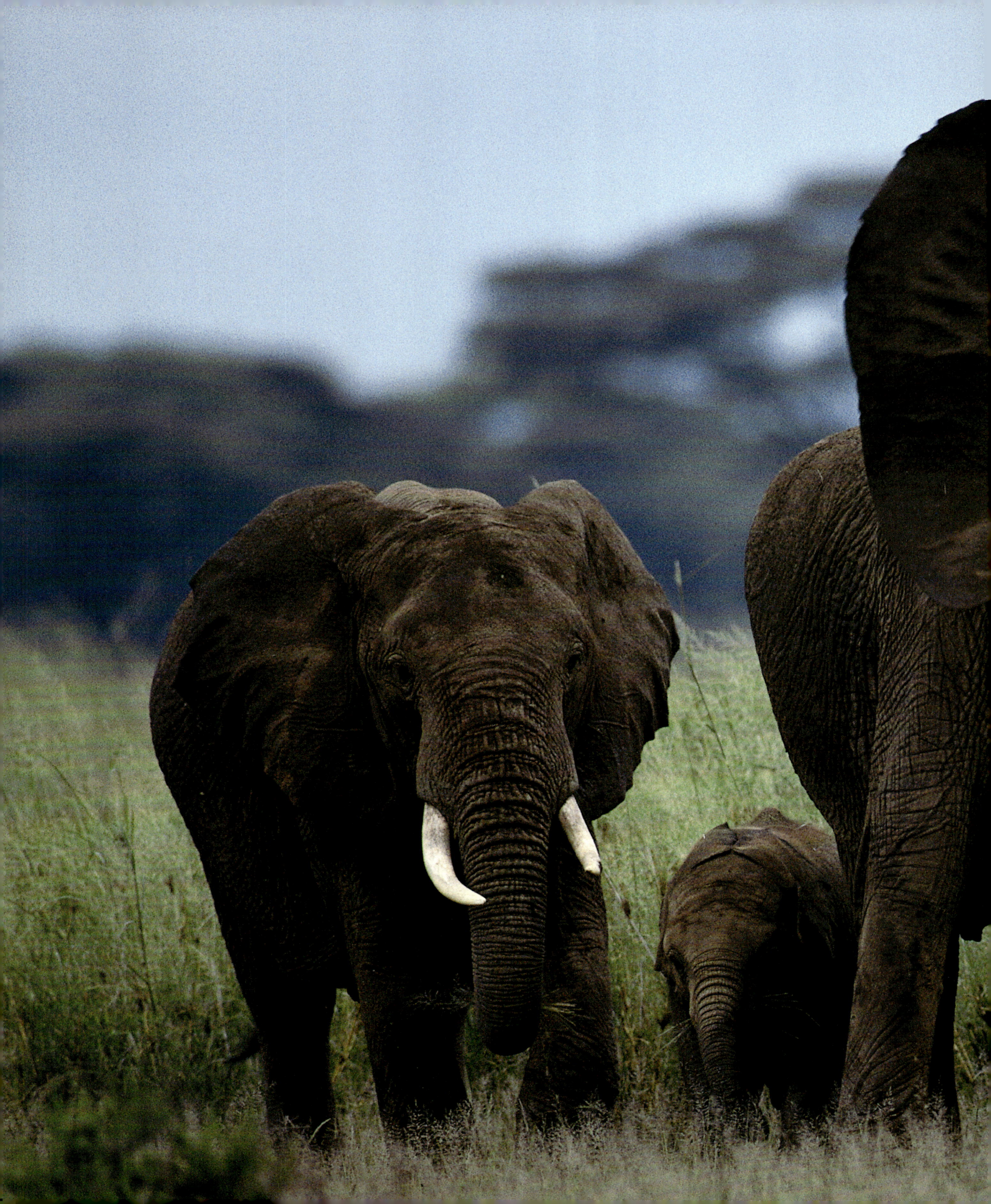

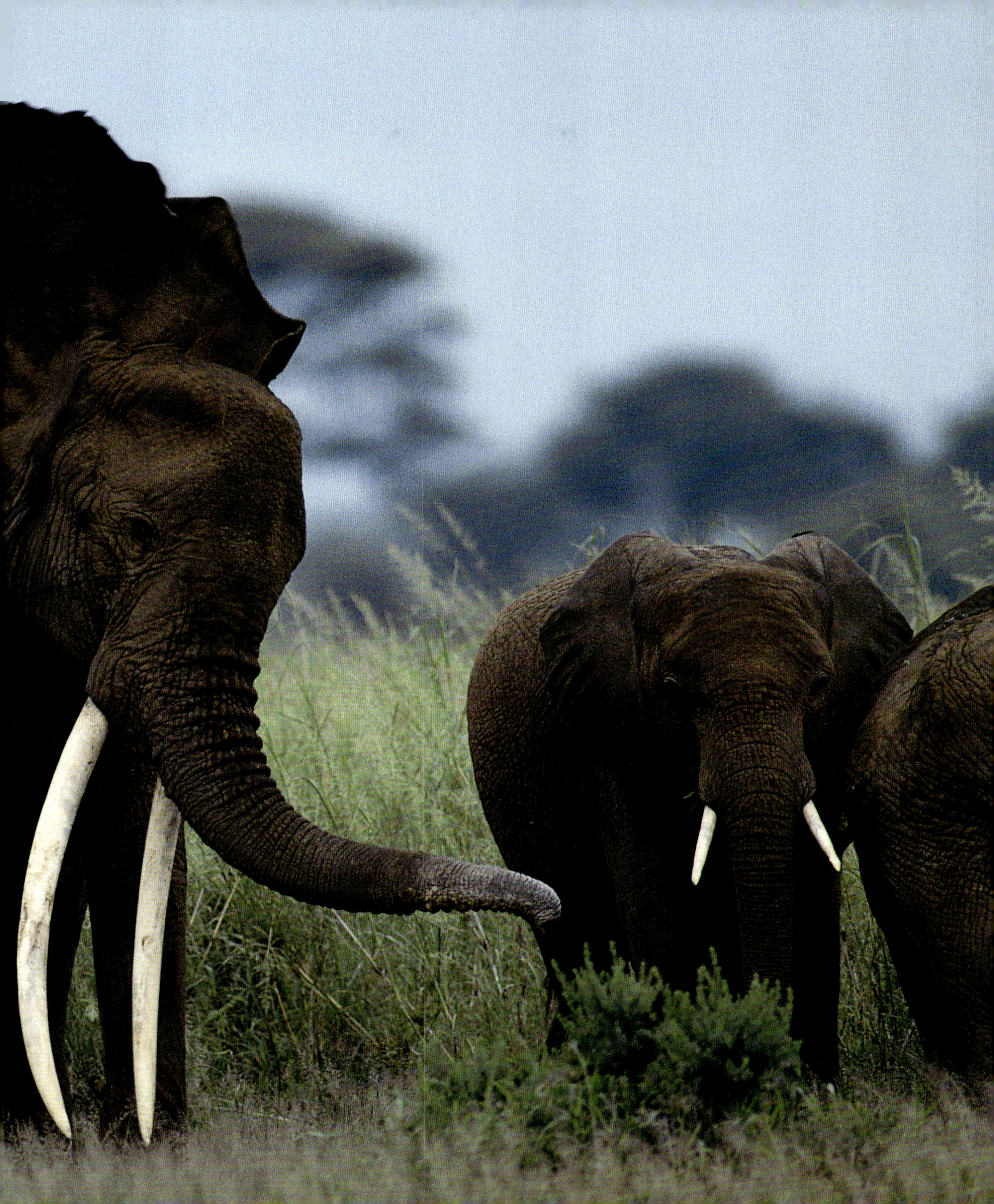

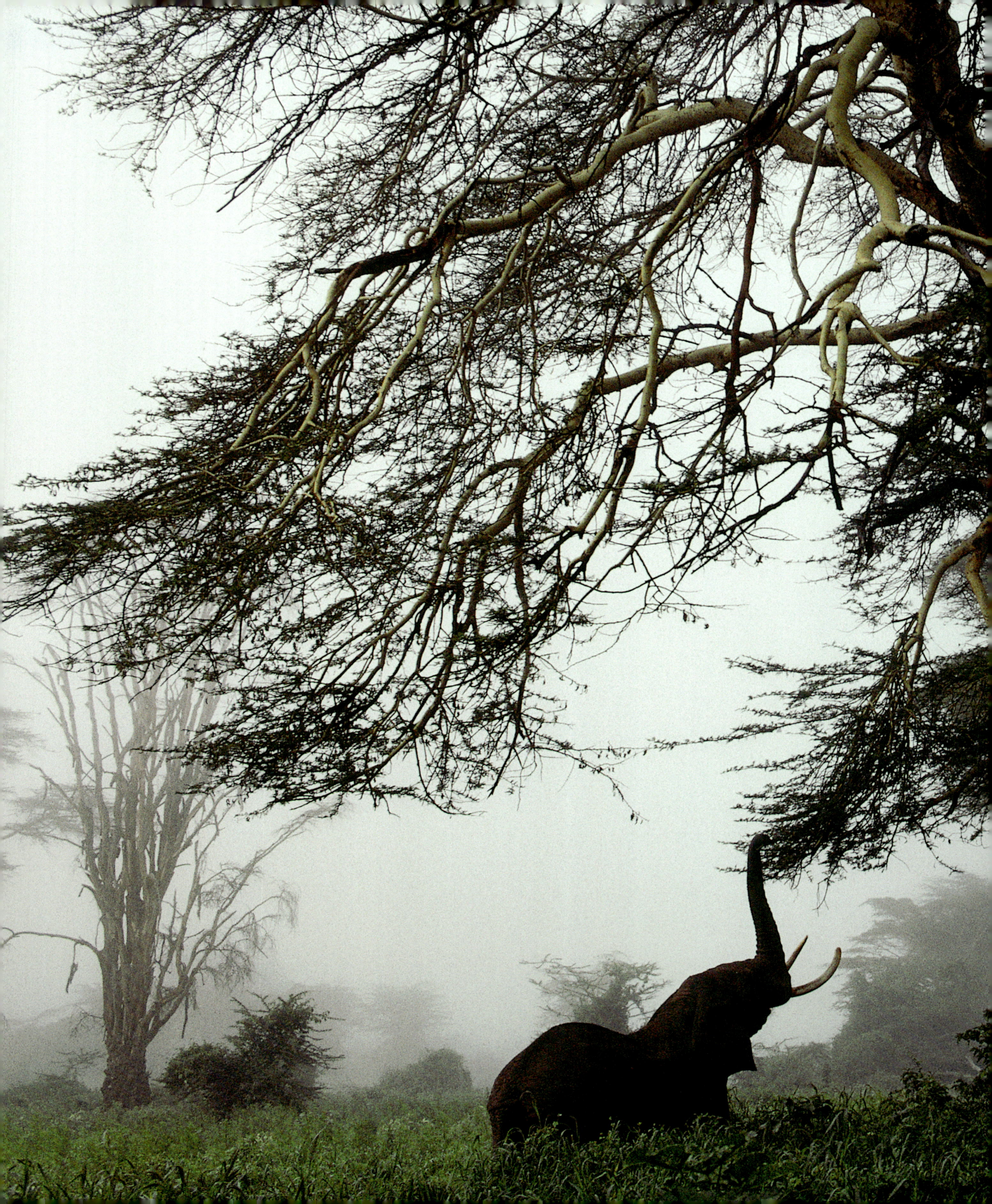

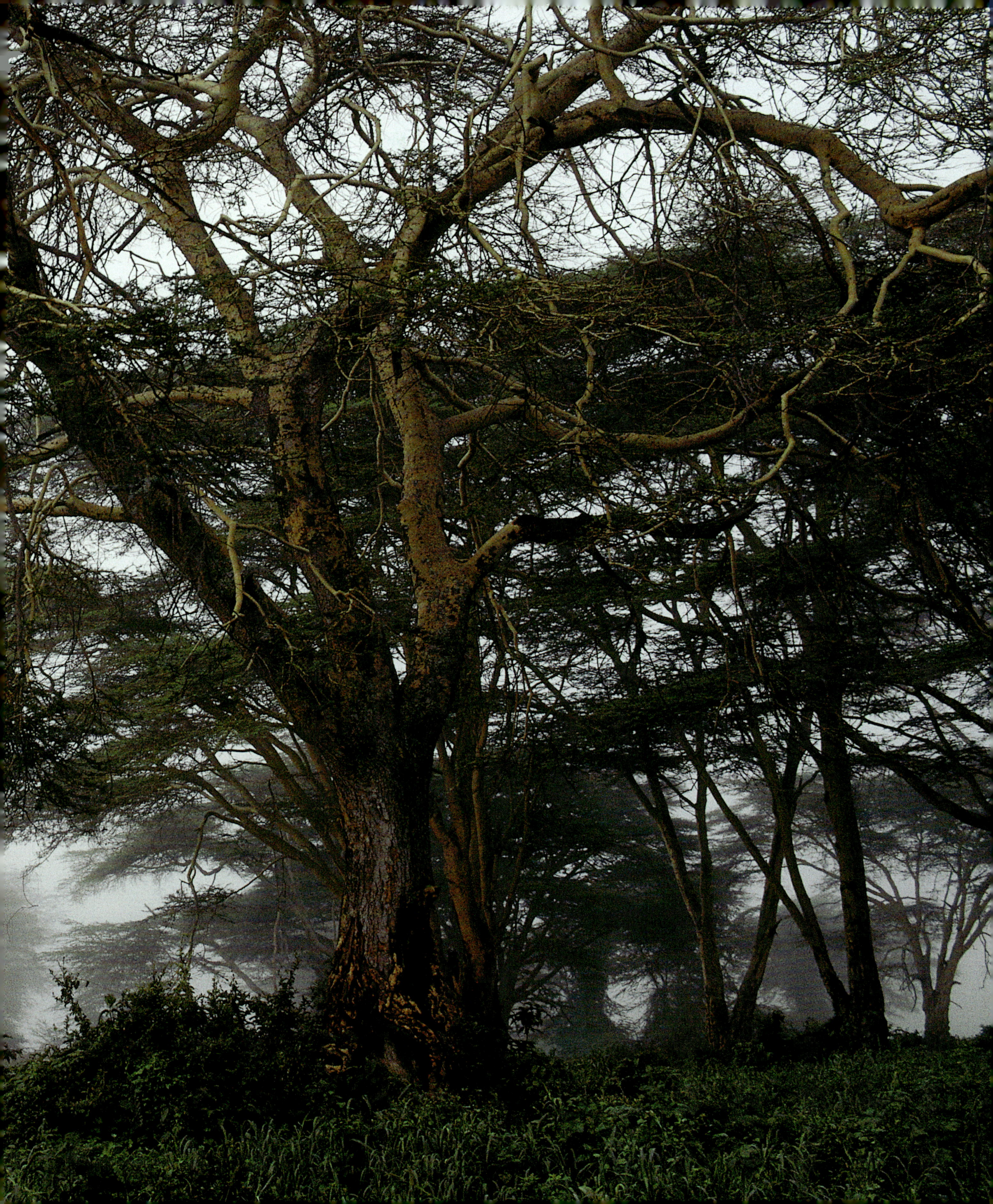

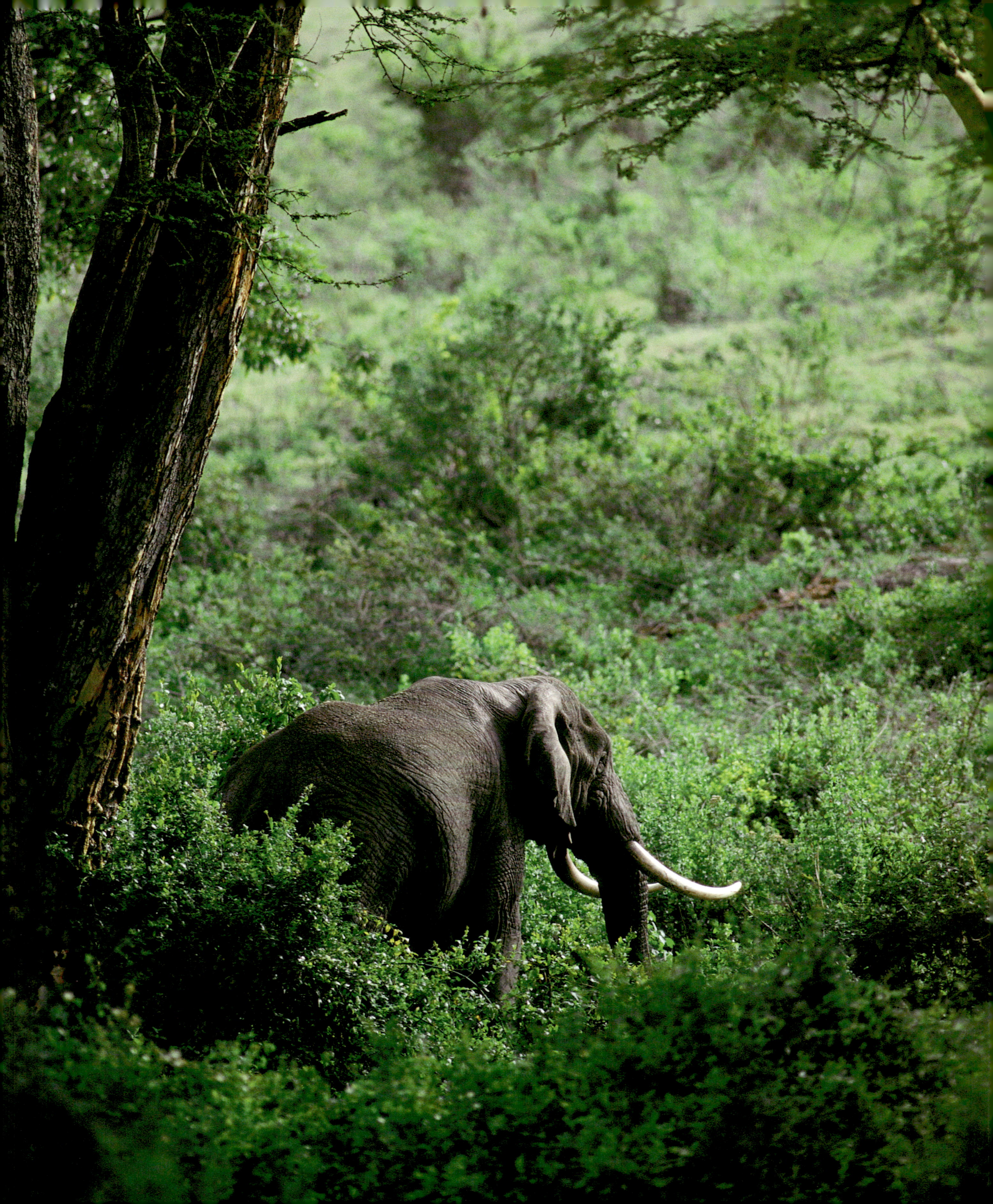

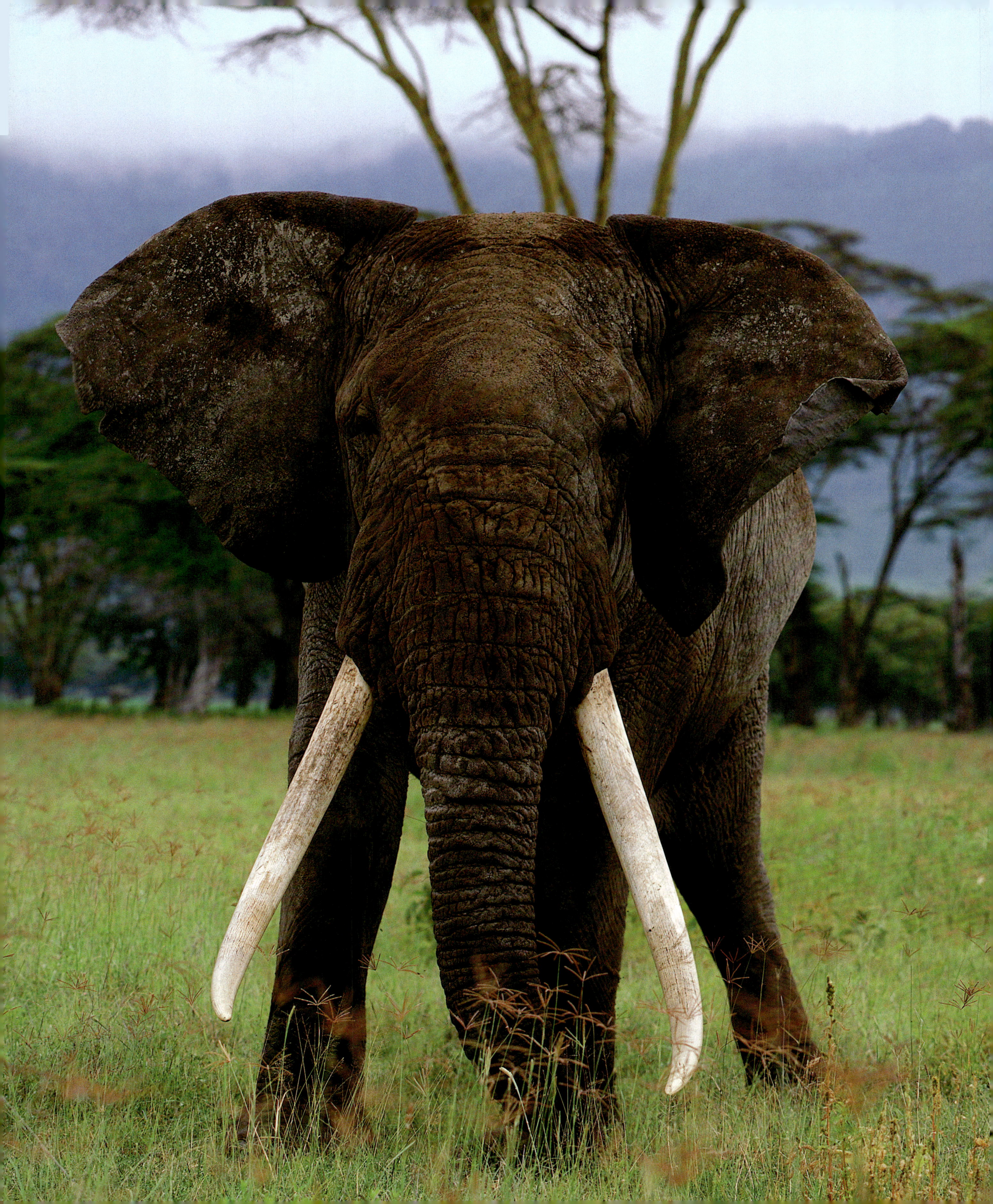

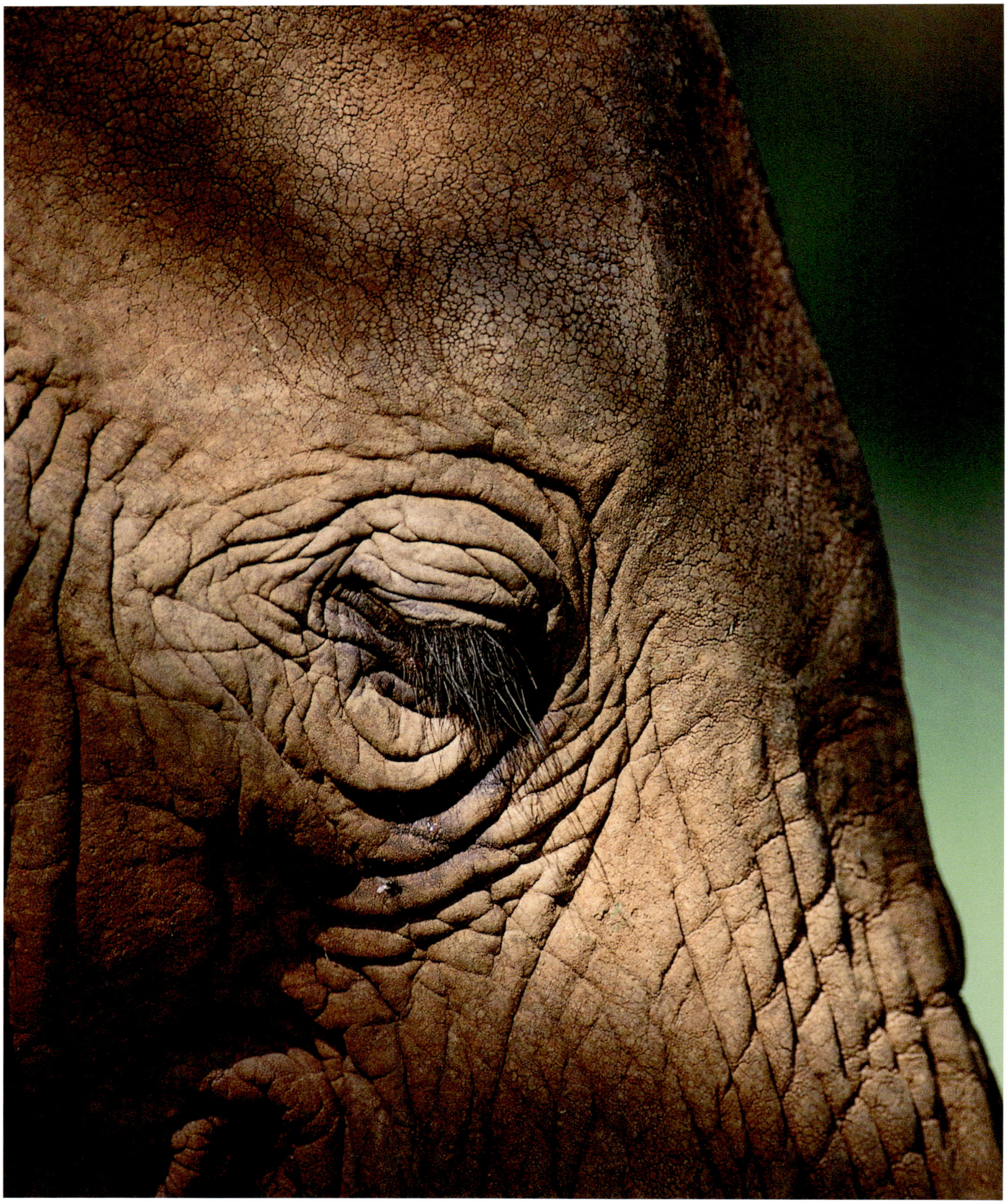

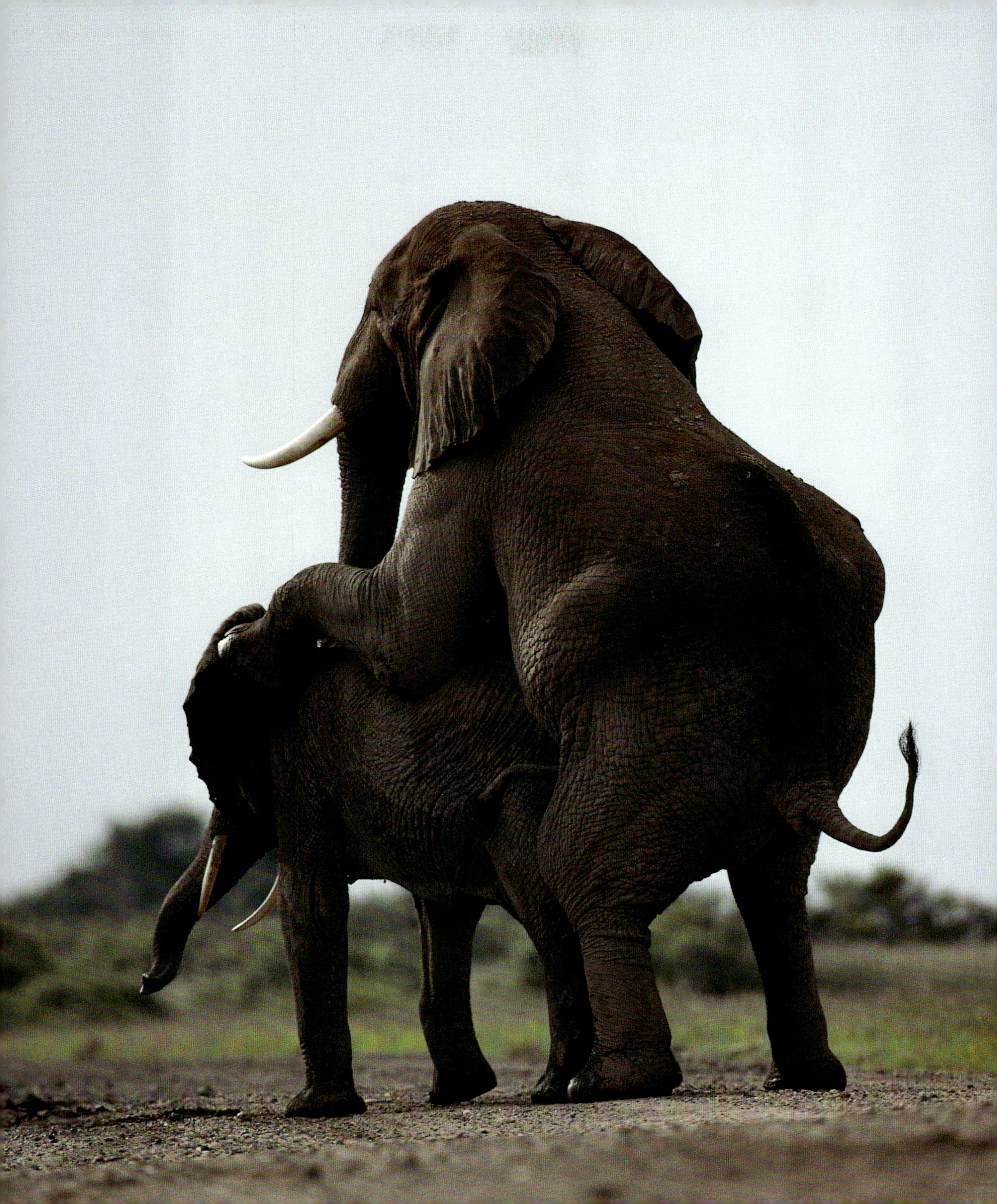

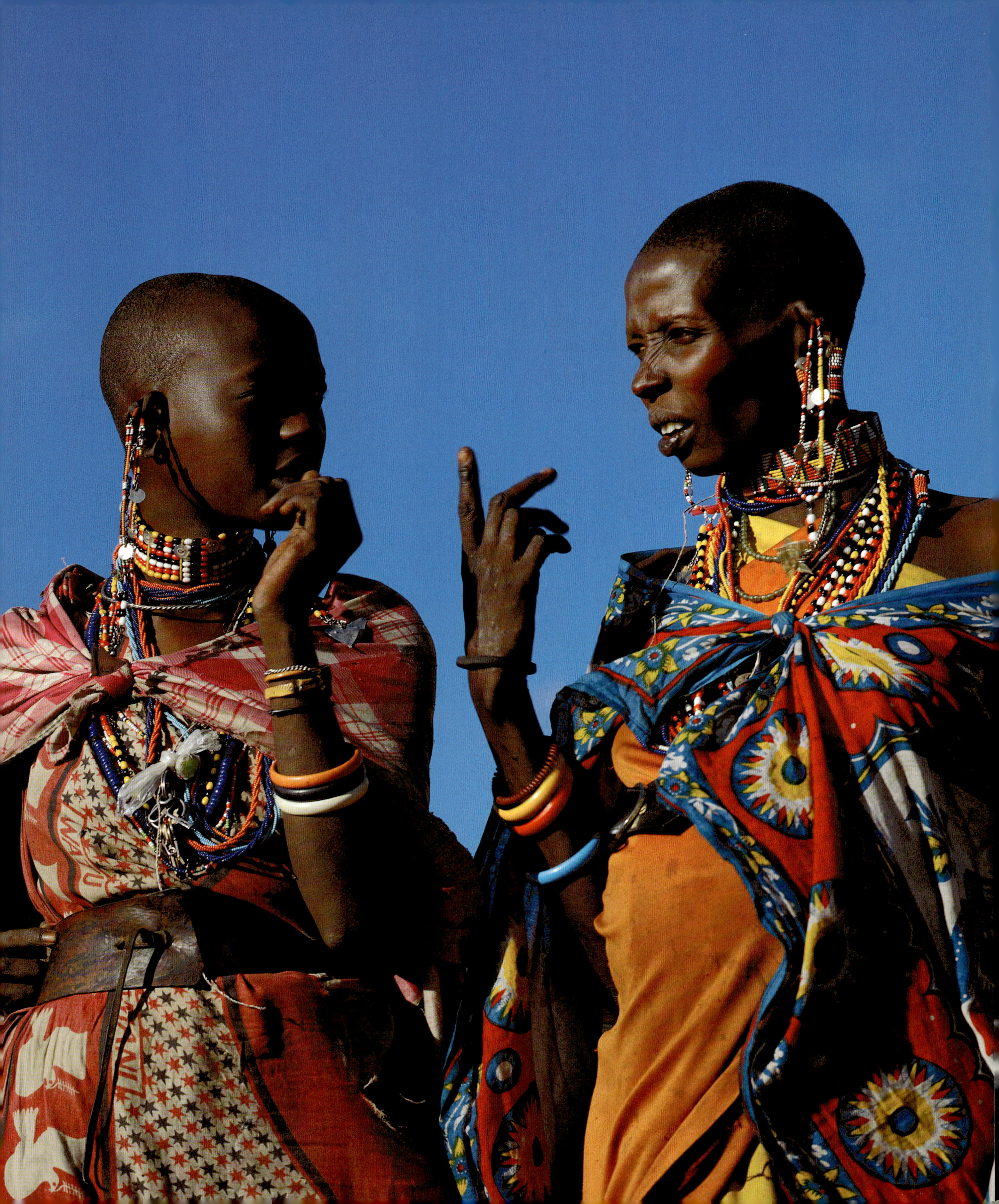

MAASAI

Auf der Suche nach immer neuen Weidegründen begegneten sich die verschiedenen Gruppen der Maasai schon bald als Konkurrenten oder sogar als Feinde. Das Ideal des Kriegers, des *murran* (entspricht *moran* bei den Samburu), bestimmt noch heute einen ganzen Lebensabschnitt. Mit der feierlichen Initiation im Pubertätsalter – schmerzhafter Höhepunkt ist die Beschneidung – beginnt für jeden Jungen eine aufregende Zeit im Kreise derer, mit denen er ab jetzt eine Altersklasse bildet. Allerdings müssen die Jungen auch schon einige Pflichten übernehmen. So ist es ihre Aufgabe, die Siedlungen der Gemeinschaft vor feindlichen Angriffen zu schützen, die Herden in der Trockenzeit zu tränken, Nachrichten zu überbringen, Frauen auf längeren Reisen zu begleiten und vieles andere.

In der Phase der Initiation tragen die Jungmänner holzkohlegeschwärzte Kleidung zu maskenhaft weiß bemalten Gesichtern. Nachdem ihre zwei bis drei Monate dauernde Bewährungsprobe im Busch beendet ist, bauen sie – nach Absolvierung eines Rituals, das sie in den Stand von Junior-Kriegern erhebt – ihre eigene *manyatta*, ein befestigtes Junggesellendorf, fernab der elterlichen Gehöfte. Sie lassen sich die Haare wachsen, deren Pflege sie fast so viel Zeit widmen wie die Samburu. Während der vielen Jahre als *murran* dürfen sie nicht heiraten; jungen Mädchen ist es jedoch gestattet, ihre Freunde in der *manyatta* zu besuchen.

Diese Mädchen sind noch nicht initiiert. Ihr Initiationsritual findet, ebenfalls im Pubertätsalter, am Tag der Hochzeit mit einem wesentlich älteren Mann statt. Die Mädchen müssen die Klitoridektomie ertragen – eine Totalverstümmelung des weiblichen Genitals. Das ist heute zwar verboten, aber manche Traditionen sind langlebig, denn die Angst, schließlich nicht geheiratet zu werden und als Ausgestoßene am Rande der Gesellschaft kinderlos alt zu werden, ist oftmals größer.

Eine große Zeremonie und ein mehrtägiges Fest beenden die *murran*-Zeit. Die Mutter schert ihrem Sohn, nun etwa Mitte 20, die langen Haare ab. Die blanke Kopfhaut wird mit Ockerpulver und Fett eingerieben. Kahlköpfigkeit zeichnet die *elders* (Älteren) aus. Ein glänzender Schädel signalisiert eine »glänzende« soziale Stellung. Die Altersklassen der *junior-* und *senior-elders* spielen eine herausragende Rolle in der Gemeinschaft. Ihnen gehört das Vieh, sie allein dürfen heiraten, auch mehrere Frauen; und ihr Rat ist in wichtigen Entscheidungen gefragt.

Einige junge Maasai, die höhere Schulen oder die Universität besuchen (und deshalb nur eine kurze *murran*-Zeit durchlaufen), sehen in den Veränderungen, die von überall her auf die Nomaden einstürmen, willkommene Chancen, sich von der Macht der *elders* zu befreien.

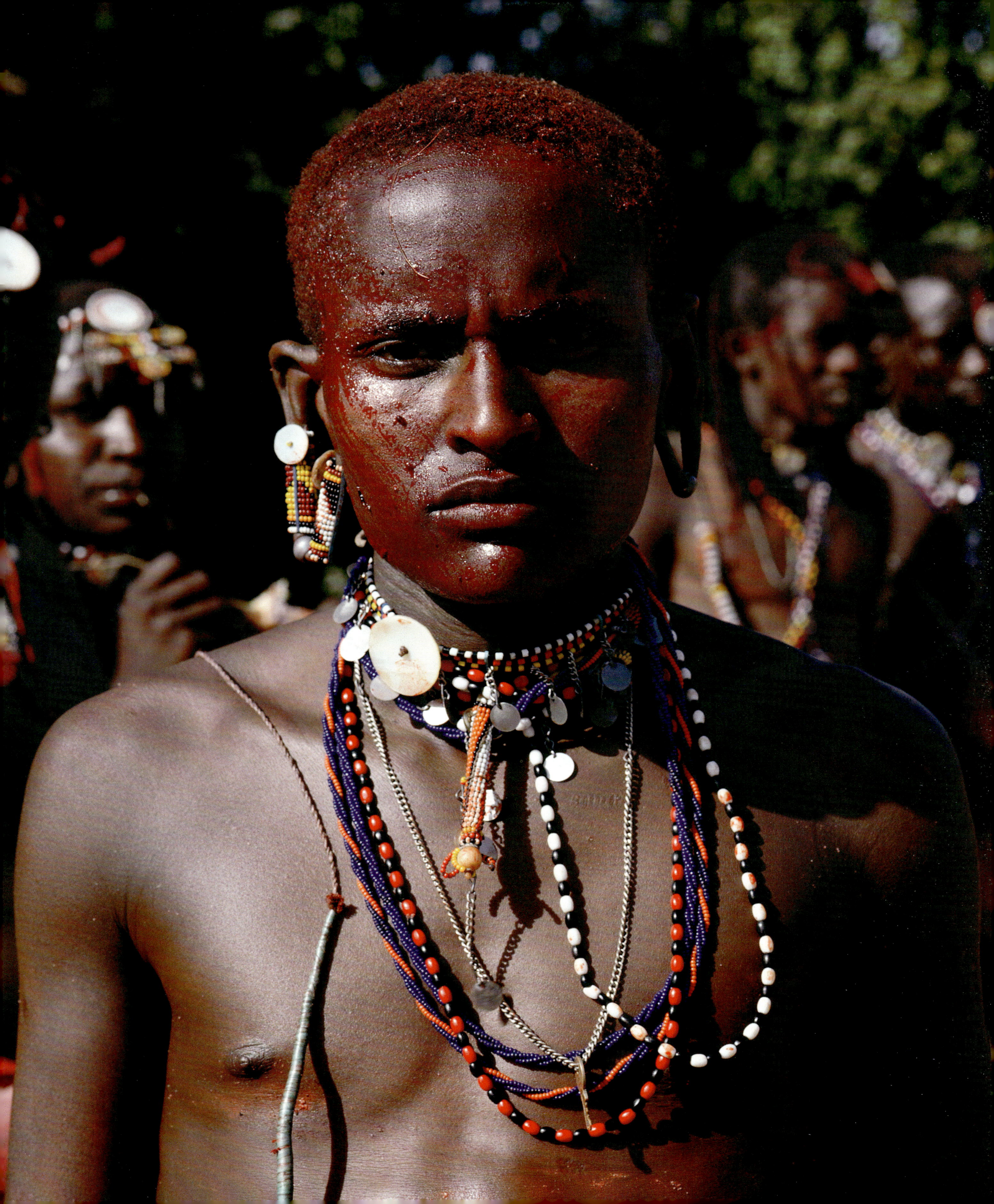

216

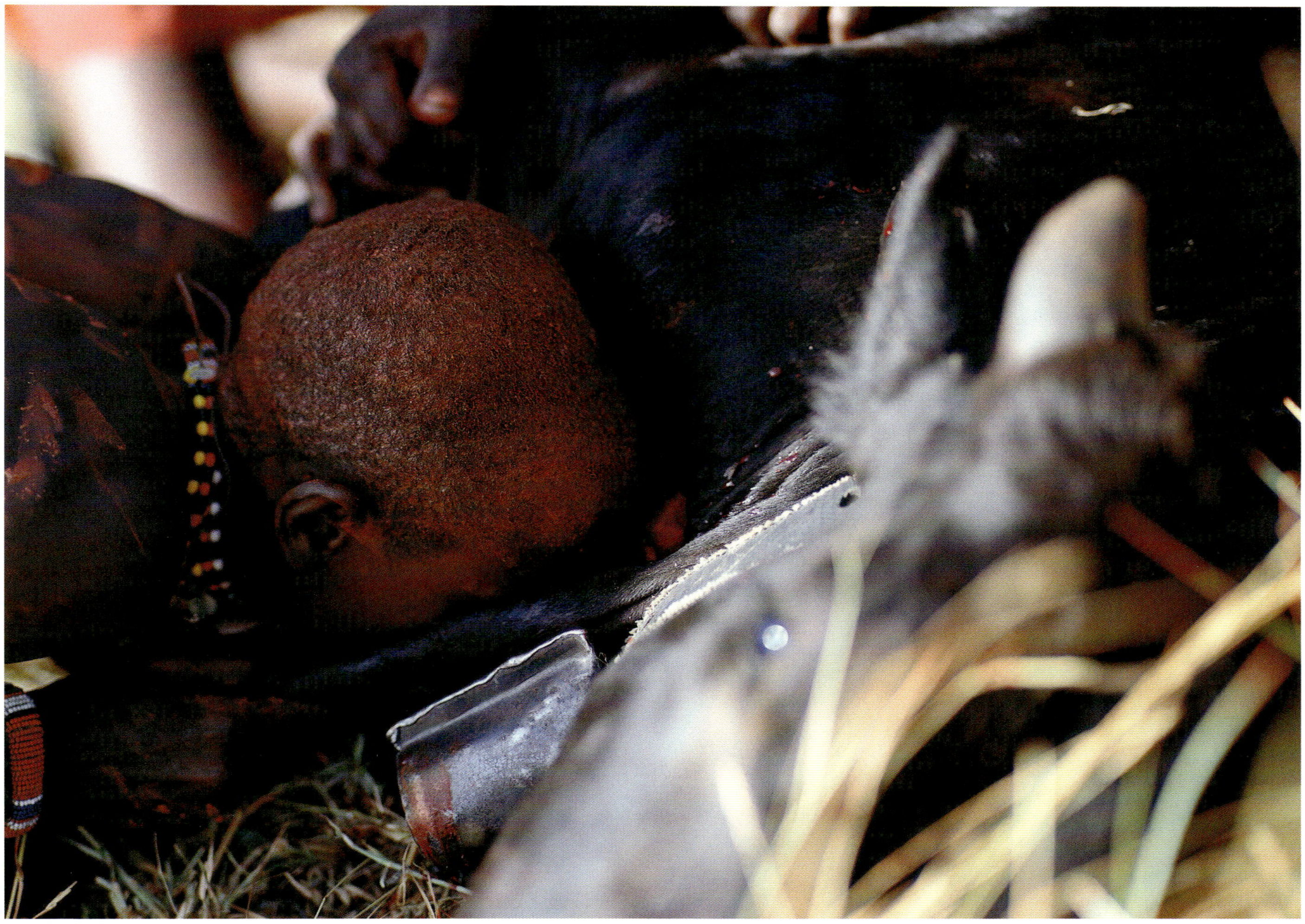

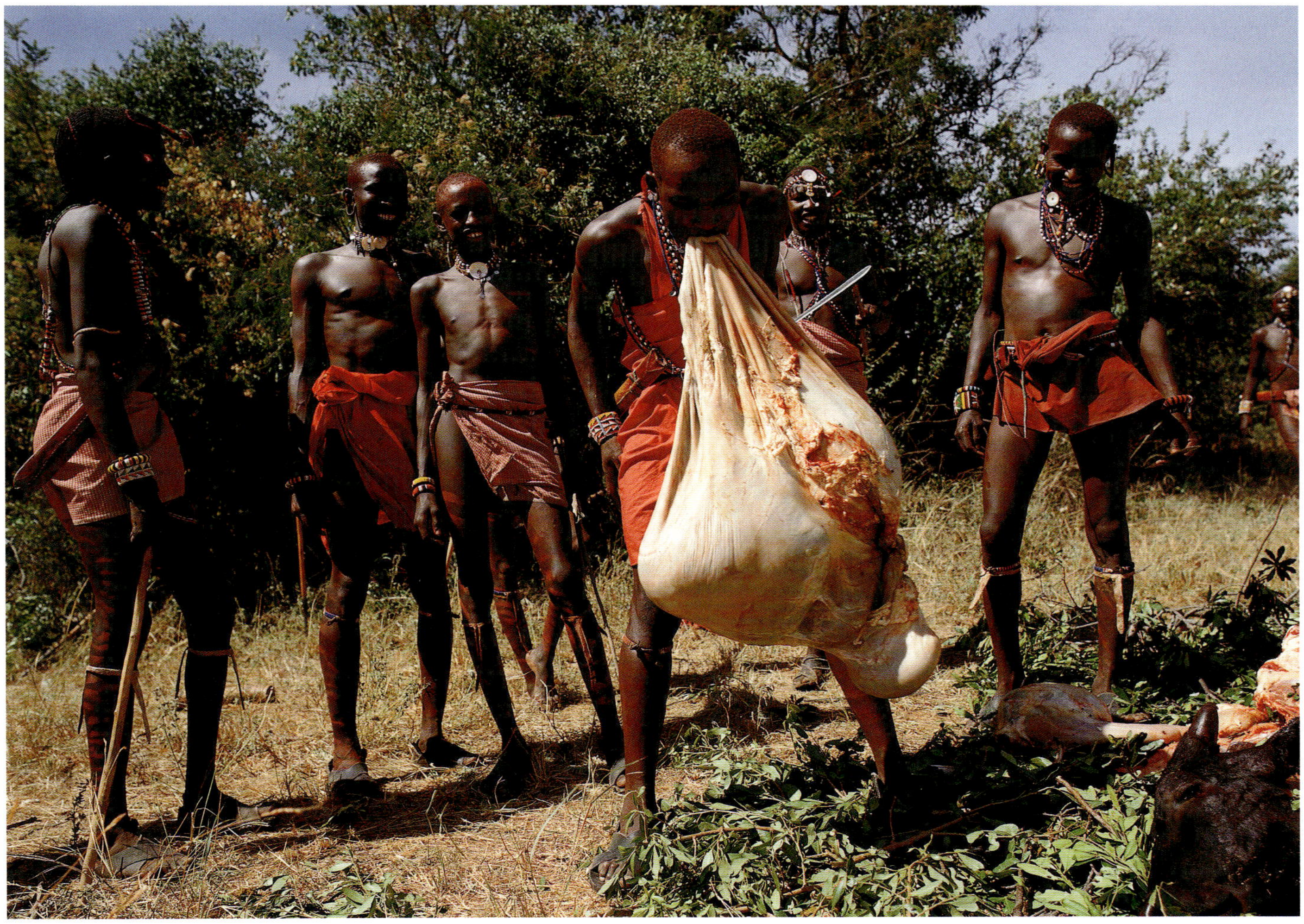

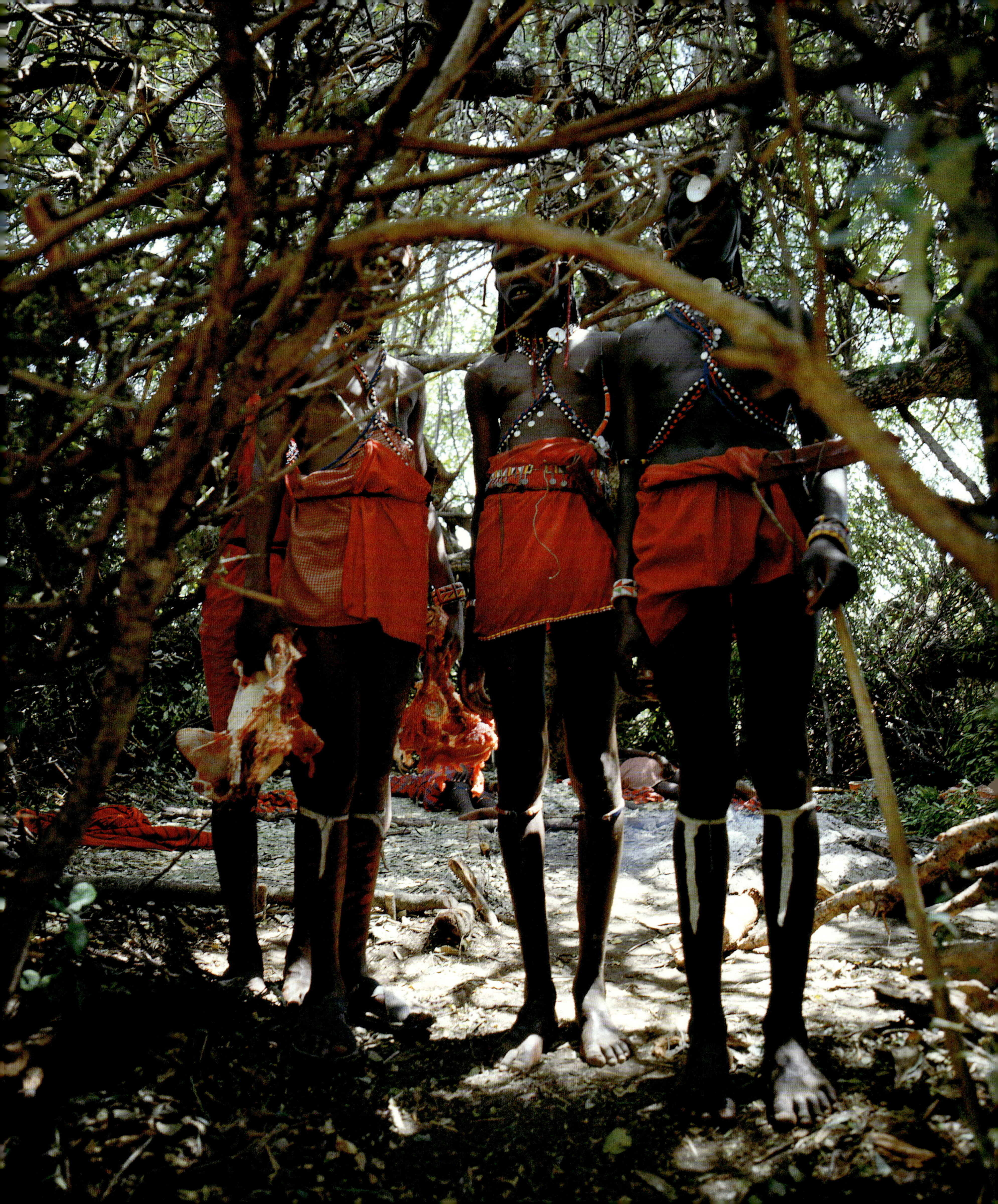

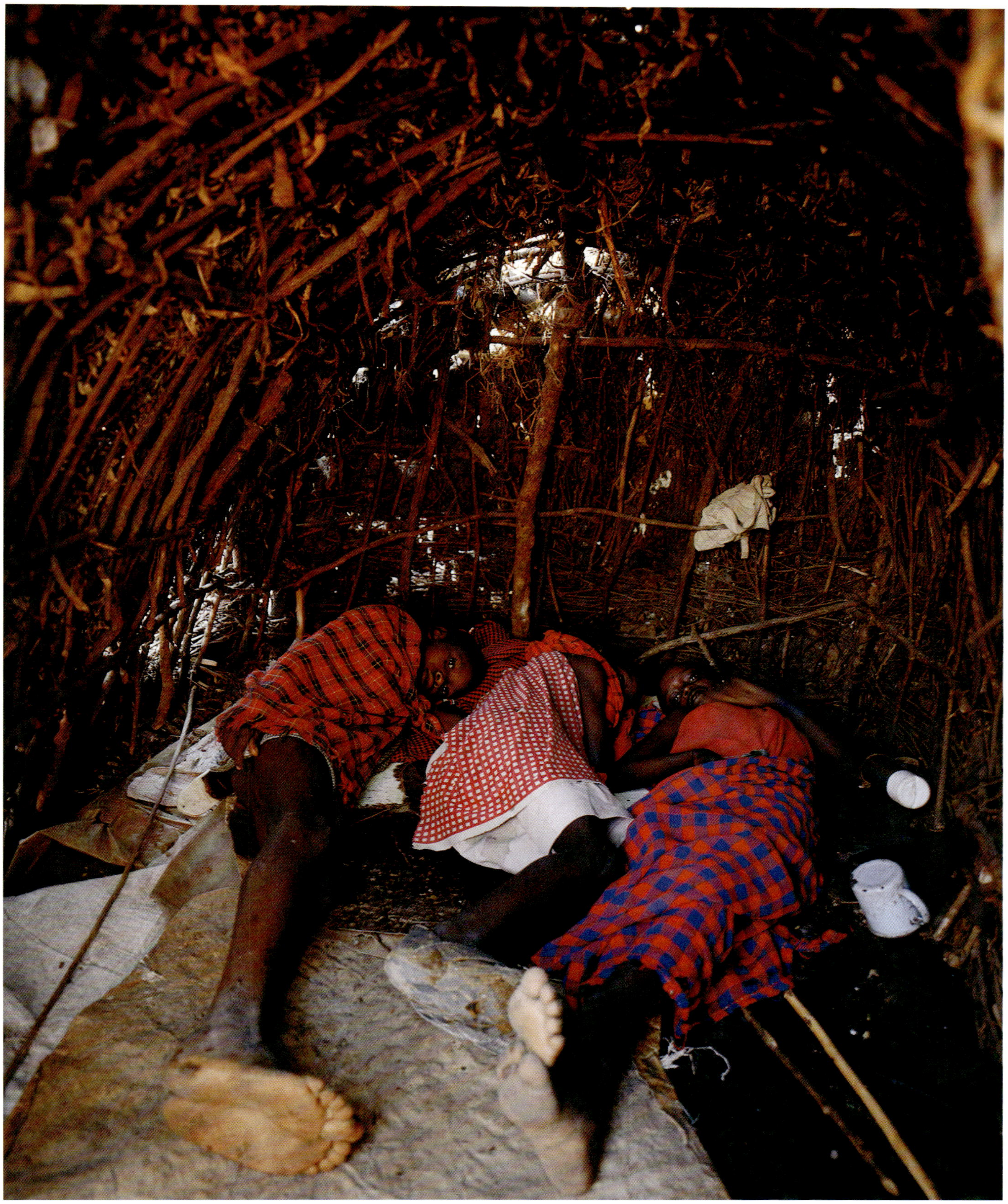

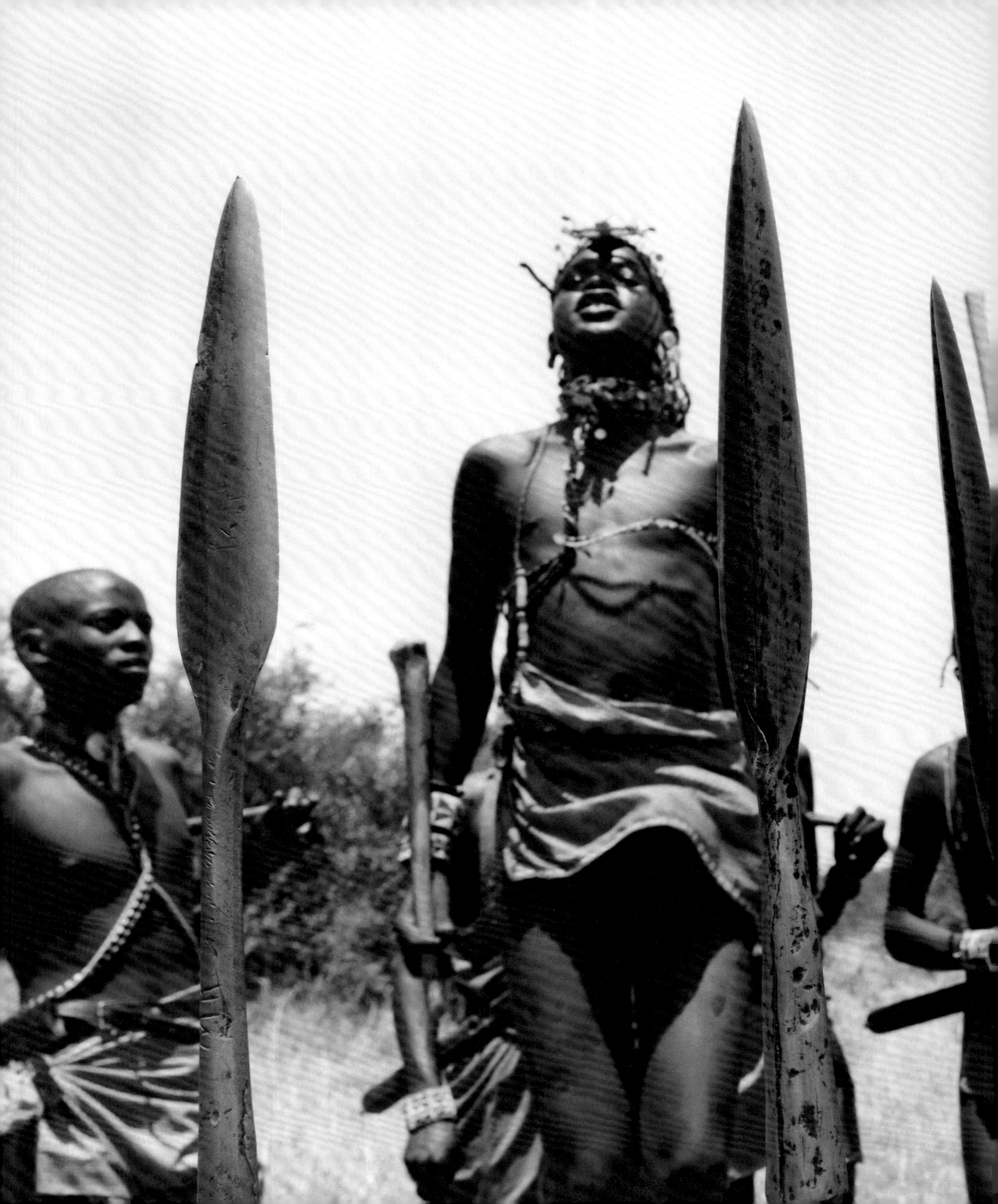

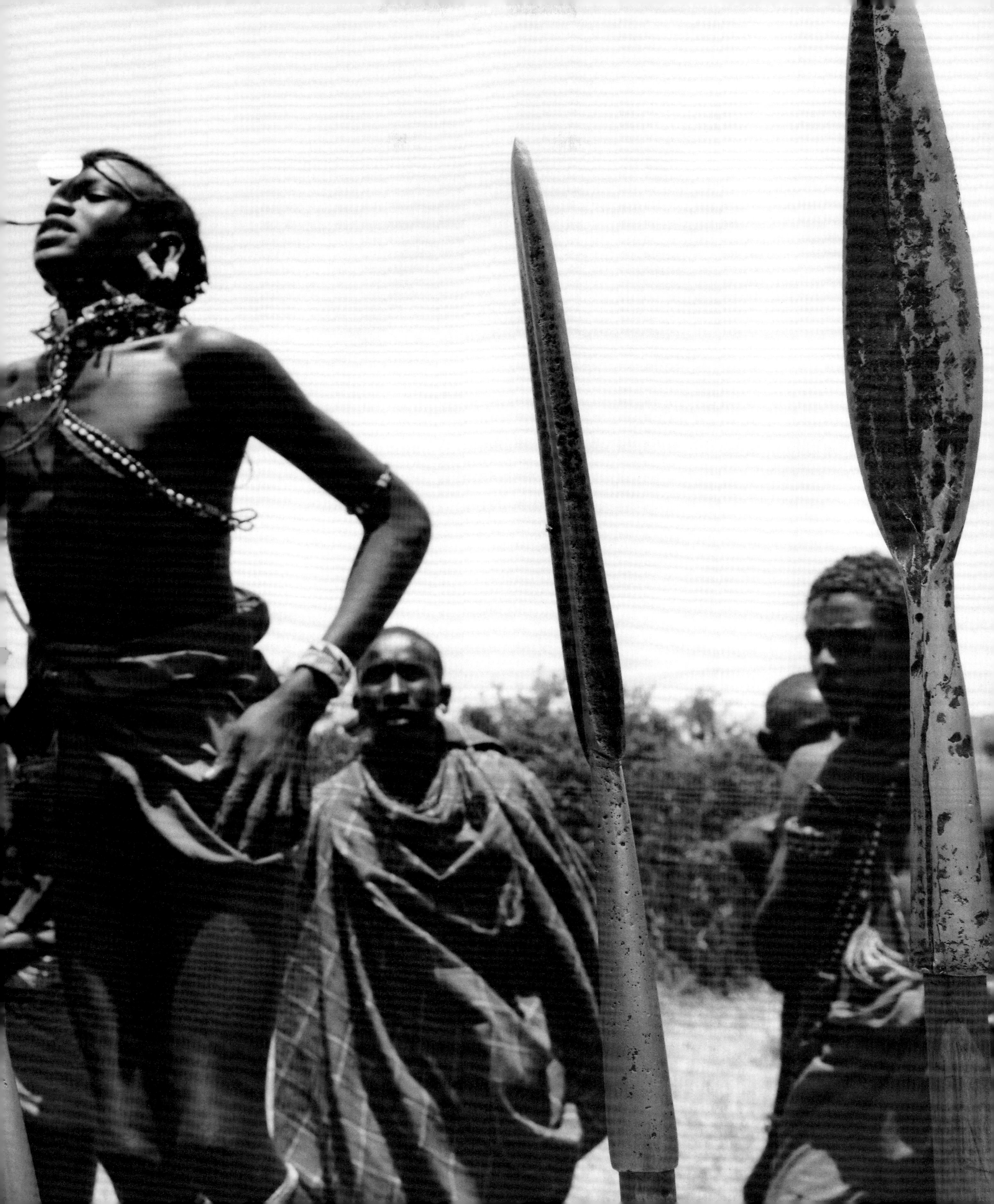

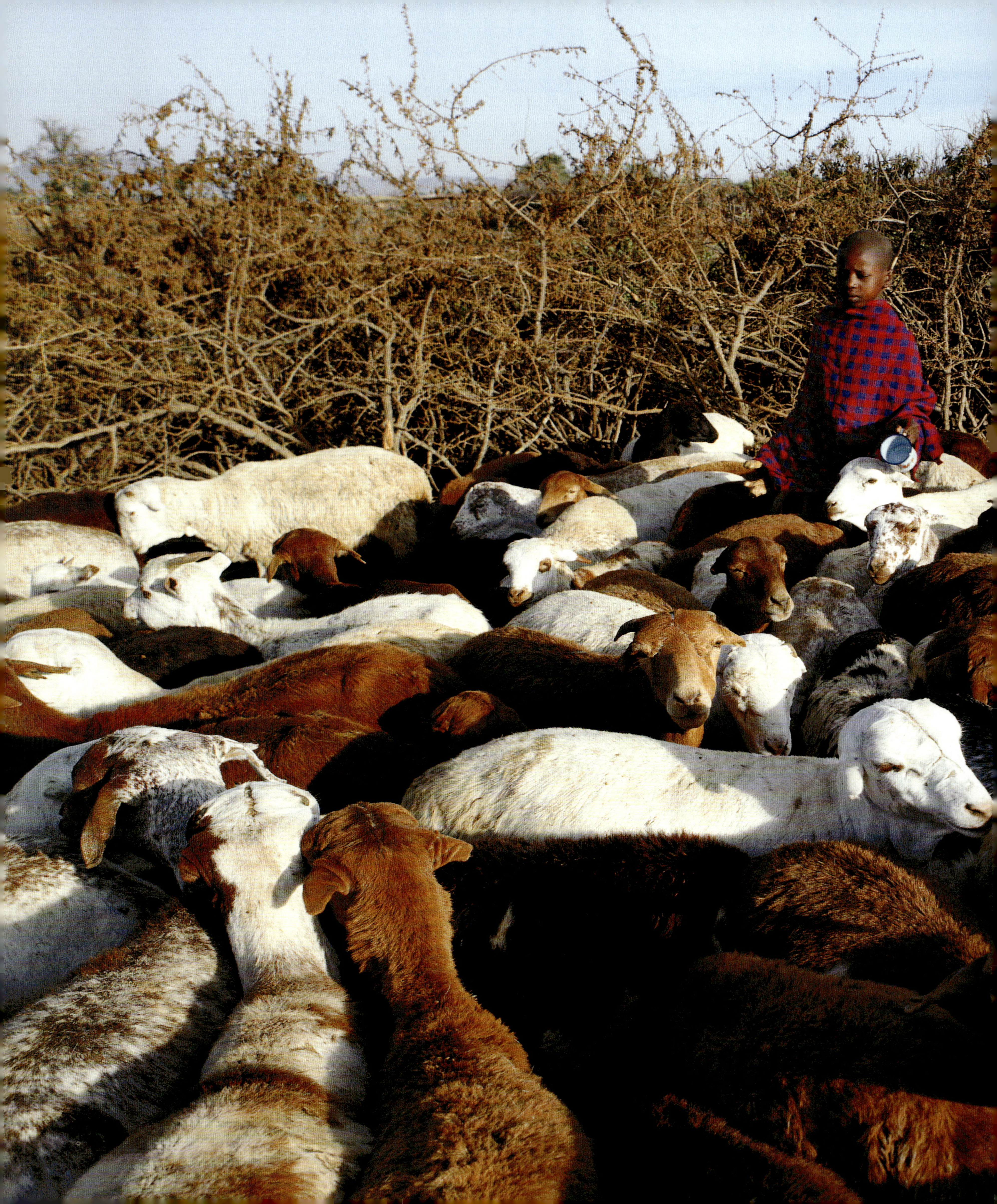

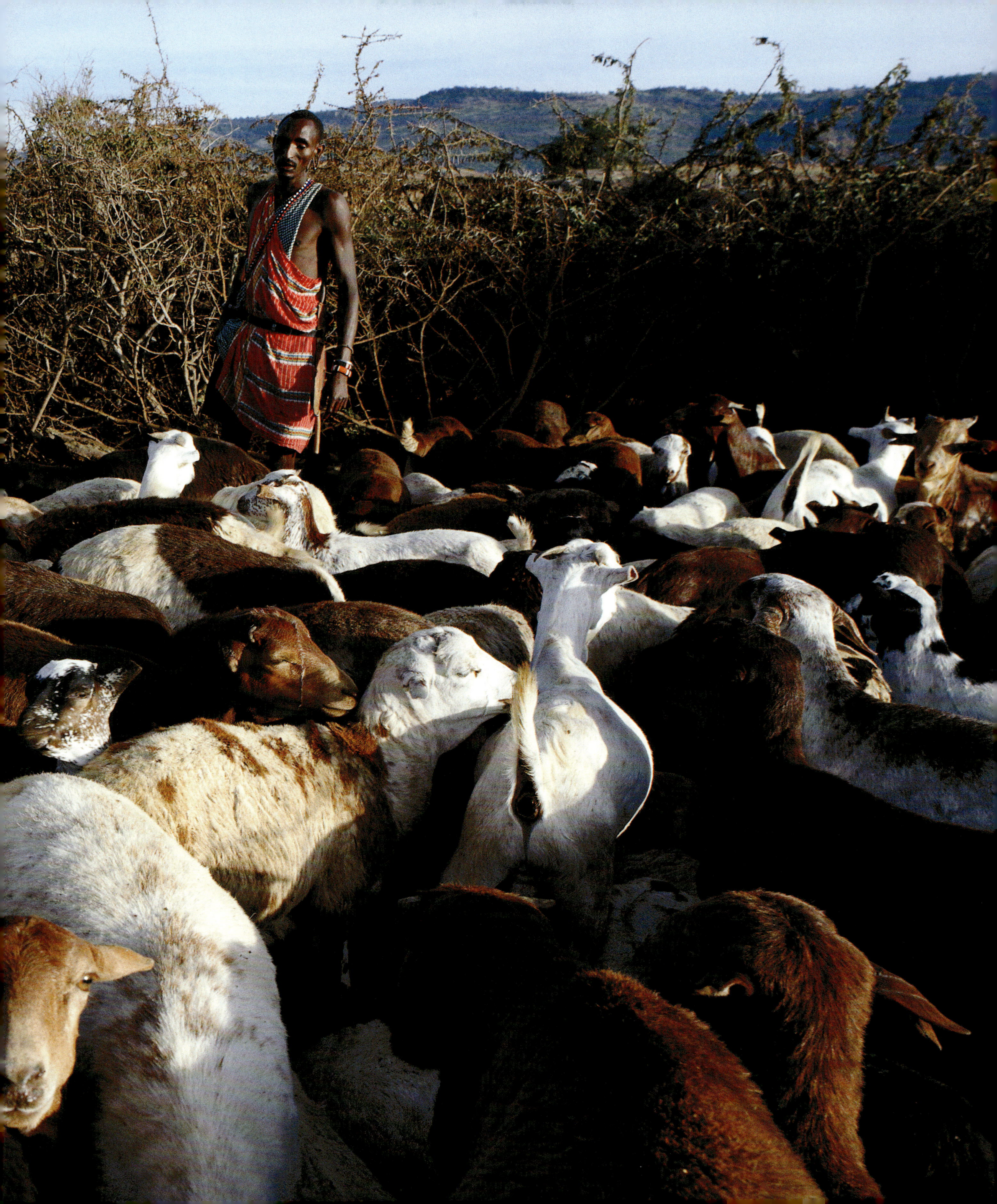

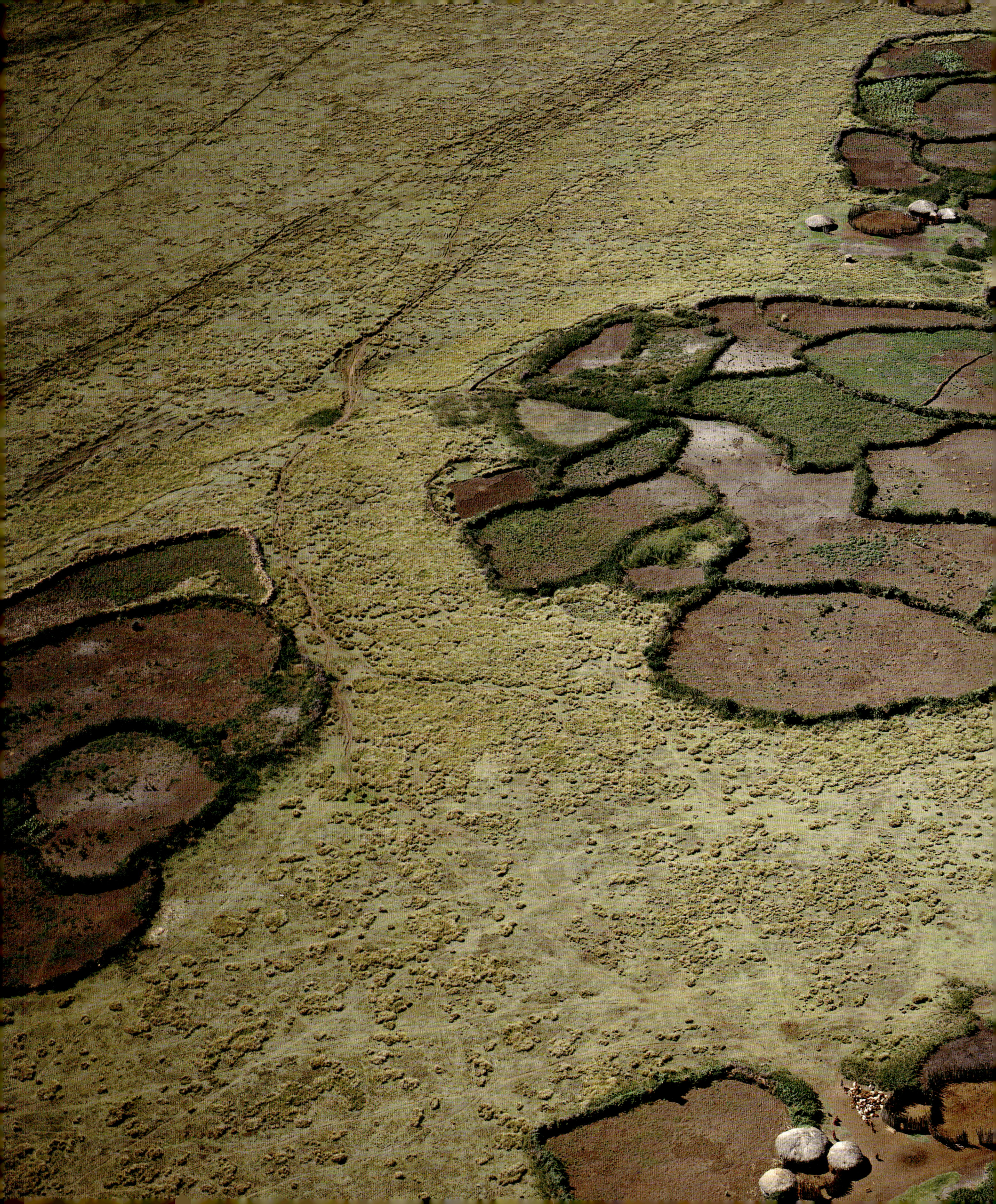

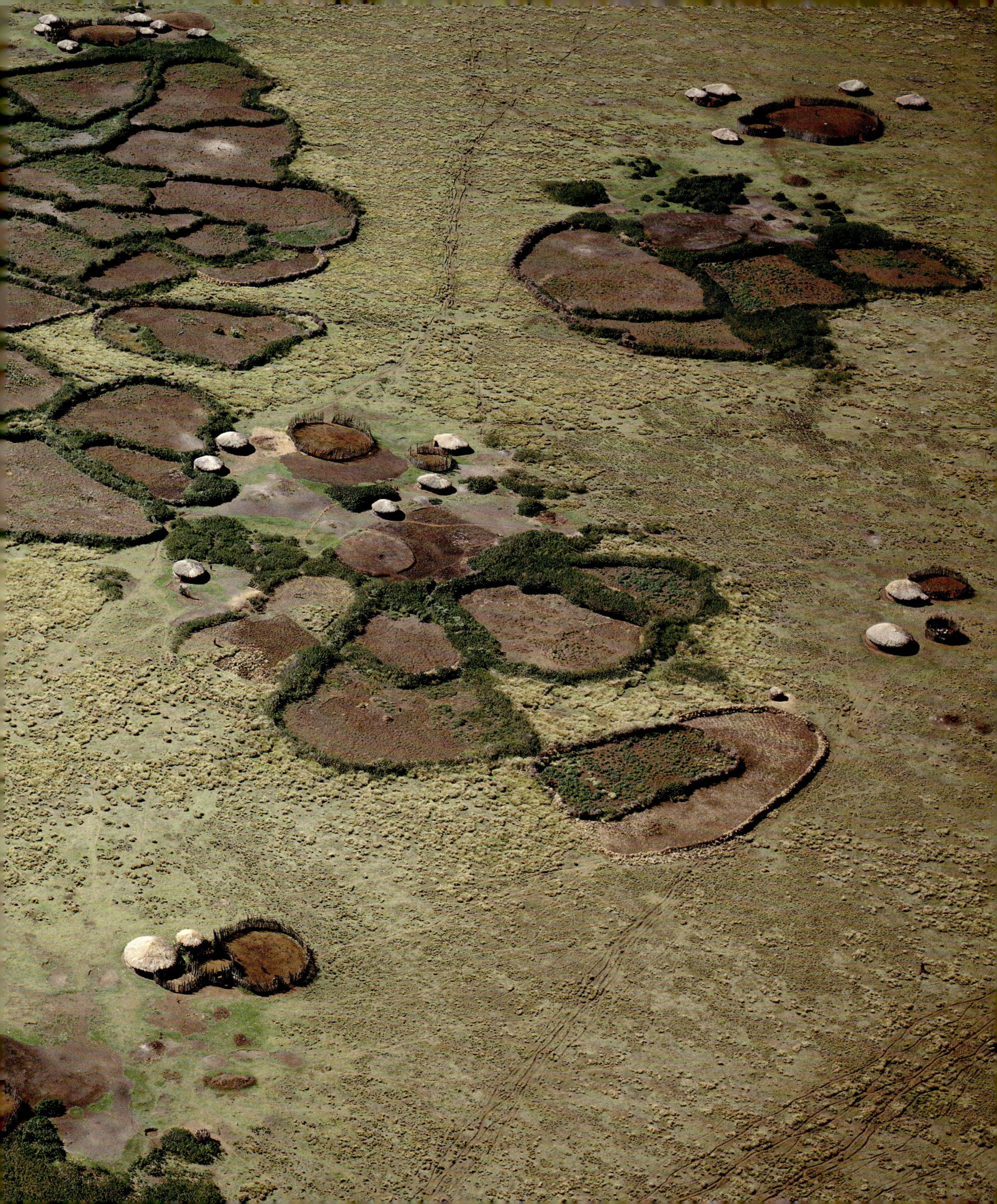

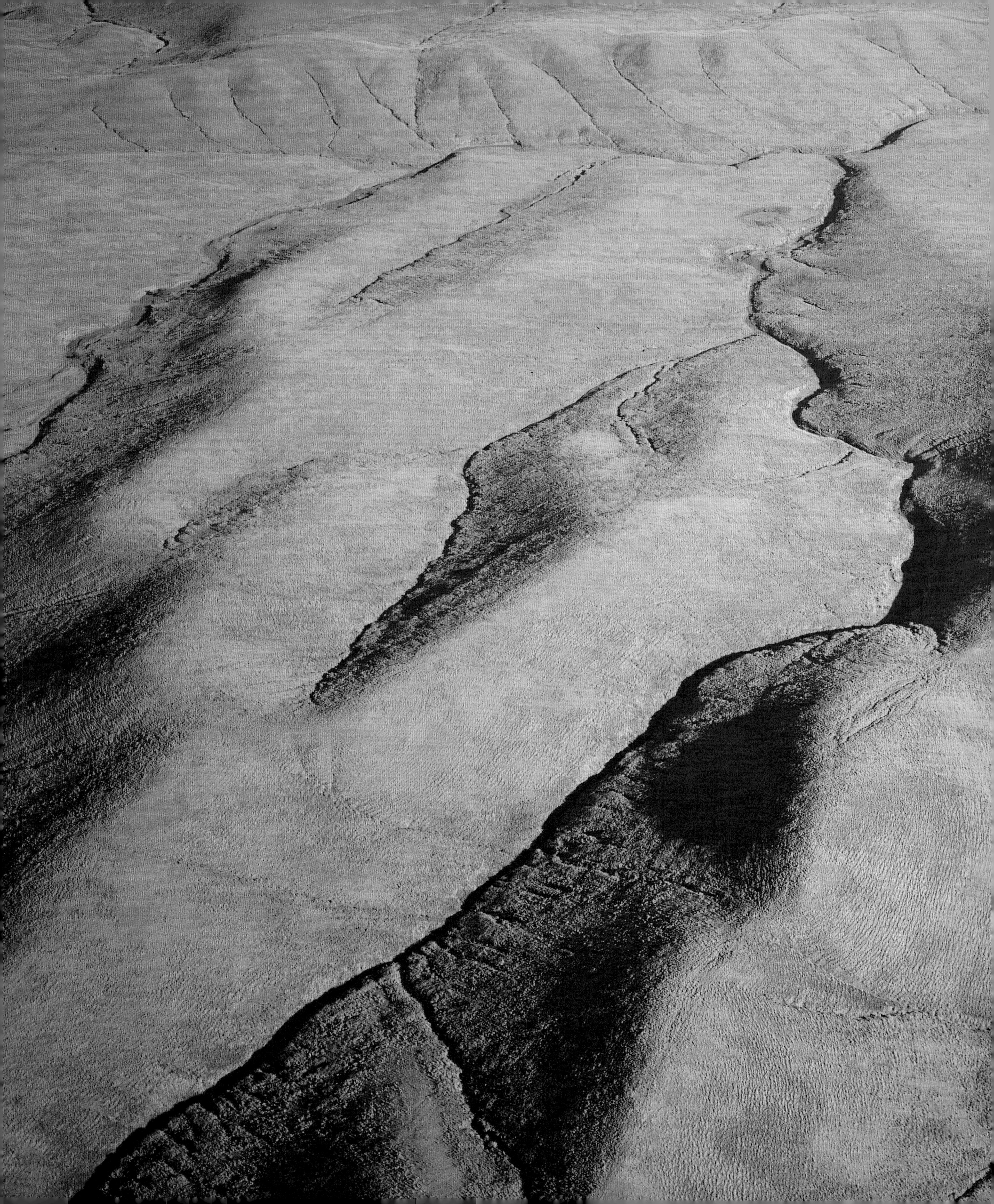

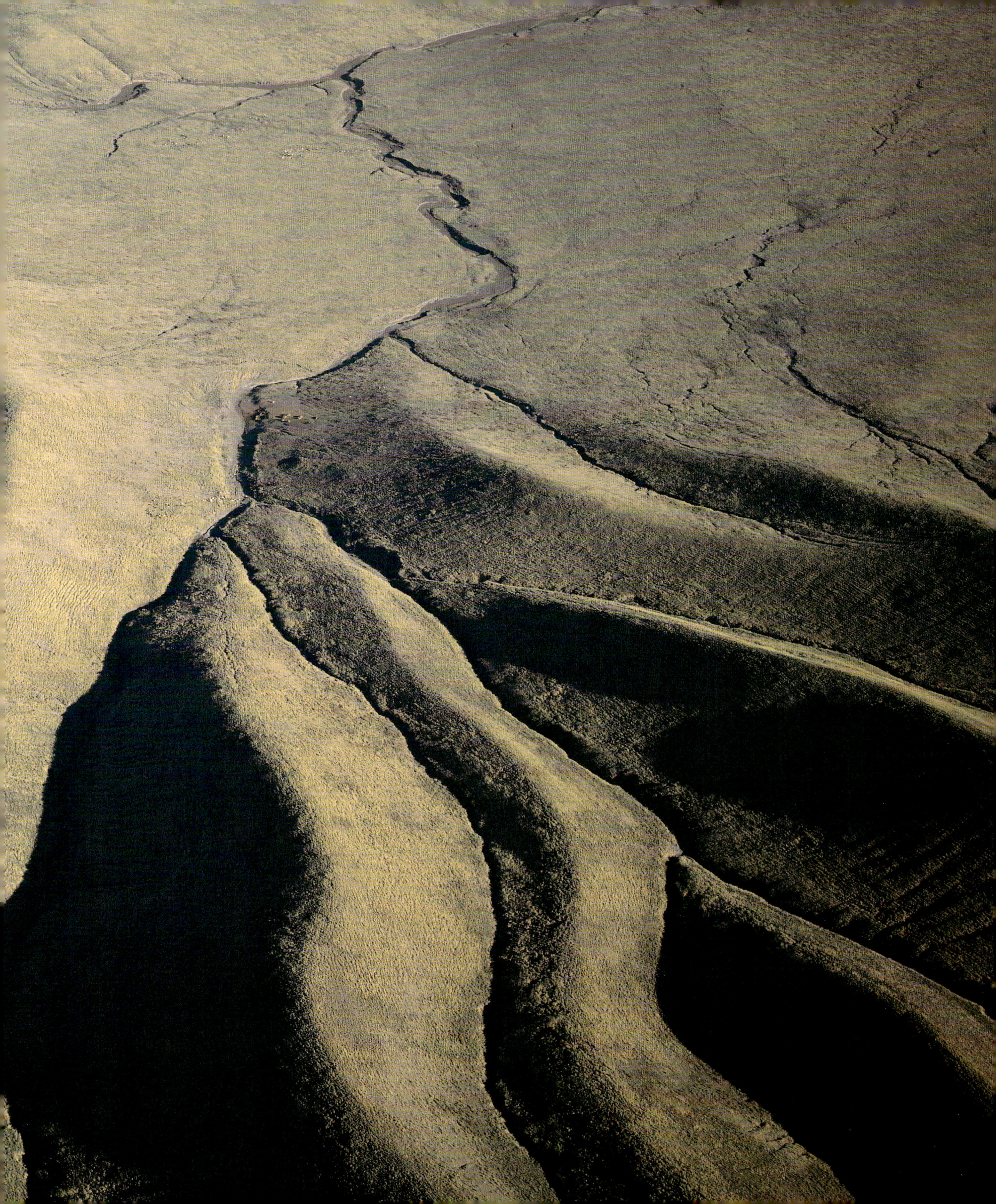

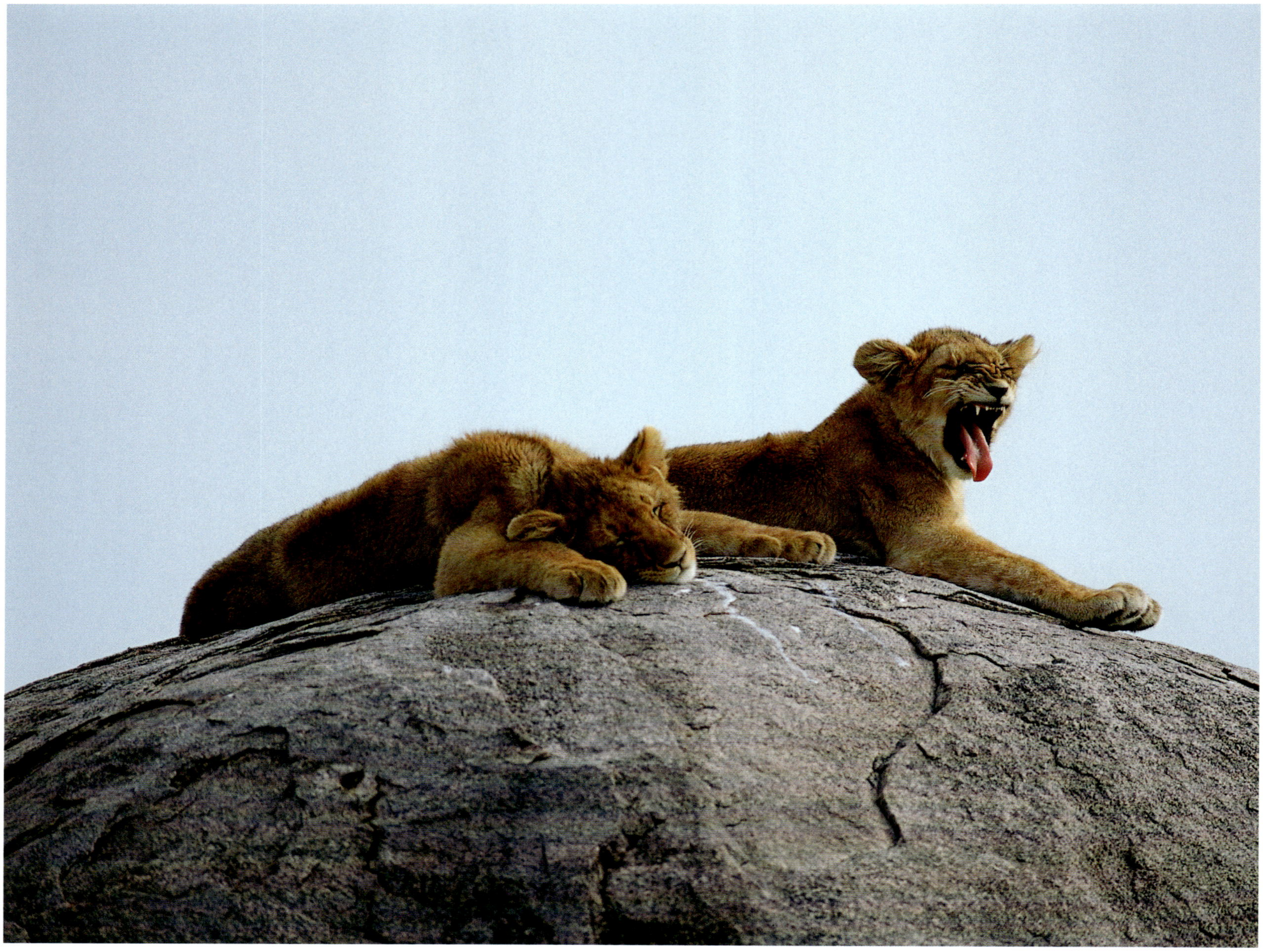

TIERFAMILIEN

Der Mähnenlöwe gilt selbst da als König der Tiere, wo er nie vorgekommen ist. Der Augenschein macht's. Die Emblematiker und Dichter ließen sich wohl vor allem von der königlichen Robe an Hals und Brust beeindrucken. Aber es gibt noch zwingendere Gründe für den fabelhaften Status von Leo.

Zum Beispiel sein Wohlleben auf Kosten anderer. Der Beitrag des Chefs zur Rudeljagd ist gering; dennoch ist ihm Löwenanteil und Vortritt an der Beute sicher. Auch die starken Jägerinnen – von denen das königliche Wohlergehen sehr unmittelbar abhängt – treten am Riss ein Stück zurück.

Hinter jedem großen Mann steht eine eindrucksvolle Frau. Oder viele wie bei Löwens. Die männliche Herrlichkeit stützt sich auf ein intaktes Rudel – und hier besonders auf Agilität und jagdliche Fähigkeiten der starken Weibchen. Sie bilden eine Gruppe, die sich ein Großrevier, etwa 30 bis 150 Quadratkilometer umfassend, teilt. Töchter rücken erst dann ins Rudel auf, wenn eine »Planstelle« frei wird.

Unzählige junge Weibchen und alle nachwachsenden Männchen müssen abwandern. Diese »außerfamiläre« Existenz, meist am Rande eines großen Rudels, nannte der große Löwenforscher George Schaller elend und »nomadisch«. Im Rudel ist die Königswahl – welches Männchen darf wie lange den Patriarchen geben? – mehr oder minder Weibersache; die Löwinnen entscheiden in letzter Konsequenz, wen sie an ihrer Spitze dulden.

Das ist bei den Gelben Pavianen der afrikanischen Steppen und Savannen ähnlich – sie leben in hoch sozialen, hierarchisch strukturierten Horden, die sich insbesondere da ausbreiten, wo Löwen und Leoparden selten oder ausgerottet sind.

Vergleichsweise locker und befristet schließen sich Giraffen zusammen; sie nutzen die Vorteile eines kollektiven Sicherheitssystems (Löwen machen gelegentlich Jagd auf die hochbeinige Beute), meiden aber jede Form von Gruppenzwang.

Was eine gute Familie ist, diktieren die Umstände. Die Natur hat ein pragmatisches, ideologie- und moralfreies Verständnis davon, was gut ist.

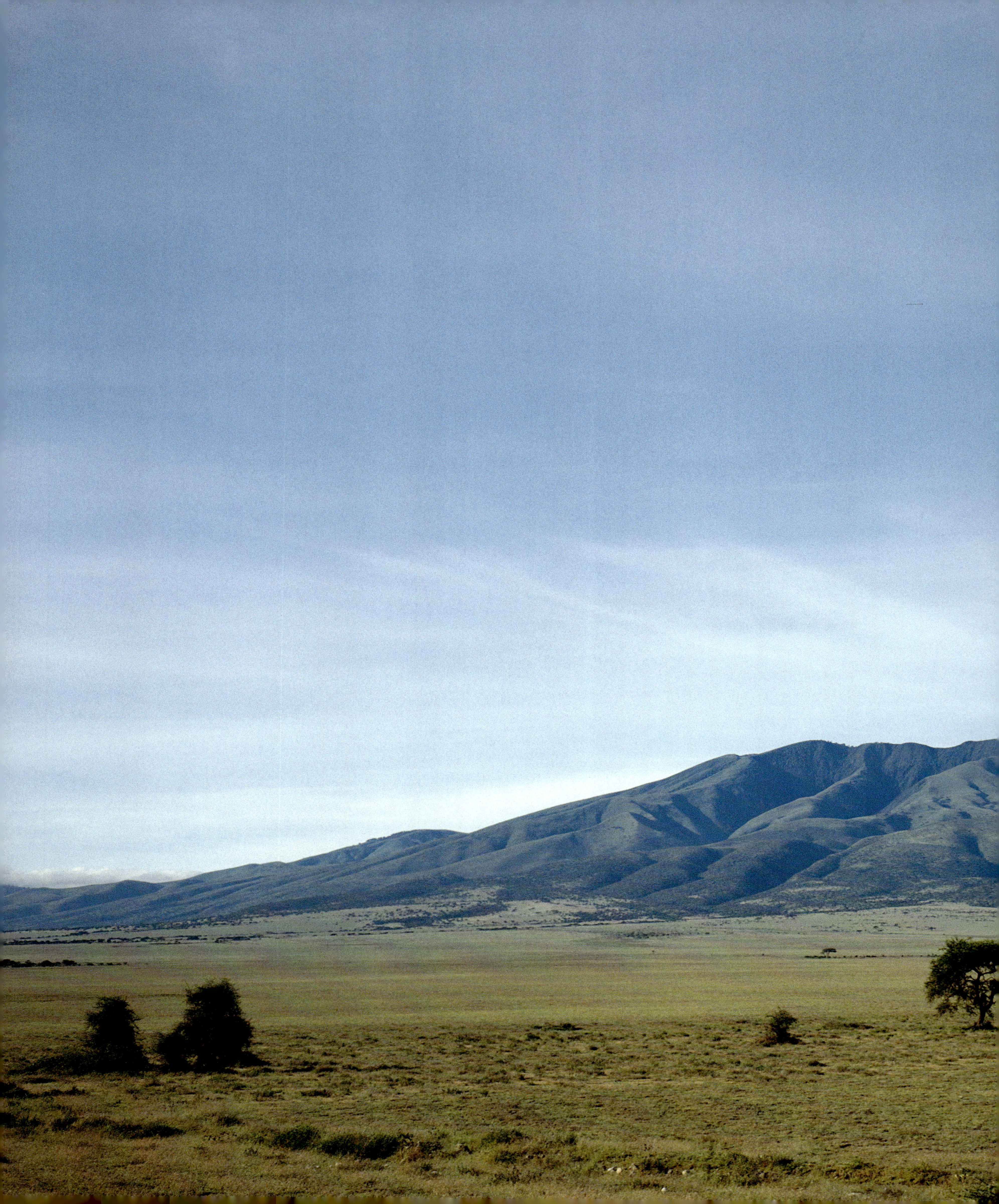

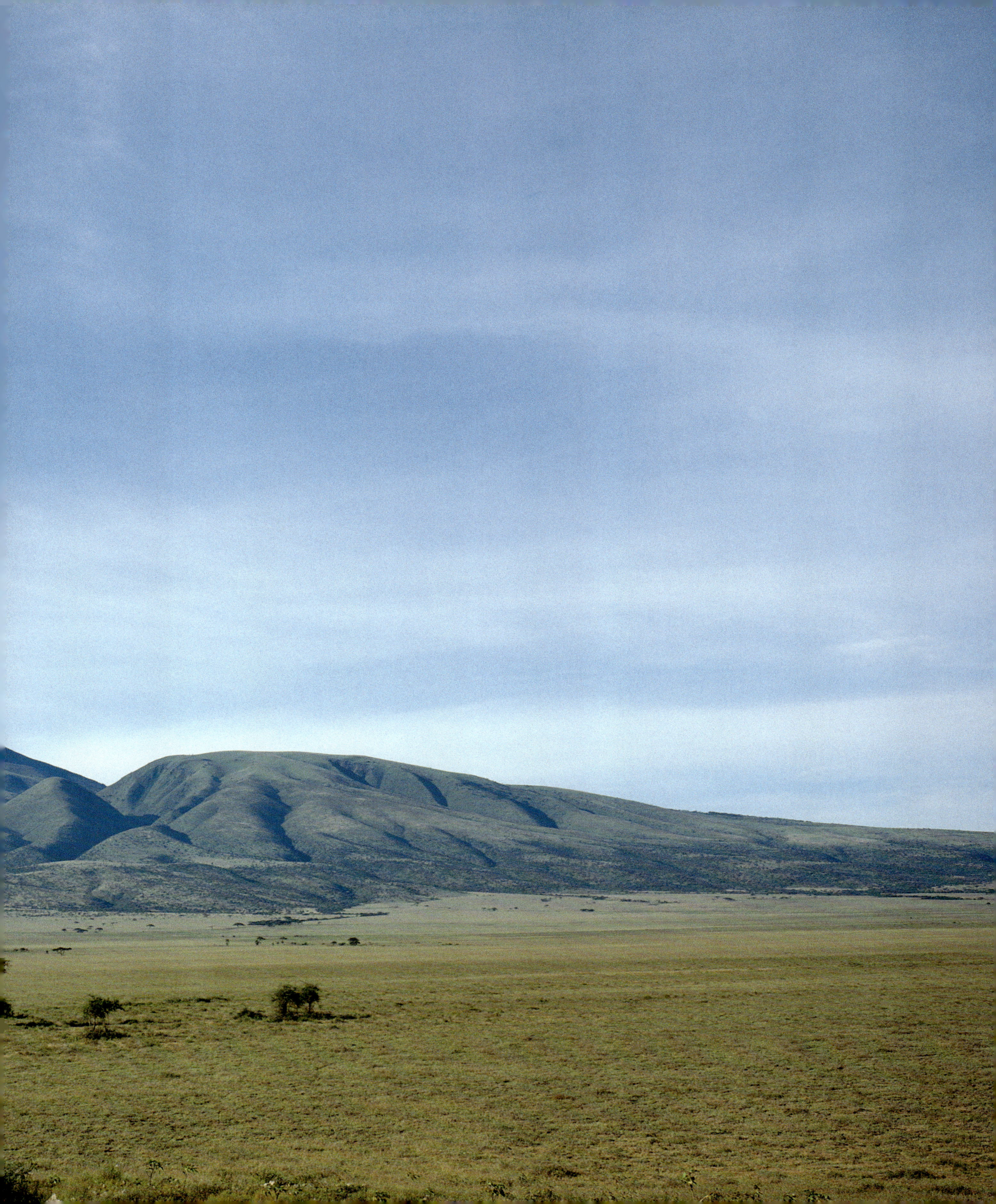

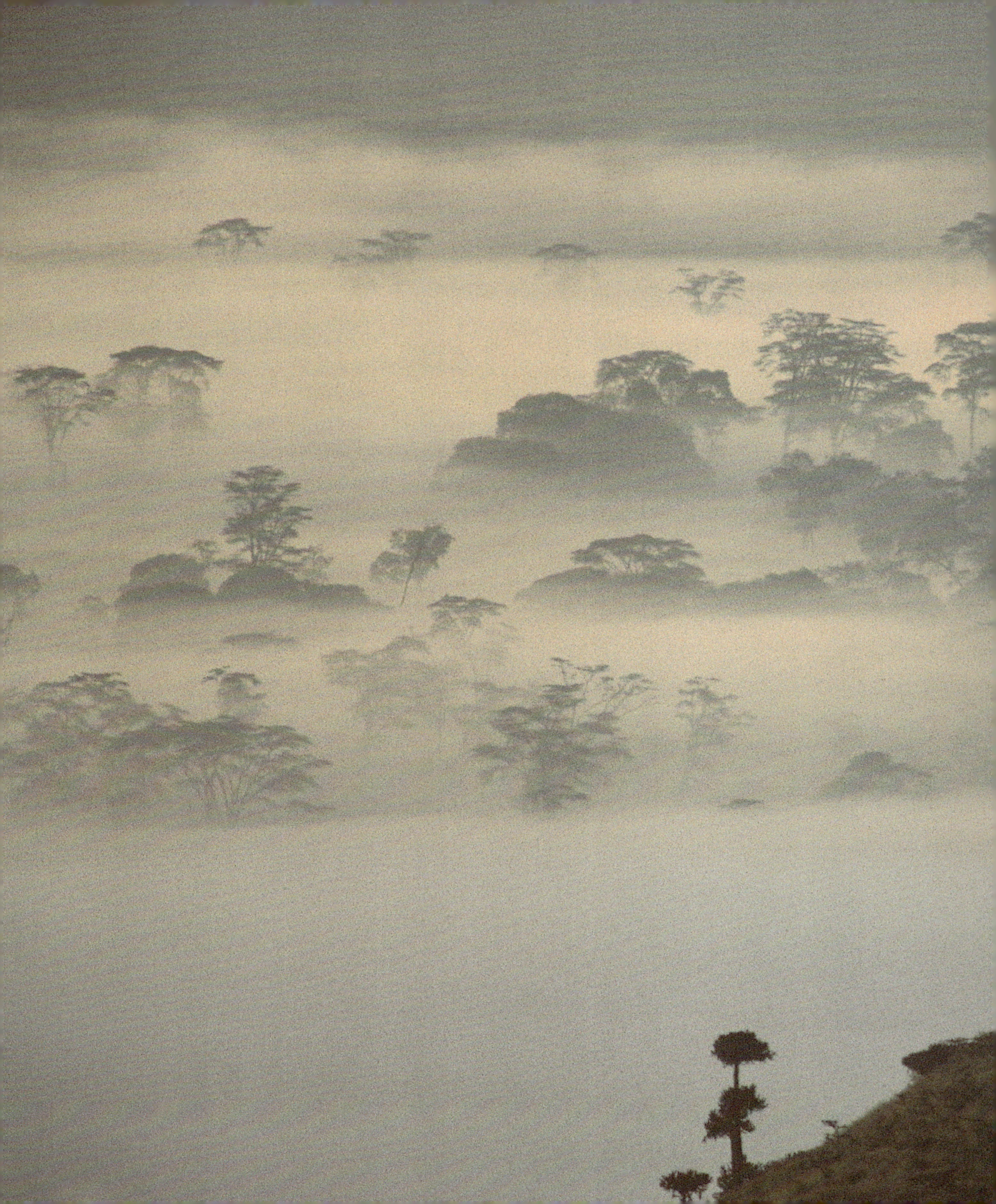

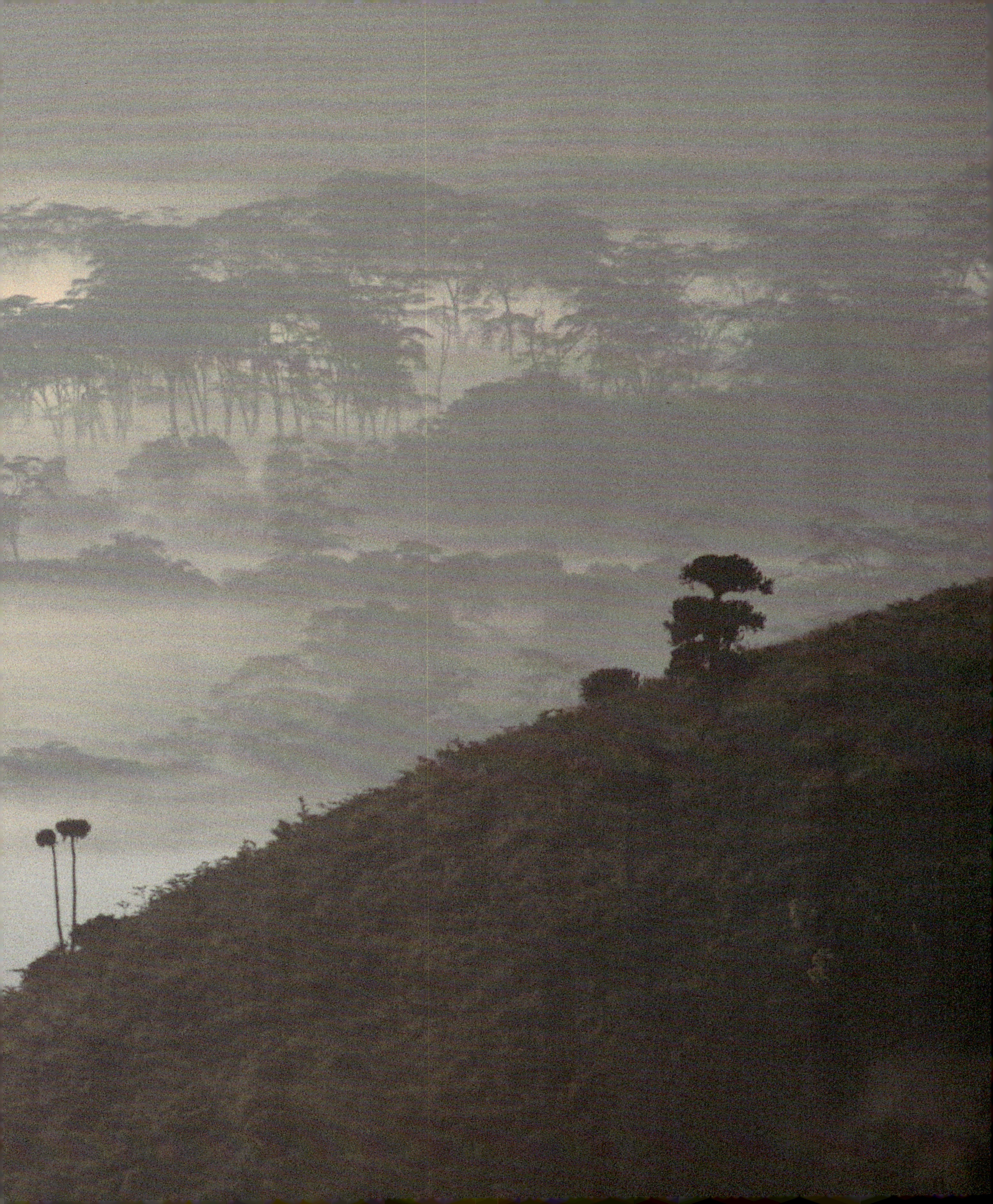

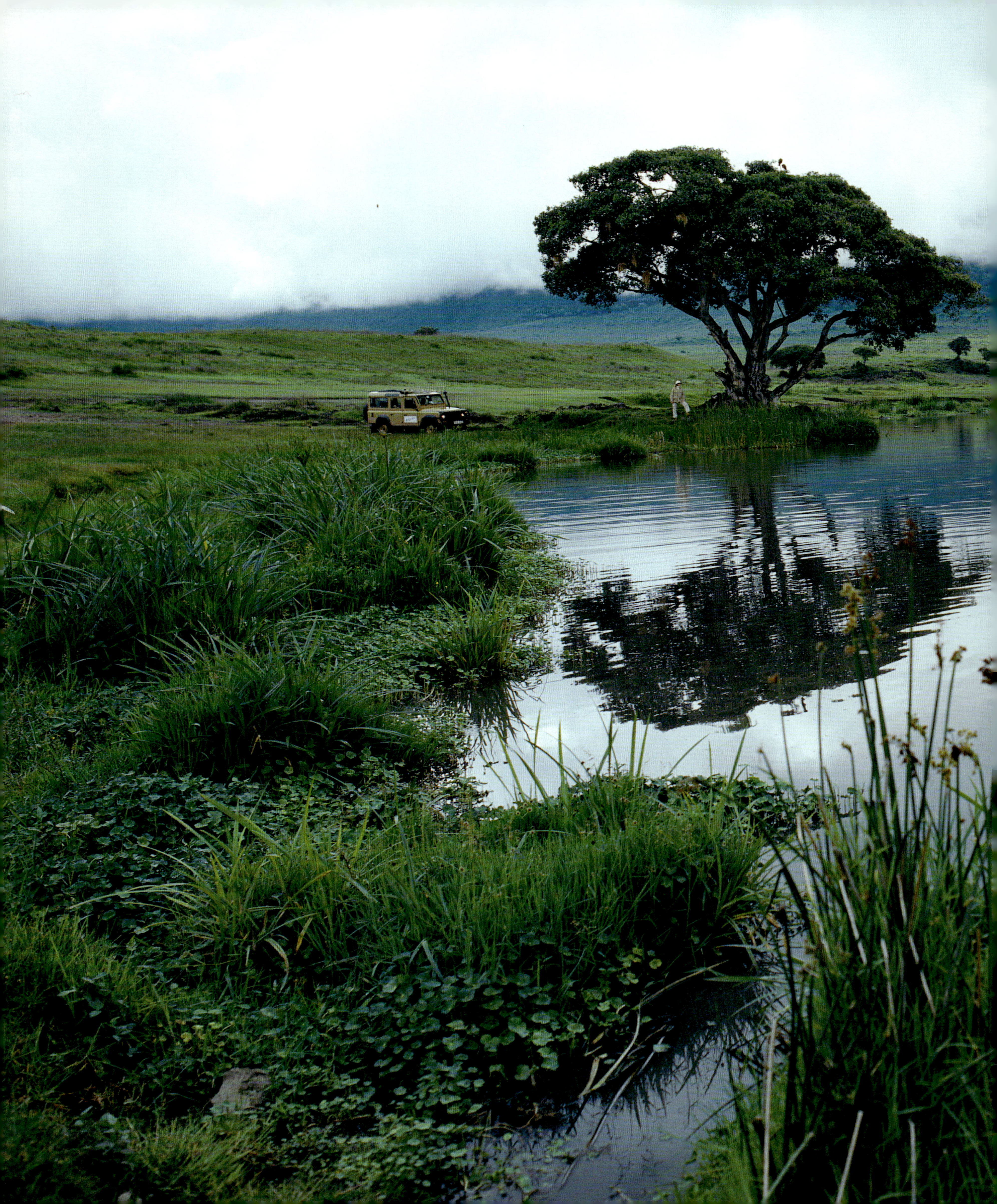

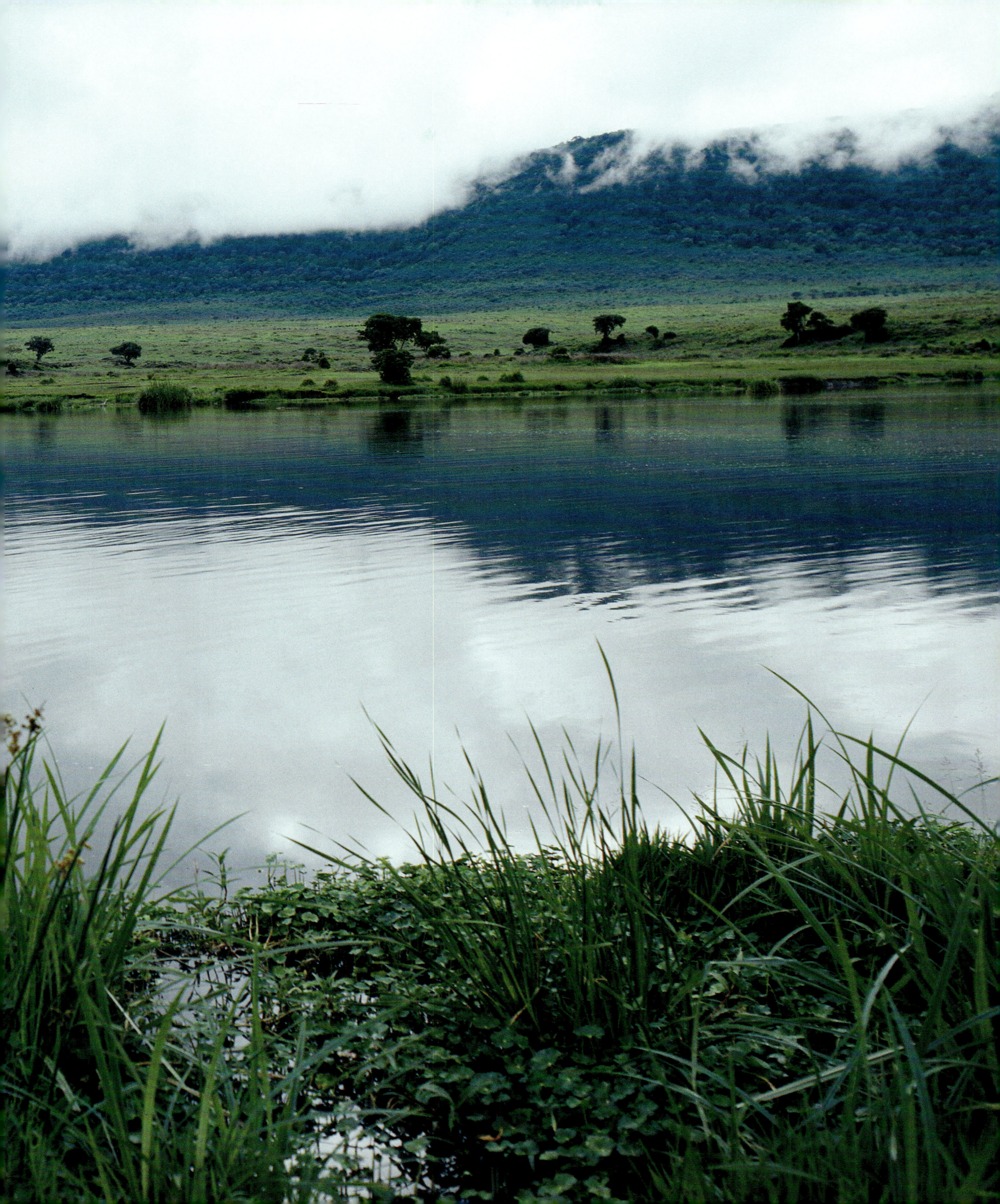

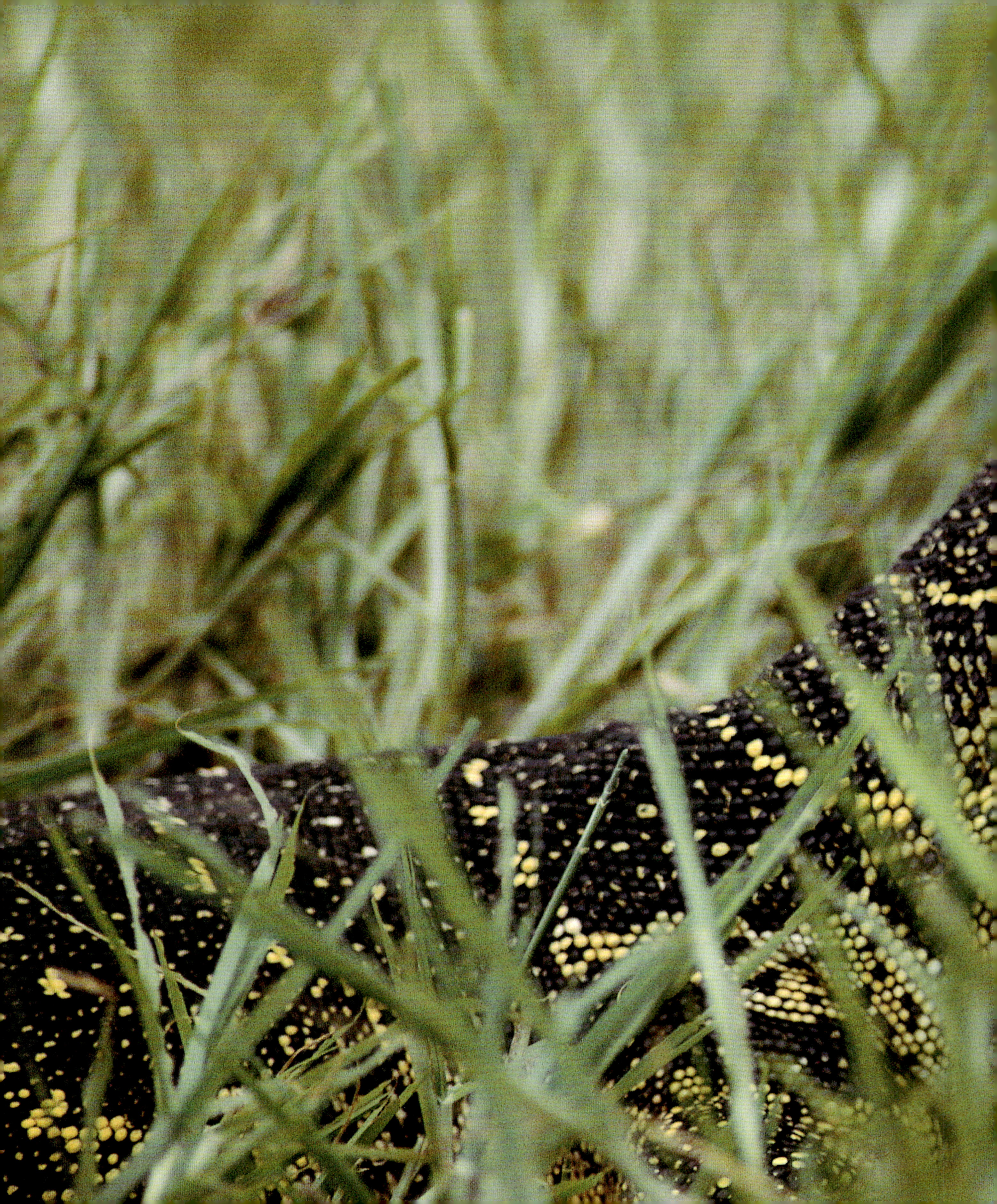

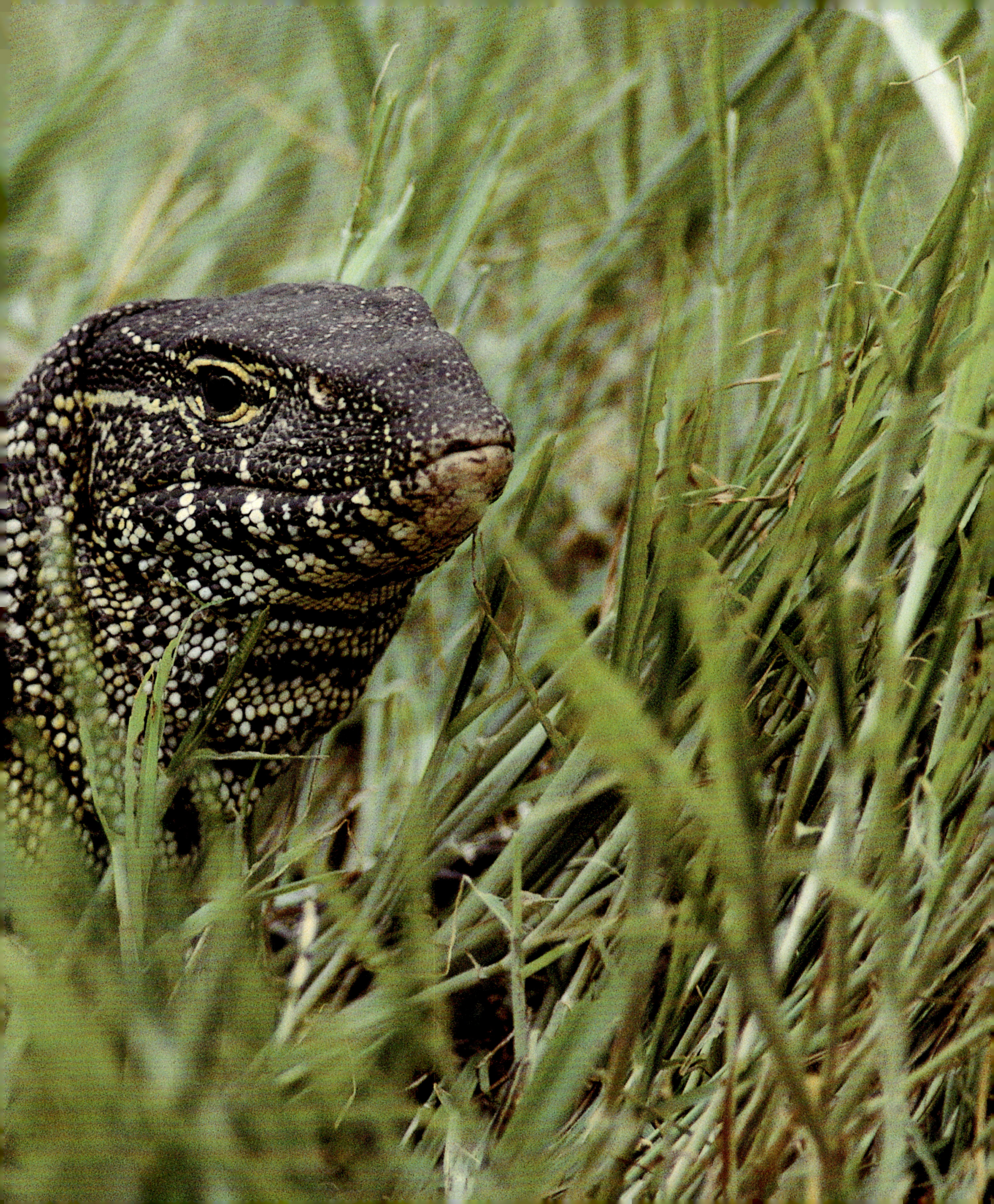

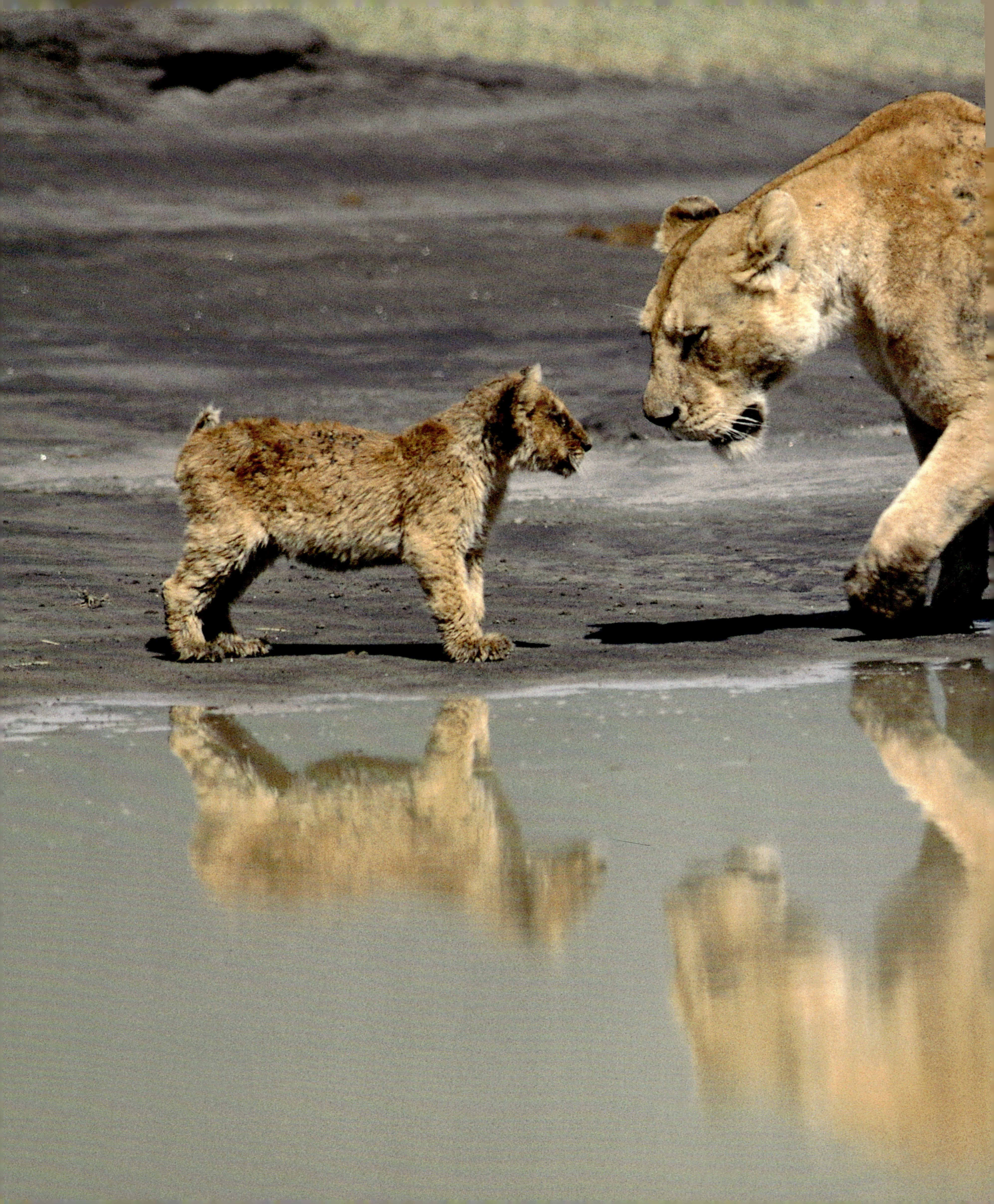

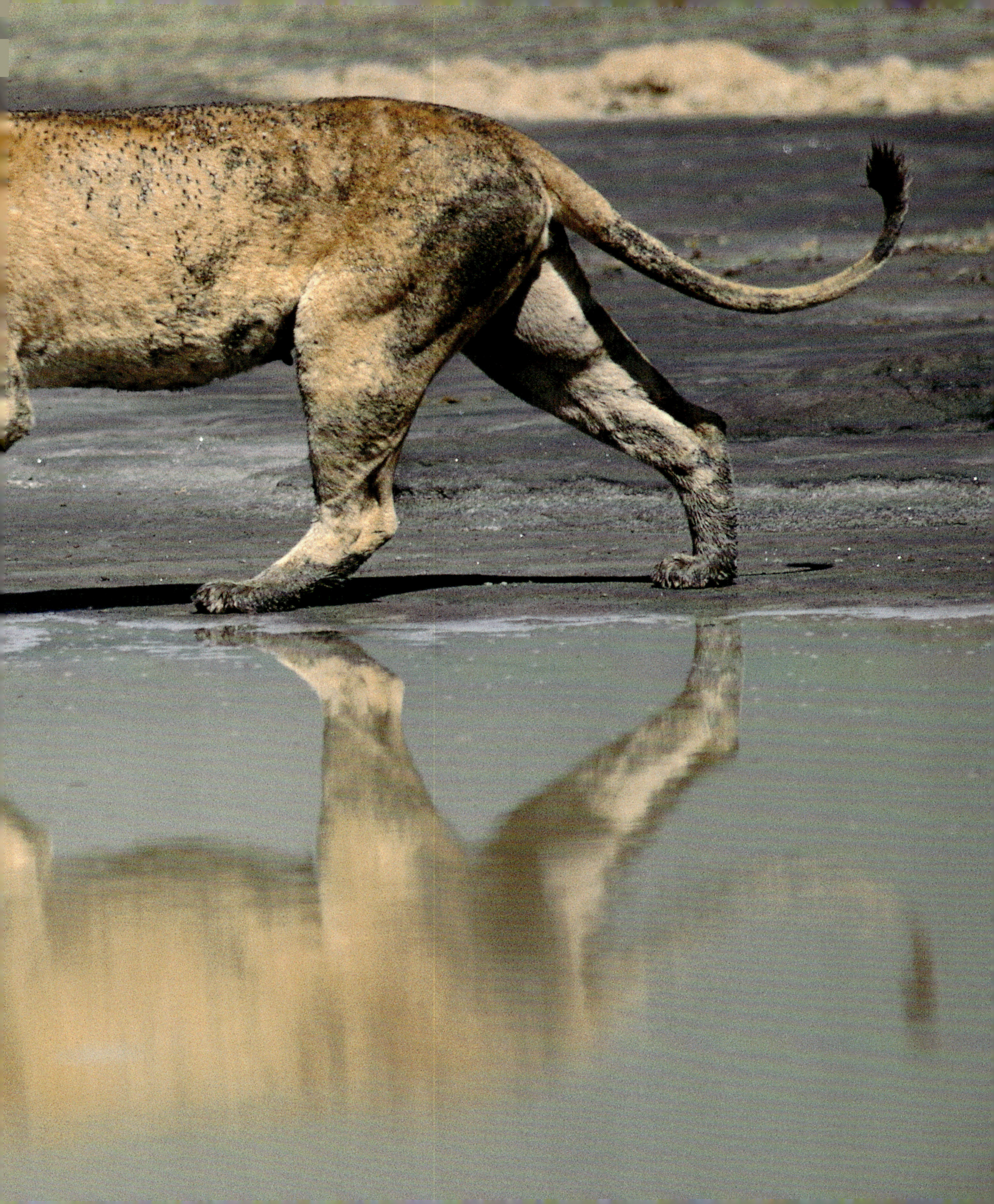

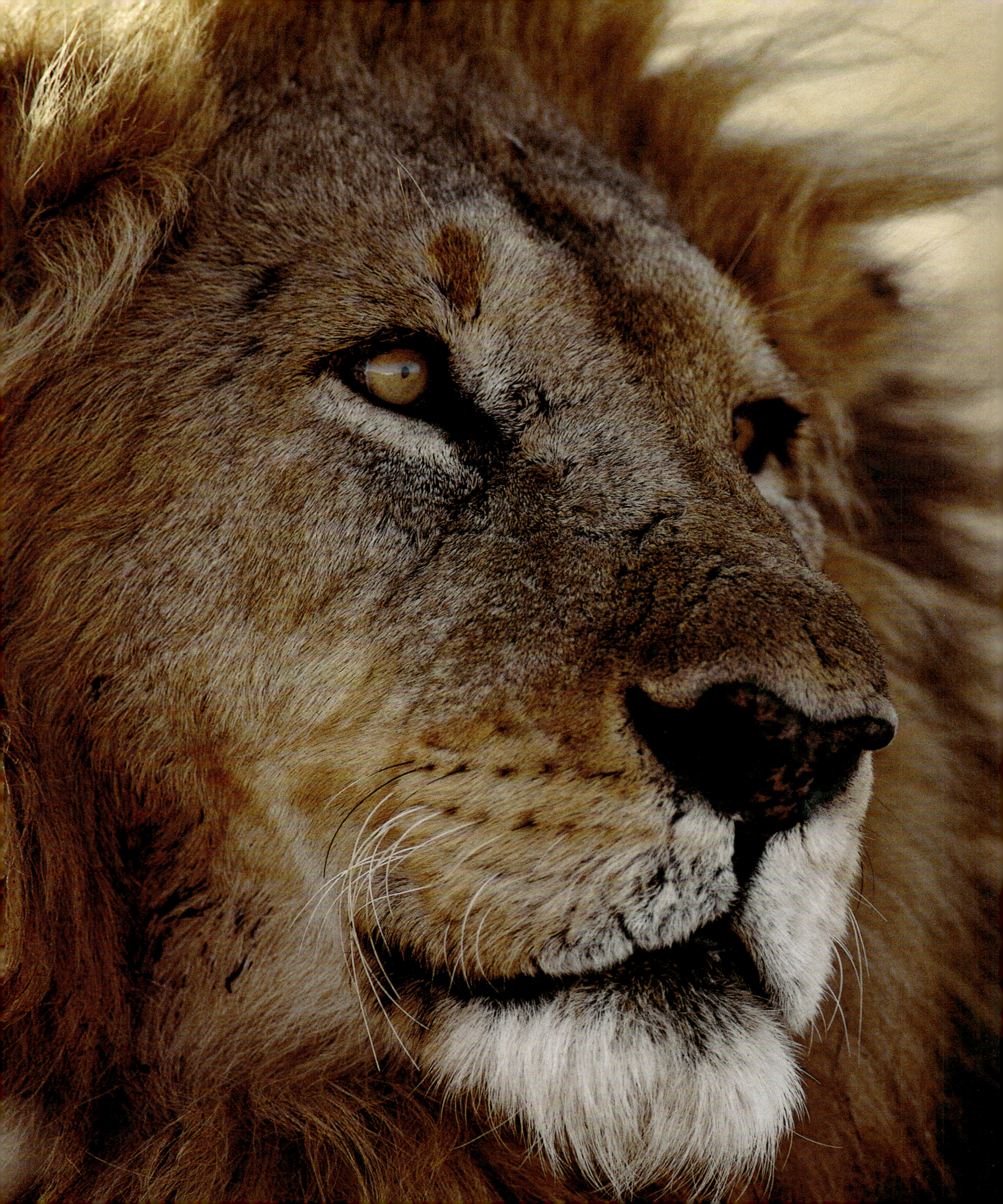

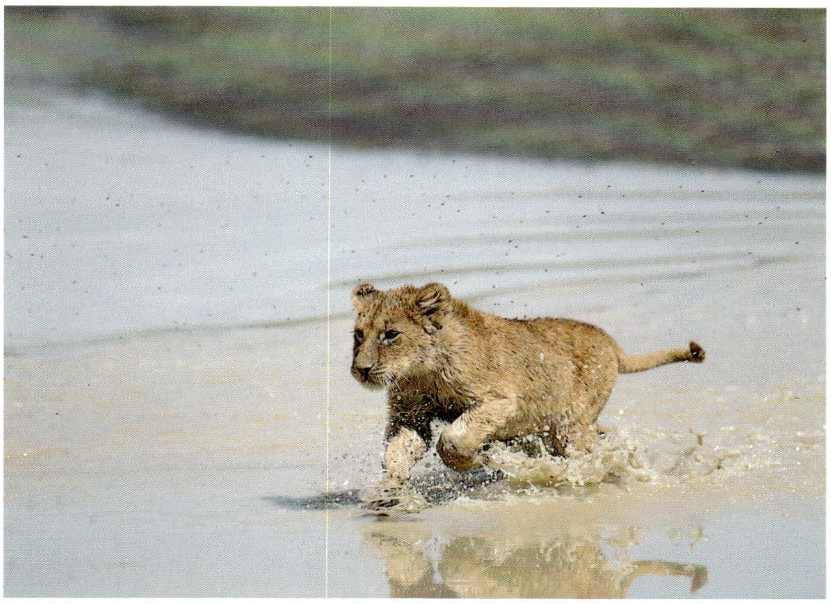

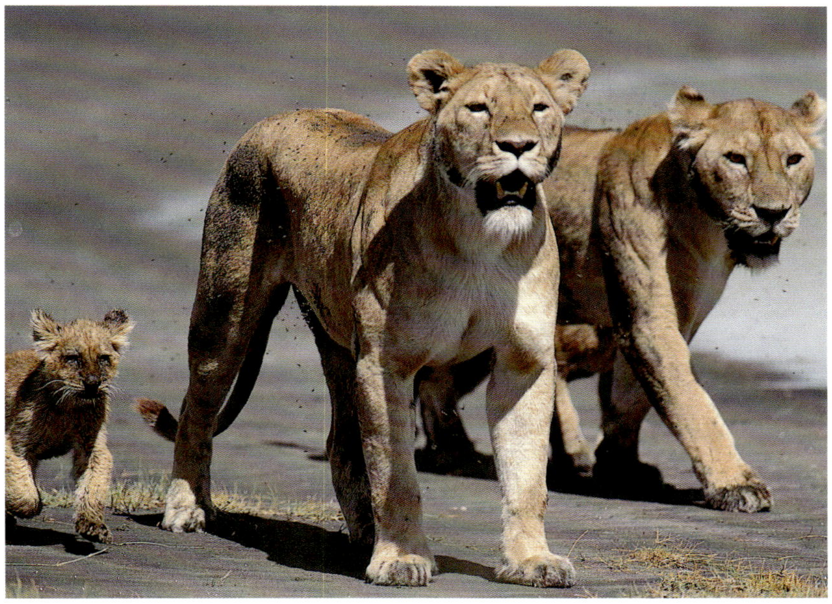

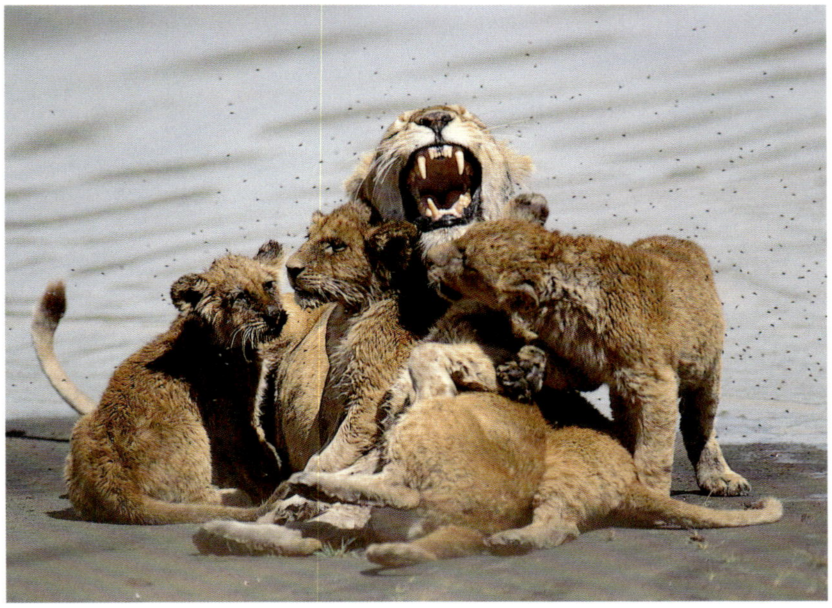

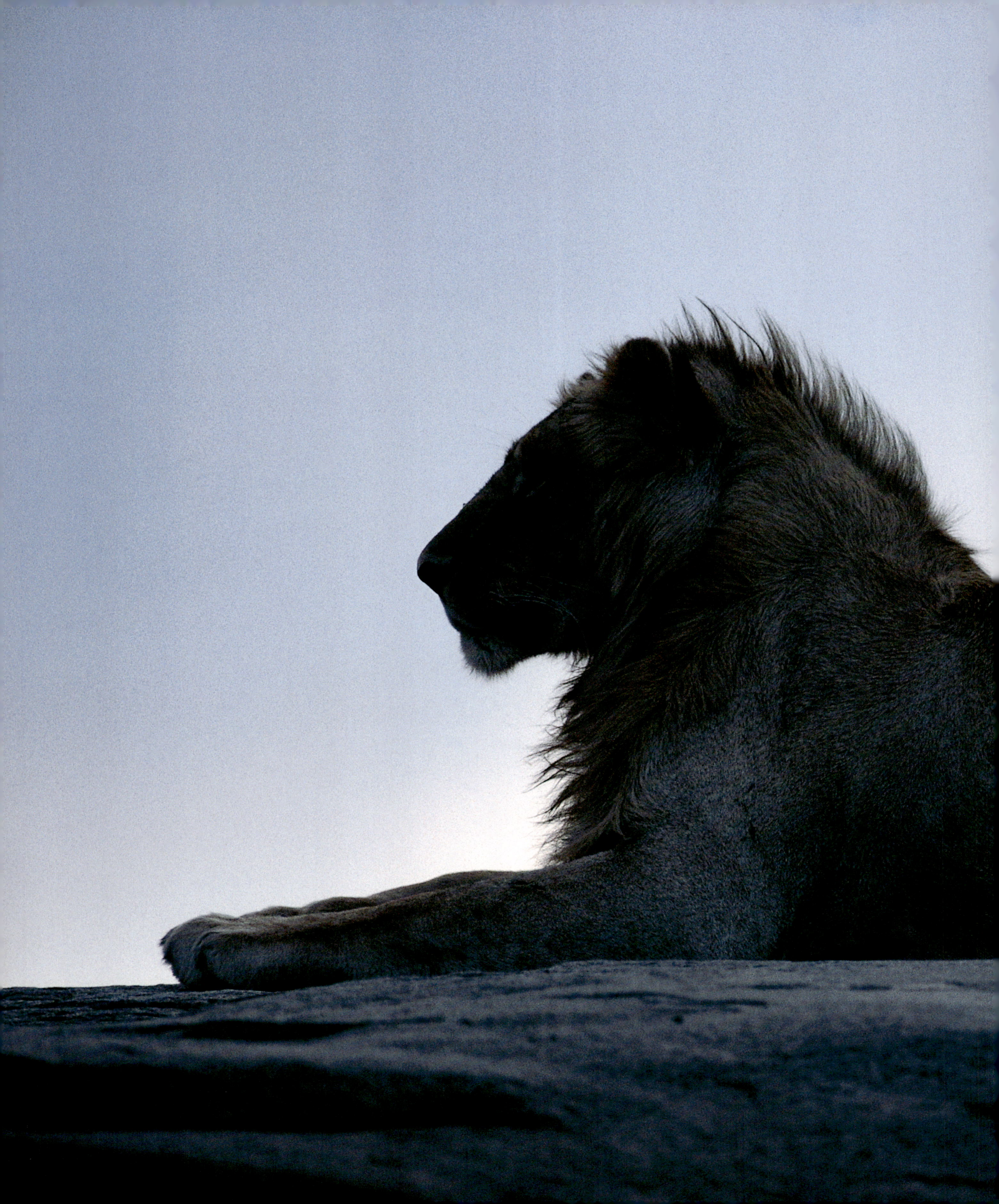

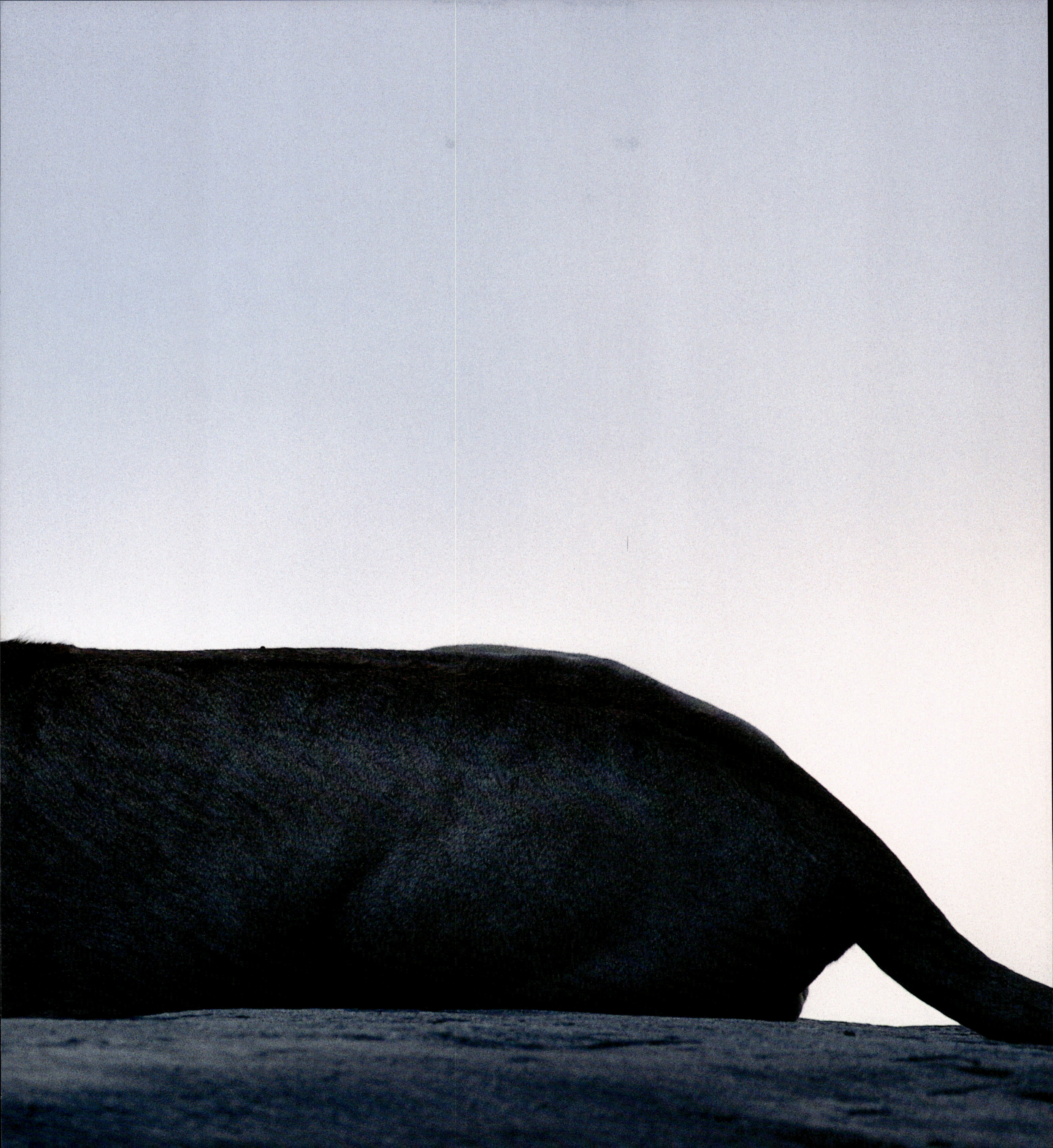

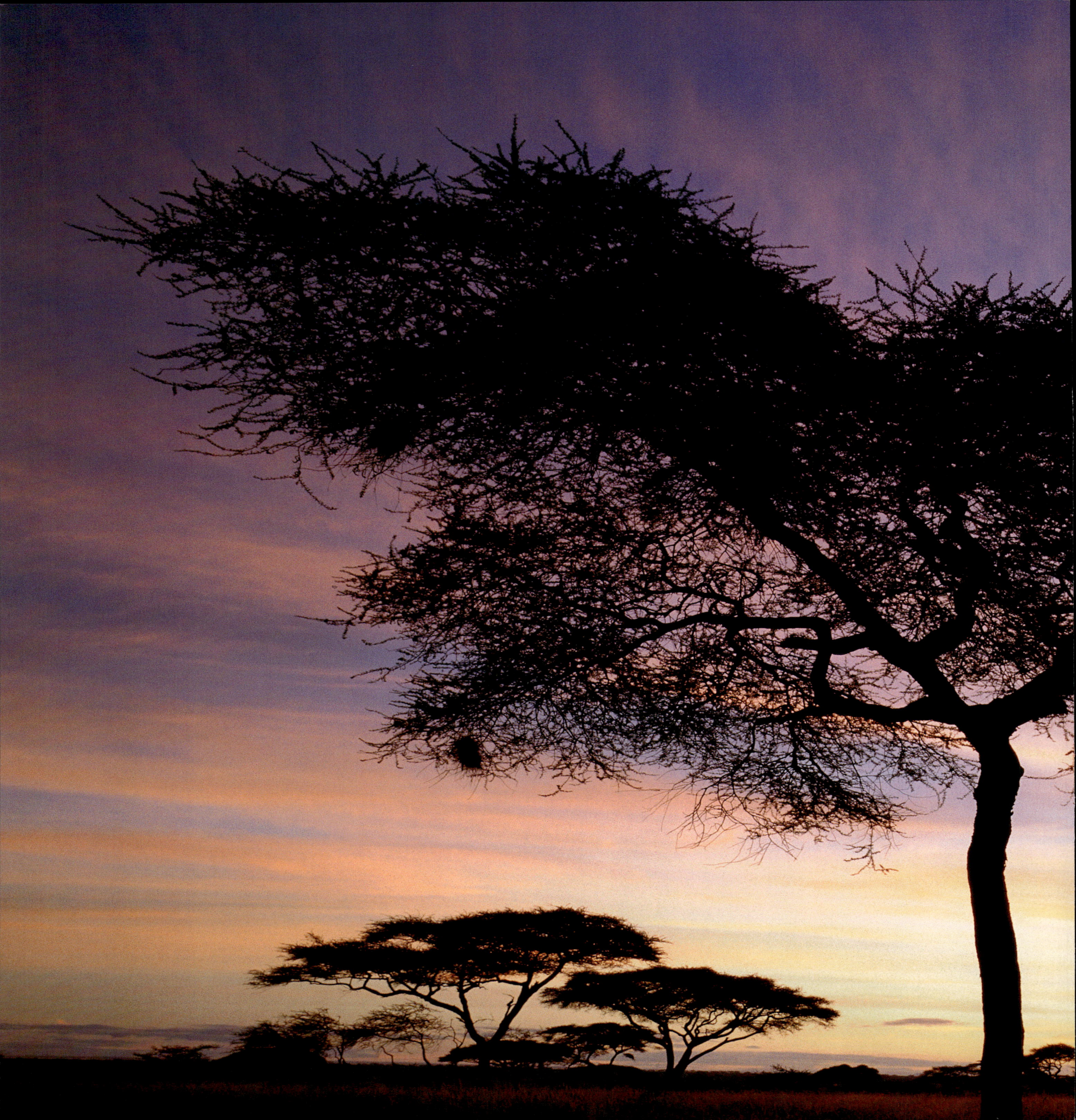

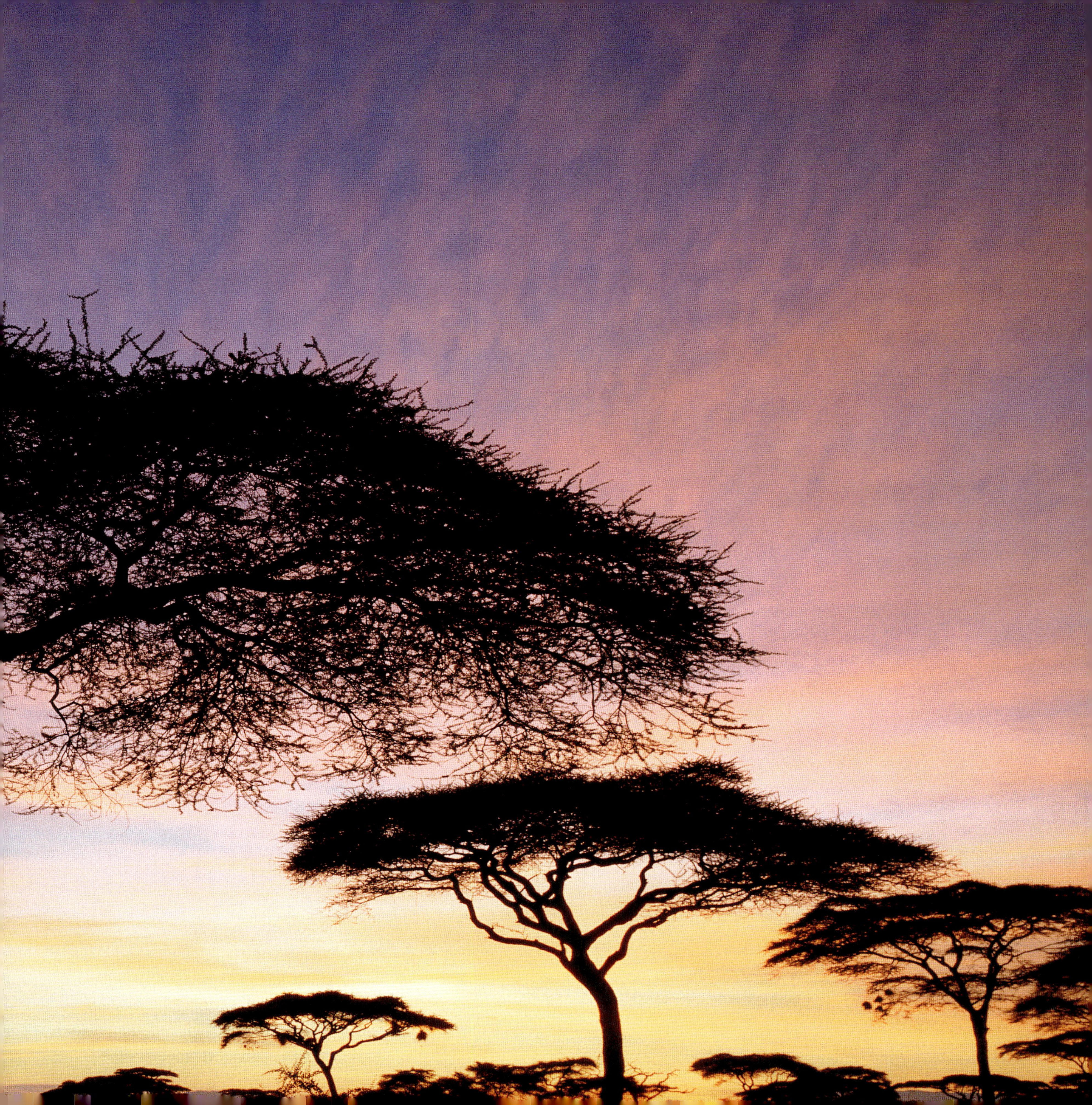

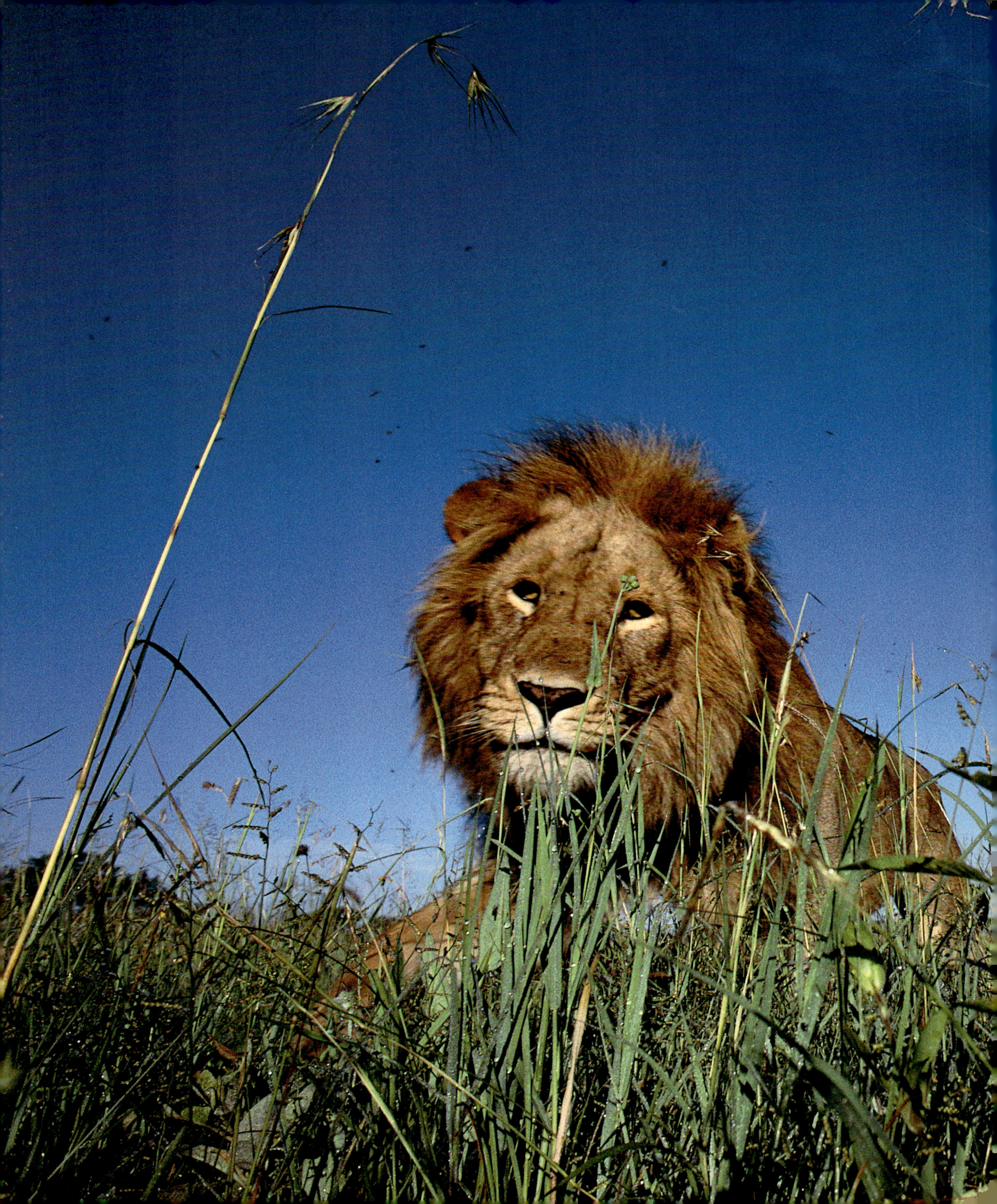

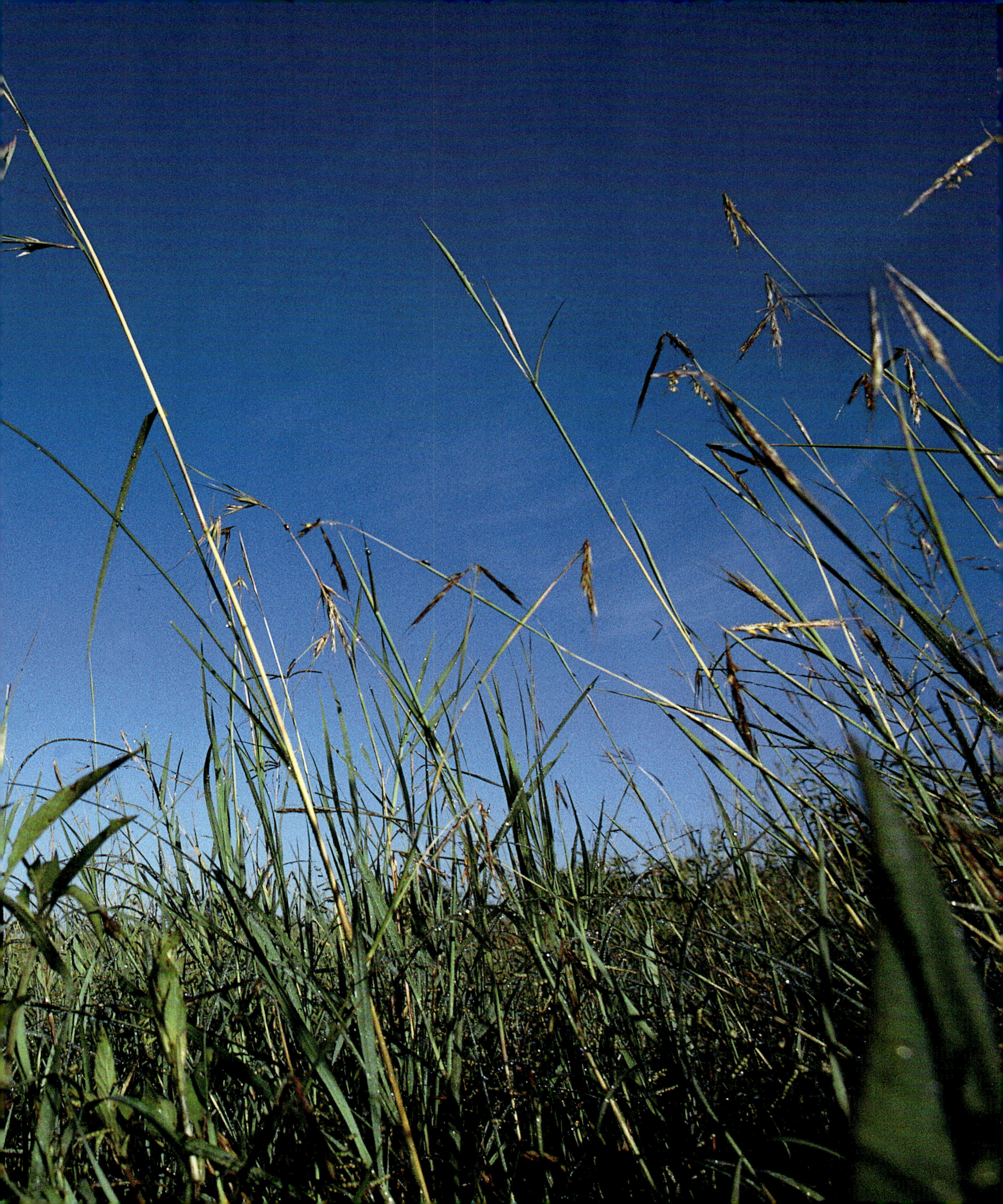

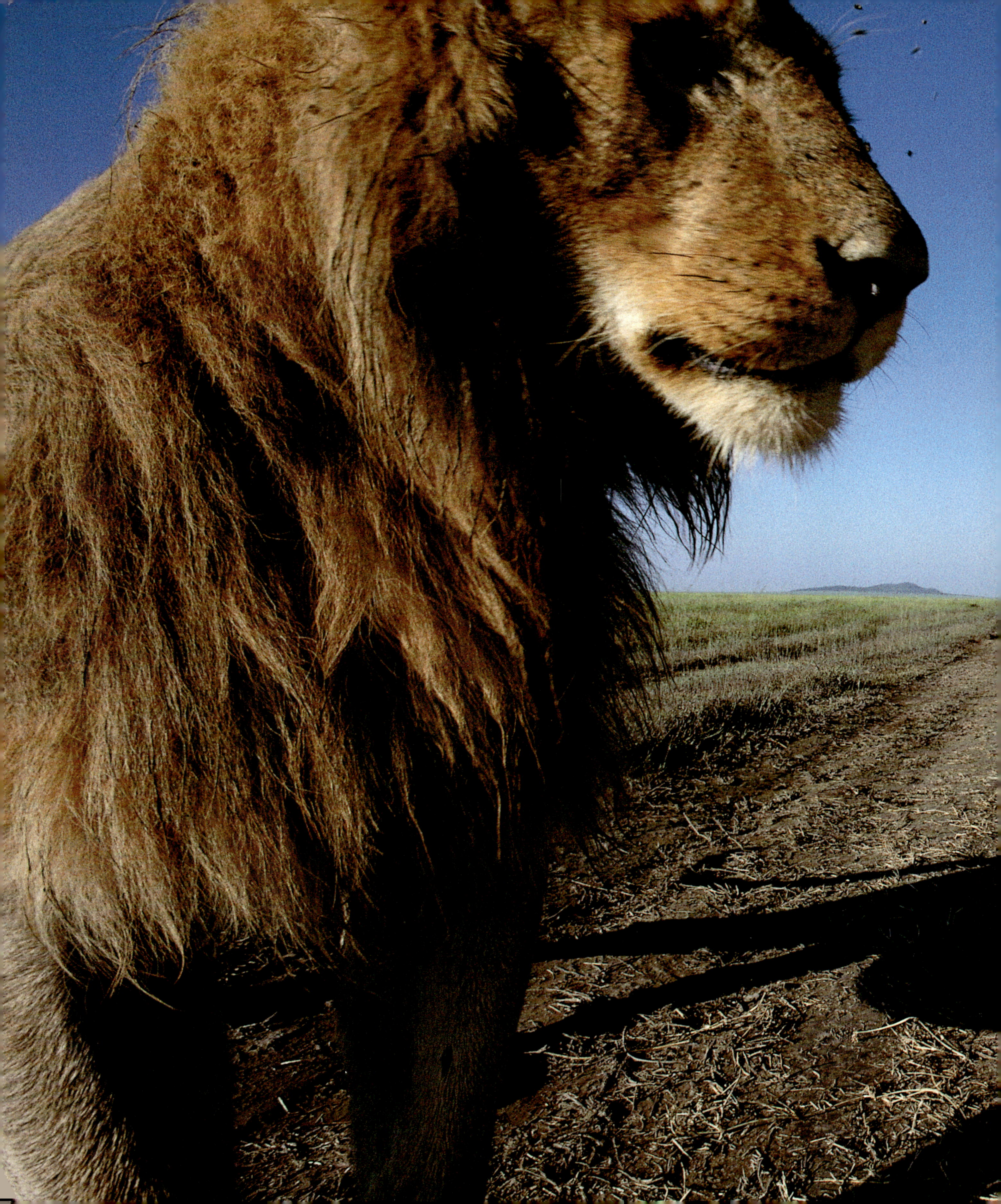

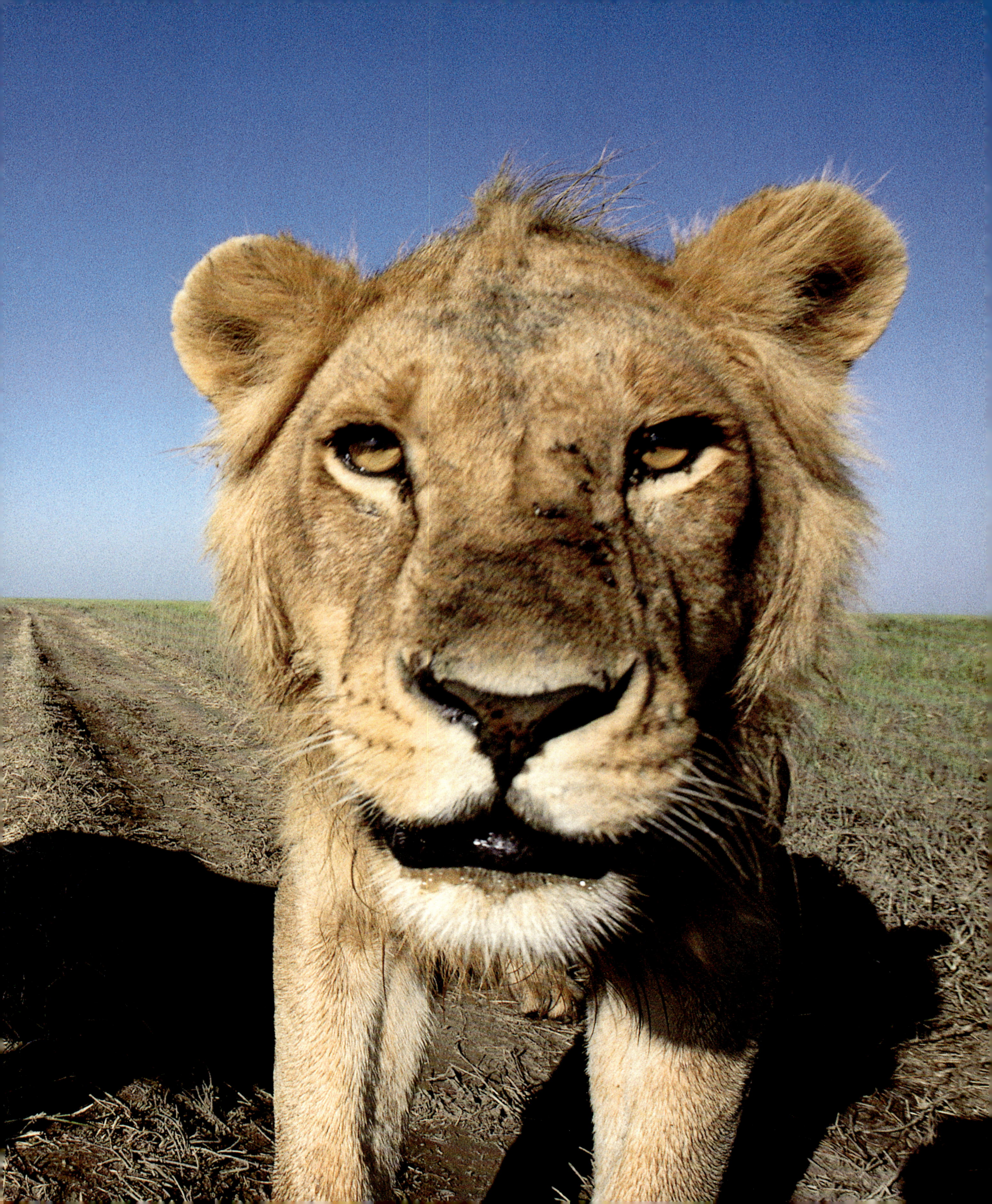

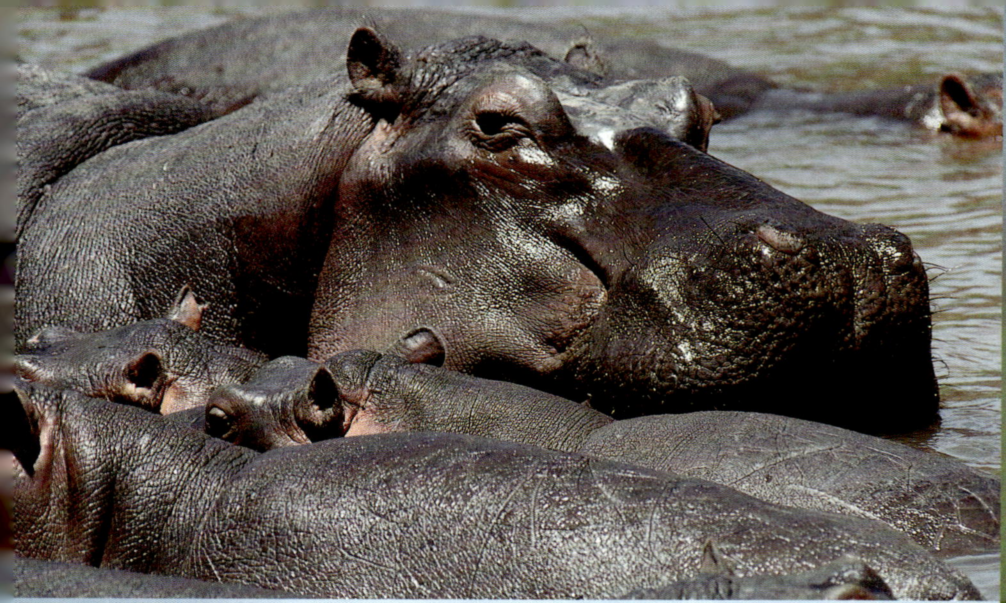
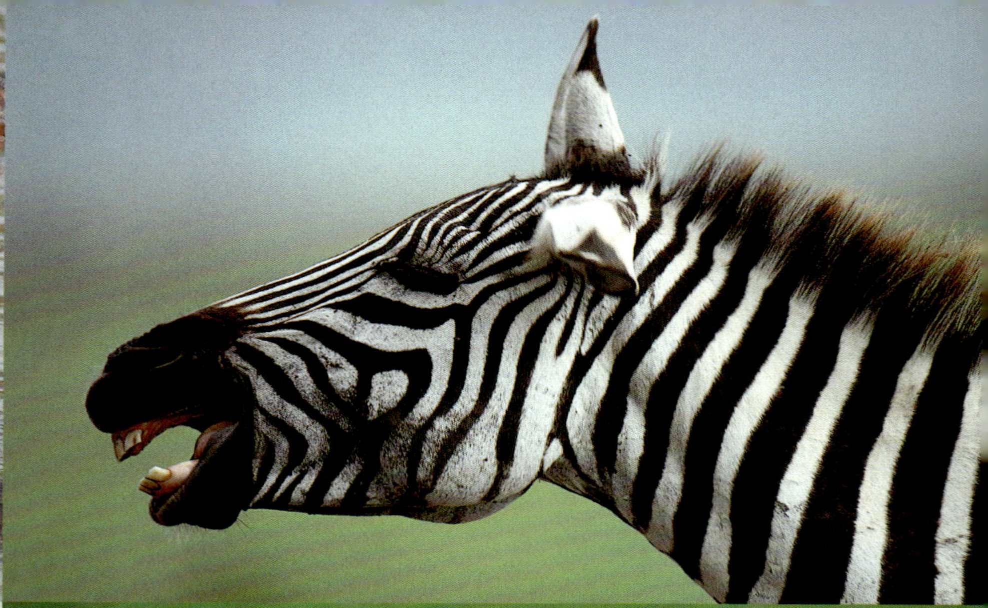
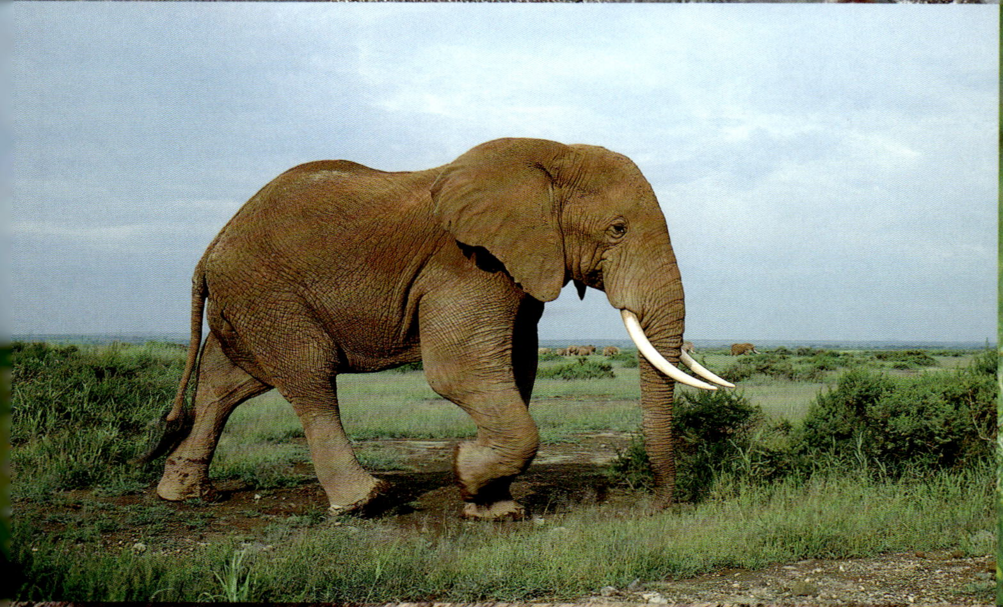
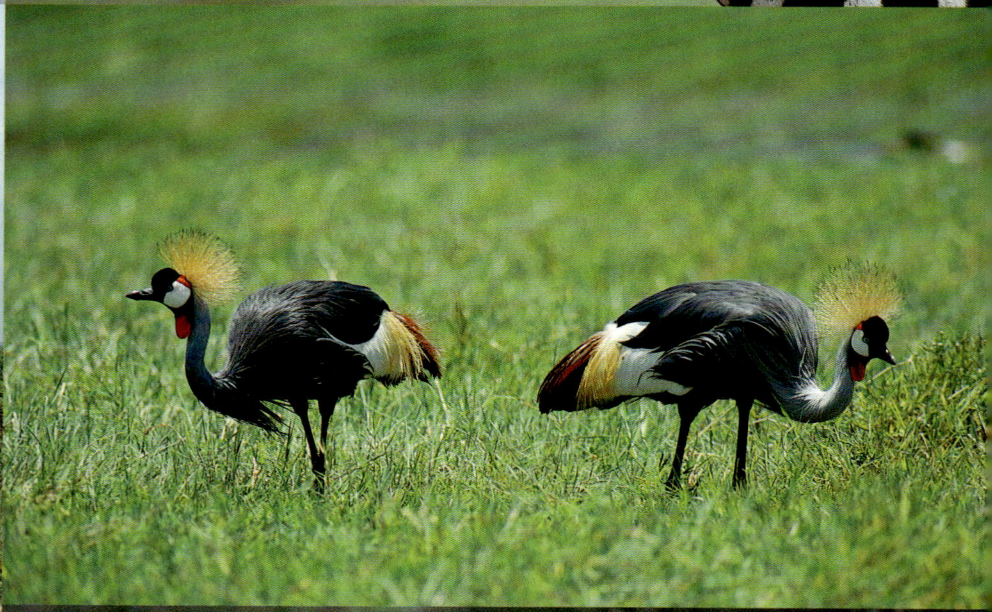
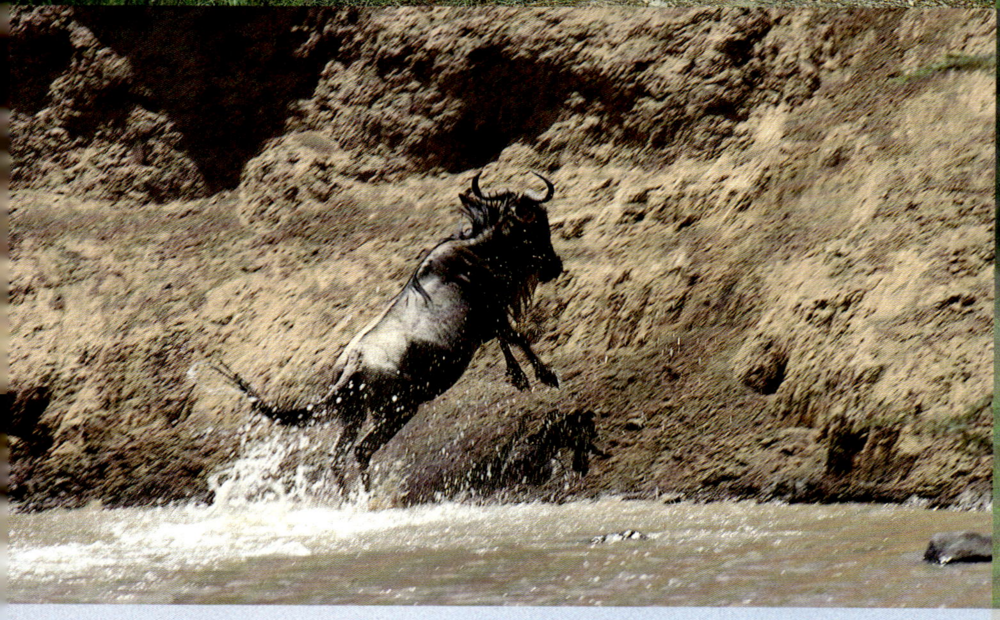
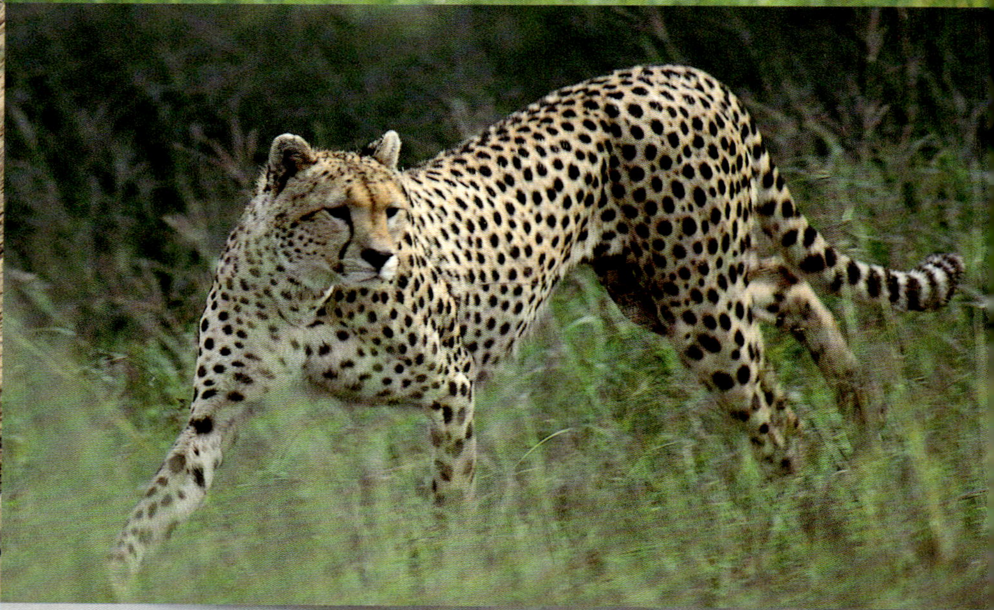
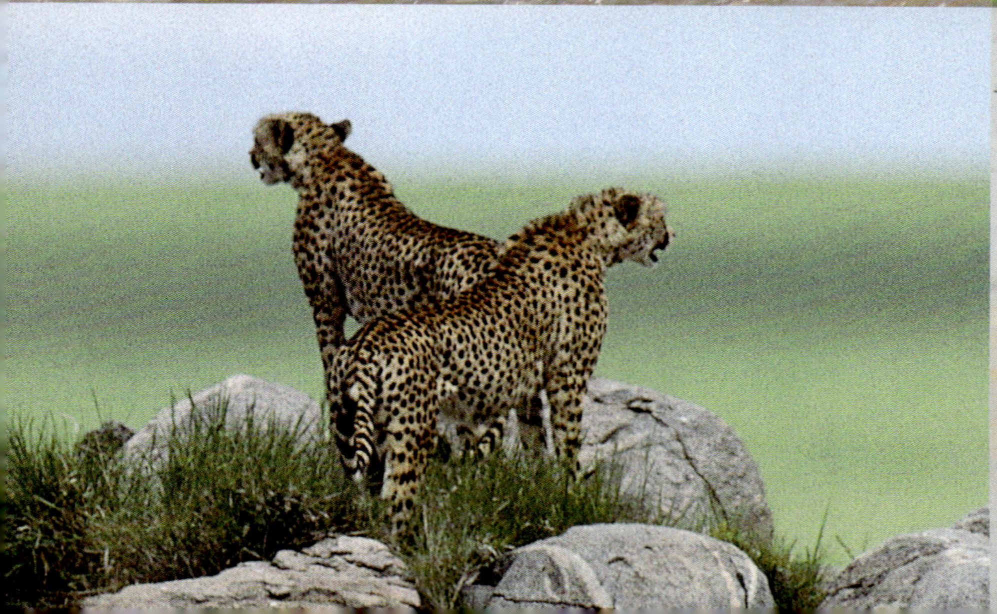
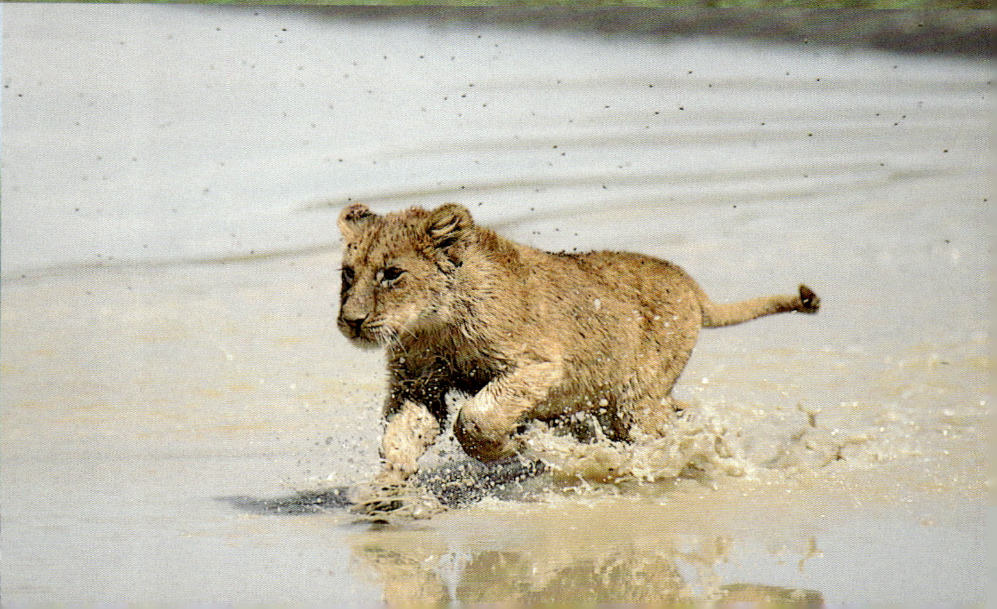

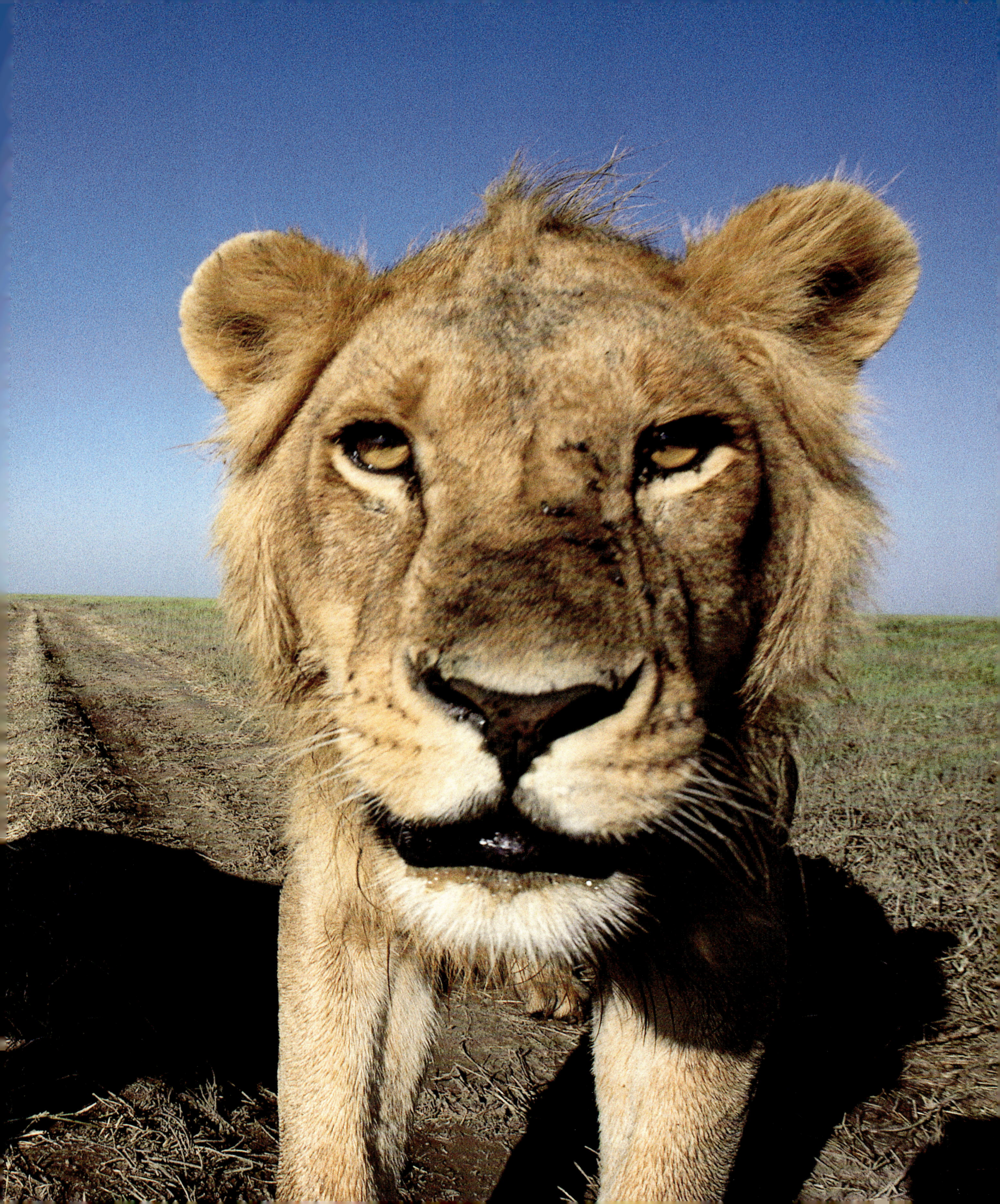

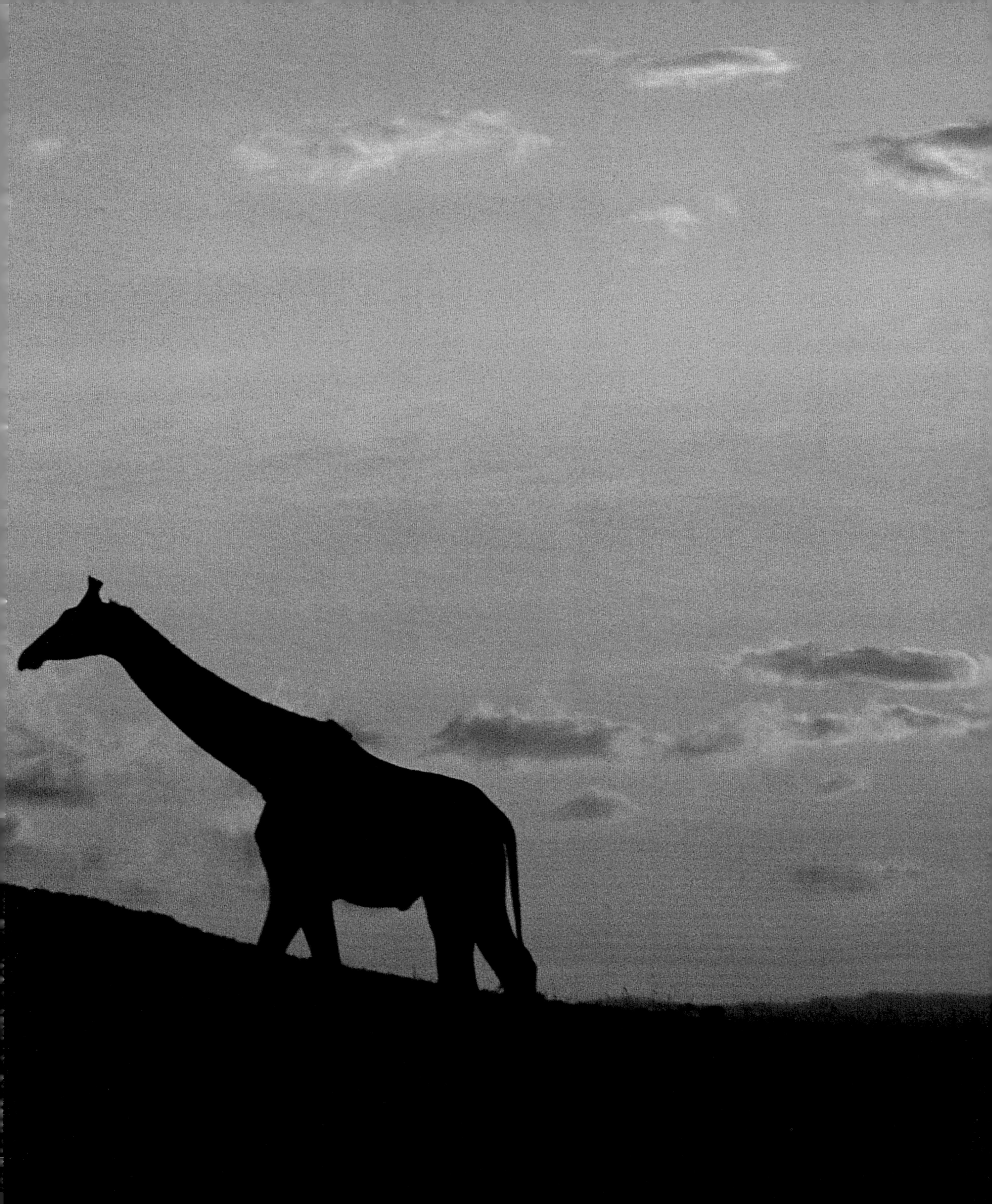

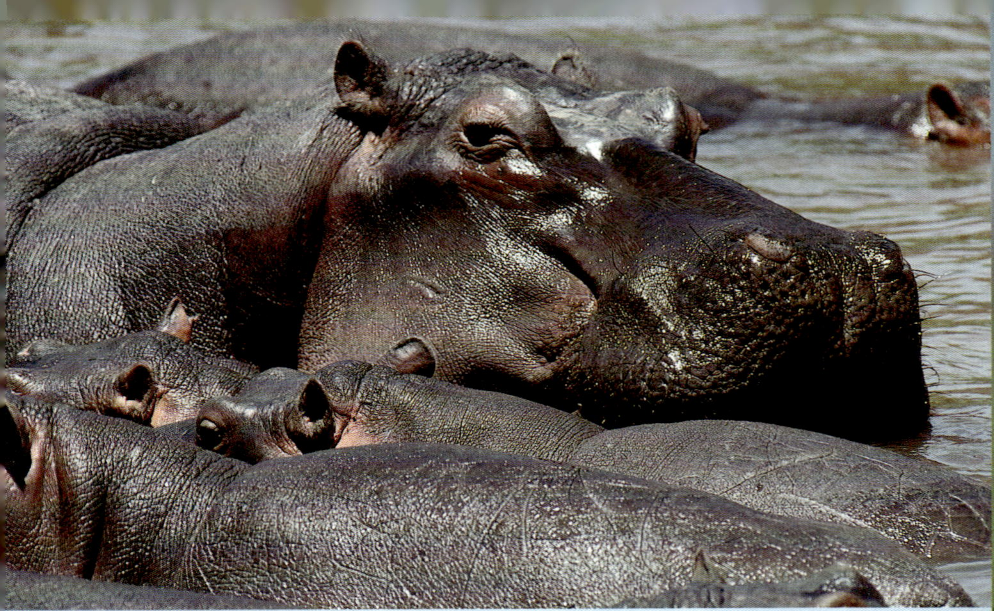
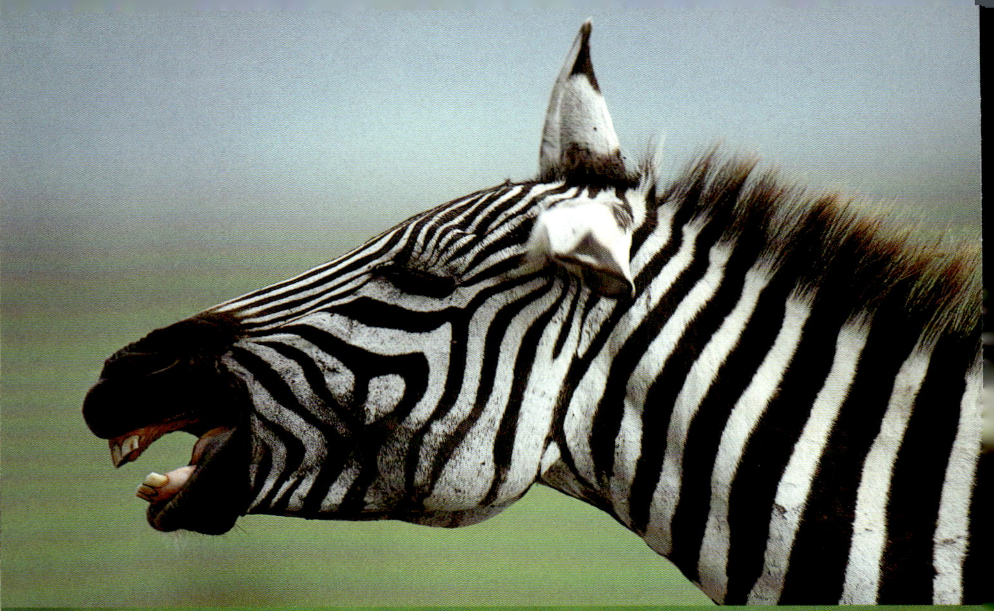
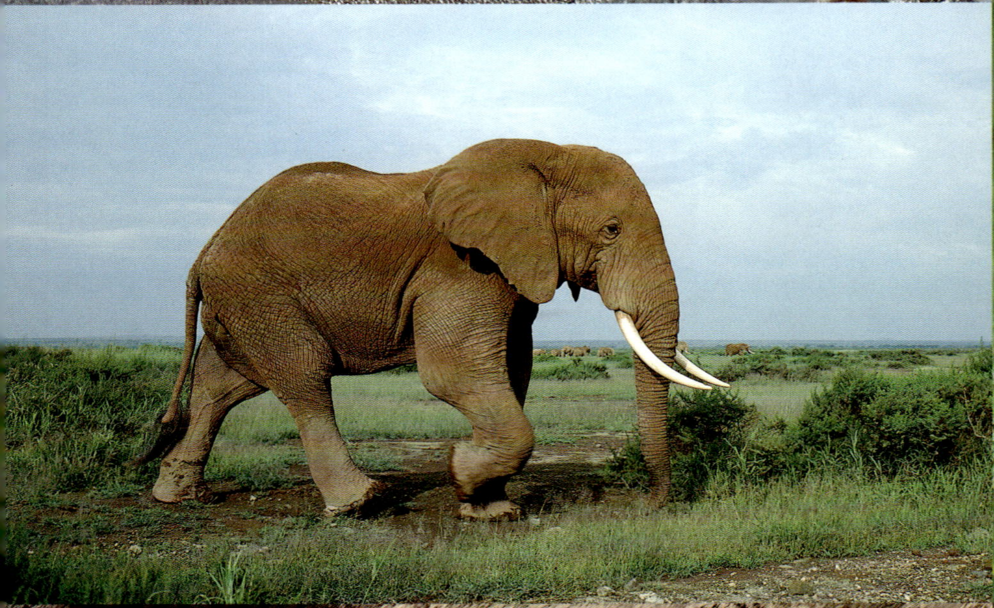
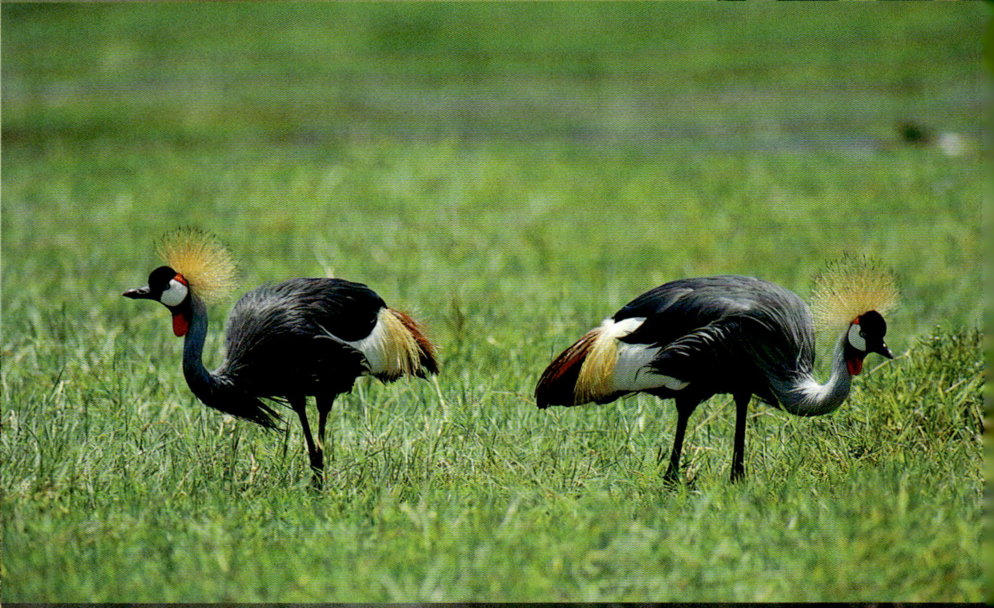
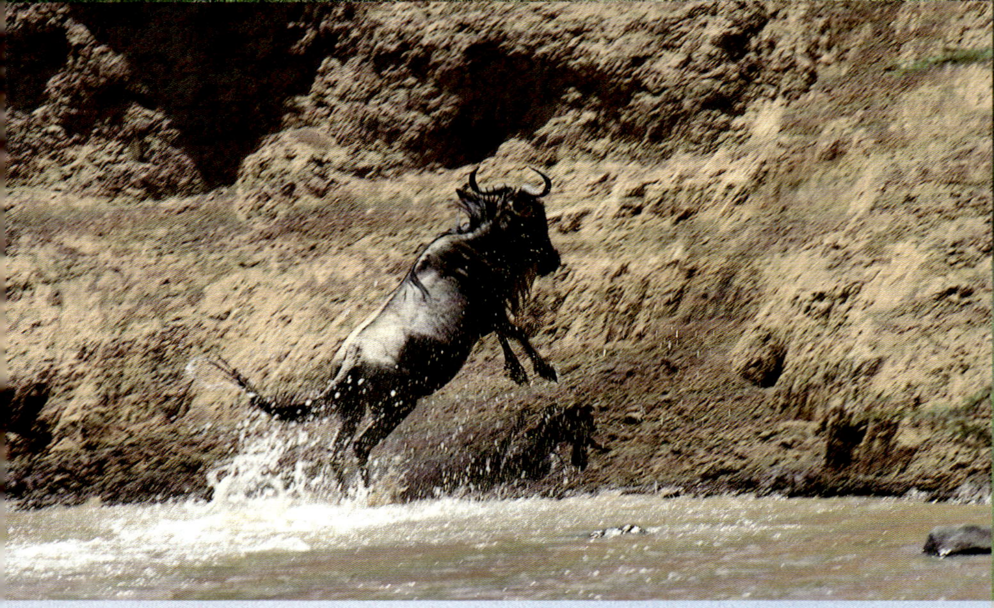
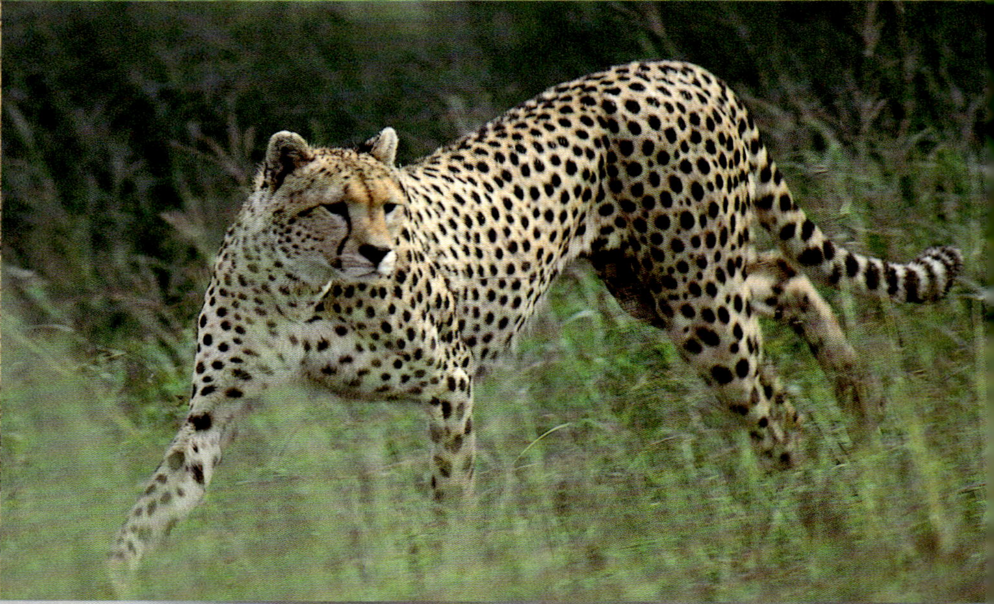
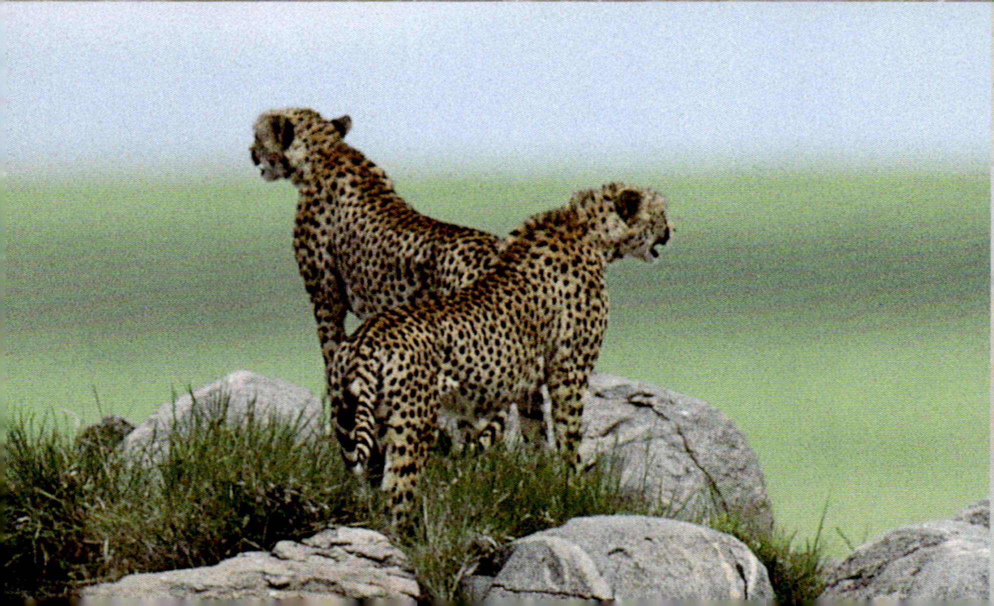
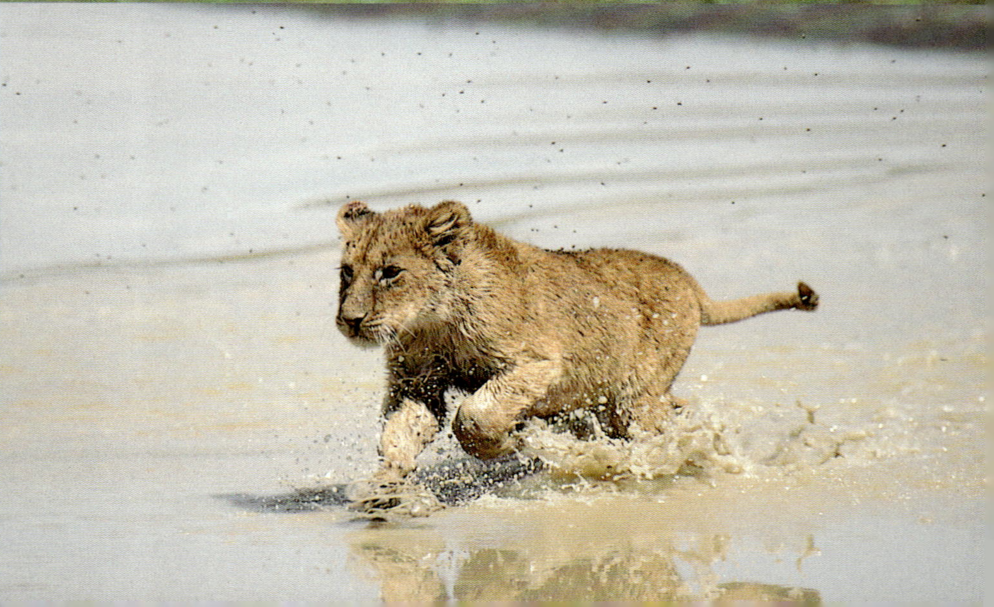

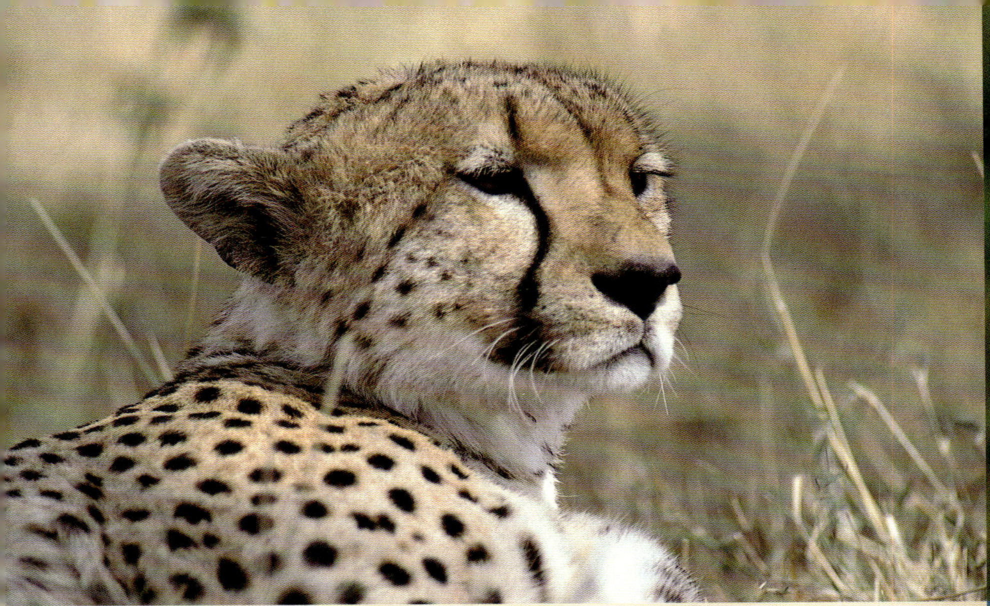
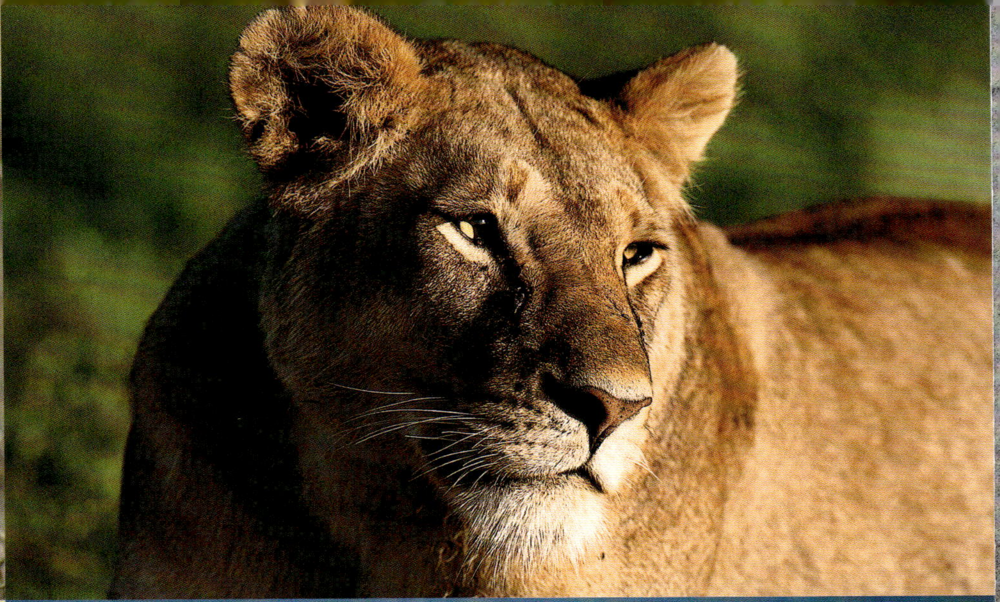
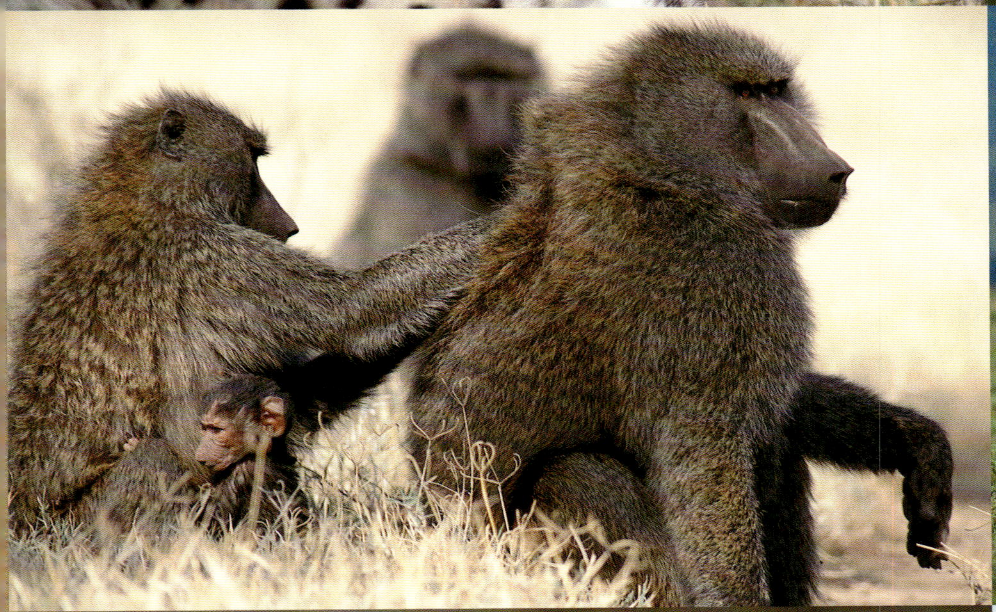
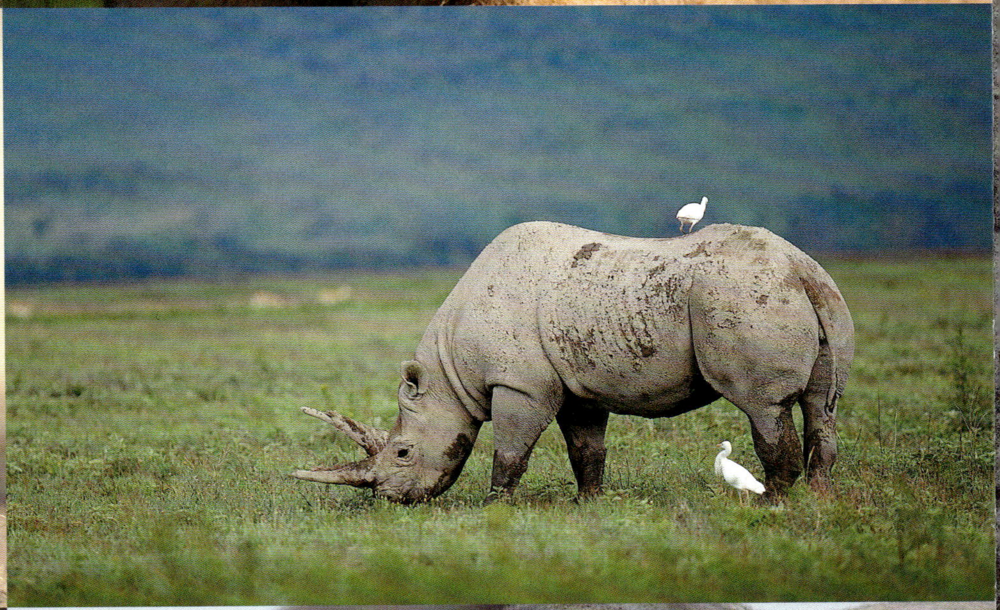
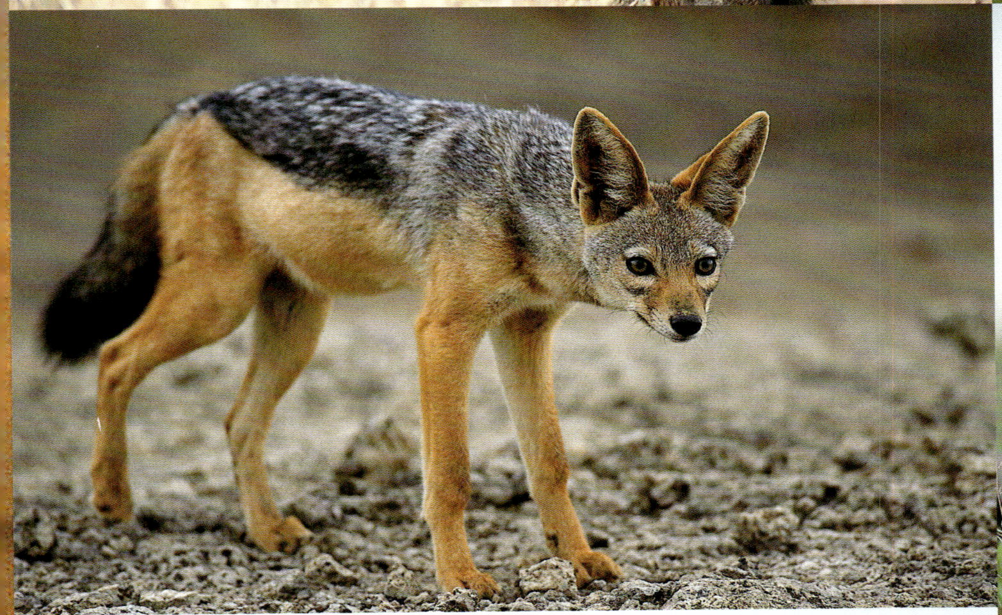
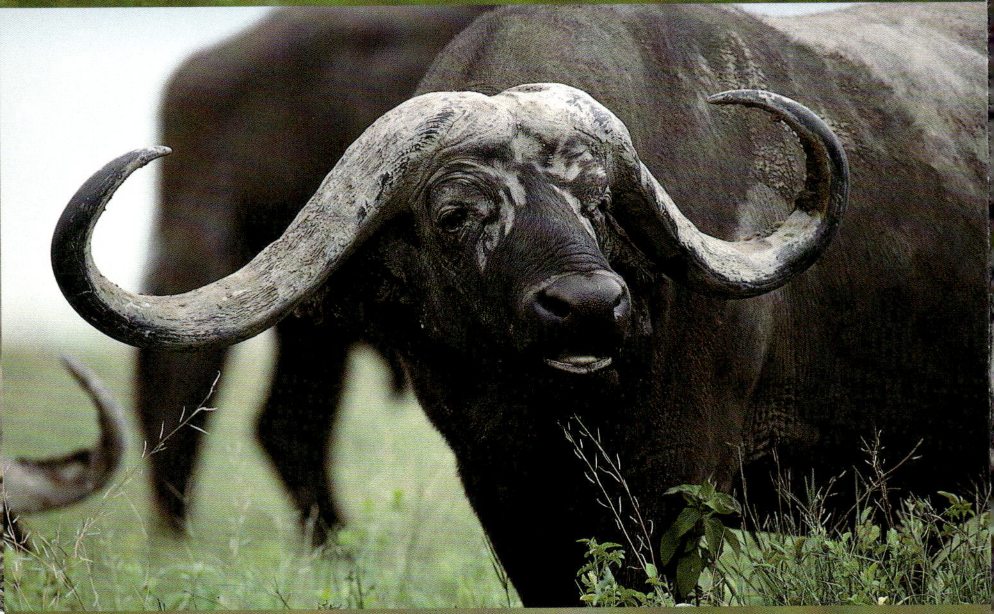
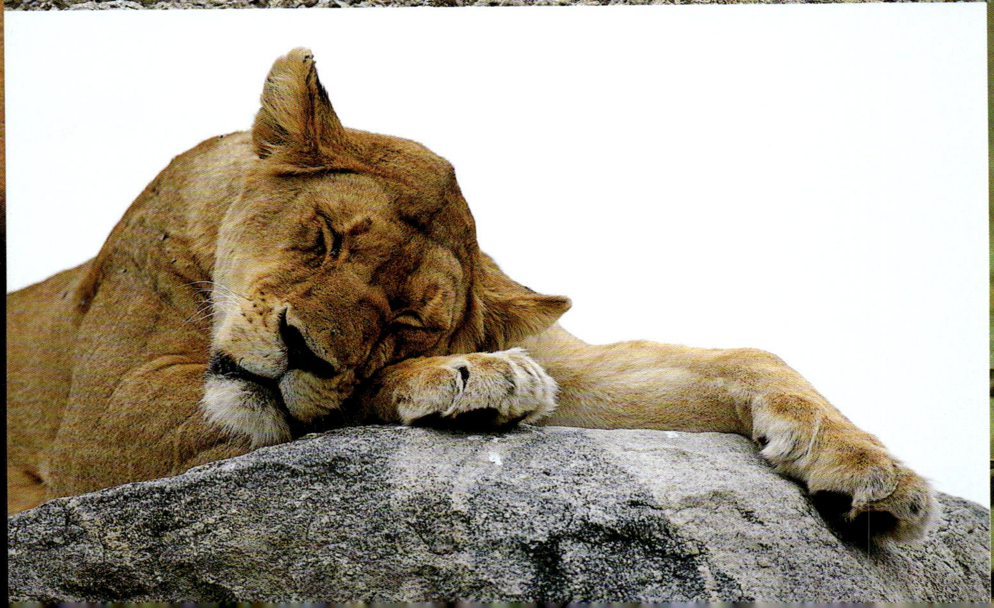
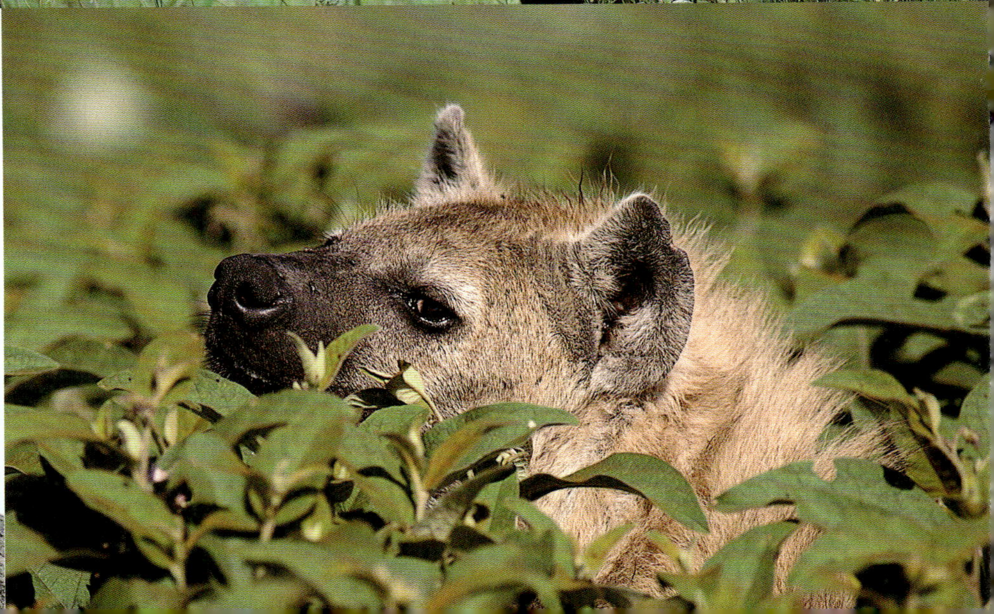

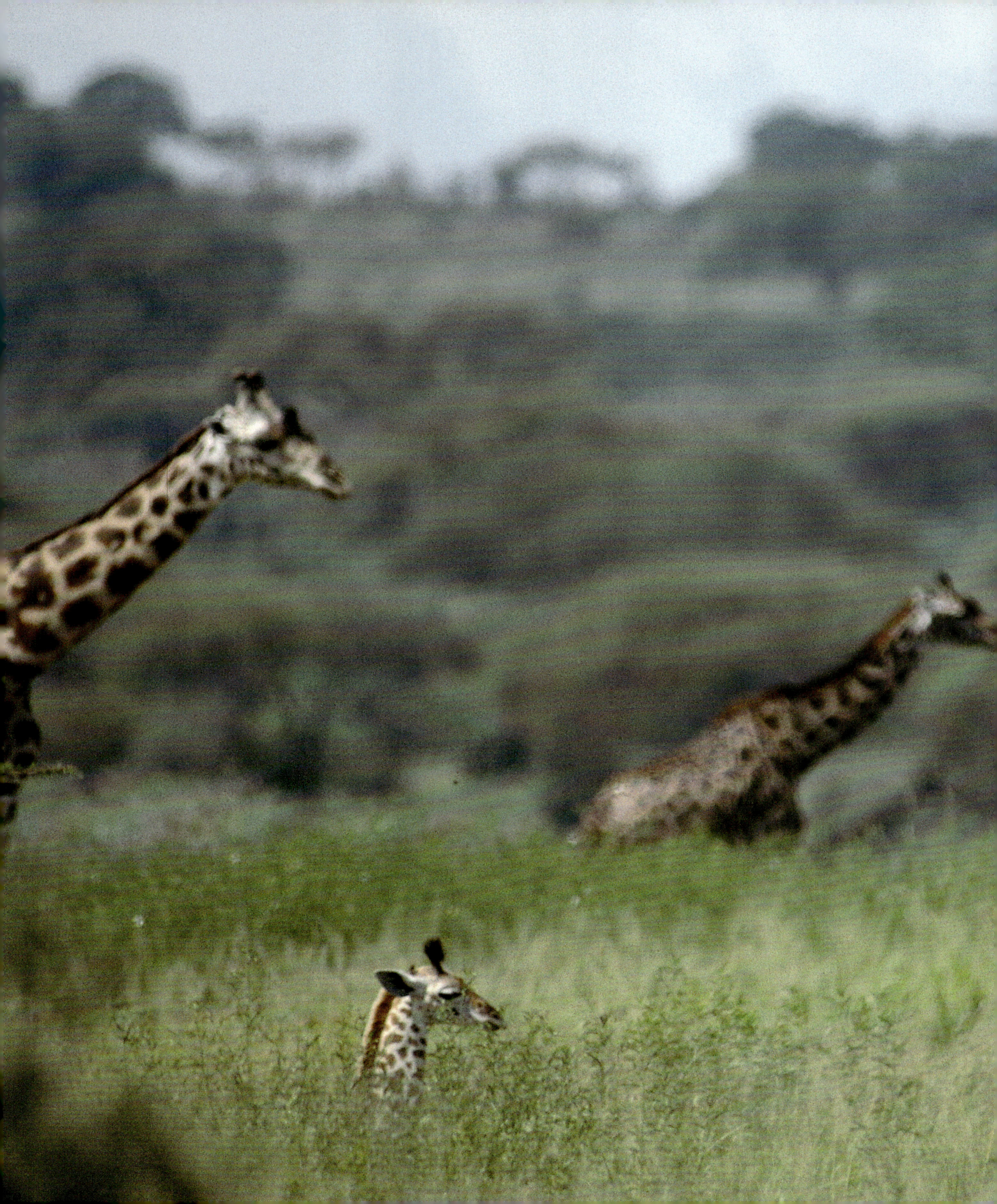

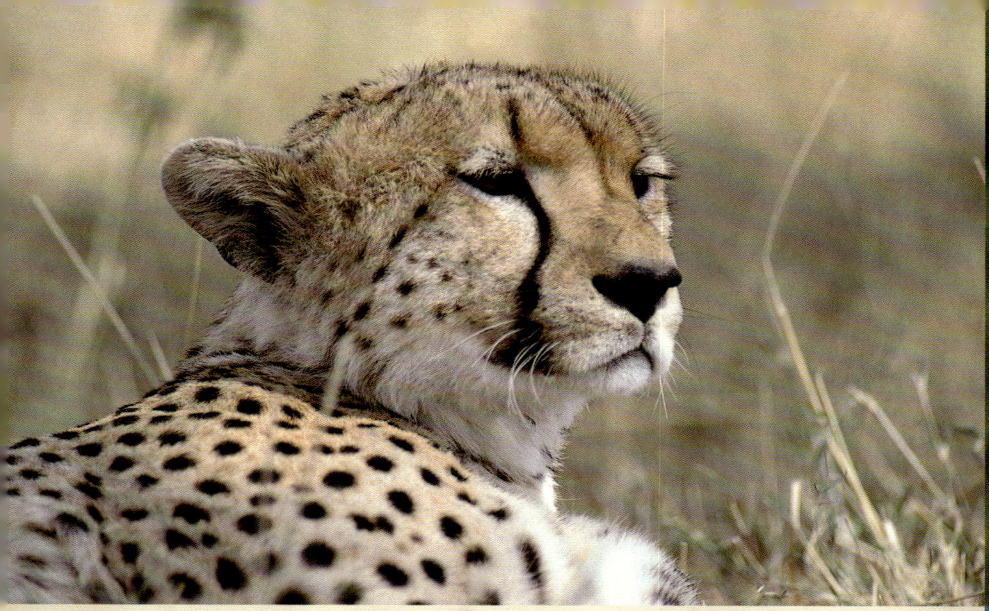
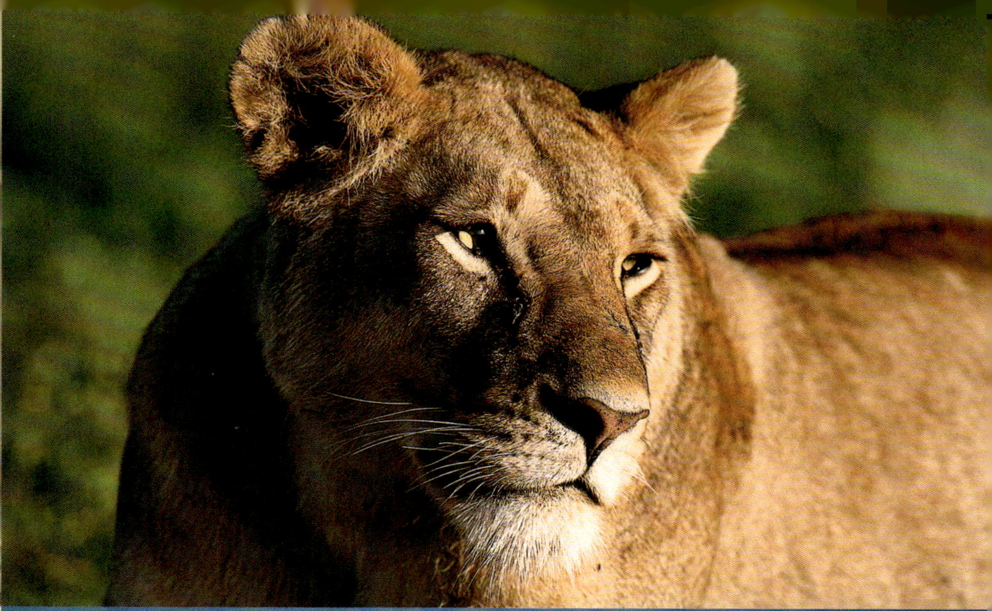
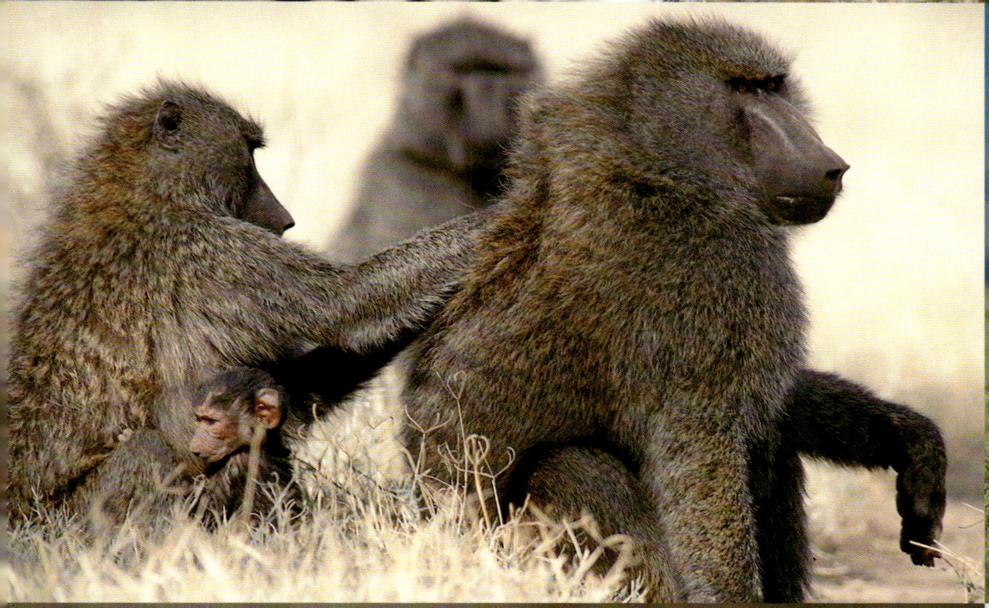
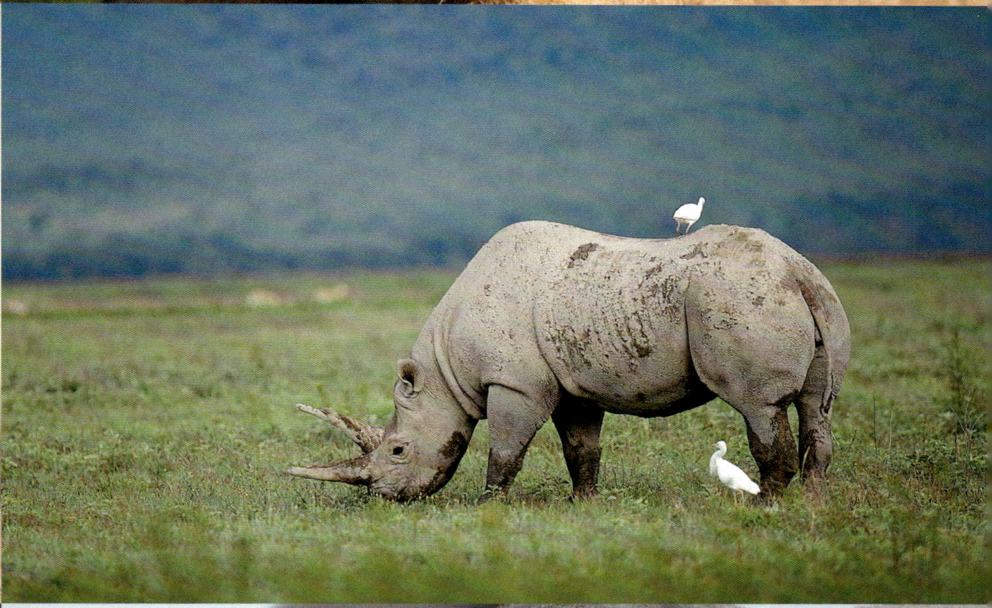
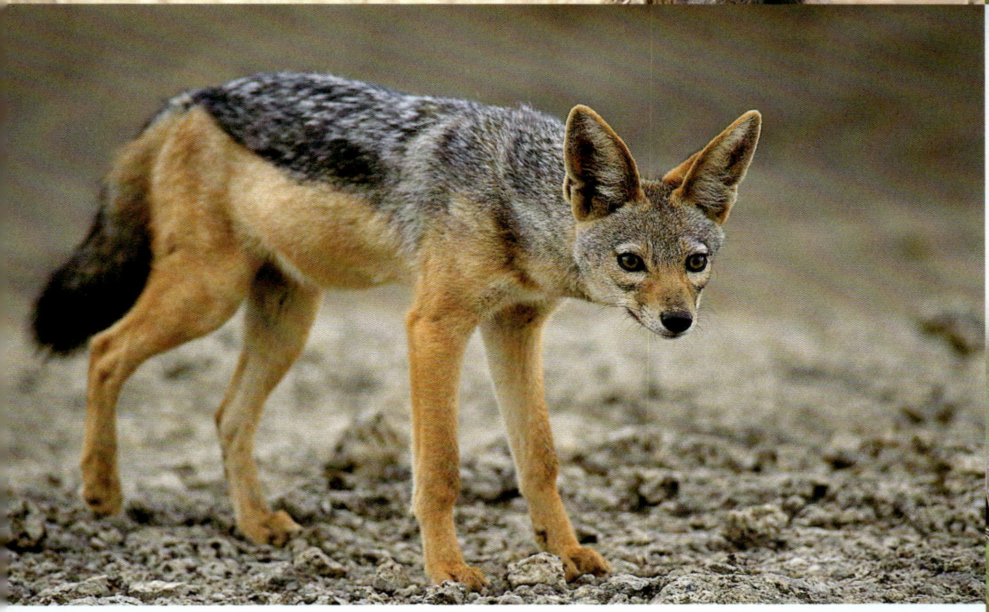
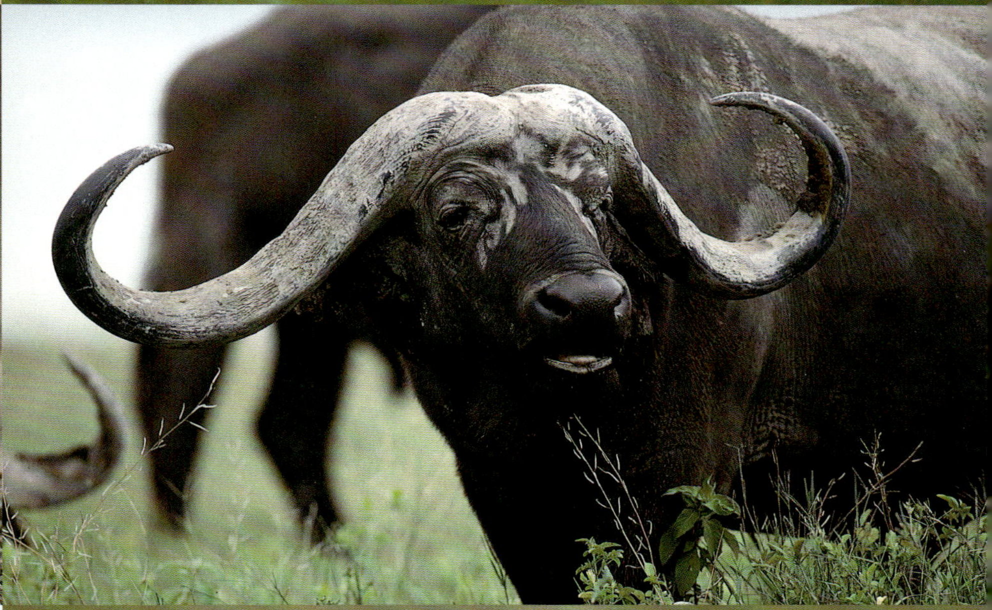
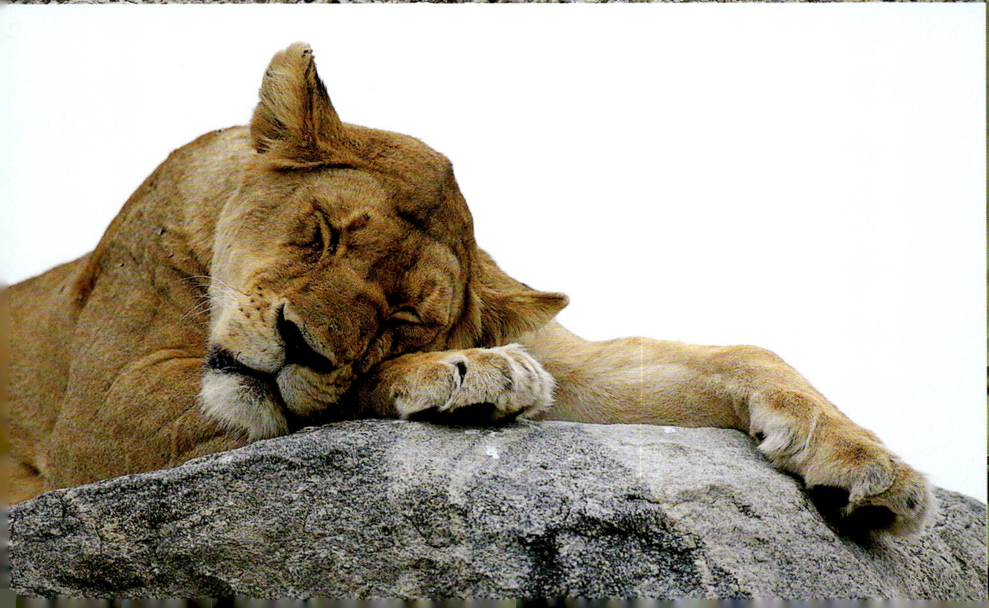
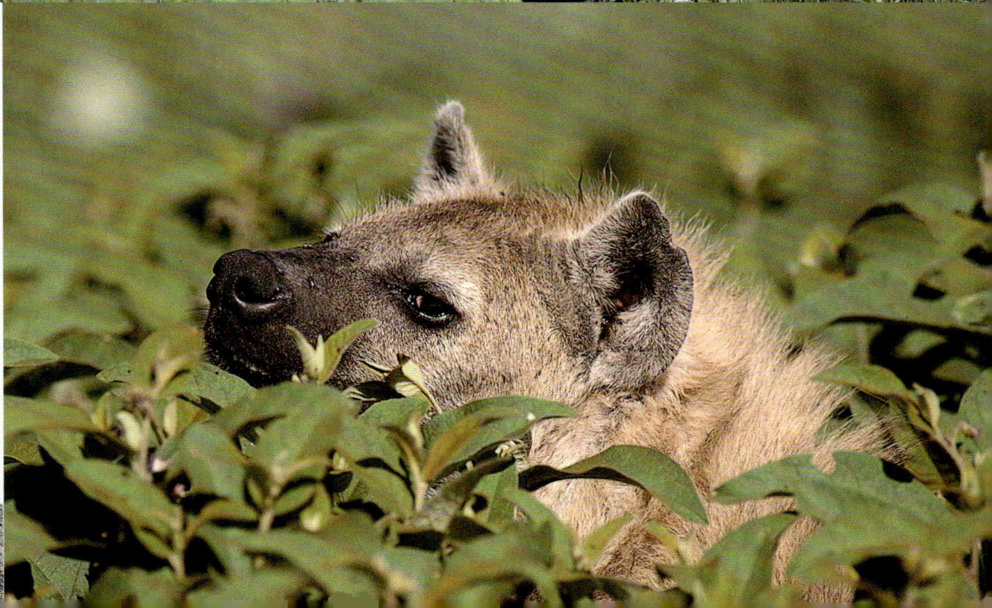

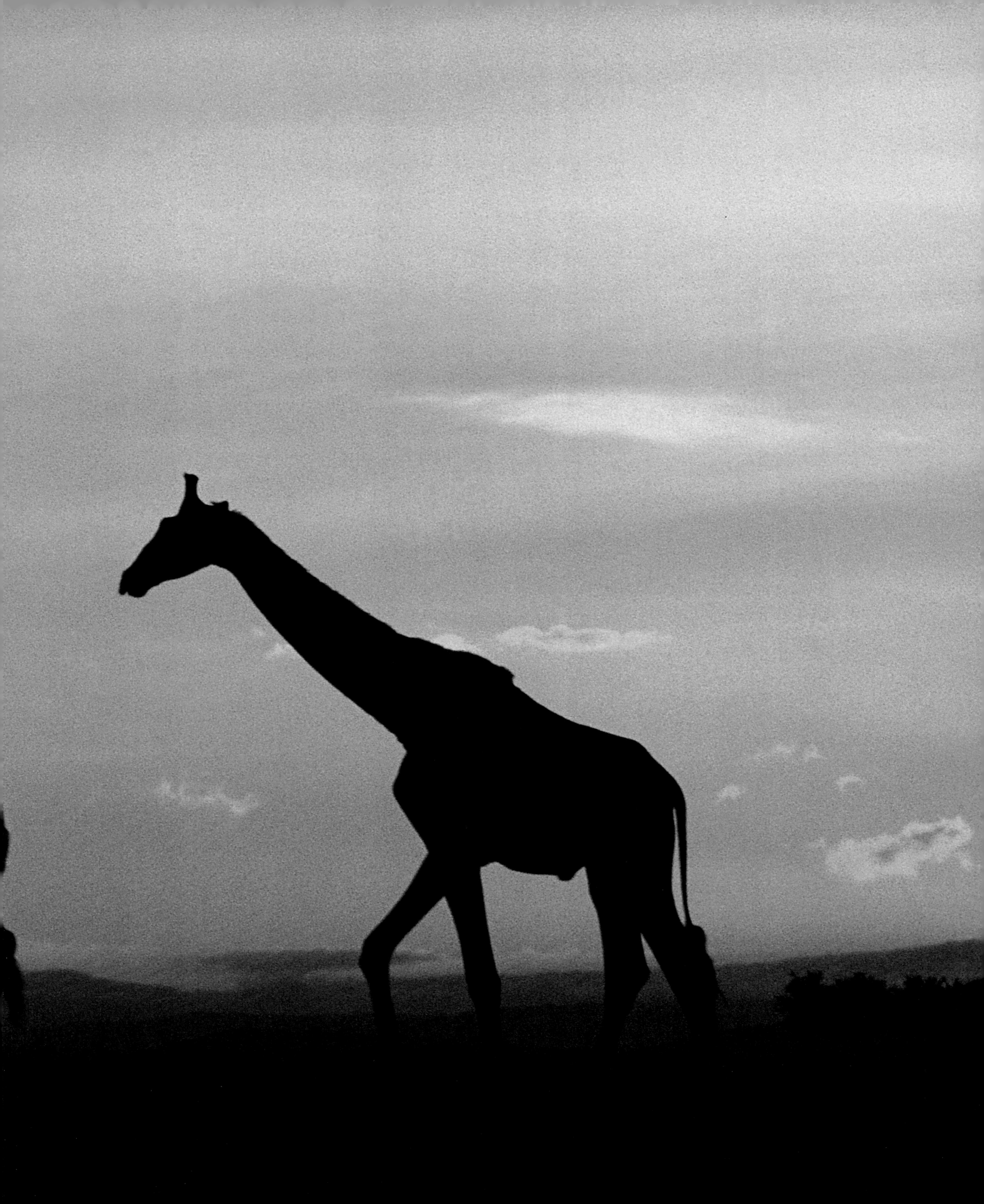

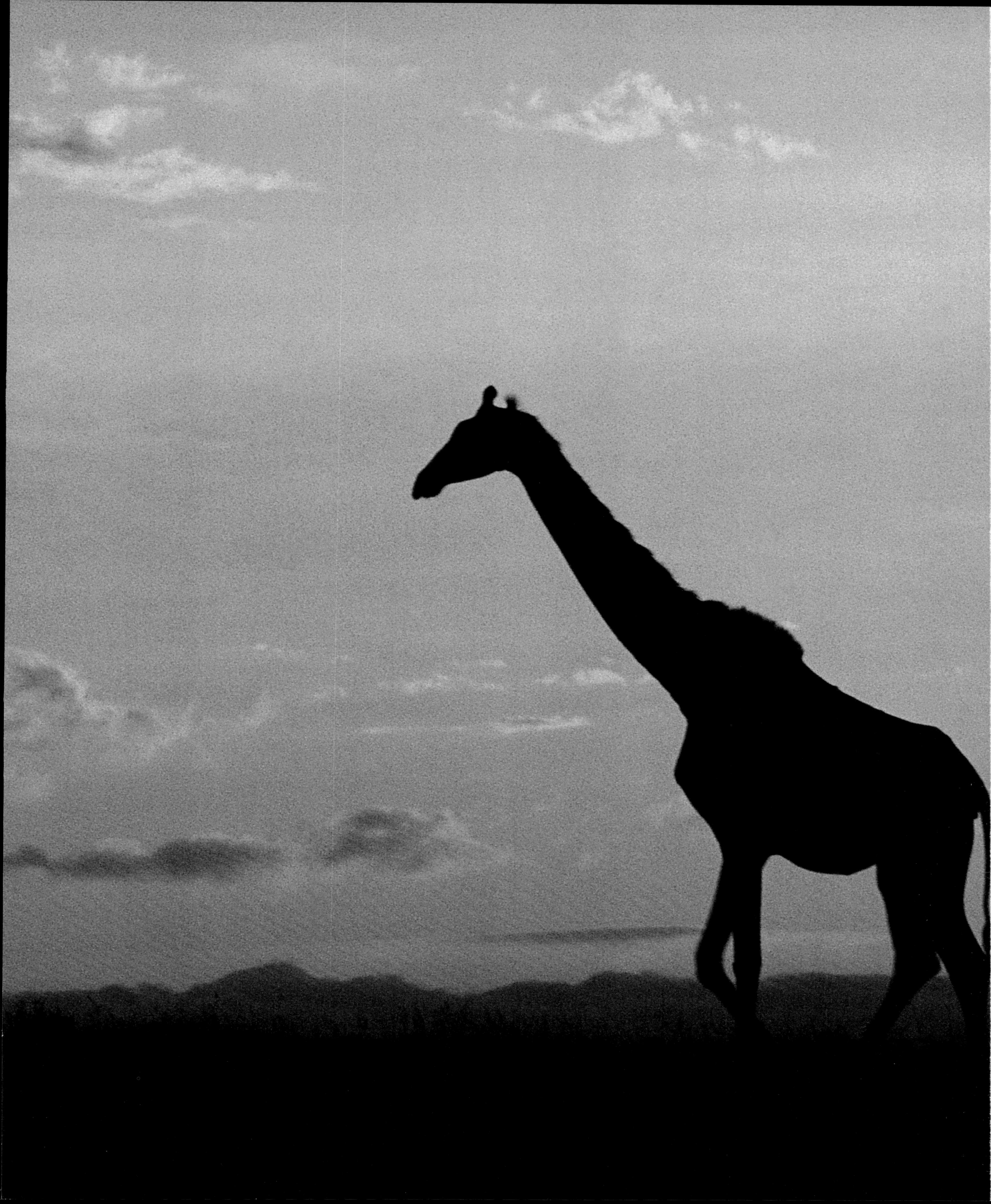

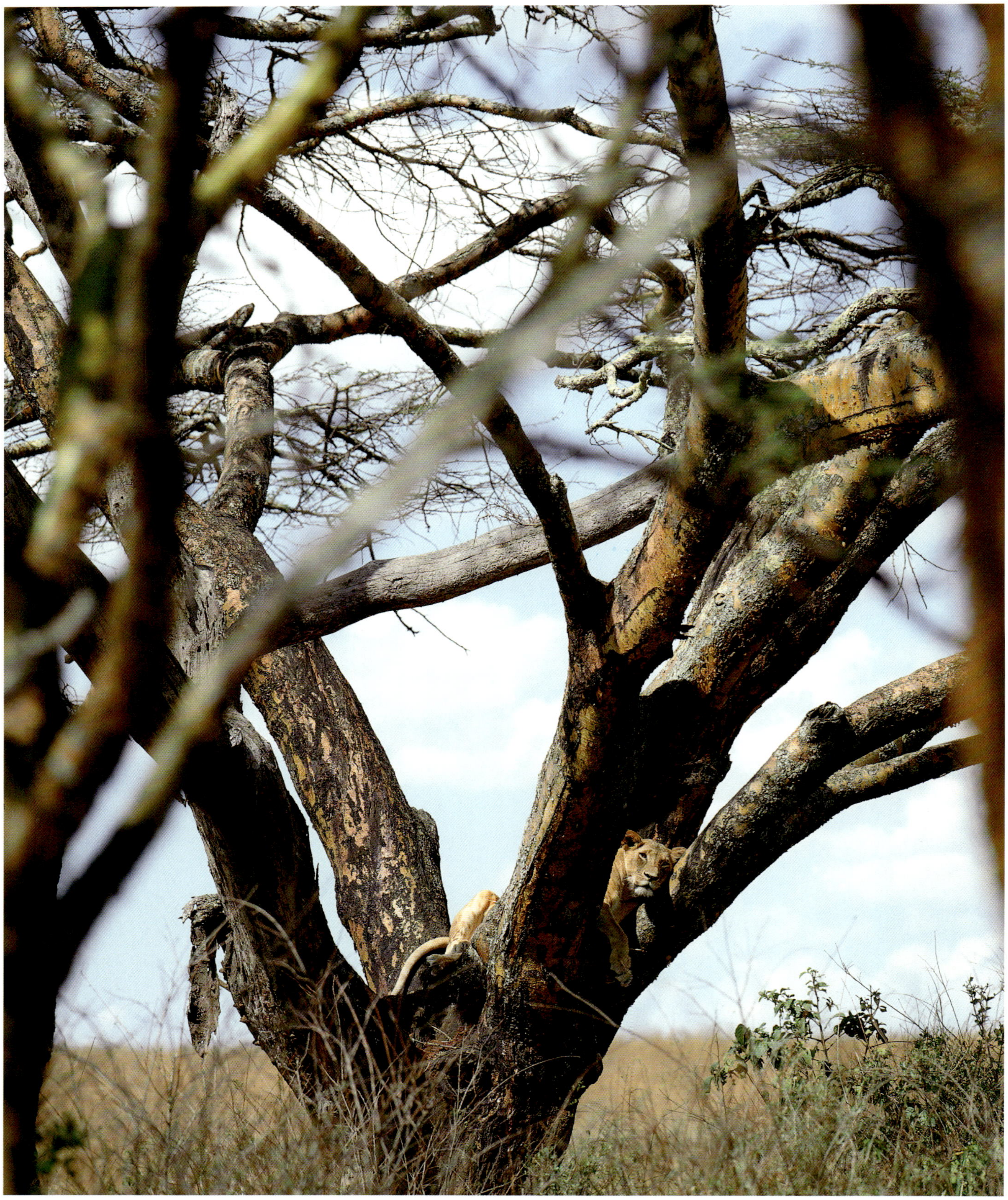

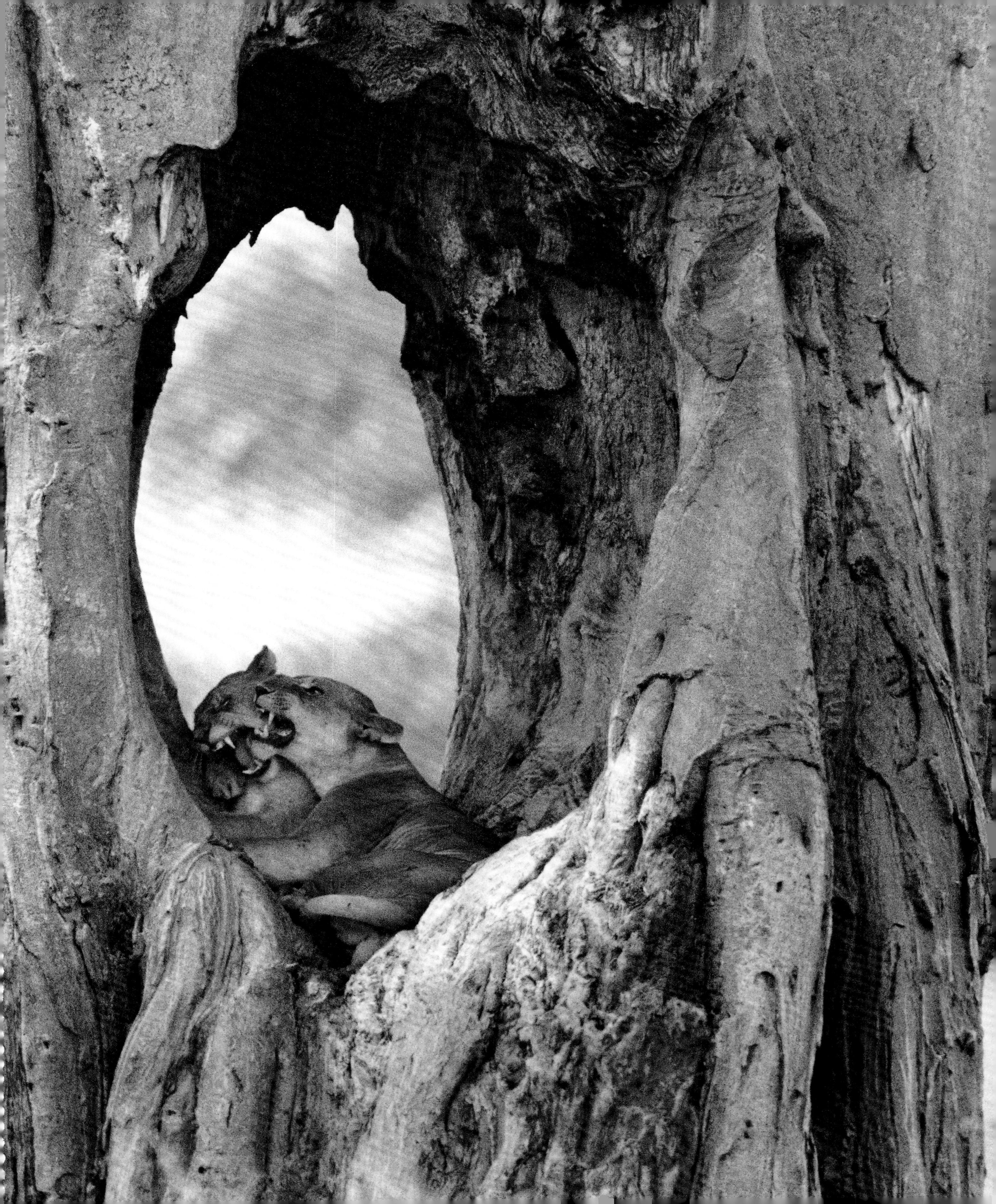

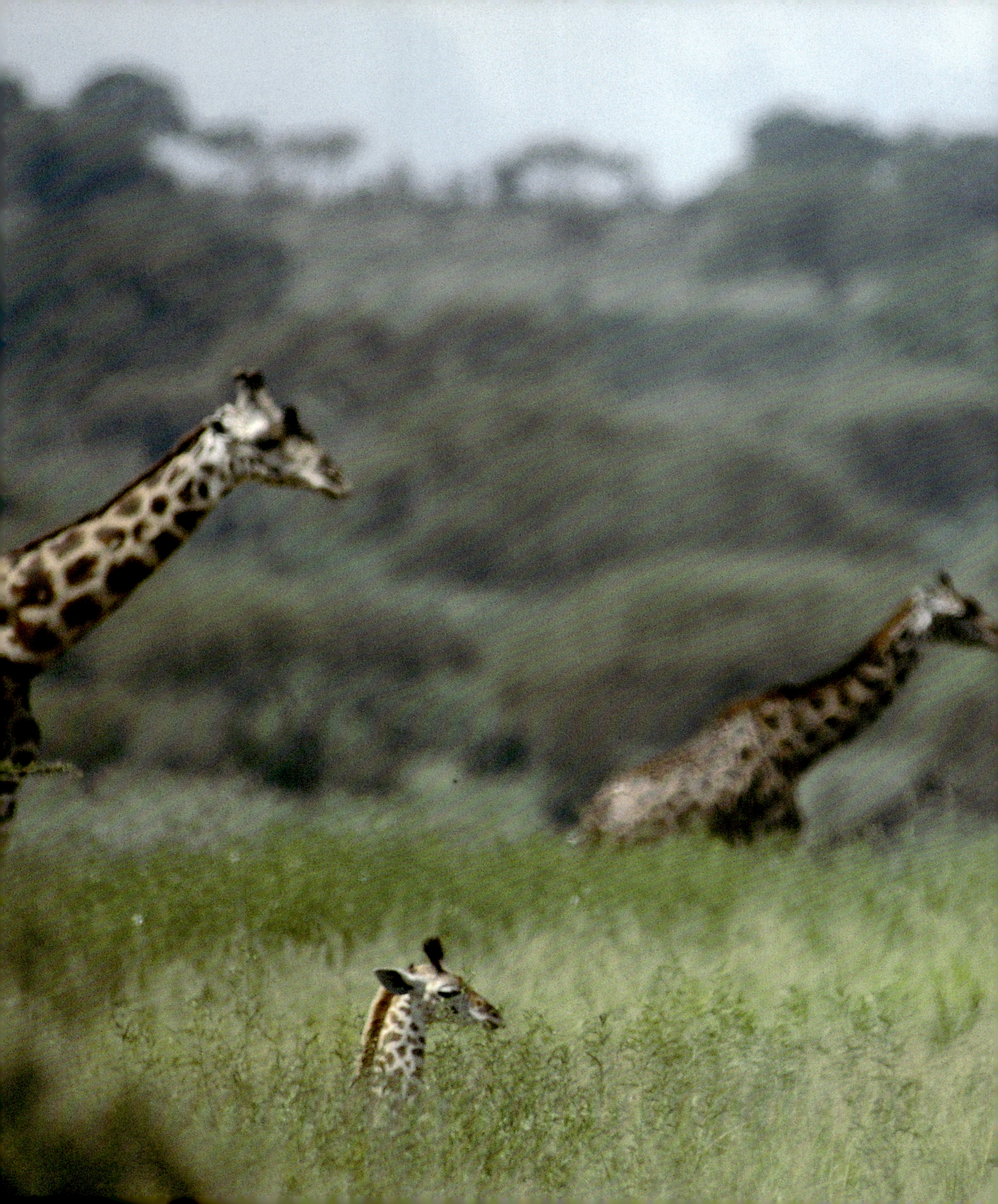

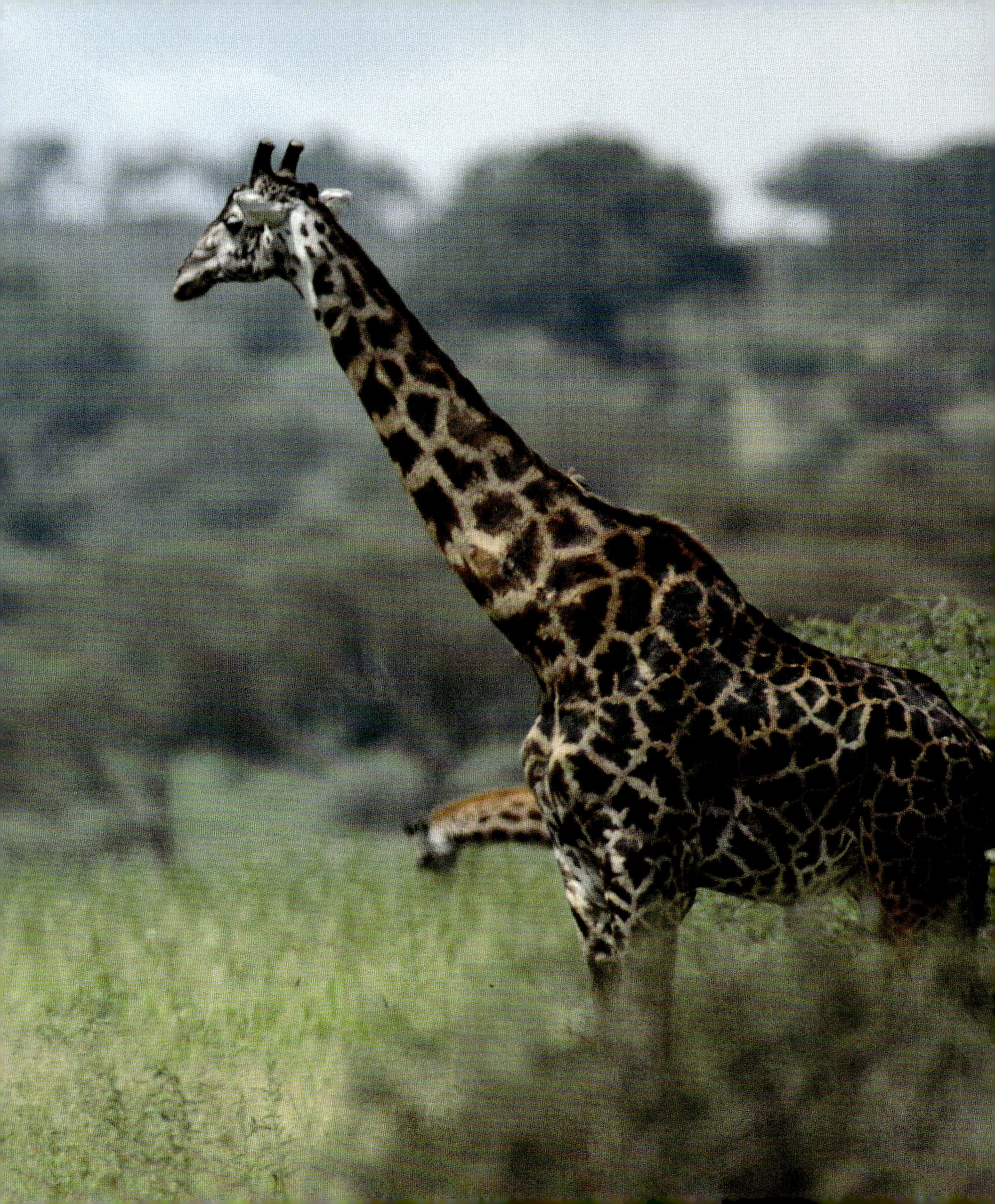

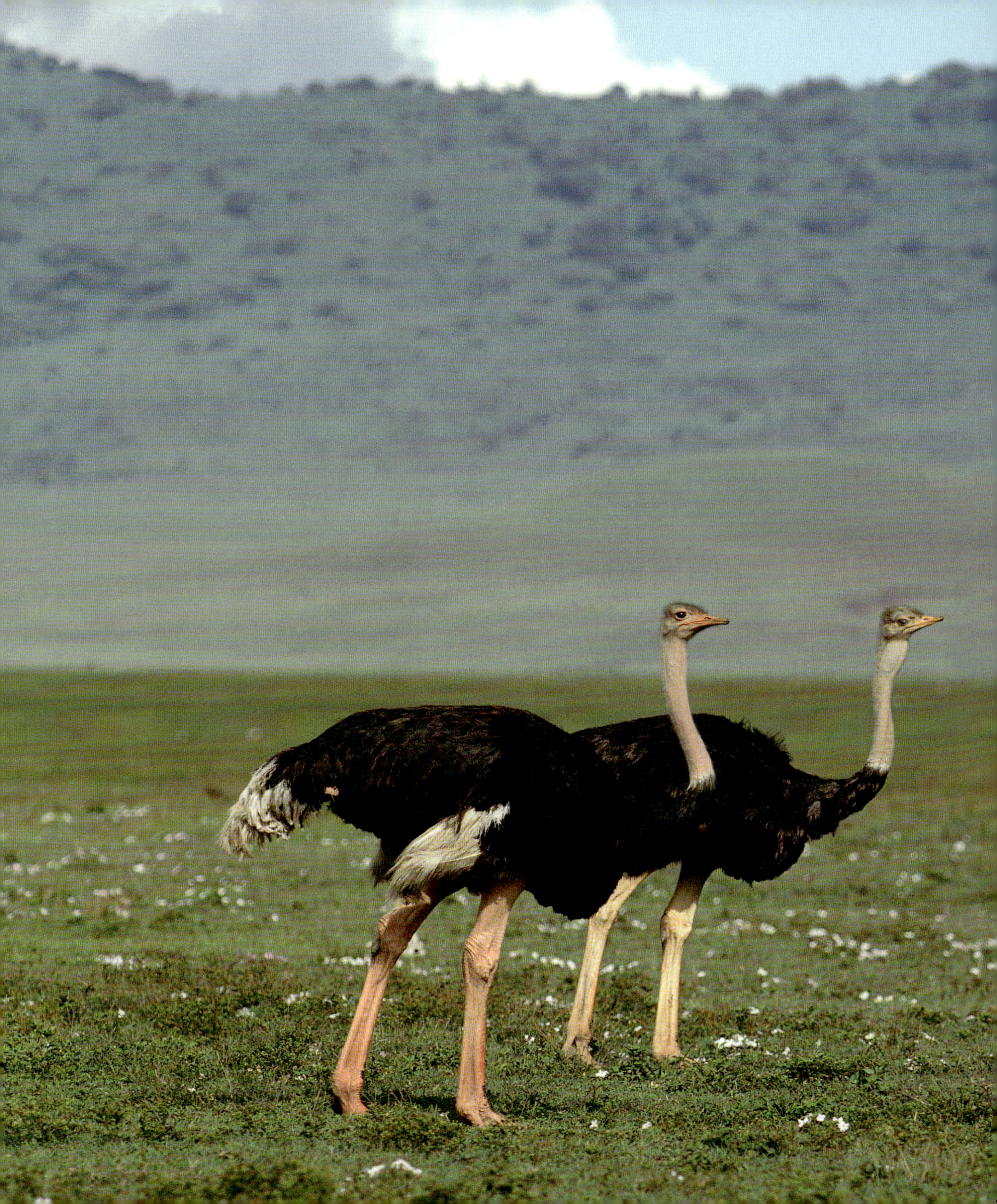

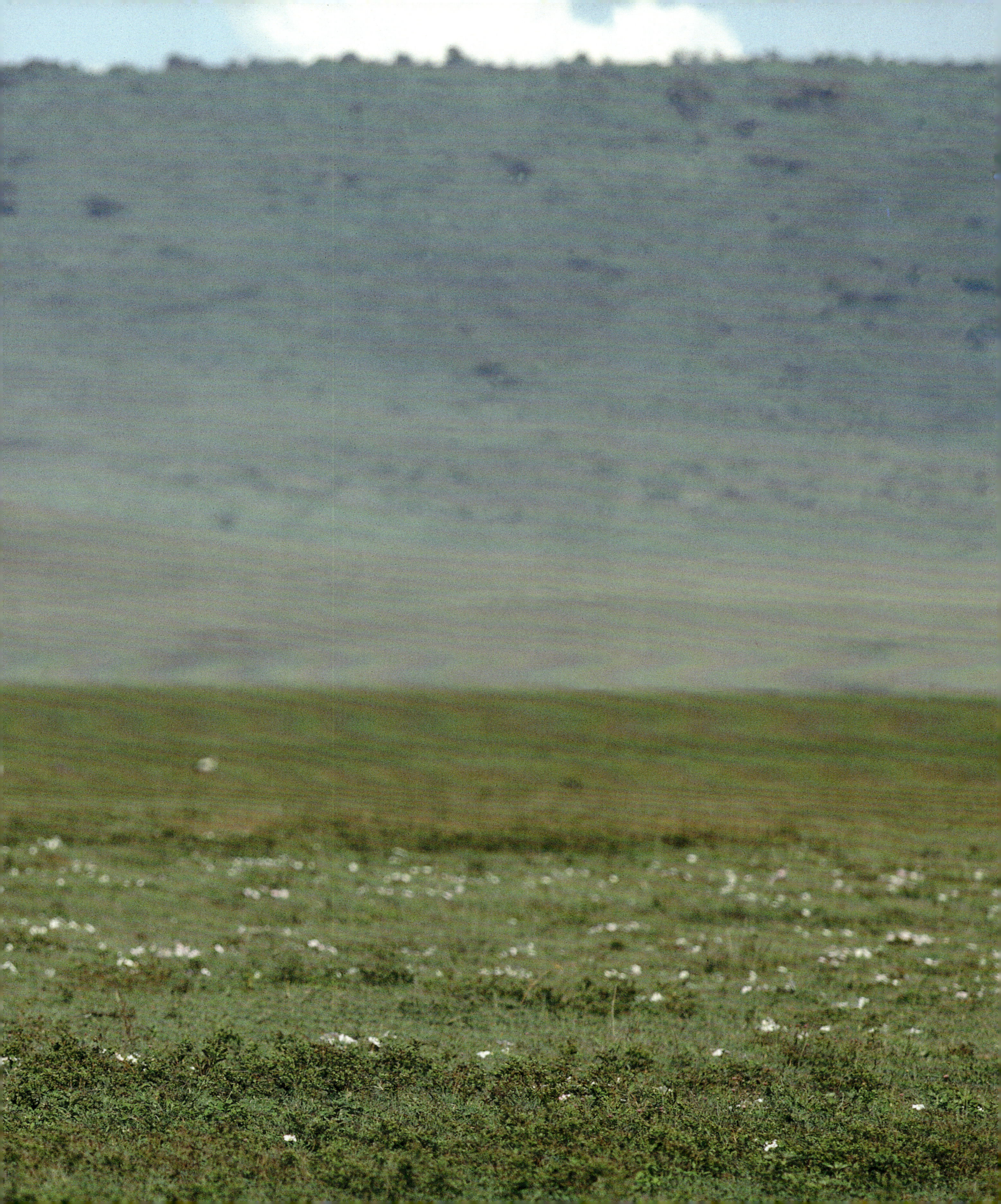

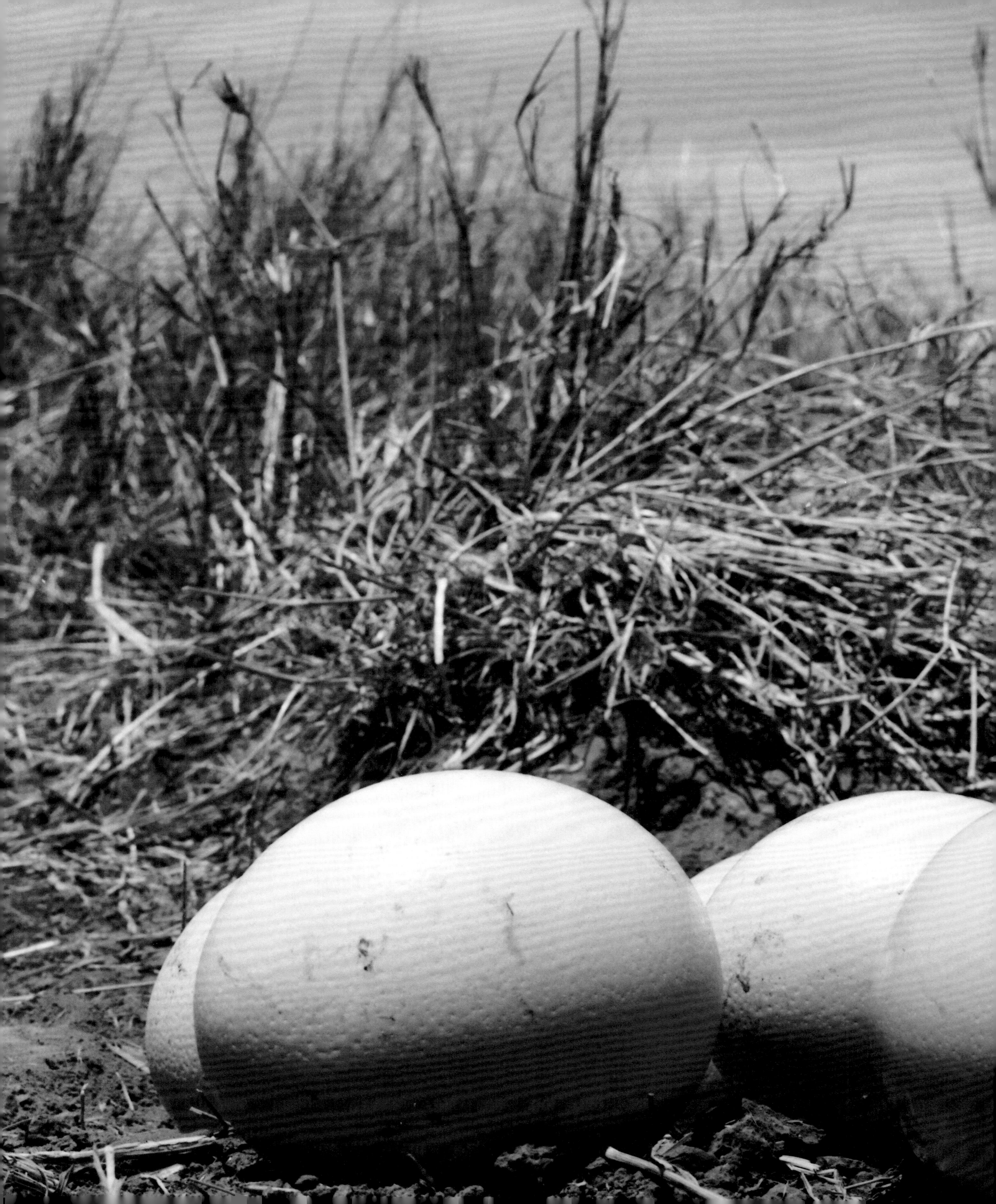

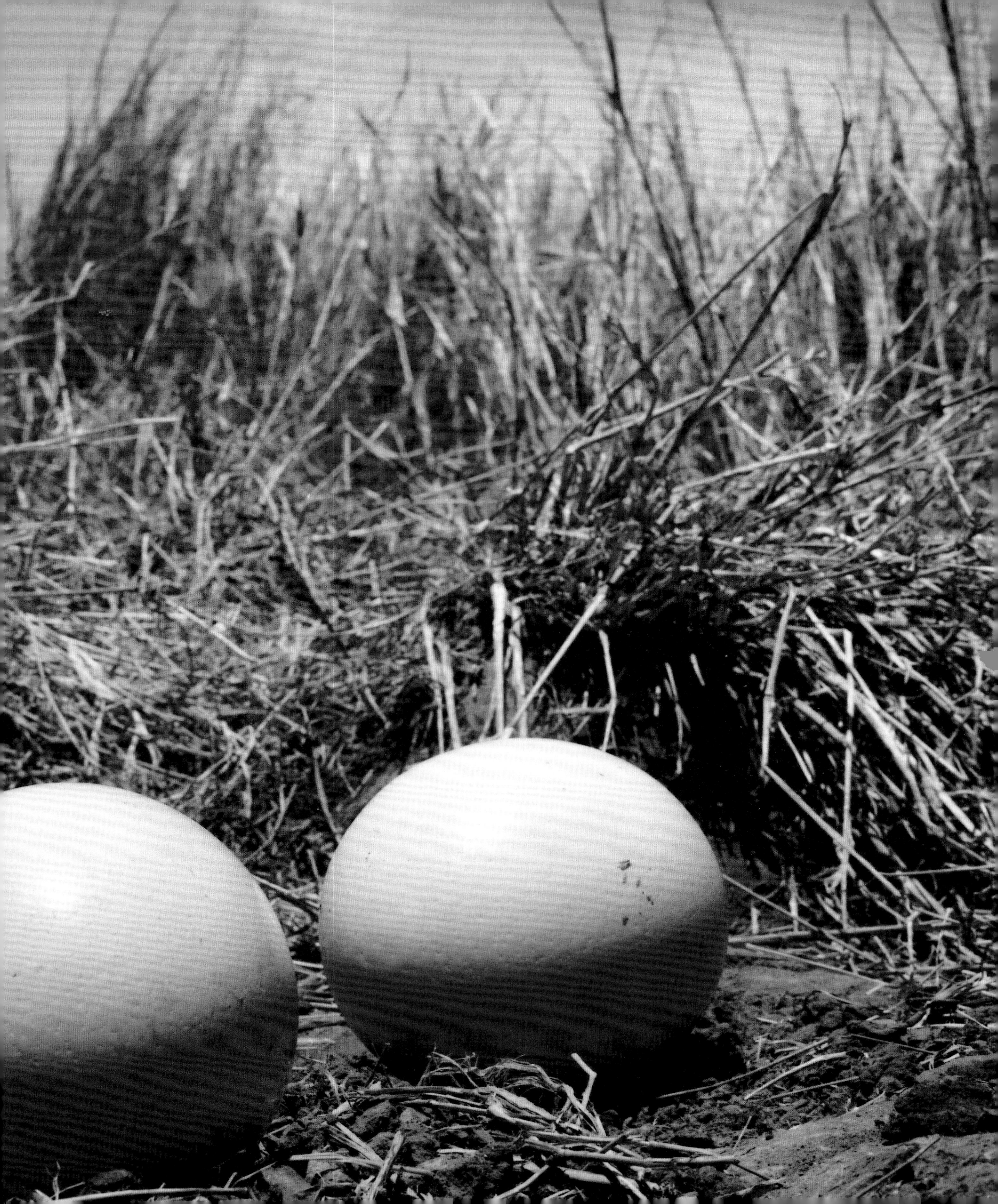

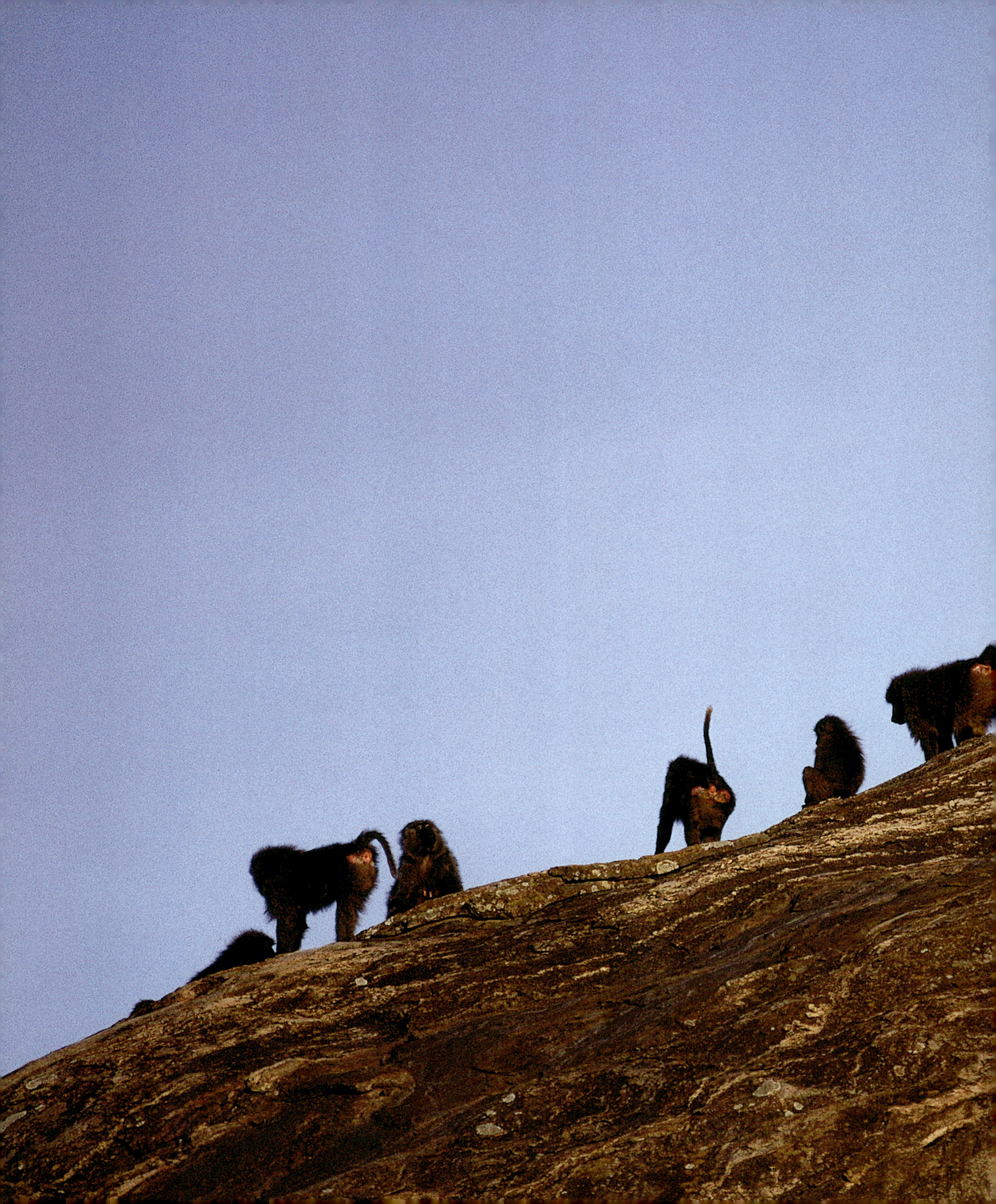

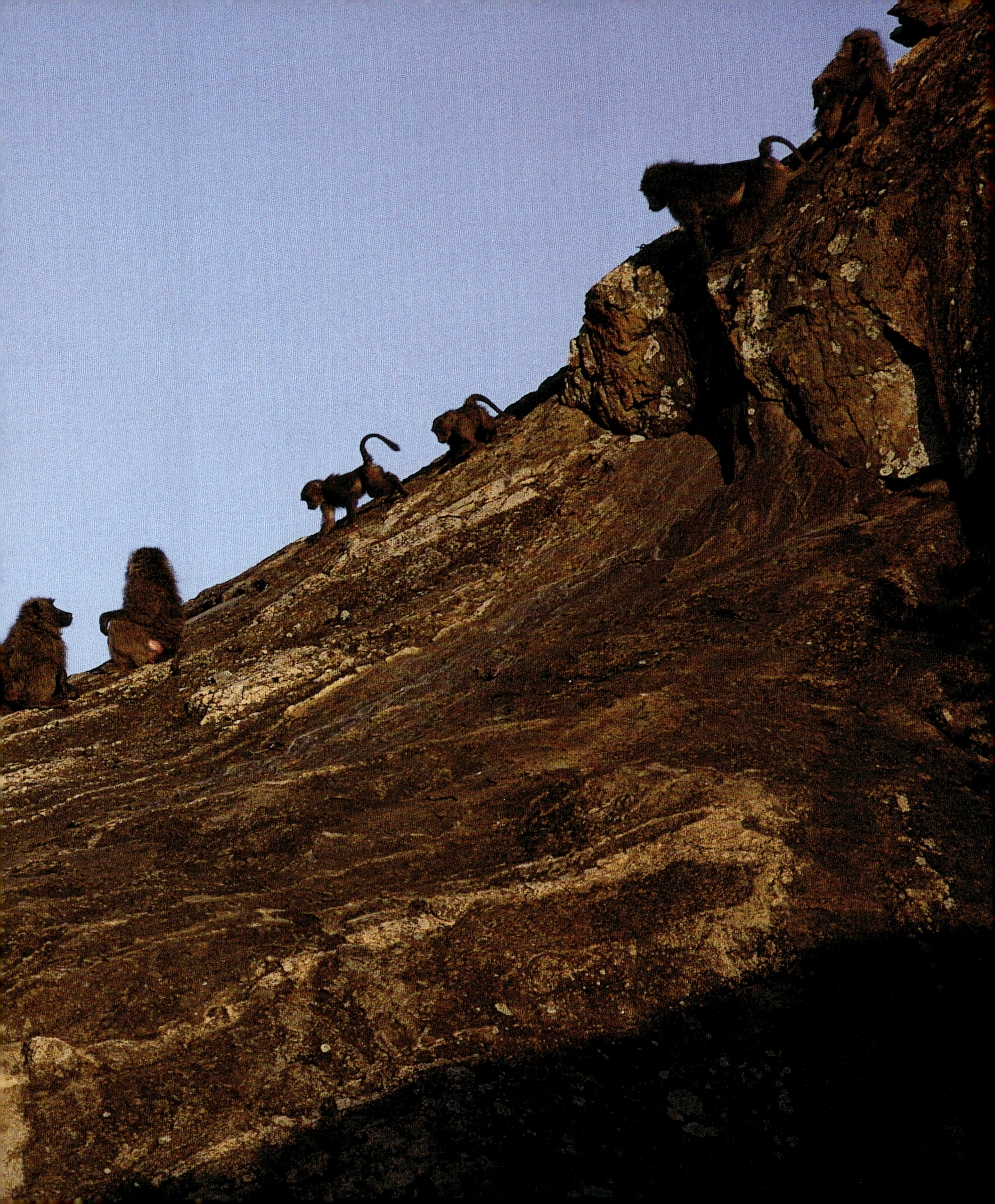

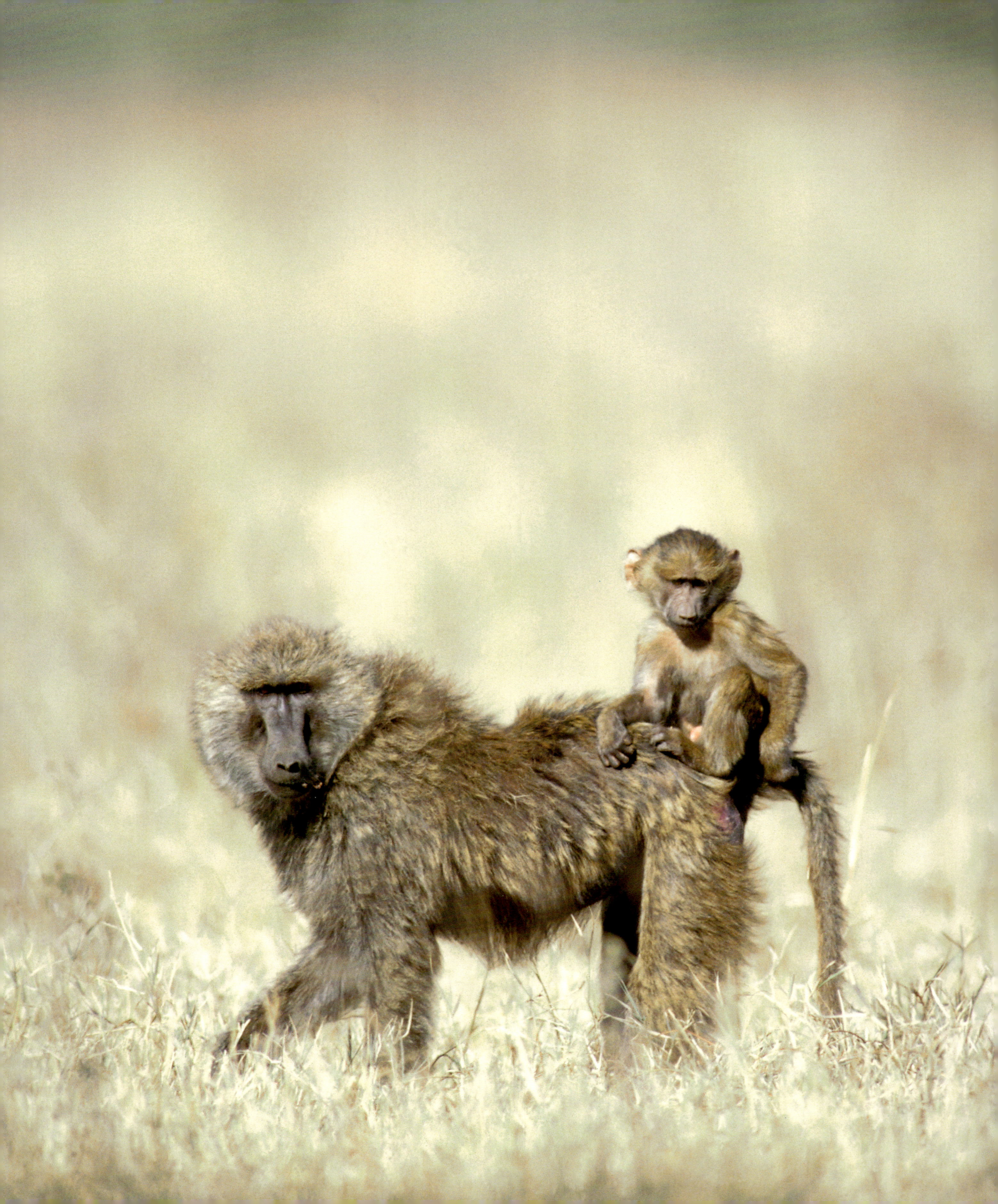

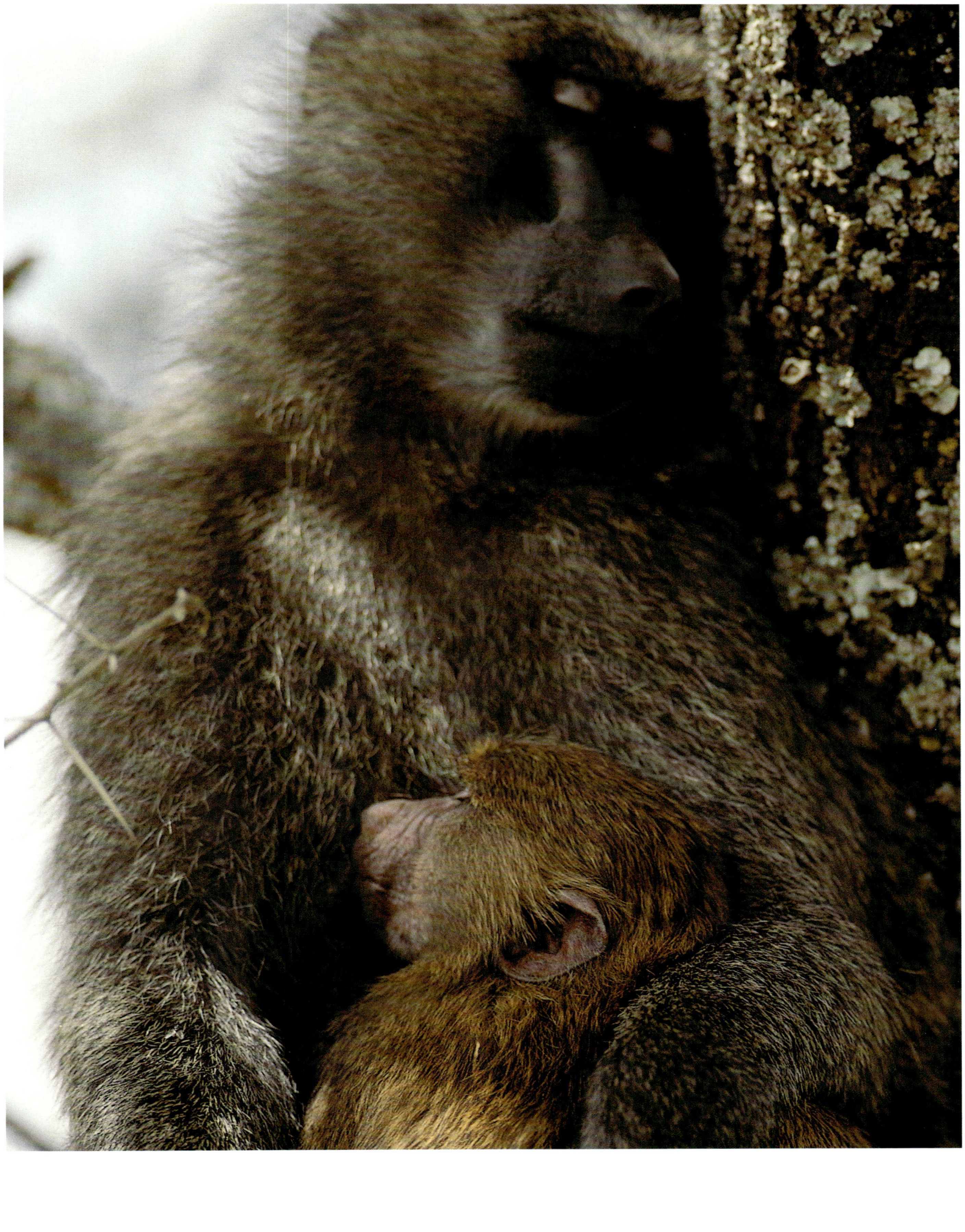

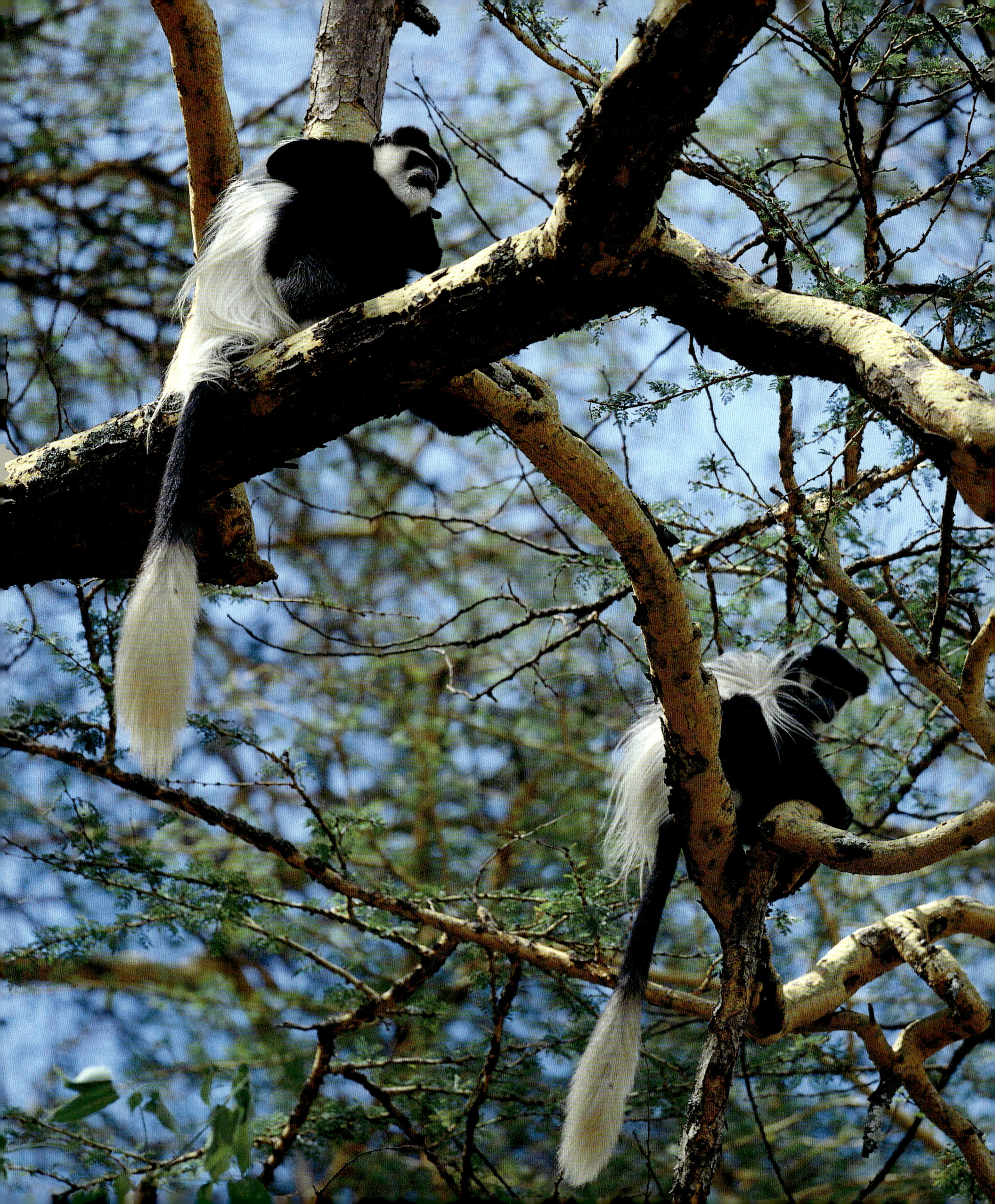

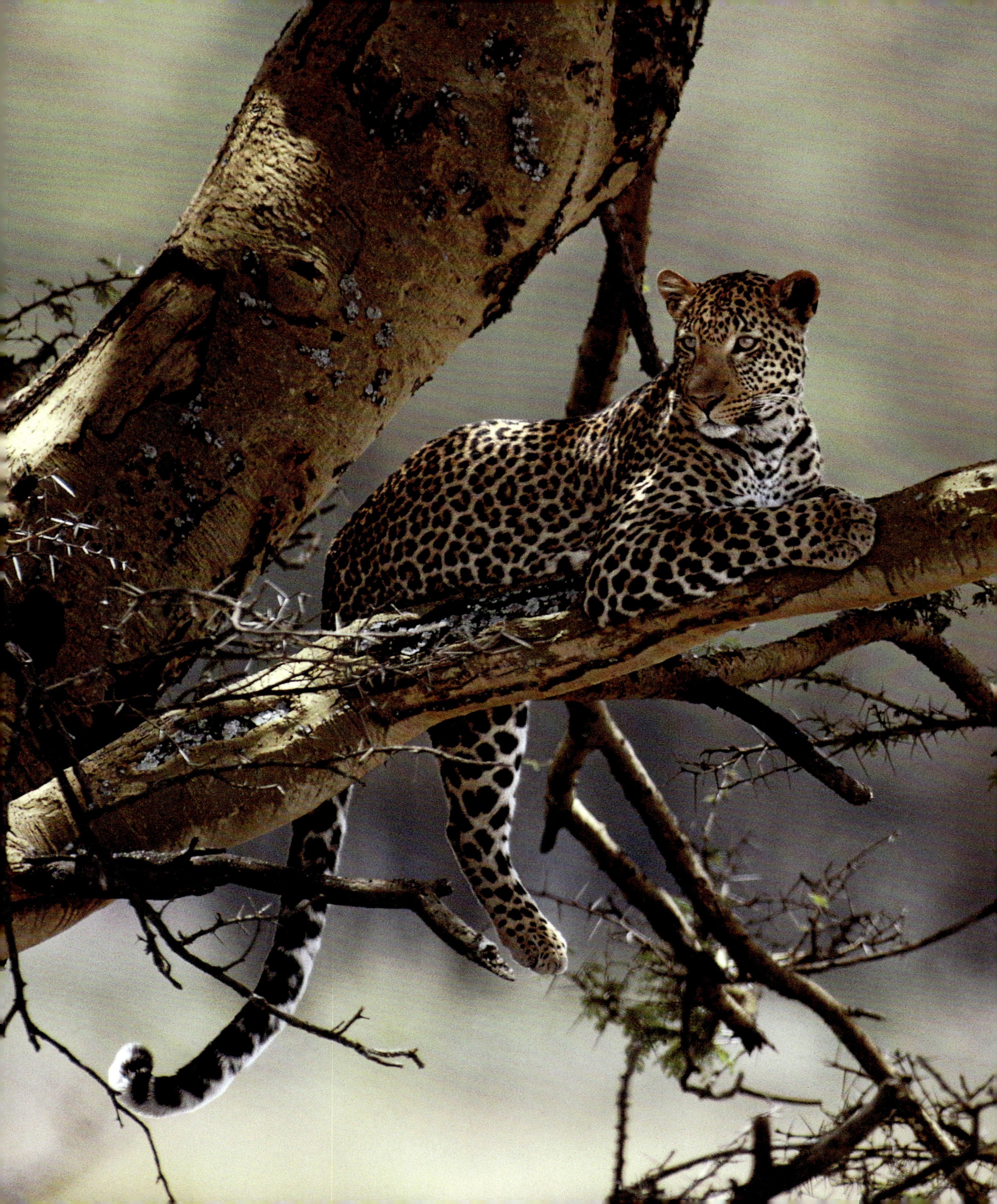

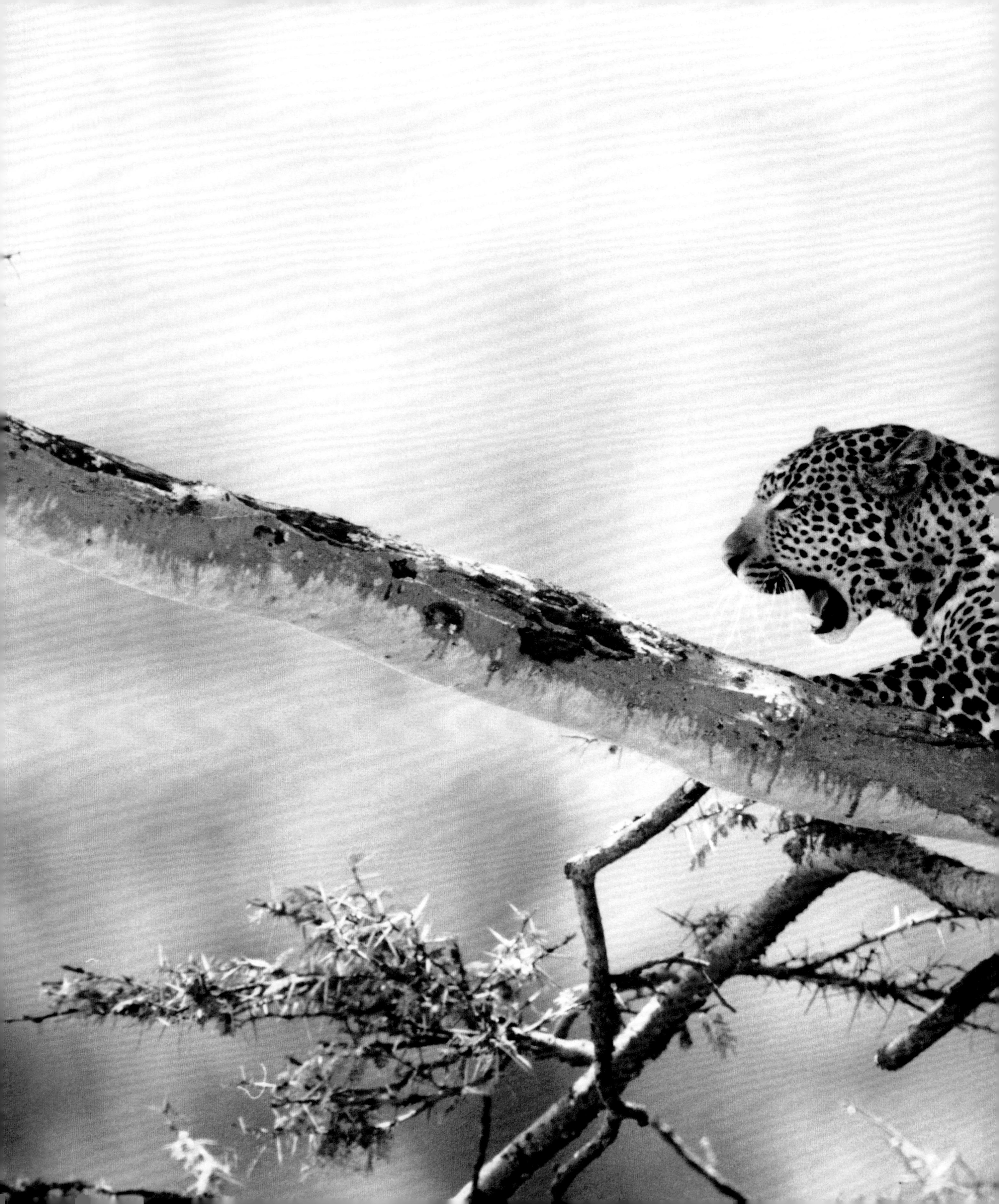

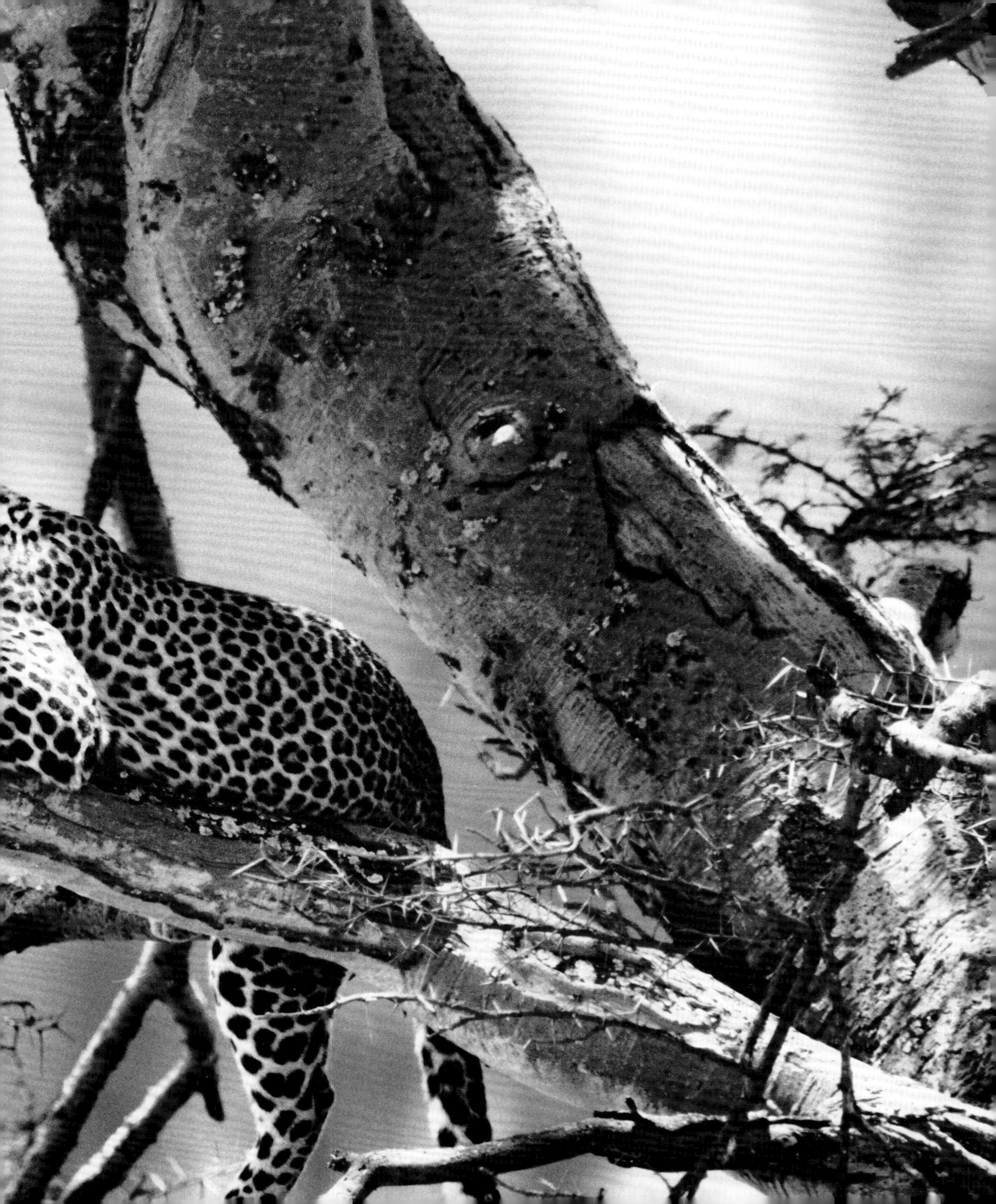

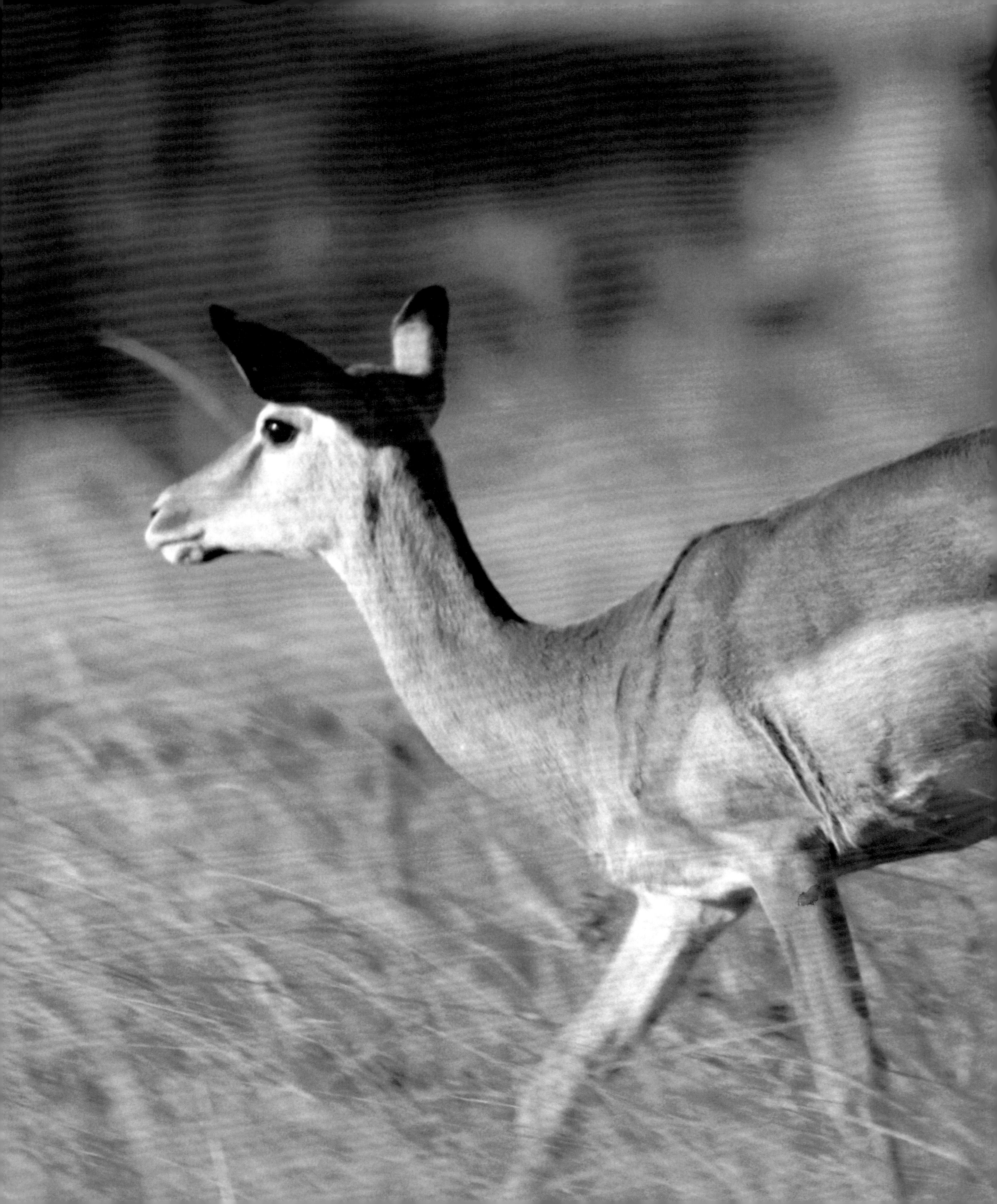

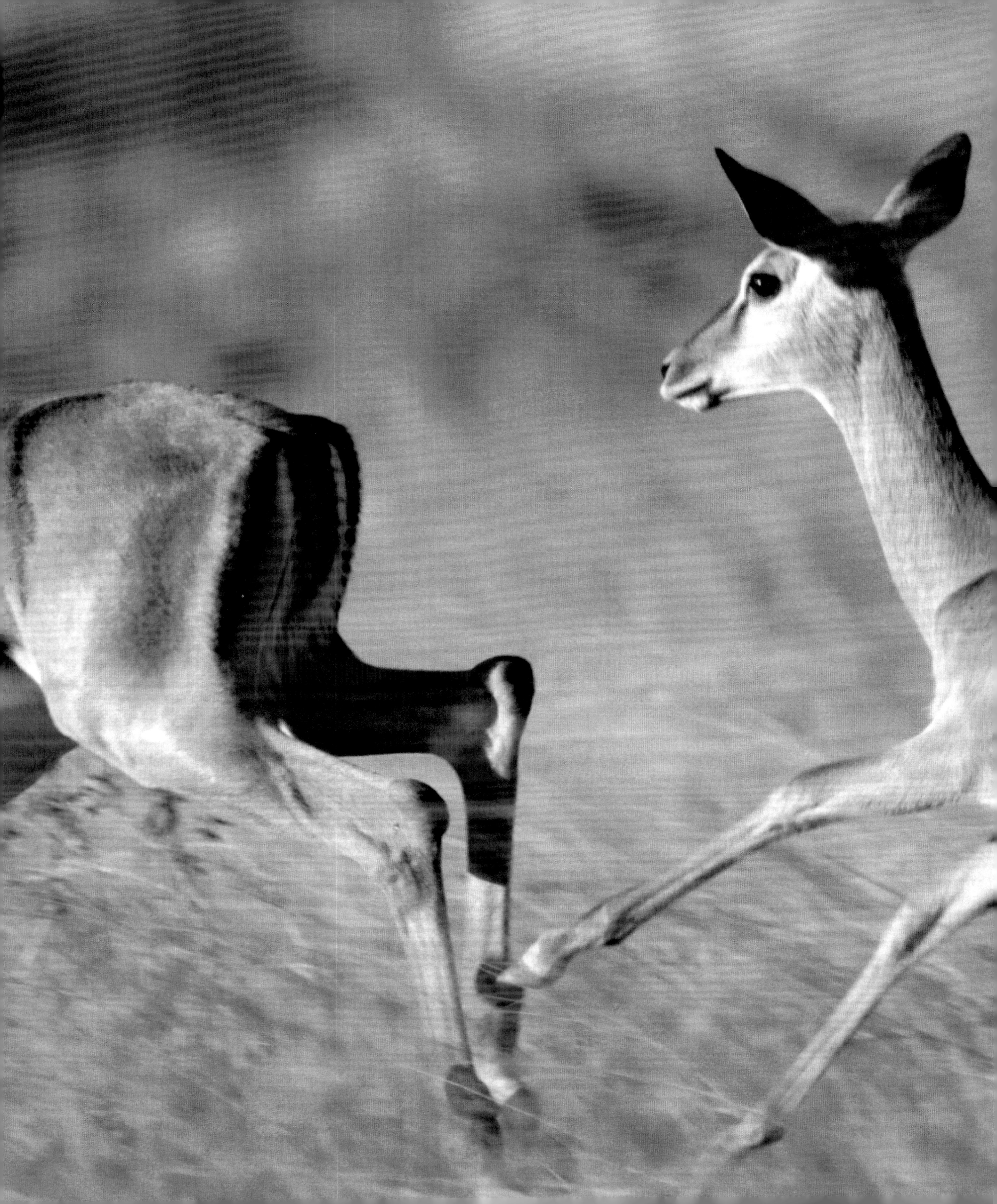

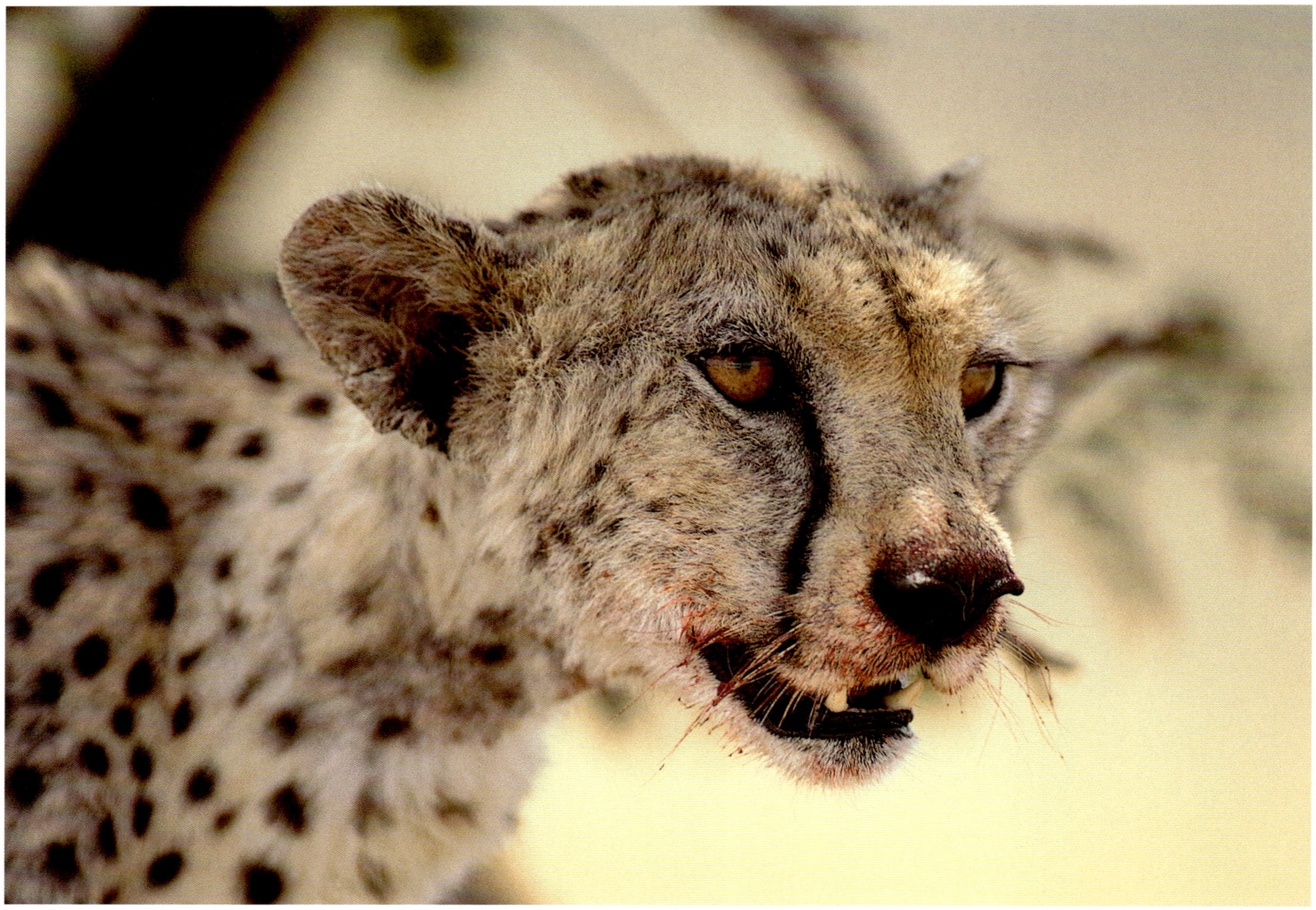

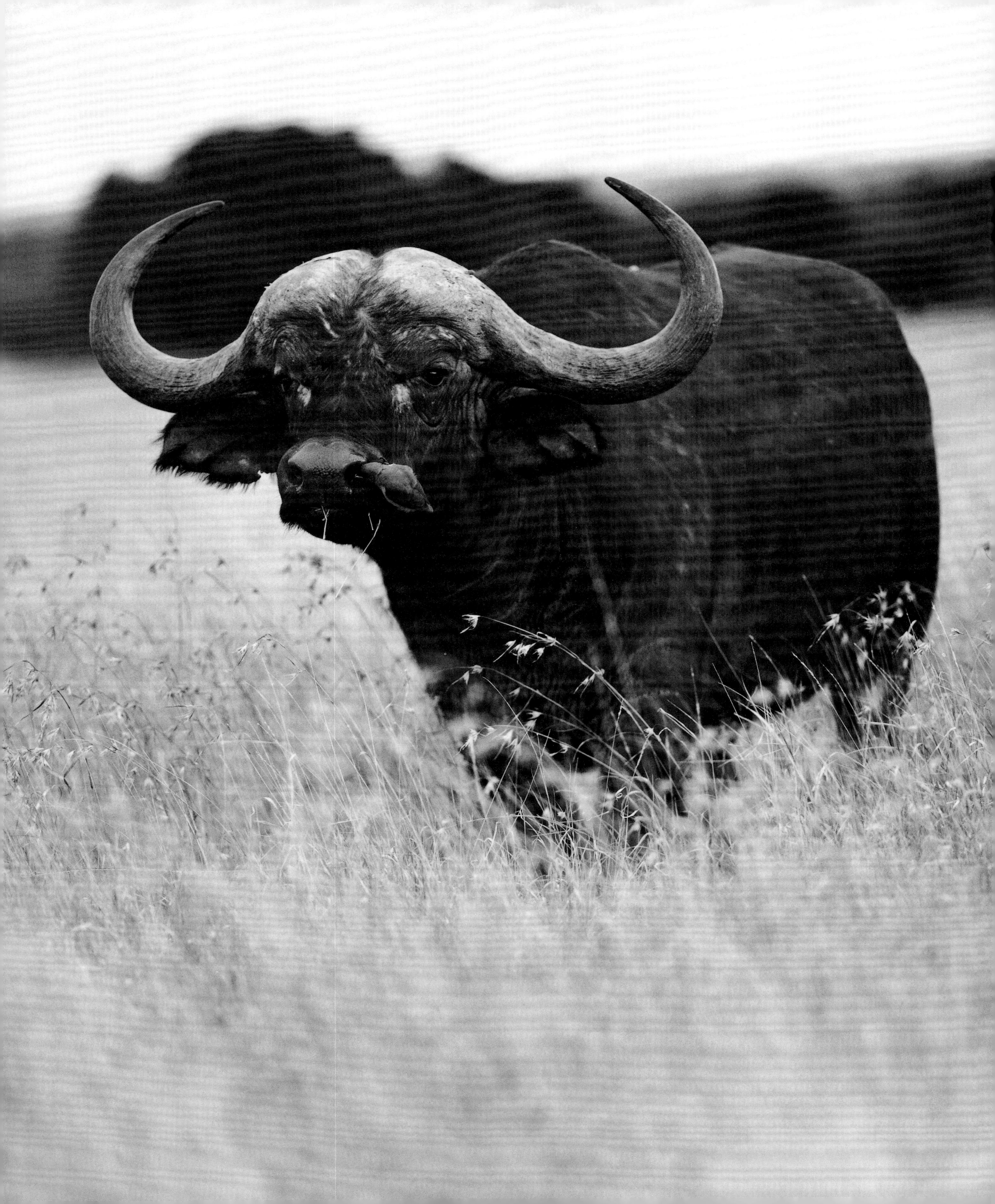

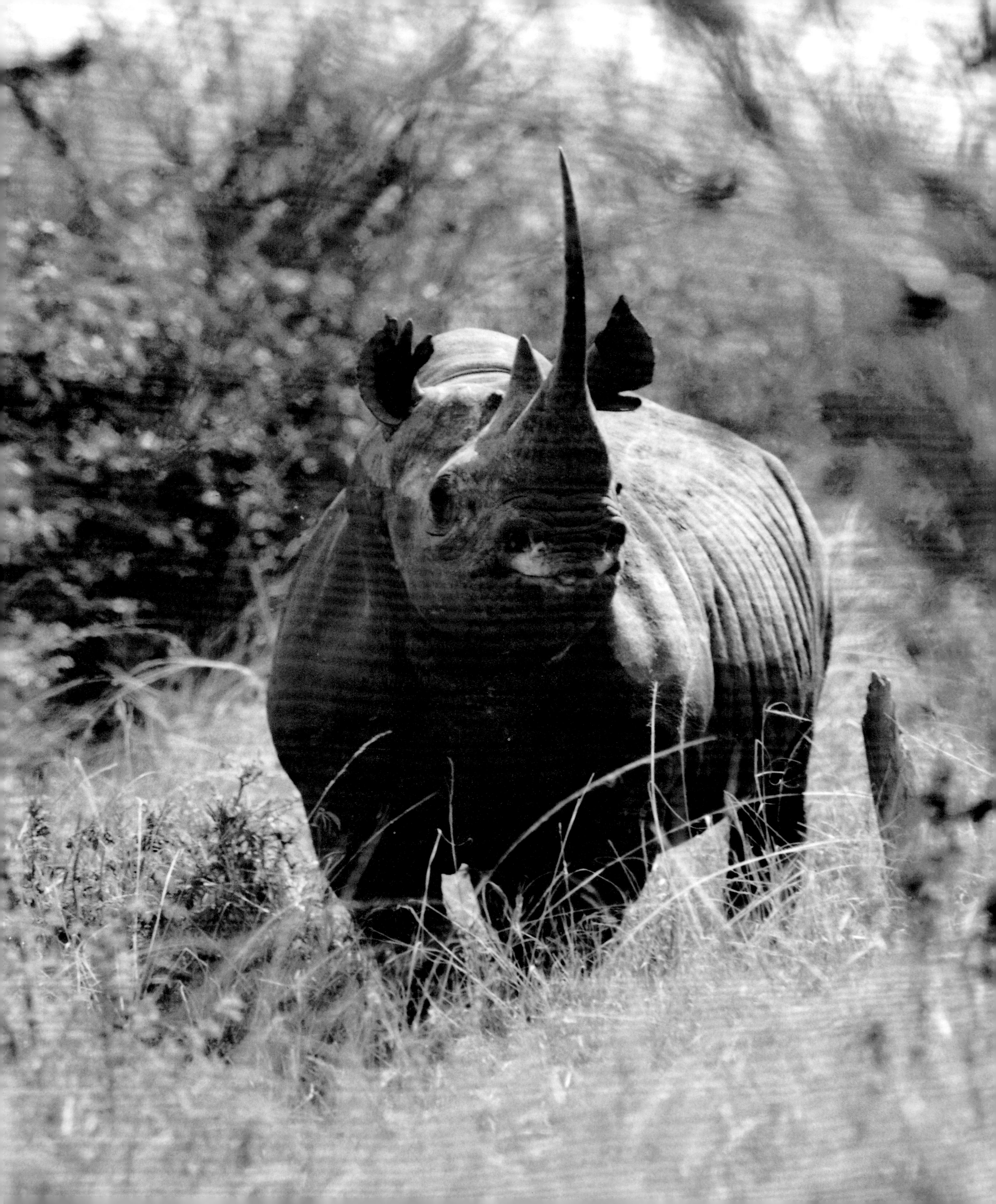

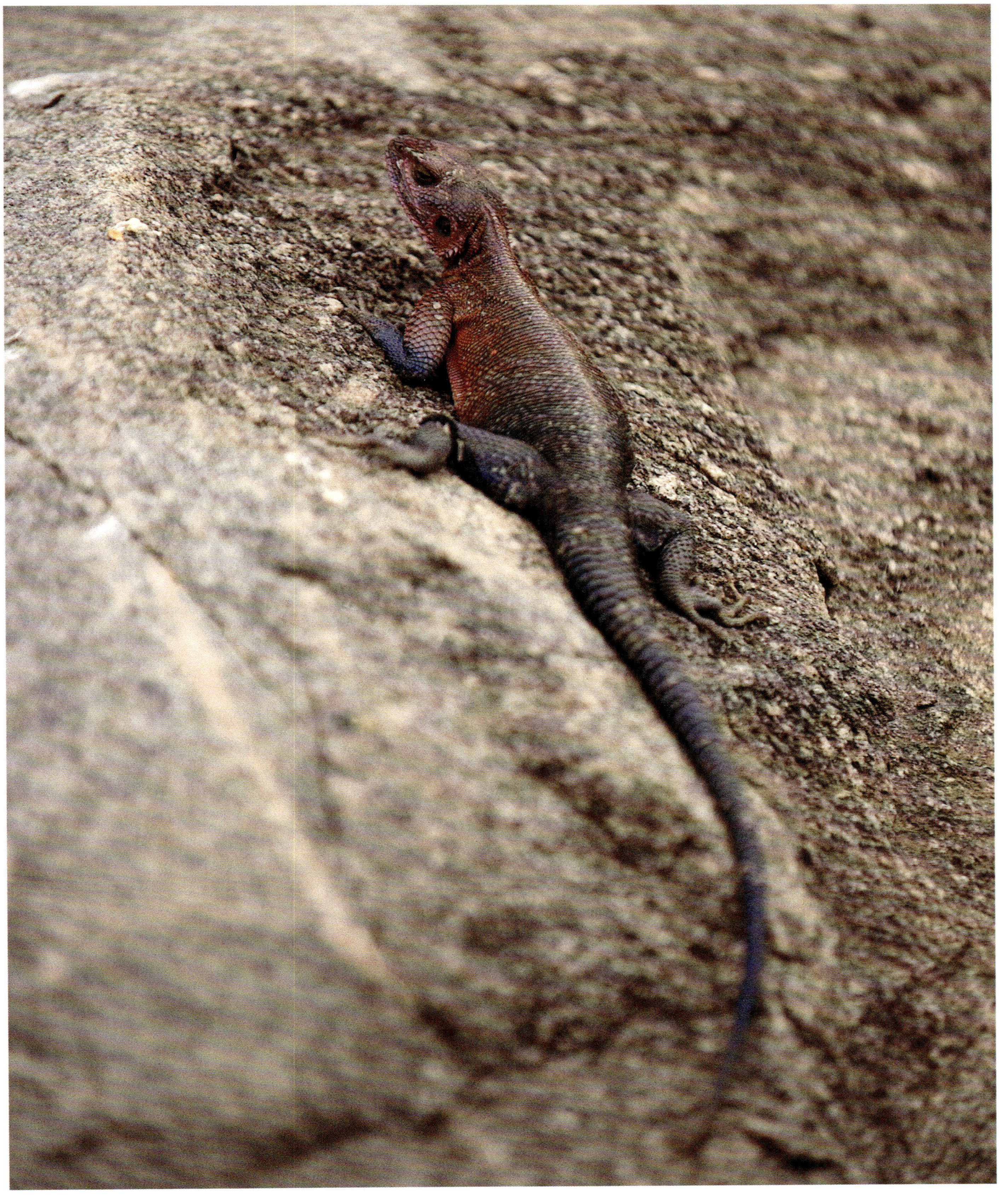

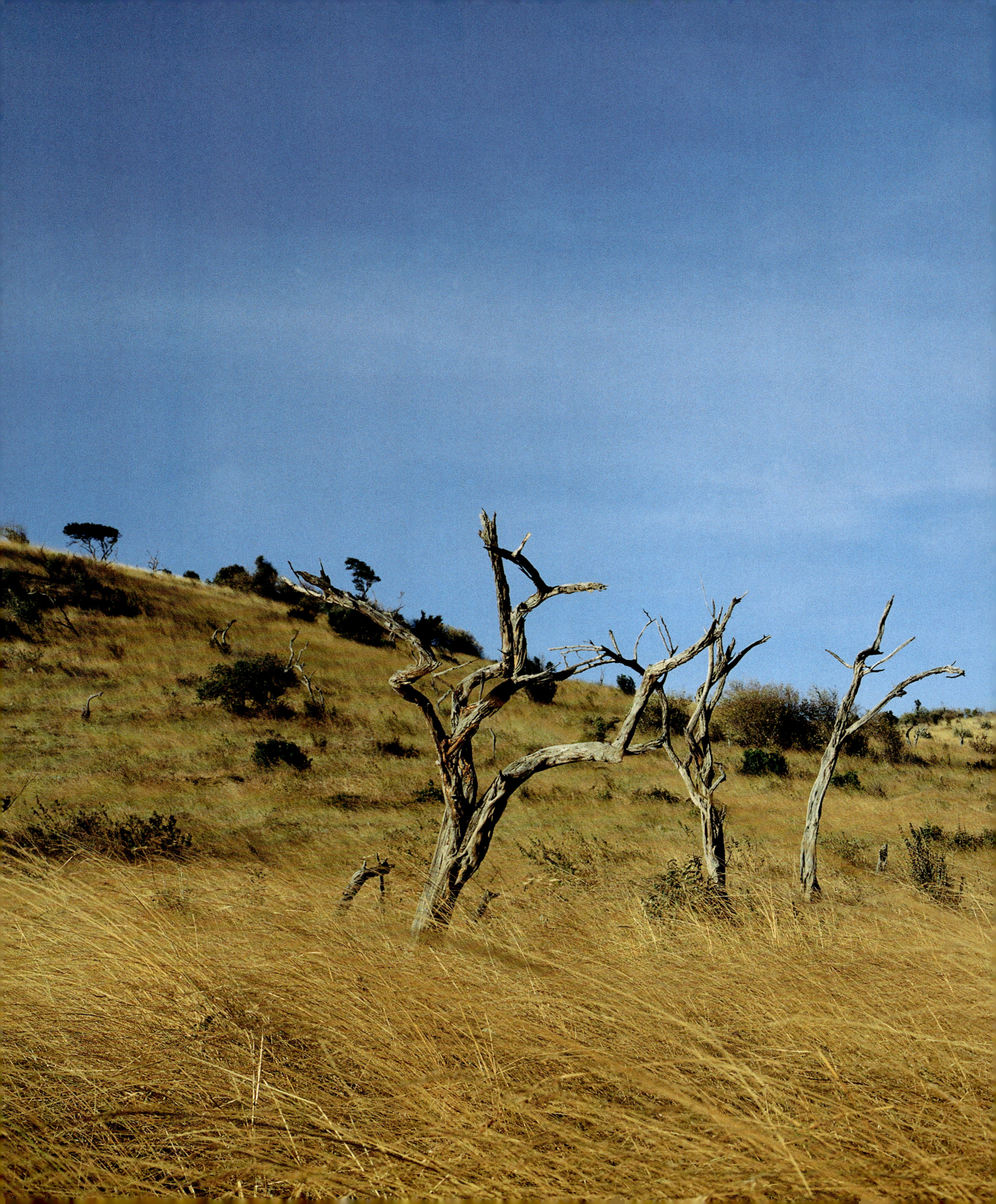

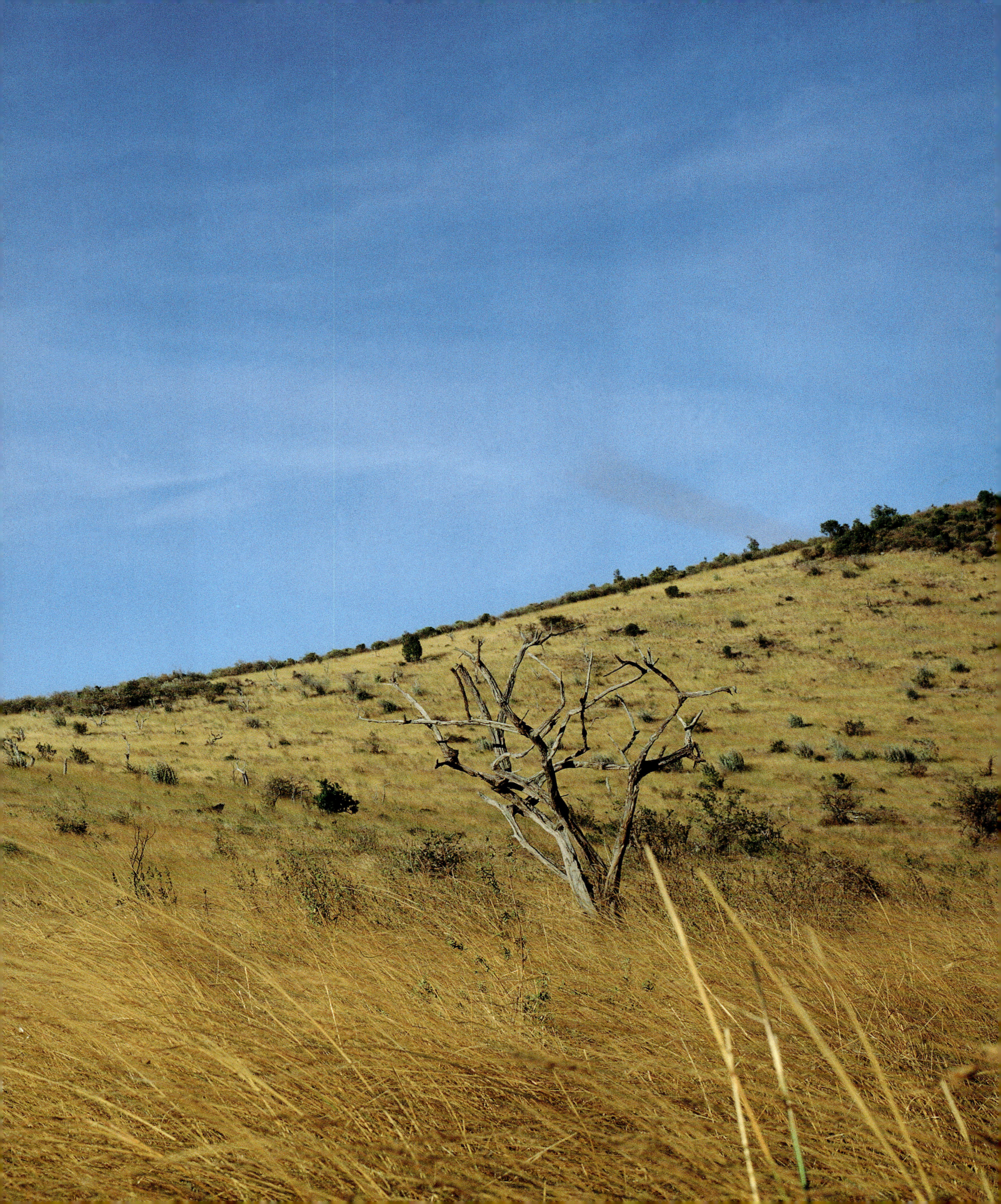

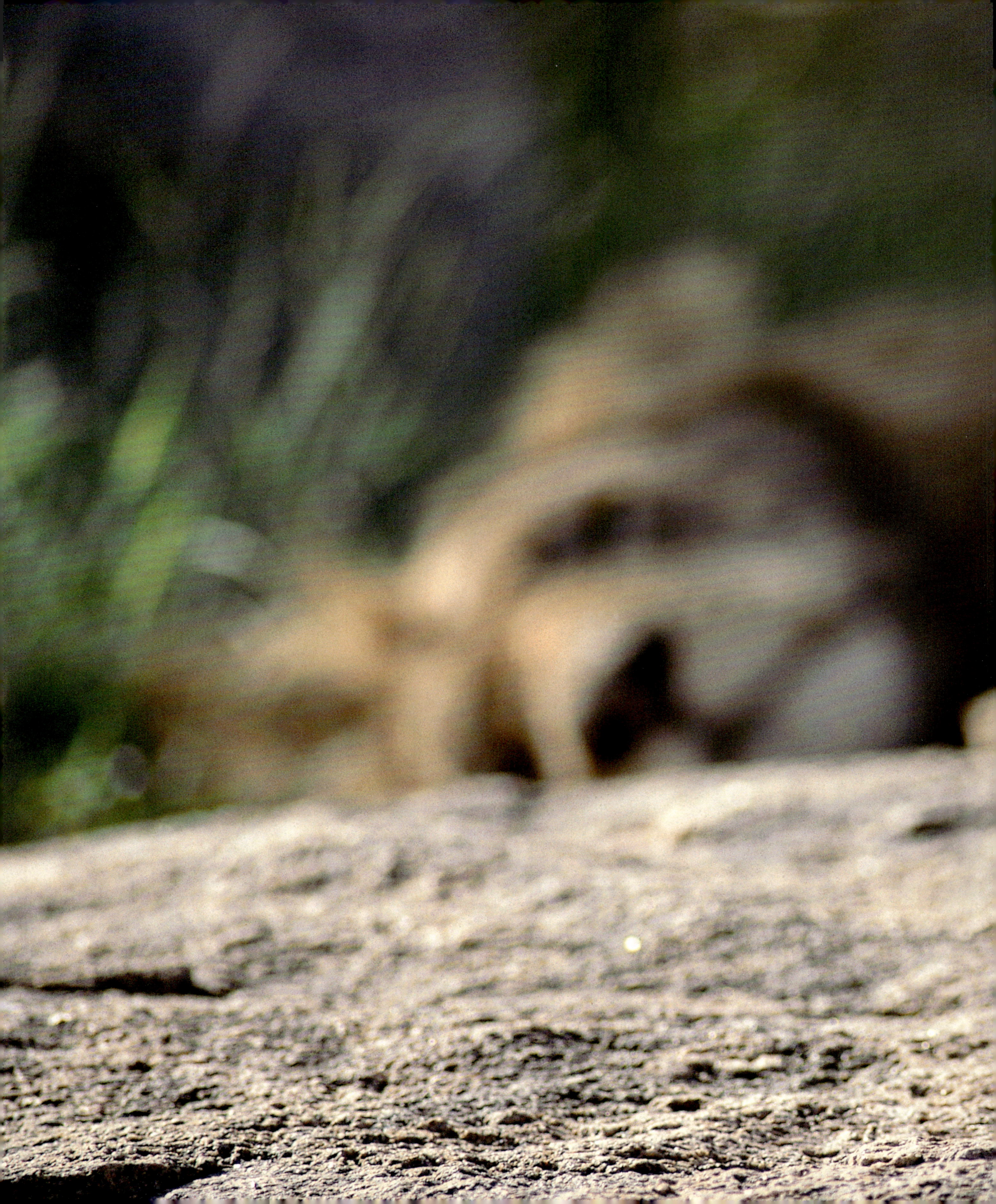

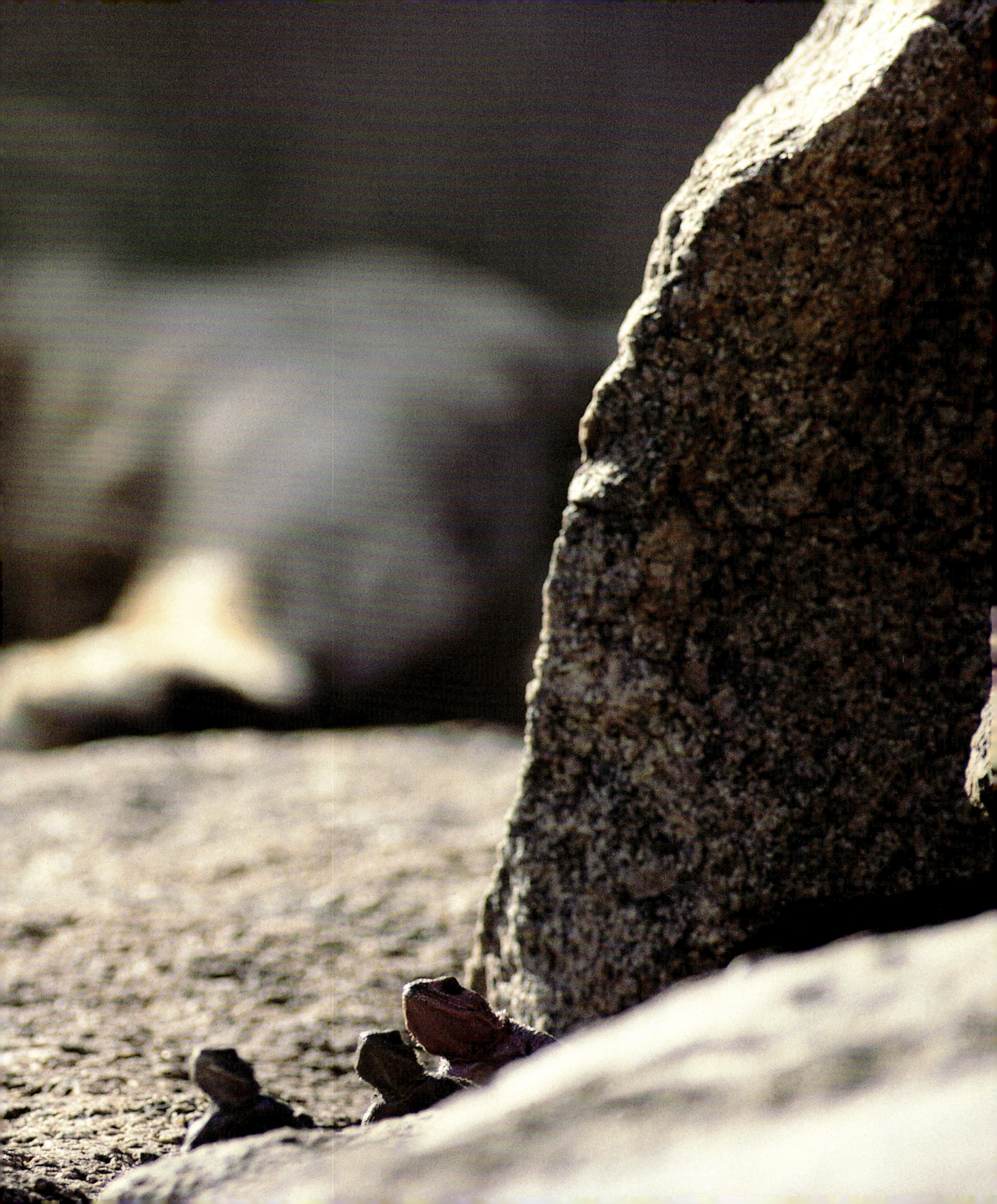

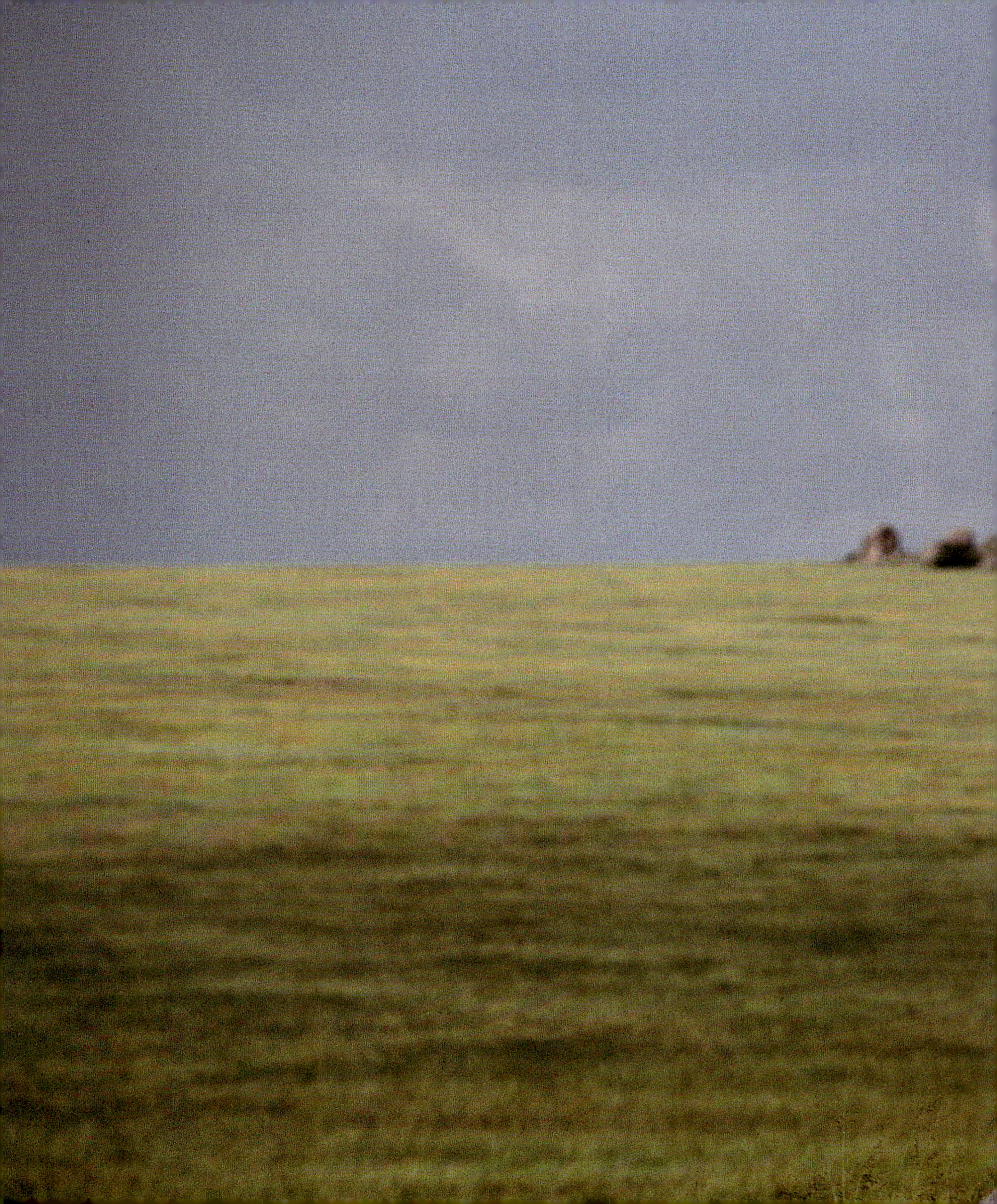

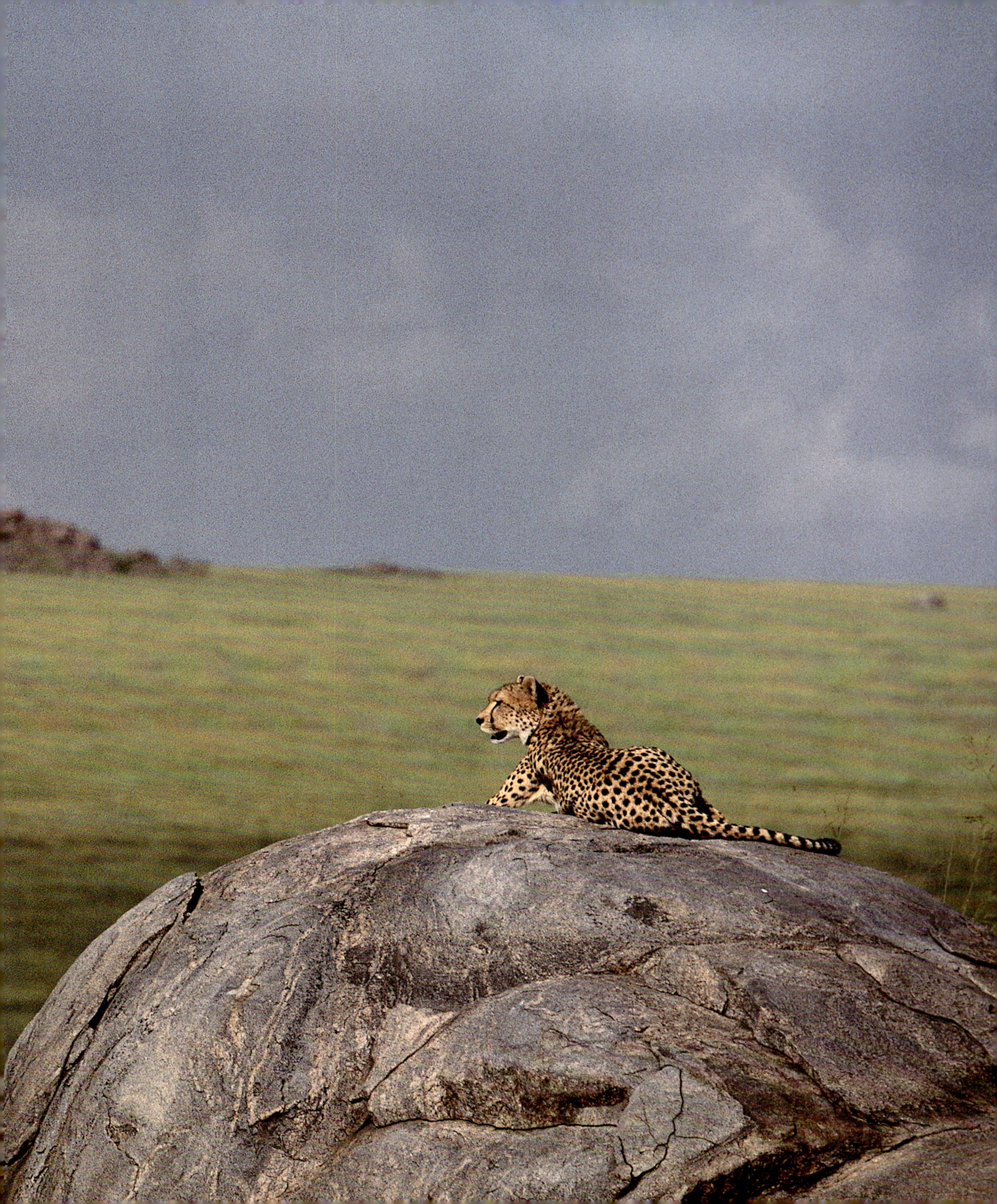

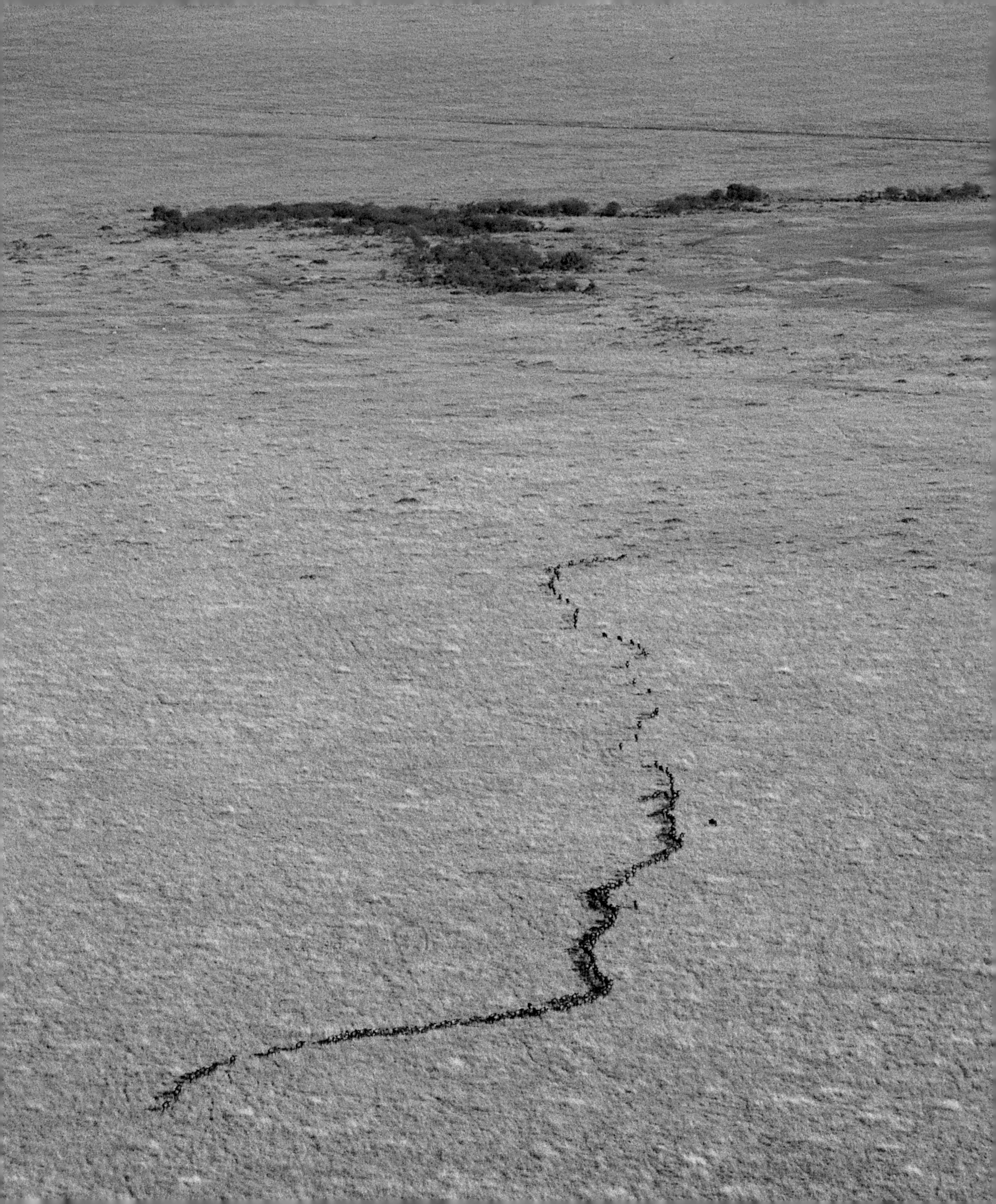

DER GROSSE TRECK

In afrikanischer Reiseführer-Prosa werden die Gnu-Wanderungen der Serengeti schon mal als »Natur-Weltwunder« betitelt. Und wer einmal die horizontweit wogenden Rücken gesehen und dabei das Zittern der Savanne unter zigtausend Hufen gespürt hat, wird das kaum für eine Überformulierung halten. Es gibt in der Tat nichts, was vergleichbar wäre: Die Bisons der nordamerikanischen Prärien sind auf klägliche Reste dezimiert, die gigantischen Rentierherden des hohen Nordens bestehen aus zahmen Nutztieren.

Zu den optischen Höhepunkten der Massenszenen mit zigtausend Darstellern zählen die Flussquerungen. Die Weidetiere scheint der Horror vor schnell fließendem, undurchsichtigem, krokodilverseuchtem Wasser fast in die Knie zu zwingen, ehe sie von nachfolgenden Tierwogen in die Fluten gestoßen werden, die sie dann dicht gedrängt und mit panisch geweiteten Augen durchschwimmen. Krokodile halten blutige Ernte. Sicher ist man als Gnu nur, wenn man den Fluss, beidseits flankiert von seinesgleichen, durchquert.

Nur im Serengeti/Maasai-Mara-Ökosystem formieren sich die Streifengnus zu dem berühmten langen Gewaltmarsch. In Gebieten mit kleinräumiger Verteilung sicherer Tränken ziehen sie gemächlich in kleineren Trupps dahin. Die Tiere brauchen frisches, kurzes Gras, wie es auch nach Buschbränden aufschießt. Ein Grund, weshalb manche Gnu-Freunde bedauern, dass das Nebeneinander von Rinder- und Gnu-Herden fast überall Vergangenheit ist: Die Maasai legten, wenn es ihnen geboten erschien, kleinflächige Savannenbrände an, um für ihre Tiere besseres Gras zu gewinnen.

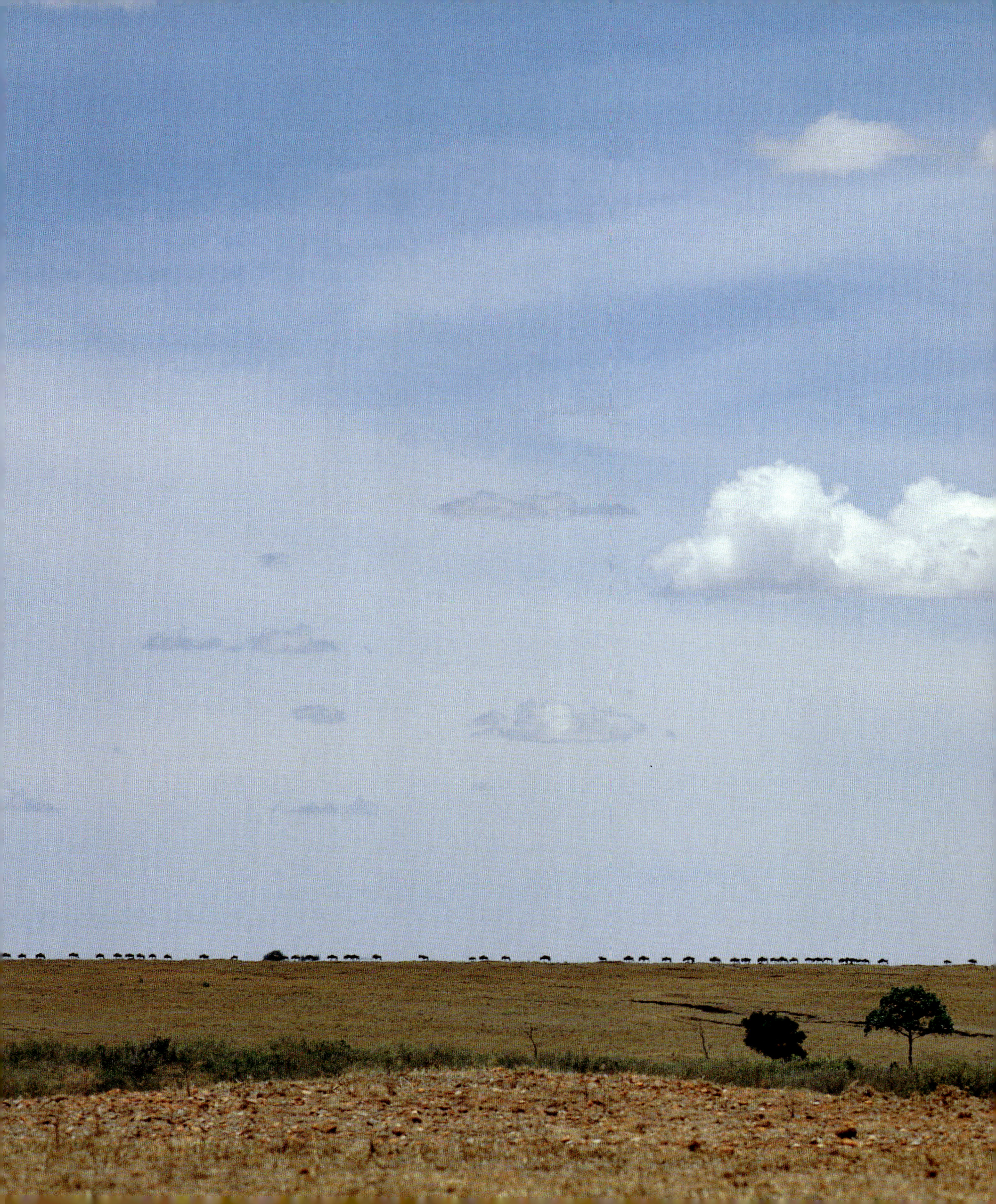

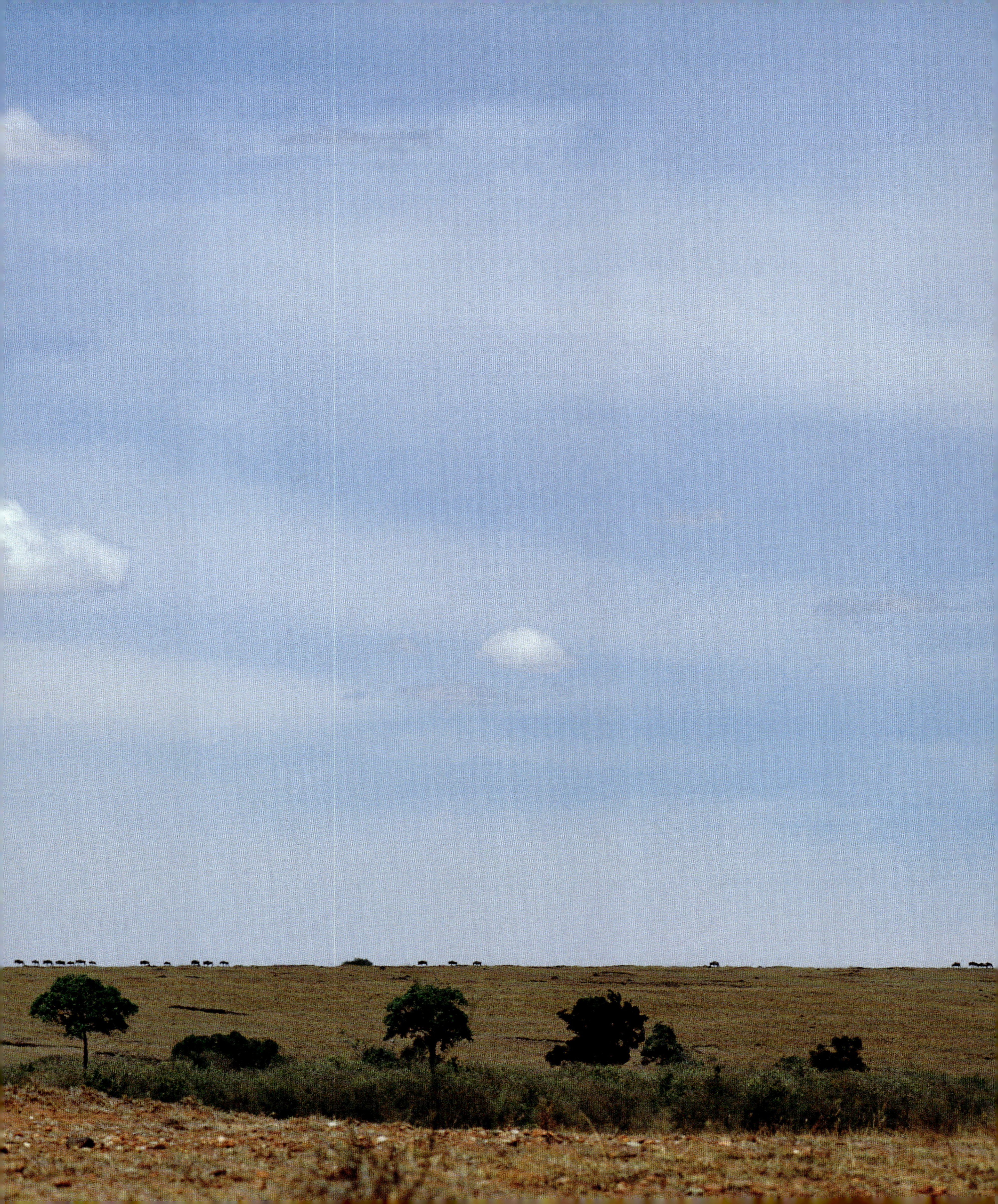

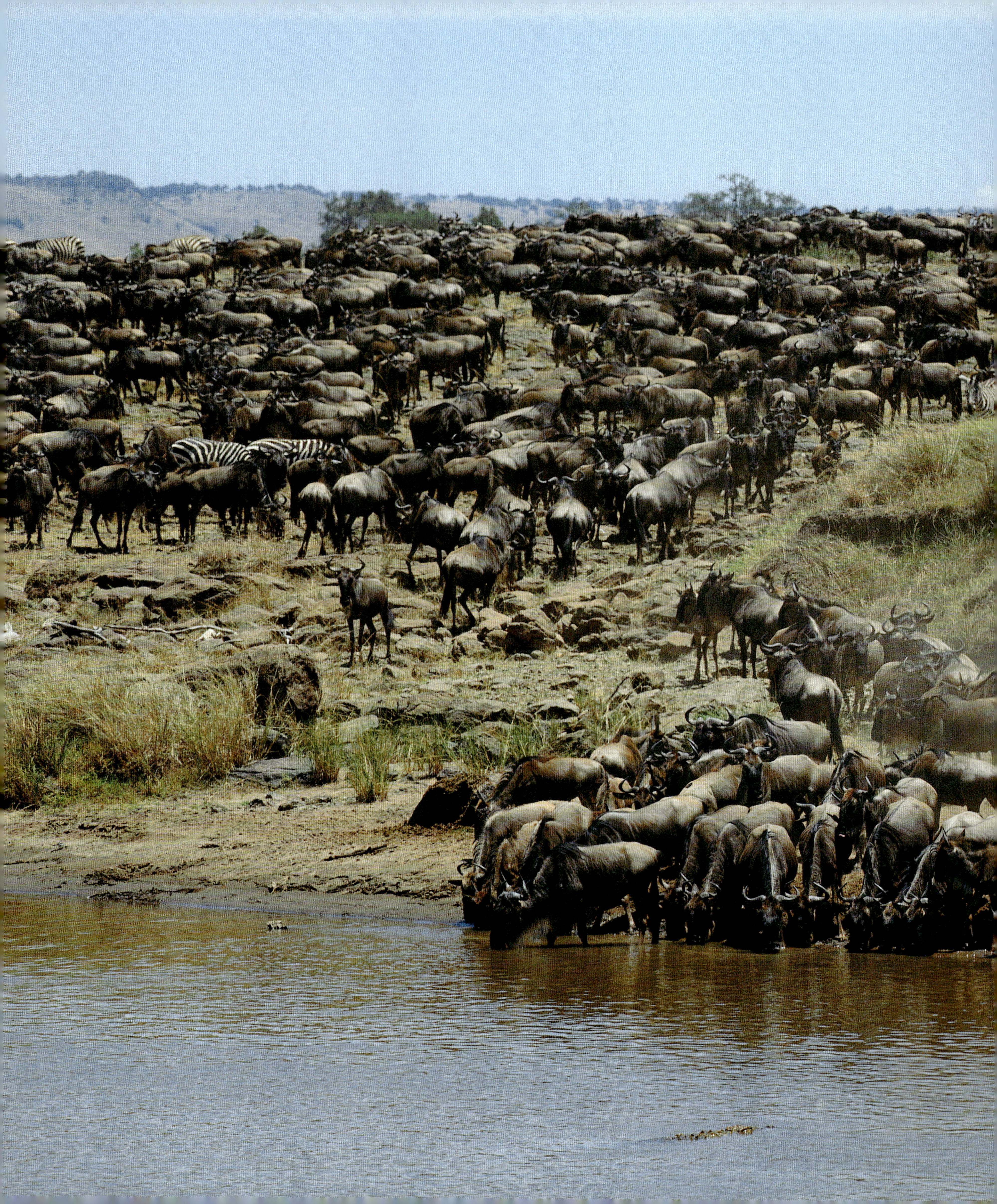

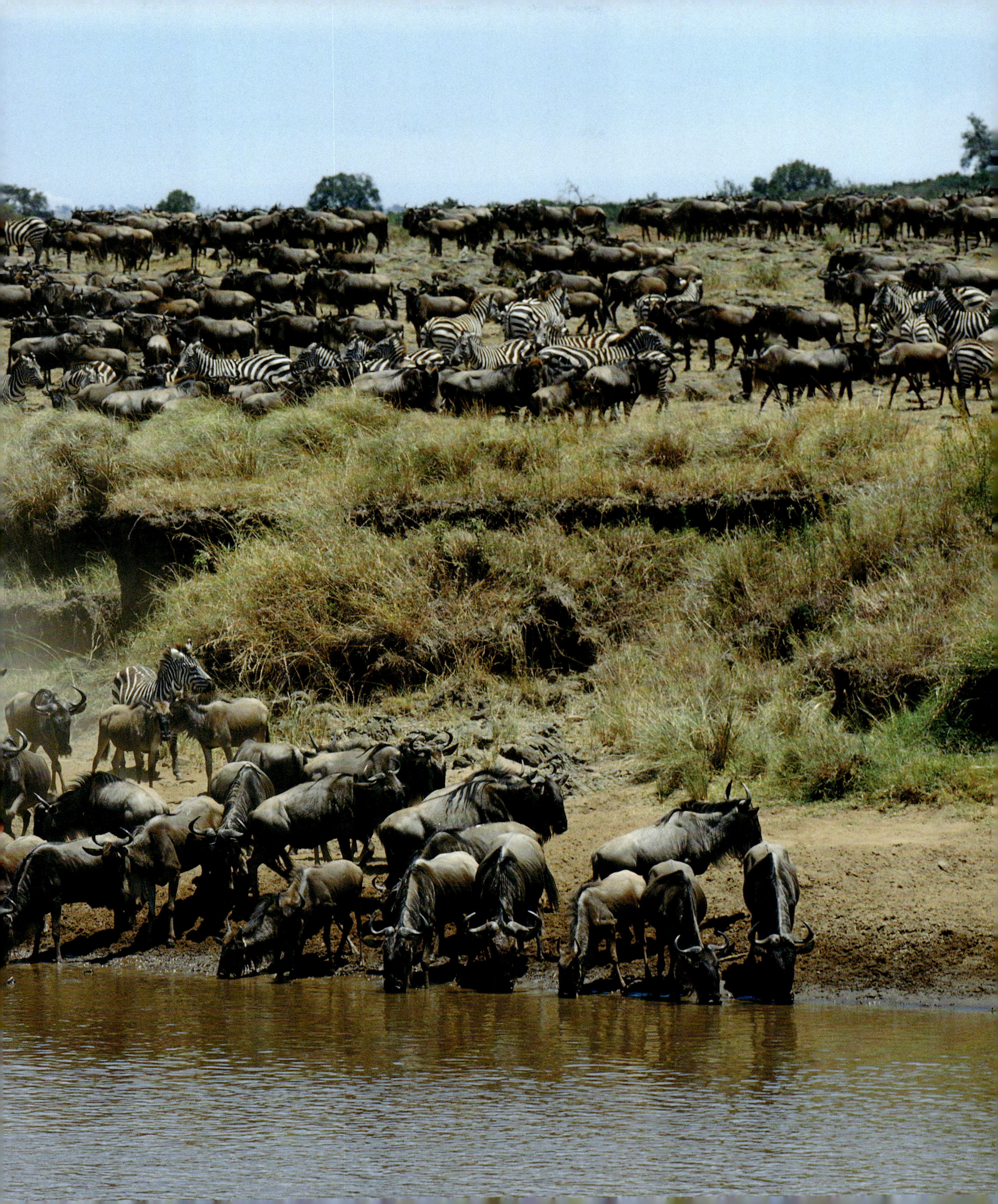

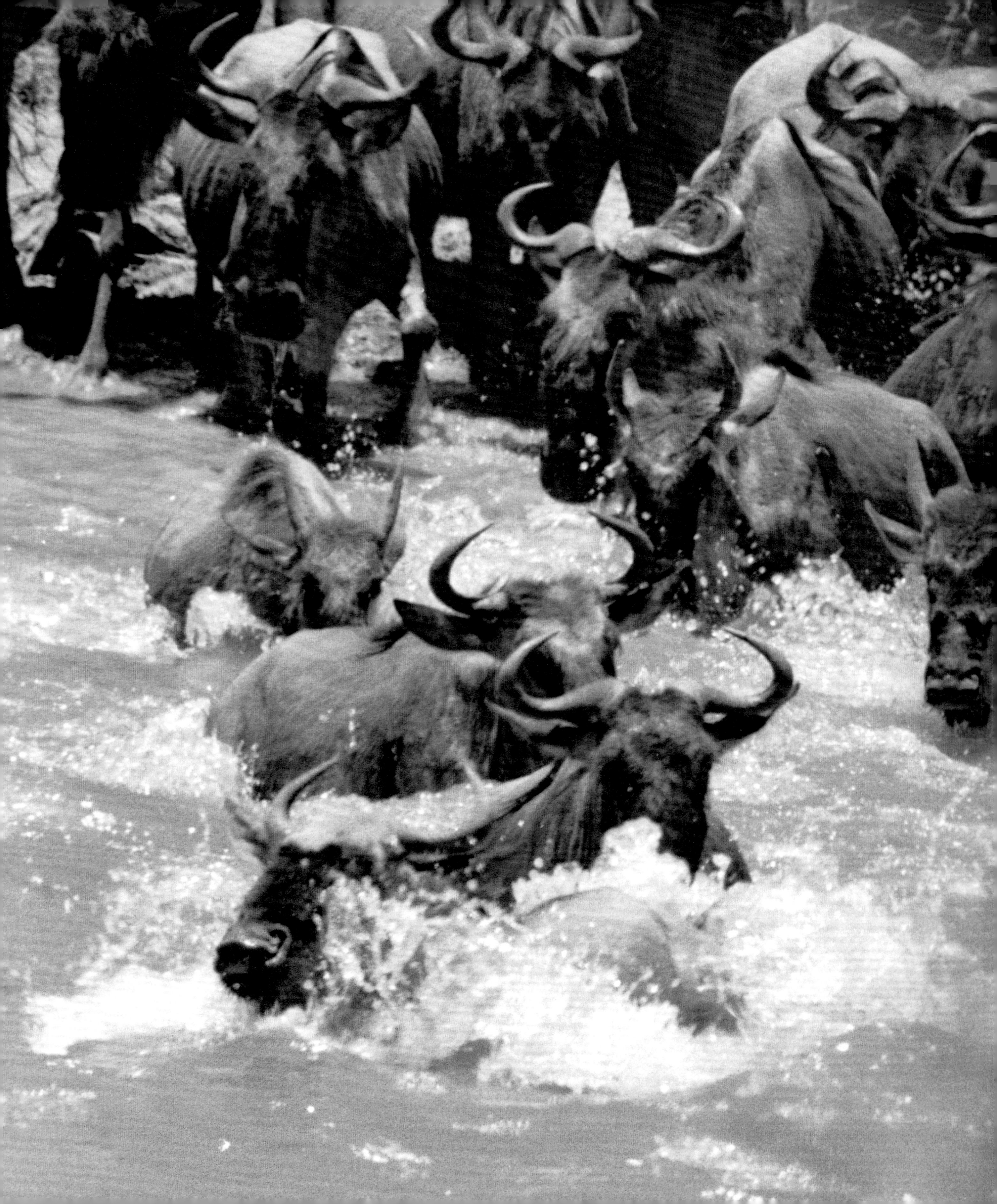

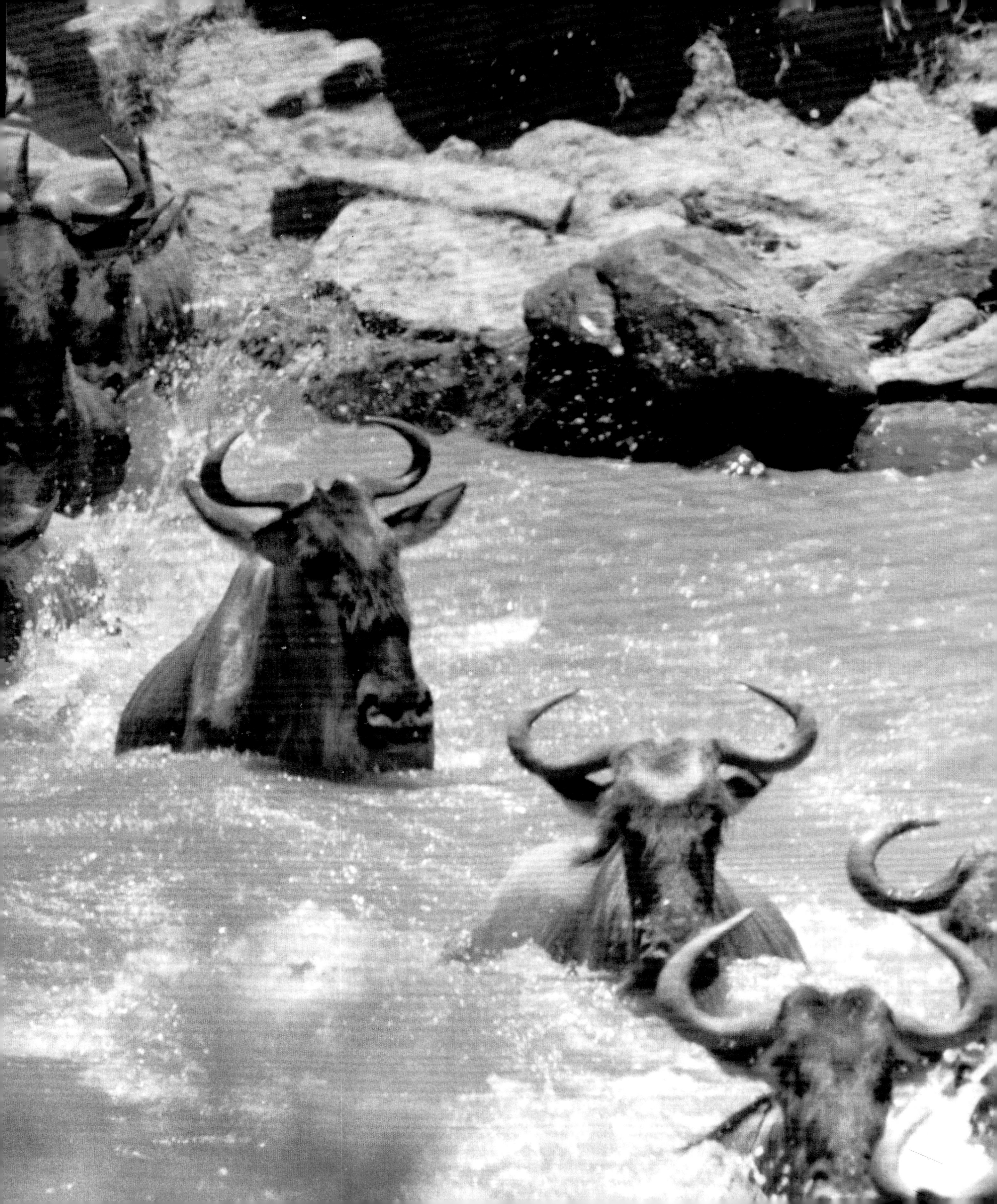

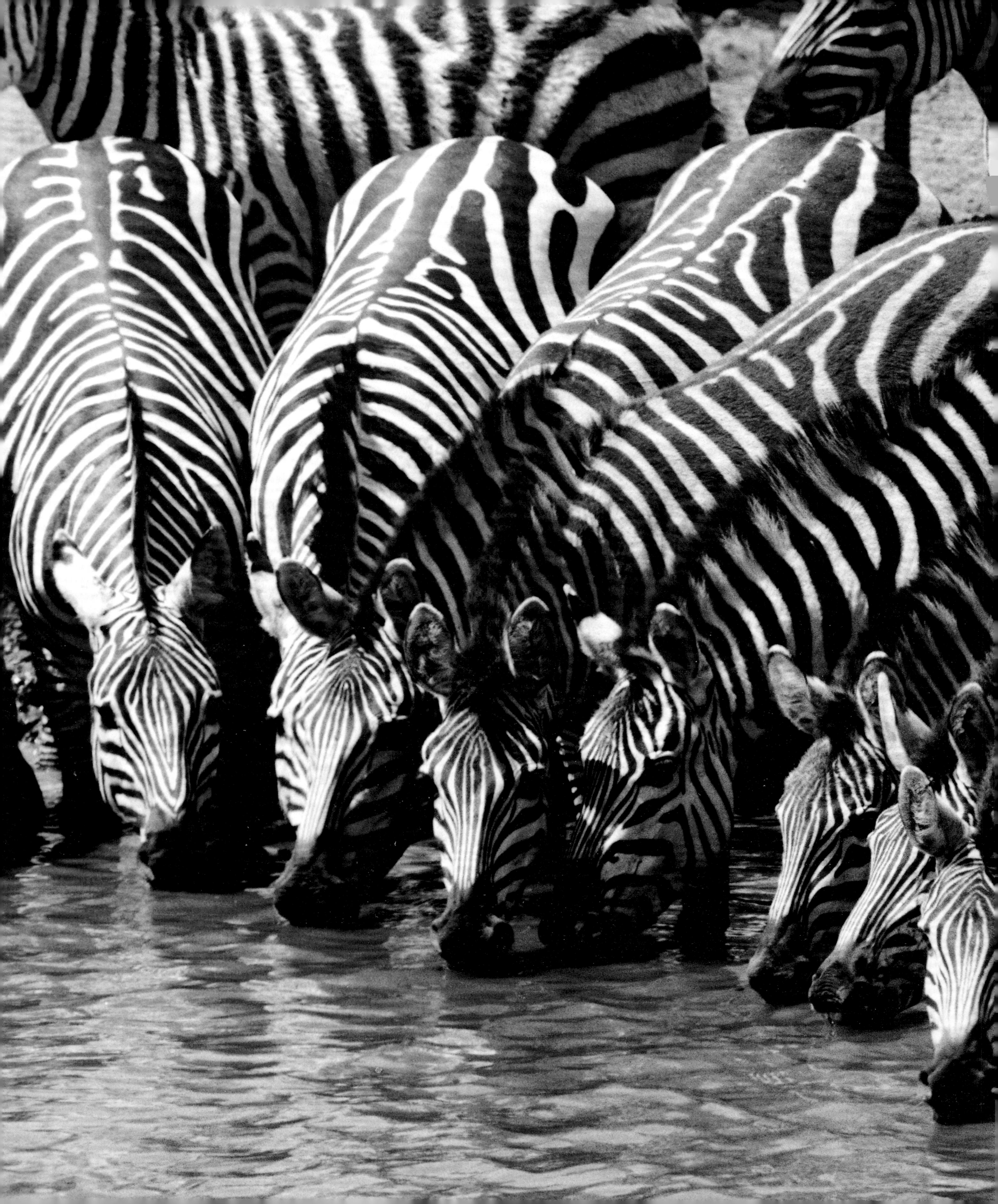

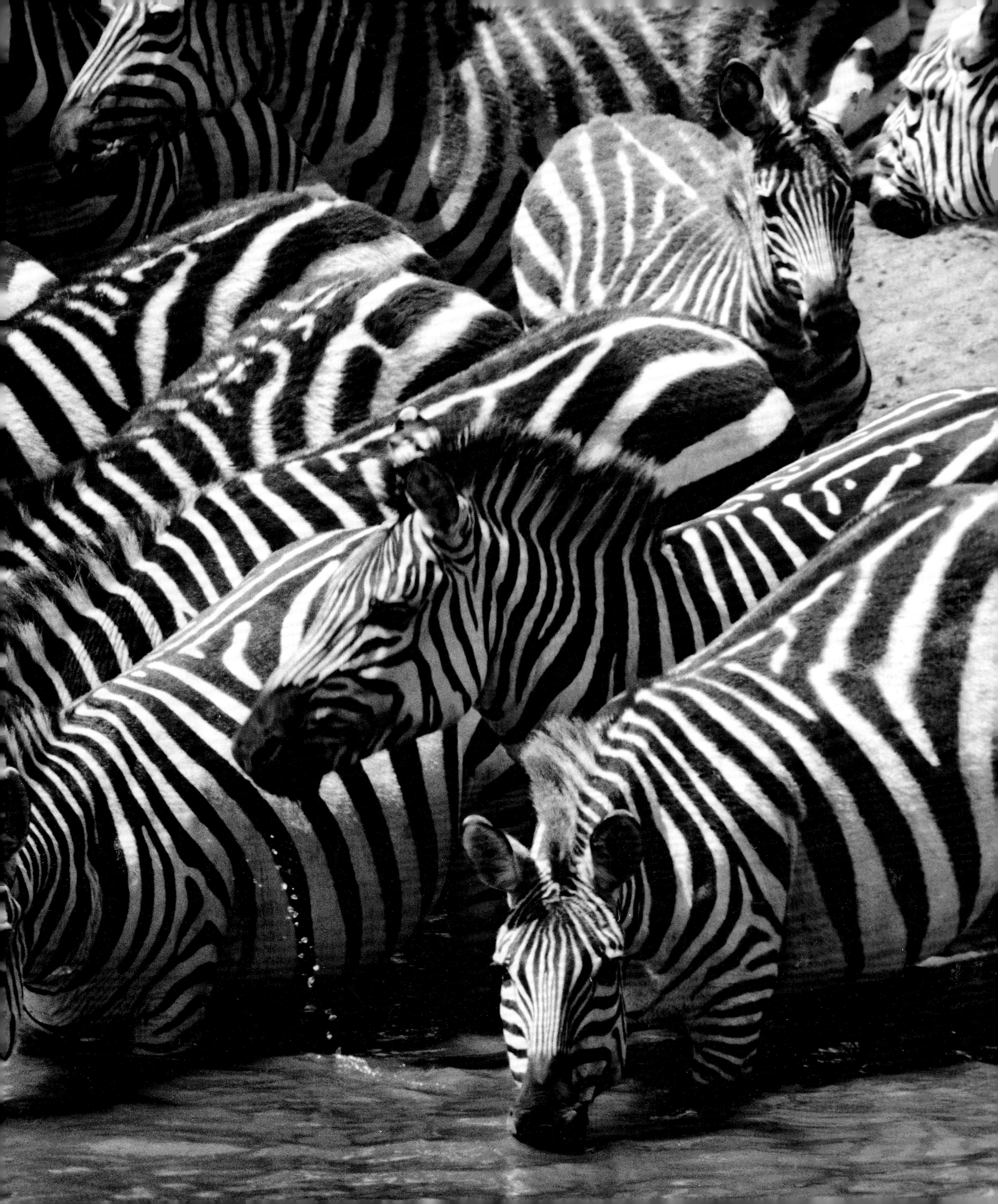

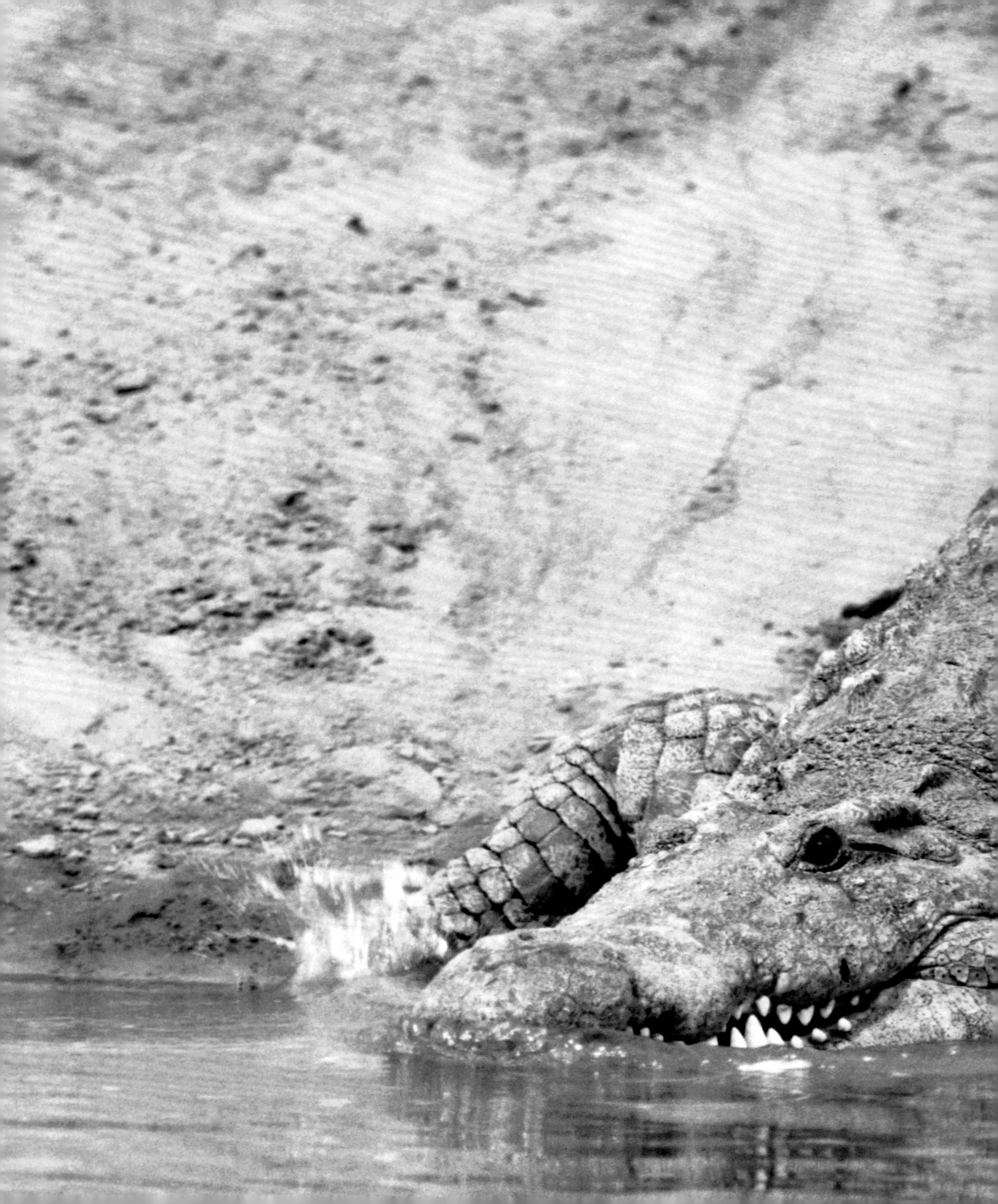

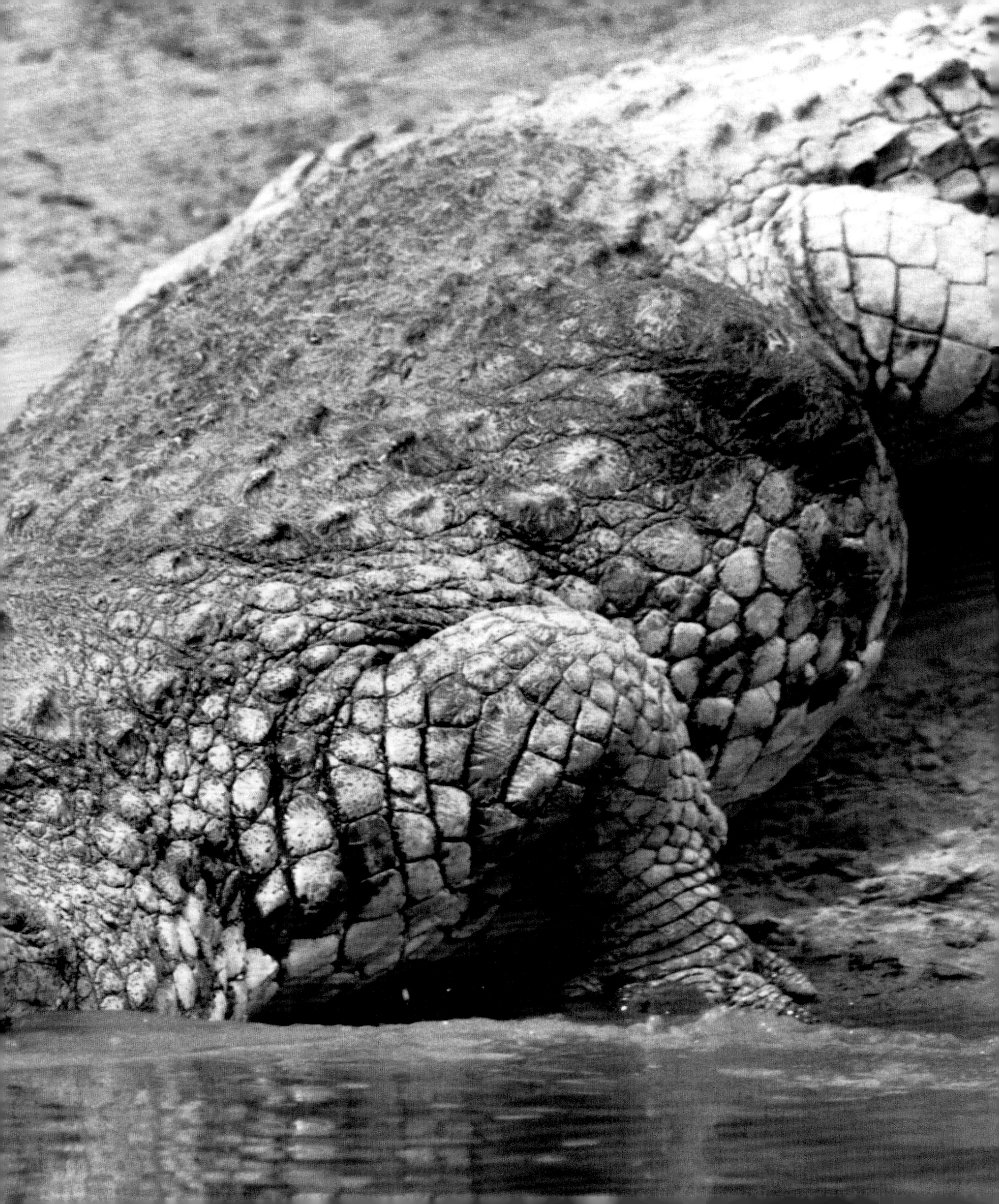

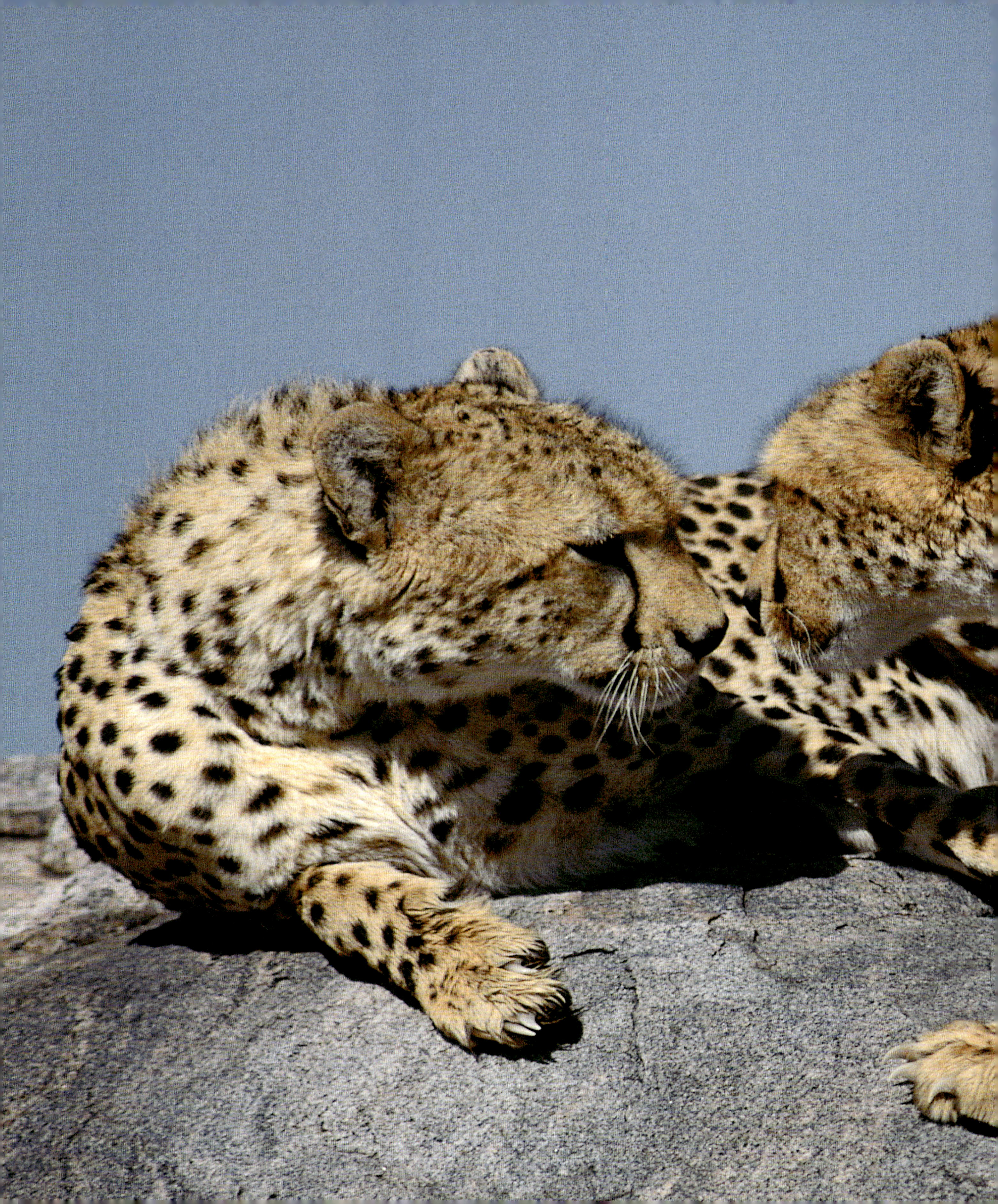

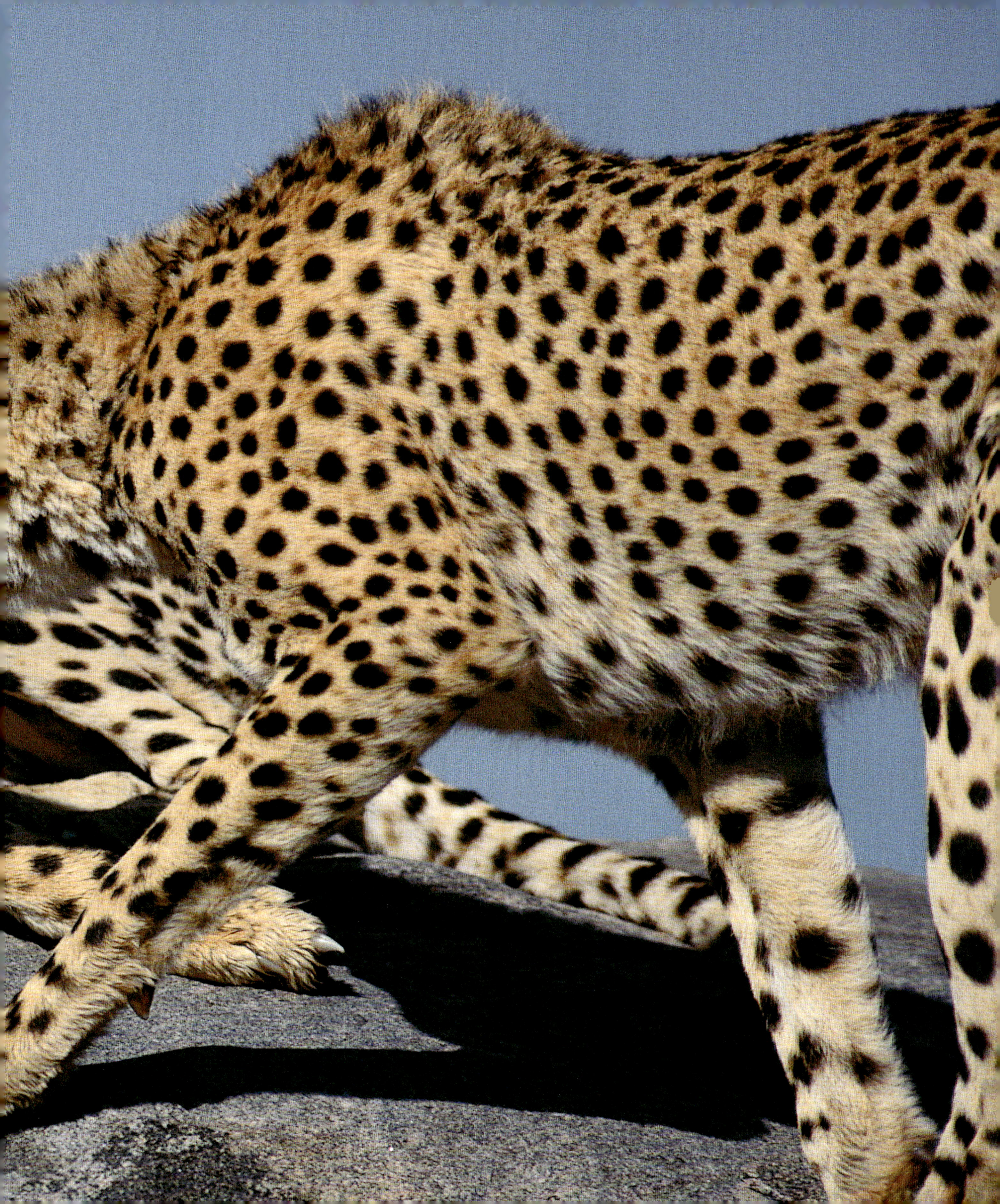

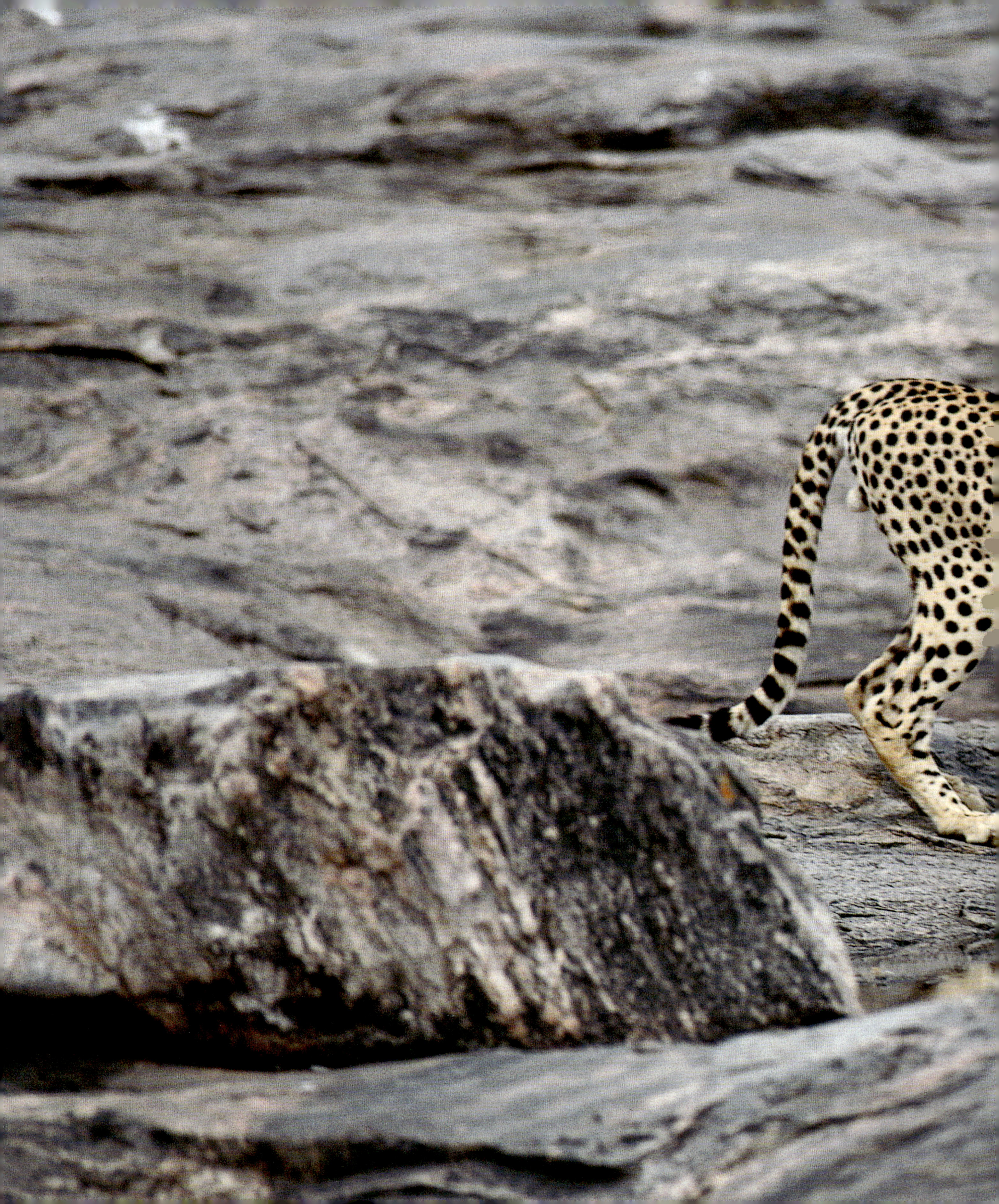

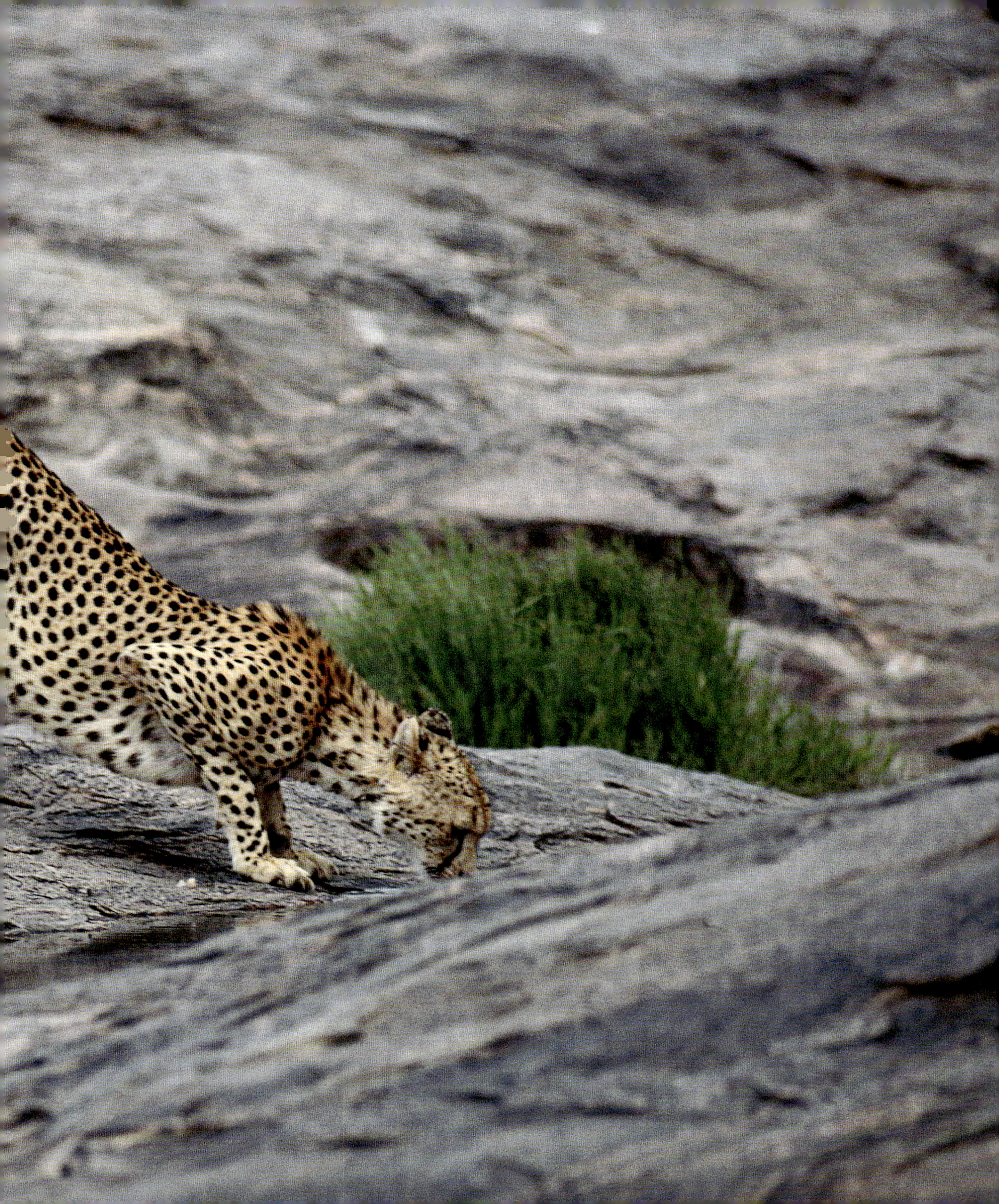

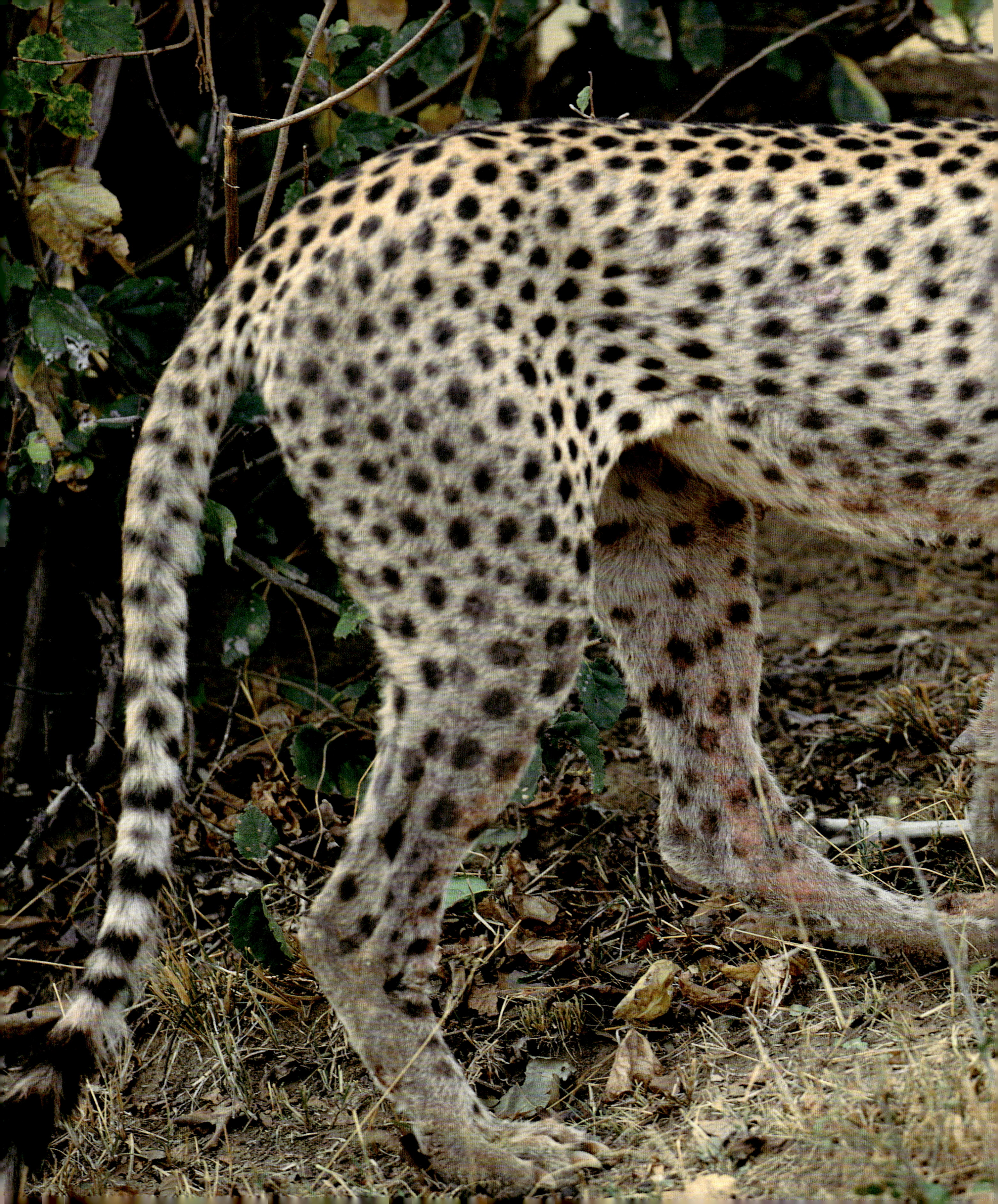

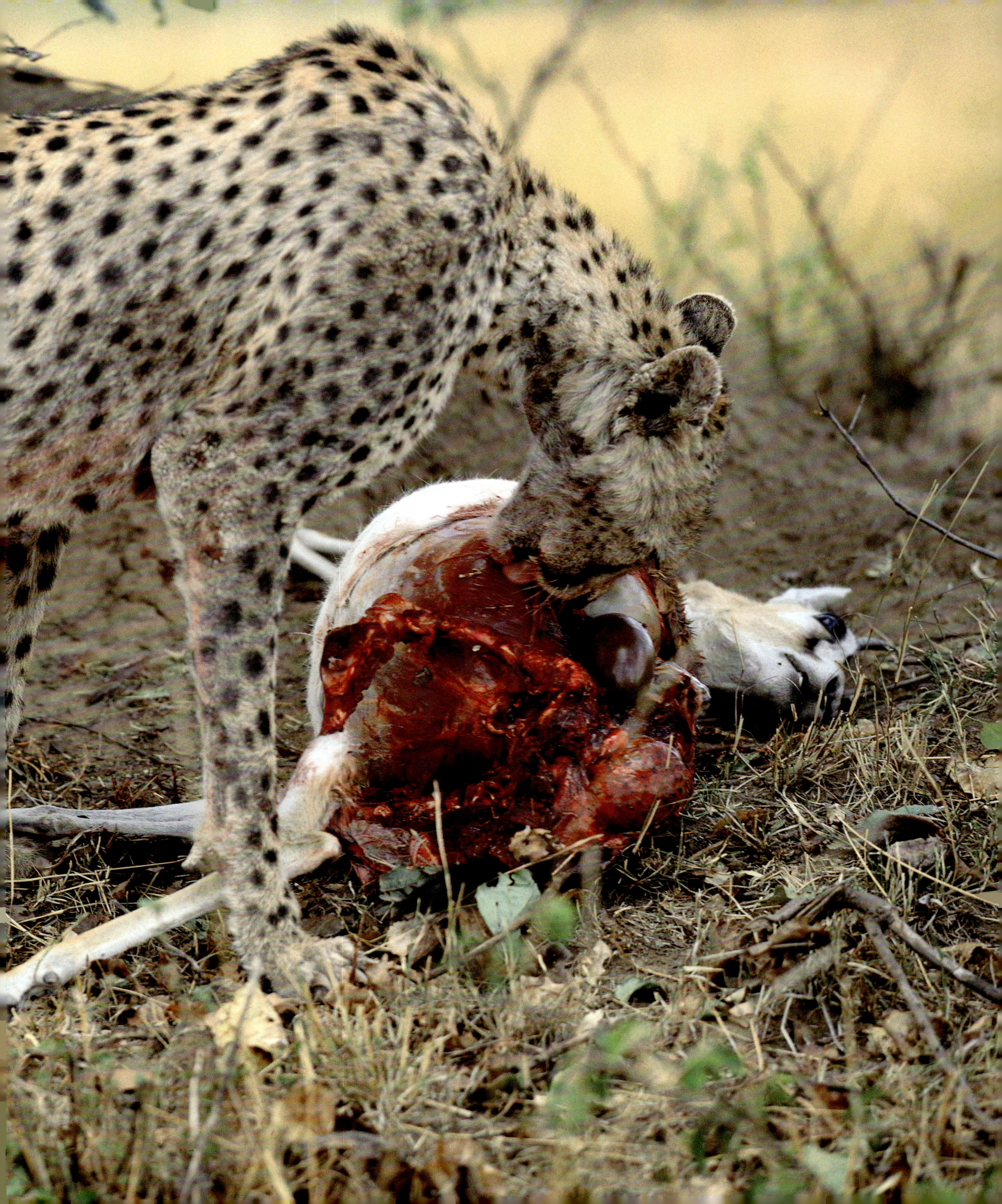

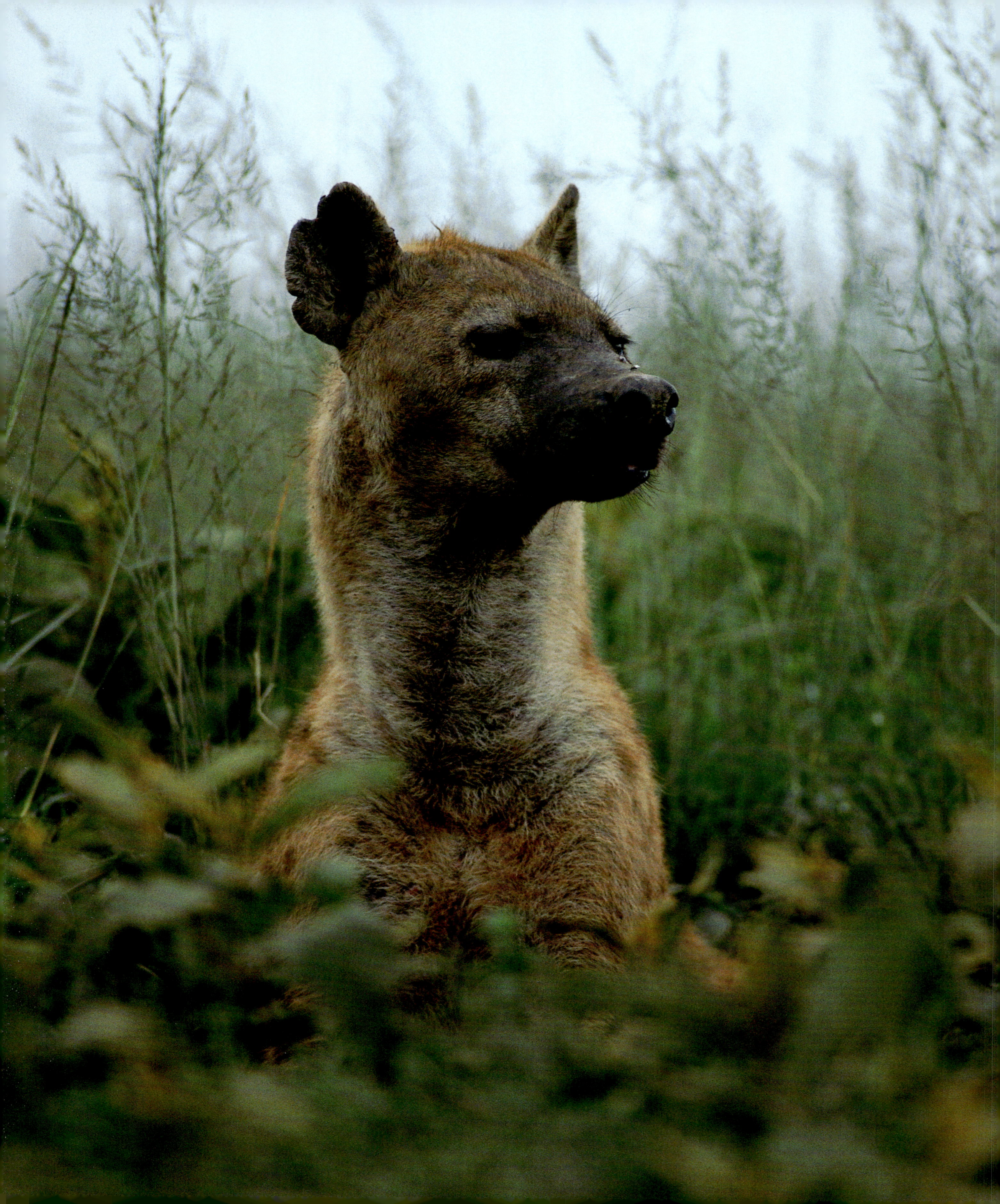

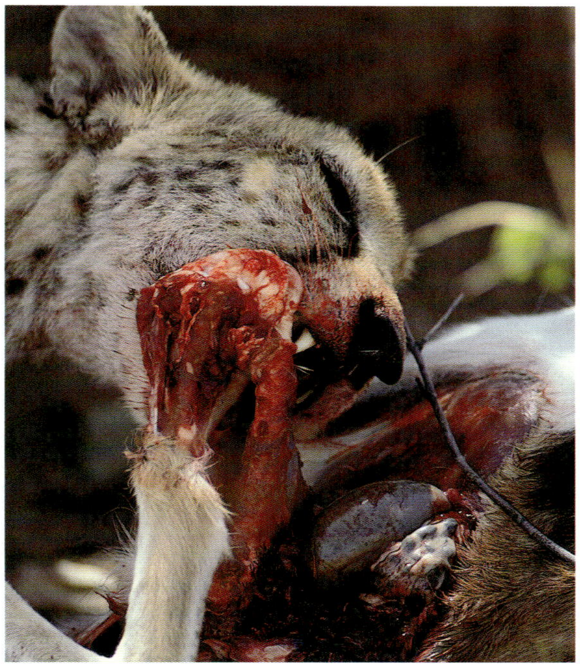 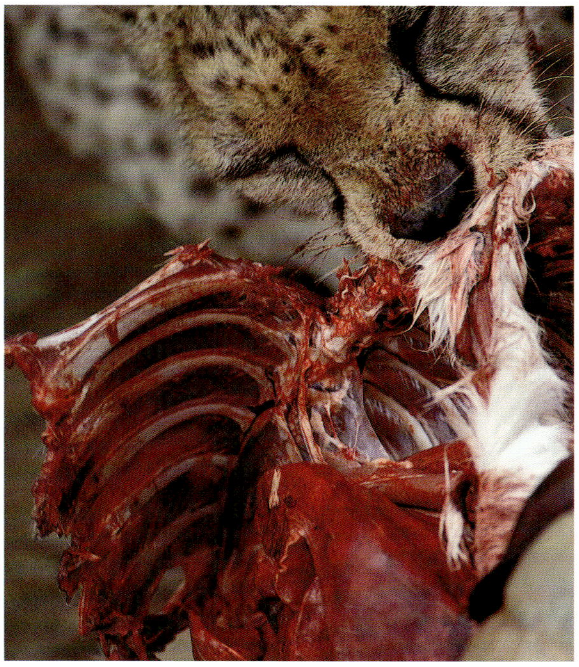 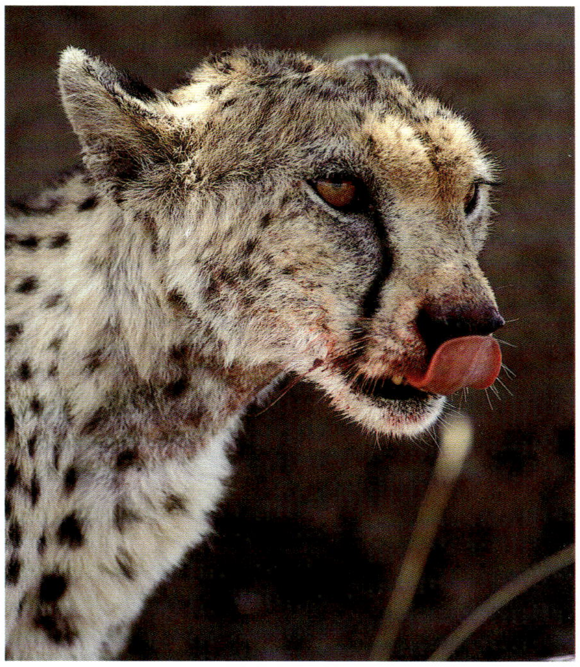

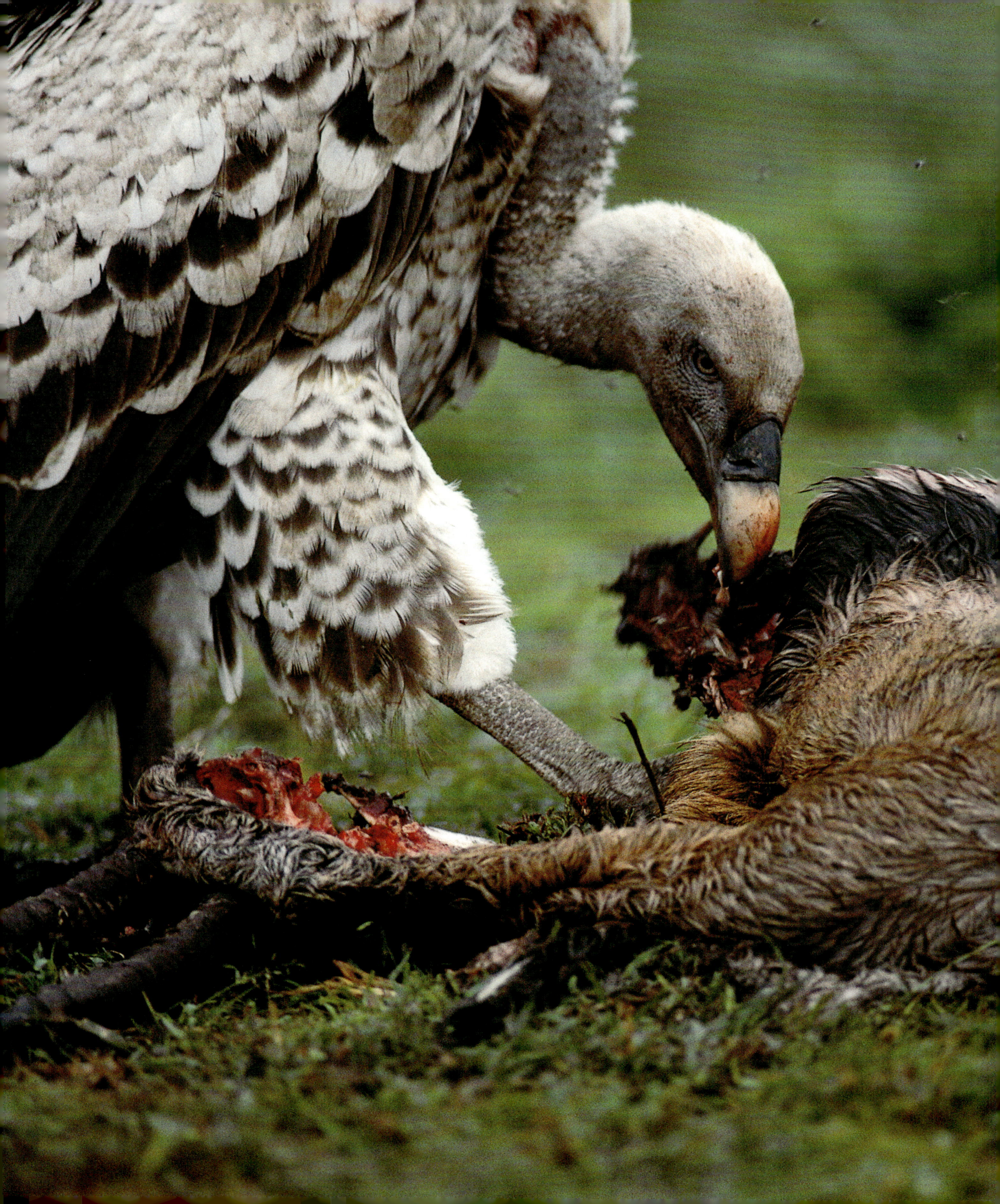

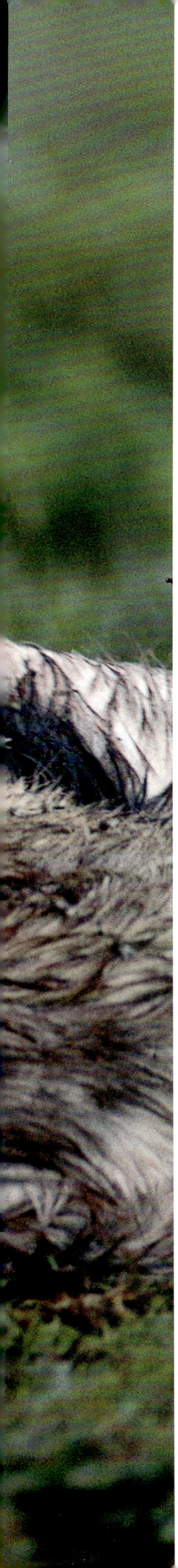

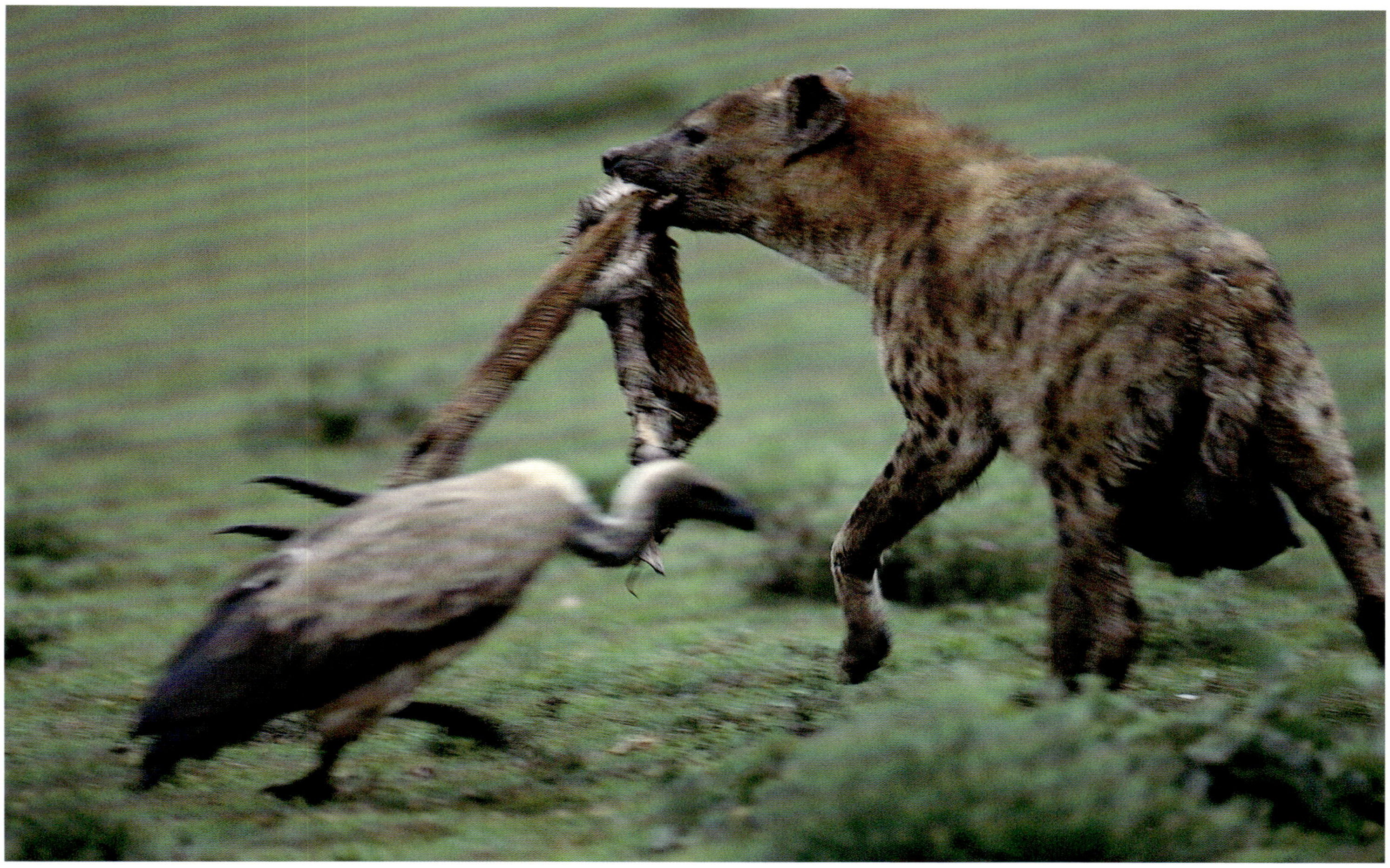

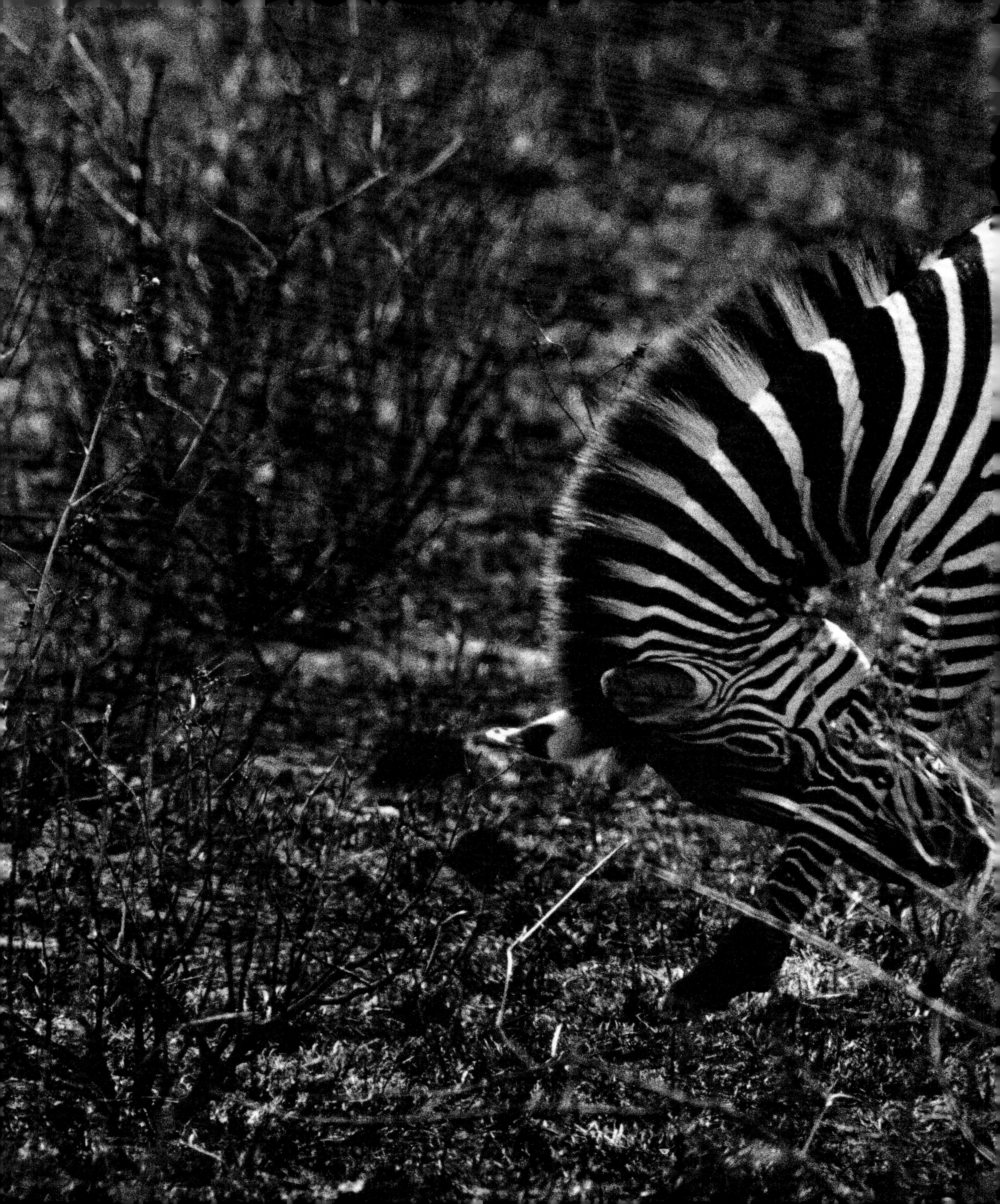

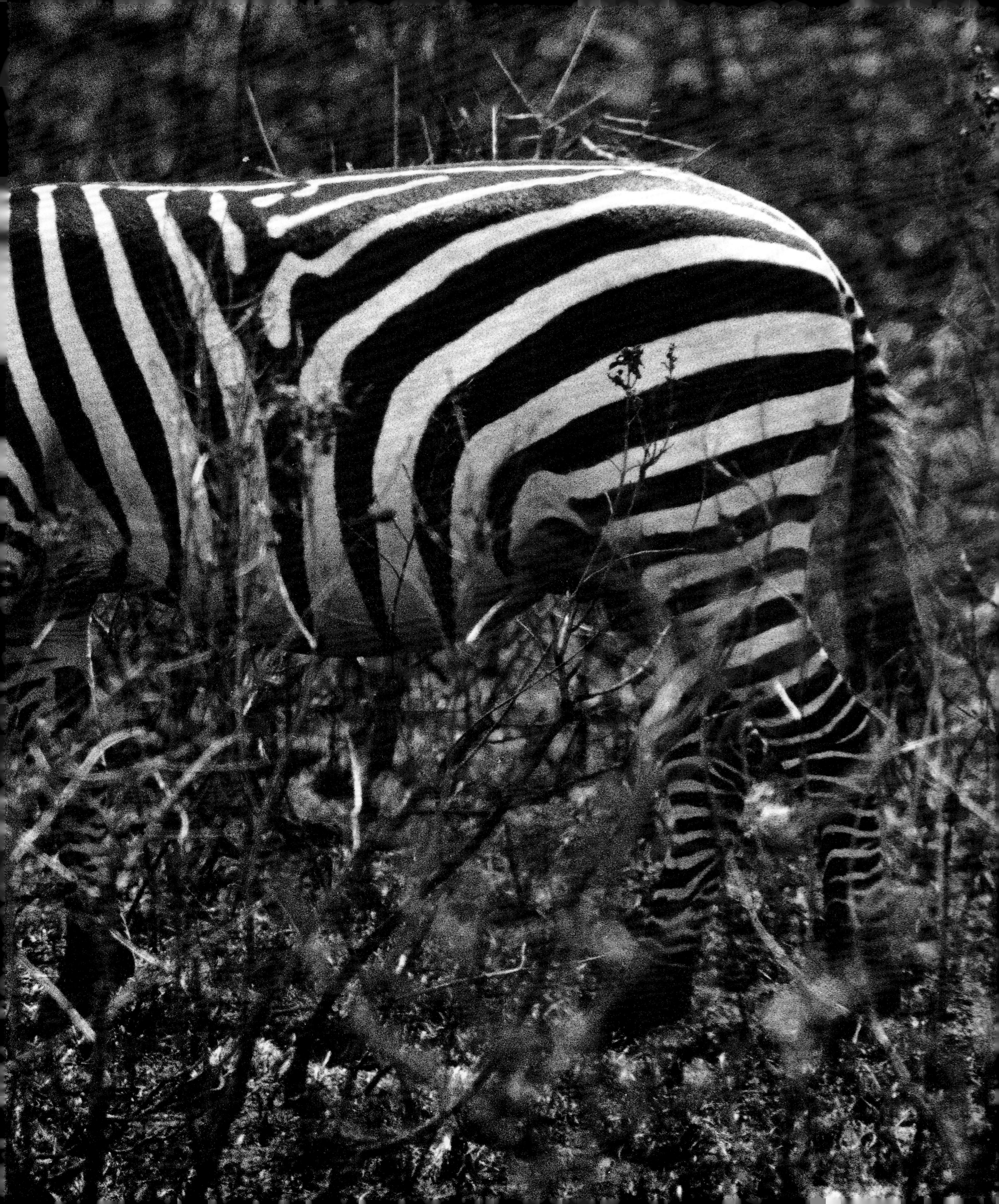

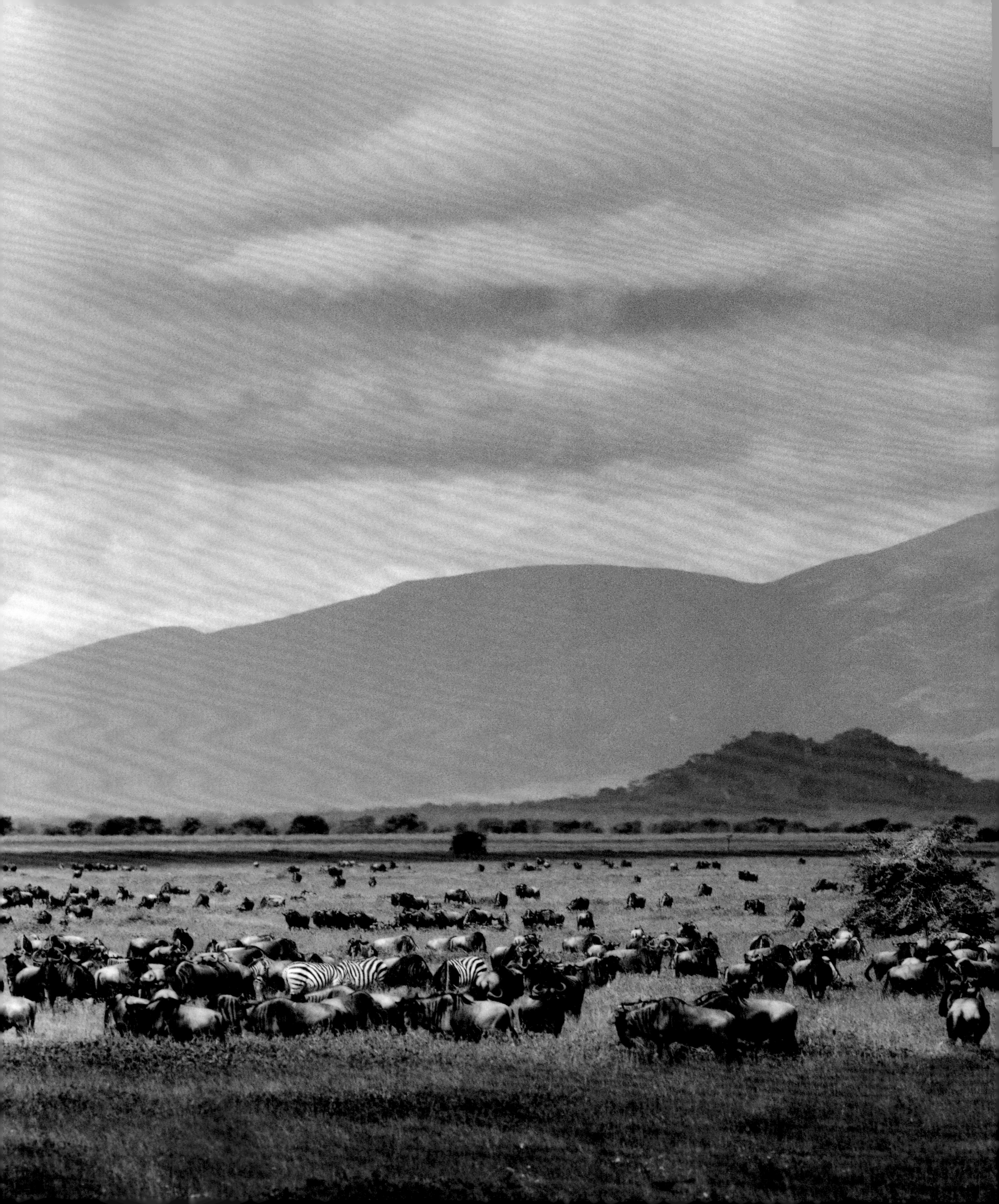

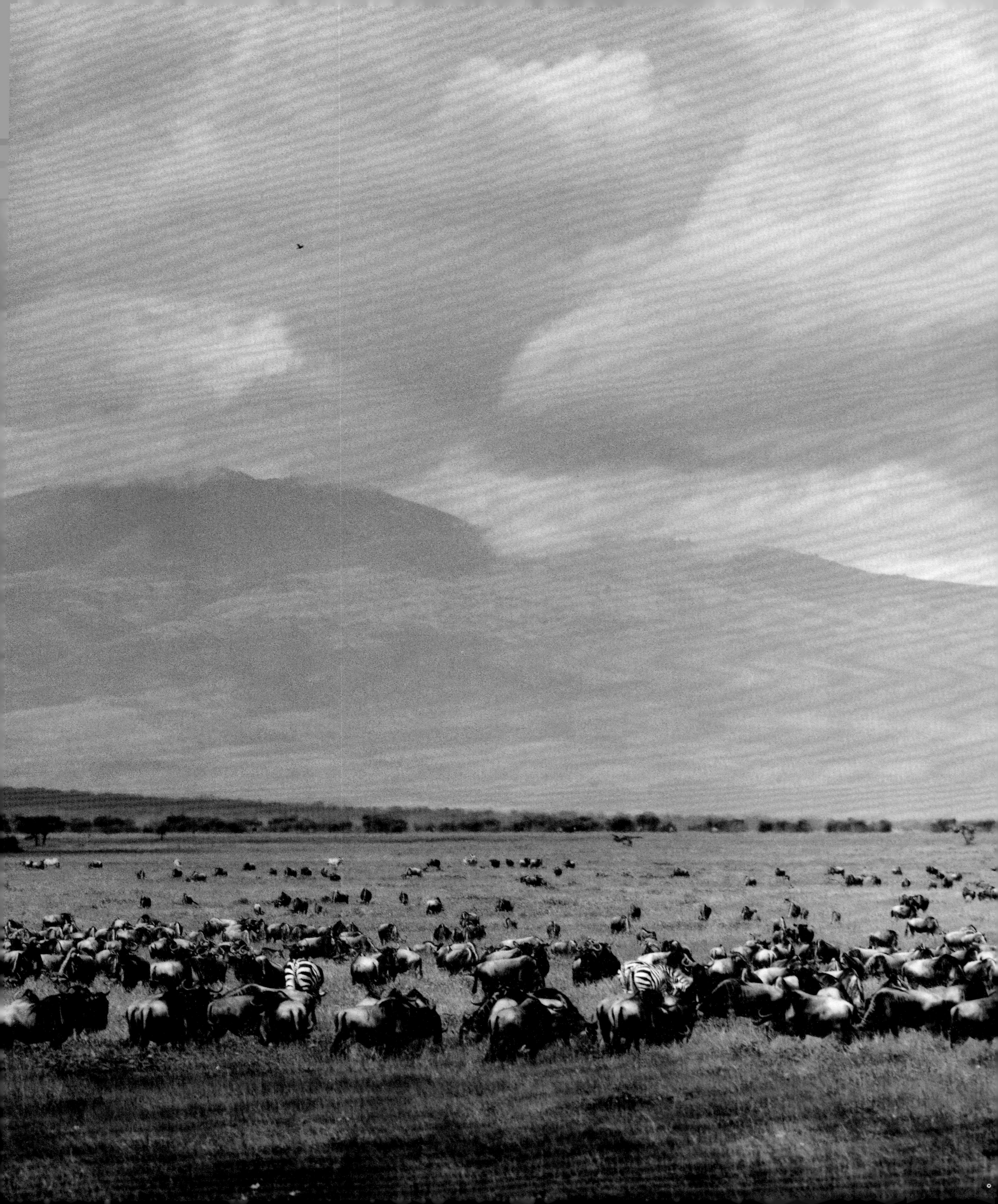

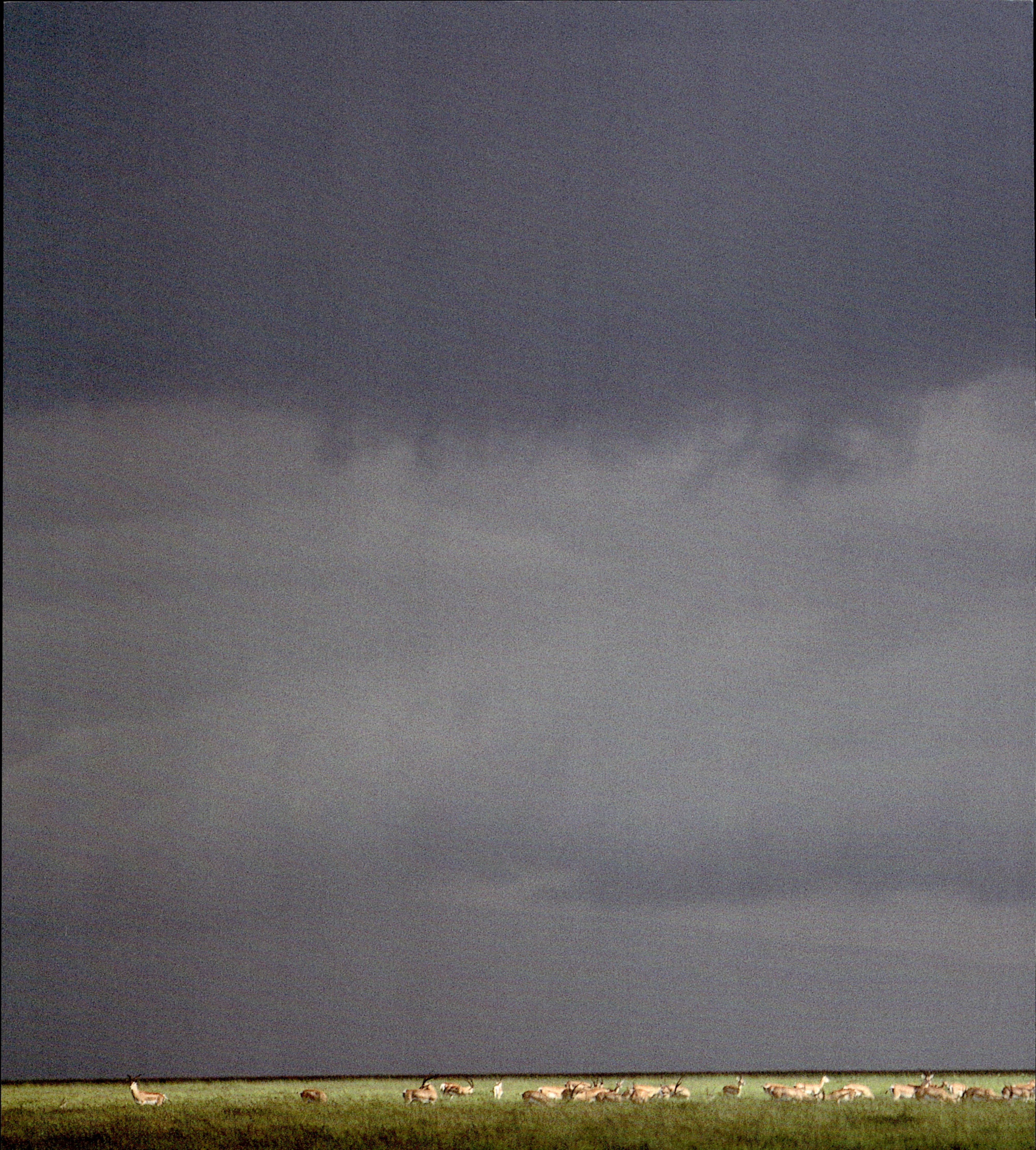

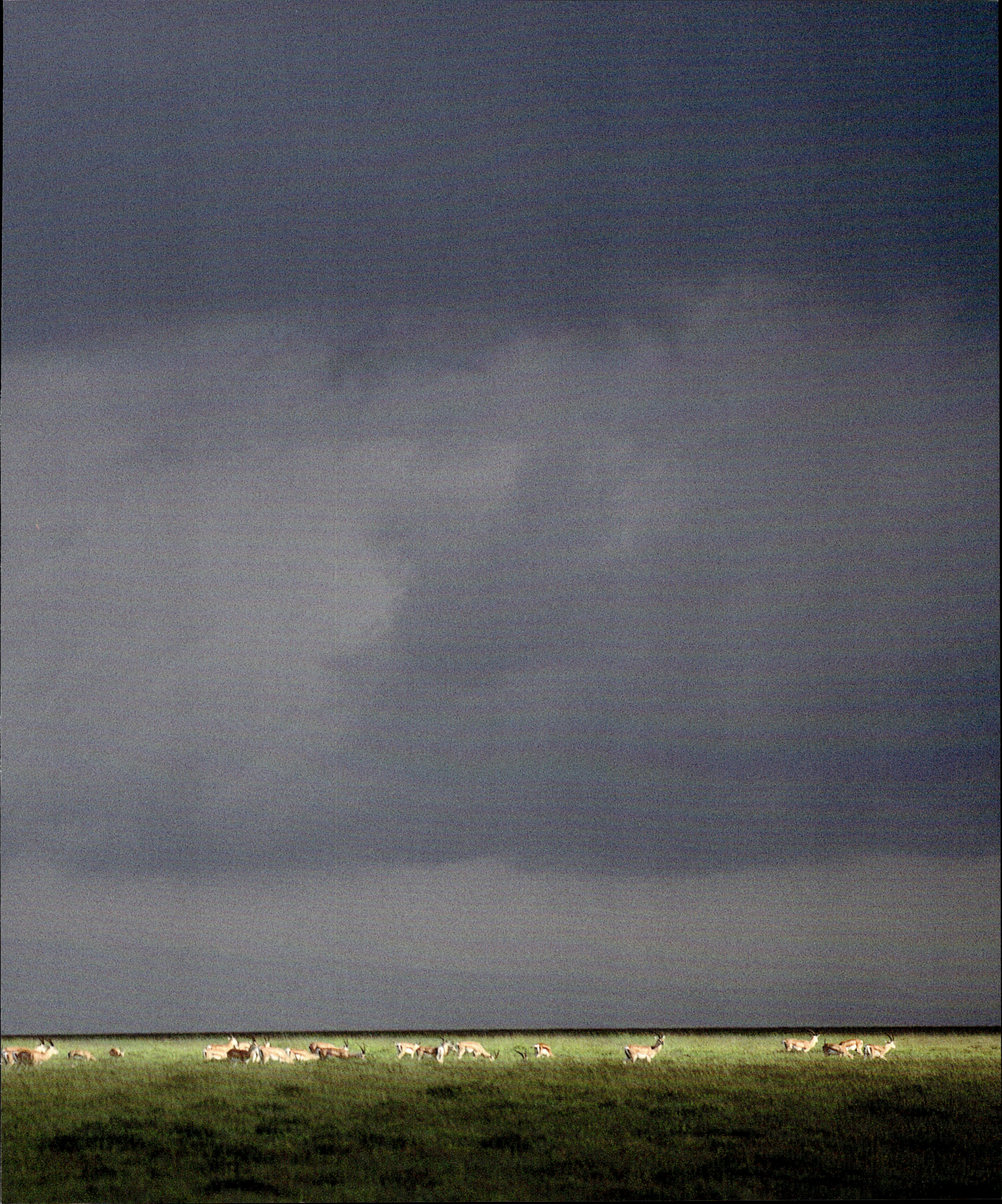

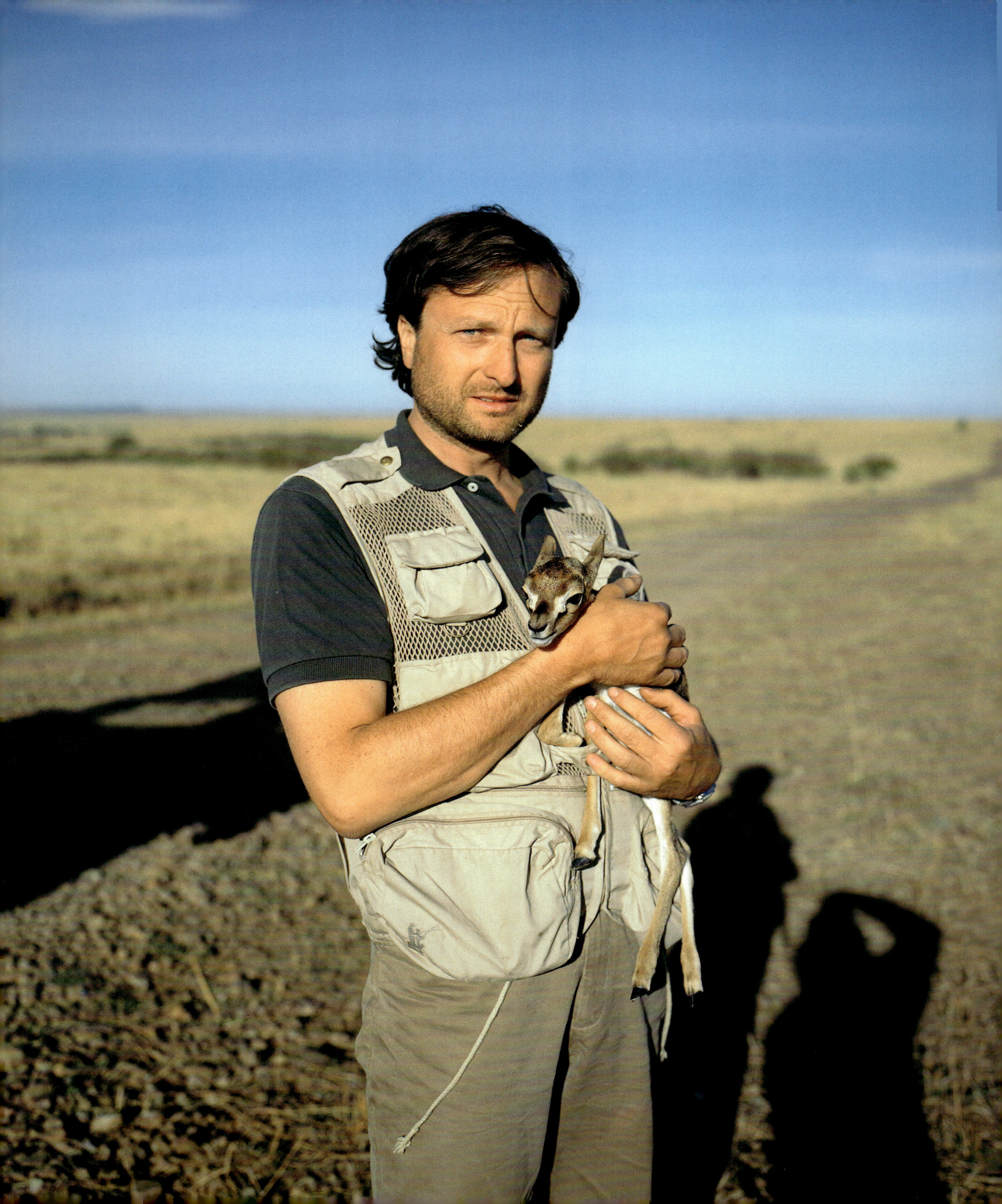

Carlo Mari
MAKING OF

Meine Kameras begleiten mich nicht nur auf meinen Reisen, sondern auch im Alltag, aber ich betrachte sie nicht als mein erweitertes Auge und bevorzuge auch nicht einen besonderen Typus oder eine besondere Marke. Praktisch müssen sie sein und mir dabei helfen, optimal meine Emotionen auszudrücken. Ich arbeite mit fast allen Filmformaten und setze sie während einer Reportage oft auch problemlos nebeneinander ein. Im richtigen Moment die richtige Kamera mit dem idealen Format und dem richtigen Objektiv, dann habe ich den Kopf frei für den kreativen Teil meiner Arbeit.

Die Fotoausrüstung, die ich auf meinen Reisen nach Afrika in robusten Alukoffern mit mir herumschleppe, wiegt bestimmt einige hundert Kilo, ganz zu schweigen von den Dutzenden von Kilo Filmmaterial. Aber keine Angst, ich bin ein Sonderfall. Um gute Fotos zu machen, genügen oft ein Kameragehäuse und zwei geeignete Objektive.

Bei Tieraufnahmen bevorzuge ich das Kleinbildformat 24×36 mm mit extremen Teleobjektiven der Brennweiten 600 mm f4 oder 800 mm f5, f6, selbstverständlich mit Autofokus und auf einem motorisierten Gehäuse. Ein Motor kann besonders bei bewegten Motiven unschätzbare Dienste erweisen. In diesen Fällen ist auch die Belichtungsautomatik der Kamera wichtig, aber man sollte nur auf sie zurückgreifen, wenn es wirklich nötig ist, und sonst lieber die Belichtung von Hand messen.
Bei kürzeren Brennweiten verwende ich zur Erzielung optimaler Bildqualität und einer besseren Durchzeichnung der Schatten die Mittelformate 4,5×6 mm oder 6×7 mm. Meines Erachtens ist eine gute Zeichnung der Schatten sehr wichtig, da unser Auge Details eher in den Schatten als in den Lichtern sucht.

Mit der 4,5×6 mm-Kamera verwende ich ein Superweitwinkel-Objektiv mit einer Brennweite von 35 mm, ein Normalobjektiv mit 80 mm, mittlere Teleobjektive mit 140 und 210 mm und lange Teleobjektive mit Brennweiten von 350 bis 500 mm.
Nur bei Landschafts-, Panorama- und Luftaufnahmen kommt eine Mess-Sucherkamera 6×7 mit einem 45-mm-Weitwinkelobjektiv und einer kurzen Normalbrennweite von 85 mm zum Einsatz.
Will ich spezielle Nahaufnahmen von Tieren in ihrer natürlichen Umgebung machen, greife ich zu einer motorisierten Kleinbildkamera, die – falls es die Situation erfordert – mit einer Funk- oder Infrarotfernsteuerung ausgerüstet ist. In besonders schwierigen Fällen habe ich auch schon mittels Fernauslöser fotografiert, der über

ein im Gras verstecktes Kabel mit der Kamera verbunden war. Auf dieser Kleinbildkamera befindet sich ein 18-mm-Superweitwinkel-Objektiv mit großer Schärfentiefe, das eine extreme Bildschärfe gewährleistet.

Die Lichtverhältnisse am Äquator stellen besondere Anforderungen. Das Problem ist, dass die Sonne sehr schnell wandert und bereits wenige Stunden nach ihrem Aufgang im Zenit steht, sodass die Farbtemperatur auf über 10 000 Grad Kelvin ansteigt. Unsere Tageslichtfilme sind normalerweise auf eine Farbtemperatur von 5 200 Grad Kelvin abgestimmt. Aus diesem Grund ist es absolut nötig, Farbkompensationsfilter (KR3 und KR6) auf die Objektive zu schrauben. Nur so kann man bei normaler Entwicklung natürliche Farben erzielen.

Damit auch bei starken Vergrößerungen möglichst viele Details zu erkennen sind, benötigt man feinkörnige Diafilme mit mittlerer bis niedriger Lichtempfindlichkeit von 100 bis 50 ISO.

Bei der Verwendung von Schwarzweißfilmen sind die Probleme nicht so gravierend. Aber auch in diesem Fall ist es am besten, in den frühen Morgenstunden und am späten Nachmittag zu fotografieren, wenn die Sonne niedriger steht und nicht senkrecht herunterbrennt und hässliche Schatten wirft.

Zum Schluss möchte ich noch empfehlen, das Filmmaterial zum Schutz vor der sengenden Sonne und möglichen Beschädigungen immer in geeigneten Behältnissen aufzubewahren und möglichst nie in heißen Räumen zu lagern, damit es später beim Entwickeln nicht zu unliebsamen Überraschungen kommt.

315

316

317

GLOSSAR
BEVÖLKERUNG

El Molo

Bevölkerungszahl: ca. 4000 Menschen (1994); eine der kleinsten ethnischen Gruppen in Kenia
Andere Bezeichnungen: Elmolo, Fura-Pawa, Ldes, Dehes, »Ndorobo«
Siedlungsgebiet: nahe der äthiopischen Grenze im Norden Kenias (südöstliches Ende des Turkanasees (früher: Rudolfsee), Elmolo-Bucht, Marsabit-Distrikt, Östliche Provinz)
Naturraum: Halbwüste am kahlen Ufer des Turkanasees, Vulkaninseln
Vorherrschende Lebens- und Wirtschaftsform: sesshafte Binnenfischer (auch Jagd auf Krokolile)
Religion: traditionelle Religion, Christentum.
Sprache: El Molo (kuschitische Sprache); nur noch 8 El-Molo-Sprecher, alle über 50 Jahre alt (1994); überwiegende Mehrheit spricht heute Samburu
Alphabetisierungsrate: keine Angaben; seit 1986 gibt es eine Grundschule.
Kommentar: sind als ethnische Gruppe kaum mehr vorhanden, da ihre Sprache nahezu ausgestorben ist und sie sich auch in ihrer Kultur stark an die Samburu angenähert haben

Turkana

Bevölkerungszahl: 340000 Menschen (1994)
Andere Bezeichnungen: Bume, Buma, Turkwana
Siedlungsgebiet: nordwestliches Kenia und vom Turkanasee bis zur ugandischen Grenze (Turkana-, Samburu-, Trans-Nzoia-, Laikipia-, Isiolo-Distrikte, Rift-Valley-Provinz, westlich und südlich des Turkanasees und der Flüsse Turkwel und Kerio)
Naturraum: Halbwüsten-Region in den Tieflandebenen
Vorherrschende Lebens- und Wirtschaftsform: nomadische Hirten (Rinder, Kamele, Ziegen, Schafe); Fischfang
Sprache: Turkana (nilotische Sprachfamilie); die meisten Turkana sind einsprachig, nur wenige beherrschen Kisuaheli, Pokot oder Daasenech
Religion: traditionelle Religion, Christentum
Alphabetisierungsrate: 25–50%
Kommentar: zahlreiche kriegerische Konflikte mit den Karamojong und den Pokot (traditionelle Feindschaft); freundschaftliche Beziehungen zu den Jie

Pokot

Bevölkerungszahl: 264000 (1994); weitere Pokot in Uganda (zahlenmäßig unbedeutend)
Andere Bezeichnungen: Pökot, Suk, Pakot
Siedlungsgebiet: im Westen Kenias (sowie im Osten Ugandas); Baringo- und West-Pokot-Distrikt, Rift-Valley-Provinz
Naturraum: Trockensavanne in den Tieflandebenen
Vorherrschende Lebens- und Wirtschaftsform: halbnomadische Hirten (Rinder, Schafe und Ziegen), in einigen Gebieten Feldbau und Honigproduktion
Religion: traditionelle Religion und Christentum
Sprache: Pokot (nilotische Sprachfamilie)
Alphabetisierungsrate: 15–25%
Kommentar: leben bis heute sehr traditionell

Rendille

Bevölkerungszahl: ca. 32 000 (1994)
Andere Bezeichnungen: Rendile, Randile
Siedlungsgebiet: im Norden Kenias: Marsabit-Distrikt, zwischen Turkanasee und Marsabit Mountain, Östliche Provinz
Naturraum: Halbwüste im Tiefland
Vorherrschende Lebens- und Wirtschaftsform: nomadische Hirten (Kamele, Schafe, Ziegen, Rinder), seit Dürren in den 1970er Jahren zunehmend sesshaft
Religion: traditionelle Religion, Islam, Christentum
Sprache: Rendille (kuschitische Sprachfamilie)
Alphabetisierungsrate: 5–15 %

Samburu

Bevölkerungszahl: 128 000 (1994); leben auch in Tansania
Andere Bezeichnungen: Sambur, Sampur, Burkeneji, Lokop, E Lokop, Nkutuk
Siedlungsgebiet: im Osten Kenias; Samburu-Distrikt und südliche sowie östliche Enden des Baringosees, Baringo-Distrikt
Naturraum: Halbwüste
Vorherrschende Lebens- und Wirtschaftsform: halbnomadische Lebensweise, Hirten (Rinder, Ziegen, Schafe)
Religion: traditionelle Religion, Christentum
Sprache: Samburu (Maa-Sprache; nilotische Sprachfamilie)
Alphabetisierungsrate: 15–25 %
Kommentar: sprachlich und kulturell eng mit den Maasai verwandt, auch zahlreiche Heiraten untereinander. Große Dürre 2001 vernichtete große Zahl an Rindern

Maasai (Tansania)

Bevölkerungszahl: 430 000 Menschen (0,6 % der Landesbevölkerung); weitere 453 000 Menschen leben in Kenia (dort 1,5 % der Landesbevölkerung) (1994)
Alternative Bezeichnungen: Masai, Maa, Lumbwa
Siedlungsgebiet: im Norden Tansanias (sowie im Süden Kenias)
Naturraum: Trockensavanne in den Hochlandebenen
Vorherrschende Lebens- und Wirtschaftsform: halbnomadische Hirten (Rinder, Schafe, Ziegen), einige Gruppen sind Bauern
Religion: traditionelle Religion, Christentum
Sprache: Maa-Sprache (nilotische Sprachfamilie); Mehrheit zweisprachig (Kisuaheli)
Alphabetisierungsrate: keine Angaben
Kommentar: Kultur der Maasai in Tansania ist stärker traditionell ausgerichtet als die der kenianischen Gruppen

STAATEN

Kenia

Offizieller Name: Jamhuri ya Kenia (Kisuaheli)
deutsch: Republik Kenia
Einwohnerzahl (2002): ca. 31,5 Mio
Fläche: 582 646 km²
Angrenzende Länder und Gebiete: Sudan und Äthiopien im Norden, Somalia und der Indische Ozean im Osten, Tansania im Süden und Uganda sowie der Victoriasee im Westen. Die als Ilemi Triangle bezeichnete Region im Nordwesten Kenias wird von der Republik Sudan beansprucht
Staatsform: Republik mit Mehrparteien-System
Unabhängigkeit: 1963; Mitglied des britischen Commonwealth
Präsident (Dezember 2002): Mwai Kibaki
Bevölkerungsverteilung: fast 99 % Afrikaner, 1% Asiaten (v.a. Inder), Europäer und Araber
Ethnische Verteilung: 42 Guppen
wichtigste: Kikuyu (22 %), Luhya (14 %); Luo (13 %); Kamba (11 %), Kalenjin (11 %)
Durchschnittliche Bevölkerungsdichte: 53 Personen pro km²
Durchschnittl. Lebenserwartung (2002): 47 Jahre
Jährliches Bevölkerungswachstum: 3,6 %
Urbanisierung: 33 %
Wichtigste Städte (2002): Nairobi (Hauptstadt, 2,3 Mio Einwohner), Mombasa (wichtigste Hafenstadt, 465 000 Einwohner), Kisumu (Hafenstadt am Victoriasee, 185 000 Einwohner)
Höchste Erhebung: Mount Kenya (5 199 m)
Klima: heiß (bis auf Hochlagen) und im Norden verhältnismäßig trocken. In der Südregion an der Küste feucht, im Hochland gemäßigt und im Victoriasee-Gebiet tropisch
Sprachen: vier Sprachfamilien: Bantusprachen (z.B. Swahili, Kikuyu, Luhya, Kamba), nilotische Sprachen (z.B. Luo), halbnilotische Sprachen (z.B. Kalenjin, Maasai) und kuschitische Sprachen (z.B. Rendille)
Amts- und Verkehrssprachen: Kisuaheli, Englisch
Religionen (nach Schätzungen): 38 % Protestanten, 28 % Katholiken, 26 % einheimische Religionen; 7 % Muslime. 1 %: andere
Bildung und Schulwesen: allgemeine Schulpflicht von 8 Jahren; 5 Hochschulen
Alphabetisierungsrate: 78,1 %
Hauptbeschäftigungszweige: Land- und Forstwirtschaft, Fischerei
Wichtigste Exportgüter: Tee, Kaffee, petrochemische Produkte, Ananaskonserven, Felle und Häute, Zement, Sisal, Soda und Pyrethrum
Wichtigste Devisenquelle: Tourismus (jährlich ca. 700 000 Touristen; beliebtestes Safari-Land der Welt)
Währung: 1 kenianischer Schilling = 100 cents

Tansania

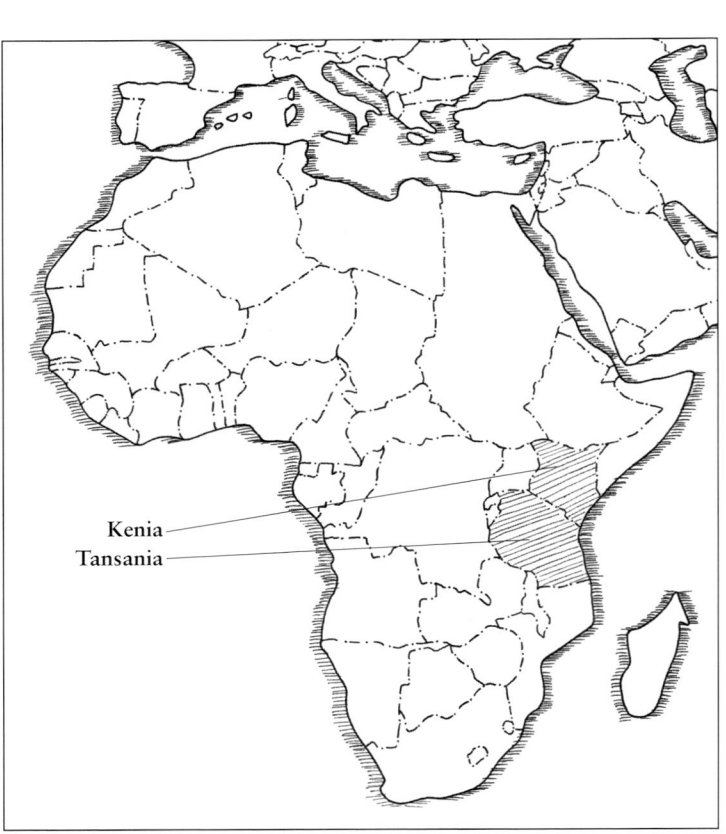

Offizieller Name: Jamhuri ya Muungano wa Tanzania (Kisuaheli)
deutsch: Vereinigte Republik von Tansania (Landesname aus den Namen der Landesteile Tanganjika und Sansibar gebildet)
Einwohnerzahl (2002): 37,2 Mio
Fläche: 945 100 km², davon 942 626 km² Festland, Inseln Sansibar, Pemba und weitere Inseln im Indischen Ozean
Angrenzende Länder und Gebiete: im Norden Victoriasee und Uganda, im Nordosten Kenia, im Osten Indischer Ozean, im Süden Moçambique, Malawisee und Malawi, im Südwesten Sambia, im Westen die Demokratische Republik Kongo (Grenze Tanganjikasee) sowie Burundi und Ruanda
Staatsform: Republik mit Mehrparteiensystem
Unabhängigkeit: 1961 (Tanganjika) bzw. 1964; Mitglied des britischen Commonwealth
Präsident: Benjamin William Mkapa
Bevölkerungsverteilung: über 90 % Afrikaner
Rest: Asiaten (v.a. Inder), Pakistani, wenige Araber und Europäer
Ethnische Gruppen: 120 (größte: Sukuma, Nyamwezi; Haya, Ngonde, Chaga)
Durchschnittliche Bevölkerungsdichte: 39 Einwohner/ km²
Durchschnittliche Lebenserwartung: 51,7 Jahre
Jährliches Bevölkerungswachstum: 2,14 %
Urbanisierung: 24 %
Wichtigste Städte: Daressalam (wichtigster Hafen und bedeutendstes Industriezentrum, Großraum ca. 1,8 Mio Einwohner), Mwanza (wichtigster Binnenhafen, ca. 233 000 Einwohner), Dodoma (Hauptstadt, ca. 203 833 Einwohner)
Höchste Erhebung: Kilimandscharo (5 895 m); höchster Berg Afrikas
Klima: Küstenebene tropisch-heiß, Hochebene im Inland heiß und trocken, Inseln tropisch
Sprachen (Sprachfamilien): Bantusprachen z.B. Kisuaheli, paranilotische Sprachen z.B. Maasai
Amts- und Verkehrssprachen: Kisuaheli, Englisch
Religionen (nach Schätzungen): ca. 33 % Christen (v.a. Katholiken, auch Anglikaner, Lutheraner), ca. 32 % Muslime, ca. 32 % traditionelle Religionen, ca. 3 % Hinduisten
Bildung und Schulwesen: allgemeine Schulpflicht von 7 Jahren; zwei Universitäten
Alphabetisierungsrate: 91,8 %
Hauptbeschäftigungszweige: Land- und Forstwirtschaft, Fischerei
Wichtigste Exportgüter: Kaffee, Baumwolle, Tee, Sisal, Gewürznelken, Tabak, Cashewnüsse
Wichtigste Devisenquellen: Tourismus (jährlich ca. 459 000 Touristen), Export von Nahrungsmitteln
Währung: 1 tansanianischer Schilling = 100 cent
Besonderheiten: eines der ärmsten Länder der Welt

FAUNA

Zwergflamingo
(Phoenicopterus minor; Seiten 6/7, 116–123, 128/129, 139–142)
Familie: Flamingos, *Phoenicopteridae*
Ordnung: Flamingos, *Phoenicopteriformes*
Klasse: Vögel, *Aves*
Lebensraum: Flache Binnengewässer, oft mit salzigem oder brackigem Wasser
Lebensweise: Siebt seine Nahrung (Kleinkrebse, Algen, Einzeller) mit dem zum Filterapparat umgestalteten Schnabel aus dem Wasser. Brütet in riesigen Kolonien. Wenige Tage vor der Eiablage baut das Weibchen das Nest auf einem aus Schlamm, Steinen und Gras bestehenden Kegelstumpf.

Marabu
(Leptoptilus crumeniferus; Seiten 122–125, 155, 314–315)
Familie: Störche, *Ciconiidae*
Ordnung: Schreitvögel, *Ciconiiformes*
Klasse: Vögel, *Aves*
Lebensraum: Savannen im tropischen Afrika
Lebensweise: Riesenstorch, der sich vor allem von Aas ernährt, aber auch von kleinen Wirbeltieren, Fischen und Insekten. Wie bei den Geiern sind Kopf und Hals bis auf vereinzelte Daunen nackt; so kann der Marabu dank seines gewaltigen Schnabels in große Tierkadaver eindringen, ohne seine Federn mit Blut zu verkleben.

Stelzenläufer
(Himantopus himantopus; Seite 154)
Familie: Stelzenläufer und Säbelschnäbler, *Recurvirostridae*
Ordnung: Wat-, Möwen- und Alkenvögel, *Charadriiformes*
Klasse: Vögel, *Aves*
Lebensraum: Feuchtgebiete der Tropen und Subtropen
Lebensweise: Zugvogel, ist im tropischen Afrika nur Wintergast. Stakt mit seinen langen Beinen durch Flachwasserzonen wie Salinen und Lagunen oder Teiche in der Grassavanne und sucht nach Wasserinsekten, Weich- und Krustentieren, Kaulquappen und kleinen Fischen. Taucht in den letzten Jahren im Sommer nicht nur in Südeuropa, sondern auch in Mitteleuropa häufiger auf.

Rosapelikan
(Pelicanus onocrotalus; Seiten 132/133, 154)
Familie: Pelikane, *Pelicanidae*
Ordnung: Ruderfüßer, *Pelicaniformes*
Klasse: Vögel, *Aves*
Lebensraum: Feuchtgebiete, Gewässer, Küsten
Lebensweise: Gehört mit einer Flügelspannweite von 2,5 Metern zu den größten flugfähigen Vögeln. Der dehnbare Kehlsack dient sowohl als Schöpfkelle beim Nahrungserwerb als auch zum Futtertransport. Als sehr gesellige Tiere fangen die Rosapelikane ihre Beute häufig gemeinsam, indem sie in einer langen Kette, oft bis zu 100 Tiere, mit lauten Flügelschlägen zum Ufer schwimmen und so die Fischschwärme in das ufernahe, seichtere Gewässer drängen, wo sie dann abgeschöpft werden können.

Palmgeier – Altvogel
(Gypohierax angolensis; Seite 146)
Familie: Habichtartige, *Accipitridae*
Ordnung: Greifvögel, *Accipitriformes*
Klasse: Vögel, *Aves*
Lebensraum: Regenwälder, Mangrovenwälder und Küstenbereiche West-, Süd- und Ostafrikas
Lebensweise: Im Gegensatz zu den anderen Geiern kein Aasfresser; lebt von den Früchten der Öl- und der Raphia-Palme. Gelegentlich jagt er auch Vögel, Kleintiere und Fische, was ihm im Zusammenhang mit seinem weißen Gefieder den Beinamen »Geierseeadler« eingebracht hat.

Gaukler – Altvogel, weiblich
(Terathopius ecaudatus; Seite 147)
Familie: Habichtartige, *Accipitridae*
Ordnung: Falkenartige, *Falconiformes*
Klasse: Vögel, *Aves*
Lebensraum: Halbwüste, Savanne, offene Waldlandschaften
Lebensweise: Mit den Schlangenadlern verwandter Raubvogel, lebt von Säugetieren, Reptilien und Schlangen, die er auf langen Spähflügen geduldig erbeutet, zuweilen auch von Aas. Dichtes schwarzes Gefieder mit rotem Schnabel und weißen Flügelunterseiten. Sein auffälliges Flugverhalten hat ihm den Namen eingebracht: ein wiegender Gleitflug fast ohne Flügelschlagen, und vor allem bei der Balz kühne Flugfiguren wie Taumeln, Rollen, Sturzflug und Loopings.

Webervögel (Nester)
Familie: Webervögel, *Ploceidae*; Seite 148
Ordnung: Sperlingsvögel, *Passeriformes*
Klasse: Vögel, *Aves*
Lebensraum: Vorwiegend Savanne
Lebensweise: Die Nester der oft wunderschön bunt gefärbten Webervögel gehören zu den auffälligsten Tierbauten. Zum Schutz vor Feinden wie Ratten oder Schlangen werden sie an Ästen aufgehängt und mit einer nach unten gerichteten Eingangsröhre versehen. Kolonieartig bauen immer mehr Vögel ihre Nester aneinander, bis manchmal riesige Gebilde entstehen.

Gabelracke
(Coracias caudata; Seite 149)
Familie: Racken, *Coraciidae*
Ordnung: Rackenvögel, *Coraciiformes*
Klasse: Vögel, *Aves*
Lebensraum: Baumsavanne, offenes Buschland; vor allem in Asien und Afrika
Lebensweise: Farbenprächtiger Kleintierjäger, der von der Sitzwarte aus nach Großinsekten und kleinen Wirbeltieren wie Eidechsen späht, die er am Boden oder in der Luft erbeutet. Der deutsche Name kommt von den gabelartig verlängerten Schwanzfedern. Ein enger Verwandter der Gabelracke, die Blauracke *(Coracias garrulus)*, lebt auch in unseren Breiten.

Nimmersatt
(Mycteria ibis; Seite 150)
Familie: Störche, *Ciconiidae*
Ordnung: Schreitvögel, *Ciconiiformes*
Klasse: Vögel, *Aves*
Lebensraum: Innerafrikanischer Zugvogel, sehr ans Wasser gebunden
Lebensweise: Gehört zur Familie der Störche; sucht im Flachwasser nach Fischen, Amphibien und Wasserinsekten, indem er mit dem Schnabel den Bodenschlamm aufwühlt.

Kori-Trappe – Altvogel, männlich
(Ardeotis kori; Seiten 152/153)
Familie: Trappen, *Otididae*
Ordnung: Kranichvögel, *Gruiformes*
Klasse: Vögel, *Aves*
Lebensraum: Gras-Savanne
Lebensweise: Mit bis zu 18 kg der schwerste flugfähige Vogel überhaupt. Meist jedoch schreitet er gemessenen Schrittes über die Savanne, allein oder paarweise, ständig auf der Jagd nach Insekten und Kleinwirbeltieren. Die Männchen zeigen spektakuäre Balztänze.

Kronenkranich
(Balearica pavonina; Seiten 154, 250)
Familie: Kraniche, *Gruidae*
Ordnung: Kranichvögel, *Gruiformes*
Klasse: Vögel, *Aves*
Lebensraum: Savannen und andere Trockengebiete
Lebensweise: Lebt die größte Zeit des Jahres in trockenen Gebieten, wo er große Trupps bildet. Zum Brüten aber braucht er sumpfiges Gelände; dort trampeln die Vögel auf mehreren Quadratmetern die Pflanzen platt und tragen im knietiefen Wasser einen 30 bis 40 cm über die Wasseroberfläche ragenden, bis zu 1,5 m breiten Haufen aus Halmen zusammen, auf dem das Nest gebaut wird. In seinem Nestbezirk von mehreren Hektar duldet das Paar keine Artgenossen.

Fleckenadler
(Hieraaetus ayresii; Seite 155)
Familie: Habichtartige, *Accipitridae*
Ordnung: Greifvögel, *Accipitriformes*
Klasse: Vögel, *Aves*
Lebensraum: Regenwald/Savanne
Lebensweise: Streng saisonal. Verlässt während der Regenzeit die dichten Wälder Zentralafrikas, um in die offene Baumsavanne und die Küstengebiete Ostafrikas zu ziehen. Seine Beute besteht hauptsächlich aus Tauben. Enger Verwandter des Habichtsadlers und des Zwergadlers.

Kuhreiher – Altvogel im Brutkleid
(Bubulcus ibis; Seite 155)
Familie: Reiher, *Ardeidae*
Ordnung: Schreitvögel, *Ciconiiformes*
Klasse: Vögel, *Aves*
Lebensraum: Marschland, Sümpfe, Grasland, immer in der Nähe großer Säugetiere
Lebensweise: Schreitet mit Vorliebe zwischen weidendem Vieh umher, wo er aufgescheuchte Insekten erbeutet. Früher nur den wilden Herden folgend, hat er sich mittlerweile auch an Hausrinder gewöhnt, folgt Menschen bei der Feldarbeit oder sammelt Parasiten direkt von der Haut des Weideviehs. Auf den Schlafbäumen halten sich manchmal hunderte von Vögeln auf, was von weitem so aussieht, als wären die Bäume mit Schnee bedeckt – mitten in der Savanne.

Heiliger Ibis
(Threskiornis aethiopicus; Seite 155)
Familie: Ibisse und Löffler, *Threskiornitidae*
Ordnung: Schreitvögel, *Ciconiiformes*
Klasse: Vögel, *Aves*
Lebensraum: Feuchtgebiete; besonders in Ostafrika weit verbreitet
Lebensweise: Ernährt sich von Kleintieren, die er mit seinem pinzettenartigen Schnabel im feuchten Sediment aufstöbert. Brütet in großen Kolonien. In Ägypten, wo er im Altertum als Gott der Weisheit verehrt und als Mumie bestattet wurde, ist der Heilige Ibis seit über einem Jahrhundert ausgestorben. Verwandte Arten leben noch in Indien und Australien.

Maasaistrauß – zwei adulte Hähne
(Struthio camelus massaicus; Seiten 260–263)
Familie: Strauße, *Struthionidae*
Ordnung: Strauße, *Struthioniformes*
Klasse: Vögel, *Aves*
Lebensraum: Savannen, Halbwüsten
Lebensweise: Der typische Laufvogel der Savanne im südlichen Ostafrika, mit einer Höhe bis fast 3 Meter und einem Gewicht von 150 Kilogramm der größte lebende Vogel. Seine enorme Lauffähigkeit sichert ihm das Überleben gegenüber Löwen, Leoparden und Hyänen: Er kann rund eine halbe Stunde mit fast 50 Stundenkilometern rennen. Die Hälse und Beine der Hähne verfärben sich in der Paarungszeit intensiv rot.

Sperbergeier
(Gyps rueppellii; Seite 304)
Familie: Habichtartige, *Accipitridae*
Ordnung: Greifvögel, *Accipitriformes*
Klasse: Vögel, *Aves*
Lebensraum: Grassteppen, Savannen, Felslandschaften
Lebensweise: Sehr gesellig, nistet oft in großen Kolonien auf Felsen und hohen Bäumen. Hält sich von menschlichen Siedlungen weitgehend fern.

Weißrückengeier
(Gyps africanus; Seite 305)
Familie: Habichtartige, *Accipitridae*
Ordnung: Greifvögel, *Accipitriformes*
Klasse: Vögel, *Aves*
Lebensraum: Grassteppen, Savannen
Lebensweise: Der mit Abstand weitestverbreitete Geier Ostafrikas, inzwischen allerdings fast nur noch in den großen Wildreservaten anzutreffen. Ist beim Streit um einen Kadaver zwar den anderen Geierarten körperlich unterlegen, macht dies aber durch zahlenmäßige Überlegenheit wett.

Tüpfelhyäne
(Crocuta crocuta; Seiten 255, 302, 305)
Familie: Hyänen, *Hyaenidae*
Ordnung: Raubtiere, *Carnivora*
Klasse: Säugetiere, *Mammalia*
Lebensraum: Savannen, Halbwüsten
Lebensweise: Größte, stärkste und häufigste Hyänenart. Jagt in großen Gruppen, die in der Dämmerung Zebra- und Gnuherden angreifen, und bringt es dabei auf Geschwindigkeiten bis zu 65 Stundenkilometern. Da Hyänen auch Kadaver fressen, leisten sie einen wichtigen Beitrag zum ökologischen Gleichgewicht.

Kirk-Dikdik – adultes Männchen
(Madoqua kirkii; Seite 166)
Familie: Rinderartige, *Bovidae*
Ordnung: Paarhufer, *Artiodactyla*
Klasse: Säugetiere, *Mammalia*
Lebensraum: Trockengehölze, steinige Hänge
Lebensweise: Sehr kleine Antilope, die meist nicht mehr als 5 kg erreicht, mit verlängerter, äußerst beweglicher Nase und langem Haarbüschel auf der Stirn. Ernährt sich von Laub, Früchten, Schoten und Blüten. Lebt einzeln, paarweise oder in kleinen Familiengruppen.

Kongoni
(Alcelaphus buselaphus cooki; Seite 166)
Familie: Rinderartige, *Bovidae*
Ordnung: Paarhufer, *Artiodactyla*
Klasse: Säugetiere, *Mammalia*
Lebensraum: Gras-Savanne
Lebensweise: Kuhantilopenart, die überwiegend am frühen Morgen und späten Nachmittag aktiv ist. Reiner Grasfresser. Haremsherden bevölkern die besten Plätze; der Bock unterstreicht seinen Territorialanspruch gern dadurch, dass er sich auf einen Termitenhügel stellt.

Warzenschwein
(Phacochoerus aethiopicus; Seite 167)
Familie: Schweine, *Suidae*
Ordnung: Paarhufer, *Artiodactyla*
Klasse: Säugetiere, *Mammalia*
Lebensraum: offene Savanne, lichte Busch- und Grassteppe
Lebensweise: Typischer Grasfresser; sein Gebiss ist in erster Linie eine Mahlvorrichtung. Einziges Schwein, das sich beim Fressen auf die Handgelenke niederlässt. Außerhalb der Paarungszeit leben mehrere Weibchen mit ihren Jungen in kleinen Gruppen zusammen. Die Eckzähne des bis zu 150 kg schweren Ebers erreichen eine Länge bis zu 35 Zentimetern und werden von vielen Tieren gefürchtet; sogar Leoparden oder Hyänen nehmen sich davor in Acht. Der Name rührt von drei Paar Gesichtswarzen her, die verknorpeln und bis zu 15 Zentimeter lang werden können.

Impala
(Aepyceros melampus; Seite 272/273)
Familie: Rinderartige, *Bovidae*
Ordnung: Paarhufer, *Artiodactyla*
Klasse: Säugetiere, *Mammalia*
Lebensraum: Baumsavanne
Lebensweise: Mittelgroße Antilope, auch Schwarzfersenantilope genannt, ist in den großen Wildreservaten weit verbreitet. Nur die Männchen haben die langen, leierförmigen Hörner. Es gibt einerseits Haremsherden mit nur einem geschlechtsreifen Männchen, andererseits reine Junggesellenherden. Charakteristisch sind die hohen und weiten Sprünge, die die Tiere auf der Flucht machen.

Kaffernbüffel
(Syncerus caffer; Seiten 255, 275)
Familie: Rinderartige, *Bovidae*
Ordnung: Paarhufer, *Artiodactyla*
Klasse: Säugetiere, *Mammalia*
Lebensraum: Savannen, Waldland, in Gewässernähe
Lebensweise: Grasfresser. Die Büffel weiden überwiegend nachts: Gräser, Kräuter, Laub, auch hartes Schilf wird nicht verschmäht. Während des Tages wandern die Herden zu neuen Weidegebieten, ruhen während der heißesten Zeit des Tages im Schatten aus oder suhlen sich in ausgedehnten Schlammbädern. Ständige Begleiter der Kaffernbüffel sind die Madenhacker, die auf ihnen herumklettern und sie von Insekten befreien.

Streifengnu
(Connochaetes taurinus; Seiten 288–291)
Familie: Rinderartige, *Bovidae*
Ordnung: Paarhufer, *Artiodactyla*
Klasse: Säugetiere, *Mammalia*
Lebensraum: Baumsavanne
Lebensweise: Ausgeprägter Grasfresser. Bevorzugt Gebiete mit kurzem, frischem Gras, wie es nach einem Buschbrand oder einem Regen auftritt. Die riesigen Herden, die in der ostafrikanischen Serengeti dem jahreszeitlich bedingten Regen hinterherwandern, sind allerdings ein regionales Phänomen. Ansonsten sind Gnus eher sesshaft und bilden auch selten größere Herden.

Siedleragame
(Agama agama; Seite 277)
Familie: Agamen, *Agamidae*
Ordnung: Schuppenkriechtiere, *Squamata*
Klasse: Kriechtiere, *Reptilia*
Lebensraum: steiniges Gelände in Savannen und Halbwüsten
Lebensweise: Tagaktive, sonnenliebende Agame, die weite Teile Zentralafrikas bewohnt. Findet sich oft in der Nähe des Menschen, daher der Name. In der Nacht und in den kühlen Morgenstunden meist eher dunkel, kann sie innerhalb weniger Minuten ihre Färbung komplett verändern: Bei Erwärmung oder Erregung wird der Körper stahlblau.

Nilwaran
(Varanus niloticus; Seite 236/237)
Familie: Warane, *Varanidae*
Ordnung: Schuppenkriechtiere, *Squamata*
Klasse: Kriechtiere, *Reptilia*
Lebensraum: Gewässer aller Art
Lebensweise: Ausgesprochen amphibisch, verbringt einen Großteil der Zeit im Wasser. Kann eine Länge von über 2 m erreichen. Seine bevorzugte Nahrung sind Fische, Amphibien und Krokodileier. Seine eigenen Eier legt er häufig in Termitenbauten ab.

Nilkrokodil
(Crocodylus niloticus; Seiten 176/177, 294/295)
Familie: Krokodile, *Crocodylidae*
Ordnung: Krokodile, *Crocodilia*
Klasse: Kriechtiere, *Reptilia*
Lebensraum: tropische Gewässer Afrikas
Lebensweise: In Ostafrika finden sich Nilkrokodile beinahe in jedem größeren Gewässer, wo ihnen ihr bronze-grüner Panzer perfekte Tarnung bietet. Die bis zu 8 Meter großen Tiere fressen Fische, Schildkröten und Vögel, aber auch Antilopen oder junge Flusspferde. Als Nistplätze bevorzugen sie steinarme Sandstrände mit flachen Ufern. Etwa zwei Meter über der Wasserlinie graben sie ihre Nestgruben, in die das Weibchen 30 bis 50 hühnereigroße Eier legt. Das Brutgebiet wird oft jahrelang beibehalten.

Ostafrikanischer Guereza
(Colobus guereza; Seite 268)
Familie: Schlank- und Stummelaffen
Ordnung: Primaten, *Primates*
Klasse: Säugetiere, *Mammalia*
Lebensraum: Tropische Wälder und Baumsavannen Zentral- und Ostafrikas
Lebensweise: Lebt in Bäumen, in denen er große Entfernungen durch gekonnte Sprünge überwindet. Zum Fressen ziehen die Tiere mit den Händen die Zweige heran und beißen die Blätter in Büscheln ab. Meist bleiben sie mehrere Tage auf einem oder zwei Futterbäumen, fressen sie ab und wechseln dann zum nächsten. Eine ausgesprochene Rangordnung innerhalb der Herden gibt es nicht; ein starkes Männchen spielt die Rolle des Leitaffen. Die Territorien der Stummelaffen-Gruppen sind relativ klein und scharf abgegrenzt. Selbst auf der Flucht überschreiten sie nicht ihre Reviergrenzen, die sie mit Gesängen markieren.

Spitzmaulnashorn
(Diceros bicornis; Seite 276)
Familie: Nashörner, *Rhinocerotidae*
Ordnung: Unpaarhufer, *Perissodactyla*
Klasse: Säugetiere, *Mammalia*
Lebensraum: Steppen und Savannen
Lebensweise: Vegetarier. Kann im Gegensatz zum Breitmaulnashorn, das Grasflächen abweidet, aufgrund seines spitz geformten Mauls und der ebenfalls spitzen Lippen hervorragend Blätter und Zweige pflücken. Spitzmaulnashörner können das ganze Jahr über Junge bekommen. Die Jungtiere werden meist zwei Jahre lang von der Mutter gesäugt und bleiben rund 3,5 Jahre bei ihr. In Ostafrika ist das Spitzmaulnashorn nahezu ausgerottet; obwohl die wenigen verbliebenen Exemplare in den Reservaten unter strengem Schutz stehen, werden sie immer noch von Wilderern gejagt.

Flusspferd
(Hippopotamus amphibius; Seiten 170–173, 250)
Familie: Flusspferde, *Hippopotamidae*
Ordnung: Paarhufer, *Artiodactyla*
Klasse: Säugetiere, *Mammalia*
Lebensraum: Flüsse aller Art, besonders in Ostafrika
Lebensweise: Weibchen und ihre Jungen leben meist in Herden von bis zu fünfzig Tieren, die Bullen vorwiegend allein. Flusspferde leben in der Regel friedlich mit anderen Flussbewohnern wie Krokodilen oder Vögeln. Ihr Maul mit den gefährlichen Zähnen setzen sie nur ein, wenn sie sich bedroht fühlen. Obwohl amphibisch lebend, sind sie keine guten Schwimmer; lieber bleiben sie in flacheren Gewässerbereichen, wo sie zwar vom Wasser bedeckt sind, aber Bodenkontakt haben. Nachts gehen sie zum Grasen an Land.

Gelber Pavian
(Papio cynocephalus; Seiten 255, 264–267)
Familie: Hundskopfaffen, *Cythopithecidae*
Ordnung: Primaten, *Primates*
Klasse: Säugetiere, *Mammalia*
Lebensraum: Steppen und Savannen
Lebensweise: Allesfresser. Zur Nahrung gehören Grassamen, Wurzeln, Knollen, Früchte und Insekten, seltener junge Huftiere. Paviane leben in großen Horden mit deutlicher Rangordnung. In Gegenden, in denen Löwen und Leoparden ausgerottet wurden, sind Paviane so zahlreich geworden, dass sie von den Farmern als Plage empfunden werden.

Giraffe
(Giraffa camelopardalis; Seiten 174/175, 251–254, 258/259)
Familie: Giraffen, *Giraffidae*
Ordnung: Paarhufer, *Artiodactyla*
Klasse: Säugetiere, *Mammalia*
Lebensraum: Busch- und Baumsavanne
Lebensweise: Frisst wegen ihrer Größe (über 5 Meter Scheitelhöhe) am liebsten an Bäumen. Lebt wie die meisten Steppentiere in Gesellschaft, weidet gemeinsam mit Straußen, Zebras und Antilopen. Gras zu fressen oder Wasser zu trinken ist für die Giraffe wegen ihrer langen Beine und des langen Halses eine schwere gymnastische Übung. Um dabei den Blutdruck auszugleichen, verfügt sie über besonders muskulöse Blutgefäße.

Löwe
(Panthera leo; Seiten 228, 238–243, 246–250, 255/256, 315–317)
Familie: Echte Katzen, *Felidae*
Ordnung: Raubtiere, *Carnivora*
Klasse: Säugetiere, *Mammalia*
Lebensraum: Steppen und Savannen
Lebensweise: Als einzige unter den Großkatzen haben die Löwenmännchen eine mächtige Halsmähne – Schauobjekt und Schutz vor Prankenhieben der Gegner. Gejagt wird mit verteilten Rollen: Die Männchen treiben die Beute, die Weibchen erlegen sie. Den besten Teil bekommt immer der stärkste Löwe im Rudel, auch wenn er gar nicht an der Jagd beteiligt war. Nach einer Tragzeit von rund 100 Tagen bringt das Weibchen 2 bis 5 Junge zur Welt, die nicht nur von der Mutter, sondern auch von anderen Weibchen des Rudels gesäugt werden. Löwen leben heute fast nur noch in den großen Wildreservaten.

Gepard
(Acinonyx jubatus; Seiten 255, 274, 282/283, 285, 296–301, 303)
Familie: Echte Katzen, *Felidae*
Ordnung: Raubtiere, *Carnivora*
Klasse: Säugetiere, *Mammalia*
Lebensraum: Steppen und Savannen, besonders Trockensavannen
Lebensweise: Ausgezeichneter Läufer, der mühelos Geschwindigkeiten von 75 und als Höchstgeschwindigkeit bis zu 110 km pro Stunde erreicht. Als Hetzjäger schlägt er vor allem Gazellen, Antilopen, Nagetiere und Vögel: Er schleicht sich auf 20 bis 100 Meter an seine Beute heran, hetzt sein Opfer in schnellem Lauf und schlägt es dann mit den Vorderpfoten nieder.

Leopard
(Panthera pardus; Seiten 269–271)
Familie: Echte Katzen, *Felidae*
Ordnung: Raubtiere, *Carnivora*
Klasse: Säugetiere, *Mammalia*
Lebensraum: Savannen, Halbwüsten, Wälder
Lebensweise: Sehr anpassungsfähig, kommt in den unterschiedlichsten Lebensräumen zurecht. Gilt als Einzelgänger, lebt aber auch in Paaren zusammen. Dank der Fellfärbung gut getarnt, ist der Leopard sowohl tag- als auch nachtaktiv und ruht nur während der heißesten Tageszeit. Seine Beute schleppt er oft auf einen Baum hinauf, um sie vor Löwen und Hyänen in Sicherheit zu bringen.

Afrikanischer Elefant
(Loxodonta africana; Seiten 2/3, 18, 178–185, 188–192, 195–198, 201–211, 250)
Familie: Elefanten, *Elephantidae*
Ordnung: Rüsseltiere, *Proboscidea*
Klasse: Säugetiere, *Mammalia*
Lebensraum: Steppen und Savannen
Lebensweise: Mit bis zu 4 Metern Schulterhöhe und einem Gewicht bis zu 7 Tonnen das größte Landsäugetier der Erde. Als Vegetarier muss er mit seinen Mahlzähnen riesige Grasmengen verarbeiten. Elefanten sind gesellige Tiere mit vielschichtiger sozialer Organisation: Die Grundeinheit ist eine Familiengruppe, die aus mehreren Kühen und ihren Jungtieren besteht. Die Herdenführung übernimmt ein erfahrenes Weibchen, die Leitkuh. Zwischen den Gruppenmitgliedern besteht eine sehr enge Bindung; verletzte oder kranke Tiere werden durch Artgenossen gestützt und betreut. Früher auf dem gesamten afrikanischen Kontinent zu Hause, lebt heute der Großteil der Elefanten in Reservaten.

Genehmigte Lizenzausgabe für Verlagsgruppe Weltbild GmbH,
Steinerne Furt, 86167 Augsburg
Copyright © 2003 Frederking & Thaler Verlag GmbH, München

Übersetzung der italienischen Texte von Gabriela Schönberger

Konzeption: Carlo Mari, Legnano
Fotos: © Carlo Mari, Legnano
Texte: Claus-Peter Lieckfeld in Zusammenarbeit mit Hannelore
Leck-Frommknecht, Ethnologin (Menschenbilder, Tierbilder, Seelenbilder
sowie die Zwischentexte), Carlo Mari (Mein Afrika und Making of)
Wissenschaftliche Fachberatung: Karin Guggeis (Glossar Ethnologie) und
Beatrix Rau (Glossar Zoologie), München
Das einführende Zitat stammt aus Die Nacht der Löwen von Kuki
Gallmann, © 1999 Droemersche Verlagsanstalt Th. Knaur Nachf., München
Lektorat: Martin Meister, geschäftsführender Redakteur Wissenschaft,
GEO, Hamburg
Layout und Umschlaggestaltung: Carlo Mari in Zusammenarbeit mit
Petra Dorkenwald, München
Karten: Margit Symmangk, München
Herstellung und Satz: Verlagsservice Rau, München
Reproduktion: NovaConcept Kirchner GmbH, Berlin
Gesamtherstellung: Offizin Andersen Nexö Leipzig GmbH, Zwenkau
Printed in the EU

ISBN 978-3-8289-3204-3

Alle Rechte vorbehalten.

Einkaufen im Internet: *www.weltbild.de*